К² 1416

HISTOIRE
GÉNÉRALE
DE PROVENCE,

Par M. PAPON, de l'Oratoire, de l'Académie
des Sciences & Belles-Lettres de Marseille.

DÉDIÉE
AUX ÉTATS DE PROVENCE,

Et imprimée par leur Ordre.

Agrorum cultu, virorumque dignatione, nulli Provinciarum postferenda. PLIN. Nat. Hist. l. 3. c. 5.

A PARIS,

Chez MOUTARD, Libraire de la REINE, de MADAME,
& de Madame la Comtesse D'ARTOIS, Quai des Augustins.
Et chez les principaux Libraires de l'Europe.

M. DCC. LXXVI.
AVEC APPROBATION ET PRIVILEGE DU ROI.

PROSPECTUS.

IL n'y a point de Province dont l'Hiſtoire offre plus d'objets intéreſſans que celle de Provence. Sa ſituation ſur les bords de la Méditérannée lui donna des rapports avec les peuples de la Grece & de l'Aſie mineure, & elle eut des Villes, un Commerce & des Arts longtems avant que les Gaules ſortiſſent de la barbarie. C'eſt à la Provence que les Gaulois ont dû leurs premiers progrès dans le Commerce & dans les Arts. Rome elle-même fut redevable de ſes conquêtes en deça des Alpes, à ſon alliance avec Marſeille.

Marſeille, la plus ancienne des villes de Provence, comme la plus floriſſante, avoit emprunté, pluſieurs ſiecles avant l'ere Chrétienne, la Religion, les Sciences & les uſages de la Grece. On retrouve dans les tems les plus reculés, les monumens de ſa grandeur; on ſuit les progrès de ſon induſtrie; on apperçoit quelle fut ſon influence ſur ſes voiſins; on voit l'origine des établiſſemens qu'elle a fait naître, & dont quelques uns ont opéré des changemens fenfibles dans les arts & dans les mœurs ; & fon hiftoire particuliere a droit d'intéreffer notre curiofité.

Nous diviferons l'hiftoire de Provence en cinq Époques.

PREMIERE ÉPOQUE.

La premiere commence à la fondation de Marfeille, & fe termine au regne d'Antonin. Ces fiécles ftériles & barbares dans l'hiftoire des Gaules, font, dans l'hiftoire de Provence, le tems des grandes entreprifes, des premieres découvertes, de la naiffance & des progrès du commerce, de l'aftronomie, des fciences & des arts de tous les genres. Les Phocéens fondent Marfeille fix-cents ans avant l'Ere vulgaire; leur puiffance s'accroît; ils établiffent leurs colonies; ils perfectionnent la navigation. Bientôt Pythéas découvre l'Iflande. Euthymène fon contemporain parcourt les côtes occidentales de l'Afrique, & connoît l'embouchure du Sénégal. Les Carthaginois combattent fur les bords du Rhône avant de fe frayer un paffage dans les Alpes. Les Romains, appellés au fecours de Marfeille, domptent les Oxibiens, les Déceates & les Salyes, & foumettent la Provence. C'eft en Provence que Marius triomphe des Ambrons & des Teutons; il y laiffe un monument plus glorieux que celui de fes victoires, un canal de communication entre la mer & un bras du Rhône, pour en faciliter la navigation. Le gouvernement des Romains; les vexations des Préteurs; le fiége de Marfeille célebre par le courage opiniâtre de fes habitans; les colonies que Céfar a fondées; de grands établiffemens fous Augufte; les fciences & les lettres portées à leur perfection; les fages loix de Marfeille; les formes de fon adminiftration quand elle fe gouvernoit elle-même, & dont il femble qu'elle conferve encore l'efprit dans fes mœurs & dans fes coutumes fous un autre gouvernement ; fes alliances avec Rome, & le privilege heureux qu'elle exerça fi long-temps d'attirer, d'inftruire & de policer les Gaulois par fon commerce & par ses lumieres : tels sont les objets que présente cette Époque illustre de l'histoire de Provence. Nous rechercherons les causes par lesquelles les Provençaux furent d'abord civilisés, ensuite corrompus. Cette révolution est digne d'exercer l'attention de l'Histoire, parce qu'elle nous montre dans le développement des passions, les vertus qui les rendent utiles, & dans les progrès des talens, les vices & les abus qui les détruisent. C'est dans cette Époque que la religion commence à s'étendre : elle influe sur le gouvernement, sur la société, sur les mœurs publiques & privées. Nous en suivrons les progrès : nous en ferons sentir le pouvoir. Nous avons retrouvé dans ces mêmes tems des monumens précieux de l'état des personnes, du gouvernement des Villes, des assemblées générales dans la ville d'Arles, & des formes de l'administration introduite dans Marseille, qui cessa de se gouverner par ses propres loix.

SECONDE ÉPOQUE.

La seconde Époque finit au regne de Charles le Chauve. Ici commencent pour la Provence même les tems de barbarie. La Provence, située entre l'Italie & les Gaules, est en proie à tous les partis qui se forment dans l'Occident; elle partage les pertes de l'Empire Romain, elle en subit toutes les vicissitudes & tombe avec lui sous le joug des Barbares. Les Empereurs qui l'avoient défendue d'abord contre des usurpateurs particuliers, ensuite contre les Bourguignons, sont forcés de l'abandonner aux Visigoths, aux Ostrogoths, à toutes ces hordes de Barbares auxquelles elle fut enlevée par les enfans non moins barbares de Clovis. L'Empereur Justinien la leur céda par un traité, quand il ne pouvoit plus la reprendre; les Normands, les Lombards, les Saxons, les Sarrazins & les Hongrois y porterent successivement leurs ravages, & mirent le comble à la misere publique : & la lépre & la peste sembloient devoir exterminer le reste des habitans échappés aux fureurs de la guerre. Nous ferons voir l'origine de ces deux maladies, ainsi que le tems dans lequel elles ont été connues.

Il n'est pas étonnant qu'au milieu de ces désordres & de cette confusion, ce Peuple autrefois estimable ait vu son caractere s'altérer & se perdre. Plus de sciences, plus de littérature ; les arts disparoissent, la Langue Grecque qu'on avoit conservée jusqu'au sixieme siécle est oubliée ; la Langue Latine introduite par les Romains est corrompue. La Provence n'a plus rien de semblable à elle-même que son administration, qui n'éprouve pas un changement proportionné à celui de ses mœurs : il existe encore un esprit d'antique liberté qui forme & maintient un corps de Nation distingué par ses loix & ses usages. Nous sentons que cette idée a besoin d'être développée, & nous rassemblerons à la fin de cette Époque les observations qui doivent en prouver la vérité. Il y a quelques articles que nous avons traités avec plus de soin & de détail, tels que l'état des personnes sous les Empereurs & les Francs ; l'hérédité de la Noblesse ; la naissance & les progrès de la puissance temporelle du Clergé ; l'origine de l'Ordre monastique dans les Gaules ; la dispute fameuse qui s'éleva entre l'Evêque d'Arles & celui de Vienne, au sujet de la primatie ; & les démembremens de l'ancienne Narbonnoise dont se formerent de nouvelles Provinces.

TROISIEME ÉPOQUE.

Nous entrons dans la troisieme Époque, lorsque Bozon, puissant par la foiblesse des Rois de France, se fait couronner à Mantaille. Il opere la plus grande révolution dans les loix & dans la société ; il donne la consistance au gouvernement féodal, dont les caprices réduits en regle forment la législation générale, & dont l'esprit répandu dans tous les rangs forme les mœurs de tous les Etats. Les Provençaux, épuisés sous Bozon par une guerre sanglante, deux fois vainqueurs de l'Italie sous Louis son successeur, & deux fois chassés de leur conquête, maîtres de la Lombardie sous Hugues, changent ensuite de Souverains & passent sous la domination des Rois de la Bourgogne Transjurane : ils sont gouvernés par des Comtes & repoussent les Sarrazins. On voit naître cependant les premiers germes des progrès de la raison, malgré les superstitions qui se mêloient à la religion de nos peres, malgré les vices de l'Italie qu'elle nous transmit avec ses mœurs. La servitude est abolie par dégrés ; la municipalité, qui mieux réglée devroit être le vrai gouvernement, reprend sa force ; la loi romaine, qui fut toujours celle de Provence, donne naissance aux statuts municipaux ; les Grecs & les Juifs apportent dans nos villes les productions de la Grece & de l'Italie ; les Croisades amenent à la fois une étonnante révolution dans les fortunes & dans les opinions. Du mélange du Latin & du Grec il se forme une nouvelle langue qui devient celle des Cours & des Poëtes, & la langue provençale est la source où l'Italie & la France doivent puiser un jour un nouveau langage & une nouvelle littérature. Les Provençaux instruits & policés par un heureux concours de circonstances, sont destinés à ramener une seconde fois dans les Gaules le goût de la poésie & des lettres.

QUATRIÉME ÉPOQUE.

C'est à cette révolution intéressante que commence la quatrieme Époque ; elle ne s'opéra que sous les Comtes de Barcelonne. Alors on vit paroître des Troubadours de tous les rangs & de tous les états : les uns étoient à la suite d'Alphonse I, les autres à la Cour des Comtes d'Orange ; la plupart furent attachés aux Vicomtes de Marseille. C'étoit à Marseille que le goût de la chevalerie réunissoit parmi les plaisirs & les fêtes les agrémens d'une politesse renaissante, & les charmes d'une poésie douce & sensible. Cependant le gouvernement féodal avoit multiplié les liens de la dépendance & les moyens de les rompre ; des hommes fiers & puissans ne sçavoient plus supporter le joug de la domination ; les

Comtes firent long-temps la guerre aux Seigneurs toujours prêts à se soulever : ils les forcerent enfin à rendre hommage. D'un autre côté les principales Villes avoient repris leurs anciens droits en acquérant de nouveaux privileges, & s'érigerent infensiblement en républiques : elles prirent la même forme d'adminiftration que les républiques d'Italie. Mais fous Charles d'Anjou tout change & prend une autre face. Devenu maître de la Provence par fon mariage avec Béatrix, il réduifit ces Villes à l'obéïffance, & mena fes fujets à la conquête du royaume de Naples. Les deux Peuples, unis fous le même gouvernement, femblent être un feul Peuple, & partagent les mêmes événemens jufqu'au regne de Charles de Duras. La Provence alors poffédée par la feconde Maifon d'Anjou, s'épuife pour l'intérêt de fes maîtres, jaloux de reprendre une Couronne qui leur échappe toujours. Aux guerres inteftines fuccéderent les guerres étrangeres jufqu'au tems de fa réunion à la Monarchie Françoife.

CINQUIEME ÉPOQUE. Les fuites de cette réunion, les invafions des ennemis de la France, les troubles civils dont la fureur fembla s'accroître en Provence, forment l'objet de la cinquieme & derniere Époque. L'efprit de difcorde regnoit dans les Corps les plus refpectables ; les factions déchiroient les Villes opprimées par des tyrans fubalternes que foutenoient des Puiffances étrangeres : le Gouvernement aigriffoit les partis par fon imprudence, & les encourageoit par fa foibleffe. Nous rapporterons des faits qui n'ont point été connus : on verra des exemples d'un patriotifme eftimable & d'un courage héroïque affociés à toutes les horreurs du fanatifme, de la vengeance & de la haine. Nous terminerons cette Époque par le récit des ravages de la pefte ; & les regards fatigués par le fpectacle de tant de malheurs & de cruautés, fe repoferont fur le détail touchant des foins & des précautions prifes par les Villes & le Gouvernement, pour prévenir le retour d'un fléau fi funefte à l'humanité.

PROSPECTUS.

Avant de commencer l'Histoire, nous avons cru devoir faire des recherches qui sont devenues la source d'un travail pénible & considérable. Elles formeront une Chorographie intéressante divisée en deux parties.

La premiere contient une notice des Peuples & des Villes dont parlent les anciens Auteurs qui eurent quelques rapports avec la Provence. Cette notice est accompagnée de l'explication des Inscriptions relatives aux cérémonies religieuses, aux arts connus & pratiqués, aux fonctions des Prêtres, à celles des Officiers municipaux, à la condition des affranchis, aux mœurs, aux usages de ces différens Peuples.

Dans la seconde, après quelques réflexions sur les qualités des terres en Provence & sur leurs effets, nous avons recueilli des observations météorologiques qui servent à faire connoître la nature du climat ainsi que ses variations. Nous avons dressé un Catalogue raisonné des Plantes indigènes les plus remarquables, & des Plantes exotiques que le commerce de Marseille a procurées à la France & que la culture a rendues nationales; car avant la fondation de Marseille, on ne trouvoit dans les Gaules que le cornouiller, le chataignier & un petit nombre d'autres arbres de cette espece, dont le fruit naturellement âpre murissoit à peine dans un pays couvert de bois & de marais. Nous y joindrons quelques détails sur les Villes Episcopales, avec un abrégé chronologique des Evêques, depuis l'établissement de chaque Siége jusqu'à nos jours.

Cet abrégé plus exact & plus complet que tous ceux qu'on a publiés jusqu'à présent, sera suivi de quelques observations sur la fondation des anciennes Abbayes. Nous rappellerons en même tems ce que nous avons trouvé de plus remarquable, soit sur l'Histoire naturelle, soit sur les antiquités de chaque Diocèse.

Enfin nous examinerons quelles étoient les loix, les mœurs, les usages & la religion des anciens Provençaux, avant qu'ils fussent soumis aux Romains. C'est par-là même que nous pourrons juger des changemens que les révolutions ont successivement apportés dans le caractere & la constitution politique du Peuple, & combien sous les Francs il étoit différent de ce qu'il avoit été plusieurs siécles avant l'Ere chrétienne. On verra quelles sont les opinions & les cérémonies religieuses que les Gaulois ont empruntées de Marseille. On jugera qu'on n'a pas le droit d'appeller nationales toutes celles que les Romains ou les Germains ou les Visigoths ne nous ont pas apportées. Nous avons traité ces objets séparément, parce qu'ils auroient pu mettre quelque confusion dans le récit d'une histoire particuliere, & parce qu'ils sont assez intéressans pour n'être pas oubliés.

Nous desirons de ne rien omettre de ce qui peut mériter l'attention, mais nous éviterons avec le même soin les discussions inutiles. Quoique l'Histoire d'une Province demande plus de détails que l'Histoire générale du Royaume, nous sentons avec quelle scrupuleuse attention nous devons choisir ceux qui sont susceptibles d'intérêt & d'utilité.

Nous avons cherché dans les chartes ce qui peut éclaircir la Chronologie, constater l'état des familles, faire connoître un nouvel usage, tout ce qui concerne les formes de la Justice, le prix des denrées, le cours de la monnoie, les loix, les mœurs & le génie de chaque siécle. Les points de critique & d'érudition seront discutés dans des notes & des dissertations. On trouvera dans le second Volume une de ces dissertations sur la succession & la généalogie des premiers Comtes de Provence, dans laquelle nous examinerons si dans cette Province on possédoit les fiefs aux mêmes conditions qu'en France ou dans l'Empire : c'est de-là que dépend la solution des difficultés qu'on a trouvées dans la généalogie des premiers Comtes de Provence.

Nous citerons les chartes imprimées qui nous auront donné des connoissances utiles, & nous publierons celles qui n'ont point vu le jour; nous ferons connoître les Hommes illustres que la Province a vu naître pendant la durée de chaque Époque : enfin pour ne rien omettre de ce qui peut avoir quelque rapport avec l'histoire de Provence, nous mettrons à la fin du premier volume un Traité des médailles de Marseille, que nous ferons graver. Nous en mettrons deux autres dans le second : l'un sur les monnoies qui ont eu cours en Provence dans le XIe, XIIe, XIIIe, XIVe & XVe siécles, avec le prix des denrées dans les mêmes tems; & l'autre sur l'administration générale de la Province, & en particulier sur celle des Vigueries, des Communautés & des Terres adjacentes.

Nous sentons quelle est l'étendue de notre entreprise; mais nous croyons pouvoir la remplir, parce que nous avons trouvé dans l'esprit patriotique dont les États de Provence sont animés, & dans le zèle des Corps & des Particuliers, des secours qui ont rendu nos recherches plus promptes & plus faciles.

CONDITIONS DE LA SOUSCRIPTION.

L'Ouvrage contiendra quatre à cinq volumes in-4°, de même caractere & sur le même papier que le présent Prospectus.

On paiera en souscrivant . . . . 10 l.

En retirant le Ier volume en feuilles, au mois d'Avril prochain, ... 10 l.

On paiera également 10 liv. pour les volumes qui suivront, excepté pour le dernier qui sera délivré *gratis*.

La Souscription est ouverte à Paris, chez MOUTARD, Libraire de la Reine, quai des Augustins, jusqu'au commencement de Mai, passé lequel temps ceux qui n'auront pas souscrit paieront chaque volume 15 liv. relié.

Il entrera dans cet Ouvrage des Cartes & des Gravures.

Lu & approuvé, ce 23 Octobre 1776. E. B. DE SAUVIGNY.

Vu l'Approbation, permis d'imprimer, ce 23 Octobre 1776.
LE NOIR.

A PARIS, DE L'IMPRIMERIE DE PHILIPPE-DENYS PIERRES,
rue Saint-Jacques, 1776.

HISTOIRE
GÉNÉRALE
DE PROVENCE.

TOME PREMIER.

A PARIS,
DE L'IMPRIMERIE DE PHILIPPE-DENYS PIERRES,
rue Saint-Jacques.

HISTOIRE
GÉNÉRALE
DE PROVENCE,
DÉDIÉE AUX ÉTATS.

TOME PREMIER.

Agrorum cultu, virorumque dignatione, nulli provinciarum poſtferenda. PLIN. Nat. Hiſt. l. 3. c. 5.

A PARIS,
Chez MOUTARD, Libraire-Imprimeur de *LA REINE*,
Quai des Auguſtins.

M. DCC. LXXVII.
AVEC APPROBATION, ET PRIVILEGE DU ROI.

A MONSEIGNEUR
JEAN DE DIEU-RAYMOND DE BOISGELIN,
ARCHEVÊQUE D'AIX,

Conseiller du Roi en tous ses Conseils, Président des États, premier Procureur-né du Pays & Comté de Provence, l'un des Quarante de l'Académie Française.

M. NICOLAS-FRANÇOIS-XAVIER DE CLAPIERS, Marquis de Vauvenargues & de Claps.

M. ANTOINE-FRANÇOIS BARLET, Avocat en la Cour.

M. JEAN-BAPTISTE-JOSEPH-URSULE DE PUGET-BRAS, ancien Capitaine de Dragons, Chevalier de l'Ordre Royal & Militaire de Saint-Louis.

M. CLAUDE-PIERRE-JACQUES GALLICI, Avocat en la Cour.

Maire, Consuls & Assesseur d'Aix, Procureurs des Gens des trois États du Pays & Comté de Provence.

Monseigneur et Messieurs,

Une administration éclairée ne sépare point l'amour des Lettres de l'amour du bien public. C'est aux Lettres que les Nations les plus célèbres ont dû leur gloire ; & l'époque la plus brillante de vos Annales, est celle où les Romains & les Gaulois venoient apprendre dans les Ecoles de Marseille les secrets de l'Éloquence & de la Philosophie. Dans des tems plus modernes, la Poésie Provençale alluma dans le cœur de la Noblesse Française, cet amour de la Chevalerie, auquel la Nation fut en partie redevable de sa gloire, & la société de ses agrémens.

Cet éclat que les Lettres ont jetté en Provence, MONSEIGNEUR & MESSIEURS, n'a rien qui doive surprendre : elles trouvent dans l'imagination vive & sensible des habitans, le germe de leurs progrès & de leur perfection. Mais ce qu'on ne peut s'empêcher d'admirer dans l'Histoire de vos Ancêtres, c'est leur attachement inviolable pour leurs Souverains ; ce zèle éclairé qui fonda votre constitution politique, la mieux combinée peut-être & la plus utile, quand elle est dirigée par des Citoyens qui vous ressemblent ; enfin, ces exemples de patriotisme, qui méritoient d'être rendus publics sous le regne d'un Prince chéri, digne de les voir renouveller; & sous l'administration d'un Prelat-Citoyen, jaloux de les faire connoître. Né avec ce discernement fin qui, dans les ouvrages d'agrément, saisit le vrai & le beau, avec cette étendue d'esprit qui, dans les affaires, combine tous les rapports, & prépare le succès ; il réunit l'approbation du Monarque & le suffrage de la Province, dans un rang, où il y a des devoirs différens à remplir, & des intérêts souvent opposés à concilier.

Par ses soins & par les vôtres, MESSIEURS, les prérogatives des Villes sont respectées, les arts utiles encouragés ; & le commerce intérieur devenu plus facile par ces grandes routes que les Romains eussent avouées, anime l'Agriculture & l'Industrie. Ces monumens exciteront la reconnoissance de la postérité même ; & si je suis jaloux d'y faire passer l'Ouvrage que le public doit à votre amour pour les Lettres, c'est que vos Succeſſeurs, en apprenant ce que vous avez fait pour l'utilité de vos contemporains & la gloire de vos Ancêtres, auront envie de vous imiter; en vous imitant, ils travailleront pour le bonheur de la Province.

Je ſuis, avec un profond reſpect,

MONSEIGNEUR ET MESSIEURS,

Votre très-humble
& très-obéiſſant ſerviteur
PAPON,
de l'Orat. de l'Acad. de Marſ.

PRÉFACE.

Nous n'entreprendrons pas de prouver l'utilité de l'ouvrage dont nous donnons le premier volume. On convient depuis long-tems, qu'il n'y aura de bonne hiftoire générale de la France, & que le droit public ne fera bien connu, qu'après qu'on aura débrouillé les annales de chaque province, montré l'origine des coutumes & des privileges qui lui font propres, les caufes & les progrès de l'induftrie, les changemens politiques, & les établiffemens qui ont occafionné quelque révolution dans les arts & dans les mœurs. On peut dire même que le gouvernement, connoiffant mieux par ces découvertes, le génie & les intérêts de chaque partie de la nation, en pourra profiter pour diriger fes opérations fur un meilleur plan, & des regles plus sûres.

A ces avantages généraux, on peut en ajouter de particuliers, qui regardent le peuple dont on écrit l'hiftoire. Les événemens qui fe font paffés dans le pays que nous habitons, ont pour nous un bien plus grand intérêt, que ceux dont la fcène eft éloignée. Ce font, pour ainfi dire, des événemens de famille qu'il n'eft pas permis d'ignorer; c'eft le tableau des vices & des vertus de nos ancê-

I.
Utilité
de l'histoire
générale
des provinces.
Maniere
de l'envifager.

tres; de ces mêmes hommes, qui ont défriché nos terres, bâti nos villes, établi les loix, créé le commerce, & débrouillé les élémens des sciences dont nous avons hâté les progrès. Ces motifs sont plus que suffisans pour nous attacher à l'histoire de notre pays, & nous la faire préférer à toutes les autres. Mais pour la rendre véritablement utile, il faut avoir soin de représenter le peuple tel qu'il a été dans les différens siecles, avec les modifications & les changemens que le tems & les révolutions ont apportés dans les loix, les mœurs, les usages, les arts & le commerce; autrement, on ne donnera qu'un amas confus de faits, dont il sera difficile de voir la suite & les rapports.

Il n'est pas impossible de suivre ce plan dans l'histoire d'une province. Toutes les sociétés politiques, quelque bornées qu'elles soient, ont un fonds de génie qui leur est propre; & si l'on veut approfondir les causes de leurs progrès, de leur grandeur & de leur décadence, on intéresse presqu'autant que si l'on avoit de grands événemens à décrire. Ce ne sont pas les sieges, les batailles, les conquêtes, qui attachent le lecteur judicieux; c'est le tableau de l'esprit humain, qui chez un peuple resserré dans des limites étroites, a souvent pris des formes d'autant plus variées, qu'il a eu plus d'obstacles à vaincre. Si la plupart des historiographes des provinces ont mis si peu d'intérêt dans leurs ouvrages, c'est qu'ils ne se sont attachés qu'à décrire les faits qui ont rapport à la guerre. Ils feroient quelquefois fortis du cercle étroit où ils se font bornés, s'ils avoient fenti qu'il faut généralifer fes idées, quand le peuple, dont on écrit l'hiftoire, a eu par fa fituation & par fon genre d'induftrie, des rapports avec des nations puiffantes. Un tel peuple doit avoir néceffairement éprouvé leur influence, & tranfmis aux unes la politeffe & les lumieres qu'il avoit reçues des autres. Son hiftoire rentrera donc quelquefois dans l'hiftoire générale, s'en appropriera les grands objets, s'élevera, intéreffera le lecteur, & n'aura ni la féchereffe, ni la ftérilité qui caractérifent la plupart des hiftoires particulieres.

La nôtre eft liée à celle des anciens grecs, par la politeffe & les arts qu'ils nous communiquerent; à celle des gaulois, par le commerce & les lettres que nous leur tranfmimes; enfin, à celle des romains, par l'afcendant que leur génie, leurs conquêtes, leurs vertus & leurs vices même, leur donnerent fur nous. L'on retrouvera leurs mœurs dans le tableau que nous ferons de celles de nos peres; elles étoient en effet les mêmes, à peu de chofes près; parce que, de tous les peuples des Gaules, les provençaux furent ceux qui adopterent plus aifément, & qui conferverent plus long-tems leurs loix & leurs maximes. Mais comme ce ne font point les romains feuls qui les civiliferent; comme les marfeillois y contribuerent autant par leurs colonies & l'activité de leur commerce, que par la supériorité de leurs lumieres, on trouvoit en Provence un mêlange de tout ce que les usages, & le génie des grecs, pouvoient avoir de compatible avec les loix & les mœurs romaines.

II.
Division
de l'ouvrage
et de la
chorographie.

Je parcours rapidement ces objets, parce qu'on les verra traités dans l'histoire avec toute l'étendue qu'ils demandent. Content d'avoir présenté le point de vue sous lequel il me paroît qu'on doit envisager l'histoire générale d'une province, je vais entrer dans quelques détails, pour donner une idée du plan que j'ai suivi. Je commence d'abord par la chorographie, que je divise en deux parties ; car il m'a paru nécessaire de faire connoître ce qu'étoit la Provence du tems de la république romaine & des empereurs, relativement à la population & à la maniere de vivre, & ce qu'elle est aujourd'hui. Dans la premiere partie, je parle des peuples & des villes dont il est mention dans les auteurs romains. Bouche, historien de Provence, a rassemblé sur cet article beaucoup de matériaux ; mais quoique cette partie de son ouvrage soit celle où l'on trouve plus de recherches & de critique, elle fourmille d'erreurs ; & il faut convenir qu'il étoit bien difficile à cet auteur de les éviter dans le tems où il écrivoit. D'ailleurs, il y a mis si peu d'ordre, de précision & de clarté, qu'on a souvent de la peine à démêler ce qu'il veut dire. M. d'Anville a traité le même sujet dans la notice de l'ancienne Gaule, avec beaucoup de critique & d'érudition. Il ne nous auroit rien laissé à desirer, si les difficultés d'un plan aussi étendu que le sien, lui eussent permis d'entrer dans tous les détails, & de traiter chaque article avec l'exactitude dont il est capable. Mais il a oublié de parler de plusieurs peuples & de plusieurs villes (1), qui nous sont connus par des monumens anciens; & sur la position de beaucoup d'autres, il nous a paru que son opinion n'étoit pas la plus sûre. Ces fautes sont inévitables dans un genre de travail, qui demande des recherches qu'on ne peut faire que sur les lieux. En parlant des anciennes villes, je rapporte les inscriptions les plus intéressantes qu'on y a trouvées; & je tâche d'expliquer tout ce qui regarde les usages, les cérémonies religieuses, les différens corps d'artisans, les affranchis, les prêtres & les officiers municipaux dont elles font mention. Cette partie, jointe à l'explication des anciens monumens & au traité des médailles, contiendra tout ce qu'on peut desirer sur les antiquités de Provence.

―――――――――――――

(1) Les peuples sont les *Beritini*, *Gallitæ*, *Triullati*, *Eguituri*, *Nementuri*, *Oratelli*, *Ligauni*, *Quariates*, *Adunicates*, *Caudellenses*. Les lieux dont le même auteur ne parle pas, sont, *Antea*, *Aralucus*, *Machovilla*, *Pagus-Lucretus*, *Avenionetum*, *Constantina*, *Fretta*, *Fraxinetum*, *Stablo*, *Thele*. Nous les rapportons ici, pour qu'on juge d'un coup d'œil de combien d'articles nous avons augmenté la géographie ancienne de la Provence.

Les inscriptions qu'on lit dans Bouche, étant presque toutes mutilées, il m'eût été impossible d'entendre celles que j'en ai prises, & qui sont en petit nombre, sans le secours de M. Séguier, de Nîmes, associé de l'académie des inscriptions & belles-lettres, qui m'en a donné la véritable leçon. Les sciences auroient bientôt fait des progrès, si tous les sçavans étoient comme lui, d'une érudition éclairée, d'une critique sûre, & d'une complaisance qui le rend prodigue de ce qu'il sçait.

La connoissance du local est encore un objet qui n'est point à négliger. Elle sert à répandre du jour sur les événemens, & souvent elle rappelle des révolutions qui tiennent à l'histoire. Mais de trop longs détails seroient déplacés dans cet ouvrage, & nous nous bornerons à parler des différentes qualités des terres qu'on remarque en Provence, & des principaux effets qui en résultent; ensuite, nous ferons connoître le climat & ses variations, par des observations météorologiques, & par un catalogue raisonné des plantes indigenes les plus remarquables, & des plantes exotiques qui se sont naturalisées parmi nous. Le catalogue de celles-ci nous rappellera un des plus grands services que la Provence ait rendus aux Gaules, puisque c'est elle qui leur a transmis les plantes, les arbres & les arbustes que la ville de Marseille nous a procurés par son commerce avec l'Afrique & le Levant, & qui font l'ornement & la richesse de nos jardins.

Après quelques détails sur l'état actuel des villes épiscopales de Provence, on trouvera dans la seconde partie de la chorographie, un abrégé chronologique des évêques, & la fondation des anciennes abbayes. Ces faits tiennent à la religion, & l'on est bien aise de les voir rassemblés dans un ouvrage qui doit contenir tout ce qui s'est passé de mémorable en Provence. Chaque église aime d'ailleurs à trouver son histoire particuliere dans l'histoire générale de la province ; & les anciennes familles sont intéressées à connoître les prélats qu'elles ont donnés aux différens sieges : ajoutons que les actions & les vertus de ces prélats appartiennent à l'histoire civile; mais qu'il auroit été impossible de les y insérer, sans interrompre trop souvent le fil de la narration : j'en ai donc fait un article séparé, qui sera plus exact & plus complet que tout ce qu'on a publié jusqu'à présent. En m'engageant dans ces détails indispensables, j'ai senti que je me serois écarté de mon plan, si je ne rassemblois pas tout ce que chaque diocese offre de plus intéressant en fait d'histoire naturelle & d'antiquités.

Des Evêques.

CEPENDANT ces connoissances préliminaires, qui sont si propres à fixer l'attention du lecteur sur les événemens, laissent encore quelque chose à desirer. On est bien aise de sçavoir quelles étoient les loix, les mœurs, les usages, la religion, & la maniere de vivre du peuple avant qu'il

III.
INTRODUCTION
A L'HISTOIRE.

fût foumis aux romains ; en un mot, on veut juger des changemens que les révolutions ont apportées dans fon caractere & fa conftitution politique ; & combien fous les francs, par exemple, il étoit différent de ce qu'il avoit été fix cens ans avant Jefus-Chrift. Il n'eft pas impoffible de remonter à ces tems reculés. L'état des peuples fauvages, tels qu'étoient les provençaux, & les autres gaulois dans la plus haute antiquité, ne change point. Les inftitutions & les principes, qui font la bafe de la religion & de la fociété, font toujours les mêmes, tant que ces peuples n'ont point de rapports avec les nations policées ; & fi l'on trouve quelqu'ufage qui leur foit commun avec elles, on peut affurer que fon origine ne remonte pas au-delà du tems où ils commencerent à les fréquenter. Cette regle de critique eft inconteftable. Si parmi les pratiques des celtes, nous en obfervons qui appartiennent aux grecs, nous pouvons dire qu'ils les avoient empruntées des marfeillois, & que ceux-ci avoient déjà eu beaucoup d'influence fur les Gaules, avant qu'elles paffaffent fous la domination romaine.

Tels font les objets dont j'ai cru devoir traiter féparément à la tête de l'ouvrage, pour ne rien omettre d'effentiel, & pour débarraffer l'hiftoire d'une infinité de faits, qui n'auroient fervi qu'à y mettre de la confufion, & partager l'attention du lecteur. J'aurois pu parler des principaux fiefs de la Provence, pour faire connoître les différentes

différentes familles qui les ont possédés; je me suis arrêté sur quelques-uns. Celui de la Tour-d'Aigues, dans le diocese d'Aix, a fourni plus que les autres. Si cette maniere de parler des fiefs ne paroît pas entiérement dénuée d'intérêt, je pourrai marquer la succession historique de plusieurs autres, dans un supplément à la chorographie.

LE premier livre de l'histoire contiendra tout ce qui s'est passé de mémorable en Provence, depuis la fondation de Marseille jusqu'au regne d'Antonin, où je termine la premiere époque. Ces siecles stériles & barbares dans l'histoire des Gaules, sont dans l'histoire de Provence le tems des événemens remarquables; on y voit l'arrivée des phocéens, leurs guerres, les progrès de leur puissance, ceux du commerce & de la navigation, l'établissement de leurs colonies; le voyage de Pythéas en Islande, 320 ans avant Jesus-Christ; celui d'Euthyméne, son contemporain, sur les côtes occidentales de l'Afrique; les guerres des romains avec les oxybiens, les décéates & les salyes; le passage des carthaginois; la défaite des ambrons & des teutons, par Marius; les vexations des préteurs; le siege de Marseille par César; les colonies qu'il fonda; les établissemens que fit Auguste; enfin, les batailles qu'il y eut entre les troupes de Vitellius & d'Othon près de la Napoule; sans parler des loix de Marseille, de la maniere dont cette république se

IV.
IDÉE DU PREMIER LIVRE.

gouvernoit, de fon alliance avec Rome, & de quelques autres objets non moins intéreffans.

Revenant enfuite fur tous ces faits, nous examinerons quelle influence les marfeillois eurent fur les gaulois par leurs lumieres & leur commerce, & par quelles caufes les provençaux fe civiliferent & fe corrompirent enfuite. Ce tableau préfente une des révolutions les plus piquantes de notre hiftoire, puifqu'elle nous montre dans le développement des talens & des paffions, les vertus qui forment les empires; & dans leurs progrès, les vices & les abus qui les détruifent. L'époque où la religion commença d'être connue en Provence, fes progrès, fon influence fur la fociété, feront auffi traités dans une jufte étendue, ainfi que la maniere dont la province fut gouvernée fous les romains. Je donnerai en même-tems une idée de l'état des perfonnes, & de l'adminiftration des villes, & je tâcherai de fixer le tems où Marfeille ceffa de fe gouverner par fes propres loix. Les médailles de cette république fourniffent un article que je dois à un magiftrat refpectable. M. le préfident de Saint-Vincent, qui connoît notre hiftoire & l'antiquité, comme s'il n'eût point fait d'autre étude; quoiqu'il ait toujours rempli les devoirs de fon état avec une diftinction qui feroit croire qu'il ne s'eft jamais appliqué à autre chofe: fes lumieres & fon amitié m'ont également fervi pour donner quelque mérite à mon ouvrage, & m'encourager dans un genre de travail rebutant & pénible, qui demande des recherches infinies, une application & des difcuffions continuelles. Le traité des monnoies qui ont eu cours en Provence fous nos comtes, & qui fera imprimé dans le fecond volume, eft auffi de lui. C'eft un morceau intéreffant par les chofes curieufes qu'il renferme fur les mœurs, & fur le prix des denrées dans les XIe, XIIe, XIIIe, XIVe & XVe fiecles.

V.
SECONDE ÉPOQUE.

La feconde époque fe termine au tems où Charles-le-Chauve s'empara de la Provence; elle préfente le tableau de tout ce que l'ambition & la cruauté peuvent produire dans les fiecles de barbarie. Cette province, placée entre l'Italie & les Gaules, fut en proie à tous les partis qui fe formerent en-deçà des Alpes. Sa deftinée fe trouva donc liée à celle de l'empire romain, & les mêmes caufes qui le détruifirent, mirent la Provence fous le joug des barbares. On verra les empereurs la défendre contre des ufurpateurs, enfuite contre les bourguignons & les vifigots, qui s'en emparerent, & la céderent aux oftrogots, d'où elle paffa aux francs, fous lefquels les normans & les farrazins mirent le comble à la mifere publique. Au milieu de ces événemens, le peuple vexé, avili, dégradé, tomba dans un chaos, où à travers les ufages, les loix & les mœurs des barbares, on apperçoit encore l'empreinte de la domination romaine. C'eft une idée que nous développerons conformément au deſſein que nous avons de raſſembler à la fin de chaque époque tout ce qui peut faire connoître la ſituation & le caractere du peuple. Il ſe préſentera de nouveaux articles à traiter, à meſure que nous avancerons, tels que l'hérédité de la nobleſſe, ſous le regne des empereurs & des francs; la naiſſance & les progrès de la puiſſance temporelle du clergé; la diſpute fameuſe qui s'éleva entre l'évêque d'Arles & celui de Vienne au ſujet de la primatie, & les différens démembremens de l'ancienne Narbonnoiſe, dont ſe formerent de nouvelles provinces.

VI.
TROISIEME
ÉPOQUE.

Nous ſuivrons la même marche dans les autres époques. Après le récit des événemens, nous crayonnerons le tableau des mœurs & des uſages. Dans la troiſieme, nous parlerons des communes, de la renaiſſance des lettres, de l'origine de la langue provençale, & de l'influence qu'elle eut ſur l'italien & le français, &c. Nous examinerons ſi en Provence on poſſédoit les fiefs aux mêmes conditions qu'en France, ou dans l'Empire. De-là dépend la ſolution des difficultés qu'on a trouvées dans la généalogie des comtes de Provence, & qui ne ſont point encore éclaircies. Je ne m'étendrai pas ſur la queſtion qui s'eſt élevée entre la Provence & le Languedoc au ſujet de la poſſeſſion du Rhône. M. de Nicolaï d'Arles, aſſocié de l'académie des inſcriptions & belles-let-

PRÉFACE.

tres, dont les lumieres & les recherches m'ont été plus d'une fois utiles, a traité cette matiere avec une érudition & une folidité qui ne laiffent rien à defirer. Je terminerai chaque époque par l'article des hommes illuftres, qui font nés en Provence dans le même intervalle de tems.

PEUT-ÊTRE voudroit-on qu'on les fît connoître dans le cours de la narration en fuivant l'ordre chronologique. Il eft certain que l'hiftoire en paroîtroit plus fçavante, mais elle y perdroit du côté de la clarté. Il faudroit fouvent interrompre le fil des événemens politiques, pour parler d'un faint perfonnage ou d'un homme de lettres, dont les ouvrages & les actions n'auroient aucun rapport avec les faits. S'il y a des occafions où l'on peut placer d'une maniere intéreffante ce qui regarde quelques hommes illuftres; il y en a beaucoup d'autres où tout l'art de l'auteur ne pourroit corriger ce que ces difgreffions auroient de choquant & de difparate. Qu'on releve dans l'hiftoire les actions d'un grand homme diftingué dans l'églife ou dans l'état, rien n'eft plus naturel. Ses actions tiennent par quelqu'endroit à la chaîne des événemens politiques; fouvent même elles les ont fait naître, & ce feroit manquer à l'exactitude, que de ne pas les rapporter. Il n'en eft pas de même d'un orateur, d'un poëte, d'un hiftorien. Il faut, ou les paffer fous filence, ou trai-

VII. HOMMES ILLUSTRES.

ter leur article féparément à la fin de chaque époque. Il en refte dans l'efprit une idée plus nette de l'état des fciences & des lettres.

Ce que je dis des hommes illuftres, on peut le dire des infcriptions & des autres antiquités, &c. Si l'on en parle dans le corps de l'ouvrage, lorfqu'on a occafion de nommer la ville où on les trouve, on fait un étalage d'érudition qui en impofe au commun des lecteurs, & quelquefois même à des fçavans. Mais il arrive de-là qu'on ne traite point la matiere à fond, & qu'on rebute les perfonnes qui n'aiment pas ces fortes de difcuffions. En un mot, on ne contente ni les érudits, ni cette claffe d'hommes qui, fans être ennemis de la fcience, font bien aife qu'on en écarte les épines. Au refte, nous propofons notre opinion, fans la donner pour la meilleure, & encore moins fans vouloir critiquer ceux qui ont fuivi une autre méthode. Mais nous avons cru devoir juftifier la nôtre, & expofer les raifons qui nous ont engagé à traiter féparément de la géographie ancienne de la province, des infcriptions, des antiquités, des médailles, des évêques, & de l'hiftoire naturelle.

M. l'abbé de Capris de Beauvezet, m'a fourni fur les hommes illuftres de Provence, des matériaux dont je ferai ufage quand j'en ferai au XIVe fiecle, ayant déjà tous ceux qui me font néceffaires pour les fiecles antérieurs. Je parlerai ailleurs du mérite de fon travail. Quant à la partie des troubadours, on verra ce que j'ai tiré des manuscrits de M. de Sainte-Palaye. Ce sçavant académicien me les a communiqués avec cette franchise & cette candeur qu'une ame honnête comme la sienne devoit puiser dans un genre d'occupations où tout respire la loyauté des anciens chevaliers. Il ne falloit rien moins que son goût pour les recherches, sa patience infatigable, & ses connoissances pour débrouiller notre vieux langage; car il ne suffisoit pas d'entendre les mots, il falloit encore connoître à fond les usages & les mœurs de ces tems-là. Il n'appartenoit donc qu'à l'auteur des excellens mémoires sur la chevalerie, d'interpreter les poëtes qui l'ont tant célébrée.

Ce service est plus grand qu'on ne pense pour nos provinces méridionales sur-tout, où les troubadours ont vécu. Outre qu'il est intéressant de connoître les commencemens des arts, quelque foibles qu'ils soient, les ouvrages de ces poëtes répandent beaucoup de jour sur des faits dont nous aurions eu de la peine à voir la suite & les rapports. Des usages auparavant inconnus, des anecdotes sur des familles, sur la distinction des états, sur les mœurs, sur la maniere de vivre des gentilshommes & des bourgeois, sur l'éducation, sur le clergé, sur les religieux, viendront se placer d'eux-mêmes dans l'histoire, depuis que M... a fait jouir le public du travail de M. de Sainte-Palaye, auquel il a donné du prix par les agrémens du style, & par les réflexions judicieuses qu'il y a semées. Je rapporterai les vies des troubadours qui sont nés en Provence, dans leur langue originale, avec la traduction à côté. Entre ces vies, on en trouvera sept, qui donneront lieu de regretter que nous n'en ayons pas un plus grand nombre de la même main. Elles sont d'un homme de lettres, qui, après s'être occupé dans sa jeunesse de la lecture de quelques anciens manuscrits qui contiennent les vies & les poésies des troubadours, a depuis tourné ses études vers des objets plus sérieux. Un ami de l'auteur, qui en avoit une copie, a bien voulu nous les communiquer.

VIII. ADMINISTRATION DE LA PROVINCE.

L'ADMINISTRATION de la province est encore un sujet intéressant qui mérite d'être traité dans l'histoire. C'est dans l'administration que se peint le caractere du peuple. S'il a de l'élévation, de la grandeur & de la fermeté, la législation en portera l'empreinte; s'il a été forcé par les circonstances à fixer ses vues sur les détails & l'économie, tous les intérêts seront prévus & combinés; chaque partie du corps politique aura ses droits particuliers, des regles & des moyens pour les défendre. Feu M. de Monclar, procureur général au parlement de Provence, qui m'avoit donné l'idée d'un traité sur cette matiere, s'étoit chargé de le faire. Il avoit dépouillé les cahiers des états depuis la premiere assemblée connue jusqu'à nos jours;

&

PRÉFACE.

& d'après ce qui avoit été conſtamment pratiqué, il devoit expoſer les principes & les regles de l'adminiſtration de la province, des vigueries, des communautés, & des terres adjacentes & privilégiées. La mort, qui a ſurpris ce magiſtrat, m'a privé des ſecours que j'aurois pu retirer de ſes talens. Ce n'eſt pas ici le lieu de parler du citoyen éclairé, qui veut bien ſe charger de remplir cette tâche, digne d'exercer la plume d'un eſprit obſervateur, qui ſaiſiſſe l'enſemble, & qui deſcende dans les détails pour voir les rapports qu'ils ont avec les différentes branches du ſyſtême. J'en parlerai dans le volume où ce traité doit être mis.

IX.
Difficultés
de l'entreprise.

Il eſt aiſé de voir qu'un plan auſſi vaſte que celui de cette hiſtoire, demande des recherches infinies. Les ouvrages imprimés qu'il faut lire, ſuffiroient ſeuls pour occuper un homme. On trouve des matériaux auſſi difficiles à raſſembler, qu'à mettre en œuvre dans les auteurs grecs & latins qui parlent de la république de Marſeille; dans l'hiſtoire de l'Italie ancienne & moderne; dans celle d'Eſpagne, & des provinces voiſines de la nôtre; dans celle des francs, des bourguignons & des gots; dans les vies des ſaints & les conciles ; dans les auteurs eccléſiaſtiques, tels que Salvien; enfin dans les antiquaires. Les chartes offrent enſuite un chaos où l'on ſe perd. Il faut lire, comparer, rebuter, extraire. Sur cent, on en trouve quelquefois dix qui sont utiles. Même travail, même embarras pour les manuscrits où tout est diffus, informe, mal digéré. Quel seroit l'auteur qui ne succomberoit pas sous le poids de tant de difficultés, s'il n'étoit encouragé par une administration éclairée & sage, qui, sçachant apprécier les arts & le zèle, mérite de les voir concourir à ses desseins. Messieurs les procureurs du pays se font une loi de favoriser cette histoire, & l'on peut la regarder comme leur ouvrage, par l'intérêt qu'ils y prennent ; intérêt dirigé par un prélat, dont les vues sont heureusement secondées par les talens (1).

M. l'archevêque d'Aix.

X.
MANIERE DE FAIRE L'HIST. D'UNE PROVINCE.

QUAND on a rassemblé les matériaux, il n'est pas aussi facile qu'on pense de les rédiger, & de cacher les vuides qu'on trouve dans l'histoire. Il faut beaucoup d'art pour rapprocher les événemens; il en faut encore davantage pour les lier de maniere qu'ils forment un ensemble dont toutes les parties aient du rapport entr'elles, sans charger le récit de discussions inutiles pour les sçavans, & en-

---

(1) Ces Messieurs sont, M. le marquis de Méjanes, seigneur du Baron, de Saint-Vincent, Beauchamp & autres lieux; noble Joseph-François de Pochet, écuyer, avocat en la cour ; M. le comte de Thomassin-Saint-Paul, & M. Olivier, maire, consuls & assesseur d'Aix, &c.

nuyeufes pour le commun des lecteurs. Il y a des chofes que tout le monde fçait ; d'autres, qu'il fuffit d'appuyer de l'autorité des hiftoriens. S'il s'en trouve qui aient befoin d'être éclaircies, l'auteur doit les examiner en fon particulier, & quand il croit avoir faifi la vérité, il doit la préfenter avec confiance, fans affocier le lecteur à la peine & à l'ennui qu'il a eu de difcuter. C'eft affez qu'il rapporte dans une note, les preuves fur lefquelles il s'eft décidé pour une opinion plutôt que pour une autre ; s'il s'écarte de cette méthode, au lieu d'une hiftoire, il fera une differtation en plufieurs volumes, que l'on confultera quelquefois, mais qu'on ne lira jamais de fuite, & le peuple qui en eft l'objet, demeurera auffi inconnu qu'auparavant.

Je fçais bien que l'hiftoire d'une province demande plus de détails que l'hiftoire générale du royaume ; des faits qui font néceffaires dans l'une, feroient déplacés dans l'autre. Pour faire connoître le génie d'une grande nation, & les caufes de fa grandeur & de fa décadence, les traits principaux, les événemens les plus remarquables fuffifent. Il faut plus de détails pour peindre le caractere d'un peuple particulier ; mais il y a un choix à faire, & l'on ne doit pas écrire tout ce qu'on lit. Les bienfaits des fouverains & de leurs vaffaux envers les monafteres & les églifes ; les procès des feigneurs, leurs tranfactions, leurs mariages, leurs alliances, leurs querelles, la nomination de leurs officiers, les redevances qu'ils payoient ou qu'ils recevoient, & tant d'autres chofes de cette efpece, ne paroiffent pas fort importantes. Quand on a pris dans une charte, ce qui eft néceffaire pour éclaircir la chronologie, faire connoître un nouvel ufage, une anecdote, une famille, le prix des denrées, la monnoie qui avoit cours, le génie du fiecle, les loix, la maniere de rendre la juftice, doit-on y revenir encore? Eft-il même à propos d'analyfer des actes qui régloient de modiques intérêts dont perfonne ne fe foucie? De rapporter les conditions d'un petit traité, qui dans le tems même n'intéreffoit que les parties contractantes? Les noms des témoins ne feroient-ils pas mieux placés au bas des pages? Que dirons-nous encore de ces circonftances hors d'œuvre, de ces digreffions continuelles, qui font perdre de vue à chaque inftant l'objet principal, pour nous apprendre des particularités que perfonne n'ignore, ou que tout le monde eft bien aife d'ignorer? Au refte, ces digreffions qui nous paroiffent inutiles, & ces particularités qui font devenues triviales, ne l'étoient pas il y a quarante ou cinquante ans. Elles ont fervi même à répandre du jour fur beaucoup de faits que fans elles nous ignorerions peut-être encore. Ainfi, quoiqu'on doive les éviter aujourd'hui, on ne doit cependant pas les condamner dans les ouvrages où elles se trouvent.

En effet, elles n'empêchent pas que nous n'ayons des histoires de province très-estimables. Les PP. bénédictins qui ont couru cette carriere avec honneur, en ont publié dont on louera toujours l'érudition & l'exactitude. Ces deux qualités sont les deux premieres qualités de l'histoire. Il faut y joindre, si l'on peut, le mérite de la composition. Tout ne doit pas être discussion & critique dans un ouvrage; mais la critique & la discussion doivent présider à l'ordonnance du tableau; la morale & la politique lui donner l'ame; l'art & le goût, le coloris. Pour nous qui voyons le but, sans avoir la force de l'atteindre, nous tâcherons d'éviter quelques-uns des défauts que nous venons de remarquer. C'est dans ce dessein que nous avons traité séparément de tout ce qui méritoit d'être présenté de suite & sous le même point de vue, afin de débarrasser le récit de ces objets disparates, qui dans une histoire partagent l'attention du lecteur & le fatiguent. Quant aux faits, nous n'avons rien oublié pour les rapprocher, & les lier de maniere qu'on n'apperçoive point les vuides. Il est certain qu'il n'y en a point d'entiérement isolé. Ceux qui n'ont point de rapports entr'eux, en ont avec le caractere ou avec les intérêts du peuple. L'historien qui les saisit a l'avantage de fondre ensemble les actions avec la morale & la politique, & de faire un tableau mouvant où tout inftruit & intéreffe.

XI.
JUGEMENT DES HISTORIENS DE PROVENCE.

Il ne faut pas s'attendre à trouver cette maniere de traiter l'hiftoire, dans les auteurs qui fe font attachés à celle de Provence. Ayant été les premiers à la tirer du chaos, c'eft affez qu'ils aient éclairci plufieurs difficultés & raffemblé les faits principaux. Sans leur travail nous n'aurions peut-être pas ofé entreprendre le nôtre; ou du moins nous n'aurions pu nous flatter de pouffer nos recherches auffi loin que nous comptons le faire.

De Clapiers.

François de Clapiers, feigneur de Vauvenargues, eft le premier qui fe foit occupé de notre hiftoire; & c'eft fous l'adminiftration d'un de fes defcendans qu'elle s'imprime; car l'amour des lettres & du bien public eft héréditaire dans fa famille (1). Le traité que ce magiftrat fit imprimer en latin fur la généalogie des comtes de Provence, quoiqu'il contienne beaucoup d'erreurs, fait regretter que l'auteur n'ait pas vécu dans un fiecle plus éclairé. Avec le zèle & les talens qu'il avoit, il auroit pouffé loin fes recherches: mais ayant écrit vers le milieu du XVIe fiecle, il étoit difficile de ne pas s'égarer.

Noftradamus.

On ne trouve prefque rien à louer dans Céfar Noftra-

---

(1) M. le marquis de Vauvenargues, premier procureur du pays aux années 1775 & 1776.

damus, que quelques détails sur les troubles de Provence. A juger de son caractere par son travail, c'étoit un homme peu appliqué, sans critique, & adoptant légérement tous les mémoires qu'on lui fournissoit, & les erreurs qu'il trouvoit imprimées. Il semble n'avoir écrit que pour faire connoître les familles nobles, & dès-lors il renonçoit aux qualités que l'histoire demande. Les vies des troubadours qu'il a publiées, ont été faites dans le même esprit, & l'on doit les regarder comme des contes apocryphes; car elles ne s'accordent en rien avec les manuscrits originaux qui m'ont passé par les mains.

Bouche, auteur estimable & laborieux, avoit du jugement & du sçavoir, deux qualités essentielles pour un historien. Mais il manquoit entiérement de goût, avoit peu de critique, & encore moins d'ordre, de précision & de clarté. Borné dans ses vues, uniquement occupé à rassembler les faits qui ont rapport à la guerre, il ne nous a donné que des annales assez mal rédigées, qui ne sont pas même complettes; car il ne connoissoit pas toutes les sources de notre histoire. Si l'on vouloit retrancher de ses deux volumes *in-folio*, tout ce qu'il y a de faux & d'inutile, on pourroit aisément les réduire à trois ou quatre *in*-12. Cet abrégé feroit encore honneur au mérite & aux recherches de l'auteur.

_{Bouche.}

Gaufridi me paroît avoir peu consulté les auteurs ori-

_{Gaufridi.}

ginaux, & n'avoir pas mieux connu l'esprit de l'histoire que le précédent. Rien n'est plus sec, ni moins instructif, ni moins intéressant que son ouvrage jusqu'au XIIe siecle. Après cette époque, on y trouve quelques recherches mêlées avec des traditions populaires qui les déparent. Ce magistrat, recommandable d'ailleurs par son zèle & ses lumieres, ne donnoit sans doute à l'histoire que les momens de loisir que lui laissoient des occupations plus importantes. Mais il ne cite pas ses autorités, & la maniere dont il expose les faits, n'inspire pas assez de confiance dans sa critique. Aussi son ouvrage, qui n'a pas même le mérite du style, n'a-t-il pas fait oublier celui de Bouche tout informe qu'il est.

Ruffi. L'histoire de Marseille par Ruffi, quoique mal rédigée, est encore ce que nous avons de mieux. Cet auteur ne dit pas tout, non plus que son fils, qui en a donné une seconde édition avec des augmentations ; mais en général ce qu'ils disent est exact. Je n'en excepte que la partie de l'histoire ancienne, où l'on voudroit plus de recherches & de critique. Leurs matériaux seroient excellens pour faire une nouvelle histoire de Marseille, où l'on inféreroit avec de nouvelles découvertes, tout ce qui regarde les mœurs, les arts & le commerce ; en un mot, la partie philosophique. Quant au style, il seroit aisé de l'emporter sur ces deux auteurs qui n'en avoient
point

point. C'est la partie la plus difficile dans les histoires particulieres, où tout doit être soumis à la discussion & à la plus sévere critique; où enfin l'imagination & le sentiment ont très-peu de jeu : je ne dirai rien de Pitton, historien de la ville d'Aix. Il est tombé dans les mêmes défauts que les historiens dont je viens de parler; & son ouvrage contient moins de recherches. On en trouve beaucoup plus à proportion dans ses annales de l'église d'Aix; on y trouve même de la critique en certains endroits.

Il est donc vrai de dire que l'histoire de Provence est à peine ébauchée. Les recherches, les voyages & les dépenses qu'elle exige, ont dû nécessairement décourager quiconque étoit en état de l'entreprendre. M. de Peyresc, cet homme qui sçavoit de tout & qui le sçavoit bien, s'en occupa long-tems. Mais il n'avoit, ni assez de santé, ni assez de loisir pour faire les sacrifices qu'elle demande. Ceux qui, ayant eu plus de tems & de constance, se sont livrés à ce travail, n'y ont point apporté les talens de cet homme célèbre : d'ailleurs ils manquoient de secours. Les annales de l'Italie & de la France étoient encore dans la poussiere des bibliothéques : le Languedoc & le Dauphiné n'avoient point d'historiens ; l'étude de l'antiquité commençoit à peine; enfin, l'art d'écrire l'histoire étoit peu connu.

Tome I.

Il s'agit à présent de faire l'ouvrage. On peut juger, par tout ce que nous venons de dire, combien l'entreprise est difficile. Mais si le lecteur est plus sévere, on trouve aussi plus de secours. J'en ai beaucoup trouvé dans la riche bibliothéque de M. le marquis de Méjanes, qui est très-versé dans la connoissance des livres, & qui les prête avec la loyauté d'un citoyen, à qui rien de ce qui intéresse les lettres & le bien public, n'est indifférent. On peut dire encore que l'histoire est aujourd'hui plus connue, & que les sçavans sont en plus grand nombre & plus communicatifs. Je me ferai un devoir de rendre justice à tous ceux qui voudront contribuer à cet ouvrage par leurs lumieres, ou par les manuscrits dont ils sont dépositaires. L'histoire d'une province est un dépôt général où tous les citoyens instruits doivent porter leur tribut. L'auteur n'en est que le rédacteur, & s'il acquiert quelque gloire, il sera flatté de la partager avec eux.

Les chartes sont les objets qui l'intéressent davantage. Ce n'est pas qu'on ne doive les lire avec une espece de défiance; moins encore pour discerner les fausses d'avec les vraies, que pour ne pas adopter légérement tout ce qu'elles renferment. Souvent on y voit des déclamations sur la corruption du siecle, au sujet de quelques injustices commises par des particuliers; quelquefois ce sont des éloges outrés donnés à des personnes en place, dont la conduite n'est rien moins qu'un modele à proposer. Si l'on veut juger des mœurs du tems par ces traits isolés, on risque de se tromper. Pour saisir le véritable point, il faut alors avoir beaucoup de chartes, & en avoir même de plusieurs diocéses; il faut les comparer entr'elles; & avec les historiens du tems, & même avec l'histoire des provinces voisines ; car le ton du siecle est à-peu-près le même dans les provinces limitrophes, lorsqu'il n'y a pas d'ailleurs des circonstances locales qui produisent quelque différence. Les personnes qui possedent ces anciens titres, font souvent difficulté de les communiquer ; c'est qu'elles ne sçavent pas que l'unique objet de l'auteur est de chercher dans ces vieux titres des dates pour éclaircir la chronologie, & la succession des souverains & des évêques ; des faits historiques; des traits qui aient rapport aux anciennes familles, aux mœurs, aux usages, au cours de la monnoie, à l'état des personnes, à l'administration de la justice, &c. Tout ce qui regle les droits respectifs des particuliers, & qui pourroit donner matiere à des contestations, lui est étranger. Il peut aisément le passer en rapportant un titre sans rien omettre d'essentiel.

Nous n'avons donc point de refus à craindre quand nous demanderons la communication de quelques archives. Dans un siecle éclairé & poli comme le nôtre, on s'eſtime trop heureux de faciliter un travail qui n'a pour objet que l'utilité publique. Nous aurions d'ailleurs un bel exemple à citer: c'eſt celui de la cour des comptes de Provence. M. le marquis d'Albertas, premier préſident, & MM. les commiſſaires, ont ſecondé notre zèle avec une politeſſe & une honnêteté qui méritent notre reconnoiſſance. Nous parlerons quand il en ſera tems, des autres archives que nous aurons viſitées.

HISTOIRE

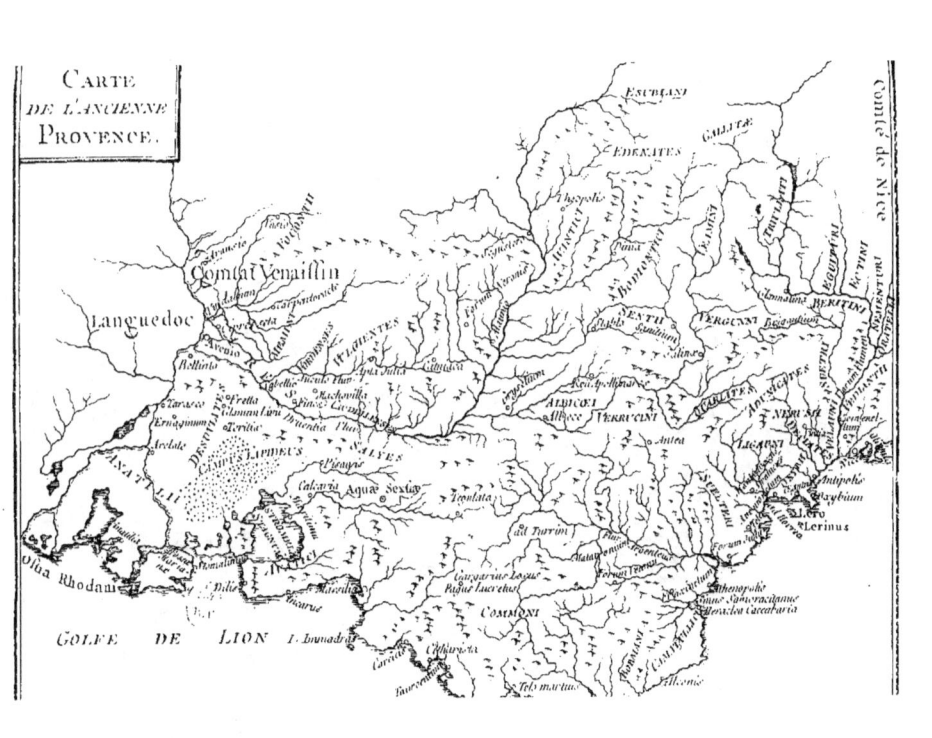

HISTOIRE
GÉNÉRALE
DE PROVENCE.

CHOROGRAPHIE.

PREMIERE PARTIE.

EN rapportant les faits qui se sont passés en Provence dans les siécles les plus reculés, nous voudrions pouvoir la désigner par un nom qui lui fût propre ; mais il est à présumer qu'elle n'en avoit aucun, avant que les Romains la soumissent à leur domi-

Tome I.   A

CHOROGRAPHIE.
I. Partie.

nation. Les Gaules n'étoient pas alors divisées en provinces comme elles l'ont été depuis Auguste : on ne connoissoit point d'autre division que celle des peuples, des cités & des cantons : on disoit, par exemple, *Arverni, Segusiani*; les Auvergnats, les Forisiens; pour dire, l'Auvergne, le Forez.

On appelloit *cité*, le pays habité par une nation plus ou moins nombreuse. On donnoit le nom de *pagi*, que nous rendons par celui de cantons, aux différens districts compris dans la cité, & occupés par les peuples qui composoient la nation. On peut donc regarder la partie de la Provence renfermée d'un côté entre la Durance, le Verdon & la mer, & de l'autre, entre le Rhône & le Var, comme ayant formé une cité du tems des Gaulois ; car Strabon assure qu'elle étoit occupée par les Salyes, & divisée en dix cantons, c'est-à-dire, qu'elle étoit habitée par dix peuples, dont les Salyes étoient les plus puissans. Ces peuples réunis sous les mêmes loix, pour leur défense commune, dépendoient d'un chef, auquel les historiens latins donnent le nom de roi. Nous présumons qu'il y avoit deux autres cités en Provence : celle des peuples situés au nord de la Durance, & celle des Alpes maritimes ; mais nous n'en trouvons pas assez de preuves dans les anciens auteurs, pour oser l'affirmer.

Chaque canton avoit pour capitale un bourg, où demeuroient les prêtres & les familles les plus notables. On ne trouvoit dans le reste que des hameaux, ou des habitations isolées. Mais quand les Romains se furent rendus maîtres de la Provence, tout changea de face. Les habitans se civiliserent, la terre fut cultivée, le commerce s'étendit, & l'on vit des villes s'élever dans des lieux auparavant couverts de bois & de marais ; la plupart d'entr'elles conserverent le nom gaulois qu'on donnoit depuis long-tems à l'endroit où elles furent bâties. On en trouvera plusieurs exemples dans la chorographie.

Quand je dis que la Provence n'avoit point de nom qui lui fût propre avant l'invafion des Romains, on n'en doit pas conclure qu'elle leur fût inconnue. Ils la comprenoient dans la Ligurie; c'eft le nom qu'ils donnoient à une grande partie des côtes de la Méditerranée : car *Ligour*, en celtique, fignifie homme de mer. Ce ne fut qu'après la conquête qu'ils diftinguerent cette province des autres : ils l'appellerent d'abord *province* ou *province Romaine*, enfuite *province Narbonnoife* fous Augufte. Mais fous cette dénomination, on comprenoit le Languedoc, le Vivarais, le Dauphiné & la Savoie. Enfin, ils lui donnerent le nom de *Narbonnoife feconde* au milieu du IVe fiécle ; & fimplement celui de province, *provincia*, dans le VIe; d'où eft venu le nom qu'elle porte à préfent. On trouvera un plus long détail fur ce fujet dans une note du troifiéme livre de cette hiftoire, où nous parlerons des différentes divifions des Gaules.

Pour faire connoître la pofition des anciennes villes de Provence, nous en donnerons une notice, conformément à l'ordre qu'on a fuivi dans l'itinéraire d'Antonin & la table de Peutinger : nous y ajouterons la nomenclature de celles qui nous font connues par d'autres monumens. Enfuite nous parlerons des peuples mentionnés dans les auteurs romains. Nous commencerons par ceux des Alpes, puis nous fuivrons les côtes depuis le Var jufqu'au Rhône, & nous finirons par ceux qui habitoient l'intérieur de la province.

L'ufage des cartes géographiques étoit connu des Romains, qui imaginerent les itinéraires, lorfque l'étendue de leurs conquêtes leur eut fait fentir la néceffité de marquer les ftations des troupes. Sous les empereurs on diftribuoit de ces cartes itinéraires aux généraux à qui l'on confioit une expédition, aux magiftrats chargés de régler la marche des troupes, & même à ceux qui avoient l'infpection des voitures publiques. On trouvera la preuve de tous ces faits dans la préface que M. Wefeling a mife à la tête de fon édition des itinéraires.

CHOROGRAPHIE.
I. Partie.

On distingue parmi ces ouvrages géographiques, la table de Peutinger, & les itinéraires d'Antonin. La premiere est ainsi nommée, parce-qu'elle étoit conservée à Ausbourg dans le cabinet de Conrad Peutinger, mort en 1547. On la nomme aussi table Théodosienne, parce qu'on croit qu'elle fût dressée sous l'empire de Théodose, ou de ses enfans. *Chunradus Celtes*, qui mourut sur la fin du XVe siécle, en découvrit le premier exemplaire, qui fut mis dans le cabinet de Peutinger, dont les descendans le vendirent au prince Eugene en 1715. Il a passé de la bibliotheque de ce prince à celle de l'empereur. Les itinéraires d'Antonin sont attribués à l'empereur de ce nom, surnommé Pie, mort l'an 161 de l'ere chrétienne. Nous allons commencer par celui qui nous donne la description géographique des côtes de Provence, & nous mettrons à côté des numéros qui marquent les distances, les corrections que nous croyons devoir y faire.

Antonini Augusti itinerarium maritimum, P. Wesseling.
Edit. d'Amst. p. 506.

			Corrections.
Ab Anaone ad Olivulam portus . .	M. p	xij	
Ab Olivula, Nicia plagia	M. p	v	
A Nicia, Antipoli portus	M. p	xvj	vj
Ab Antipoli, Lero & Lerinus insulæ .	M. p	xj	
A Lero & Lerino, foro Juli portus . .	M. p	xxiv	xix
A foro Juli sinus, Sambracitanus & Heraclia Caccabaria portus	M. p	xvj	
Ab Heraclia Caccabaria, Alconis . .	M. p	xij	
Ab Alconis, Pomponianis portus . .	M. p	x	xxxxxx
A Pomponianis, Telone Martio portus	M. p	xv	
(1) *A Telone Martio, Æmines positio* .	M. p	xij	

(1) Nous avons rétabli la position de plusieurs lieux qui sont manifestement transposés dans l'itinéraire, où on les trouve dans l'ordre suivant.

A Telone Martio, Tauoento portus . . . . M. p xij

DE PROVENCE.

A portu Æmines, Tauroento & Citharista portus	M. p	xij	*Corrections.*
A Citharista, Carsicis portus	M. p	vj	
A Carsicis, Immadras positio	M. p	xij	vij
Ab Immadris, Massilia Græcorum portus	M. p	xij	vij
A Massilia Græcorum, Incaro positio .	M. p	xij	xv
Ab Incaro, Dilis positio	M. p	viij	
A Dilis, fossis Marianis portus . . .	M. p	xx	
A Fossis ad gradum Massilitanorum . .	M. p	xvj	
Fluvius Rhodanus			

CHOROGRAPHIE.
I. Partie.

Itinéraire d'Antonin par terre, depuis Cimiez jusqu'à Arles.

Cemenellum			
Varum Flumen	M. p	vj	
Antipolim	M. p	x	
Ad Horrea	M. p	xij	vij
Forum Julii	M. p	xviij	
Forum Voconii	M. p	xxiiij	
Matavonem	M. p	xij	vij
Ad Turrim	M. p	xiiij	
Tegulatam	M. p	xvj	
Aquas Sextias	M. p	xvj	
Massiliam	M. p	xviij	
Calcaria	M. p	xiv	
Fossas Marianas	M. p	xxxiiij	
Arelate	M. p	xxxiij	

A Tauroento, Carsicis portus . . . . M. p xij
A Carsicis, Citharista portus . . . . M. p xviij
A Citharista porto, Æmines positio . . . . M. p vj
A portu Æmines, Immadras positio . . . . M. p xij

Il n'y a personne qui étant au fait du local, ne s'apperçoive que cet endroit de l'itinéraire a besoin d'être réformé.

Table de Peutinger, dans laquelle on verra quelque différence dans les distances.

			Corrections.
Gemenello			
Varum Flumen	M. p	vj	
Antipoli	M. p	x	
Ad Horrea	M. p	xij	
Foro Julii	M. p	xvij	
Foro Voconii	M. p	xvij	
Matavone	M. p	xxij	
Ad Turrem	M. p	xvij	
Tegulata	M. p	xvj	
Aquis Sextiis	M. p	xv	
Massilia Græcorum	M. p	xviij	
Calcaria	M. p	xiiij	xxiiij
Fossis Marianis	M. p	xxxiiij	xxiiij

Du Canet à Riez.

Forum Voconii			
Anteis	M. p	xviij	
Reis Apollinaris	M. p	xxxij	xxij

D'Aix à Arles par Pélissane.

Aquis Sextiis		
Pisavis	M. p	xviij
Tericias	M. p	xviij
Glanum	M. p	xj
Ernagina	M. p	viij
Arelate	M. p	vj

DE PROVENCE.

Itinéraire d'Antonin en venant dans les Gaules par les Alpes Cottiennes.

Corrections.

Caturigas		
Vapincum	M. p	xij
Alabonte vel Alamonte	M. p	xviij
Segusterone	M. p	xvj
Alaunio	M. p	xxiiij
Catuiaca	M. p	xvj
Apta Julia	M. p	xv
Fines	M. p	vj
Cabellione	M. p	xij
Glano	M. p	xvj
Ernagino	M. p	xij
Arelate	M. p	vij

Même route suivant la table de Peutinger, qui nous donne des différences dans les distances.

Vapincum		
Alabonte	M. p	xviij
Segusterone	M. p	xvj
Alaunio	M. p	xiiij
Catuiaca	M. p	xvj
Apta Julia	M. p	xij
Fines	M. p	xij
Cabellione	M. p	xij
Glano	M. p	xij
Ernagena	M. P	viij
Arelate	M. p	vj

Itinéraire de Bordeaux à Jérusalem, écrit vers la fin du regne de Constantin, vers l'an 335 de Jesus-Christ.

Civitas Arelate	. . . .	M. p	*Corrections.*
Mutatio Arnagine	. . . .	M. p	viij
Mutatio Bellinto	. . . .	M. p	x
Civitas Avenione	. . . .	M. p	v
Mutatio Cypresseta	. . . .	M. p	v
Civitas Araufione	. . . .	M. p	xv

Interprétation de l'Itinéraire maritime.

ANAO est le nom de l'anse formée par le cap de *San-Souspir* & appellée la *Tonnare*, parce qu'on y fait la pêche du thon. Le mot de *San-Souspir* est formé du nom de *S. Hospice*, fameux solitaire, dont nous parlerons dans l'histoire. Il menoit la même vie que les anachoretes d'Egypte.

OLIVULA, c'est ainsi qu'on nommoit autrefois le village de *Mont-Olive*, situé à côté & à l'orient de Ville-Franche dans le fond d'une anse. Ce village étant exposé aux incursions des pirates, se dépeuploit insensiblement, lorsque Charles II, roi de Sicile & comte de Provence, forma le dessein de faire bâtir Ville-Franche sur la fin du XIII° siécle, environ l'an 1295. La situation du lieu, la grandeur du port & les franchises que ce prince y attacha, eurent bientôt rendu cette ville assez considérable pour être en état de résister aux pirates. C'est alors que le village de *Mont-Olive* fut entiérement abandonné, les habitans lui ayant préféré Ville-Franche, où ils trouvoient plus d'avantages & de sûreté. Dans le XIV° siécle on appelloit encore le port de Ville-Franche *portum Olivæ*.

NICÆA. (1) Nice, colonie marseilloise située sur le bord de la

---

(1) Cette ville est séparée du fauxbourg par le torrent de *Paillon*, appellé *Paulon*

mer à une lieue de l'embouchure du Var, tenoit un rang diftingué parmi les villes grecques des Gaules, quand les Romains entreprirent la conquête de la Provence, environ cent cinquante-huit ans avant Jefus-Chrift. Les anciens Marfeillois, qui la fonderent, lui donnerent le nom de NIKH, qui fignifie victoire, en mémoire des avantages qu'ils avoient remportés dans cet endroit fur les Liguriens. Strabon nous apprend que long-tems avant qu'il écrivit fa géographie, il y avoit à Nice beaucoup de vaiffeaux, un arcenal & un grand nombre de machines de guerre, dont les Romains s'étoient utilement fervis pour la conquête de la Provence. Du tems de cet auteur les Marfeillois en étoient encore les maîtres, quoiqu'ils euffent déja perdu les autres colonies. Ils donnoient à cette ville, fuivant l'ufage des métropoles, le premier miniftre de la religion, les premiers magiftrats, les loix nouvelles dont elle avoit befoin, & en recevoient un tribut tous les ans. L'infcription que nous allons rapporter, & que nous croyons être du commencement du fecond fiecle de l'ere chrétienne, prouve que non-feulement Marfeille n'avoit plus alors aucun droit fur les colonies, mais encore qu'elle avoit été affujettie par les Romains à une nouvelle forme d'adminiftration; car elle avoit fes *Quefteurs* & fes *Duumvirs*; il eft même vraifemblable qu'on l'avoit réduite en *préfecture*, c'eft-à-dire, qu'on lui avoit ôté le droit de fe gouverner par fes propres loix, & d'élire fes magiftrats. Ceux qui la gouvernoient étoient peut-être tous citoyens Romains, ou par droit de naiffance ou par droit de fuffrage. Tel étoit du moins Q. *Memmius Macrimus*, qui avoit été *Quefteur*, *Duumvir Quinquennal* & *Préfet* à Marfeille, & enfuite *Vice-Duumvir Quinquennal*.

CHOROGRAPHIE.
I. Partie.

Spanh. de præft. num. t. 1. p. 580.

Voyez ci-après, article *Marfeille*.

---

du tems des Romains, car il eft étonnant combien les anciens noms ont fouffert peu d'altérations en Provence; ce qu'il faut fans doute attribuer à la langue provençale, qui n'a prefque point fait de changement aux mots dérivés du latin.

Q. MEMMIO. MACRINO. Q. II. VIR. MASSIL. Q. Q
ITEM. PRAEFECTO. PR. II. VIRO. Q. Q
AGONOTHETAE
EPISCOPO. NICAENSIVM

Le titre d'*Agonothetæ* prouve qu'il préfidoit aux jeux publics célébrés à Nice, & celui d'*Epifcopo* qu'il étoit chargé de tout ce qui avoit rapport à la police.

Quoiqu'on ne fache pas au jufte jufqu'à quel tems la ville de Nice fut fous la dépendance des Marfeillois, on vient de voir qu'ils ne la poffédérent pas long-tems après le regne de Tibere, fous lequel elle dépendoit encore de Marfeille, comme Strabon qui vivoit alors nous l'affure. Le grand nombre d'infcriptions qu'on y a trouvées nous retrace par-tout la domination romaine. En voici une des plus intéreffantes fur les cérémonies funéraires. Laïs ayant perdu fes deux fils P. *Petreïus Quadratus*, & P. *Evarifte*, leur décerna une ftatue, & donna douze mille fefterces au collége des *Centonarii*, à condition que de l'intérêt de cette fomme, ils feroient tous les ans, le cinq des ides d'Avril, qui étoit le jour de la naiffance, & en même-tems de l'anniverfaire de *Petreïus*, un facrifice expiatoire, donneroient un feftin dans le temple, & lui éleveroient une ftatue couronnée de fleurs.

P. PETREIO. P. F. QUADRATO. ET. P. EVA
RISTO. LAIS. MATER. STATUAM. POSUIT. OB
CUJUS. DEDICAT. COLL. CENT. EPULUM. EX. MORE
EX IP * .... H. S. XII. UT. QUOTANN. IN. PERPET
DIE. NATALI. QUADR. V. JD. AP. QUA
RELIQUIAE. EJUS. CONDITAE. SUNT. SACRI
FICIUM. FACERENT. AN. FARE. ET. LIBO. ET
IN. TEMPLO. EX. MORE. EPULARENTUR. ET. RO
SAS. SUO. TEMPORE. DEDUCERENT. ET. STA
TUAM. DECERNT ET. CORONARNT. QUOD. SE
FACTUROS. RECEPERUNT

* *Exhibitum.*

Il feroit trop long de rapporter les autres inscriptions qui peuvent donner une idée de la grandeur de cette ville. Cependant quelque florissante qu'elle ait été du tems des anciens Marseillois, elle perdit beaucoup de sa grandeur & de son lustre sous les empereurs Romains. Elle n'est désignée dans les auteurs du bas empire, que par les qualifications de *port de Nice* ou de *château de Nice*; au lieu que Cimiez eut le titre de ville, *civitas Cemenelium* ou *Cimelion*. Nous voyons même par les souscriptions des conciles, que quand ces deux villes ne formoient qu'un seul évêché, l'évêque se qualifioit par préférence évêque de Cimiez.

Celle-ci ayant été jusqu'à la fin du IVe siecle capitale des Alpes maritimes, devoit être plus considérable, non-seulement par le nombre & la qualité des habitans, mais encore par la beauté des édifices. Nice au contraire déchut de sa splendeur, quand les guerres & les révolutions arrivées dans l'empire eurent presque détruit le commerce. Elle étoit particuliérement habitée par des marchands, la plupart Grecs & Juifs, & par des pêcheurs ; mais elle s'accrut ensuite par la destruction de Cimiez, & parce que sa situation sur la mer y attira du monde de toutes parts. On la comptoit déja dans le XIIe siecle parmi les principales villes de la province. Son administration, qui avoit dès-lors une forme réglée, tenoit de l'ancienne municipalité établie par les Romains ; aussi eut-elle des privileges que l'autorité des comtes respecta, & qui furent cause qu'elle s'érigea insensiblement en république, ainsi qu'on le verra dans l'histoire. Cette ville est adossée à une montagne qui la sépare de la mer du côté du midi, & sur laquelle étoit autrefois un fort qui passoit pour imprenable. Il avoit été bâti en 1440, sous le regne d'Amédée VIII. Nicod de Menton, de l'ancienne maison de ce nom en Savoie, étoit alors gouverneur de la ville. On en trouve la preuve dans une mauvaise inscription gravée sur une pierre, qui se voit encore dans un jardin d'Antibes.

ANTIPOLIS. Cette ville fut ainsi nommée d'un mot grec qui

signifie vis-à-vis, à l'opposé ; parce qu'elle est en effet située vis-à-vis de Nice, en deçà du Var. On ne sait pas précisément en quel tems les Marseillois fonderent ces deux villes. Il y a toute apparence que ce fut vers la fin du IIIe siecle de leur république : leur gouvernement avoit pris alors une forme stable ; le commerce commençoit à s'étendre, & la population avoit augmenté. Aucune république, avant qu'elle soit parvenue à ce degré de puissance, n'est en état d'envoyer des colonies. Lorsque César se fut rendu maître de Marseille, Antibes cessa de dépendre de cette métropole. Les Romains en firent une ville latine, y mirent garnison, & la décorerent des mêmes édifices publics que les colonies du premier ordre, excepté d'un amphithéâtre. L'inscription suivante nous apprend qu'il y avoit un théâtre

D. M.
PUERI. SEPTENTRI
ONIS. ANNORUM. XII. QUI
ANTIPOLI. IN. THEATRO
BIDUO. SALTAVIT. ET. PLA
CUIT.

Dans une autre inscription il est parlé des utriculaires.

COLLEGIO. UTRICLAR
C. JUL. CATULINUS. DON. POS

Les utriculaires étoient des bateliers qui se servoient de véritables outres au lieu de barques ; c'est de-là qu'ils tirerent leur nom pour se distinguer des autres bateliers. Il y en avoit en Provence dans presque toutes les villes situées près de la mer ou des rivieres. Ces bateaux n'étoient ordinairement qu'un assemblage de deux ou de plusieurs outres, enflées ou remplies de paille, sur lesquelles on assujettissoit des planches ou des perches pour en former des especes de radeaux. Peut-être aussi cousoit-on ensemble plusieurs peaux, dont on faisoit des barques semblables à celles des Canadiens. Leur légéreté les rendoit très-propres à la navigation sur les rivieres, dont le lit est inégal, comme celui de la Durance. On lit dans une autre inscription.

SECVNDINO. EQVO. PVBLICO

On appelloit *Equus publicus*, ou *Equo publico honoratus* les chevaliers qui recevoient un cheval, non pas pour servir dans la cavalerie, mais par honneur & par distinction. On étoit chevalier par la naissance; mais quand on recevoit des censeurs ou des empereurs, le cheval qu'ils donnoient solemnellement au nom de la république, on entroit dans les compagnies qui s'appelloient *Turmæ equorum publicorum*, & l'on devenoit alors *eques equo publico*; tel étoit *Secundinus* qui étoit peut-être né en Provence; car il y avoit dans nos villes des citoyens décorés du titre de chevaliers romains, témoin Pompeius Paulinus, fils d'un chevalier romain d'Arles, dont parle Pline. *Pompeium Paulinum Arelatensis equitis romani filium, paternâ quoque gente pulsum.*

Les autres inscriptions, que Bouche rapporte, n'ayant rien d'intéressant, nous nous dispenserons de les citer. Martial nous apprend que les habitans de cette ville faisoient une saumure de thon fort estimée à Rome, quoiqu'elle le fût moins que celle de maquereau.

Antipolitani, fateor, sum filia thynni;
Essem si scombri, non tibi missa forem.

La ville d'Antibes a beaucoup perdu de son ancienne grandeur par les ravages des pirates, qui, depuis la chute de l'empire d'occident, n'ont cessé d'infester les côtes de Provence, jusqu'au commencement du siecle passé. C'est une des causes qui lui firent perdre le siege épiscopal, transféré à Grasse en 1244 ; comme nous le dirons plus amplement dans la seconde partie de la chorographie.

L'itinéraire met Antibes à seize milles de Nice. C'est visiblement une faute, il y en a tout au plus six par mer. Il faut donc retrancher le X.

LERINA. L'île de Lerins est fameuse dans l'histoire ecclésiastique par le monastere que saint Honorat y fit bâtir. Strabon l'appelle *Planasia*, parce qu'elle est fort unie & sans aucune éminence. Son étendue est très-bornée, n'ayant qu'environ sept cens toises de long, sur deux cens de large. Le nom de *Planasia* est cause que Bouche l'a confondue avec une île du même nom, où Agrippa, fils d'Agrippa & de Julie, fut exilé. Celle-ci, qui est voisine de la Corse, s'appelle aujourd'hui *Pianosa*.

LERO, est le nom que les anciens donnoient à l'île Sainte-Marguerite, voisine de la terre ferme, & plus grande que celle de Lerins, dont elle est séparée par un canal d'environ trois cens toises. Elle a pris le nom de Sainte-Marguerite d'une chapelle dédiée à cette sainte. On prétend qu'elle s'appelloit *Lero* à cause du culte qu'on y rendoit à une divinité gauloise, qui portoit le même nom. Strabon dit qu'il y avoit une garnison dans chacune de ces deux îles. C'étoient donc les Romains qui l'y entretenoient pour garder les côtes.

FORUM JULII. Le territoire de Fréjus devoit être compris dans celui des *Suelteri*. Il y a toute apparence que cette ville subsistoit avant la conquête de la province. On ne conçoit pas en effet comment les *Suelteri* auroient négligé de construire des cabanes sur un terrein dont la position est si avantageuse. César n'en fut donc que le restaurateur. Il y fit bâtir des maisons & commença le port qui ne fut achevé que sous Auguste, quand cet empereur y eut envoyé une colonie des soldats de la huitieme légion ; car il vouloit faire de cet endroit une ville considérable. De-là vient que Pline appelle Fréjus *Octavanorum colonia*.

Il est parlé de cette légion dans l'inscription suivante rapportée par Bouche.

```
     Q. SALONIO. Q. F. VOLT
            SEVERINO
       EX. V. DECVRIIS. EQVO
         PVBLICO. LVPERCO
         IIIIVIR. AB. AERARIO
              PONTIFICI
       FLAMINI. PROVINCIAE
            NARBONENSIS
TRIBVNO. MILITUM. LEG. VIII. AVG.
     CIVITAS. FOROIVLIENSIVM
              PATRONO
```

Ce Q. Salonius de la tribu *Voltinia*, étoit un des juges divisés en cinq décuries, EX V DECVRIIS; décoré des honneurs de la chevalerie, EQVO PVBLICO; prêtre du dieu Pan, LVPERCO; pontife quartumvir préposé à la garde du trésor, peut-être du trésor du college sacerdotal, IV VIR AB AERARIO PONTIFICI; un des prêtres choisis pour assister à la célébration des fêtes que la province narbonnoise avoit établies en l'honneur d'Auguste, FLAMINI PROVINCIAE NARBONENSIS; enfin tribun des soldats de la huitieme légion, qui portoit le nom d'Auguste. Tant d'honneurs réunis ne pouvoient manquer de donner à Salonius beaucoup de crédit auprès des empereurs, & une grande considération dans la province. Aussi les habitans de Fréjus le choisirent-ils pour leur protecteur; car les villes en avoient un comme les particuliers. Quelquefois même elles avoient des femmes pour protectrices ou pour *patrones* comme on les appelloit. L'oppression qu'on éprouvoit de la part des officiers de l'empereur, rendoit nécessaire la protection des personnes puissantes; & celle des

CHOROGRAPHIE.
i. Partie.

femmes n'étoit pas la moins bonne, quoiqu'elle coutât souvent bien cher.

On peut regarder Auguste comme le véritable fondateur de la ville de Fréjus. Après le port, le monument le plus considérable de sa magnificence étoit sans doute l'aqueduc, dont on voit encore des vestiges superbes. Il avoit sept lieues de long, depuis l'endroit où il recevoit les eaux de Siagne* jusqu'à Fréjus. En certains endroits les pilastres qui subsistent encore, sont éloignés de quarante-trois pieds l'un de l'autre. Les bains dont Monfaucon donne le plan d'après un manuscrit de M. de Peiresc, n'étoient pas un des monumens les moins remarquables. Ils avoient trente-une toises de long sur quinze de large. Entre ces bains & un mur bâti au nord on avoit ménagé un espace, où l'on croit que la jeunesse s'exerçoit à la palestre, à la lutte & aux autres jeux. On peut encore citer les restes d'un palais antique nommé le panthéon, & qui est à cinq cens pas de la ville du côté de la mer. Les murs en sont très-épais. Il y a des chambres, des fenêtres plus larges en dedans qu'en dehors, & le tout est voûté avec de grands arcs. On apperçoit dans un des murs des niches qui pouvoient servir pour y placer de petites idoles, des ustenciles ou d'autres choses semblables. Il y avoit aussi un théâtre, & un amphithéâtre. Parmi les débris de tous ces anciens édifices on trouve une grande quantité de pierres volcanisées; on en voit aussi aux murailles des jardins du côté de la mer; & dans la plupart on reconnoît le porphyre si commun à l'esterel; il y en a qui ressemblent parfaitement aux laves du vesuve. Il faut donc qu'il y ait eu quelque ancien volcan au voisinage de Fréjus, & vraisemblablement du côté de la montagne.

Auguste entretenoit une flotte dans le port de cette ville, pour protéger le commerce & les côtes de Provence(1). Quelques-uns de

* Appellée *Aero* par les Romains.

Suplém. de l'ant. expliq. p. 167 & suiv.

(1) On a trouvé à Fréjus une inscription, où il est parlé d'un affranchi de l'impératrice Livie, nommé Anthus, qui étoit commandant d'une trireme, ou d'une

ses

ses successeurs imiterent son exemple. Mais les troubles, qui survinrent dans l'empire ne permirent pas de s'occuper d'un objet aussi important & fort dispendieux. D'un autre côté les sables de la riviere d'Argens ayant fait des attérissemens considérables, sans qu'il fût peut-être possible de l'empêcher, le port s'est comblé, & la mer s'est retirée d'environ une demi-lieue. Les petits bâtimens pouvoient encore y aborder dans les huitieme & neuvieme siecles. C'étoit le tems où les pirates commençoient d'infester les côtes. Ils ravagerent plusieurs fois la ville de Fréjus, la dépeuplerent & détruisirent les momumens que les Romains y avoient élevés. Nous ne pouvons mieux terminer cet article que par les vers suivans du chancelier de Lhopital, qui passa par cette ville, quand il accompagna Marguerite duchesse de Berri, sœur unique d'Henri II, qui alloit épouser Emmanuel Philibert, duc de Savoie.

CHOROGRAPHIE.
I. Partie.

Inde forum Juli, parvam nunc venimus urbem.
Apparent veteris vestigia magna theatri, *
Ingentes arcus & therma & ductus aquarum ;
Apparet moles antiqui diruta portus ;
Atque ubi portus erat, siccum nunc littus & horti.

* C'est l'Amphithéâtre.

De l'île Sainte-Marguerite ou de Lerins à Fréjus l'itinéraire marque XXIV. C'est une faute ; car en suivant la côte d'un cap à l'autre, comme faisoit l'auteur du voyage, il n'y a que dix-neuf milles. Nous croyons qu'au lieu de vingt-quatre, il faut lire dix-neuf, retrancher un X & changer le V en X ; il est aisé d'altérer ces deux signes de maniere qu'on prenne l'un pour l'autre.

SINUS SAMBRACITANUS. Puisque dans l'itinéraire maritime on   Golfe de Grimaud

galere à trois rangs de rames. Chaque galere étoit distinguée, comme aujourd'hui, par un nom particulier, qui étoit ordinairement celui d'une divinité. Il y avoit la Victoire, la Minerve, la Diane, le Lucifer, le Mars, &c. Les inscriptions en fournissent plusieurs exemples.

place ce golfe après Fréjus, & près d'*Heraclea Caccabaria*, il ne peut être différent de celui de Grimaud : il faut, suivant la remarque de M. d'Anville, rectifier les mesures de l'itinéraire comme nous le dirons dans l'article suivant. On prétend que ce golfe s'appelloit dans le moyen âge *Sinus Gambracitanus*. Quoique ce mot ne se trouve que dans une charte qui est visiblement supposée, il prouve cependant que dans le tems où elle fut fabriquée, il étoit encore en usage, & que par conséquent le golfe de Grimaud est le *Sinus Sambracitanus* dont on fit *Gambracitanus*.

HERACLEA CACCABARIA. On croit que ce nom donné à l'endroit où est Saint-Tropez, venoit d'un temple dédié à Hercule dont les prêtres, à l'exemple de la prêtresse de Delphes, rendoient les oracles sur un trépied. Il est certain qu'il y avoit anciennement au même endroit une ville que les Sarrazins détruisirent pendant le long séjour qu'ils firent au Fraxinet ; car on y trouve encore des tombeaux païens & d'autres vestiges d'antiquités. Il n'a fallu rien moins que la protection constante du gouvernement pour repeupler ce pays. La crainte des barbares le faisoit abandonner, quoique les comtes eussent pris la précaution d'y faire bâtir une tour & d'y entretenir une garnison pour la sûreté de la côte. Ils accorderent même de grands privileges à ceux qui viendroient y habiter. Mais ces avantages ne toucherent point les gens du pays ; il fallut recevoir des étrangers. Soixante familles de la riviere de Gênes, conduites par Raphaël de Garessio, s'offrirent d'habiter cette terre, d'y bâtir une ville, & de la garder à leurs frais & dépens, à condition qu'elles seroient exemptes à perpétuité, ainsi que ceux qui voudroient l'habiter, de toutes tailles, impositions, & subsides, tant ordinaires qu'extraordinaires. Le traité fut passé par J. de Cossa, baron de Grimaud, grand sénéchal de Provence, le 15 octobre 1470 : c'est le même à qui le roi René avoit donné en 1441 la baronie de Grimaud, ses dépendances, & la tour de Saint-Tropez.

DE PROVENCE.

M. d'Anville remarque avec raison que dans l'itinéraire on s'est trompé, en marquant de Fréjus au golfe de Grimaud, vingt-cinq milles, tandis qu'on n'en compte que seize tout au plus jusqu'au fond du golfe. Il dit en second lieu, que puisque Saint-Tropez est situé sur la gauche en entrant, on a eu tort de mettre dans l'itinéraire qu'il en est à seize ; d'où il conclut que du *Sinus Sambracitanus*, & d'*Heraclea Caccabaria*, il n'en faut faire qu'un seul article, & regarder le nombre de seize milles, mis après *Heraclea*, comme le seul qui doive subsister, pour marquer la distance de ce lieu à Fréjus. Voici donc suivant lui comment il faut rétablir cet endroit de l'itinéraire :

A foro Juli Sinus Sambracitanus plagia, &
Heraclea Caccabaria, *portus* . . . . M. p xvj

Je serois d'avis qu'on lût XI, parce qu'il n'y en a pas davantage.

ALCONIS. M. d'Anville croit que c'est *Aiguebonne*, sous le cap Taillat. Mais de Saint-Tropez à cet endroit, il y a tout au plus neuf milles, & le mouillage n'y est pas assez bon, pour que les anciens l'aient mis au nombre des endroits où l'on devoit aborder. Il est beaucoup meilleur à Cavalaire, qui est effectivement à douze milles du port de Saint-Tropez. Nous croyons donc que c'est là qu'il faut placer *Alconis*. Ce qui nous y détermine d'ailleurs, c'est que d'Aiguebonne à Gyens, où l'on place *Pomponianis*, il y a quarante-deux milles ; tandis que suivant l'itinéraire, il ne devroit y en avoir que trente.

POMPONIANIS. Nous venons de dire que c'est *Gyens*, vis-à-vis l'île de *Porqueyroles*, connue des anciens sous le nom de *Prote*, ou première. De Cavalaire à Gyens, on compte trente-huit milles ; cependant l'itinéraire n'en marque que trente. Il est vraisemblable que le copiste a mis une dixaine de moins ; car nous remarquons en général que les distances des anciens excedent les nôtres. Ainsi nous croyons qu'on doit ajouter un X au nombre XXXII.

TELO MARTIUS. Toulon. Quand on fait attention à la beauté de la plage, où les vaisseaux sont à l'abri du vent dans un bassin immense, & que l'on connoît le site & la bonté du terroir, on est porté à croire qu'il a été habité dans les tems les plus reculés. Cependant aucun monument ne prouve qu'il y ait eu une ville avant le IVe siécle de l'ere chrétienne. L'étymologie du nom, qui est grec, a fait croire à quelques savans, que les Marseillois y avoient établi un bureau pour la perception des droits sur les marchandises ; d'où l'on pourroit conclure, que Toulon étoit une ville commerçante dans le tems que l'ancienne république de Marseille subsistoit encore, ou du moins que le pays étoit habité. Mais pourquoi les géographes qui ont parlé des villes & des peuples situés sur la côte, & des colonies que les Marseillois y avoient fondées, n'auroient-ils pas dit un mot des habitans répandus dans la campagne de Toulon, ou de la ville même, si elle eût existé ? Ce qu'il y a de positif, c'est que les Romains y avoient au commencement du Ve siécle une teinturerie qui donna vraisemblablement naissance à la ville. Les eaux de Toulon, qui sont excellentes pour la teinture, & la facilité d'avoir du kermès & du murex déciderent les empereurs à établir cette manufacture.

ÆMINES PORTUS. On retrouve encore ce nom dans celui des *Embies* (ou de Cenari) donné à l'île, qui se présente au fond de la rade du Brusc, quand on a tourné le cap Cicier, en venant de Toulon.

TAUROENTUM. C'étoit le nom d'une colonie que les anciens Marseillois avoient fondée sur le rivage de la mer, à droite, en entrant dans la baie de la Ciotat. Il en reste encore quelques vestiges qu'on découvre au fond de l'eau.

CITHARISTA. Ceireste est à quelque distance de la mer. L'itinéraire d'Antonin s'en sert pour désigner ce que nous appellons le port de la Ciotat, qui n'est point différent de celui de *Tauroentum*, puisqu'ils sont dans le même golfe, à un quart de mille l'un de l'autre. Il faut donc rétablir cet endroit de l'itinéraire, où nous avons remarqué que tous les lieux étoient transposés, & lire de la maniere que voici:

A portu Æmines, Tauroentum &
Citharista portus . . . . M. p xij

Ceireste est ancien; on y voit encore des vestiges des édifices bâtis du tems des Romains: la Ciotat au contraire est une ville moderne. Nous ne concevons pas en effet comment on auroit bâti une ville si près de *Tauroentum*, tant que cette colonie Marseilloise a subsisté. Nous remarquons aussi qu'après qu'elle eut été détruite par les Sarrazins, les habitans dispersés ne durent pas être tentés de venir habiter dans le voisinage, pour s'exposer aux mêmes périls. Ce n'a donc été que dans des tems plus heureux, & lorsque la tranquillité publique a été assurée, qu'on a pensé à s'établir dans les lieux maritimes, que les pirates avoient auparavant infestés. La Ciotat n'a pas six cens ans d'ancienneté, comme nous le dirons ailleurs.

CARCICIS PORTUS. Cassis. M. l'abbé Barthelemi a lu une inscription, qui est un vœu à la divinité tutélaire de cette ville, *Tutelæ Carcitanæ*.

IMMADRAS POSITIO. Son nom paroît s'être conservé dans celui de *Maire*, qui est une île au couchant de Cassis, à sept milles de cette ville. Il faut donc corriger l'itinéraire qui en met XII, & lire VII; car le V & le X se prennent facilement l'un pour l'autre dans les anciens manuscrits, pour peu qu'ils soient altérés.

MASSILIA PORTUS GRÆCORUM. Les distances sont encore défectueuses dans cet endroit, où l'on a mis XII au lieu de VII. Nous croyons n'avoir rien oublié dans l'histoire de ce qui a rapport à

CHOROGRAPHIE.
I. *Partie.*

Cassis.

Ile de Maire.

Marseille.

cette ville célebre ; nous y renvoyons le lecteur. Il verra qu'elle mérita d'être appellée par Cicéron l'*Athenes* des *Gaules* ; *Novæ Galliarum Athenæ* ; & par Pline la *maîtreſſe des études* ; *magiſtra ſtudiorum* ; c'étoit en effet l'école des Gaulois & des Romains. Cette ville étoit auſſi polie, dit Tite-Live, que ſi elle avoit été au milieu de la Gréce. Nous pouvons donc la mettre au rang des premieres métropoles grecques, ſoit pour les progrès qu'elle fit dans les ſciences & les arts, ſoit pour l'étendue de ſon commerce, ſoit enfin pour la ſplendeur de ſes colonies ; car elle fonda ſur les côtes voiſines, des bourgs, des comptoirs & des forterreſſes, dont elle tiroit également avantage dans la guerre & dans la paix. Son port s'appelloit *Lacydon* ou *Halycidon*, ſelon *Pomponius Mela* & *Euſtathe*. Il ſeroit inutile d'en vouloir chercher la raiſon ; & quand même on la découvriroit, il n'y a pas d'apparence qu'on en pût tirer de grands éclairciſſemens pour l'hiſtoire.

La puiſſance de Marſeille, conſidérée ſous deux époques différentes, ſous le gouvernement des anciens Marſeillois & ſous le regne de Louis XIV, au commencement du ſiecle, eſt aſſez bien repréſentée dans l'inſcription ſuivante, faite par l'auteur de la vie de quelques hommes illuſtres de Provence, & placée à la façade de l'hôtel-de-ville en 1726.

MASSILIA
PHOCENSIUM. FILIA
ROMAE. SOROR. CARTHAGINIS. TERROR
ATHENARUM. AEMULA
ALTRIX. DISCIPLINARUM
GALLORUM. AGROS. MORES. ANIMOS
NOVO. CULTU. ORNAVIT
ILLUSTRAT. QUAM. SOLA. FIDES
MUROS. QUOS. VIX. CAESARI. CESSERAT
CONTRA. CAROLUM. V
MELIORI. OMINE. TUETUR

OMNIUM. FERE. GENTIUM
COMMERCIIS. PATENS.
EUROPAM. QUAM. MODO. TERRUERAT
MODO. DOCUERAT
ALERE. ET. DITARE. GAUDET
AN. M. DCC. XXVI. REG. LUD. XV

CHOROGRAPHIE.
I. Partie.

Marseille étoit anciennement bien différente, quant au local, de ce qu'elle est aujourd'hui. Presqu'environnée de trois côtés par la mer, dit César, elle est très-forte du côté de terre, soit par sa situation, soit par un fossé profond qui défend ses remparts. Pour entendre ce passage, il faut se rappeller que la ville vieille est bâtie sur deux collines qui se joignent, mais qui, anciennement étoient réellement séparées. L'une, qui étoit la seule habitée, est aisée à reconnoître; elle commençoit à la rue de Negrel, se déployoit au midi en forme d'amphithéâtre au-dessus du port, & s'étendoit par une pente insensible, depuis son sommet jusqu'au-delà de la Major en s'allongeant dans la mer César avoit donc raison de dire que la ville étoit environnée d'eau presque de trois côtés, parce qu'en effet cette partie avoit au nord une espece de golfe vers l'endroit où sont les nouvelles infirmeries; tandis que tout le reste étoit baigné au couchant & au midi par les flots de la mer, comme il l'est encore.

L'autre montagne, sur laquelle il n'y avoit point de maisons du tems de ce dictateur, commençoit à la rue de la Fontaine-neuve, s'élevoit du côté des grands-Carmes & de l'Oratoire, & alloit en s'abaissant finir à l'endroit où est bâtie l'église de S. Martin située à l'est. Ces deux montagnes ou collines étoient séparées par un fossé creusé par la nature & par l'art, qu'on reconnoît encore en entrant dans la rue de la Fontaine-neuve. Il contournoit la montagne des moulins, où étoit la ville, & alloit aboutir à la mer, au-dessous de la Joliette. C'est ce qui fit dire à César que la partie septentrionale de Marseille, où l'on avoit construit la citadelle, étoit *valle profunda munita*. Ce que dit Strabon, que cette ville étoit grande, ceinte de bonnes murailles, & située au midi sur une colline en forme d'amphithéâtre au-dessus du port, est plus facile à comprendre quand on connoît le local. Le Cours, la Canebiere, & toute la paroisse de S. Ferréol étoient en vignes ou en jardins, & la montagne de Notre-Dame de la Garde étoit couverte de

Cette forêt sacrée
Formidable aux humains & des tems révérée,

qui inspiroit aux soldats Romains une religieuse frayeur, & dont Lucain a fait une description si pompeuse.

Mais ce n'est pas assez de faire connoître le local d'une ville ancienne, & de donner en gros une idée du degré de puissance où elle étoit parvenue. Le lecteur éclairé veut encore savoir qu'elles étoient les mœurs & les usages des habitans. Mais ces sortes de tableaux demandent des détails qui ne peuvent être placés que dans l'histoire ; nous nous bornerons ici à d'autres objets qui ne sont pas moins intéressans. Comme nous devons examiner à la fin du premier livre, en parlant de l'administration de la province, si Marseille, après que César s'en fût rendu maître, conserva long-tems son autonomie ; nous allons rapporter quelques inscriptions qui répandront beaucoup de jour sur cette matiere.

On a vu à l'article de Nice, que la ville de Marseille avoit les mêmes officiers que les colonies romaines & les municipes ; car *Memmius Macrinus* y avoit été *Questeur*, c'est-à-dire, *Censeur*, *Duumvir Quinquennal*, & *Viceduumvir Quinquennal*. Nous avons ajouté que le même y avoit exercé *la préfecture*, fondés sur une inscription, dont nous allons rapporter les deux premieres lignes, afin qu'on puisse juger de notre explication.

Q. MEMMIO. MACRINO. Q. II. VIR. MASSIL. Q. Q
ITEM PRAEFECTO PR. II. VIRO. Q. Q

Quelques

Quelques auteurs prétendent que par ces deux mots *præfecto produumviro*, on a voulu désigner le *Viceduumvir;* & selon eux quand les décurions n'étoient pas d'accord sur l'élection d'un *Duumvir*, ils élisoient à sa place un officier qui en faisoit les fonctions, & à qui l'on donnoit le titre de *Præfectus produumvir*. Mais quand même cette explication seroit exacte, nous aurions encore de fortes raisons de croire que la ville de Marseille fût réduite en préfecture. Car 1°. S. Victor y fut jugé par deux préfets sur la fin du IIIe siecle, & l'un d'eux étoit vraisemblablement préfet de la ville. 2°. Sous les Francs on donnoit encore ce titre au magistrat qu'on y envoyoit pour exercer la justice. 3°. L'inscription suivante nous apprend que Nymphidius avoit été revêtu de cette charge. Il étoit chrétien, & mourut sous le consulat d'Anicius-Probinus & d'Eusébe, en 489.

HIC. REQUIESCIT. IN. P...
NIMPHIDIVS. EX*PRAEFECTUS*
QUI. VIXIT. ANNOS.... I
RECESSIT. VIII KALEN....
ANICIO. PROBINO. ET. *EVSEBio coss*

Je lis *expræfectus*, & je ne crois pas qu'on puisse substituer une leçon plus vraisemblable. Toutes ces raisons nous autorisent à séparer dans la premiere inscription le mot *præfectus* de *produumvir*, pour en faire deux emplois séparés : car il semble que *produumvir* tout seul suffit pour désigner le *Viceduumvir*. Combien de faits intéressans les inscriptions de Marseille ne nous apprendroient-elles pas si les plus curieuses n'étoient pas mutilées ? Mais il résulte du peu de monumens qui nous reste, que les Romains donnerent à cette ville une nouvelle forme d'administration, & que l'autonomie ne subsista pas long-tems après l'empire de Tibere, sous lequel vivoit Strabon, qui en parle comme d'une chose qui n'étoit pas encore abolie. Un établiffement bien effentiel chez les anciens Marfeillois, c'étoit la gymnaftique, où l'on s'attachoit à rendre les jeunes gens adroits & vigoureux en les affujettiffant à tous les exercices du corps. Comme il y a toute apparence qu'ils fuivoient dans cette partie de l'éducation publique les mêmes régles que les villes de la Grece, d'où ils avoient apporté cet ufage, ils diftribuoient les jeunes gens en plufieurs claffes. La premiere étoit celle des enfans ΠΑΙΔΕΣ, qu'on infcrivoit à l'âge de fept ans fur un rôle particulier, jufqu'à dix-huit ans accomplis, qu'ils montoient à celle des jeunes gens ΕΦΗΒΟΙ. Ils y demeuroient deux ans, pendant lefquels ils achevoient leur cours de gymnaftique, & préludoient au fervice militaire. A vingt ans ils étoient infcrits fur le rôle des foldats, & engagés pour la défenfe de la patrie jufqu'à foixante, à moins qu'il n'y eût quelque cas extraordinaire qui demandât une exception.

Ces éphebes, ainfi que les enfans, étoient fubordonnés à des officiers qui veilloient fur leurs mœurs & fur leurs exercices. On appelloit le premier de ces officiers, gymnafiarque ou furintendant du gymnafe. Il étoit nommé par le confeil public, & pour un an feulement. Leudemos, homme refpectable, ΓΕΡΑΙΤΕΡΟΣ, fils de Denis, avoit été revêtu deux fois de cette charge à Marfeille; ΓΥΜΝΑΣΙΑΡΧΗΣΑΣ ΔΙΣ. Mais auparavant il avoit remporté un prix étant encore dans la claffe des *éphebes* ou des jeunes gens; ΝΙΚΗΣΑΣ ΕΦΗΒΟΥΣ. Enfuite il avoit eu deux fois l'infpection de l'une de ces claffes; ΕΥΤΑΞΙΑΡΧΗΣΑΣ ΔΙΣ; comme nous l'apprenons de l'infcription fuivante, qui fut trouvée dans les fondemens d'une maifon en 1591, & qui eft rapportée dans un manufcrit de cette année-là bien plus exactement que dans Ruffi, qui ne paroît pas l'avoir entendue. Nous les tranfcrirons ici l'une & l'autre, afin que le lecteur en puiffe juger.

Copie de Ruffi, nouv. édit. p. 322.

ΛΕΥΔΗΜΟΣ. ΔΙΟΝΥΣΙΟΥ
ΓΕΡΑΙΤΕΡΟΣ. ΝΙΚΗΣΑΣ
ΕΦΗΒΟΥΣ. ΕΥΤΑΞΙΑΡΧΗΣΑΣ
ΚΑΙ ΓΥΜΝΑΣΙΑΡΧΗΣΑΣ ΔΙΣ

ΛΕΥΔΗΜΟΣ. ΔΙΟΝΥΣΙΟΥΚΙΡΙΟΣ
ΕΥΤΑΞΙΑΙΤΕ-ΡΟΤΕΡΟΣ
ΝΙΚΗΣΑΣ. ΕΦΗΒΟΥΣ. ΚΑΙ
ΓΥΜΝΣΙΑΡΚΗΣΑΣ ΔΙΣ

Il faut encore observer que si le gymnase étoit à Marseille sur le même pied qu'à Athenes, les enfans des citoyens de la plus vile extraction, réservés pour la pratique des arts méchaniques, n'étoient point admis à ces exercices.

L'emploi de prêtresse de Diane à Marseille nous offre une particularité remarquable. On ne le conféroit qu'à des dames Grecques ou Marseilloises, parce qu'on observoit dans le temple de cette déesse un rit grec, différent de celui des Romains. Spon rapporte une inscription grecque en l'honneur d'une dame appelée Ammion-Aristion, qui avoit été prêtresse à Marseille, & pontife à Éphese, ce qui prouve que des étrangeres pouvoient être revêtues du sacerdoce. Ne pourroit-on pas conclure de-là aussi que les prêtresses des deux temples ne formoient, pour ainsi dire, qu'un même corps, quoique divisées en deux colleges ? Que celui d'Ephese d'où les Marseillois avoient tiré le culte de leur déesse, conservoit une sorte de primatie & de supériorité sur l'autre, & qu'il lui fournissoit des prêtresses qui alloient ensuite remplir la premiere dignité dans celui-là ? Ce n'est qu'une conjecture ; mais l'inscription semble l'autoriser.

Voilà des institutions grecques à côté de celles que les Romains introduisirent. Nous sommes persuadés qu'elles subsistoient en même-tems, parce qu'elles ne contrarioient point le nouveau gouvernement, ni les vues politiques des vainqueurs. Cependant il est à croire qu'ils n'oublioient rien pour faire adopter à Marseille leurs usages & leurs maximes ; & soit que les habitans prévinssent leurs intentions pour leur complaire ; soit qu'ils fussent obligés de céder à l'autorité, ils firent à Marseille des établissemens qui n'étoient

Spon. Miscell. erud. antiq. Histoire de Marf. nouv. edit. p. 323.

connus que dans les villes dépendantes de l'empire; tel est le temple qu'ils bâtirent en l'honneur d'Auguste, & dans lequel ils mirent des prêtres pour lui offrir des prieres & de l'encens.

D. M.
. . . ET. IN. SECVRITATE. AETERNA
P. GALLII. EVPHEMII
VI. VIRO. AVGVSTALIVM. CORPORATI
CORNELIA. SECUNDA. MARITO
PIENTISSIMO

Tous ceux qui rapportent ce marbre écrivent *augustarum*; mais c'est une faute; car ce mot n'a point de sens. Le mot *corporatus* nous désigne un sévir de la premiere classe, un de ceux qu'on appelloit *seniores*.

Il y avoit aussi dans la même ville un college de *dendrophores*, comme il paroît par une autre inscription faite en l'honneur d'un homme dont le nom n'est pas venu jusqu'à nous; mais qui étoit flamine à Riez, FLAMINI IN COLONIA REIORUM APOLLINARIUM; dendrophore à Marseille, DENDROPHORO MASSILIAE; & à qui l'on devoit dresser une statue. Souvent le particulier qui devoit recevoir cet honneur, content de l'avoir mérité, ne vouloit pas qu'on en fît la dépense, IMPENDIUM REMITTEBAT. D'autre fois quand il l'acceptoit, il donnoit un repas, ou il distribuoit de l'argent & une certaine quantité de pain & de vin aux autres personnes du corps, CORPORATIS, auquel il appartenoit; c'est ce qu'on appelloit *sportulas dare*. Tel est à-peu-près le sens de l'inscription que nous n'avons point en entier; je vais la rapporter telle qu'on la trouve dans Spon, où elle est plus correcte que dans nos historiens.

. . . . FLAM. IN
COL. REIOR. APOLL.
. . . . ATRE . . ORVM
ET. DE . . . .

DENDROPH. MASSIL..
IVS. STATVAE. IMPENDIVM
REDDERET. DEDICATIONIS. XII
SPORTVLARVM. CORPORATIS
DEDIT

On appelloit *flamine* le prêtre d'une divinité particuliere telle qu'Apollon, Mars, Mercure & Venus. Apollon, étant le Dieu tutélaire de Riez, avoit ses ministres particuliers. Nous pouvons dire en général que les prérogatives des prêtres étoient infinies suivant Denis d'Halicarnasse. Ils sont, disoit-il, juges souverains en matiere de religion, & législateurs en fait de cérémonies; ils instruisent les peuples ignorans, punissent ceux qui n'obéissent pas à leurs ordres, & ne sont sujets eux-mêmes à aucun tribunal, c'est-à-dire, qu'ils n'étoient responsables de leurs actions qu'au college dans les lieux où il y en avoit un, ou au pontife dont l'autorité s'étendoit sur la religion & ses ministres, & sur tout ce qui y avoit rapport. Ils étoient exempts d'impôts, excepté peut-être de la capitation, & dispensés d'aller à la guerre.

Les dendrophores, dont il est parlé dans l'inscription, étoient chargés de la fourniture des bois pour la construction des vaisseaux & des machines de guerre. Quelques auteurs prétendent qu'on donnoit aussi ce nom à ceux qui dans les processions des dieux portoient des branches d'arbres ou même des arbrisseaux entiers. Si nous avions toute l'inscription, nous verrions dans quel sens il faut prendre ici le mot *dendrophores*.

INCARUS répond, suivant M. d'Anville, à la position actuelle de *Carri*; car il observe que, suivant une carte très-exacte, l'intervalle d'un point pris à la sortie du port de Marseille, jusqu'à l'entrée de l'anse de Carri, est de neuf mille toises, & que les douze milles romains n'en donnent que neuf mille soixante-douze. Cette petite différence est inévitable dans la réduction des mesures des anciens, comparées aux nôtres, parce que nous ne connoiſſons pas préciſément les deux termes des diſtances qu'ils meſuroient. Cependant des perſonnes intelligentes, qui ont un grand uſage de la côte, & qui en connoiſſent dans le plus grand détail tous les mouillages & les diſtances, m'ont aſſuré qu'il y avoit du port de Marſeille à Carri quinze milles : je remarque d'un autre côté que les meſures des anciens excédoient toujours les nôtres. Ainſi je crois qu'il faut mettre XV au lieu de XII ; il y a toute apparence que la partie inférieure de l'V étant effacée dans le manuſcrit, un copiſte aura pris les deux extrémités pour celle de II, ce qui a fait XII au lieu de XV.

Lauron. DILIS POSITIO. Le ſçavant géographe que je viens de citer, croit que *Dilis* eſt le port de Ponthéou qui, ſuivant une carte fort exacte, n'eſt éloigné de *Carri* que de huit milles. Cependant il eſt certain qu'il y en a onze. Les huit énoncés dans l'itinéraire, nous conduiſent à *Lauron* qui eſt un bon port où l'on aborde facilement ; au lieu que celui de Ponthéou eſt mauvais, & d'un accès très-difficile à cauſe des rochers qui l'environnent.

Foſſes de Marius. FOSSIS MARIANIS. La diſtance marquée dans l'itinéraire eſt exacte, & juſtifie la poſition que nous avons donnée à *Incarus*. Ces foſſés, dont nous parlons dans l'hiſtoire, avoient environ douze milles de long, depuis le bras du Rhône le plus oriental, dont il recevoit les eaux, juſqu'à l'étang de Calejon, par lequel il communiquoit avec la plage de Foz. Il étoit à dix milles au-deſſus de l'embouchure de ce bras, & à vingt au-deſſous d'Arles. Ainſi les vaiſſeaux qui arrivoient à la plage, entroient par ce canal dans le Rhône, qu'ils remontoient enſuite ſans difficulté. Plutarque dit que Marius le fit creuſer, parce que les bâtimens ne pouvoient entrer, ou que du moins ils entroient difficilement dans le fleuve à cauſe des ſables entaſſés à l'embouchure. Ces ſables ſe ſont tellement amoncelés depuis ce tems-là dans le fond de la plage, que la tour des Tignaux, reconſtruite vers l'an 1720 à l'embouchure du Rhône, est actuellement éloignée d'environ deux lieues des endroits où l'on peut aborder. Ainsi la mer se trouvant successivement reculée de ce côté-là, & repoussée par les sables & les cailloux du fleuve, a laissé à découvert la Crau & la Camargue; il arrivera dans la suite que le golfe de Foz se comblera entièrement jusqu'au cap Couronne, & que toute cette plage sillonnée par les vaisseaux, le sera par la charrue.

> . . . . Sic toties versa es fortuna locorum.
> . . . . Vidi factas ex æquore terras
> Et procul à pelago conchæ jacuere marinæ,
> Et vetus inventa est in montibus anchora summis.   Métam. l. xv.

Interprétation de l'Itinéraire d'Antonin, depuis Cimiez jusqu'à Arles.

CEMENELLUM ou CEMENELIUM. Cimiez, dont on voit encore des vestiges à un mille & demi au nord de Nice, étoit du tems des Romains la ville la plus grande & la plus riche des Alpes maritimes. Les premiers officiers de cette province y faisoient leur résidence, tels que le président ou le commandant de la contrée, & un directeur, dont les fonctions ne sont pas déterminées dans le marbre suivant; car il y avoit des directeurs de la monnoie, *procuratores monetarum;* des teintureries, *baphiorum;* des manufactures d'étoffe, *gynæciorum;* du vingtiéme des héritages, *vicesimæ;* &c. Mais on ne connoît pas l'emploi de celui dont il s'agit ici: il y a toute apparence qu'il étoit dans les finances, puisqu'il se qualifie receveur de l'impôt de deux pour cent établi sur les choses vénales dans l'Egypte inférieure, *choræ inferioris.*

I. O. M	*Jovi optimo maximo*
CAETERISQUE. DIIS	*Cæterisque diis*
DEABVSQ. IMMORT	*Deabusque immortalibus*
TIB. CL. DEMETRIVS	*Tiberius Claudius Demetrius*

DOM. NICOMED *Domo Nicomediâ*
V. C. PROC. AVGG. N. N *Vir clarissimus, procurator Augustorum nostrorum,*
ITEM. CC. EPISCEPSEOS *Item ducentesimæ Episcepseos*
CHORAE. INFERIORIS *Choræ inferioris*

Il y avoit aussi trois colleges, dont l'un étoit vraisemblablement celui des prêtres, & un sénat qui leur permit de s'assembler pour faire ériger par délibération publique, un monument de reconnoissance en l'honneur de M. Aurelien-Masculus, président des Alpes maritimes. Ce romain, qui s'étoit fait chérir pour son intégrité & son affabilité, avoit procuré du bled à la ville dans un tems de disette, & rétabli les anciens aqueducs, dont la ruine exposoit les habitans à manquer d'eau. C'est ce qui se trouve exprimé dans l'inscription suivante.

M. AURELIO. MASCULO.
V. C
OB. EXIMIAM. PRAESIDIATUS
EJUS. INTEGRITATEM. ET
EGREGIAM. AD. OMNES. HOMINES
MANSUETUDINEM. ET. URGENTIS
ANNONÆ. SINCERAM. PRÆBITIONEM
AC. MUNIFICENTIAM. ET. QUOD. AQUÆ
USUM. VETUSTATE. LAPSUM. REQUI
SITUM. AC. REPERTUM. SAECULI
FELICITATE. CURSUI. PRISTINO
REDDIDERIT
COLLEG. III
QUIB. EX. S. C. C. P. EST
PATRONO DIGNISSIMO

Quibus ex Senatus Consulto coire permissum.

La

La ville de Cimiez fut détruite par les Lombards vers l'an 737. L'enceinte de son amphithéâtre, où S. Pons souffrit le martyre, est encore assez bien conservée ; mais tout le reste est détruit, & l'on n'y trouve que des inscriptions qui font une preuve de son ancienne grandeur. Elle renfermoit tout ce qui pouvoit illustrer une colonie distinguée, quoiqu'elle n'en eût pas le titre. Si nous voulions transcrire toutes les inscriptions que Joffredi rapporte, on verroit que cette ville devoit être une des plus belles des Gaules. Beaucoup de familles de Rome ou des autres endroits de l'Italie s'y étoient retirées, & l'on y entretenoit ordinairement un corps de troupes composé des habitans du pays. Elle étoit la capitale de *Vediantii*, comme nous le dirons ailleurs. C'est aux déesses tutélaires de ce peuple, qu'un citoyen de Cimiez de la tribu *Claudia*, & *Option* de la vingt-deuxieme légion, fit un vœu en ces termes :

MATRONIS	
VEDIANTIABVS	
P. ENISTALIUS. P. F.	*Publii filius*
CL. PATERNUS. CEMENELENSIS	*Claudia (tribu)*
OPTIO. AD. ORDINE. 7. LEG. XXII	*Ad ordinem Centurionis legionis, &c.*
PRIMIGENIAE. PIAE. FIDELIS	
P. L. M.	*Posuit libens merito*

Le titre d'*option* que prend Paternus, étoit un titre de distinction donné aux soldats, qui par leur conduite avoient en quelque façon mérité d'être adoptés par une cohorte, ou choisis par le centurion pour l'aider & le suppléer même, en cas de besoin, dans les fonctions de son emploi.

La ville de Cimiez se trouvoit sur la voie *Aurelia*, qui conduisoit de Rome dans la province Narbonnoise par la riviere de Genes. Il n'y avoit point encore alors de route commode pour aller dans le Piémont par le col de Tende. Charles-Emmanuel, duc de Sa-

Tome I.   E

voie, fils d'Emmanuel Philibert, est le premier qui ait fait ouvrir un grand chemin au-dessus de Saourge, à travers des rochers affreux, pour faciliter la communication du Piémont avec le comté de Nice.

Les Liguriens fournissoient anciennement un corps de troupes connu sous le nom de *cohortes Liguriennes* : il étoit en garnison à Cimiez. Outre le témoignage de Tacite qui nous l'apprend, nous pourrions encore le prouver par plusieurs inscriptions qu'on trouve sur les lieux. Nous ne rapporterons que les deux suivantes.

C. MARIUS. CIMOGIO. MILES
COHORT. LIGURUM. HIC. SITUS. EST

SEX. SULPICIO. ET. SABINO
VEXILLA. COH. I. L.
L. F. HISER. GRATINI. II
L. T. H. M. H. S

Sextus-Sulpicius, de la tribu *Claudia*, étoit, si l'on peut se servir du terme, *porte-étendard* de la premiere cohorte des Liguriens. On appelloit cet officier *vexillarius* ou *vexillifer*.

Varum flumen. Le Var sépare la Provence de presque tout le comté de Nice; car depuis le dernier partage fait en 1760, le roi de Sardaigne ne possede plus que quelques villages entre cette riviere & l'Esteron. Le Var, du tems de Strabon & de Pline, faisoit la séparation des Gaules & de l'Italie. Il est très-rapide, change souvent de lit, & en été, quand il y a des orages, il grossit quelquefois prodigieusement dans l'espace de deux heures, à cause des torrens qui tombent des montagnes. Il n'y a rien de plus varié que les pierres qu'il entraîne : outre les calcaires & les cailloux, on y trouve des morceaux de beau granite, du grès & une pierre grise veinée de spath blanc.

DE PROVENCE.

AD HORREA. Ce lieu, situé sur la côte, à douze milles d'Antibes, & à dix-huit de Fréjus, devoit être commodément situé pour le débarquement des grains qu'on y apportoit des autres provinces de l'empire. M. d'Anville croit que la position de Cannes répond à celle d'*Horrea*; mais il avoue que les distances ne sont point d'accord, parce qu'il n'y a de Cannes à Antibes que sept milles, tandis que l'itinéraire & la table en marquent douze. Il répond à cette difficulté, en disant qu'il y a bien des exemples qui prouvent que quand on applique les itinéraires au local, ce qui paroît marqué XII par méprise dans un chiffre, comme ici entre *Antipolis* & *Horrea*, ne tient lieu que de VII. Cette remarque nous paroît d'autant plus juste, que la distance de dix-huit milles marquée dans la table, entre *Horrea* & *Fréjus*, exige qu'on se décide pour *Cannes*; on peut ajouter à cela qu'il n'y a point d'autre position plus convenable, à moins qu'on ne veuille s'écarter de la voie *Aurelia* sur laquelle étoit le lieu dont il s'agit. Vincent de Salerne, moine de Lerins, dit qu'il y avoit autrefois à Cannes un château appellé *Marcellinum*, c'est-à-dire Marseillois, qui vers l'an 1132 prit le nom de *Castrum Francum*, à cause des privileges & des franchises dont les gens du lieu jouissoient.

FORUM VOCONII. Plancus écrivant à Cicéron, lui marquoit que Lepidus étoit campé à *Forum Voconii*, à vingt-quatre milles de Fréjus. Cette indication des distances, & l'analogie que l'on croit trouver entre *Forum Voconii* & *Gonfaron*, ont fait croire à M^{rs} d'Anville & Menard, que ces deux endroits étoient les mêmes. Mais, 1°. la voie romaine qui alloit de Fréjus à Aix, passoit par *Cabasse*, de l'aveu de tous les géographes, & l'on ne conçoit pas comment au lieu de s'approcher de la droite ligne, en traversant une campagne assez unie, on l'auroit détournée de deux lieues pour la conduire à travers un pays scabreux jusqu'à *Gonfaron*, d'où elle auroit ensuite remonté à *Cabasse* au milieu des montagnes. 2°. L'armée de Lepidus étoit campée près de *Forum Vo-*

CHOROGRAPHIE.
I. Partie.
Cannes.

Le Canet.

cōnii & du fleuve d'Argens ; c'est ce général lui-même qui nous l'apprend dans une lettre écrite à Ciceron. *Continuis itineribus*, dit-il, *ad Forum Voconium veni, & ultrà, castra ad flumen Argentum contra Antonianos feci.* Quand on connoît le pays, on voit qu'il est hors de toute vraisemblance qu'une grande armée ait été campée à *Gonfaron*, soit à cause du local qui s'y oppose, soit aussi parce qu'elle auroit été trop éloignée du fleuve d'Argens, & n'auroit pu s'opposer au passage d'Antoine, qui étoit campé de l'autre côté. Toutes ces considérations nous déterminent à fixer la position de *Forum Voconii* au Canet, qui est éloigné de Fréjus d'environ vingt-deux milles. Je conviens que l'itinéraire en marque vingt-quatre de *Forum Julii* à *Forum Voconii* ; mais on a déja dû s'appercevoir que la différence des distances, quand elle n'est pas grande, ne doit pas détruire la solidité des raisons qui concourent à déterminer la position d'un lieu.

On a trouvé au *Canet* l'inscription suivante, rapportée par Gruter, t. I, p. 225 ; c'est une apothéose de la justice & de la clémence de César.

IVSTITIAE
ET
CLEMENTIAE
C. CAESARIS

La clémence étoit la vertu favorite de ce grand homme. Lorsque le sénat de Rome fut délivré de la crainte & de l'horreur des proscriptions, il fit ériger un temple où il plaça la statue de cette vertu avec celle de César, à qui elle donnoit la main. Cet exemple fut bientôt imité dans les provinces où l'on avoit déja eu la bassesse de rendre des honneurs divins aux proconsuls. La flatterie étoit devenue un tribut nécessaire ; mais en consacrant les vertus, on déguisoit du moins tout ce qu'elle avoit de plus déshonorant.

MATAVONIUM. On a trouvé sur une pierre employée à la bâtisse de l'églife de *Cabaffe*, une infcription faite pour la fanté de l'empereur Caligula : elle prouve invinciblement qu'il faut placer *Matavonium* aux environs de ce village. La voici telle qu'elle a été copiée fur les lieux par M. Gérard, Médecin de Cotignac.

PRO. SALUTE C. CAESARIS.
GERMANICI. F. GERMANICI
PAGUS. MATAV. C. V. S

Ce qui prouve en fecond lieu l'exactitude de cette pofition, c'eft que la table Théodofienne marque XVII de *Matavonium* à *Turrim* qui eft Tourves. Or de cet endroit à Cabaffe, il y a précifément quatre lieues qui font feize milles, & l'on en trouveroit dix-fept, fi le chemin actuel faifoit les mêmes détours que la voie militaire des Romains ; il s'en faut bien que les routes qu'ils avoient tracées en Provence, s'approchaffent toujours de la ligne droite comme les nôtres. M. d'Anville place *Matavonium* à Vins. Il faut convenir que cette pofition eft juftifiée par la diftance de ce village à *Forum Voconii* qui eft le Canet ; car on compte trois lieues qui répondent aux XII milles marqués dans l'itinéraire ; au-lieu que du Canet à Cabaffe, il n'y en a qu'environ fept qui ne font pas tout-à-fait deux lieues : mais 1°. l'infcription que nous venons de rapporter, s'oppofe à cet emplacement ; 2°. de Vins à Tourves où étoit l'ancienne *Turris*, il n'y a que douze milles, c'eft-à-dire trois lieues, & felon la table, il doit y en avoir dix-fept. Il faut donc néceffairement fe décider pour Cabaffe, par ces deux raifons. Je crois même qu'au lieu de XII dans l'itinéraire, pour marquer la diftance du *Forum Voconii* à *Matavonium*, il faut lire VII. On pourroit juftifier cette correction par plufieurs exemples, & par le local même, fi nous connoiffions l'endroit d'où l'on a tiré les pierres de l'églife de Cabaffe, qui ont peut-être été prifes à un quart de lieue de ce village, où nous croyons qu'étoit l'ancien *Matavonium*, & alors les diftances quadreroient.

CHOROGRAPHIE.
I. Partie.
Tourves.

AD TURRIM. Ce mot a tant d'analogie avec celui de Tourves ou Torreves, comme on difoit autrefois, qu'on ne peut nier que la pofition de ces deux lieux ne foit la même. D'ailleurs *Tourves* eft éloigné de Cabaffe de quatre lieues qui répondent, à un mille près, aux dix-fept marqués dans la table Théodofienne. L'itinéraire d'Antonin n'en met que XIIII; mais je crois la premiere indication plus exacte, à caufe des détours que la voie *Aurelia* faifoit dans un pays fort inégal; ces détours, ainfi que nous l'avons obfervé, allongeoient fouvent la route de bien plus d'un mille dans l'efpace de dix-fept.

Grande Peigiere.

TEGULATA. L'itinéraire met cet endroit à feize milles de *Turrim* & à feize d'*Aquæ Sextiæ*. Cette indication fuppofe qu'il y a trente-deux milles de Tourves à Aix. La table n'en compte que trente-un, & il n'y en a que vingt-huit en droite ligne; mais on retrouveroit les trois de plus énoncés dans les itinéraires, fi l'on connoiffoit exactement tous les circuits que faifoit la voie Aurelienne, à caufe des irrégularités du terrain & des détours de la riviere de l'*Arc*. Bouche, & après lui M. d'Anville, croient avec affez de fondement, que *Tegulata* étoit à l'endroit où eft la grande *Peigiere*, mauvaife auberge qu'on trouve à mi-chemin, en allant d'Aix à Tourves. La voie Aurelienne y paffoit; voilà pourquoi nous préférons la pofition de la grande Peigiere, à celle de Tretz qui en eft un peu trop éloignée. La fameufe bataille de *Caïus Marius* fe donna dans cette plaine, où l'on croit voir encore des reftes d'un trophée que ce général fit élever après la victoire.

Aix.

AQUIS SEXTIIS. La ville d'Aix, capitale de la Provence, doit fon origine à une garnifon de foldats Romains que le conful C. Sextius Calvinus mit dans l'endroit même où il avoit défait les Salyes, cent vingt-trois ans avant l'ere vulgaire. Elle eut le titre de colonie de Jules-Céfar, *colonia Julia*; parce que ce dictateur la fit fonder en même tems que celle d'Arles quarante-fix ans avant J. C., l'an 707 de Rome. Le monument où il eft mention de cette colonie, fut élevé par Sextius-Florus, fextumvir auguftal d'Aix & d'Arles. Il n'y a pas d'apparence qu'il remplit en même tems cette place dans les deux villes : il faut que dans l'une il ne fut que fextumvir honoraire.

P. SEXTUS. FLORUS
IIIIII. VIR. AUG. COL. JUL
AQUIS. ET. COL. AREL
VALERIAE. SPURIAE. FLASSINAE
UXORI. PIENTISS
SEX. VALERIO. PROCULO. ET SUIS

Il paroît qu'Augufte renouvella cette colonie, puifque dans une autre infcription, rapportée par Scaliger & par Gruter, on lui donne le titre de *colonia Julia Augufta*.

M. FRONTONI. EUPOR
IIIIII. VIR. AUG. COL. JULIA
AUG. AQUIS. SEXTIS. NAVICULAR
MAR. AREL. CURAT. EJUS. CORP
PATRONO. NAUTAR. DRUENTI
CORUM. ET. UTRICULARIORUM
CORP. ERNAGIENSIUM
JULIA. NICE. UXOR
CONJUGI. CARISSIMO

Nous avons déja dit ailleurs ce que c'étoit que les utriculaires. Il fuffira de remarquer ici que *M. Fronton* & *L. Sextius*, étoient du nombre des fix prêtres deftinés à fervir dans le temple qu'Augufte avoit à Aix. Après fa mort, l'empereur Tibere ayant fait fon apothéofe, lui décerna un culte particulier ; au-lieu qu'Augufte n'en avoit jamais fouffert aucun de fon vivant. Il exigeoit qu'on lui afsociât Rome dans les honneurs divins qu'on lui rendoit. Chaque temple des Gaules élevé en son honneur, ou à l'honneur de ceux de ses successeurs qui furent mis au rang des dieux, avoit tout au plus six prêtres: on les appelloit pour cette raison *sextumvirs augustaux*. A Rome au contraire, on en mit vingt-huit, dont vingt-un furent tirés au sort entre les principaux de la ville. Le même Fronton étoit négociant à Arles, faisant le commerce maritime, NAVICULARIO MARINO ARELATENSI; curateur du corps des négocians, c'est-à-dire chargé de procuration pour en poursuivre les intérêts; protecteur du corps des marchands qui faisoient le commerce par la Durance, & des utriculaires d'*Ernaginum*, où est aujourd'hui Saint-Gabriel. Il y a toute apparence que *M. Fronton* n'avoit possédé toutes ces charges que successivement; mais elles prouvent qu'il étoit fort considéré dans sa patrie.

Rien de plus commun alors que de voir réunies sur la même tête les dignités qui nous paroissent les plus incompatibles. L. DVDISTIVS, de la tribu Voltinia, nous en fournit un exemple. Il étoit dans le tems qu'on fit l'inscription suivante, qui a été trouvée dans l'église des Augustins de Marseille, pontife honoraire de la ville de *Laurentum* en Italie, PONTIFICI LAVRENTINORUM ORNAMENTARIO. Il avoit été auparavant flamine ou prêtre honoraire de la colonie d'Aix, FLAMINI COLONIAE AQUENSIS EXORNAMENTARIO. Il étoit encore commandant d'un corps de cavalerie espagnole; associé pour le recouvrement des impôts de la province Lyonnoise, & intendant de la province des Alpes Cottiennes.

L. DVDISTIO. L. F. VOL. NOVANO
PONTIF. LAVRENTIN. ORN. FLA
MIN. COLON. AQUENS. EXORN. RPRAEF
ALAE. HISPANAE. ADIVTORI. AD. CEN
SVS. PROVINC. LVGDVNENS. PROC
AVG.

AVG. ALPIVM. COTTIAN. DVDISTI
EGLECTVS. ET. APTHONETVS
PATRONO. OPTVMO

La ville d'Aix avoit un corps de décurions, ou un sénat, comme nous l'appellons. C'est un fait attesté par tout ce que les antiquaires nous disent des colonies romaines. Nous en trouvons d'ailleurs la preuve dans une inscription découverte à Aix. Elle regarde *Sextus-Samicius*, de la tribu Voltinia, édile, décurion, questeur, & dépositaire des registres publics contenant un dénombrement exact de tous les biens des citoyens ; ce qui me fait croire qu'il étoit en même-tems chargé de recevoir les contributions. Peut-être aussi par TABVLARUM PUBLICARUM CURATOR, pourroit-on entendre le caissier de la ville, celui qui tenoit un état exact de la recette & de la dépense de la communauté.

SEX. SAMICIVS. VOLT
MAXIMVS. AEDILIS. DECVRIO. Q
TABVLARVM. PVB. CVRATOR
SEX. SAMICIO. VERO. IVL. SYRAE
PARENTIBVS. OPTIMIS. VERAT. NICAE
VXORI. CARISSIMAE. SIBI. ET. SVIS

Dans deux inscriptions rapportées par Muratori, il est parlé d'un vice-duumvir, magistrat considérable, puisque les *duumvirs* avoient dans leur colonie le même rang & la même autorité que les consuls à Rome ; & d'un nommé *Virgilius-Gratianus* de la tribu *Voltinia*, comme Samicius, & chevalier romain. J'inférerois de ces exemples que les citoyens d'Aix étoient ordinairement agrégés à cette tribu, & qu'ils devenoient chevaliers romains, quand ils avoient les qualités requises par la loi.

Licinius-Antonius-Epitynchanus, dont il est mention sur un

Tome I. F

autre marbre, étoit fextumvir-auguftal dans la province narbonnoife. *Quinquennal des Tignarii*, ou protecteur pour la cinquieme année des charpentiers d'Oftie, qui faifoient les machines de guerre, tant pour le fervice de terre que pour celui de la marine. On les affocia aux dendrophores à caufe des raports qu'il y avoit entre ces deux corps, dont l'un fourniffoit le bois & l'autre l'employoit.

L. ANTONIO. EPITYNCHANO
LICTORI. DECVRIAE. TER
TIAE. QVAE. SACRIS
PVBLICIS. APPARET
Q. Q. COLLEGII. FABRVM
TIGNARIORVM. OSTIS
SEVIRO. AVG. IN. PROVINC
NARBONENSI. COLONIA
AQVIS. SEXTIIS

Je ne parle pas de l'infcription, où il eft dit que Sextius-Calvinus, fondateur de la ville d'Aix, dédia cette colonie à Mercure. Elle eft manifeftement fauffe, & ne doit trouver place dans aucun ouvrage.

Cette ville a toujours tenu un rang diftingué dans la province, dont elle devint la capitale vers la fin du IVe fiecle, quand on fit la divifion des deux narbonnoifes. Il eft à préfumer que le prêteur de la province y fit alors fon féjour, au lieu qu'il n'eft pas certain qu'il y demeurât auparavant. Il eft démontré par quelques marbres qu'il y avoit auffi un pontife.

Parmi les infcriptions que Bouche rapporte, & qui ne font point intéreffantes, il y en a deux hébraïques, dont il eft impoffible de donner l'explication, attendu que les caracteres font hébreux & que les mots ne le font pas. Elles ne remontent pas au-delà du XIIe fiecle, & ne méritent aucune attention.

L'ancienne ville d'Aix fut bâtie à l'endroit où est le palais. On l'appelle dans un titre rapporté par Pithon, *civitas Aquensis* ; on l'appelloit aussi quelquefois *civitas Comitalis*, parce que les comtes de Provence y demeuroient. Les tours du palais sont un ouvrage des romains. A côté de la ville il y avoit deux fauxbourgs ; l'un nommé ville des Tours, *villa de Turribus*, étoit bâti à l'endroit où sont les PP. Minimes, & paroît avoir été le premier habité par les chrétiens, puisque l'évêque y demeuroit. Il ne restoit plus dans le XVe siecle que son palais & l'église de Notre-Dame de la Seds, *Beatæ Mariæ de Sede*, qui avoit été métropole ; tout le reste étoit détruit. Ce bourg étant plus exposé aux attaques des ennemis par sa situation, & devant servir de rempart à la ville, étoit vraisemblablement flanqué de tours, selon l'usage de ce tems-là, qui vouloit que chaque maison eût la sienne, d'où lui vint le nom de *villa de Turribus*.

L'autre bourg étoit celui de Saint-Sauveur, qui fait aujourd'hui un des quartiers de la ville. Nous parlerons dans un autre article de l'histoire ecclésiastique & de l'histoire naturelle du terroir & du diocese.

CALCARIA est marqué dans l'itinéraire & la table de Peutinger à quatorze milles de Marseille, & à trente-quatre des Fosses de Marius. Bouche place cette ville à *Carri*. M. d'Anville, qui réfute très-bien ce sentiment, la met au passage d'une petite riviere nommée *Cadiere*, dit-il, & en latin *Caldaria*, qui est peut-être le nom qu'il faudroit donner à cette ville. Il est impossible qu'un savant qui embrasse un plan aussi vaste que celui de M. d'Anville, connoisse certaines circonstances locales, dont dépend quelquefois la solution d'une difficulté. Il n'est donc pas surprenant qu'il ait ignoré 1°. que sur l'étang de Berre il n'y a point de riviere nommée Cadiere ; ce nom n'est donné qu'à un pont bâti sur le canal des moulins, tout près de Marignane. 2°. Le pont n'est point au nord de l'étang de Berre, où passoit effectivement la voie *Aurelia*,

CHOROGRAPHIE.
I. Partie.

Calissane.

mais au sud-est; & cette circonstance détruit le système de M. d'Anville.

J'avoue que la position de *Calcaria* est très-difficile à déterminer. Voici ce qui nous a paru de plus vraisemblable. Puisqu'il est impossible, en suivant les indications des distances, de trouver un lieu où l'on puisse placer cette ville, le copiste de l'itinéraire ou de la table n'auroit-il pas transposé un sygle? n'auroit-il pas écrit?

Massilia	. . .			. .	
Calcaria	. . .	xiiij	} au lieu de {	. .	xxiiij
Fossis Marianis	.	xxxiiij		. .	xxiiij.

Le nombre des milles depuis Marseille jusqu'aux Fosses, reste le même par cette opération; il n'y a qu'un sygle de déplacé. Cette transposition est aisée à faire, & la faute s'étant une fois glissée dans l'itinéraire aura servi de modele à un éditeur, qui ne connoissant point le local, a transporté une erreur dans la table qu'il croyoit corriger. En rétablissant au contraire les nombres comme nous faisons, les distances nous conduisent à *Calissane* sur la voie *Aurelia*, où l'on trouve cette carriere immense de pierre coquilliere, dont on fait un si grand usage à Marseille & dans d'autres villes de Provence. Or le mot *Calcaria* signifie en celtique, pierre à chaux, montagne de tuf. Je remarque aussi que Calissane est bâtie au pied de la montagne où l'on voyoit autrefois *Constantine*, ou plutôt, comme nous le dirons ailleurs, une forteresse que les habitans de *Calcaria* bâtirent pour s'y mettre à l'abri des barbares, quand leur ville fut détruite. En pesant toutes ces raisons, nous sommes persuadés que *Calcaria* n'avoit point d'autre position que *Calissane* placée à une égale distance de Marseille & des Fosses de Marius.

Interprétation de la Table de Peutinger.

Cette table suit la même route que l'itinéraire d'Antonin, depuis Cimiez jusqu'à Arles. Comme elle nomme les mêmes lieux, & que nous avons marqué plus haut les différences qu'elle met dans les distances, il nous suffira d'y renvoyer le lecteur, sans que nous soyons obligés de la parcourir en détail. Nous expliquerons seulement ici la partie qui ne se trouve pas dans l'itinéraire, depuis Aix jusqu'à Arles en passant par Saint-Remi ; c'étoit une route différente de l'autre qui suivoit les côtes ; on l'appelloit aussi *voie aurelienne*.

PISAVIS est le premier lieu nommé après Aix, à la distance de dix-huit milles de cette ville. On trouve exactement cette distance au passage de la Touloubre, à treize ou quatorze mille toises d'Aix ; car il n'en faut que treize mille six cens pour compléter les dix-huit milles romains. Le lieu de *Pelissane*, près de la rive droite de cette riviere, paroît répondre à l'ancienne position de *Pisavæ*. Le chemin passoit à Saint-Cannat, où l'on a trouvé une pierre milliaire posée l'an 21 de Jesus-Christ, sous l'empire de Tibere.

TERITIAS, à dix-huit milles de *Pisavæ* & à onze de Glanum, devoit être entre Aiguieres & Aureille, où passoit le chemin aurelien, qui paroît avoir donné le nom à ce dernier village. On a trouvé encore plusieurs pierres milliaires dans les environs.

GLANUM, à qui Pline donne le surnom de *Livii*, étoit dans le pays des *Salyes*, situé sur le penchant d'un côteau, & s'étendoit ensuite dans la plaine à plus d'un mille sud-sud-est de Saint-Remi. Les antiquités qu'on y a trouvées sont une preuve de sa véritable position. Le nom de cette ville étant gaulois, son origine doit être antérieure à la conquête de la province. Elle prit vraisemblablement le nom de *Livius*, mis au génitif, à cause des établissemens que quelqu'un de la famille de M. Livius y avoit faits. Car de dire, comme l'historien de Nîmes, qu'un romain de cette

CHOROGRAPHIE.
I. Partie.

Pélissane.

Près d'Aureille.

Glanum, près de Saint-Remi.

famille y fonda une colonie & lui donna son nom, c'est assurer un fait dont on n'a point de preuve. Nous donnons ailleurs l'explication des monumens qu'on y voit encore ; mais nous croyons devoir rapporter ici une inscription qui nous a paru intéressante. Elle est en l'honneur d'Ebutius-Agathon, *prêtre augustal* d'Arles pour la troisieme fois, c'est-à-dire, prêtre de la famille impériale, & *curateur* pour la seconde fois de ce college de prêtres; le mot de *curateur* en cet endroit revient à celui de *recteur* de nos confréries; *sevir* de la colonie d'Apt, ici le mot *seviro* n'étant point accompagné de l'épithete *augustali*, se prend pour un des six premiers magistrats de la ville ; négociant ayant des bateaux sur la Saône pour le transport des marchandises dans le pays qu'elle arrose, *nautæ ararico*. On ne conçoit pas en effet qu'un simple patron de barque, eût été *prêtre augustal* & *sextumvir* d'une colonie. Ces dignités, jusqu'à l'empire de Justinien, ne furent conférées qu'aux personnes les plus recommandables de chaque ville, ou même de la province, excepté quand les empereurs accordoient des exemptions aux affranchis ou aux personnes d'une condition obscure ; mais elles étoient rares, & même on n'en trouve point d'exemple dans le premier siecle de notre ere. D'ailleurs, quoique le prince ou ses officiers conférassent quelquefois d'eux-mêmes ces dignités, nous pouvons dire en général que dans chaque ville elles étoient données par le conseil public, & qu'on n'avoit aucune raison de les avilir, en y élevant des personnes de basse extraction. Cet abus s'introduisit, quand ces places furent devenues insupportables par les charges que les malheurs des tems y firent attacher. Le même *Ebutius* étoit *curateur*, c'est-à-dire *administrateur* des deniers publics de *Glanum*, place ordinairement annuelle qui avoit pour objet l'administration des biens de la communauté. Dans certains endroits le curateur avoit les mêmes fonctions que l'édile, & dans d'autres il n'en étoit que le vicaire. Voici à présent l'inscription.

MEMORIAE. AETERNAE
EBVTI. AGATHON. VIRO. AVG. CORP. TER
AREL. CVRAT. EIVSDEM. CORP. BIS
ITEM. SEVIRO. COL. IVL. APTAE
NAVTAE. ARARICO. CVRATORI. PECVLI. R. P. GLANICO.
QVI. VIXIT. ANNOS. LXXIV
AEBVTA. ETYCHIA
PATRONO. ERGA. SE. PIENTISSIMO

Une autre difficulté qui se présente en lisant cette inscription, est de voir le même homme réunir deux emplois qui nous paroissent incompatibles par l'éloignement des villes : celui de *sevir* à Apt, & de *curateur* à *Glanum*. Mais quand le gouvernement n'a plus de regles, on n'en doit pas chercher dans la maniere de conférer les emplois, & encore moins dans la maniere dont on s'en acquitte. Peut-être aussi n'exerçoit-il pas les deux charges en même-tems.

La ville de *Glanum* fut détruite, on ne sait pas précisément en quel tems ; mais vraisemblablement vers l'an 408, quand les Vandales ravagerent la Provence ; car ils brûlerent plusieurs villes. Ceux d'entre les habitans de *Glanum*, qui avoient échappé au massacre, s'étant ensuite établis dans les endroits où ils avoient leurs possessions, l'un d'eux nommé Benoit, donna ses biens à saint Remi, l'an 504, en reconnoissance de ce que sa fille avoit été miraculeusement guérie par ce saint Evêque. On nomma ces biens le patrimoine de Saint-Remi, d'où est venu le nom de la ville qu'on y bâtit.

ERNAGINA OU ERNAGINUM, dont Ptolemée parle comme d'une ville des *Salyes*, est nommée dans les itinéraires avec une différence dans les distances relativement à *Arles* & à *Glanum* ; on peut le voir dans les fragmens que nous en rapportons. Cependant on s'accorde assez à croire que la position d'*Erntaginum* répond à celle de Saint-Gabriel. Ce lieu est dans le diocese d'Arles, & conservoit encore son ancien nom dans le VIe siecle; on en voit la preuve dans la vie de saint Césaire. Celui qu'il porte actuellement est moderne, & je crois que l'ancienne ville ayant été détruite, on fut long-tems sans la rebâtir. Il y avoit un corps d'*utriculaires*, dont il est mention dans l'inscription que nous avons rapportée à l'article d'Aix. Après *Ernaginum* vient Arles; où les deux voies aureliennes aboutissoient, quoique par une route différente.

Arles. ARELATE. Cette ville est mise par Ptolemée chez les *Salyes*, ainsi que celle d'*Ernaginum*, quoiqu'il soit plus naturel de les placer l'une & l'autre chez les *Anatilii*. César est le plus ancien auteur qui parle d'Arles sous l'année 705 de Rome, & la 48e avant Jesus-Christ. Deux ans après, quand il fut maître de l'empire, il y envoya fonder une colonie, par *Claude-Tibere Neron*, pere de l'empereur Tibere. Elle fut composée des soldats de la VIe légion, & eut le prénom de *Julia paterna*. C'est ce que nous apprenons de l'inscription suivante, où il est question d'un citoyen de cette ville qui étoit *maître* du corps des *Tignuarii*, c'est-à-dire, chargé d'instruire ceux qui se faisoient recevoir, & de veiller sur leur conduite. Il avoit, pour ainsi dire, la police du corps. Nous ne disons rien des *Tignuarii*; parce que nous les avons fait connoître ailleurs.

C. PVBL. BELLICO. CORPORATO COL
IVL. PATERNE. AREL. FABRORVM
TIGNVARIORVM. ITEM MAGISTRO
VENVCIA. PRISCILLA. CONIVGI
PIIS   MANIBVS
INCOMPARAILI. ITEM
VENVCIA. PRISCILLA
VIVA. SIBI. FECIT.

Les romains regardant le Rhône comme une des barrieres de l'Italie, du côté des Gaules, en faisoient garder les passages par un corps de troupes, dont le commandant prenoit le titre de *comes ripæ Rhodani*. Cette dignité se trouve mentionnée dans l'épitaphe d'un citoyen d'Arles nommé *Flavius - Memorius*. Il avoit servi vingt-huit ans dans la légion qui portoit le nom de Jupiter INTER JOVIANOS; six ans dans les gardes du corps de l'empereur, PROTECTOR DOMESTICUS; & avoit commandé trois ans le corps des lanceaires, PRAEFECTUS LANCIARIORUM, qui servoient dans les Gaules, sous les ordres du maître de la cavalerie. Le même Flavius-Memorius après avoir passé par tous ces grades & par celui de commandant de la légion qui gardoit les bords du Rhône, étoit devenu comte ou commandant de la Mauritanie Tingitane; COMES MAVRITANIAE TINGITANAE. Il étoit chrétien, & vivoit après le regne de Dioclétien, peut-être vers le milieu du IVe siecle; car la légion, consacrée à Jupiter, dans laquelle Flavius-Memorius avoit servi, fut formée par cet empereur.

CHOROGRAPHIE.
I. Partie.

BENE. PAVSANTI. IN. PACE. FL. MEMO
RIO. V. P. QVI. MILIT. INT. IOVIANOS. AN
NOS. XXVIII. PRO. DOM. ANN. VI. PRAE
LANCIAR. III. COMES. RIPE. AN
I. COM. MAVRET. TING. AN. III. VIX. ANN
LXXV. PRAESIDIA. CONIVX. MARITO. DVL
CISSIMO

Cette inscription a été trouvée à Arles. Je lis RIPE *Rhodani* avec le marquis Maffei.   *Antiq. Gall. p. 52.*

Les grades militaires donnoient beaucoup de considération, & il suffisoit de les avoir remplis pour voir sa protection recherchée par les particuliers & les communautés. Les *quinquennales* du corps des négocians d'Arles, qui faisoient le commerce maritime, choisirent, pour leur protecteur, un homme distingué dans cette profession. Il se nommoit Cominius, & avoit été préfet de la 3ᵉ cohorte, qui tiroit son nom de la ville de Brague en Portugal ; tribun de la légion qui avoit le surnom d'*Adjutrix*, *Victrix*, &c. & qui fut créé par Galba, receveur-général du bled que l'empereur retiroit de la province narbonnoise & de la Ligurie, & préfet ou commandant d'un corps de mille hommes de cavalerie dans la Mauritanie césarienne.

. . . . COMINIO . . . .
LAVD . . . I
AGRICOLA . . . . . ELIO
APRO. PRAEF. COHOR
TERT. BRACAR. AVGVSTAN
TRIBVN . . . ADIVT. PROCVR
AVGVSTORVM. AD. ANNONAM
PROVINCIAE. NARBONENSIS
ET. LIGVRIAE. PRAEF. A*la milli*ARIAE
IN. MAVRITANIA. CAESARIENSI
NAVIC. MARIN. AREL
CORP. QUINQ. PATRO
OPTIMO. ET. INNOCENTIS
SIMO

Je ne rapporterai pas l'épitaphe d'un *L. Domitius* qui avoit été triérarque de la flotte germanique, c'est-à-dire commandant d'une galere à trois rangs de rames. Je me contente d'en avertir, pour faire voir que notre province avoit non-seulement donné des magistrats au sénat de Rome, comme nous l'apprenons de Tacite, mais encore des officiers qui avoient passé par les différens grades militaires.

Quant aux beaux arts, il est certain qu'ils fleurissoient dans la ville d'Arles, comme on le verra dans l'histoire. Les femmes même les cultivoient. On en trouve la preuve sur un monument qui fut déterré dans l'église des Minimes de cette ville. Ce monument est un sarcophage, sur lequel on avoit gravé avec beaucoup d'art & de goût, des instrumens de musique. On lisoit à côté l'épitaphe d'une jeune femme nommée Tyrannis, morte à l'âge de vingt ans & huit mois, & qui avoit été l'exemple des personnes de son sexe, par la douceur & la pureté de ses mœurs, & par ses talens agréables.

> IVLIAE. LVC. FILIAE. TYRANNIAE
> VIXIT. ANNOS. XX. M. VIII
> QVAE. MORIBVS. PARITER. ET
> DISCIPLINA. CETERIS. FEMINIS
> EXEMPLO. FVIT. AVTAROIVS
> NVRVI. LAVRENTIVS
> VCXORI

Ce monument fut consacré par le beau-pere & le mari ; car la vertu réunit tous les suffrages.

Les anciens ont donné à la ville d'Arles différentes épithétes propres à faire connoître le rang distingué qu'elle tenoit parmi les autres colonies. Ausone l'appelle reine des Gaules, soit parce qu'elle étoit le centre du gouvernement civil & militaire, soit aussi parce qu'elle se distinguoit par les talens & la politesse de ses habitans.

> *Pande duplex Arelate tuos, blanda hospita, portus,*
> *Gallula Roma Arelas, quam Narbo Martius, & quam*
> *Accolit Alpinis opulenta Vienna colonis;*
> *Præcipitis Rhodani sic intercisa fluentis,*
> *Ut mediam facias navali ponte plateam,*
> *Per quem Romani commercia suscipis orbis,*
> *Nec cohibes, populosque alios & mœnia ditas.*

Ces vers prouvent que dans le IVe siecle, qui est celui ou Ausone vivoit, il y avoit des maisons sur les deux bords du Rhône. Je ne parle pas du commerce de cette ville dont ce poëte nous donne une si grande idée; ce que j'en dis dans l'histoire, me dispense d'entrer ici dans aucun détail. La fertilité de son terroir frappoit également les étrangers, & lui fit donner le surnom de *Theline*, du mot grec θηλη, qui signifie mamelle. Mais elle n'a jamais été appellée *Mamillaria*, comme l'ont cru quelques auteurs, qui ayant vu dans une inscription gravée sur une colonne milliaire d'Arles,

DE. ARELATE. MA.
MILLIARIA. PONI. &c.

se sont imaginés faussement qu'on devoit lire *Mamillaria*, qui est la traduction de *Theline*.

La colonne milliaire dont il s'agit ici, fut placée sous l'empire de Théodose & de Valentinien, par Auxiliaris, préfet du prétoire des Gaules, le même qui s'employa pour réconcilier le pape saint Léon avec saint Hilaire, dont les contestations nous fournissent un article qu'on verra traité dans l'histoire. Voici l'inscription qu'on y voit encore :

SALVIS. D. D. N. N. THEO	*Salvis Dominis nostris*
DOSIO. ET. VALEN	*Theodosio &*
TINIANO. P. F. V. AC	*Valentiniano*
TRIVM. SEMPER	*Piis felicibus, victricibus, ac triumphatoribus*
AVG. XV. CON. VIR	*Semper Augustis, decimum quintum*
INL. AVXILIARIS	*Consulibus. Vir illustris*
PRAE. PRÆT. GALLIA	*Auxiliaris præfectus*
DE. ARELATE. MA	*Prætorio Galliarum*
MILLIARIA. PONI	*De Arelate Massiliam*
S. M. P. I.	*Milliaria poni statuit, milliare passuum primum.*

Ce qui fignifie que ce milliaire, placé par Auxiliaris, étoit le premier à compter depuis Arles jufqu'à Marfeille.

La même infcription nous apprend que le préfet du prétoire tranfporta fon fiege dans cette ville, quand les barbares fe furent emparés de Trèves. Il y réfidoit avec beaucoup d'autres officiers qui occupoient les premieres charges de l'empire en-deçà des Alpes. De-là vient qu'on y tenoit tous les ans l'affemblée générale des fept provinces qui étoient encore fous la domination romaine. Nous ne faifons qu'indiquer ces objets; il y en a même beaucoup d'autres que nous paffons fous filence, parce qu'on les verra traités dans l'hiftoire, avec toute l'étendue qu'ils demandent.

Ces prérogatives mériterent à la ville d'Arles, le titre glorieux de métropole des Gaules, que les empereurs Honorius & Valentinien lui donnerent. Conftantin l'affectionnoit au point, qu'il y fit des embelliffemens confidérables, & voulut même qu'elle portât fon nom. On doit lui attribuer la plupart des ouvrages publics qui la décoroient, & peut-être auffi l'obélifque, quoique d'autres aiment mieux l'attribuer à l'empereur Conftance, qui fit célébrer dans cette ville les jeux circenfes & les jeux fcéniques en 354. Cet obélifque eft de granit, & peut bien avoir été taillé dans le Dauphiné, aux environs du Rhône, où l'on en trouve d'auffi beau qu'en Egypte. De-là il étoit facile de le tranfporter par le fleuve jufqu'à Arles. Il éprouva, comme tous les autres ouvrages des romains, la fureur des barbares & l'injure du tems; mais comme il eft d'une matiere qui réfifte davantage, il a été moins dégradé; on le trouva caché dans la terre, fous le regne de Charles IX: on l'en retira en 1675, & l'année d'après il fut élevé fur un piédeftal devant l'hôtel de ville, en l'honneur de Louis XIV. Il a cinquante deux pieds de haut fur une bafe de fept pieds de diamétre. On a placé fur la pointe un globe d'azur aux armes de France, furmonté de la figure du foleil, auquel on compare Louis XIV dans une infcription faftueufe que nous nous difpenfons de rapporter. Nous ne parlerons pas des autres monumens qu'on voyoit anciennement dans cette ville ; ces détails nous meneroient trop loin, & n'apprendroient au lecteur que ce qu'il fçait déja, c'est-à-dire, que les colonies repréfentoient en petit les principaux établiffemens qu'il y avoit dans Rome, tant pour le civil que pour la réligion.

Quant aux corps d'artifans, outre celui de *tignarii*, dont il eft parlé dans la premiere infcription, il y avoit encore des *utriculaires* que nous avons fait connoître, & des *centonarii* qui étoient fpécialement chargés de faire les tentes & de couvrir les machines de guerre qu'on employoit fur les vaiffeaux ou dans les fieges, avec la matiere la plus propre à réfifter aux atteintes du feu & aux attaques de l'ennemi. Une loi de l'empereur Conftantin ordonne qu'ils feroient affociés aux *dendrophores* qui alloient couper le bois dans les forêts, & le portoient fur les lieux où l'on devoit l'employer ; aux *tignarii* qui faifoient les poutres, les folives, les planches & d'autres piéces femblables. Tous ces artifans avoient le nom de *fabri*. Voici une infcription où il eft mention des conftructeurs employés dans les arcenaux, des utriculaires & des centonaires. Elle fut faite en l'honneur d'un affranchi devenu prêtre du temple qu'Augufte avoit à Arles, & protecteur des trois corps d'artifans que je viens de nommer. Dans les premiers tems il n'y avoit que les perfonnes les plus confidérables d'une ville ou d'une province qui fuffent revêtues du facerdoce. La loi *Vifellia*, faite à ce qu'on prétend, fous Tibere, & rigoureufement obfervée fous Dioclétien, étoit expreffe là-deffus. On n'admettoit les affranchis à cette dignité, ainfi qu'aux charges municipales, que quand ils avoient été rétablis par le prince dans le nombre des perfonnes nées libres. Mais cette loi ayant été abrogée par Juftinien, le facerdoce & les principales charges furent envahies par les affranchis & par les gens d'une condition obfcure.

D. M.
C. PAQUI. OPTATI (1)
LIB. PARDALAE. IIIIII
AUG. COL. JUL. PAT. AR
PATRONO. EJUSDEM
CORPOR. ITEM. PATRON
FABROR. NAVAL. UTRICLAR
ET. CENTONAR. C. PAQUIUS
EPIGONUS. CUM. LIBERIS SUIS
PATRONO. OPTIME. MERITO

Dans une autre, qui est au vestibule de l'archevêché, il est parlé des *lignarii*, qui étoient la même chose que les *tignarii*, ou peut-être de simples marchands de bois.

D. M.
L. JUL. AUGUS
TALIS. FABRI
LIGN. CORPOR.
AREL. L. JULIUS
TROPHIMUS
PATER. INFELICISSIMUS

Tout le monde connoît les différentes sortes de combats que l'on donnoit au peuple dans les villes où il y avoit un amphithéâtre. Celui des gladiateurs étoit un des plus ordinaires. L'inscription suivante qui se voit encore à l'archevêché d'Arles, nous prouve qu'on y donnoit au peuple ces sortes de spectacles. Cependant l'amphithéâtre, qui est encore un des beaux monumens des Gaules, n'a jamais été achevé.

---

(1) Cette inscription prouve, ainsi que cent autres que nous pourrions citer, que quelquefois, après avoir suivi le régime du génitif dans les premieres lignes, on l'abandonnoit pour suivre le datif.

```
            P. GRANIO. L. FILIO
            TERETINA. ROMANO
          M. JUL. OLYMPUS. NGO
          TIATOR. FAMILIÆ. GLA
          DIATORIÆ. OB. MERIT
            L. GRANI. VICTORIS
           AVI. EJUS. MERENTI
                 POSUIT
```

Pour entendre cette inscription, il faut savoir que l'intendance des jeux étoit un des emplois de la cour des empereurs; on l'appelloit *procuratio ludorum*; & celui qui en étoit chargé, avoit plusieurs provinces dans son département. Ces jeux se divisoient en différentes classes, & chaque classe avoit son directeur particulier, sous les ordres duquel étoient des commis attachés à une ville ou au canton d'une province. Tel étoit *M. Julius-Olympus* de la tribu *Terentina*, auquel on donne ici le nom de *negotiator familiæ gladiatoriæ*, parce qu'il veilloit sur la troupe des gladiateurs d'Arles, & sur tout ce qui avoit rapport à leur profession.

```
          IVLIO. SECVNDINO
          VTRICLARIO. CORP
        C. I. P. A. QVI. LEGAVIT
        EIS. EX. TESTAMENTO. SVO
            C C. VT. EX. VSVRE
         OMNIBVS. ANNIS. SACRI
          FICIO. EI. PARENTETVR
```

Ce monument d'un particulier, qui laisse par son testament au corps des utriculaires, un capital de deux cent sesterces pour lui faire tous les ans un sacrifice expiatoire, est une preuve de l'idée que les païens s'étoient faite de l'autre vie.

Celle qu'ils avoient de l'hospitalité est bien respectable, & leur
fait

fait beaucoup d'honneur. Il y avoit peu de vertus parmi eux auffi facrées que celle-là. Ils regardoient le meurtre d'un hôte comme le crime le plus irrémiffible & le plus capable d'attirer la vengeance des dieux. Lorfqu'on étoit averti qu'un homme avec lequel on avoit contracté des liaifons d'hofpitalité arrivoit, on alloit au-devant de lui, on le conduifoit dans fa maifon, & on lui offroit du pain, du vin & du fel, comme fi l'on eût voulu faire un facrifice à Jupiter hofpitalier. Les orientaux & les juifs, fur-tout, lavoient les pieds à leurs hôtes; les dames mêmes de la premiere qualité prenoient ce foin, comme il paroît par plufieurs exemples. Enfuite on donnoit un feftin où rien n'étoit épargné de ce qui pouvoit amufer ces étrangers : on leur faifoit des préfens avant leur départ, & la cérémonie fe terminoit par une invocation adreffée aux dieux protecteurs de l'hofpitalité. La marque ordinaire de ces fortes de liaifons, qu'on appelloit *teffera hofpitalitatis*, étoit tantôt la moitié d'une piece de monnoie, tantôt la moitié d'un morceau de bois ou d'ivoire, fur laquelle les noms des deux amis étoient écrits. Chacun gardoit la fienne pour la préfenter dans l'occafion. Quand c'étoit une ville qui accordoit l'hofpitalité à des étrangers, elle en faifoit expédier un décret en forme, dont on leur délivroit copie, enfuite on leur donnoit une *teffere* où l'on mettoit leur nom, & l'on marquoit que ce droit avoit été accordé par un décret des décurions. La ville d'Arles nous en fournit l'exemple fuivant.

CHOROGRAPHIE.
I. *Partie.*

Acad. des infc. t. 3. hift. p. 43.

| EX. DECR |
| DECVRION |
| AR. DAT. IVL |
| FESTO. PER*egrino* |
| ....PVSO PEREGR*ino* |

On ne doute pas qu'une colonie comme celle d'Arles n'eût ses édiles, ses duumvirs & les autres officiers qui avoient part à l'administration municipale. Q. Julius-Tertinemos, fils de Quintus, y avoit été duumvir, édile, prêtre & pontife. Il falloit être un homme bien considérable dans sa patrie, pour être successivement revêtu de toutes ces charges.

D. M.
Q. IVLI. Q. FIL
TERTINEMOI
AEDIL. II. VIR
PONTIF. ET. FL. COL. IVL
AREL. IVLIVS. LICI
NIANVS. PARENTI
DVLCISSIMO

Les autres faits qui regardent cette ville, appartenant à l'histoire ecclésiastique ou à l'histoire civile, on les verra traités ailleurs.

Nous avons dit ci-dessus que la voie *Aurelia* se divisoit à Aix, & qu'elle formoit deux routes qui conduisoient à Arles, l'une par Marseille, & l'autre par Pélissane & Saint-Remi. Elle se divisoit aussi au Canet, dans le diocèse de Fréjus, & formoit la route de Riez. Le premier endroit nommé après *Forum Voconii*, ou le Canet, est

ANTEA ou ANTEIS, dont M. d'Anville ne parle pas. Honoré Bouche est porté à croire que la position de cette ville répond à celle d'Aups, qui est à quatre lieues & demie du Canet. Nous avouons que cette distance quadre avec les dix-huit milles marqués dans la table; mais d'Aups à Riez il n'y en a que quatorze, ou trois lieues & demie, & la table en met au moins vingt-deux; ainsi l'opinion de cet historien tombe d'elle-même. Il auroit dû s'en tenir à la position d'*Ampus*, qu'il désigne, & où l'on a trouvé une pierre milliaire posée l'an 31 de J. C. sous l'empire de Tibere. La voie romaine, qui alloit de Fréjus à Riez, y passoit donc ainsi qu'à

Draguignan, à Vérignon & à Baudun, où l'on a découvert d'anciens monumens. Je remarque, en second lieu, que la distance XVIII marquée dans l'itinéraire, convient au local. En suivant cette route, il y a du Canet à Riez environ dix lieues, qui valent quarante milles romains, auxquels il faut réduire la table de la maniere que voici.

>   *Forum Voconii* . . . . .
>   *Anteis* . . . . M. p   xviij
>   *Reis Apollinaris* . . . . M. p   xxij

Cette correction, conforme à la distance réelle, l'est aussi à quelques éditions, quoique la plupart marquent trente-deux au lieu de vingt-deux; mais c'est une erreur qu'il est aisé d'appercevoir.

Le mot *antea* vient du celtique *ant*, qui signifie extrémité, confins. Cette ville n'étoit-elle point ainsi nommée, parce qu'elle se trouvoit de ce côté-là sur les confins de la province Narbonnoise & de la province des Alpes maritimes?

REIS APOLLINARIS. Riez, à qui Pline ne donne que le titre de ville latine, étoit une colonie romaine fondée par Jules-César, & rétablie ou augmentée par Auguste. C'est un fait que nous apprenons par plusieurs inscriptions qui prouvent en même-tems qu'il y avoit un sénat, ou corps de décurions composé des magistrats, dont nous parlerons dans l'histoire. Ils accorderent par un décret à M. Julius, sextumvir augustal, un lieu pour y bâtir un temple en l'honneur de la mere des dieux ou de Cibele.

MATRI
DEVM. OB
SACRVM
V. S.
M. IVL.
IIIIII VIR AVG
C. I. A. A.   *Coloniæ Juliæ Augustæ Apollinaris.*
L. D. D. D.   *Locus datus decreto decurionum.*

 La suivante regarde un décurion de cette colonie, appellé M. Verius Victor.

D. M.   *D. M.*
M. VERII. VICTORIS   *Marcii verii Victoris*
DECVRION. COL   *Decurionis coloniæ*
IVL. AVG. APOLLINAR   *Juliæ Augustæ Apollinaris*
REIOR. ITEM. COL   *Reiorum, item coloniæ*
AVG. NEM. ORNAM   *Augustæ nemausi ornamentarii*
VIVVS. SIBI. ET. SVIS
FECIT   *Fecit*

 L'auteur de l'histoire de Nîmes en rapporte une autre, où il est mention de *M. Atticus Paternus*, décurion de la même ville, & décoré du titre d'*equus publicus*. Comme nous donnons ailleurs l'explication de ces mots, nous sommes dispensés de transcrire l'inscription, qui ne nous apprend d'ailleurs aucune particularité sur cette colonie. Mais nous devons remarquer que ces décurions, qui l'étoient en même-tems à Nîmes & à Riez, n'en exerçoient pas la charge dans les deux villes. Dans l'une ils n'en avoient que les honneurs & les privileges. De-là vient qu'on les appelloit *decuriones ornamentarii*, c'est-à-dire, décurions honoraires.

 Lorsque la ville de Riez eut été bâtie, celle d'*Albéce*, qui étoit auparavant la capitale du canton, dut se dépeupler insensiblement, & finir par être l'asyle de quelques cultivateurs ; l'autre au contraire s'agrandit à la faveur des établiffemens que les romains y firent, tant pour le civil que pour la religion. Ils y éleverent plufieurs édifices publics; & l'on en voit encore quelques veftiges hors de fon enceinte; c'eft une preuve qu'elle étoit plus grande qu'aujourd'hui, ou qu'on s'eft infenfiblement éloigné de l'ancien local. On ne doit pas s'attendre à trouver les ruines d'*Albéce*, dont l'emplacement étoit vraifemblablement aux environs d'*Albiofc*, petit village à deux lieues au fud-oueft de Riez, près du Verdon. Les gaulois ne fçavoient pas bâtir d'une maniere durable. Ils conftruifoient leurs chaumieres avec du bois, de la paille & de la terre graffe; c'eft-à-dire, avec les matieres les moins propres à réfifter aux injures du tems. Il n'en étoit pas de même des villes bâties par les romains; le ciment qu'ils employoient, affuroit la durée de leurs ouvrages. Nous trouvons encore dans les Gaules des temples qui font affez bien confervés. Ceux de Riez n'ont pas eu le même fort. Il ne refte que celui d'Apollon dont on a fait une églife. C'eft du nom de cette divinité que les habitans de Riez furent furnommés *apollinares*. Le nom de *Reii* eft celtique, & prouve que les romains trouverent le pays habité. L'infcription fuivante nous apprend que la déeffe Cybele y avoit auffi des autels.

MATRI. DEUM
MAGNAEQUE. JDEÆ
L. DECIMUS. PACA
TUS. ET. CELIA. SE
CUNDINA. EJUS. OB
SACRUM
TAUROROM. (1)

---

(1) Il n'eft pas rare de voir l'o, mis à la place de l'*u*, de voir *Divom* pour *Divum*. Cette définence avoit quelque chofe de moins rude, fur-tout à la fin du difcours. Nous l'avons confervée dans notre maniere de prononcer les mots latins terminés en *um*.

Pour faire le facrifice des Tauroboles, on creufoit une foffe profonde, couverte de planches trouées en plufieurs endroits, & fur lefquelles on égorgeoit un taureau. Le prêtre, deftiné à faire l'expiation, fe tenoit fous les planches, vêtu d'une robe de foie, & portant fur fa tête une couronne entourée de bandelettes. Il fe tournoit de toutes les manieres pour recevoir le fang fur toutes les parties de fon corps. Dès que la cérémonie étoit achevée, il fortoit de la foffe, & tout le monde fe profternoit devant lui, comme s'il eût repréfenté la divinité pour laquelle on offroit le facrifice. Ses habits enfanglantés étoient regardés comme des chofes facrées ; on les confervoit avec beaucoup de religion.

Cette cérémonie avoit un autre objet; & nous ferions portés à croire qu'elle fut uniquement inventée pour l'oppofer au baptême dont on lui attribuoit les effets; de-là vient qu'on l'appelloit régénération. Celui qui devoit être régénéré de la forte recevoit, de la maniere que nous venons de dire, le fang de la victime fur toutes les parties de fon corps, perfuadé qu'il n'y avoit point de fouillure qui fût à l'épreuve de cette expiation. C'eft ainfi que l'empereur Julien entreprit, à ce qu'on prétend, d'effacer en lui le caractere de chrétien, par un trait de fanatifme qui fait horreur. On croit que ces fortes de facrifices ne furent avoués à Rome par le gouvernement, que fous le regne d'Antonin-Pie, vers le milieu du deuxieme fiecle. Ils pafferent un peu plus tard dans les Gaules; & celui qui fe fit à Riez n'eft peut-être que du commencement du troifieme fiecle.

On découvrit dans cette ville, il y a plus de cent cinquante ans, une autre infcription qui n'eft pas moins curieufe. Elle fait mention des offrandes que deux particuliers, *Symphorus* & fa femme *Protis*, firent à Efculape en reconnoiffance d'une guérifon qu'ils avoient obtenue par fa puiffance. Ces offrandes étoient une image du fommeil en bronze, un collier d'or qui repréfentoit deux petits ferpens entrelaffés, un petit inftrument d'argent, *enchiridium ar-*

gentei (c'étoit peut-être un instrument de chirurgie) & un voile ou manteau de femme; car c'est ainsi qu'il faut expliquer le mot *anabolium*, qui vient du grec αναβόλαιον, & signifie manteau de femme. Les auteurs sont partagés sur le poids de ces offrandes; nous rapporterons leurs sentimens après l'inscription.

    DEO. AESCULAPIO
VAL. SYMPHORUS. ET. PROTIS
  SIGNUM. SOMNI. AEREUM
TORQUEM. AUREUM. EX. DRA
CUNCULIS. DUOBUS. P. C. L. EN
CHIRIDIUM. ARGENTI. P. CCC. L
  ANABOLIUM. OB. INSIGNEM
CIRCA. SE. NUMINIS. EJUS. EFFECTUM
      V. S. L. M.

    Gruter prétend qu'au lieu de P. C. L. *pondo centum librarum*, du poids de cent livres, il faut lire *pondo semissium septem*, du poids de trois livres & demie, ce qui paroît plus vraisemblable. M. de Peyresk lisoit, selon Gassendi, *pondo scrupuli unius*, mais cette estimation n'est pas assez forte; nous laissons aux sçavans à décider de quelle maniere il faut expliquer ces lettres P. C. L. ou plutôt nous leur laissons le soin de rétablir l'inscription. Il y a toute apparence qu'elle a été mal lue.

    On trouve la même diversité de sentimens sur le poids de l'*enchiridium*; les uns lisent *pondo sexcentarum librarum*; les autres *pondo ducentarum semissium*; & M. de Peyresk *pondo unciarum quinque & semis*. Cette explication paroît la plus raisonnable; mais nous n'insisterons pas sur ces différentes leçons; notre but en rapportant les inscriptions, est seulement de remarquer ce qui nous peut faire connoître les villes, la municipalité, les mœurs, les usages & la religion des anciens habitans de la province.

La suivante est très intéressante ; elle nous apprend qu'il y avoit à Riez un temple dédié tout-à-la-fois à Rome & à Auguste, & un pontife qui veilloit sur les prêtres inférieurs, & qui étoit en même tems un des quatre premiers magistrats.

M. SEVERVIVS. M. F
FABVLATOR. FLAM
ROM. ET. AVG. IIII. VIR. PONT
COL. REIOR. APOLLINAR
SIBI. ET. CAREIÆ. CAREI. FIL
PATERCLÆ. OPTIM. VXORI

Auguste ne voulut pas souffrir, comme nous l'avons dit ailleurs, qu'on lui bâtît des temples dans la capitale de l'empire, il n'y eut que des autels durant sa vie, selon quelques sçavans ; il ordonna même que ceux qu'on lui bâtiroit dans les provinces, seroient aussi dédiés à Rome ; celui de Riez devoit donc avoir été bâti du tems de cet empereur. Dans plusieurs autres villes de la province, on n'en éleva qu'après sa mort, & lorsque Tibere eut fait de son culte un point de religion. Il faut observer que la nomination du pontife de Riez venoit de Rome ; car, suivant Spanheim, c'étoit aux métropoles à nommer les pontifes des colonies.

Lieux de Provence mentionnés dans l'Itinéraire d'Antonin, en venant par les Alpes cottiennes.

VAPINCUM. Gap, dans le Dauphiné.

ALABONTE *vel* ALAMONTE, étoit le nom d'une ancienne ville du Dauphiné dans le diocèse de Gap. Elle étoit assez grande, s'il faut en juger par les vestiges qu'on en trouve encore. Il y avoit au même endroit un monastere dont le nom subsiste dans celui du *monestier d'Alamon*, sur le bord de la Durance. Bouche a cru, sans fondement,

DE PROVENCE.

fondement, que cette ville étoit différente d'une autre qu'il appelle *Alarante*. C'eſt la même ſous deux noms différens.

SEGUSTERONE. A ſeize milles d'*Alamont*, eſt viſiblement Siſteron. Le nom eſt Celtique, & prouve que cette ville ſubſiſtoit, ou que du moins le terroir étoit habité avant que les romains vinſſent en Provence. Il eſt très-vraiſemblable qu'elle dépendoit des *avantici*, qui s'étendoient dans la partie méridionale du dioceſe de Gap, & avoient dans leur territoire la petite riviere de Vançon, dont le nom paroît être dérivé de celui de ce peuple. Elle ſe jette dans la Durance, un peu au-deſſous de Siſteron, qui eſt ſitué ſur le bord oppoſé.

ALAUNIO. L'itinéraire le met à vingt-quatre milles de Siſteron, & à trente-un d'Apt; ce qui ſuppoſe que ces deux villes ſont à la diſtance de cinquante-cinq milles l'une de l'autre; cependant l'eſpace direct n'eſt que d'environ quarante. La table Théodoſienne en met quarante-deux, marqués de la maniere ſuivante, & nous la préférons pour cette raiſon à l'itinéraire.

Seguſterone . . . . .
Alaunio . . . . . . M. p xiiij
Catuiaca . . . . . . xvj
Apta Julia . . . . . xij

M. d'Anville fait paſſer la route à travers les montagnes de Lurs, & place *Alaunium* à l'*Hoſpitalet*. Il nous faudroit le témoignage des anciens monumens, pour nous perſuader que la voie militaire, qui alloit droit à Siſteron, s'écartoit ſi fort des bords de la Durance, & qu'elle traverſoit un pays inacceſſible qui offre mille difficultés aux voyageurs. En ſecond lieu, de Siſteron à l'Hoſpitalet, on compte environ quatre lieues en droite ligne; & ſi l'on fait attention aux détours que l'inégalité du terrein occaſionne dans les montagnes, on verra qu'il en faut compter près de cinq,

Tome I.   I

*CHOROGRAPHIE.
I. Partie.
Siſteron.*

Aulun, près de Lurs.

CHOROGRAPHIE.
I. Partie.

c'est-à-dire, environ vingt milles; or ce nombre ne s'accorde ni avec la table, ni avec l'itinéraire. Enfin ce qui démontre évidemment la fausseté de cette opinion, c'est que la voie militaire passoit dans le terroir de *Lurs*, au quartier de *Notre-Dame des Anges*, à trois quarts de lieues de ce village, & à une lieue de Forcalquier. On y a découvert les ruines d'une tour, des vestiges d'anciennes habitations, & des aqueducs de construction romaine assez bien conservés. Ces monumens suffisent pour décider de l'ancienne position d'*Alaunium* : en la mettant en cet endroit, elle s'accorde, autant que les inégalités du pays peuvent le permettre, avec les distances marquées dans les itinéraires. On peut encore la prouver par le témoignage des actes publics, dans lesquels on donne le nom d'*Aulun* à cet endroit même; il n'y a personne qui ne trouve une analogie sensible entre *Alaunium* & *Aulun*.

Carluec, près de Reillane.

CATUIACA est marquée dans l'itinéraire à seize milles du précédent, & à quinze de la ville d'Apt; la table Théodosienne ne la met qu'à douze de celle-ci. Ces distances, en y apportant les modifications que les détours du chemin exigent, ainsi que nous l'avons déja remarqué tant de fois, nous conduisent à un endroit situé dans le terroir de Ceireste, à une demi-lieue de Reillane. Cet endroit s'appelle *Carluec*, *Caruslocus*. Nous ne chercherons point à justifier notre sentiment par l'analogie des noms, elle paroît souvent forcée; mais on ne peut se refuser à la correspondance des distances, sur-tout lorsque l'endroit où elles aboutissent conserve des traces d'anciennes habitations. Je ne parle pas des édifices romains; on n'en trouve que dans les villes qui ont été honorées du titre de colonies, ou qui du moins étoient considérables par le nombre ou la richesse des habitans: mais je parle de ces autres indices qui, sans nous conduire jusqu'à l'âge romain, nous font remonter à des siecles assez reculés pour nous faire croire que du tems des empereurs ces lieux étoient habités. C'est précisément ce que nous trouvons à *Carluec*. Il y avoit, avant le

XIIe siecle, un prieuré duquel dépendoient douze églises qui lui payoient un cens annuel. On y voit aussi des vestiges d'un monastere détruit par les sarrazins dans le Xe siecle ou à la fin du IXe. On a cru que c'étoit une abbaye dédiée sous l'invocation de Notre-Dame des *Vaux* ou de *Vaucelles*, parce qu'on lit dans une ancienne inscription mutilée, *Mariæ D. V. C.* On a rendu ces lettres initiales par ces mots: *Mariæ de Valle Cellarum*; mais ne pourroit-on pas les rendre de cette autre maniere? *Mariæ de Villa Catuiaca*, cette explication est plus naturelle (1). Enfin on a découvert dans le territoire de Reillane, c'est-à-dire vers l'endroit où nous plaçons *Catuiaca*, un marbre que nous rapporterons en parlant du diocese d'Aix, dans la seconde partie de la chorographie.

APTA JULIA VULGIENTUM. Pline ne met cette ville qu'au nombre des villes latines. Il est pourtant démontré par l'inscription suivante, & par un autre que nous avons rapportée à l'article des *Vordenses*, qu'elle étoit colonie romaine. Elle fut vraisemblablement fondée par Jules-César, quoique le prénom *de Julia* qu'elle porte, ait été donné quelquefois aux colonies qui reconnoissoient Auguste pour fondateur.

T. CAMVLLIO
T. FIL. VOLT. AEMI
LIANO. FLAMINI
IIII. VIRO. COL. IVL. APT
ORDO. APTENSIVM
. . . .
TAS. . . . HONORE.
CONTENTUS. IMPENDIVM
REMISIT

Ordo, dans les colonies étoit le corps le plus honorable des citoyens, celui des décurions & des autres magistrats. Le peuple ni les

---

(1) Cependant j'avoue que je ne prétends pas prouver mon sentiment par cette explication; car on pourroit bien rendre ces mots par ceux-ci: *Beata Maria dicat, vovet, consecrat.*

artisans, ceux mêmes qui faisoient corps, *corporati*, n'étoient point compris dans l'*ordo*. Suivant cette inscription, les magistrats de la ville d'Apt délibérerent de faire élever un monument honorable, une statue, par exemple, à *Titus-Camullius-Æmilianus de la tribu Voltinia, prêtre & quartumvir* de la colonie, lequel content de l'avoir mérité, les remercia, & ne voulut pas qu'on en fît la dépense. C'est ce qu'on exprimoit par ces mots *honore contentus impendium remisit;* formule usitée dans de semblables occasions, ainsi que nous l'avons déja observé plus haut.

Par *quartumvir*, on entend ici un des quatre premiers magistrats choisis parmi les autres pour rendre la justice. Il y en avoit deux pour les affaires de la ville, & deux pour les affaires du dehors; car nous sommes persuadés qu'ils avoient les mêmes fonctions que ceux qui sont nommés sur d'autres marbres IV. VIRI IVRI. DICVNDO. Il y avoit dans la même colonie des prêtresses d'Auguste, occupées à faire brûler des parfums, & à chanter des hymnes en son honneur. Nous ne connoissons point leurs autres fonctions. Nous ignorons également en quoi consistoient leurs prérogatives. Elles devoient leur donner parmi les femmes les mêmes distinctions qu'elles donnoient aux prêtres parmi les hommes. Les prêtresses pouvoient être mariées ; le mariage n'excluoit pas les personnes du sexe des fonctions du sacerdoce, comme il les excluoit du nombre des vestales. La prêtresse de l'inscription suivante étoit mariée. Ce fut sa fille VENONIA MAXIMILLA qui lui fit ériger le monument où cette inscription se trouve.

D. M.
ORBIAE. TITI. F.
MAXIMILLAE
ELAMINIC*æ*. AUG
COL. IVLIA. APTA
VENNONIA. M. F. MAXIMILLA
MATRI. OTIMAE
EX. TESTAMENTO

Les édifices que les romains avoient fait bâtir dans la ville d'Apt, étoient à-peu-près les mêmes que ceux des autres colonies, avec cette différence qu'il n'y avoit point d'amphithéâtre. On fait combien les monumens de cette espece étoient rares dans les Gaules.

Chorographie. I. Partie.

On découvrit dans le terroir, au commencement du siecle, trois statues qu'on a transportées à Versailles en 1728. Les deux plus grandes, qui sont d'un très-bon goût, représentent un homme & une femme d'une stature fort haute, & tous les deux assez jeunes. La femme est assise & vêtue d'une tunique, ayant par-dessus un manteau qui la couvre jusqu'aux pieds. Elle a la main gauche appuyée sur le côté droit ; auprès d'elle est une fille d'environ neuf ans qui se tient debout, & appuie sa main gauche sur celle de la femme, que je crois être sa mere. L'homme, représenté par l'autre statue, est couvert d'un manteau, qui tombant en écharpe sur l'épaule, laisse le devant du corps tout nud. On trouva tout auprès l'inscription suivante, que M. le président de Thomassin Mazaugues donna au P. Monfaucon. Elle nous apprend que *C. Allius-Celer* fit ériger un monument en l'honneur de son oncle *L. Allius-Severus*, & deux statues, l'une à *son pere & l'autre à sa mere*, & que le jour qu'on en fit la dédicace, les héritiers distribuerent, suivant la teneur du testament, soixante & douze deniers à chaque décurion. Le P. Monfaucon dit que, de son tems, le denier romain valoit vingt ou vingt-cinq sols de notre monnoie. Voici l'inscription :

Supl. de l'antiq. expliq. t. 3. p. 11. & suiv.

<pre>
       L. ALLIO. SEVERO. C. AL
       LIVS. CELER. PATRVO
      TESTAMENT. PON. IVSSIT
         ITEM. STATVAS. DVAS
         PATRI. . . . . . QVAR
      STATVARVM. D DIC. HERED
         EX. FORM. TESTAMEN
         DECVR. SING. XLXXII
              DEDER
</pre>

Ne pourroit-on pas suppléer au mot qui manque dans la quatrieme ligne celui de *matri* ? Il s'enfuivroit de-là que ces statues représentoient un pere, une mere & leur fille. Mais en quel lieu furent-elles dressées ? Etoit-ce dans une place, dans un jardin, ou dans un mausolée ? L'histoire nous laisse ignorer ces détails.

Un autre monument, qu'on prétend avoir été déterré dans la même ville, mérite notre attention par sa singularité. C'est un marbre sur lequel étoit gravée l'épitaphe du fameux cheval Boristhene. On sait que l'empereur Adrien affectionnoit cet animal au point que, quand la mort le lui eut enlevé, il lui fit ériger un tombeau & une colonne, & qu'il composa son épitaphe. *Cui mortuo*, dit son historien, *sepulchrum fecit, columnam erexit, & epigramma inscripsit.* On sait aussi que cet empereur parcourut la Provence l'an 120 de Jesus-Christ. Il est très-vraisemblable qu'il s'arrêta dans Apt, qui étoit une colonie distinguée ; cette circonstance, jointe à la prétendue découverte du monument, a fait croire à quelques savans que le cheval Boristhene y étoit mort. Mais d'un autre côté Dion nous fait entendre que l'inscription fut gravée sur la colonne érigée auprès du tombeau, & cette colonne n'a point été trouvée. Le style même dans lequel elle est composée, & les rimes qu'on y a mises, peuvent la rendre suspecte, & nous faire croire qu'elle est postérieure au tems d'Adrien ; ou bien qu'elle est l'ouvrage de quelque particulier, son contemporain, qui voulant lui faire sa cour, fit dresser un cénotaphe en l'honneur de Boristhene, & composa son épitaphe dans le goût des vers attribués à cet empereur. Le lecteur pourra plus facilement en juger en la lisant :

(1) BORYSTHENES. ALANUS
CAESAREUS. VEREDUS
PER. EQUOS. ET. PALUDES

---

(1) On donne à ce cheval le nom de Boristhene & d'Alain, parce qu'il avoit été nourri sur les bords de ce fleuve chez les Alains.

ET. TUMULOS. ETRUSCOS
VOLARE. QUI SOLEBAT
PANNONICOS. IN. AGROS
NEC. ULLUS. INSEQUENTEM
DEN . . . .

Le reste de l'inscription manquant, M. de Peyresk y ajouta ce qui suit :

DENTE. APER. ALBICANTI
AUSUS. FUIT. NOCERE.

Pour peu qu'on soit au fait des inscriptions, on sent que le style de celle-ci la rend fort suspecte : ce qui acheve d'en détruire l'authenticité, c'est que long-tems avant que Peyresk en eut acquis le marbre en 1629, Pierre Pithou l'avoit fait imprimer en 1596 dans ses *poëmata*, d'après un vieux manuscrit dont il ne connoissoit point l'auteur ; il y a même apparence que Casaubon, Saumaise, & les autres qui la publierent, n'auroient pas manqué de parler du lieu où on l'avoit découverte. Cependant un savant, à qui j'ai communiqué mes doutes, m'écrit qu'il a lu les lettres manuscrites de Peyresk à Saumaise, avec les réponses de celui-ci, & qu'ils ne disent pas un mot de cette inscription.

Fines. L'itinéraire met cet endroit à six mille d'Apt, & à douze de Cavaillon. M. d'Anville observe que cette distance est conforme à la mesure itinéraire, & que par conséquent on ne doit pas s'en rapporter à la table, où l'on trouve vingt-quatre milles au lieu de dix-huit, entre Apt & Cavaillon. Il est difficile de marquer au juste la vraie position de *Fines*, qui est le nom qu'on donnoit aux lieux où confinoit le territoire de deux cités. Comme le chemin de Sisteron à Arles, traversoit le pays des *Vulgientes*, dont Apt étoit la capitale, & celui des *Cavares*, dont Cavaillon dépendoit, on nomma *Fines* l'endroit où ces deux peuples confinoient. Mais quel est-il cet endroit? Samson croit que c'est *Baumettes*; Bouche se décide pour *Oppede*, qui est sur les confins de la Provence & du comté Venaissin; l'une & l'autre de ces deux opinions est probable.

CABELLIO CAVARUM. Cavaillon étoit une colonnie romaine, qui existoit déja du tems du triumvir Lepide, quarante-deux ans avant l'ere chrétienne, comme il paroît par plusieurs médailles de bronze, que les antiquaires s'accordent à rapporter à cette ville. Etienne de Bisance en fait une ville marseilloise, sur la foi d'Artemidore d'Ephese; cette opinion est assez probable. Les marseillois établissoient ordinairement des comptoirs sur les côtes, & près des rivieres de Provence, où ils pouvoient commercer. Quoique la Durance ne soit pas navigable aujourd'hui, il est certain, par des chartes du onzieme & du douzieme siecles, que les bateaux la remontoient jusqu'à une certaine distance de son confluent avec le Rhône, & qu'ils payoient un droit aux comtes de Provence. Des monumens plus anciens nous apprennent que du tems des romains, il existoit à Cavaillon un corps de bateliers utriculaires: les villes d'Arles & de Marseille envoyoient des marchandises chez les cavares, les voconces, & les tricastins; ces utriculaires les apportoient d'abord à Cavaillon, où les marseillois avoient leur entrepôt, ensuite ils les distribuoient dans les autres lieux où le lit de la Durance leur permettoit de pénétrer (1); mais on ne doit pas conclure de-là que les marseillois aient fondé Cavaillon. Le nom des villes dont ils sont fondateurs est grec, & *Cabellio* ne

---

(1) Ces utriculaires de la Durance, dont les bateaux étoient faits de peau, devoient se borner à descendre la riviere, si elle étoit comme aujourd'hui; car il est impossible de la remonter. Mais comme dans l'espace de XV ou XVI siecles une riviere aussi rapide fait des attérissemens & des changemens dans son lit, qui rendent impossibles des opérations faciles auparavant; ne peut-il pas se faire que, du tems des romains, les bateaux remontassent en les faisant tirer par des chevaux? Nous avons des chartes qui prouvent qu'ils remontoient encore dans le Xe siecle.

l'est

l'eft pas. Celle-ci fubfiftoit déja quand ils y établirent un comptoir, & dépendoit des *Cavares*. La preuve de l'exiftence des utriculaires à *Cavaillon* fe tire d'une efpece de médaille en bronze, dont M. Calvet a donné l'explication. Elle porte d'un côté un outre enflé, d'un relief confidérable ; & de l'autre, cette infcription en caracteres gravés en creux.

COL. VTRI. CAB. L. VALER. SUCCES

C'eft-à-dire *Collegium utriculariorum Cabellicenfium Lucius Valerius fucceffus*. On voit encore à ce monument un anneau mobile qui fervoit à le fufpendre ; car M. Calvet prétend que chaque utriculaire en portoit un, pour lui fervir de marque diftinctive de maîtrife ou d'aggrégation. Si l'on veut de plus grands éclairciffemens fur cette matiere, on peut lire fa differtation, dans laquelle on trouvera de quoi s'inftruire.

L'itinéraire de Bordeaux à Jérufalem, écrit fur la fin du regne de Conftantin, fait mention de quelques lieux dont il n'eft point parlé dans les autres ; tels font les fuivans, qui étoient fitués fur la route d'Arles à Orange. Après *Ernaginum*, qui eft Saint-Gabriel, l'itinéraire place

BELLINTO, à dix milles d'*Ernaginum*, & à cinq d'Avignon ; cette indication des diftances fait croire que ce lieu répond à Barbantane, puifqu'elles conviennent au local.

CIVITAS AVENIONE. Avignon, que Pline met au nombre des villes latines, & Ptolemée parmi les colonies, fe diftinguoit par fes richeffes, felon le témoignage de Pomponius-Mela. Sa pofition fur le Rhône la rendoit très-commerçante. Les marfeillois y établirent un comptoir comme à *Cavaillon*, fans qu'on puiffe conclure de-là qu'ils aient fondé ces deux villes, puifque leur nom n'eft pas grec, & que celui des colonies marfeilloifes l'étoit, comme nous l'avons obfervé ci-deffus. D'un autre côté, on ne fe perfuadera pas que les Cavares n'euffent point de villes, avant que Marfeille eut

CHOROGRAPHIE.
I. Partie.

fait bâtir celles que nous connoissons. S'ils en avoient, il n'est pas à présumer qu'ils n'eussent point d'habitations à l'endroit où est Avignon. Ce nom, dérivé d'un mot celtique qui signifie riviere, prouve assez qu'il ne faut pas attribuer à d'autres qu'à des gaulois l'origine de cette ville. Quelques habitans de Marseille, étant venus s'y établir pour faire le commerce & recevoir les marchandises qu'on leur envoyoit par le Rhône, s'y enrichirent, en attirerent d'autres, & le nombre augmenta tellement, qu'ils formerent, sinon la plus grande partie, du moins la partie la plus riche des habitans. Peut-être y firent-ils battre monnoie. Dans ce cas, il semble qu'on pourroit leur attribuer les médailles que

T. I. p. 19.

M. Pelerin a fait connoître, & qui représentent la tête d'un jeune homme couronné de laurier sans légende, & au revers un sanglier avec ces lettres grecques AOYE. Mais il est plus vraisemblable qu'elles furent frappées par les gaulois; car on trouve le sanglier représenté sur les médailles d'un grand nombre de leurs villes. On sait d'ailleurs que les gaulois avoient des monnoies. Luérius, roi des auvergnats, en répandoit avec profusion pour faire parade de ses richesses, environ cent cinquante ans avant Jesus-Christ; ils y mettoient des caracteres grecs, qui étoient les seuls dont ils se servissent dans les actes publics & sur les monumens, avant que Rome étendît sa domination en-deçà des Alpes. Les romains envoyerent à Avignon une colonie, que je crois être du même-tems que celles d'Arles & d'Orange, fondées par ordre de Jules-César. Je remarque aussi qu'ils n'en mirent aucune dans les villes de Provence ou de Languedoc, que nous savons avoir appartenu aux marseillois, quoique la plupart de ces villes fussent très-propres par leur situation avantageuse à recevoir une colonie : cette raison vient à l'appui des autres que j'ai données, pour prouver que la ville d'Avignon ne fût point bâtie par les marseillois.

Pont de la Traille.

MUTATIO CYPRESSETA. Ce lieu est placé à cinq milles d'Avignon, & cette distance, dit M. d'Anville, nous conduit indubitablement au pont de Sorgues. Il est étonné que Bouche en fasse l'application à la *Barthalasse*, qui est, pour ainsi dire, à la porte d'Avignon, & renfermée, par un bras du Rhône, dans l'île qui porte le même nom de Barthalasse. Il me semble que *Cypresseta* seroit mieux placée *au port de la Traille*, qui est tout auprès du pont de Sorgues, & où l'on prétend avoir trouvé des débris d'antiquités romaines, qui prouveroient l'existence d'une ancienne ville.

CIVITAS ARAUSIONE. On donne à Orange le titre de *civitas*, parce que dans le tems que l'itinéraire fut fait, elle n'avoit encore rien perdu de sa grandeur, ni de son lustre ; elle conservoit en leur entier le théâtre & l'arc de triomphe dont on voit encore de si beaux restes. Outre ces monumens, il y en avoit d'autres, tels que des temples & des bains que le tems n'a pas respectés, mais où l'on retrouvoit le bon goût & la magnificence des romains. Cette ville subsistoit, comme il paroît par son nom celtique, avant qu'ils se fussent emparés du pays des *cavares* dont elle dépendoit. Ils la jugerent propre, par sa situation, à recevoir une colonie des soldats de la deuxieme légion, que Jules-César y envoya sous les ordres de Claude-Tibere-Néron, quarante-six ans avant Jesus-Christ, d'où elle prit le titre de *colonia Julia secundanorum*. Elle est citée par Pomponius-Mela, parmi les villes les plus riches de la province narbonnoise. On sent en effet qu'une ville ne peut parvenir au point de grandeur où étoit celle d'Orange, sans que l'abondance y encourage la population. Le voisinage du Rhône la mettoit en état de participer au commerce que les villes d'Arles & de Marseille avoient rendu si florissant, & que les naturels du pays, c'est-à-dire les gaulois, ne pouvoient faire sans s'associer avec les romains, ainsi que nous l'apprenons de Cicéron *Orat. pro Fonteio*.

Noms des villes & autres lieux qui ne sont pas marqués dans les Itinéraires.

Aeria	Maritima
Ægytna	Machovilla
Anatilia	Olbia
Aralucus	Pagus Lucretus
Astromela	Vicus C. Petronii
Athenopolis	Salinæ
Avenionis ou Avenionetum	Stablo
Brigantium	Stomalimna
Carpentoracte	Tarasco
Constantina	Theopolis
Dinia	Thele
Forum Neronis	Trittia
Fretta	Vasio *
Fraxinetum	Vincia
Gryzelium	Vindalium

AERIA. La position de cette ville est très-difficile à marquer. Strabon la met entre la Durance & l'Isere, en un lieu fort élevé ; de-là vient que M. d'Anville la place sur le mont Ventoux, à l'extrémité du diocese de Carpentras, & M. de Valois, à Venasque. Mais aucune de ces deux opinions ne peut soutenir la critique. Celle de M. de Valois, parce qu'il paroît que du tems de Strabon Venasque s'appelloit déja *Venasca*, & par conséquent elle étoit distinguée d'*Aeria* (1). Celle de M. d'Anville, parce qu'elle n'est fondée que sur l'expression d'Artemidore, qui dit qu'elle étoit bâ-

---

(1) Si *Aeria* n'étoit pas joint avec Orange & Avignon, qui me font croire que c'est un nom de ville, je croirois que c'est le nom qu'on donnoit anciennement au mont *Ventoux*, que Strabon auroit nommé comme une montagne remarquable.

tie sur un lieu fort élevé ; mais combien n'y a-t-il pas de montagnes dans le comté Venaissin, sur lesquelles on pourroit également la placer ? Ce qui a induit ce savant en erreur, c'est qu'il a cru qu'*Aeria* étoit chez les cavares. Cependant bien loin que Strabon le dise, il fait entendre qu'elle étoit au-dessus d'Orange, vers le confluent de l'Isere & du Rhône, & vraisemblablement chez les *Voconces*. « Il y a, dit cet auteur (entre la Durance & l'Isere) trois villes qui sont *Avignon, Orange & Aeria*, ainsi nommée parce que, selon Artemidore, elle est située en un lieu fort élevé. Tout le reste est un pays plat & fertile en pâturages, mais depuis *Aeria* jusqu'à *Durion*, εἰς τὴν Δούριονα (1), il est montagneux & couvert de bois ». M. d'Anville croit qu'il faut lire *Druentiam*, au lieu de *Duriona* ; mais, doit-on admettre cette correction sans le témoignage des anciens manuscrits ? Nous lisons trois fois *Druentia* quelques lignes plus haut ; il n'y a pas d'apparence que Strabon, ou son copiste, ait tout de suite après défiguré le nom de cette riviere. Il faut donc laisser subsister *Duriona* qui est un nom de lieu, dont la position répond vraisemblablement à celle de *Livron* près de la Drome, à trois lieues de Valence, au midi. Il suit de-là qu'*Aeria* étoit dans le Dauphiné, entre Orange & la Drome, sur quelque éminence que nous ne chercherons point à deviner, puisqu'elle est hors de notre province.

CHOROGRAPHIE.
I. Partie.

ÆGYTNA étoit une ville maritime des Oxybiens, selon Polybe, & située sur la plage de Cannes, à l'endroit qu'on appelle Goulfejan ou Gourjan, au levant des îles de Sainte-Marguerite.

Sur le golfe de Gourjan.

ANATILIA. Nous avons attribué aux *Anatilii* les bords du Rhône, depuis son embouchure jusqu'à Arles & toute la Camargue ; il y a bien de l'apparence qu'il faut placer *Anatilia* dans cette île, n'y

---

(1) M. de Brequigny dans des notes, qui répandent beaucoup de jour sur le quatrieme livre de Strabon, dont il a fait une traduction manuscrite, propose de lire Λούριονα au lieu de Δούριονα. Cette correction paroît d'autant plus heureuse, qu'on trouve *Louriona* dans le nom moderne de *Livron*.

ayant point ailleurs d'autre lieu qui puisse lui convenir, mais il est impossible de déterminer au juste sa position. Nous croyons pourtant qu'elle étoit sur le bord de la mer.

ARALUCUS, ARLUC. Ce village, qui ne subsiste plus, étoit dans le diocese de Grasse. La déesse Venus y avoit un temple qui fut détruit vers l'an quatre cent quarante-sept, suivant l'auteur de la chronologie des Lérins, par saint Nazaire, disciple de saint Honoré. Ce pieux solitaire y fit bâtir un couvent de religieuses, sous le titre de saint Etienne, premier martyr. Dans les œuvres de saint Eucher, cet établissement est attribué à sainte *Crescentia* sa fille. Il est fait mention dans les mêmes ouvrages, premiérement, de *Mantolvocus*, *Manduluec* au terroir d'Arluc, où la même sainte fit bâtir un hôpital; secondement, de *mons Mercurii*, montagne du voisinage, qui conservoit encore son nom sur la fin du dixieme siecle; troisiémement, de la montagne de Mars, *mons Martii*, voisine de la précédente, & où il paroît, par l'inscription suivante, que ce Dieu étoit adoré sous le nom d'OLLOVDIVS.

VIGILIA. METIA
MASSAE. FILIA
MARTI. OLLOVDIO
V. S. L. M.

M. Antelmi, qui cite la même inscription dans sa dissertation sur S. Eucher, lit OLLOVBO. De quelque maniere qu'on lise ce mot, il sera toujours difficile d'en sçavoir la vraie signification, à moins qu'on ne le fasse venir du grec ὄλλυμι, qui signifie détruire. L'épithete de destructeur convient très-bien au dieu de la guerre. Peut-être aussi OLLOVDI est-il un nom topique, tiré d'un lieu qui nous est inconnu. Cette montagne de Mars, suivant le même auteur, s'appelle aujourd'hui mont Saint-Martin.

ASTROMELA *ou* MASTROMELA, étoit le nom d'une ville bâtie près d'Istres, suivant les géographes modernes. Mais nous prouverons ailleurs que *Maftromela* eft le nom de l'étang de Berre. Il y a toute apparence que le mot *iftres* en a été formé par corruption. Du tems des romains, il y avoit fur les bords de cet étang une colonie floriffante dont nous parlerons bientôt : elle fut détruite par les pirates & les peuples du nord, après la chute de l'empire d'occident. Le bourg d'Iftres, qui commença par un petit nombre de maifons deftinées à recevoir les habitans, que le goût de la pêche ou du commerce, & la fertilité du terroir y attiroient, n'eft connu parmi les communautés de la province que depuis l'an 1285 ou environ. Après avoir été dépendant de la baronnie de Baux, il fut annexé à la vicomté ou principauté du Martigues ; il a eu, par conféquent, les mêmes feigneurs comme nous le dirons dans l'hiftoire. Il y avoit aux environs d'Iftres plufieurs petits hameaux, dont il ne fubfifte plus que des ruines. Tel étoit celui de Saint-Michel, bâti fur la montagne du même nom, où l'on voit encore les murs de l'églife. Le quartier de Saint-Veran, fur les confins d'Iftres & de Saint-Mitre, offre auffi quelques veftiges de chapelles, ainfi que Saint-Pierre de la Valduc & Saint-Martin, où l'on apperçoit des ruines d'anciennes habitations. Je remarquerai en paffant, que les Bénédictins avoient autrefois fur le bord de l'étang de Berre, dans un endroit fort défert, un monaftere dont les revenus ont été unis à celui de Mont-major. On prétend que *Berre*, en langue celtique, fignifie *eau falée*.

ATHENOPOLIS. Nous placerons cette ville grecque, conformément au fentiment de M. d'Anville, au fond de l'anfe d'*Agai*, qui paroît avoir été un endroit propre à recevoir une colonie marfeilloife : on y trouve des veftiges d'une ancienne ville.

Ce port eft appellé *Agathon* dans le récit du martyre de S. Porcaire, abbé de Lerins en 730. C'eft de-là fans doute qu'eft venu le nom moderne d'*Agai*.

AVENIONIS CASTRUM *ou* AVENIONETUM, eft le nom qu'on donnoit encore au lieu de la Napoule dans le dixieme fiecle. La

CHORÓGRAPHIE.
I. Partie.

Agaï.

La Napoule.

dénomination grecque qu'il porte aujourd'hui, & qui signifie *ville neuve*, lui a été donnée dans le treizieme siecle par les seigneurs de ce nom dont elle dépendoit.

BRIGANTIUM, est un petit village du diocese de Glandeves, qu'on ne soupçonneroit pas d'avoir tenu un rang du tems des romains parmi nos villes du second ordre; car sa situation, dans un pays où rien ne favorise l'agriculture & l'industrie, semble s'opposer à ce que la population y ait jamais été considérable. Cependant les médailles d'or, d'argent & de cuivre qu'on y a trouvées, les inscriptions sans nombre qu'on y a découvertes, sont des monumens qui déposent en faveur de son ancien état. Parmi ces inscriptions, il y en a trois qui méritent d'être rapportées ; l'une fut faite en 259 ou 260, en l'honneur de *P. Licinius-Cornelius-Saloninus-Valerianus*, fils aîné de l'empereur Gallien, & déclaré César en 259.

D. N.
P. LICINIO. COR
NELIO. SALONI
NO. VALERIANO
NOBILISSIMO
CÆSARI
ORDO
BRIG

Nous avons déja dit plus haut que l'*ordo* des municipes & des colonies étoit le corps des magistrats, qui composoient le conseil de ville appellé *curia*. On en tiroit les *duumvirs* qui avoient à-peu-près la même autorité que les consuls à Rome. Maternus avoit rempli avec honneur cette place à Briançon, ainsi que celle de *flamine* ou de prêtre, comme nous l'apprenons d'une inscription dont voici les trois dernieres lignes :

EUNDEM.

EUNDEM. QUE. MATERNUM. OB
HONORES. *DUUMVIRATUS*. ET. *FLAMINATUS*
BENE. GESTOS. PATRONUM. COOPTARUNT
BRIGANTII

Le troisieme marbre est en l'honneur de *Lucius-Valerius-Domitius-Aurelianus*, nommé empereur vers le mois d'avril 270, & assassiné sur la fin de février ou de mars 275. On lui donne le titre d'invincible, peut-être à cause des victoires qu'il avoit remportées sur la célebre Zénobie, reine de Palmire, qui devint sa prisonniere en 273 : ainsi l'inscription doit être de cette année-là, ou de l'année suivante.

IMP. CAES
L. DOMITIO
AURELIANO
P. F. INVIC.
AUG. P. M.
ORD. BR. F. C

Nous ne parlerons pas des raisons que les habitans de ce lieu avoient de donner cette marque de zele à Aurélien ; elles nous sont inconnues, & nous ne pourrions hasarder que des conjectures. Nous ne dirons rien non plus du mot *ordo* que nous venons d'expliquer, & dont nous aurons occasion de parler encore dans l'histoire.

CARPENTORACTE MEMINORUM. Les villes capitales des gaulois joignoient ordinairement aux avantages du local, celui d'être le centre de la religion & du gouvernement civil. Les romains y mirent des colonies, par préférence, pour opérer d'une maniere plus prompte & plus efficace les changemens qu'ils avoient envie de faire dans ces deux objets. César, dont les vues politiques embrassoient & prévoyoient tout, envoya des colonies dans les lieux les plus avantageux de la province Narbonnoise : il étoit essentiel

Tome I. L

de s'assurer de l'entrée des Gaules, & d'avoir des garnisons à opposer aux gaulois qui voudroient tenter de passer en Italie. Cette raison, jointe au desir que les romains avoient de changer les mœurs & le caractere des anciens habitans, fut donc cause que nos principales villes de Provence, & les mieux situées, reçurent une colonie. Carpentras fut du nombre; l'inscription suivante, trouvée à Orange, en est la preuve.

M
COL. JUL. MEM. HEREDES
EX. TESTAMENTO

Le surnom de *Julia*, donné à cette colonie, prouve évidemment qu'elle doit son origine aux soins de Jules-César. Il est surprenant que Pline ne la mette qu'au nombre des villes latines. Nous donnons ailleurs l'explication de ses monumens, ainsi que de ceux d'Orange. On prétend que *Carpentoracte* est composé de trois mots celtiques, qui sont *car* ou *caer*, ville, *pen*, colline, & *toracte*, passage; ce qui convient à Carpentras, situé sur une élévation près de la petite riviere d'Auzon. Cette ville est la capitale du comté Venaissin; mais le mot Venaissin vient de *Vénasque*, petit village situé à deux lieues au midi de Carpentras, sur la cime d'un rocher, où l'on croit, que du tems des romains, la déesse Vénus avoit un temple, dont on voit encore des vestiges. Ce lieu s'est appelé *Venasca*, & vers le cinquieme siecle *Vendasca* ou *Vendausca*, de-là l'épithete de *Vendascenses* donnée aux évêques qu'on prétend avoir gouverné l'église de *Vénasque*. La preuve qu'on apporte de l'existence de ce siege, est tirée d'un discours attribué à S. Amat, évêque d'Avignon; il y est dit que Crocus, roi des Vandales, fit mourir *Firmus* de Vénasque, *S. Privat* de Gévaudan, *Victor* d'Arles, *Leonius* d'Apt, & *Valentinien* de Carpentras; mais cette piece est fort suspecte. S. Privat ne souffrit le martyre qu'au commencement du cinquieme siecle, qui est le tems où Crocus vint en Provence. Or dans ce tems-là l'évêque d'Arles s'appelloit *Heros*, & non pas *Victor*; celui d'Apt *Quentin*, & non pas *Leonius*. Ces erreurs détruisent donc l'autorité qu'on voudroit donner à la piece sur laquelle on se fonde, pour prouver que les églises de Vénasque & de Carpentras ont été gouvernées par des évêques particuliers. Il y a toute apparence que celle de Vénasque a toujours été dépendante de l'évêché de *Carpentras*, qui n'a dû commencer qu'après l'expédition de Crocus, c'est-à-dire après l'an 408; car il n'est pas nommé dans la notice des provinces des Gaules, dressée sous l'empire d'Honorius. Ainsi l'on peut au moins retrancher du nombre des évêques de cette ville, ceux qui sont antérieurs à cette époque.

CONSTANTINA est située à une demi-lieue au nord-ouest de Lanson. Les monnoies d'or, d'argent & de cuivre qu'on y a trouvées, selon Bouche, sont une preuve que ce lieu n'a pas toujours été désert comme il l'est aujourd'hui; cependant il n'y a aucun géographe, aucun historien qui en fasse mention. Je dis plus encore, le local s'oppose à ce que cet endroit ait été habité. C'est une montagne de pierre vive, escarpée, presque inaccessible du côté du levant, du nord & du couchant, & sur laquelle on ne trouve ni terre, ni eau, ni débris de maisons, ni traces de rues; s'il y avoit eu d'anciennes habitations, les décombres subsisteroient en leur entier; l'accès difficile de la montagne auroit empêché de les transporter ailleurs. On n'y voit qu'une petite chapelle d'environ vingt pieds de long sur douze de large, & une cavité profonde dans le roc, qui est vraisemblablement celle qu'on fit en 1621, pour chercher un trésor qu'on y croyoit caché (1). La chapelle est d'une mauvaise construction assez moderne, bâtie au milieu d'une enceinte d'environ seize cens toises de circonférence.

---

(1) Ce fut un italien qui en donna l'idée. Quelques personnes riches lui firent des avances pour faire les excavations, où plusieurs ouvriers périrent par le froid & l'humidité; car dans tous les tems l'avarice a eu ses dupes.

CHOROGRAPHIE.
I. Partie.

Toutes ces circonstances, & le silence de tous les monumens littéraires sur la ville de *Constantina*, prouvent qu'elle n'a jamais existé. On a pris pour une ville un lieu de retraite défendu par sa situation avantageuse, & fortifié par des murailles flanquées de bonnes tours, car on y en compte dix-huit. Les habitans des villes & villages voisins s'y réfugioient, lorsque le pays étoit menacé de quelqu'invasion par les pirates, ou les peuples du nord. Comme ils y emportoient leurs effets, il n'est pas surprenant qu'on y ait trouvé des monnoies d'or & d'argent : mais on a eu tort d'en conclure qu'ils y avoient bâti une ville ; tout concourt à prouver le contraire.

Digne.

DINIA. Nous prouvons ailleurs que Digne étoit la capitale des *Bodiontici*, qui paroissent avoir eu des habitations près de l'endroit où elle est bâtie ; ils lui donnerent un nom celtique tiré du local même, car *din* signifie *eau*, & *ia* chaude. Elle fut ainsi nommée à cause des eaux *thermales* qui sont à un quart de lieue. Il n'y a aucun reste d'antiquité dans cette ville qui nous donne lieu de croire que les romains y aient bâti des édifices publics. Sous les empereurs, elle ne fut distinguée de beaucoup d'autres petites villes, que parce qu'elle avoit un siege épiscopal dont nous parlerons à l'article des évêchés.

Forcalquier.

FORUM NERONIS. Les raisons qu'on donne pour prouver que la ville de Forcalquier est le *Forum Neronis*, nous ont paru trop plausibles pour ne pas les adopter. Le mot de *forum* désignoit les marchés établis au voisinage des voies militaires, les lieux où les officiers de l'empereur alloient plusieurs fois l'année pour rendre la justice. Il faut que celui-ci ait été établi par l'empereur Néron, ou plutôt par Claude-Tibere-Néron, que Jules-Céfar envoya dans la Narbonnoise pour y fonder des colonies, & y faire les autres établissemens nécessaires pour la commodité & la tranquillité publiques. Nous concluons de-là qu'il faut placer *Alaunium*, comme nous l'avons fait, sur la voie militaire qui alloit d'Apt à Sisteron, en passant près de Forcalquier. Il n'y en avoit point d'autres entre ces deux villes, sur laquelle on puisse fixer sa position.

CHOROGRAPHIE.
I. Partie.

FRETTA. C'est le nom d'une ville dont les sarrazins firent le siege vers l'an 730, suivant un roman manuscrit, en ancien provençal, qui ne mérite aucune foi, dit le P. le Long, parce qu'il contient autant de faussetés que de mots. Cependant cette ville a dû subsister; il est mention de son territoire dans la charte suivante de l'an 982.

Cartul. de Saint André de Villeneuve, p. 44.

Ego Varnerius Avinionensis episcopus dono.... monachis, qui sunt in cœnobio sancti Andreæ & sancti Martini, quod esse constat infrà nostram diocesim in monte Andaone super fluvium Rhodani..... ecclesias ultrà fluvium Durentiæ in agro FRETENSI *ad radicem montis Gauzerii sanctæ Mariæ & sancti Stephani, sancti Joannis, sancti Quiricii, nec-non sancti Andreæ vel sancti Pauli, & in alio loco ibidem adhærentes juxta viam Arelatensem.... actum publicè Avinione pridiè nonas maii anno Dominicæ incarnationis D CCCC LXXXII, indict. Xā. S. Varnerii humilis episcopi qui hoc testamentum scribi & firmari jussit.... S. Theuderici episc. Cavellicensis, S. Amalrici episc. Vasionensis, Willelmus comes voluit, &c.*

Amalric, évêque de Vaison, n'a point été connu des auteurs du *Gallia Christiana*.

FRAXINETUM, étoit un fort, situé à deux lieues au nord & vis-à-vis de Saint-Tropez, sur une montagne de difficile abord, qui n'est dominée par aucune autre. Les sarrazins s'en emparerent dans le neuvieme siecle, comme d'un lieu très-bien situé pour recevoir des secours par mer, & pour faire des incursions dans les villes voisines. Il ne fallut rien moins que le courage & l'habileté de Guillaume I, comte de Provence, pour les chasser de ce repaire, dont ils avoient fait le centre de leurs brigandages. On y voit encore un fossé large & profond, & une grande citerne; l'un & l'autre taillés dans le roc. Ce lieu étoit voisin de la Garde-

La Garde-Frainet.

Frainet, & paroît avoir tiré son nom du grand nombre de fraines dont la montagne est couverte.

GRYZELIUM n'est connu qu'à cause des nymphes qu'on y adoroit : elles présidoient aux eaux minérales de cet endroit, dont les romains faisoient le même usage que nous. La vertu de ces eaux lui fit donner le nom qu'il porte. On prétend que *Gryzelium* vient du celtique *grezum*, qui signifie douleur ou maladie, & de *lin*, qui signifie *eau*, comme si l'on disoit eaux pour les maladies.

NYMPHIS. XI
GRISELICIS

Il y a quelques copies de cette inscription où l'on ne trouve pas le caractere *XI*; mais supposé qu'on doive l'admettre, faut-il le joindre à GRISELICIS, ou le regarder comme nombre ? Dans le dernier cas, on pourroit dire qu'il désignoit les différentes sources des eaux thermales, dont chacune avoit sa nymphe particuliere, suivant l'opinion des anciens.

Cette inscription, rapportée par Spon, fut trouvée aux bains de Gréoulx, & copiée par M. de Peiresk.

MARITIMA AVATICORUM. Cette ville, qui dépendoit des Avatici, étoit située sur le bord de la mer, suivant Ptolemée, ἐπὶ θαλάσσῃ κεῖται, & près des Fosses de Marius, suivant Pomponius-Mela, *inter Massiliam & Rhodanum, Maritima Avaticorum stagnum obsidet,* (ou plutôt, comme on lit dans d'autres éditions) *stagno assidet, Fossa partem ejus navigabili ostio effundit.* Les géographes modernes croient qu'on ne peut placer cette ville sur les bords de la mer & près des Fosses de Marius, qu'à l'endroit où est bâtie la ville du Martigues. Cependant on n'y trouve aucuns vestiges d'antiquité. Est-il vraisemblable, s'il y avoit eu une colonie aussi florissante qu'étoit *Maritima*, qu'on n'en eût pas découvert les ruines ? Je remarque, en second lieu, qu'il ne paroît, par aucun monument, qu'il ait paffé une voie romaine au Martigues : il faut donc chercher ailleurs l'emplacement de *Maritima*, que tous les anciens géographes mettent fur l'étang de Berre ; l'expreffion même de Ptolemée ιπι θαλασση, ne doit pas s'entendre autrement. On a vu de quelle maniere Pomponius-Mela s'exprime, *ftagno affidet*. Pline eft auffi précis que lui : *Ultra* (*oftia Rhodani*) dit-il, *Foffæ ex Rhodano C. Marii opere & nomine infignes, ftagnum Aftromela* ou *Maftramela, oppidum Maritima Avaticorum, fuperque campi lapidei.* Bouche prétend que *Maftramela* eft le nom d'une ville différente de *Maritima*, & qu'il faut lire *Maftramela oppidum, Maritima Avaticorum ;* mais rien n'autorife cette leçon. Au contraire, tout prouve que *Maftramela* eft le nom de l'étang, fuivant cette expreffion de Feftus-Avienus :

Oppidum Maftramelæ Prifcum paludis.

Il faut donc dire qu'il n'y avoit qu'une feule ville nommée *Maritima*, & qu'elle étoit bâtie fur l'étang de Berre, ayant derriere elle au nord-oueft la plaine de la Crau ; *fuperque campi lapidei.*

Pour fixer au jufte fa pofition, il nous reftoit à découvrir quelques anciens veftiges qui nous la fiffent connoître. On en trouve abondamment fur les bords de l'étang, dans un endroit fitué entre l'embouchure de l'Arc & la Durançole. Ce font des médailles, de petites ftatues de marbre, de pierre de Califfane, ou de bois de huit ou neuf pouces, des reftes de colonnes, de gros morceaux de pavé, foit des maifons, foit des rues ; les décombres d'un réfervoir dont le conduit étoit de plomb ; enfin tout ce qui peut donner l'idée d'une grande ville, dont les hiftoriens, ni les géographes modernes n'ont eu aucune connoiffance. Ces débris, qui prouvent qu'il a exifté en cet endroit une grande ville, couvrent un efpace immenfe, font à peu de profondeur dans la terre, & arrêtent fouvent le choc de la charrue.

Je dois ces détails à M. Negre de Saint-Chamas, qui m'écrit qu'on a trouvé depuis peu, parmi tous ces décombres, une urne remplie de médailles de moyen bronze, & qu'on les vendit à un chaudronnier, qui en fit un usage digne de l'ignorance qui présidoit à ce marché. Cet endroit, où étoit *Maritima*, s'appelle *Cap d'Œil*; l'ancienne voie militaire qui alloit d'Arles à Marseille y passoit.

MACHOVILLA, étoit un lieu situé dans le territoire d'Avignon, selon Grégoire de Tours. Il est surprenant que ce nom se soit perdu; nous en avons de beaucoup plus anciens qui subsistent encore avec une légere altération, & nous font reconnoître les villes qui les portoient. Il est donc difficile de déterminer quel est précisément le lieu qui s'appelloit *Machovilla*; entre ce nom & ceux des villes du Comtat, nous ne trouvons point d'analogie pour fixer nos doutes. S'il étoit vrai, comme je l'ai lu quelque part, que Menerbe s'appelloit autrefois *Manancha*, je ne balancerois pas à croire que cette petite ville, située entre Apt & Cavaillon, est celle que Grégoire de Tours appelle *Machovilla*, & qui, dans certains manuscrits, est seulement nommée *Machao*. On pourroit objecter ce que dit cet auteur, que *Machao* étoit dans le territoire d'Avignon, *Avennici territorii*; mais comme il étoit éloigné du pays de plus de cent cinquante lieues, quand il écrivoit son histoire, comme il n'étoit jamais venu sur les lieux, & que la géographie dans ce tems-là étoit bien imparfaite, il n'est pas surprenant qu'il ait rapproché les distances, & placé *Machovilla* dans le territoire d'Avignon, dont Menerbe n'est éloignée que d'environ six lieues. Bouche prétend que *Machovilla* est l'Ile.

OLBIA, étoit une ville que les marseillois bâtirent sur le rivage de la mer, pour contenir les *Salyes* & les *Liguriens* qui troubloient leur commerce. Strabon la place entre *Antibes* & *Tauroentum*; les autres géographes s'accordent à la mettre entre le cap

cap Sicier & le fleuve d'Argens. Dans ce long espace de côtes, il seroit difficile de fixer au juste la position d'*Olbia*, si elle ne se trouvoit déterminée par l'analogie des noms. On croit communément qu'Hieres est l'*Olbia* des marseillois. Mais outre que le nom de cette ville, qui est *Areæ*, ne justifie pas cette opinion, paroît-il vraisemblable que cet ancien peuple, qui ne bâtissoit des villes que près des rivieres, pour y déposer ses marchandises, ou sur des golfes pour défendre ses vaisseaux contre les attaques des ennemis, ait placé une colonie à Hieres, d'où il ne pouvoit retirer aucun des avantages qu'il se proposoit en faisant de pareils établissemens? Il faut donc chercher un local qui réponde à ses vues politiques, & qui soit semblable à celui où étoient placées d'autres colonies. Ce local nous est désigné par le nom d'*Eoube* qu'il porte encore. C'est un port situé vis-à-vis des îles *Sthécades*, que les marseillois cultivoient, suivant Strabon, & où ils avoient mis une garnison pour en éloigner les pirates. Il étoit tout naturel qu'ils bâtissent une ville sur le rivage voisin, pour en tirer, en cas de besoin, les secours nécessaires. Nous croyons donc que l'Olbia des grecs n'étoit pas éloignée du port d'Eoube.

PAGUS LUCRETUS, & GARGARIUS LOCUS. Le mot de *pagus* signifioit une étendue de pays plus ou moins grande, suivant les provinces. Il renfermoit un certain nombre de villages dépendans d'un chef-lieu, dont le district tiroit son nom. C'est dans ce sens qu'il faut prendre le *Pagus Lucretus*; il étoit ainsi nommé de *Lucretum*, qui paroît avoir été situé au quartier *de la Crau*, entre Aubagne, Gemenos & Saint-Jean de Garguier. Les inscriptions, les tombeaux, les bains de marbre, & les autres vestiges d'antiquités qu'on y a trouvés, sont une preuve qu'il y a eu dans cet endroit d'anciennes habitations. Le nom de *la Crau* peut bien venir par corruption de *Lucretum*. Quant à la position de *Locus Gargarius*, elle n'est pas difficile à déterminer; son nom, qui s'est conservé dans celui de Saint-Jean de Garguier, à une petite lieue d'Aubagne, nous la fait affez connoître. L'infcription fuivante nous apprend qu'on avoit ôté aux habitans de ce canton, le droit de prendre les bains fans rien payer. Un affranchi, nommé Zozime, fextumvir auguftal de la colonie d'Arles, ayant pourfuivi à fes dépens, durant plufieurs années, la reftitution de ce privilege, foit auprès de l'empereur Antonin-Pie, foit auprès du préfident de la province, non-feulement il l'obtint, mais encore il ne voulut pas être rembourfé des fommes qu'il avoit dépenfées pour cette affaire. Les habitans, touchés d'un procédé fi généreux, confacrerent leur reconnoiffance fur un marbre qu'on a trouvé dans le quartier de *la Crau*, où nous avons dit qu'étoit *Lucretum*. On a fait plufieurs copies de l'infcription; mais je doute qu'il y en ait aucune de bien exacte. Celle que nous rapportons a été faite fur le marbre même par M. l'abbé Barthelemi, à l'exactitude duquel on doit s'en rapporter. Elle eft entiérement conforme à une autre copie qu'on a trouvée parmi les manufcrits de M. le préfident de Thomaffin Mazaugues.

PAGANI. PAGI. LVCRETI. QVI. SVNT. FINI
BVS. ARELATENSIVM. LOCO. GARGARIO. Q. COR.
MARCELLI. LIB. ZOSIMO. IIIIII. VIR. AVG. COL. JVL
PATERNA. ARELATE. OB. -IONOREM. EIVS. NOTVM. FECIT
INIVRIAM. NOSTRAM. OMNIVM. SAECVLORVM. SACRA
TISSIMO. PRINCIPI. T. AELIO. ANTONINO. . . . R. ROME
MISIT. PER. MVLTOS. ANNOS. AD. PRESIDES. PROVINCIAE
PERSE
CVTVS. EST. INIVRIAM. NOSTRAM. SVIS. IN. . . . T. OB. HOC
DONAVIT. NOBIS. IMPENDIA. QVAE. FECIT. VT. OMNIVM. SAECV
LORVM. SACRATISSIMI. PRINCIPIS. IMP.CAES. ANTONINI. AVG. PII
BENEFICIA. DVRARENT. PERMANERENT. QVE. QVIBVS. FRVEREMVR
ET. BALINEO. GRATVITO. QVOD. ABLATVM. ERAT. PAGANIS
. . QVOD. VSI. FVERANT. AMPLIVS. ANNIS. XXXX

Ces bains étoient apparemment dans le voisinage d'*Aubagne*, & c'est de-là qu'est peut-être venu le nom de cette ville, comme si l'on disoit *ad Balnea*.

Il est très-difficile de savoir comment Gargarie étoit sur les confins du territoire d'Arles. Pour résoudre cette difficulté, il faut se rappeller que l'ancienne république de Marseille avoit un district plus étendu que n'est aujourd'hui son territoire, & qu'il renfermoit le *Pagus Lucretus*. On appelloit, ce qui étoit au-delà, le pays des *Arletains*, parce que Arles & Marseille étant les villes les plus considérables de la province, les capitales des deux états dans lesquels elle étoit pour ainsi dire divisée, on désignoit le peuple par la dénomination de l'une & de l'autre, parce que la division des deux Narbonnoises, & celle des diocèses, n'étoit point encore faite. Nous ne voyons point d'autre maniere d'expliquer comment le territoire d'Arles pouvoit venir jusqu'au *Pagus Lucretus* (1).

Vicus C. Petronii ad Ripam Druentiæ. C'est le village de Peyruis qu'on a voulu désigner dans une inscription que Muratori regarde comme apocriphe avec beaucoup de fondement. On peut voir les raisons qu'il en donne, & qui nous ont paru très-solides. D'ailleurs, la maniere dont elle est conçue, la rend suspecte à quiconque est au fait de ces sortes d'antiquités ; nous allons la rapporter, afin que le lecteur puisse en juger par lui-même.

```
 . . . . . . . . . . . . . . . . . .
 . . . . . . . . . . PROH. DOLOR
     AEMY. BERE. PRAEF. JLLIRICI
        QVI. IMPER. MAGISTRATVS
     SICCARIOS. INSECVTVS. JVSTE
```

---

(1) En effet, vers l'an 417, l'évêque d'Arles prétendoit encore que la paroisse de S. Jean de Garguier & celle de Ceireste, étoient de son diocese. Ce qui ne pouvoit être fondé que sur ce que les anciennes limites de la domination marseilloise de ce côté-là, ne s'étendoient pas plus loin.

SEMPER. FVERIT. POST. ADMINISTRATAM
AEGYPT. DVM. JN. GALL. CVM. LIBER
JVSSV. IMP. CONSTANT. . . . PROFICISSERETVR
A. SICCARIIS. ET. JVDEIS. PERVICACISS
NEFANDVM. FACINVS. IN. VICO. C
PETRONII. AD. RIPAM. DRVENTIÆ
PVGIONE. CONFOSSVS. HIC. SITVS. EST
S. L. H. P. M. R. D. O. M. V. F.

Il n'eſt donc pas certain que Peyruis ait été connu du tems des Romains.

SALINÆ. M. d'Anville, guidé par l'analogie des noms, croit que la poſition de cette ville répond à celle de *Seillans*, ſituée dans la partie ſeptentrionale du diocèſe de Fréjus, où il loge les *Suetri*. On peut lire ce que nous dirons à l'article de ce peuple. On verra que, ſuivant le témoignage de Pline, on ne peut point lui aſſigner d'autre emplacement que ſur les bords de l'Eſteron, dont *Seillans* eſt éloigné de près de dix lieues. Il faut donc placer *Salinæ* dans une poſition qui en ſoit plus voiſine, auprès de *Caſtellane*, par exemple, qui n'eſt qu'à environ trois lieues de la ſource de cette riviere. On peut appuyer ce ſentiment ſur trois raiſons. 1°. On a découvert, près de Caſtellane, des monumens qui prouvent, que du tems des romains, il y avoit une ville; (on n'a rien trouvé de pareil à *Seillans*.) 2°. On lit le nom de CIVITATIS SALIN*enſis* ſur un de ces monumens. 3°. Ptolemée place *Salinæ* dans les Alpes maritimes, & la notice des Gaules, d'accord avec cet auteur, la nomme entre *Digne* & *Senez*; car *civitas Solinenſium* eſt la même que *civitas Salinenſium*, n'y ayant qu'une lettre de changée. Nous ne pouvons donc pas, contre des témoignages ſi authentiques, fixer ſa poſition près de *Fayence*, qui n'eſt point compriſe dans les Alpes, & où l'on ne voit aucuns veſtiges d'antiquités. Telles ſont les raiſons ſur leſquelles je me décide pour *Castellane*, dont le nom est moderne, comme on le verra ailleurs. Il nous reste à présent à examiner les inscriptions découvertes près de cette ville.

La premiere étoit sur une grosse pierre qu'on déterra dans le dernier siecle, à l'endroit où est Notre-Dame du Plan; cette pierre paroît avoir servi de couvercle à un tombeau, dans lequel *Quartinia-Catullina* fit enfermer les cendres de son pere, de sa mere & de son frere, qui avoit été soldat dans une des quatorze cohortes établies pour la sûreté de Rome. On les nommoit *cohortes urbanæ*, ou *cohortes vigilum*, elles ne servoient point dans les armées; Auguste en fut le premier instituteur.

> T. QVARTINIO
> CATVLLINO. ET
> LVCILLAE. MATE
> RNAE. PARENTIBVS
> ET. QVARTINO. MATE
> RNO. MIL. COH. XIIII
> VRB. FRATRI. QVAR
> TINIA CATVLLINA

La seconde inscription se voit dans l'église des Augustins. Elle fut faite par *Helvius-Profuturus*, & par *Helvia-Januaria*, qui étoit vraisemblablement sa femme, en l'honneur d'*Helvia - Paterna*, qui leur avoit donné la liberté. Ils prirent son nom pour le mettre devant le leur, suivant l'usage des affranchis.

La ville de *Salines* avoit des *décurions*; c'est-à-dire un corps de ces magistrats qui composoient le sénat de la cité. Il faut donc qu'elle fût considérable. Voici l'inscription où ils sont nommés:

> M. MATVCONI. MARCELLINI. ET
> M. MATVCONI MAXIMI. DECC
> CIVITATIS SALIN. M. MATVCONIVS
> SEVERVS. ET. IVLIA. FVSCINA. FILIIS

PIISSIMIS. ET. SIBI. VIVI. FECERVNT.
H. M. H. N. S.

On a trouvé l'urne cineraire de cette *Julia-Fuscina* avec son nom dessus. En voilà assez, je pense, pour déterminer la position de *Salinæ*, & pour prouver que cette ville, du tems des romains, étoit de quelque considération dans la province. Elle pourroit bien avoir tiré son nom des fontaines salées de Castellane; cette conjecture vient à l'appui des raisons que j'ai données.

STABLO, est un village du diocese de Riez. Paul Diacre & Grégoire de Tours, en parlent au sujet de l'irruption que les Saxons & les Lombards firent en Provence vers la fin du VIe siecle. Il y avoit dans le XIe un couvent de religieux dépendant de l'abbaye de Mont-Major. *Stablo* vient de *stabulum*, qui dans le bas empire signifioit la même chose qu'*hospitium*, gîte pour les voyageurs, *poste* ou *relais*. Il faut donc que ce village se trouvât sur la route de Riez à Digne.

STOMALIMNA. C'est ainsi que Strabon appelle l'ouverture par laquelle l'étang de Berre communique avec la mer. Le nom grec dont cet auteur se sert, & qui signifie bouche de l'étang, peut bien avoir donné lieu au mot *bouc*, dont on se sert en parlant de la tour de Bouc, comme si l'on disoit *la tour de la Bouche*. Cette tour est en effet près de l'ouverture dont nous venons de parler.

TARASCO. Strabon place cette ville sur le chemin de Nîmes à Aix. L'étymologie de son nom, qui est grec, me fait croire que Tarascon fut bâti par les marseillois, quand Pompée leur eut donné les deux bords du Rhône. Le grand nombre de marchandises qu'ils faisoient remonter par le fleuve, leur rendoit cet établissement nécessaire. Ce n'est ici qu'une conjecture, mais elle est fondée sur ce que l'histoire nous apprend du commerce & de la politique de cet ancien peuple.

Théopolis, est le nom d'une ville qui ne subsiste plus, & qui étoit bâtie sur le rocher de *Dromon*, appellé aussi *Théoux*, par corruption de *Théopolis*. On trouve une preuve de son existence dans les restes d'anciennes habitations qu'on découvre en cet endroit, tels qu'une tour, un bassin, un chemin taillé dans le roc, des décombres de murailles & d'autres vestiges de cette espece. Dardane, après avoir été préfet du prétoire aux années 409 & 410, fit fortifier cette ville, dont il étoit seigneur, pour servir d'asyle aux habitans du voisinage, contre les barbares qui avoient déja ravagé les Gaules jusqu'au Rhône, & fit ouvrir à une demi-lieue de là un chemin à travers un rocher escarpé, pour faciliter la communication entre cette ville & celles qu'il y avoit du côté de Sisteron. Ce passage étoit d'ailleurs facile à garder dans le cas d'une invasion de la part des ennemis. Enfin Dardane, voulant conserver le souvenir de ces ouvrages, fit graver sur le roc une inscription par laquelle on voit qu'il avoit été consulaire, c'est-à-dire gouverneur de la province Viennoise, maître des requêtes ou chargé de recevoir les placets que les particuliers présentoient à l'empereur, ayant parmi ses fonctions celle de juger seul, ou avec le préfet du prétoire, des affaires dévolues au prince; enfin il étoit questeur & préfet du prétoire des Gaules : on y voit aussi le nom de sa femme *Nevia-Galla*, & celui de son frere *Claudius-Lepidus*, qui avoit été gouverneur de la Germanie premiere, & comte ou intendant général des revenus que le prince retiroit du fisc & du domaine.

A. POSTVMVS. DARDANVS V. JNL. ET
PATRICIAE. DIGNITATIS. EXCONSVLARI
PROVINCIAE. VIENNENSIS. EXMAGISTRO
SCRINI. LIB. EXQVAEST. EXPRAEF. PRAET. GALL.
ET. NEVIA. GALLA. CLAR. ET. JNL. FEM
MATER. FAM. EJVS. LOCO. CVI. NO
MEN. THEOPOLI. EST. VIARVM. VSVM
CAESIS VTRIMQVE. MONTIVM. LATERIB.
PRAESTITERVNT. MVROS. ET. PORTAS

DEDERVNT. QVOD. JN. AGRO. PROPRIO.
CONSTITVTVM. TVENTIONI. OMNIVM
VOLVERVNT. ESSE. COMMVNE. ADNI
TENTE. ETIAM. V. JNL. COM. AC. FRATRE
MEMORATI. VIRI. CLAR. CL. LEPIDO
EXCONSVLARI. GERMANIAE. PRIMAE
EXMAG. MEMORIAE. EXCOM. RERVM
PRIVAT. VT. ERGA. OMNIVM. SALVTEM
EORVM. STVDIVM. ET. DEVOTIONIS. PVBLICÆ
TITVLVS. POSSET. OSTENDI

THELE, est un champ où saint Eucher dit que sa fille Tullia fut ensevelie. Il est au pied de la montagne de Cap-roux, près de la *Napoule*, & s'appelle *cap de Théoule*.

TRITTIA. Je hazarde ici une conjecture que je ne garantis pas; mais qui me donne occasion de faire connoître une divinité dont on ne trouve peut-être le nom dans aucune autre province des Gaules ; c'est la nymphe *Trittia*, à laquelle un ancien habitant de cette province, fit un vœu conçu en ces termes :

TRITTIAE
M. VIBIVS
LONGVS
V. S. L. M.

Pausanias parle de cette nymphe au sujet de *Trittia*, ville d'Achaïe. Il dit qu'elle étoit fille de Minerve, & qu'ayant été surprise par le dieu Mars, elle accoucha de Menalippe, qui fonda la ville de *Trittia*, où son pere & sa mere furent toujours adorés. Spon, qui rapporte cette inscription d'après M. de Peyresk, conjecture que *M. Vibius-Longus* étoit grec d'origine, & que, quoiqu'il demeurât dans les Gaules, il avoit conservé le culte de cette divinité. Mais les noms de *M. Vibius-Longus*, étant latins, prouvent que celui qui les portoit n'avoit point une origine grecque :

car

DE PROVENCE.

car il paroît, par beaucoup d'inscriptions, que les noms patronimiques grecs se conserverent dans les familles libres qui étoient venues du levant. Il est plus naturel de dire que le culte de cette divinité fut apporté de la Grece, qu'elle eut des adorateurs parmi les naturels du pays, & peut-être un temple à *Tretz*, d'où est venu le nom de *Trittia* donné à ce village, qui, dans les chartes de l'an 1014, est désigné par l'expression *de Trittis*. Ce qui prouveroit que des grecs ont autrefois habité ce pays, c'est qu'il y a tout auprès du village de Tretz une montagne appellée l'Olympe, & en provençal, l'Olype. Il n'y a que des grecs qui aient pu lui donner ce nom.

VASIO. Vaison & Die étoient les deux capitales des *Voconces*. La premiere, située à l'extrêmité septentrionale du comté Venaissin, étoit bâtie dans une plaine, sur les bords de la riviere d'Ouese, mais elle a été totalement ruinée. On voit encore dans son emplacement, qui n'est plus qu'un vaste champ appellé la *Villasse*, quantité de débris d'édifices romains, les restes d'un amphithéâtre, un pont sur l'Ouese, d'une seule arcade, bâti de quartiers de pierres d'une grosseur & d'une longueur prodigieuse; les inondations n'en ont emporté que le parapet. On y découvre aussi les ruines des bains, qui étoient bâtis sur le bord de la même riviere, & celles de différens aqueducs, dont les uns élevés hors de terre, conduisoient les eaux du Grozeau; & les autres souterrains servoient à porter les immondices de la ville dans la riviere. Enfin, on a trouvé, en divers temps, des colonnes d'une grosseur extraordinaire, des statues, des urnes sépulcrales de marbre, de plomb, & de verre, beaucoup de médailles, & quelques inscriptions dont voici les plus remarquables.

La premiere est un vœu au génie qui présidoit au college des *Centonarii:* car chaque ville, chaque particulier, chaque corps avoit son génie tutélaire.

GENIO. COLLEGII
CENTONARIORVM
VAS. R. S.

Nous avons parlé ailleurs de ces artifans chargés de fabriquer les tentes & de garnir les machines de guerre. Il eſt difficile d'expliquer les derniers ſigles VAS. R. S. qui ont peut-être été mal lus. Tout ce qu'on peut dire, c'eſt que *VAS* eſt pour *Vaſienſes*. Peut-être avoit on écrit *VASIENS* que le temps aura défiguré au point qu'on aura lu VAS. R. S.

D. SALLVSTIO AC
CEPTO. OPIFICES
LAPIDARII
OB. SEPVLTVRAM. EJVS

C'étoit le corps des *tailleurs* de *pierres* ; car il ne paroît pas qu'on doive entendre par *lapidarii* ceux qui travailloient les pierres précieuſes, & que nous appellons *lapidaires*.

Q. PASSERIO. TER
TIO. IIIII. VIR. AVG
Q. PASSERIVS. VA
LENTINVS. ET. Q.
PASSERIVS. FORTV
NATVS. LIBERTI
PATRONO. OPTIMO
EX. TESTAMENTO

Voilà deux affranchis qui prennent, ſuivant l'uſage, le nom du *ſextumvir auguſtal* qui leur avoit donné la liberté. Les cliens prenoient auſſi celui des protecteurs auxquels ils étoient redevables de quelque grace, ou du droit de bourgeoiſie. C'eſt ainſi que les noms romains s'introduisirent dans la province où ils devoient être tous grecs ou gaulois avant la conquête, attendu qu'elle n'étoit habitée que par des personnes de ces deux nations.

A *Vaison* on adoroit un grand nombre de divinités qui nous sont inconnues. Le vœu fait aux nymphes *Percernes* est remarquable par cette épithete dont il est difficile de donner une explication satisfaisante. Etoient-elles ainsi nommées d'une famille romaine de ce nom qui, s'étant établie à *Vaison*, leur auroit rendu un culte particulier? Ou bien, le mot *percernes*, signifie-t-il que ces nymphes étoient celles des montagnes, appellées *Oréades* par les grecs? Car *per*, en celtique, veut dire haut, & *cern*, montagne, colline. Quoi qu'il en soit de cette explication, qui nous paroît plausible, nous laisserons décider la question au lecteur; nous nous contenterons de rapporter l'inscription.

NIMPHIS. AVG.
PERCERNIBVS
T. GENGETIVS
DIONYSIVS
EX. VOTO

On y rendoit aussi un culte aux *Proximis*. C'étoient vraisemblablement les dieux Pénates, ou les génies que les anciens donnoient à chaque homme au moment de sa naissance,

PROXVMIS
SENECA SECVNDI
FIL

au dieu *Dulovius*, qu'on représentoit couronné de palmes, & dont on ignore les attributs.

DVLLOVI
M. LICINIVS

<small>CHOROGRAPHIE.
I. Partie.</small>

Aux *déeſſes meres*

GOAS
V. S. L. M.

MATRIBVS
V. S. L. M.
Q. ABVDIVS
FRONTONIS. L. *Libertus*
THEODORVS

On ne trouve gueres ce culte établi, que dans les Gaules & dans la Germanie, où les femmes paſſoient pour avoir quelque choſe de divin; auſſi y en eut-il pluſieurs qui furent miſes au rang des déeſſes.

Aux grandes, aux ſaintes nymphes, *nymphis auguſtis*, aux nymphes vénérables :

NIMPHIS
AVGVSTIS
MATERNVS
V. S. L. M.

On ne peut lire ces inſcriptions ſans ſe rappeller le bon mot de Pétrone, qui diſoit, en parlant de ce grand nombre de divinités qu'on adoroit dans la province Narbonnoiſe, qu'il étoit plus facile d'y trouver un dieu qu'un homme.

<small>Vence.</small> VINCIA étoit, ſelon Ptolemée, capitale des *Neruſi*, peuple des Alpes maritimes. Cette ville paroît avoir été conſacrée au dieu Mars, à qui l'on donna peut-être pour cette raiſon l'épithete de *Vincius* dans l'inſcription ſuivante.

MARTI. VINCIO
M. RVFINVS
SAL. IIIII. VIR. ET
INCOLA. CEMENEL
EX. VOTO

On ne peut point interpréter le figle SAL autrement que par *Salinienfis*. Si cette interprétation eft jufte, il s'enfuit que Marcus-Rufinus, natif de *Sallines*, étoit *fextumvir* & habitant de Cimiez, & qu'on pouvoit être un des premiers magiftrats ailleurs que dans fa patrie. On devoit donc avoir acquis le droit de bourgeoifie dans l'endroit où l'on étoit *fextumvir*, & y être attaché par un mariage ou par des poffeffions ; car autrement c'eût été une tyrannie de la part du gouvernement, que de mettre à la tête de l'adminiftration d'une ville, un homme qui n'avoit aucun intérêt à défendre les droits des citoyens. Je remarque ailleurs, que toutes les fois que le mot de *fextumvir* n'eft pas accompagné de l'épithete *auguftalis*, il doit s'entendre, comme dans cette infcription, d'un des fix officiers municipaux qui étoient à la tête des affaires de la ville.

L'infcription fuivante, trouvée à *Vence*, nous apprend que la déeffe Cybelle y étoit adorée, & que trois particuliers lui offrirent un taurobole. Nous avons parlé, à l'article de Riez, des cérémonies de ce facrifice.

> D. M. JDEAE. MATRI
> VALERIA. MARCIANA
> VALERIA. CARMOSINE. ET
> CASSIVS. PATERNVS. SACERDOS
> TAVRIPOLIVM
> SVO. SVMPTV. CELEBRARVNT

Celle qu'on va lire fut trouvée, dans la même ville, en 1763. Elle eft en l'honneur de *P. Licinius-Cornelius-Saloninus-Valerianus*, fils aîné de l'empereur Gallien, & petit-fils de Valérien. Il eft fimplement nommé dans l'infcription *P. Cornelius-Licinius-Valerianus*, & j'avois d'abord cru que ce pourroit bien être un prince différent de l'autre. Mais comme *P. Licin. Cornel. Salon. Valerianus* porte, fur quelques médailles, les mêmes noms que fur le marbre, & arrangés de la même maniere, il eſt hors de doute que cette inſcription a été faite en ſon honneur vers l'an 256. Il étoit prince de la jeuneſſe, c'eſt-à-dire, chef général du corps des chevaliers romains, qui, depuis qu'ils furent détachés des légions, ſe diviſoient en ſix turmes ou eſcadrons, dont chacune avoit ſon commandant, qu'on appelloit *ſevir equitum romanorum.* Le prince de la jeuneſſe commandoit à tous les *ſevirs*, & paroiſſoit à la tête du corps deux fois l'année, le 15 de février & le 15 de juillet, lorſque tous les chevaliers, en habit uniforme & en ordre de bataille, paſſoient en revue devant les cenſeurs. Ce titre de prince de la jeuneſſe fut donné, depuis Auguſte juſqu'à Conſtantin, aux enfans des empereurs.

P. CORNELIO
LICINIO. VALE
RIANO. NOBILIS
SIMO. CAES
PRINCIPI. IVVEN
TVTIS
NEPOTI. ET. FILIO
DD. NN. VALERIA
NI. ET. GALLENI
AVGG. ORDO
VINTIENSIVM

La ville de Vence étoit autrefois beaucoup plus conſidérable qu'elle ne l'eſt aujourd'hui, & devoit avoir reçu des marques de protection de la part de quelques empereurs ; elle conſacra ſa reconnoiſſance par des inſcriptions que nous nous diſpenſerons de rapporter pour ne pas trop les multiplier. Il y en a une en l'honneur de l'empereur Decius ; elle eſt de l'année 251 de l'ere vulgaire, puiſqu'il entra, au mois de mars de cette année-là, dans la troiſieme année de la puiſſance du tribunat, étant conſul pour la ſeconde fois. Afin qu'on puisse mieux juger de la date, nous rapporterons l'inscription en entier.

CHOROGRAPHIE.
I. Partie.

IMP. CÆS.
C. MESSIO. QVIN
TO. TRAIANO. DEC
IO. PIO. FEL. INVIC
TO. AVG. P. M. TRIB
P. III. COS. II. PROC
P. P.
CIVIT. VINT

VINDALIUM. Tite-Live & Strabon parlent de cette ville ; le premier dit que Domitius-Ænobarbus y défit les allobroges, & l'autre qu'elle est située près de l'endroit où la Sorgue se mêle aux eaux du Rhône. Si l'on veut prendre à la lettre cette expression de Strabon, il faut que *Vindalium* fût au port de la Traille, ou du moins tout auprès ; mais puisqu'il y passoit une voie militaire, comment l'itinéraire d'Antonin, n'en auroit-il pas fait mention, tandis qu'il nomme *Cypresseta*, que les distances nous ont obligés de placer au port de la Traille ? Il faut donc que *Vindalium* fût un peu écarté de cette route. Il y en a qui le mettent à *Bedarides* à demi-lieue de l'embouchure de la Sorgue. Mais pourquoi *Vedene*, à une lieue environ du même endroit, ne répondroit-elle pas à la position de l'ancien *Vindalium* ? C'est le sentiment de M. d'Anville qui l'appuie sur l'analogie des noms. Je sens bien qu'on peut lui objecter l'expression de Strabon, qui met cette ville à la jonction de la Sorgue & du Rhône ; mais un auteur qui écrivoit à Rome manquoit-il à l'exactitude, en disant qu'une ville étoit près du confluent de ces deux rivieres, quand elle n'en étoit qu'à une lieue. Le κατα συδαλον, dont il se sert, signifie tout auprès, & non pas à l'endroit même. A quoi l'on peut ajouter que puisque

Vedene.

Sulgas.

le même auteur rapporte que Cn. Domitius-Ænobarbus y défit plusieurs milliers de gaulois, il faut nécessairement que cette ville ne fût pas tout-à-fait reculée sur les bords des deux rivieres, où les armées n'auroient pu se déployer. Il faut au contraire qu'elle en fût à une certaine distance & dans une plaine. Or, telle est la position de Vedene ; cette considération, jointe à l'analogie qu'il y a entre son nom & celui de *Vindalium*, justifie, ce me semble, le sentiment de M. d'Anville.

Peuples des Alpes maritimes.

La province des Alpes maritimes étoit comprise dans l'Italie, & s'étendoit d'un côté, depuis Nice jusqu'à Embrun ; & de l'autre, depuis Vence jusqu'au-delà des montagnes dans le Piémont. Ainsi les peuples qui habitoient en-deçà du Var, mais qui relevoient du président des Alpes maritimes, dépendoient de l'Italie, quoiqu'ils fussent situés dans les Gaules. On appelloit Liguriens-Chevelus, selon Pline, *Ligures-Capillati*, les habitans de cette partie des montagnes où sont les dioceses de Nice, de Glandeves & de Senez. La situation avantageuse du pays fut cause qu'ils se maintinrent dans l'indépendance plus long-tems que la plupart des nations gauloises. Le sénat de Rome aima mieux leur laisser la liberté de se gouverner par leurs propres loix, moyennant un tribut, que d'envoyer des troupes dans les défilés des Alpes où elles auroient péri, tandis qu'elles pouvoient faire ailleurs des conquêtes plus faciles. Cette forme de gouvernement dura jusqu'au tems où Auguste se fut rendu maître de l'empire. Alors il les soumit à son obéissance, & réduisit leur pays en province, treize ans avant Jesus-Christ.

Ces montagnards étoient barbares. Diodore de Sicile nous les représente accablés de misere dans un pays stérile, qui ne produisoit ni vin, ni bled, & où l'on n'avoit pour toute nourriture que du gibier & quelques légumes. Ils couchoient sur des peaux ou sur des feuilles d'arbre. Un petit nombre habitoit sous des chaumieres, les autres logeoient dans le creux des rochers, ou dans des cavernes formées par la nature. Cette privation forcée des commodités de la vie, les rendoit robustes, agiles, & propres à tous les travaux.

Du tems de Pline le naturaliste, qui vivoit environ cent ans après Diodore de Sicile, ils étoient moins sauvages. Le gouvernement & la religion des romains, le commerce de la province, la politesse & les arts qui regnoient dans les grandes villes, avoient répandu quelques idées d'humanité parmi des hommes, qui, par la situation des lieux, devoient avoir plus d'esprit que de lumieres, plus de mœurs que d'urbanité, plus de cupidité que de luxe. On trouve les noms de ces différens peuples dans l'inscription qu'Auguste fit graver sur un trophée, dont on voit encore les vestiges à la Turbie, entre Nice & Monaco. Il est essentiel de connoître les lieux qu'ils habitoient, afin d'éviter, en lisant les premiers siecles de notre histoire, les erreurs où l'on tomberoit infailliblement par l'ignorance de l'ancienne géographie.

On ne peut juger de la position de leur territoire, qu'en supposant que, dans le dénombrement de ces peuples, on a suivi l'ordre suivant lequel ils étoient placés dans les montagnes, en allant du couchant au levant, & du nord au midi. Cette observation est d'autant plus juste, qu'elle nous donne raison de l'ordre qu'on a suivi dans l'énumération des dioceses de la province ecclésiastique d'Embrun, rangés, dans la notice de l'empire, de la maniere que voici :

Metropolis Civitas Ebredunensium. Embrun.
  Civitas Dinienfium. . . Digne.
  Civitas Rigomagenfium. Chorges, dans le Dauphiné.
 (1) *Civitas Sollinienfium.* . Salines, ancienne ville qui ne subsiste plus, & qui étoit tout près de Castellane.

_____
(1) Gassendi rapporte, dans la notice de l'église de Digne, ch. 9, que dom Polycarpe de la Riviere, chartreux, lisoit d'après d'anciens manuscrits, *civitas Se-*

Civitas Sanitienſium. . Senez.
Civitas Glannatina. . . Glandeves.
Civitas Cemenelenſium. Cimiez.
Civitas Vincienſis. . . Vence.

On voit que, pour la prééminence, on n'a point eu égard à l'ancienneté des ſieges ni à la grandeur des villes; mais au rang qu'elles avoient dans le trophée des Alpes. Voilà pourquoi Vence eſt après Cimiez, & Cimiez après Glandeves & Senez, qui étoient beaucoup moins conſidérables, & leur ſiege moins ancien. Il n'y a que la ville de Digne pour laquelle on s'eſt écarté de cette regle; on l'a miſe tout de ſuite après Embrun, parce que leurs égliſes ſont du même tems, & reconnoiſſent, en quelque façon, le même fondateur.

Cette obſervation, & l'analogie de quelques noms anciens avec les noms modernes, nous ſerviront à éclaircir une matiere ſur laquelle il reſte encore beaucoup de difficultés, quoiqu'elle ait été traitée par de ſavans géographes. La plupart d'entr'eux ne connoiſſant la Provence que par les cartes, & ayant embraſſé dans leur plan les autres provinces du royaume, ne pouvoient pas diſcuter chaque article avec la même exactitude qu'un homme qui écrit ſur les lieux. On déja vu qu'il y a pluſieurs villes dont ils ne parlent point, & qui nous ſont connues par le témoignage des au-

---

denenſium, Seyne. Mais ces manuſcrits avoient peut-être deux cens ans; car nous avons dit, en parlant de *Salinæ*, qu'il ne faut rien changer à cet article de la notice de l'empire, ſi ce n'eſt qu'il faut lire *Sallinenſium*, au lieu de *Sollinenſium*.

Salines & Chorges ſont miſes parmi les villes épiſcopales des Alpes; mais on ne doit pas en conclure que ces deux villes aient eu leur évêque particulier. La diviſion des Gaules, en dix-ſept provinces, fut uniquement faite pour mettre un certain ordre dans le gouvernement civil; & quoique le gouvernement eccléſiaſtique s'y ſoit conformé pour la diſtribution des dioceſes, il ne s'enſuit pas qu'on ait établi un évêché dans chaque ville dont il eſt parlé dans la notice de l'empire. Il eſt certain que Salines & Chorges n'ont jamais eu de ſiege épiſcopal; ou du moins nous ne connoiſſons aucun ancien monument qui en faſſe mention.

teurs romains, ou par les inscriptions. Ainsi notre chorographie sera plus exacte & plus complette que tout ce qu'on a publié jusqu'à présent ; & à cet égard elle pourra contribuer aux progrès de la géographie ancienne. Nous allons commencer par le dénombrement des peuples mentionnés dans le trophée des Alpes maritimes, & nous rapporterons leurs noms, tels que Pline nous les a conservés, en supprimant ceux des peuples situés hors de la Provence.

IMP. CAES. DIVI. F. AVGVST. PONT. MAX. IMP. XIII
. . . .
TRIB. POT. XVII. S. P. Q. R. QVOD. EJVS. DVCTV. AVSPI
CIISQVE. GENTES. ALPINAS. OMNES. QVAE. A MARI
SVPERO. AD. INFERVM. PERTINEBANT. SVB. IMPE
RIVM. P. R. REDACTAE. SVNT. TRIVMPILINI. &c.
. . . .
EDENATES. ESVBIANI. VEAMINI. GALLITAE. TRI
VLLATI. ECTINI. VERGVNNI. EGVITVRI. NEMENTV
RI. ORATELLI. NERVSII. VELAVNI. SVETRI

Nous y ajouterons les *Avantici* & les *Bodiontici*, mentionnés dans Pline ; les *Beritini*, qui nous sont connus par une inscription ; & les *Sentii*, dont parle *Ptolémée*. On négligea peut-être de faire mention de ces peuples dans le trophée, parce que, du tems d'Auguste, ils étoient incorporés à quelqu'un de ceux dont le nom y est rapporté, & qu'ils en furent séparés par ses successeurs. C'est du moins ce que Pline nous fait entendre, quand il dit que Galba détacha les *Avantici* & les *Bodiontici* de la province des Alpes, pour les unir à la Narbonnoise. *Adjecit*, dit-il, *formulæ* (*provinciæ Narbon.*) *Galba imperator ex Inalpinis Avanticos, atque Bodionticos, quorum oppidum Dinia.* Il n'est donc pas possible de les séparer du dénombrement que nous allons faire, & c'est par eux que nous commencerons.

AVANTICI. Ces montagnards, ainsi qu'on vient de le voir, étoient voisins des *Bodiontici* qui occupoient *Digne :* la position de ceux-ci nous fait juger de celle des autres ; & le nom des *Avantici* feroit croire qu'ils habitoient le terroir d'*Avançon ;* mais ce village n'étant qu'à deux petites lieues de Chorges, capitale des *Caturiges*, il n'est pas vraisemblable que ceux-ci, qui paroissent avoir été fort puissans, fussent ainsi resserrés par les autres. Cette réflexion est cause que M. de Valois & M. d'Anville, répugnent à donner aux *Avantici* le terroir d'*Avançon*. Mais puisque l'analogie des noms modernes, avec celui des anciens peuples, est une preuve de la position des lieux qu'ils habitoient, on peut loger les *Avantici* sur la riviere de *Vançon*, qui se jette dans la Durance, au-dessous de Sisteron, & leur donner la partie méridionale du diocese de Gap, qui s'allonge entre la Durance & les limites du diocese de Digne, dont nous savons qu'ils étoient voisins.

BODIONTICI. Leur position est déterminée par ce que nous venons de dire, & par la remarque de Pline, qui leur attribue la ville de Digne. *Quorum oppidum Dinia.*

BERITINI (1). Ce peuple habitoit le terroir de la Penne, dans le diocese de Glandeves. Il nous est connu par une inscription qui paroît altérée, & que M. Seguier, de l'académie des belles-lettres, à qui je l'ai communiqué, a rétablie de la maniere que voici :

Copie de l'Inscription.	*Leçon de M. Seguier.*
DEO	DEO
MARTI. IEVS D	MARTI. IEVSD
RT NO. PAC. BERITI	RINO. PAC*atori* BERITI
NIDES VO. SIBI	NI. DE. SVO. SIBI
POSVERVNT	POSVERVNT

(1) *Beritini* signifie habitans d'un lieu élevé & enfermé de murailles. Il vient du celtique *ber*, qui veut dire élevé ; & de *tin*, lieu fermé.

Cette inscription nous apprend que les habitans de la Penne érigerent, à leurs dépens, DE SVO, ce monument en l'honneur de Mars pacificateur. Il paroît d'abord étrange qu'on ait donné cette épithete au dieu de la guerre ; mais c'est précisément pour cette raison qu'il est, en quelque maniere, le modérateur de la paix, & le garant de la tranquillité des empires. IEVSDRINO est un nom celtique, vraisemblablement dérivé de IEVO, qui signifie mettre sous le joug, & de DRI, fortification, rempart ; ce qui convient également au dieu Mars (1). Le mot *Beritini* se conserve encore dans le pays ; car on appelle les habitans de la Penne, *Leïs Beritins*. Peut-être que la voie militaire, qui commençoit à Nice & passoit par Aiglun, où l'on a trouvé un milliaire, se détournoit vers la Penne.

Les mots *Ieus* & *Beritini* ont fait naître beaucoup de conjectures. Ils ont rappellé à la mémoire, Berite, ville de Phénicie ; & le chananéen Jeus, fils d'Olibama. On s'est souvenu que les chananéens faisoient un grand commerce, qu'ils avoient beaucoup de colonies sur les côtes de la Méditerranée ; & qu'après que Josué les eut chassés de leur pays, ils se répandirent en Grece, en Afrique, en Espagne, & dans la partie méridionale des Gaules. On a cru qu'un petit nombre de ces fugitifs pourroit bien s'être venu établir à la Penne ; car la vallée, où ce village est bâti, porte le nom de *Chanan* : & parmi les différens quartiers, l'un s'appelle *Manassés* ; l'autre, le *pays de Salomon* ; un troisieme, le *champ d'Uriel*. Ce qu'il y a de remarquable, c'est que ce champ est rempli de pierres à fusil ; & que *ur* en chaldéen, signifie lumiere, feu ; enfin il y a une montagne qui se nomme *Adon*. La conformité de ces noms, avec ceux qu'on lit dans l'histoire du peuple de Dieu,

---

(1) Je ne garantis pas cette étymologie ; car il peut bien se faire que IEVSDRINO soit un nom topique donné au dieu Mars. Je forme le même doute sur le nom gaulois de quelques autres divinités, dont je parlerai dans la suite. Cependant, quand l'étymologie présente un sens raisonnable, on ne doit pas la rejetter.

semble appuyer la conjecture de ceux qui prétendent que des phéniciens vinrent habiter cette vallée. Mais il nous faudroit quelque chose de plus certain pour l'assurer. Ces noms hébreux peuvent bien venir de ce que des juifs, dans le moyen âge, ont possédé les endroits qui les portent.

En lisant les noms des peuples, dont nous allons parler, on ne pourra s'empêcher de croire que la Provence étoit par-tout habitée, du tems des romains, comme elle l'est aujourd'hui. Il n'y auroit pas eu tant de communautés dans les montagnes, & encore ne les connoissons-nous pas toutes, si la partie méridionale n'eût pas été fort peuplée. On peut juger par-là des ravages que firent les barbares après la chûte de l'empire romain, puisque, dans le VIIIe & IXe siecles, on trouvoit peu de villages, mais beaucoup de bois & de forêts.

SENTII. Ptolémée leur attribue la ville de Digne, qui, selon Pline, appartenoit aux *Bodiontici*. Mais l'erreur de Ptolémée nous prouve que les *Sentii* n'étoient pas éloignés de cette ville. L'analogie de leur nom, avec celui de *civitas Sanitiensium* ou *Sanitium*, comme on l'a écrit quelquefois, nous fait croire qu'ils occupoient le terroir de Senez, où étoit *civitas Sanitiensium*, suivant la notice des Gaules. Cette ville est vraisemblablement la même que *Sanitium* dont parle Ptolémée, qui l'attribue mal-à-propos aux *Vediantii*. Nous avons dit qu'il n'étoit pas mention de ces quatre peuples dans le trophée des Alpes, où nous lisons les noms des treize suivans.

EDENATES. C'est le nom du peuple dont *Seyne*, en latin *Sedena*, dans le diocese d'Embrun, paroît avoir tiré sa dénomination. Il en occupoit le territoire.

ESUBIANI. Ils viennent à la suite des *Edenates*, & l'on croit devoir les placer aux environs d'*Ubaye*. Leur nom paroît s'être conservé dans celui du bourg & dans celui de la riviere, qui est le même, & le long de laquelle ils étoient répandus.

VEAMINI. Ceux-ci habitoient le terroir de *Torame* haute, &

de *Torame* baſſe, entre l'Iſole & le Verdon, dans le diocèſe de Senez. Cette poſition eſt la plus convenable qu'on puiſſe leur donner à la ſuite des peuples dont nous venons de parler, & ſe trouve juſtifiée par la ſignification du nom; car *Veamini*, ſignifie habitans des montagnes rouges, du celtique *vean*, montagne, colline, & de *min*, rouge, d'où vient *Minium*. En effet, à Torame il y a des montagnes dont la terre eſt de cette couleur. Cet endroit eſt appellé dans les chartes *Toramina*, qui veut dire la même choſe que *Veamin*; car *tor*, ſignifie habitation. Cette conformité des noms eſt une preuve de plus en faveur de notre ſentiment.

GALLITÆ. Ils occupoient le pays où eſt Alloz. L'analogie des noms, ſur laquelle on peut ſe fonder quelquefois, me fait préférer cette poſition à celle de *Colmars*, que Bouche leur attribue. Au reſte, il ne faut pas croire que chacun de ces peuples n'eût dans ſon territoire qu'un village. Nous leur en aſſignons un de préférence, parce qu'il ſemble que c'étoit le chef-lieu, & qu'ils en portoient ſouvent le nom. Je penſe que les *Gallitæ* étoient répandus depuis *Alloz* juſqu'à *Colmars*, & qu'ils s'avançoient même ſur la rive orientale du Verdon, en remontant vers ſa ſource. Le terroir de Colmars étoit anciennement habité ; le nom de *Collis Martis*, vient ſans doute de ce qu'on y adoroit le dieu Mars. Au midi de ce peuple, & en tirant un peu vers l'orient, on trouve les

TRIULLATI, qui devoient s'étendre, depuis d'*Alluis*, juſqu'aux confins des *Vergunni*, dont nous parlerons bientôt, entre le Verdon & le Var. C'eſt l'ordre qu'on a ſuivi dans l'inſcription du trophée des Alpes, en nommant les peuples, & la poſition des *Gallitæ*, qui me déterminent pour celle que je donne aux *Triullati* : car du reſte je ne me fonde pas ſur l'analogie qu'on pourroit trouver entre leur nom & celui d'*Alluis* ou de *Dalluis*; car on dit l'un & l'autre (1).

---

(1) Nous avons déjà remarqué qu'il y a pluſieurs peuples dont le ſavant M. d'Anville ne fait pas mention. Tels ſont, par exemple, les *Gallitæ*, les *Triullati*,

ECTINI. C'eſt au ſujet de ce peuple que nous réclamons l'analogie. Il eſt plus que vraiſemblable qu'il tiroit ſon nom de celui de la *Tinée*, & qu'il occupoit une aſſez grande étendue de pays entre cette riviere & le Var, depuis la ſource de la premiere, juſqu'au village du Thoêt, où le Var reçoit un torrent conſidérable, nommé les *Chans*, qui ſemble devoir ſervir de limites entre deux peuples, comme en effet il ſépare le dioceſe de Glandeves de celui de Nice. Dans cet eſpace de terrein, que nous aſſignons aux *Ectini*, on trouve un bourg qui a conſervé leur nom; c'eſt le *Puget de Teniers*, ſur les bords du Var; il a dû être appellé autrefois *Podietum Ectinorum*; on l'appelle encore en latin, *Pugetum Tinæarum*. L'étymologie eſt la même. On donne auſſi à quelques villages de cette vallée, qui ſont au nord du Puget, l'épithete de *Tinienſis* dans de vieux manuſcrits. Voilà, en faveur de notre opinion, des raiſons auſſi plauſibles qu'on en puiſſe donner ſur une matiere ſi obſcure.

VERGUNNI. Le village de Vergons, à l'extrêmité méridionale du dioceſe de Senez, & au midi des deux peuples dont nous venons de parler, nous indique la véritable poſition des *Vergunni*; leur nom s'eſt conſervé dans celui de ce village. On y voit encore les débris d'un ancien monaſtere dépendant de l'abbaye de Lerins. D'après l'ordre que nous trouvons conſtamment ſuivi dans le dénombrement des peuples du trophée des Alpes, il faut chercher, à l'orient des *Ectini* & des *Vergunni*, les *Eguituri*, qui devoient habiter ſur les bords du Var, depuis la petite riviere des *Chans*, qui ſépare le dioceſe de Glandeves de celui de Nice, juſqu'à la Tinée. Le pays eſt bon, & tout nous fait croire, que dans les tems reculés, il y a eu des habitans.

---

les *Eguituri*, les *Nementuri*, les *Oratelli*, &c. qui ſont dénommés dans le trophée des Alpes. Il y en a auſſi pluſieurs autres dont il a oublié de parler, ſans compter une vingtaine de lieux qu'il n'a peut-être pas connus. Mais en relevant ces omiſſions, nous reconnoiſſons, avec plaiſir, que ſon ouvrage nous a été d'un grand ſecours pour la matiere que nous traitons.

NEMENTURI.

NEMENTURI. Ceux-ci étoient sur la rive gauche de la Tinée, entre cette riviere & la Vesubie, du côté de *Clans,* où l'on voit une forêt superbe qui a plus de huit lieues de tour. On y coupe des bois de construction qu'on fait descendre à la mer par la Tinée & par le Var. Cette forêt nous indique, d'autant plus sûrement, la véritable position des *Nementuri,* qu'ils semblent avoir tiré leur dénomination de cette circonstance locale; car *Nementuri* signifie, en celtique, habitans d'une terre couverte de bois; il vient de *nem,* arbre, forêt ; & de *tur,* terre. D'ailleurs nous avons des preuves que ce pays étoit anciennement habité. Car Joffredi rapporte qu'en 1658, lorsqu'il faisoit ses recherches sur les antiquités de Nice & de Cimiez, on trouva dans le terroir de *Marie,* qui touche celui de *Clans,* des médailles d'or de Vespasien, de Néron, & des empereurs qui les avoient précédés. Au midi de ce peuple, & au confluent de la Tinée & du Var, étoient les

ORATELLI, dont le chef-lieu devoit être au territoire d'un village qui semble avoir tiré son nom du leur ; c'est *Utel,* en latin *Utellæ.* Cette petite altération est inévitable dans la langue provençale, qui abrege tous les noms dérivés du latin ou du celtique. Je remarque d'ailleurs qu'*Oratelli* est composé des mots *or,* qui signifie fleuve, riviere ; & de *tel,* qui veut dire montagne, élévation. En effet *Utel* est bâti auprès d'une montagne qu'on voit de fort loin, & sur laquelle est une chapelle de la sainte Vierge, célebre dans le pays. D'ailleurs le Var & la Tinée se joignent en cet endroit, & un peu plus bas la Vesubie se jette aussi dans le Var. Ainsi la dénomination d'*Oratelli* convenoit parfaitement à un peuple, qui habitoit au pied d'une haute montagne & sur les bords de trois rivieres. Je remarque aussi que le terroir d'*Utel* & celui de *Tourres,* qui est limitrophe, sont assez bons, & qu'ils ont dû être habités préférablement à tant d'autres lieux, où l'histoire nous apprend qu'il y avoit des habitans. Depuis la Vesubie jusqu'à la mer, le pays étoit vraisemblablement occupé par les *Vediantii,* dont Cimiez étoit la capitale.

Tome *I.*   P

NERUSII. Ptolemée leur donne Vence, en deçà du Var, & nous apprend ainsi leur véritable position. Je conclus de-là que, puisque les peuples des Alpes s'étendoient depuis Embrun jusqu'à Vence, il faut nécessairement qu'il y en eût dans la partie occidentale du diocese de Nice, qui ne laisse pas d'être considérable ; & je ne sais pourquoi nos géographes n'y en placent aucun. Il n'est pas à présumer que, du tems d'Auguste, cette contrée fut déserte, ou que les peuples de Vence & du diocese de Glandeves ayant été soumis, les autres eussent demeuré dans l'indépendance. Ce qui a trompé les géographes, c'est qu'ils ont pris chacun de ces peuples pour des habitans d'un simple bourg, & les ont tous placés dans les dioceses de Senez & de Glandeves, aux mêmes endroits où sont les principaux villages. Les romains n'auroient donc eu que la gloire de soumettre quelques hameaux, & la vanité ridicule de s'en glorifier sur un trophée qui devoit passer à la postérité ? Il est plus raisonnable de convenir que les treize peuples des montagnes de Provence, étoient répandus dans presque tout le pays compris dans les dioceses de Senez, de Glandeves, de Nice & de Vence, qui formerent ensuite la plus grande partie de la province des Alpes maritimes. Je ne vois pas, en effet, pourquoi les deux premiers auroient eu onze ou douze peuples, & que toute la partie occidentale de celui de Nice auroit été inhabitée. Sur une trentaine de villages qu'on y compte, il y en a plus de la moitié qui conserve le nom celtique. Je fais toutes ces réflexions pour ajouter un degré de probabilité de plus à ce que j'ai dit sur la position des *Eguituri*, des *Nementuri*, & des *Oratelli*. Nous avons déja remarqué plusieurs fois que, dans l'inscription du trophée des Alpes, on nomme les peuples limitrophes à la suite les uns des autres, en allant du couchant au levant. Il faut donc mettre les

VELAUNI dans le voisinage des *Nerusi*, puisqu'ils sont nommés immédiatement après eux, au lieu de rétrograder pour les placer à *Beuil* dans la partie septentrionale du diocese de Glandeves comme ont fait Bouche & M. d'Anville. L'étymologie de leur nom nous apprend leur véritable position. On appelloit *Velauni* les peuples qui habitoient vers l'embouchure d'une riviere. Car *vel* ou *bel*, en celtique, signifie embouchure, & *aun* ou *aon*, riviere. Ils devoient donc habiter vers l'embouchure du Var, vers Saint-Laurent, par exemple, & tout le long du fleuve jusqu'au confluent de l'Esteron. Cette position leur convient à la suite des *Nerusi* dont ils étoient voisins, & avant les

SUETRI, qui venoient ensuite. Leur emplacement a paru très-difficile à déterminer. Bouche l'a mis dans le val de Sture en Piémont, comme s'il étoit vraisemblable, qu'après avoir fait le dénombrement des peuples, depuis Embrun jusqu'à Saint-Laurent, l'auteur de l'inscription du trophée des Alpes, eût mis immédiatement après les *Velauni*, situés à l'embouchure du Var, un peuple qui auroit habité sur les bords de la *Sture* de l'autre côté des Alpes. Il eût été plus naturel de le nommer avant ceux d'Embrun, dont il n'étoit séparé que par les montagnes, où la *Sture* prend sa source. Bouche s'est laissé tromper par la ressemblance des noms.

M. d'Anville qui a reconnu la méprise de cet auteur, & qui a senti qu'il falloit mettre les *Suetri* en Provence, leur a donné le territoire de *Seillans*, près de Fayence, dans la partie septentrionale du diocese de Fréjus, fondé sur ce que Ptolemée leur attribue la ville de *Salinæ*. Mais l'autorité de Ptolemée n'est pas décisive. Cet auteur n'attribue-t-il pas aux *Sentii* la ville de Digne, qui appartenoit aux *Bodiontici* ? celle de Senez aux *Vediantii*, qui habitoient Cimiez ? On voit donc que son témoignage seul, quelque respectable qu'il soit d'ailleurs, ne doit point être admis sans critique, s'il n'est appuyé de quelque raison. Ce que nous lisons dans Pline est bien plus propre à fixer nos doutes. Voici ses termes : *Regio Oxybiorum, Ligaunorumque, super quos Suetri, Quariates, Adunciates.* M. d'Anville convient qu'il faut placer la ville des *Oxybiens* près de *Cannes*. Il ne dit rien des *Ligauni*, auxquels on verra bientôt que nous aſſignons le territoire de Graſſe : or, on ne peut loger les *Suetri* au-deſſus de ces deux peuples que tout le long de l'*Eſteron*, auquel ils paroiſſent avoir donné leur nom ; comme ſi l'on diſoit *fluvius Suetrorum*, l'analogie eſt frappante, & d'ailleurs cette poſition leur convient à la ſuite des *Velauni*. Elle peut être encore juſtifiée par l'erreur de Ptolemée, qui en leur attribuant *Salinæ*, aujourd'hui *Caſtellane*, fait entendre qu'ils en étoient voiſins ; en effet, ils n'en étoient éloignés que d'environ trois lieues, en comptant depuis la ſource de l'*Eſteron*, & de huit, en les plaçant vers ſon confluent avec le Var.

Voilà ce que nous pouvions dire de plus vraiſemblable ſur une matiere ſi obſcure. L'ordre auquel il paroît qu'on s'eſt conſtamment aſſujetti dans le dénombrement de ces peuples, l'étymologie de leur nom, les circonſtances locales, l'analogie des noms modernes avec les anciens, nous ont ſi bien ſervi, qu'il nous paroît difficile d'aſſigner à ces peuples, une poſition différente de celle que nous leur avons donnée.

Au reſte, nous répéterons ce que nous avons dit plus haut, qu'on doit regarder chacun d'eux ſéparément, comme un corps politique compoſé de pluſieurs hameaux, ou ſi l'on veut, d'un grand nombre d'habitations iſolées ; mais dépendantes d'un chef-lieu, dont le nom ſervoit à déſigner, en général, tous les habitans de la contrée. Cette idée eſt plus conforme à ce que l'hiſtoire nous apprend de la population des Gaules, & de la difficulté que les romains eurent à ſoumettre ces montagnards. Elle eſt enfin juſtifiée par la conduite d'Auguſte, qui n'auroit pas fait graver ſur un monument durable ſes victoires ſur treize peuples, s'il n'eût triomphé que de treize chétives communautés.

DE PROVENCE.

Peuples qui habitoient le long des côtes.

Vediantii.	Verrucini.
Deciates.	Suelteri.
Oxybii.	Camatullici.
Ligauni.	Bormani.
Suetri.	Commoni.
Quariates.	Avatici.
Adunicates.	Anatilii.

VEDIANTII. Nous venons de dire qu'ils avoient dans leur dépendance la ville de Cimiez, & l'on ne peut rien ajouter au témoignage de Pline qui leur donne cette position. Nous avons parlé de Cimiez dans un autre article.

DECIATES. C'étoit le nom d'un peuple répandu aux environs d'Antibes, colonie marseilloise. Etienne de Byzance & Mela semblent dire que leur ville s'appelloit *Deciatum*; mais nous n'avons aucun monument qui puisse nous indiquer sa position. On ne peut la fixer que d'une maniere vague, entre *Villeneuve* & *Antibes*, près de la riviere du *Loup*, appellée *Apros* du tems des romains.

On doit se rappeller que les *Déciates* étoient resserrés au nord par les *Nerusii* qui occupoient Vence, comme nous l'avons dit ci-dessus.

OXYBII. C'étoit un peuple puissant, qui se signala contre les romains, quand ils entreprirent la conquête des Gaules. Les anciens géographes s'accordent à placer les Oxybiens entre le fleuve d'Argens, & Antibes. L'histoire nous apprend, d'un autre côté, qu'ils s'étoient ligués avec les *Deciates*, pour attaquer les villes de Nice & d'Antibes ; il faut donc qu'ils n'en fussent pas éloignés : &, tout bien consideré, il nous paroît qu'ils habitoient aux environs de *Cannes*, ayant derriere eux les *Nerusi* à Vence, & à la droite les *Suelteri*, dont nous parlerons bientôt. Etienne de Byzance leur attribue une ville qui portoit le nom d'*Oxybium*. Strabon parle du port *Oxybius*, qui leur appartenoit, & qui étoit vraisemblablement la ville maritime que Polybe appelle *Ægytna*. Nous avons dit qu'elle devoit être sur la plage de Cannes, & peut-être à l'endroit qu'on appelle *Goulfe-Jean* ou *Gourjan*.

LIGAUNI. M. d'Anville ne parle point de ce peuple que Pline ne sépare pas des Oxybiens ; nous allons encore rapporter ses propres paroles, *fluvius Argenteus, regio Oxybiorum, Ligaunorumque*; puisque les Oxybiens étoient aux environs de Cannes, nous ne pouvons attribuer aux *Ligauni* que le territoire de Grasse : cette opinion est suffisamment justifiée par ce que nous avons dit à l'article des *Suetri* ; car on a vu qu'ils étoient répandus sur les bords de l'Estéron, vers son confluent avec le Var, au-dessus des *Ligauni*, suivant la remarque de Pline ; cet auteur, après avoir dit *regio Oxybiorum, Ligaunorumque*, ajoute *super quos Suetri, Quariates, Adunicates*. Or on ne peut placer les *Ligauni* au-dessus des *Oxybii* & au-dessous des *Suetri*, c'est-à-dire entre Cannes & l'Estéron, que dans le terroir de Grasse, qui de tout tems a dû être habité, soit à cause de sa fertilité, soit à cause de sa position & de la beauté du climat.

QUARIATES. On ne peut les mettre à la suite des *Suetri* que près de *Bargeme*, entre ce village & Auvaye.

ADUNICATES. La position de ceux-ci paroît plus difficile à déterminer. On doit la fixer, ce semble, à *Audaon* & *Caille*, dans le diocese de Grasse, au nord-est des *Quariates*. Audaon est appellé, dans l'affouagement de douze cens, *castrum Audaone* ; ou si l'on aime mieux placer les *Adunicates* à *Bezaudun* dans le même diocese, & à l'est d'*Audaon*, dont il n'est éloigné que d'environ deux lieues, l'analogie paroîtra plus sensible entre *Adunicates* & *Bezaudunum* dont la terminaison est gauloise. M. d'Anville ne parle point de ces deux peuples ; mais, ayant eu occasion de dire un mot en passant des *Quariates*, il prétend qu'ils habitoient la vallée de *Queiras* en Piémont ; ce qui est évidemment contredit par ces paroles

DE PROVENCE. 119

de Pline que nous avons déja rapportées, *fluvius Argenteus, regio Oxybiorum, Ligaunorumque, super quos Suetri, Quariates, Adunicates* : ces peuples étoient voisins, & quoiqu'ils ne demeuraſſent pas tous ſur les côtes, nous avons cru devoir les mettre de ſuite, afin de mieux déterminer leur poſition reſpective.

VERRUCINI. Puiſque nous avons établi que l'analogie des noms eſt ordinairement une preuve de la poſition d'un peuple, il faut, d'après Bouche & M. d'Anville, placer les *Verrucini à Verignon*. Ce ſentiment eſt d'ailleurs appuyé du témoignage de Pline qui les met au-deſſus des

SUELTRI ou SUELTERI, habitans des environs de Fréjus, & dont le nom s'eſt conſervé dans celui de la montagne de l'*Eſterel*. Leur poſition eſt prouvée par la reſſemblance des noms; & je ſuis ſurpris que M. d'Anville ait préféré de les placer entre le *Luc* & *Brignole*, au lieu de leur aſſigner le territoire de Fréjus, qui devoit être habité. Je remarque, en ſecond lieu, que Pline les nomme à la ſuite des peuples qui habitoient ſur les côtes, & que, par conſéquent, on auroit tort de les placer dans un pays qui s'en éloigneroit comme le *Luc* ou *Brignole*. On en jugera mieux en liſant les paroles de cet auteur. *At in orâ*, dit-il, *Maſſilia Græcorum Phocænſium fœderata, Promontorium Zao ; Chitariſta portus : regio Camatullicorum ; dein Suelteri, ſupraque Verrucini*. On voit que Pline a toujours ſuivi les côtes juſqu'aux *Verrucini*, & qu'en les nommant, il a ſoin de nous avertir qu'il s'écartoit dans les terres *ſupraque*. Cette expreſſion prouve auſſi que nous avons eu raiſon de placer les *Verrucini* à Verignon au nord-oueſt de l'Eſterel, à l'extrémité méridionale du dioceſe de Riez, viguerie de Draguignan.

CAMATULLICI. Nous venons de voir que Pline les met entre *Chitariſta*, qui eſt *Ceireſte*, & les *Suelteri*, que nous avons placés au territoire de Fréjus vers la montagne de l'Eſterel; il ſeroit difficile, dans ce long eſpace de terrein, de déterminer au juſte la poſition des *Camatullici*, ſi l'on ne trouvoit, dans l'analogie qu'il y a entre ce mot & celui de *Ramatuelle*, une raison de se décider pour le lieu qui porte ce nom, près du golfe de Grimaud.

BORMANNI. C'est ainsi qu'il faut lire, suivant le P. Hardouin, & non pas *Bormannico, Macinna*, comme il y a dans Pline. Mais cette correction ne leve pas toutes les difficultés. Il nous restera toujours à savoir ce que signifie *Comacina*, que ce pere laisse subsister avec *Bormanni*, & dont nous ne connoissons point l'emplacement. Je pense qu'on doit substituer une autre leçon à celle du P. Hardouin, & qu'il faut lire *Bormanni, Comacini*. Cette correction est d'autant plus naturelle, que nous trouvons dans les *Comacini*, les *Commoni* de Ptolemée. Il y a toute apparence que ces deux auteurs leur donnoient le même nom, & que la différence ne vient que de l'inexactitude des copistes, qui auront écrit *Commoni* pour *Comacini*. Quoi qu'il en soit de cette conjecture, on ne peut fixer la position des *Bormanni* qu'à l'endroit où est *Bormes*, près de la mer, entre Hieres & Saint-Tropez. La ressemblance du nom de *Bormanni*, avec *Borma* ou *Bormes*, autorise cette opinion, qui est celle de M. d'Anville, & qui ne peut être appuyée d'aucune autre raison. Les *Bormanni* & les *Camatullici* étoient sûrement deux peuples compris sous le nom général de *Comacini*, suivant notre correction, ou de

COMMONI, comme les appelle Ptolemée, qui leur attribue *Marseille, Tauroentum, Ceireste, Olbie, le fleuve d'Argens* & *Fréjus*. M. de Vallois aimeroit mieux que ce géographe eût nommé, à la place des *Commoni*, les *Cenomani*, qui occupoient une partie de ce que renferme le diocese du Mans. En effet, Caton le censeur disoit, au rapport de Pline, que les *Cenomani* s'étoient fixés près de Marseille. *Cenomanos juxtà Massiliam habitasse in Volcis*. L'histoire nous apprend que, quand Bellovese partit des Gaules pour aller en Italie, il passa par la Provence, & secourut les marseillois, à qui les *Salyes* faisoient la guerre. Il peut se faire qu'un corps de ces gaulois ait quitté le gros de l'armée, & qu'il se soit arrêté dans le pays que

Ptolemée

Ptolemée lui attribue. Cette explication me paroît la plus satisfaisante qu'on puisse donner ; & s'il est vrai que les *Commoni* occupoient les côtes, depuis Marseille jusqu'à Fréjus, il faut qu'on ait donné leur nom à tous les gaulois établis dans cette partie maritime de la province. On aura distingué les *Camatullici* & les *Bormanni* comme étant les plus remarquables, & ceux qui s'arrêterent à l'endroit que nous leur avons assigné.

Le bois de *Counioux*, qu'on trouve au nord de la *Ciotat*, en allant de Marseille à Toulon, n'auroit-il pas pris son nom des *Commoni* par corruption ?

AVATICI. Pline leur donne *Maritima*, qui étoit sur l'étang de Berre ; par-là nous connoissons d'abord quel est le territoire qu'ils occupoient

ANATILII. Pour bien juger de leur position, il est nécessaire de rapporter les expressions de Pline : cet auteur, après avoir parlé de *Matitima Avaticorum*, ajoute ce qui suit : *Superque Campi Lapidei, Herculis Præliorum memoria. Regio Anatiliorum, & intus Desuviatum, Cavarumque.* Il est clair que cet auteur place les *Anatilii* sur la côte après la Crau & au-dessous des *Desuviates*. Il y a donc toute apparence qu'ils s'étendoient depuis l'étang de Berre jusqu'au Rhône, & qu'ils habitoient le long de ce fleuve, depuis son embouchure jusqu'au dessus de la Camargue, occupant même cette île. Car *Anatilii*, en celtique, signifie habitans d'une île, ou d'une terre fertile. L'un & l'autre conviennent à la Camargue. Ce peuple étoit nombreux, & il faut le distinguer de plusieurs autres que nous ne regardons que comme des habitans d'une petite ville.

Peuples de l'intérieur de la Provence.

Desuviates.	*Albicoei.*
Salyes.	*Reii Apollinares.*

Vulgientes.	*Memini.*
Vordenses.	*Cavares.*
Caudellenses.	*Vocontii.*

Nous avons été obligés de parler, dans l'article précédent, des *Suetri, Quariates, Adunicates*, & des *Verrucini*, quoiqu'à ne considérer que leur position, nous eussions dû les mettre dans cet article. Les *Desuviates* étoient au-dessus des *Anatilii*, ainsi que nous venons de le dire, il faut donc les placer entre *Tarascon*, les *Baux* & *Saint-Remi*, & les avancer même jusqu'à la Durance, puisqu'ils avoient, immédiatement au-dessus d'eux, les *Cavares*, qu'on sait avoir occupé les dioceses de Cavaillon & d'Avignon, comme nous le dirons ailleurs.

SALYES, ou SALLUVII. C'est le nom dont les historiens se sont quelquefois servis pour désigner les peuples qui habitoient d'un côté entre le Verdon, la Durance & la mer, & de l'autre entre le Var & le Rhône. Strabon leur attribue toute la plaine, depuis ce dernier fleuve jusqu'à la Durance, plaçant derriere eux au nord les Albiciens, qui occupoient le diocese de Riez, comme nous le dirons dans l'article suivant. Le même auteur assure que les Salyes, avant qu'ils fussent soumis aux romains, étoient divisés en dix cantons, & qu'ils levoient des troupes considérables d'infanterie & de cavalerie. Tout cela prouve qu'ils étoient fort puissans, & que l'on comprenoit, sous leur dénomination, plusieurs autres peuples subalternes. Les Salyes, proprement dits, avoient leur quartier principal aux environs d'Aix, & occupoient au moins une grande partie du pays qui forme le diocese. Leur roi fit aux marseillois une guerre dont nous rapportons les détails dans l'histoire, & fut obligé de se retirer chez les allobroges, lorsque les romains vinrent au secours de Marseille leur alliée.

ALBICOEI ou ALBICI. Les savans géographes sont d'accord sur la position de ce peuple, qu'ils placent à Riez. Mais leur sentiment a éprouvé des contradictions en Provence, où quelques personnes ont prétendu qu'*Albici* étoit un nom générique donné à tous les habitans des montagnes ; d'où ils ont conclu que les albiciens, qui défendirent Marseille, dans le tems que César en faisoit le siege, demeuroient aux pieds des montagnes voisines de cette ville, c'est-à-dire, à Aubagne, Cassis, Ceireste, &c.

Pour détruire ce préjugé nous prouverons, 1°. que le mot *Albici* n'est pas un nom générique, donné à tous les habitans des montagnes, mais un nom propre. Nous ferons voir, en second lieu, qu'il ne peut convenir aux habitans voisins de Marseille ; enfin nous déterminerons par le témoignage des anciens auteurs la position du peuple qui l'a porté.

Je dis, en premier lieu, que le mot *Albici* n'est point un nom générique donné aux habitans des montagnes ou des Alpes, parce que les anciens auteurs, tels que Pline, Strabon, Tacite & Ptolémée ne l'ont jamais employé, quoiqu'ils aient eu mille fois occasion de s'en servir, ne fût-ce que pour éviter les répétitions fréquentes d'*Alpini* & de *Montani*, que nous trouvons dans leurs ouvrages.

Je remarque, en second lieu, que le mot *Albes*, d'où l'on veut qu'*Albici* soit dérivé, n'étoit point usité dans les beaux siecles de Rome ; on se servoit d'*Alpes*, & encore n'employoit-on ce mot que pour désigner les hautes montagnes, telles que les Alpes, proprement dites, l'Apennin, les Pyrénées, & non pas des montagnes pareilles à celles qui bordent la mer, depuis Marseille jusqu'à Antibes. On n'en trouvera des exemples que dans le moyen âge, lorsqu'on abusoit des termes, parce qu'on ne connoissoit plus la langue : mais nous parlons du tems de César, & les exemples doivent être tirés des ouvrages de ses contemporains. Cependant on n'en trouve aucun ; & l'on peut conclure de-là qu'*Albes* n'est point synonyme d'*Alpes* ; mais supposons que le mot fût usité, on auroit dit *Albini*, comme on disoit *Alpini* : car, en général, chez les gaulois les noms des villes, bâties sur des hauteurs, se terminoient en *unum* ou en *inum*, comme celui des habitans en *ni*. De-là, pour ne prendre les exemples que dans notre province, les *Ingauni*, *Velauni*, *Vergunni*, *Vesubiani*, *Beritini*, *Veamini*, *Ectini*, *Verrucini*. *Albicoei* est un nom adjectif, formé du nom propre d'une ville, terminé en *ce*; comme de *Phœnice* on fit *Phœnicæi*.

3°. La maniere dont César parle des albiciens suffit pour nous faire juger qu'ils n'habitoient point aux environs de Marseille. Il les appelle *barbaros homines, homines asperi & montani*. Ces épithetes ne conviennent point à un peuple voisin d'une ville la plus savante, la plus riche, la plus civilisée, & la plus commerçante des Gaules, qui ayant déja transmis à des peuples éloignés, quand César en faisoit le siege, les caracteres grecs, plusieurs de ses usages, & les arts, avoit policé ses propres sujets, les habitans des villes & des villages voisins soumis à sa domination, & qui tous les jours éprouvoient l'influence de son gouvernement & de son commerce (1).

Il faut donc chercher loin de Marseille ces hommes dont les mœurs n'avoient rien que de rude & de grossier ; ces hommes rompus au métier de la guerre, parce qu'ils la faisoient quelquefois à leurs voisins. César dit qu'ils habitoient les montagnes situées au-delà de Marseille. *Massilienses, Albicos, barbaros homines, qui in eorum fide antiquitùs erant, montesque suprà Massiliam incolebant, ad se vocaverant*. Je dis au-delà de Marseille, parce que dans ce passage la préposition *suprà* signifie au-delà, comme dans ces façons

---

(1) Je ne réponds pas à ceux qui prétendent que les albiciens demeuroient au plan d'Aups, près de la Sainte-Baume, mauvais pays, qui dans aucun tems, & encore moins du tems de César, n'a pu fournir à l'entretien d'un petit village. Comme l'analogie qu'on croit trouver entre Aups & *Albici*, est détruite par une charte du dixieme siecle, qui nous apprend que cet endroit s'appelloit alors *Almæ*, je n'insisterai pas davantage, parce qu'on n'apporte point d'autre raison que cette prétendue analogie.

de parler *suprà modum*, *suprà mensuram* (1); Cicéron l'a prise dans le même sens, quand il a dit *à sole exoriente suprà Meotis Paludes;* depuis l'orient jusqu'au-delà du Palus-Méotide. Nous avons conservé cette expression latine dans notre langue, nous disons, par exemple, que *Macon est au-dessus de Lyon;* ainsi *suprà Massiliam*, dans ce passage, signifie au-delà de Marseille. Au reste, la question que nous examinons est une de celles qui doivent être décidées par le témoignage des auteurs voisins du tems de César, tels que Pline & Strabon, qui connoissoient les différens peuples de la Provence. Le premier place la capitale des albiciens dans le diocese de Riez. *Albece Reiorum Apollinarium.* Strabon ne s'explique pas d'une maniere si précise; mais il fait entendre la même chose, quand il dit que les albiciens & les voconces habitoient les montagnes situées au nord des *Salyes*, c'est-à-dire au nord des peuples répandus dans la basse Provence, entre le mont Leberon, qu'il appelle λουεριοτα, & la mer, le Rhône & le Var; car cet auteur prend ici le mot *Salyes* dans sa signification la plus étendue. Si les albiciens avoient habité les montagnes de Marseille, il ne les auroit pas placés au nord des *Salyes*, immédiatement avant les voconces; & s'il y en avoit eu d'autres dans le territoire d'Aubagne, différens de ceux-là, Pline & Ptolemée ne les auroient pas omis après la réputation de courage que César leur avoit faite. Disons donc qu'il n'y eut jamais qu'un peuple de ce nom, & que ce peuple étoit au nord & non pas au midi des Salyes, c'est-à-dire au nord du diocese d'Aix, dans celui de Riez, ayant pour ville principale *Albece*, dont on fit *Albici*, ou *Albicoei*.

A toutes ces preuves réunies, d'où résulte une démonstration complette, on peut ajouter le témoignage des savans modernes,

---

(1) Gerard Vossius le dérive d'un mot hébreu, qui signifie *trans* & *citra*. Le mot grec ὑπέρ, d'où il est formé, signifie aussi, suivant Budé, & la grammaire grecque de Port-Royal, *ultrà, trans, præter, procul à*. On ne doit pas être surpris de la signification que nous lui donnons, & qui est autorisée par l'exemple de Cicéron.

tels que les PP. Sirmond & Hardouin, Nicolas Samson & M. d'Anville. On dira, peut-être, qu'il est hors de toute vraisemblance, que des hommes du diocese de Riez soient venus au secours de Marseille. On trouve la réponse à cette objection dans les commentaires de César, où l'on voit différens peuples des Gaules faire plus de cinquante lieues pour aller au secours les uns des autres. Tantôt ce sont ceux d'Autun qui volent sur les bords de la Sambre dans le Hainaut; tantôt ceux de Paris, du Perche & du Maine, qui s'allient avec les habitans de Vannes. Les peuples mêmes des montagnes de Provence firent alliance, deux cens vingt-cinq ans avant Jesus-Christ, avec ceux qui habitoient le long du Pô, & passerent les Alpes pour les aller joindre. Enfin, par-tout on voit les anciens peuples se déplacer, faire plus de cinquante lieues, pour aller au secours les uns des autres, dans des tems reculés, dans des pays où l'on ne trouvoit encore aucunes traces de la grandeur & du gouvernement romain; & l'on ne doit pas être surpris que, dans une province où les grandes routes étoient déja frayées, où, de l'aveu de César même, le luxe & la politesse regnoient déja, où l'on trouvoit toutes les commodités de la vie, des hommes, qui n'avoient que leurs armes à porter, aient pu faire quinze lieues.

Il est donc démontré qu'*Albici* n'est point un nom générique; mais le nom propre d'un peuple particulier, dont la position est déterminée par le témoignage des géographes anciens & modernes, qui leur donnent Albiosc pour capitale.

REII APOLLINARES. Ils occupoient le territoire de Riez, & dépendoient d'*Albece*, qui étoit la capitale du canton, avant que les romains y fondassent une colonie. De-là vient que, du tems de César, on donnoit le nom d'*Albici* ou d'*Albicoei* aux habitans du pays, tandis que celui de *Reii* étoit particuliérement affecté au peuple du territoire où l'on fonda ensuite la colonie.

VULGIENTES. Pline leur attribue la ville d'Apt, *Apta Julia*;

Vulgientum, & nous apprend ainsi leur véritable position.

VORDENSES. On trouve ce nom dans l'inscription suivante, que Spon dit exister dans l'église cathédrale d'Apt :

C. ALLIO. C. F	*Caio Allio Caii filio*
VOLT. CELERI	*Voltiniâ (tribu) Celeri*
IIII. VIR. FLAM	*Quartum viro, flamini*
AVGVR. COL. I	*Auguri, colonia Julia*
APTA. EX. V. DEC	*Apta ex quinque decuriis*
VORDENSES	*Vordenses*
PAGANI	*Pagani*
PATRONO	*Patrono*

Ce *Caius-Allius* prend le nom de sa tribu, suivant l'usage des romains, qui n'y manquerent jamais, depuis que celles de la ville, où l'on avoit mis presque tous les affranchis, furent devenues moins honorables que les rustiques, le nom de la tribu se mettoit immédiatement après les noms de famille & avant les surnoms. Au reste, de ce que C. Allius étoit d'une tribu romaine, on n'en doit pas conclure qu'il fût romain ou italien; les habitans d'une colonie ou d'un municipe étoient aggrégés à l'une des trente-cinq, dès qu'ils avoient acquis le droit de suffrage ou de citoyens romains.

Ce même C. Allius étoit *augure*, c'est-à-dire un des prêtres chargés de consulter le vol ou les mouvemens des oiseaux, pour connoître la volonté du ciel dans les grandes entreprises. De-là cette autorité sans bornes qu'ils usurperent, puisqu'ils étoient les maîtres de faire expliquer les dieux suivant leurs intérêts. Ils portoient des robes blanches, rayées de jaune, & d'un pourpre plus foncé que n'étoit celui de la robe des magistrats. C. Allius réunissoit, à ces titres, celui de juge d'une des cinq décuries dont nous parlons dans l'histoire.

Il est inutile d'avertir que le nom de *gordes* vient de *vordenses*. On a changé l'*v* consonne en *g*, changement facile à faire dans la prononciation des mots, & dont nous pourrions citer plusieurs exemples, tels que ceux de *Vapincum* en *Gap*, & de *Vardo* en *Gardon*. Gordes est dans le diocèse de Cavaillon, mais assez près de la ville d'Apt.

CAUDELLENSES. Anciens habitans de Cadenet. Le nom de ce peuple devient intéressant à cause d'une inscription qui fut trouvée en 1773 au village de Cadenet, & qui devoit orner le frontispice d'un petit temple ou *facellum*, bâti près de cet endroit.

La voici telle qu'elle m'a été communiquée par M. Calvet, premier professeur en médecine dans l'université d'Avignon. Je rapporterai aussi l'explication qu'il en donne, & qui paroîtra fort ingénieuse.

DEXIVAE. ET. CAVDEL
LENSIBVS. C. HELVIVS
PRIMVS. SEDILIA. V. S. L. M

On a trouvé au même endroit, dit M. Calvet, trente-sept médailles d'argent, dont la plus récente est du premier *Maximin*; une espece de médaille d'or, portant une tête de femme sans revers & sans légende; plusieurs bijoux, tels qu'un collier de grenats avec des glands d'or, une chaîne, un bracelet, un anneau, deux cercles d'or, & enfin deux petits vases d'argent avec un petit bouclier votif du même métal.

La plupart de ces objets peuvent avoir servi de parure à la statue de la déesse *Dexiva*, à laquelle on avoit dédié le *facellum*, ainsi qu'au génie; ou plutôt, comme l'explique M. de Brequigny, aux déesses tutelaires des *Caudellenses*, anciens habitans du lieu de Cadenet : car rien n'est plus commun dans l'antiquité, que de voir, dans les dédicaces, des divinités jointes aux villes ou au génie des villes. Cela posé, voici comment M. Calvet explique l'inscription :

Dexivæ

Dexivæ & *Caudellensibus* (genio Caudellensium) C. *Helvius primus Sedilia* (fecit) *votum solvens libens meritis*. Le mot *sedilia*, dit-il, me paroît ici signifier des sieges, des bancs, des bases de statues, ou si l'on veut, des fondemens pour un lieu de demeure.

Quant à *Dexiva*, c'est la même divinité que la Fortune, comme on peut le prouver par ce vers rapporté dans Ducange, qui explique *Dexia* par *prosperitas* : car les mots *Dexia* & *Dexiva* se prennent souvent l'un pour l'autre.

Non igitur captum dissolvit Dexia votum.
Frideg. in vitâ S. Wilfridi. c. 15.

Dexia ou *Dexiva* sera donc la même chose que l'Αγαθὴ Θυκή des grecs : il est impossible de fixer l'âge du monument. Cependant on pourroit dire qu'il est postérieur au troisieme siecle de J. C., si l'on vouloit en juger par les médailles dont plusieurs sont de Maximin ; mais il y a toute apparence que ce dépôt a été mis long-tems après.

S'il étoit vrai, comme on me l'a assuré, qu'entre le mot *primus* & celui de *Sedilia*, il y ait sur le marbre un petit espace qui paroît avoir été rempli par les lettres ET, que le tems a effacées, il s'ensuivroit que *Sedilia* est un nom de femme. C'est le sentiment d'un savant académicien, qui pense d'ailleurs que la conjonction ET n'est pas nécessaire pour déterminer un nom propre ; il s'appuie de l'exemple suivant, tiré de Muratori, p. XI, n° 9. *Libero Patri, sacrum, Lucius-Attilius, Lucii-Libertus, Polyenus, Attilia, Lucii-Liberta, Gemellina, votum solvere libentes merito*, où l'on voit qu'il n'y a point d'ET avant *Attilia*.

Cette explication, qui paroît si naturelle, détruiroit celle de M. Calvet, quelqu'ingénieuse qu'elle soit.

MEMINI. Pline en fait mention, & dit qu'ils possédoient la ville de Carpentras, *Carpentoracte*. M. d'Anville croit qu'elle appartenoit aux *Cavares* qui occupoient Orange, Avignon & Cavaillon, & auxquels Strabon donne tout le pays compris entre la Durance, près de Cavaillon, & le confluent de l'Isere. M. d'Anville conclut de-là que les *Memini* ne devoient point être à Carpentras, parce que son territoire étant investi de trois côtés par celui d'*Orange*, d'*Avignon* & de *Cavaillon*, il s'ensuivroit qu'une partie du pays des *Cavares*, qui possédoient ces trois villes & leurs dépendances, auroit été resserrée entre les limites de Carpentras & les bords du Rhône dans l'espace d'une lieue & demie. Cette raison ne me paroît pas devoir l'emporter sur le témoignage de Pline. De ce qu'il arrive tous les jours que le territoire d'une ville se trouve resserré dans l'espace d'une lieue par celui d'une autre ville, on n'en conclut pas, contre le témoignage d'un auteur grave, que la chose n'est pas ainsi. D'ailleurs ne peut-il pas se faire que les *Memini* fussent compris parmi les *Cavares* comme les *Oxybiens*, par exemple, l'étoient parmi les *Salyes* ? Cette supposition, fondée sur le témoignage de Strabon, qui nous assure qu'on donnoit le nom de Cavares à tous les barbares leurs voisins, leve la difficulté qui arrête M. d'Anville. Je sçais bien que Ptolemée attribue aux *Memini*, *forum Neronis* qui est *Forcalquier* ; mais comme nous avons déja relevé, dans la géographie de cet auteur, plusieurs erreurs de ce genre, on ne se persuadera pas que son autorité doive l'emporter sur celle de Pline, dont on connoît l'exactitude. Nous croyons donc que les *Memini* possédoient Carpentras & tout le diocese, excepté peut-être la partie occidentale qui est entre cette ville & le Rhône, qui appartenoit vraisemblablement aux *Cavares*.

CAVARES. Nous venons de dire qu'ils occupoient ce qui forme les dioceses de *Cavaillon*, d'*Avignon* & d'*Orange* ; les historiens parlent souvent d'eux, & il résulte, de leurs différens témoignages, que les *Cavares* étoient fort puissans. Strabon étend leur territoire jusqu'à la jonction de l'Isere avec le Rhône. Cependant nous savons positivement que les *Vocontii*, les *Tricastini* & les *Segalauni* occupoient le pays, depuis la partie septentrionale du diocese d'Orange, jusqu'à l'Isere; il faut donc que Strabon comprit les *Tricastini* & les *Segalauni* sous le nom général de *Cavares*.

CHOROGRAPHIE.
I. Partie.

VOCONTII. Ils possédoient, au rapport de Pline, *Die* & *Vaison*, capitales de dix-neuf villes d'un ordre inférieur, & se gouvernoient par leurs propres loix. Outre le diocese de *Vaison*, on peut encore leur attribuer, en Provence, quelques villages dans la partie occidentale des dioceses de Gap & de Sisteron.

Tels sont les peuples dont il est fait mention dans les auteurs & les géographes qui ont écrit sous les empereurs romains. Ces articles, joints à ce que nous avons dit des villes, forment une chorographie complette de l'ancienne Provence. Il nous reste à parler de son état actuel; & c'est ce que nous allons faire dans la seconde partie.

SECONDE PARTIE.

Introduction à la seconde partie de la Chorographie.

<small>I.
Caufes de la defcruction des anciens lieux.</small>

ON vient de voir tout ce que les anciens monumens nous apprennent fur la pofition & l'état des villes qui exiftoient en Provence du tems des romains. Il y en avoit beaucoup d'autres qui nous font entièrement inconnues; car fi l'on en juge par le témoignage de quelques auteurs, tels que Pline, cette province étoit prefque auffi peuplée qu'elle l'eft de nos jours. Il eft même étonnant qu'il exifte un fi grand nombre de villes anciennes, après les attaques & les ravages qu'elles ont effuyés de la part des barbares, des pirates & des ennemis domeftiques. On doit, fans doute, attribuer aux avantages du commerce, la confervation de la plupart d'entr'elles. Arles, Marfeille, Fréjus, Antibes & Nice étoient confidérables, bien fortifiées, & par-là capables de fe défendre contre les farrazins qui infeftoient les mers. Celles au contraire, dont l'induftrie & la population étoient moindres, fuccomberent aux premiers efforts des barbares. Les habitans, qui ne vivoient que du produit de la pêche & de la navigation, abandonnerent leurs demeures, lorfque ces deux reffources vinrent à leur manquer par les incurfions des pirates, & fe retirerent dans des lieux plus fertiles & moins expofés aux attaques des ennemis. D'ailleurs ces petites villes que les anciens marfeillois ou d'autres peuples avoient bâties fur les côtes pour fervir d'afyle aux vaiffeaux, étant peu fortifiées, cédoient à la premiere attaque, & les ennemis les détruifoient. Il n'en étoit pas de même de celles où les romains avoient mis des colonies : comme ils les avoient entourées de fortes murailles, elles furent en état, durant plusieurs siecles, d'opposer une vigoureuse résistance à ceux qui vouloient s'en emparer.

C'est à ces ouvrages que la plupart des villes, situées dans les terres, telles que Riez, Apt, Aix, Avignon, Carpentras, &c. durent leur salut. D'autres en furent redevables à leur situation avantageuse, & à leur éloignement de la mer & des grandes routes. Les peuples du nord, qui envahirent la Provence, n'alloient pas chercher un riche butin dans les montagnes. Ils n'y auroient trouvé que des barbares comme eux; & si les lombards les ravagerent, leur fureur tomba sur quelques villages, sur les campagnes, sur les bestiaux; mais toutes les villes un peu connues résisterent à ce torrent passager. Riez, Sisteron, Digne, Senez, Glandeves continuerent d'avoir un siege épiscopal comme auparavant, quoiqu'elles eussent souffert quelques dommages.

Le gouvernement arbitraire des empereurs, lorsque l'empire étoit sur le penchant de sa ruine, & les guerres intestines, furent les premieres causes de la dépopulation. Elle augmenta ensuite dans le moyen âge, lorsque la négligence des souverains, la tyrannie des officiers ou des seigneurs, la chute de la marine, la ruine du commerce, la dépravation des mœurs, la décadence entiere des lettres & des arts, eurent diminué les ressources de l'industrie & les agrémens de la société : car en général rien n'est moins nombreux que la postérité d'un peuple misérable. Les visigots, les bourguignons, les sarrazins massacroient, à la vérité, les habitans qui faisoient quelque résistance; mais la misere, l'anarchie ou le despotisme dépeuploient le pays, & couvroient les montagnes de bois & de forêts.

Cette solitude se fait sentir jusques dans l'histoire. On diroit que toutes les connoissances, que l'usage même de l'écriture, avoient disparu devant les barbares. La religion se ressentit aussi de la décadence générale des mœurs; & si elle eut souvent des ministres dignes d'elle, il s'en trouva qui soutinrent mal la sainteté de leur ministere.

CHOROGRAPHIE.
II. Partie.
II.
Qualités des terres. Effets qui en résultent.

La terre qui fournit à notre subsistance, a aussi éprouvé des changemens. Tel endroit est aujourd'hui couvert d'arbres & de moissons, qui, dans les premiers siecles, étoit enseveli sous les eaux. C'est une réflexion que nous aurons souvent occasion de faire, en parlant de nos fossiles, & sur-tout du terrein qui s'étend le long des côtes, depuis Marseille jusqu'au Rhône.

Ce terrein est visiblement formé de débris de corps marins, la plupart encore entiers, preuve certaine qu'il a été abandonné le dernier par la mer. Il est aussi fort bas, & je le crois incliné vers le Languedoc. Cette inclinaison contribue, sans doute, à entretenir le courant qui va du levant au couchant, & qui, ayant entraîné & entraînant encore tous les jours les sables du Rhône vers le Languedoc, a comblé beaucoup de ports & d'étangs qui subsistoient sous l'empire romain. Ceux de Provence, au contraire, sont à-peu-près dans le même état; je dis à-peu-près, parce qu'il s'est fait aussi des attérissemens, quoiqu'infiniment moins considérables, vers la plage de Foz & le Martigues, dont l'étang n'a peut-être pas la vingtieme partie de son ancien bassin, qui s'étendoit vraisemblablement jusqu'à Rognac & Vitroles. Cela vient, ou des attérissemens de la riviere d'Arc, qui se jette dans l'étang; ou du mistral qui fait refluer les eaux du Rhône vers la Provence; ou des bancs de sable qui se sont formés du côté du Languedoc, & qui repoussent les mêmes eaux vers l'orient. Mais le gisement des terres & le courant dont je viens de parler, empêcheront toujours que ces attérissemens ne fassent des progrès rapides vers le Martigues, dont nous présumons que l'étang se comblera pourtant un jour.

La partie orientale des côtes, depuis Marseille jusqu'au Var, offre un coup d'œil tout différent. C'est une bande de terre qui, dans sa longueur, est tantôt schiteuse, tantôt sabloneuse, & tantôt graniteuse; nous la comprendrons sous le nom général de schiteuse; c'est la bande qui contient le plus de minéraux: elle commence à la Ciotat, & peut avoir environ trente lieues de long, sur six de large, dans son plus grand éloignement de la mer. Son extrêmité septentrionale passe à Ollioules, Souliers, Cuers, au territoire du Puget, à Pignans, Vidauban, Mauvans près Grasse, & Saint-Paul-lès-Vence.

Entre cette bande il y en a deux autres, qui sont la calcaire & la marneuse. Celle-ci est au nord de la Provence, & commence un peu au-dessus de Sisteron, descend à Digne, de-là à Senez, Castellane, Vergons, Glandeves & le Puget de Theniers. Tout ce qui est entre ces deux bandes est terre calcaire. Cette division n'empêche pas qu'on ne rencontre, dans chacune d'elles, des terres d'une qualité différente. Mais, en général, celle de la classe, sous laquelle nous les rangeons, y domine (1).

Les montagnes, dont la bande schiteuse est hérissée, ont constamment leur direction de l'ouest à l'est. Elles ne sont pas nues & arides, comme celles de la bande calcaire; la qualité du terrain, qui n'est point propre à la production des plantes annuelles, telles que le bled, n'a pas attiré l'attention des cultivateurs. D'ailleurs les anciens habitans, étant presque tous livrés à la pêche & à la navigation, ne s'occuperent point à les défricher. Elles sont donc restées couvertes de terre & d'arbres. Ces arbres, ainsi que les plantes & les broussailles, forment par leurs racines, avec les couches argilleuses qui les couvrent, une espece de rézeau assez fort, qui repousse les eaux pluviales, les tient également distribuées par-tout, & les empêche de se rassembler en torrens; d'où il arrive qu'elles s'écoulent en petits ruisseaux, & que celles qui restent à la surface, sont bientôt dissipées par les vents & l'ardeur du soleil. Il n'en pénétre donc que très-peu dans l'intérieur de la montagne, dont l'organisation s'oppose à ce qu'il s'y forme de grands

---

(1) Cette division générale des terres a été observée par M. Bernard, de Trans, auteur d'un bon mémoire sur le figuier, couronné par l'académie de Marseille. Je lui dois aussi d'autres observations sur l'histoire naturelle de Provence.

réservoirs. Auſſi voyons-nous qu'il n'en ſort aucune ſource abondante qui dure toute l'année.

On remarque tout le contraire dans la bande calcaire. Comme la qualité des terres eſt très-propre à la culture des grains, les habitans furent obligés de défricher les montagnes pour avoir dequoi ſubſiſter, parce qu'ils étoient privés des ſecours de la pêche & de la navigation, & des reſſources des châtaigniers, qui ne viennent bien que dans le pays ſchiteux. Mais en remuant la terre ils en diviſerent les parties, & la diſpoſerent à être d'autant plus aiſément emportée par les eaux pluviales, qu'elle étoit moins forte, moins tenace par ſa nature, & ſituée dans des lieux dont la pente rapide facilitoit l'éboulement. Il n'eſt donc reſté ſur ces montagnes que des rochers nuds & arides, qui, dans un beau jour d'été, brûlent le voyageur par une forte réverbération, & le menacent d'une mort prochaine dans un tems d'orage, lorſque les eaux, coulant ſur la pierre vive, s'accumulent dans des ravins, & forment des torrens à qui rien ne réſiſte. De là ces vallons profonds qu'on rencontre dans le pays calcaire, & encore plus dans la bande marneuſe, appellée en Provence pays de *Roubines*; les eaux y décompoſent facilement les rochers qui ſont plus tendres, parce qu'ils ſont calcinés par le ſoleil, ou fendus par les glaces ; elles en entraînent au loin les débris, avec un mugiſſement affreux. On croiroit voir une montagne rouler dans la plaine, au milieu d'une pouſſiere d'eau, qui s'échappe des vagues écumantes. L'air d'alentour en eſt ſi agité, qu'il fait plier les arbres, & ſouvent même il les renverſe. On ne voit que trop ſouvent diſparoître, ſous ces monceaux énormes de pierres, des hommes, des animaux, des maiſons, des prairies & des campagnes couvertes de vignes & d'oliviers.

C'eſt pourtant de la bande marneuſe & de la calcaire que viennent les ſources abondantes & les rivieres qui fertiliſent & vivifient la baſſe Provence. Le noyau de ces montagnes eſt d'une terre qui se décompose aisément, telle que la calcaire & le plâtre. Les eaux qui la pénetrent, enlevent successivement tout ce qu'elles trouvent dans les fentes des rochers, s'amassent dans les cavernes que les affaissemens y ont formées, & s'en échappent ensuite par mille canaux souterreins, pour aller porter la fécondité dans les campagnes.

Du Climat.

Ce phénomene ne s'opere pas sans produire un effet qui, pour être commun, n'en est pas moins remarquable. Les parties déliées, que les eaux détachent des pierres supérieures de la montagne en les pénétrant, forment le tuf, les stalactites, l'albâtre & la sélénite, suivant la finesse des grains dont ces dépôts sont composés. A Grasse, par exemple, au-dessus des carrieres de marbre, il s'est formé un albâtre superbe, diversement colorié par les substances métalliques qui l'ont pénétré. On en trouve aussi sous les couches de pierre bleue, qui sont communes dans nos hautes montagnes, & presque semblables au marbre par leur finesse & leur dureté. Le gyps forme la sélénité; & la pierre froide, ces concrétions qui prennent tant de formes différentes.

La variété du climat est l'effet le plus frappant que produisent les montagnes de la haute Provence. En général elles ont leur direction de l'est à l'ouest, & les couches en sont différemment inclinées à l'horison. On en trouve beaucoup qui lui sont perpendiculaires. Le sol s'éleve à mesure qu'on s'éloigne de la partie méridionale. A Barcelonette, qui est pourtant bâtie dans une plaine, il est à plus de six cens toises au-dessus du niveau de la mer. Ce sont des rangs de montagnes entassées les unes sur les autres, & les dernieres vont cacher leur sommet dans les nues. L'air dans cette contrée doit donc être infiniment plus froid que dans des pays de plaine, qui sont situés sous une plus grande latitude; aussi y trouve-t-on les mêmes plantes qui croissent dans la Laponie; telles que le *chamærododendros alpina humifuga*, l'*uva ursi*, & plusieurs especes de saules nains. Il n'est donc pas surprenant que

III.
Variété du climat.

CHOROGRAPHIE.
II. Partie.

la récolte y soit extrêmement tardive, & qu'on y seme l'orge en même tems qu'on le moissonne dans la partie méridionale. Celle-ci produit, à quelques differences près, le même fond de plantes que le Portugal, l'Espagne, l'Italie, la Corse & les côtes d'Afrique. En réunissant les extrêmes, c'est-à-dire les Alpes & les côtes, on ne trouveroit pas cinquante plantes qui fussent communes à ces deux régions, m'écrit un sçavant botaniste, qui nous a donné un excellent ouvrage sur les plantes de Provence (1).

La partie méridionale est fort chaude; & ce qu'il y a de pis encore, les chaleurs y durent long-tems; car en général, depuis le commencement de juin jusqu'au 15 septembre, le thermometre, à deux heures après midi, se soutient au-dessus de vingt degrés. Ces chaleurs sont cause que l'hiver commence fort tard dans la basse Provence, parce que les terres, & sur-tout les montagnes voisines de la mer, se refroidissent lentement. Le thermometre, à Marseille, le 6 Août 1774, étoit à trente degrés & demi hors de la ville, dans un endroit élevé, exposé au nord, où il n'y avoit aucune réverbération qui pût agir sur le mercure. Qu'on juge par là des chaleurs qu'on devoit éprouver dans des lieux bas, situés au midi, & couverts du côté du nord par des bâtimens ou des montagnes qui augmentoient l'action du soleil. On m'a assuré que le thermometre ayant été suspendu pendant une demi-heure dans cette exposition, au bois d'une fenêtre fermée à plus de trente pieds au-dessus de terre, étoit à deux heures environ après midi, à quarante-sept degrés.

Ces chaleurs vinrent de ce que la neige des Alpes avoit été fondue de bonne heure. Quand elle dure jusqu'au mois de juillet, les montagnes conservent pendant tout l'été une humidité froide, dont nous ressentons les effets. L'air qui les presse étant infiniment

---

(1) C'est M. Gerard de Corignac, docteur en médecine, de qui je tiens le catalogue des plantes, dont je parlerai bientôt.

plus dense que celui de la partie méridionale, s'y précipite, parce qu'il trouve peu de résistance, & y porte cette fraîcheur qui tempere l'ardeur du soleil. Mais quand le vent se renforce, & qu'il vient des plus hautes montagnes, il refroidit considérablement l'air dans les mois de mai & de juin.

Du Climat.

Le froid a parmi nous ses excès comme la chaleur ; car le 4 & le 5 janvier 1768, à sept heures trois quarts du matin, le mercure à Marseille descendit à neuf degrés au-dessous de la congellation. C'est le plus grand froid qu'on ait ressenti de mémoire d'homme, puisqu'il n'est pas certain que celui de 1709 ait été aussi fort. Depuis la nuit du 5 au 6, il ne gela plus dans la ville. La liqueur alla toujours en montant. Le 9 à 7 heures du matin, elle étoit à huit degrés au-dessus de zero, & ne descendit jamais avant minuit, plus bas que de sept au-dessus du même terme, depuis le 12 jusqu'au 20 ; aussi tous les amandiers du terroir étoient en fleurs avant la fin du mois.

Ces faits prouvent que notre climat est fort doux en hiver, lorsqu'il n'est point altéré par quelque cause étrangere ; car à Marseille on voit rarement de la neige & de la glace ; on en voit encore moins à mesure qu'on avance tout le long des côtes jusqu'à Nice, qui est l'endroit le plus chaud de la Provence. A Marseille il est rare que le mercure tombe à —6 degrés, qui est le terme où les orangers périssent, & où les oliviers souffrent beaucoup. On le voit quelquefois à —4 ; mais rarement deux jours de suite.

IV. Température à Marseille.

Sa variation, dans le courant de décembre & de janvier, jusqu'au 15 Février, est, en général

Depuis — 3 jusqu'à 13, ... —3 13
Du 15 février à la fin de mars, les deux
    extrêmes sont . . . . —1 15
En avril, ... 2 16
En mai, ... 8 21
En juin, ... 11 23

En juillet, ... 15 25
En août, ... 16 26
En septembre, ... 13 23
En octobre, ... 8 17
En novembre, ... 1 13

Ces variations de treize ou quatorze degrés dans le même mois, se font quelquefois sentir dans un jour ; car en 1774 le thermometre qui, le 12 novembre, un peu avant minuit, étoit à treize degrés au-dessus de o, se trouva au terme de la glace le lendemain à la même heure.

V. Des vents.

Ce sont les vents qui occasionnent ce dérangement dans notre température ; car lorsque le tems est calme & serein, on trouve en décembre & en janvier les beaux jours du printems. Mais un vent de nord ou de nord-ouest vient abattre, au moment qu'on s'y attend le moins, cette chaleur douce qui ranime ici la nature, lorsqu'elle languit par-tout ailleurs.

Le nord-est souffle aussi quelquefois ; mais l'ouest-nord-ouest & le nord-ouest dominent depuis le mois de novembre jusqu'aux premiers jours d'avril. Ils commencent, & même assez fortement, quand il tombe de la neige sur les montagnes & dans les provinces qui sont au nord ou au couchant de la Provence ; ils continuent, quoique foiblement pour l'ordinaire, pendant tout le tems qu'elle couvre la terre, & se renforcent quand elle fond. En avril & en mai, ils soufflent alternativement avec l'est-sud-est & le sud-ouest. Ces deux vents de mer qui moderent les chaleurs de l'été, regnent presque seuls dans les mois de juin, juillet, août, septembre, & octobre ; mais vers la fin d'octobre, & quelquefois en septembre, leur force augmente ; & comme ils viennent alors de plus loin, ils nous apportent les nuages & la pluie. Un vent bien singulier, quant aux effets, est le sud-sud-est. Il relâche les fibres, abat la vivacité, la bonne humeur, le feu de l'imagination, & répand dans le corps & dans l'esprit, une lassitude qui rend incapable de travail & d'application. Les oiseaux mêmes se ressentent de cette impression de l'air; on n'entend plus leur gazouillement; un morne silence regne dans la campagne; tous les animaux sont assoupis; les personnes sujettes à des rhumatismes, ou qui ont eu des contusions ou des blessures dans quelque partie du corps, sentent leurs douleurs se réveiller. Il est aisé d'en expliquer les causes, mais il y en a une à laquelle il me paroît qu'on ne fait pas assez d'attention. C'est cette prodigieuse quantité de matiere électrique, dont les vapeurs qui surchargent alors l'atmosphere sont imprégnées, & qui ne donnent point de commotion à la partie sensible des fibres où l'on a reçu la blessure ou la contusion, sans y exciter quelque douleur. Il seroit difficile de donner la raison de toutes ces variations des vents; mais parmi les causes que la nature tient encore cachées, nous pouvons compter, sans doute, l'inégalité de raréfaction dans l'air. Celui des côtes étant plus raréfié depuis le mois de novembre, jusqu'au commencement d'avril, que celui de l'intérieur des terres & des montagnes, celui-ci doit se mouvoir vers la Méditerranée, avec d'autant plus de force, que l'inégalité de raréfaction sera plus grande. Tout le contraire arrivera quand la neige sera fondue, & la terre desséchée. Alors l'action du soleil n'étant plus diminuée par l'humidité du sol, & se trouvant même augmentée par la réverbération, l'air qui presse la terre s'échauffera, & se rarefiera plus que celui de la mer, qui, par cette raison, se précipitera jusqu'à une certaine distance dans les terres, & tempérera les grandes chaleurs.

Il y a de ces vents qui se font quelquefois sentir avec une force extraordinaire. Le plus fréquent & le plus impétueux de tous, est le nord-ouest, connu sous le nom de *mistral;* on appelle aussi de ce nom l'ouest-nord-ouest. Les anciens auteurs parlent souvent de sa violence, & l'on voit par ce qu'ils en disent, qu'il a été le même dans tous les tems. Il regna pendant quatorze mois de suite en 1769 & 1770, sans qu'on puisse expliquer ce phénomene. Tout ce qu'on peut dire, c'est que le mistral souffle constamment durant plusieurs jours, quand il a beaucoup plû dans le Languedoc, & sur-tout du côté du Vivarais. Peut-être que si l'on comparoit les observations météorologiques qui se font dans cette province, & même en Gascogne, avec celles qu'on fait à Marseille, on viendroit à bout de découvrir la cause de ce vent.

L'ouest-sud-ouest, un de ceux qui nous amenent la pluie, est quelquefois très-violent. Le 2 du mois de janvier 1768, il se fit sentir depuis les cinq heures du soir, jusqu'au lendemain à midi, avec une force dont on n'avoit point encore d'exemple. Le froid étoit fort vif, des masses de glace flottoient près du rivage; une bruine épaisse couvroit la surface de la mer, & la poussiere d'eau que le vent emportoit sur les rochers, les mâts & les cordages des vaisseaux s'étant glacée, offrit aux yeux des Marseillois un spectacle aussi étonnant que nouveau, quand le soleil donna dessus. La lune étoit ce jour-là dans sa plus grande déclinaison boréale, & le 4 elle fut dans son dernier quartier. Je fais cette observation, par ce qu'on remarque dans un mémoire qui a remporté le prix de la société royale des sciences de Montpellier en 1774 (1), que le concours de deux ou de trois points lunaires opere ordinairement de grands changemens dans l'atmosphere. Il n'est pas même nécessaire, pour que le phénomene ait lieu, que ces points concourent au même instant; il suffit que le concours s'opere dans l'espace de plusieurs jours, comme il arriva en 1766, lorsque les provinces méridionales du royaume éprouverent des pluies & des inondations extraordinaires. Le fort de cette perturbation dans l'at-

---

(1) Ce mémoire, qui contient d'excellentes vues, roule sur cette question. Quelle est l'influence des météores sur la végétation? & quelles conséquences pratiques peut-on tirer des observations météorologiques faites jusqu'ici?

Il est mention des orages, dont nous allons parler, dans les affiches de Marseille, où l'on trouve aussi la quantité de pluie tombée aux années 1770, 1771, 1772 & 1773, telle que nous la rapporterons, & qu'elle a été publiée par M. Piston.

mosphere, arriva le 14, 15 & 16 novembre. Or la lune étoit pleine le 16 au soir; elle étoit arrivée à son périgée le 9, & étoit peu éloignée du lunistice.

On peut encore se rappeller l'ouragan qu'il y eut en Provence le 8 avril 1761; dans l'espace d'une heure il renversa dans le terroir, compris entre Aubagne & Roquevaire, dix-huit cens pieds d'arbres fruitiers, & six mille oliviers dans celui du Bausset. A Aix & à Marseille il ébranla ou abattit de gros arbres & les cheminées de plusieurs maisons. La lune avoit été nouvelle le 5, à 7 heures 52 minutes du matin; sa déclinaison boréale étoit le 8, de vingt degrés vingt-trois minutes; elle fut dans son périgée le 10, qui étoit le jour de sa plus grande déclinaison. Voici un autre fait.

Le 20 novembre 1770, elle approchoit de son apogée, qui ne fut que le 22; elle avoit été nouvelle le 17 à dix heures vingt-sept minutes du matin, & dans sa plus grande déclinaison australe le 19; car elle étoit de vingt degrés cinquante-neuf minutes. Aussi éprouva-t-on un ouragan des plus forts le 20 de ce mois, à onze heures du matin, par un vent de sud-ouest. Les eaux du port surmonterent tous les quais, vinrent jusqu'au premier degré de la loge, & entrerent dans la plupart des boutiques, s'étant élevées à vingt-quatre pouces environ au-dessus de leur état ordinaire. Le barometre étoit alors à vingt-sept degrés, une ligne, trois quarts; & le thermometre, à treize au-dessus de la glace. On lit dans quelques observations de M. Pyssonel, que le 29 Juin 1725, les eaux s'éleverent dans le port à la même hauteur. Nous n'avons pas vérifié quels étoient les points lunaires qui concoururent pour produire cet effet; mais nous ne doutons pas que ce concours n'ait eu lieu. La combinaison des nouvelles & pleines lunes, avec quelqu'autre point, est celle qui cause le plus de perturbation dans l'atmosphere. L'auteur du mémoire déja cité, observe que, quand la lune est en même tems nouvelle & périgée, il y a trente-trois contre un; & lorsqu'elle est pleine & périgée, dix contre un à parier qu'il y aura des orages extraordinaires, fur une étendue confidérable du globe. Lorfqu'elle eft nouvelle & apogée, il y a fept contre un ; pleine & apogée, huit contre un à parier.

Au refte, ces coups de vent dont je viens de parler, font très-rares ; car s'ils étoient fréquens, le pays feroit défolé, à caufe de la pofition des montagnes, au milieu defquelles le vent s'engouffre, pour fe déployer enfuite avec plus de fureur dans la plaine.

VI. De la pluie.

La pluie nous offre en fon genre des fingularités auffi furprenantes. Il ne tomba depuis le 24 novembre 1769, jufqu'au 13 octobre 1770, qui eft le tems où regna le *miftral*, dont nous avons parlé ci-deffus, que fix pouces d'eau ; ce qui fut d'autant plus nuifible, que le climat eft fort chaud, & le fol naturellement aride. De-là vient que la plus grande partie des fources & des puits étoit tarie, & que plufieurs de nos rivieres, qui ne font que des torrens, n'avoient point d'eau. Les arbres & les vignes dépériffoient, & n'auroient pu réfifter à cette grande fécherefie, fi les fortes rofées, dans les pays voifins de la mer, n'avoient réparé durant la nuit les pertes qu'ils faifoient pendant le jour. Voici les différentes quantités d'eau tombée en fix ans.

1770. Depuis le 24 novembre 1769, jufqu'au 31 décembre 1771, ... 10 pouces.
  Dont fix feulement en dix mois & demi.

1771. Treize pouces trois lignes. . . 13 pouces 3 lignes.
  Dont fix pouces une ligne en onze mois, & fept pouces deux lignes en décembre.

1772. Cinquante pouces deux lignes, diftribués de la maniere fuivante.

Janvier, . .	4 pouces . . .	2 lignes.
Février, . . .	1	10.
Mars, . . .	2	11.

Avril,

Avril,	1 pouces	5 lignes.
Mai,	2	1.
Juin,	1	7.
Juillet,		11.
Août,		11.
Septembre,	16	8.
Octobre,	2	11.
Novembre,	8	1.
Décembre,	8	8.

Des huit pouces une ligne d'eau, qu'il tomba en novembre, il y en eut vingt-neuf lignes le 17 ; & des seize pouces huit lignes du mois de septembre, il y en eut dix pouces en douze heures le 15, ce qui n'étoit peut-être jamais arrivé. Si le terroir de Marseille étoit disposé de maniere que toutes les eaux vinssent aboutir au même endroit, à la ville, par exemple, ces dix pouces l'auroient submergée. J'avoue que ces sortes de phénomenes sont moins surprenans dans le tems des équinoxes. Mais ne pourroit-on pas rapporter celui-ci à la même cause qui produisit ceux dont nous avons parlé ci-dessus? La lune avoit été pleine le 12, apogée le 13, & le 15 sa déclinaison boréale étoit de dix degrés cinquante-quatre minutes.

En 1773, il tomba 24 pieds 1 l. $\frac{3}{4}$ d'eau . . 24 p. 1 l. $\frac{3}{4}$
  dont 4 p. 5 l. en décembre.
1774. . . . . 16 p. 8 l. $\frac{3}{4}$
1775. . . . . 17 p. 8 l. $\frac{1}{4}$

Ces observations regardent particuliérement la ville de Marseille, & ne sont applicables, qu'avec beaucoup de restrictions, aux autres endroits de la côte, jusqu'au Var. Le thermometre, le 4 janvier 1768, à sept heures du matin, lorsqu'à Marseille il étoit à — 9, ne descendit à Toulon qu'à — 5 & demi, ce fut le terme le plus bas. Je veux que dans l'exposition des deux instrumens, il y ait eu quelque différence qui en ait mis une dans l'abaissement du mercure ; mais elle ne sera jamais de deux degrés & demi, suivant le rapport qu'on m'a fait de l'observation. Les montagnes, qui regnent presque tout le long de la mer, changent la direction du vent, ou en moderent l'effort, & empêchent que le froid ne soit par-tout le même, & qu'il ne tombe par-tout la même quantité de pluie. C'est ce qu'on remarque particulierement à Toulon, qui, par sa position, est à l'abri du nord, & où l'on éprouve le nord-ouest beaucoup plus foiblement qu'à Marseille.

Ces différences deviennent encore plus sensibles à mesure qu'on avance dans les terres. Les montagnes sont si confusément entassées, que les nuages qui partent de la mer, sont ordinairement divisés & dispersés dans leur course avec le vent qui les emporte ; car autrement le pays seroit continuellement ravagé par les inondations. Mais toutes les fois que les nuages, étant bas, sont arrêtés par quelque montagne, autour de laquelle ils s'entassent, on peut s'attendre à voir, dans moins de deux heures, les torrens furieux dont j'ai parlé ci-dessus.

Il seroit à souhaiter qu'on fît des observations assidues & bien circonstanciées sur les vents, les pluies, les météores, le chaud & le froid de chaque année, de chaque saison, de chaque jour, dans les trois régions de la Provence, qui sont la haute, la moyenne & la basse. Elles produiroient vraisemblablement quelque jour, suivant la remarque d'un habile physicien, une agriculture & une médecine plus parfaites & plus sures, que tout ce qu'on pourroit espérer des spéculations les plus sublimes de la physique, dénuées de ce secours. Si ces observations étoient faites, durant plusieurs siecles, nous verrions que chaque siecle donneroit à-peu-près les mêmes résultats, ou si les différences étoient grandes, nous viendrions peut-être à bout d'en découvrir les causes, puisque les pieces de la machine de notre globe, & son atmosphere, ne sont pas infinies.

Une province qui, par la différente situation des terres & l'élévation des montagnes, participe de tous les climats sous lesquels la plus grande partie de l'Europe est située, doit être extrêmement variée dans ses productions. En effet, un naturaliste qui voudroit décrire les trois regnes avec attention, trouveroit à-peu-près les mêmes especes & les mêmes variétés que dans le reste du royaume, avec cette différence pourtant, que nous en avons quelques-unes qui ne sont point dans les autres provinces. Notre plan ne nous permet pas de traiter cette matiere à fond; mais comme l'histoire d'un pays est nécessairement liée avec celle des productions qu'il renferme, nous indiquerons les plus remarquables, les plus utiles, celles enfin qui méritent le plus notre attention.

<small>Du Climat.</small>

Pour remplir cet objet, nous distinguerons les productions indigenes ou spontanées, d'avec les étrangeres qui sont cultivées ou naturalisées, afin qu'on puisse reconnoître en même-tems ce qui nous est propre, & ce que nous avons acquis. En admettant cette division, on verra 1°, ce que nous avons possédé dans tous les tems; 2°, ce que l'art & le commerce nous ont procuré, & quels ont été les progrès de notre industrie.

Indication de quelques Plantes remarquables qui croissent naturellement en Provence.

<small>Plantes indigenes.</small>

1. *Gramen dactylon scoparium.* De sa racine composée de radicules longues & roides, on fait des brosses, des vergettes & de petits balais.

2. *Eriophorum polystachion.* C'est une graminée dont la graine est entourée d'un duvet, avec lequel on pourroit garnir des coussins; elle est commune dans la haute Provence.

3. *Crocus.* Le Safran se trouve sur les collines & les endroits les plus stériles. Il fleurit vers la fin de l'hiver, & ne differe de celui des jardins, que par le défaut de culture.

4. *Lilium.* Le Lis jaune & le martagon, qui en est une espece,

viennent fur les hautes montagnes & dans les grandes forêts. Ces plantes méritent d'être citées pour la beauté de leurs fleurs. Il en eſt de même des fritillaires jaunes, pourprées & blanches. Celle qui naît ſur la montagne de Sainte-Victoire, forme une eſpece à part qui eſt très-rare.

5. *Iris.* La Flambe, dont les racines ſont hydragogues, pourroit ſervir à divers uſages économiques. Si l'on en garniſſoit le haut des murailles de pierre ſéche, elle en préviendroit ſouvent l'écroulement, par le moyen de ſes racines, qui fourniſſent un lien naturel à des pierres qui n'en ont point, & pourroit être employée dans la médecine comme l'iris de Florence.

6. *Narciſſus.* Le Narciſſe vient dans les prés. La jonquille, qui en eſt une eſpece, naît ſur les collines les plus arides de la baſſe Provence.

7. *Tulipa Narbonenſis.* La Tulipe jaune, qui eſt une eſpece différente de celle des jardins, ſe trouve dans les endroits les plus incultes de la baſſe Provence, & dans quelques prairies des environs d'Aix.

8. *Colchicum.* Le Colchique fleurit aux mois d'août & de ſeptembre. On n'apperçoit alors que ſa fleur, après quoi ſes feuilles commencent à pouſſer, & ſon fruit n'eſt mûr que l'année d'après, vers les mois de mai & de juin. Cette plante vient dans les prés.

9. *Lilium convallium.* Le Muguet, qui vient dans les pays ſeptentrionaux, mérite d'être cité à cauſe de l'odeur pénétrante & agréable de ſes fleurs.

10. *Aſparagus,* l'Aſperge. Outre l'eſpece ſauvage, il en croît une autre qu'on appelle en patois, *ramo couniou,* dont les pouſſes ſont bonnes à manger, & dont la racine eſt diurétique.

11. *Ariſtolochia,* l'Ariſtoloche. On en compte quatre eſpeces, la ronde, la longue, la clématite & la piſtoloche. Les deux premieres ont des racines en forme de truffe, les deux autres les ont fibreuſes. Ces plantes ſont très-ameres. L'ariſtoloche cléma-

tite, qui fe multiplie quelquefois autour des vignes, caufe par fon odeur, une amertume très-défagréable aux raifins.

12. *Hipociftis.* L'Hipocifte eft une petite plante parafite, adhérente par fa bafe à la tige des différentes efpeces de cifte, & qui ne fe nourrit que du fuc qu'elle puife dans la fubftance de cette racine. Elle differe des autres plantes parafites qui s'attachent indifféremment, en ce qu'elle n'a d'autre attache que celle du cifte.

13. *Scorzonera.* La Scorzonere, qu'on cultive dans les jardins vient dans les prairies naturelles de la haute Provence. On en trouve auffi une autre efpece remarquable fur les montagnes les plus élevées, appellée par les botaniftes, *fcorzonera humilis latifolia nervofa.*

14. *Abfinthium*, l'Abfynthe. Outre l'abfynthe ordinaire, on en trouve fur les montagnes des Alpes deux ou trois efpeces, qu'on appelle *genepi*, & auxquelles on attribue de grandes propriétés, dont l'effentielle eft d'être un puiffant fudorifique.

15. *Dipfacus.* Le Chardon à bonnetier vient dans les endroits humides. Celui qu'on cultive pour peigner & polir le drap, a les écailles qui féparent fes fleurs, terminées par un crochet.

16. *Rubia tinctorum.* La Garence eft commune le long des haies, des fentiers, & autour des buiffons. On fait que fa racine fournit une teinture rouge, & que cette partie colorante pénetre les os des animaux à qui on en a fait manger. Cette racine eft une des cinq apéritives; & on l'emploie avec fuccès contre les obftructions du bas ventre.

On trouve plufieurs plantes analogues à la garence, telles que le caille-lait, dont les racines fourniroient auffi une teinture rouge. Mais la garence a un avantage fur ces plantes, qui confifte en ce que fes racines font beaucoup plus groffes.

17. *Marum cortufi.* C'eft une efpece de Germandrée qui naît aux îles d'Hyeres. Cette plante a une odeur forte & pénétrante. Les chats ont un penchant à la flairer, & enfuite à s'y vautrer.

PLANTES INDIGENES.

18. *Chamædris pomum redolens.* C'est une autre germandrée des îles d'Hyeres, remarquable par sa rareté & par l'odeur agréable qu'elle répand.

19. *Acanthus.* L'Acanthe vient autour de la ville d'Hyeres.

20. *Anchusa*, l'Orcanete. L'écorce de cette racine donne une couleur rouge. On s'en sert pour colorer la cire, l'onguent rosat, &c. On pourroit extraire une couleur semblable de plusieurs especes de buglosse & de gremil.

21. *Auricula ursi.* L'Oreille d'ours se trouve sur les plus hautes montagnes des Alpes.

22. *Azalea.* Plante rare & alpine.

23. *Gentiana*, la Gentiane. Outre la jaune, il en croît sur les montagnes de la haute Provence, plus de dix autres especes à fleurs bleues, violettes & pourprées.

24. *Verbascum*, le Bouillon blanc. On ne fait pas assez usage de ses fleurs qui sont béchiques, adoucissantes & vulnéraires. On doit recueillir de préférence celles de cette espece, dont la tige est bordée d'un prolongement de la feuille.

25. *Kali*, la Soude. C'est de la cendre de cette plante qui croît sur le bord de la mer, qu'on retire ce sel alkali, qu'on emploie dans les verreries.

26. *Alypum.* Le Turbith blanc ou Séné des Provençaux, est un sous-arbrisseau qu'on rencontre dans le terroir d'Aix, & qu'on substitue au séné. Mais comme c'est un purgatif violent, on feroit encore mieux de s'en abstenir. La buglosse à feuille de romarin, est un autre sous-arbrisseau qu'on recherche à cause de sa rareté, & qui vient dans les mêmes lieux que le précédent.

27. *Jasminum luteum.* Le Jasmin jaune est commun tout le long des sentiers de la basse Provence.

28. *Camphorata*, la Camphrée. Rien n'est si commun aux environs d'Aix tout le long des chemins & autour des champs. Elle est résolutive, vulnéraire & céphalique; on l'a préconisée pour

l'afthme. Malgré ce qu'on en a dit, elle eft fort dénuée des grandes qualités qu'on lui avoit attribuées.

29. *Plumbago.* Cette plante qui vient le long des chemins, eft fi âcre, qu'elle feroit capable de cautérifer la peau, par la feule application de fes feuilles.

30. *Ifatis*, le Paftel. On le trouve dans les champs. Celui qu'on cultive ne differe en rien de celui qui vient fans culture. On fait que cette plante fournit une teinture bleue, dont les teinturiers fe fervent pour donner aux laines la couleur bleu-de-roi, & que les crayons bleus des peintres proviennent des feuilles du paftel qu'on a fait macérer, & qu'on a réduit en maffe.

31. *Hefperis*, la Julienne. L'efpece naturelle croît dans les fentes d'un rocher efcarpé du terroir de Cabaffe. Cette plante y fleurit au commencement du printems.

32. *Leucoium.* La Giroflée jaune vient dans les fentes des vieilles murailles. Celle des jardins, & plufieurs autres efpeces, font très-communes le long des côtes maritimes.

33. *Sinapi.* La Moutarde naît dans les champs, prefque partout.

34. *Nymphæa.* Le Nénuphar eft une plante aquatique, dont les feuilles font étendues fur la furface de l'eau. Il y en a de deux efpeces; l'une à fleur blanche, & l'autre à fleur jaune. Le nénuphar eft un excellent calmant qu'on emploie très-fréquemment, & qui eft d'un ufage journalier.

35. *Viola*, la Violette. On en trouve fur les hautes montagnes une efpece à très-petites feuilles & à grandes fleurs, qui font violettes, rouges, jaunes & blanches. On voit auffi dans les mêmes endroits une autre violette à feuilles rondes & à fleurs jaunes. La penfée, qui eft une efpece de violette, naît dans les champs.

36. *Luteola.* La Gaude fournit une teinture jaune. On s'en fert auffi pour donner une couleur verte aux étoffes qu'on fait tremper auparavant dans la cuve du paftel. Cette plante eft très-commune.

37. *Ruta.* La grande & la petite Rue naissent dans les endroits arides, exposés au soleil. La rue est antiputride, incisive & propre pour dissiper les vapeurs hystériques. La vapeur de sa décoction résout les taies de la cornée.

38. *Fraxinella*, la Fraxinelle ou Dictam blanc. Ses feuilles, & sur-tout les calices de ses fleurs, sont parsemées d'une infinité de petites glandes, à travers lesquelles exude un suc huileux, qui a une odeur de bouc. Ce suc, exalté par la chaleur, s'enflamme, si l'on approche une bougie allumée.

39. *Poeonia.* La Pivoine, qui a été si célébrée par les anciens, est fort déchue des qualités merveilleuses qu'on lui attribuoit, depuis qu'on a banni les amulettes & toutes les superstitions ridicules qu'on mettoit en usage, quand on arrachoit cette plante, dont la belle fleur fera toujours l'ornement des parterres.

40. *Ranunculus.* On trouve plus de vingt especes de Renoncules, parmi lesquelles il y en a deux qui sont cultivées par les fleuristes; l'une à fleur blanche, qui vient sur les montagnes des Alpes; & l'autre, à fleur jaune; on la trouve dans les prés.

41. *Anemone.* L'Anémone, qu'on rencontre dans les bois de l'abbaye du Thoronet, est la plus belle des anémones sauvages. Sa fleur est composée de huit à dix feuilles, au-lieu que les autres n'en ont que cinq.

42. *Pulsatilla.* On trouve plusieurs Coquelourdes sur les plus hautes montagnes.

43. *Helleborus.* L'Hellebore noir vient presque par-tout. Celui qui est à feuille d'aconit, est commun dans les prairies de la haute Provence.

44. *Staphysagria*, Staphysaigre. La graine de cette belle plante, qui est une espece de pied d'alouette, fait mourir les poux de la tête. On en saupoudre les cheveux, qu'on assujettit avec un bandeau.

45. *Aconithum.* L'Aconit est une plante alpine. On en distingue

trois

trois especes; le napel, dont la fleur est pourprée, l'aconit tue-loup, & l'anthora. Ces deux dernieres ont la fleur jaune. On a cru, pendant long-tems, sans aucun fondement, que l'anthora étoit le contrepoison du thora, espece de renoncule. L'usage de ce prétendu antidote seroit presque aussi pernicieux que celui de l'aconit.

46. *Aquilegia*. L'Ancholie vient sur les montagnes de la haute Provence.

47. *Saponaria*. La Savonniere, ainsi appellée, parce qu'elle enleve les taches des habits, croît le long des ruisseaux. Ses fleurs sont odorantes.

48. *Lychnis coronaria sylvestris*, Passe-fleur sauvage. C'est la plus belle plante des Alpes.

49. *Linum*, le Lin. On en trouve plusieurs especes à fleurs jaunes, blanches & purpurines.

50. *Fragaria sterilis sericæa*. Espece de Fraisier à fleur jaune, qui vient sur la montagne de Sainte-Victoire.

51. *Onobrychis Aquisextiensis*. Ce Sain-foin sauvage naît dans les endroits stériles du terroir d'Aix. Cette espece pourroit être cultivée, au défaut du sain-foin ordinaire. L'aspect du local où elle se trouve, devroit engager les cultivateurs à la multiplier dans des terreins semblables qui ne produisent rien. Ce seroit un moyen bien simple de les mettre en valeur, sans recourir à des essais dispendieux.

52. *Ricinoïdes*. Le Tournesol vient dans les champs qui sont en gueret. Sa graine, qui tombe en automne, ne leve point le printems suivant. Le champ, qui a été ensemencé, & le chaume, la conservent & l'empêchent de germer. Ce n'est que l'année d'après, lorsque les terres ont reçu un labour, & qu'elles reposent, que cette plante se reproduit.

Le tournesol fournit une couleur bleue qu'on acheve d'apprêter en Hollande, & qu'on achete ensuite d'une nation étrangere, quoique nous possédions la matiere premiere qui reçoit son premier apprêt dans le bas Languedoc.

Tome I. V

53. *Rosmarinus*, le Romarin. Tout le monde connoît ce petit arbrisseau, dont on feroit plus de cas, s'il étoit moins commun.

54. *Vitex*, l'Agnus-castus. On l'appelle aussi poivrier; & à la faveur de cette mauvaise dénomination, on croit que la graine est une espece de poivre. Le seul rapport qu'il y a, vient de la ressemblance des graines. On trouve l'agnus-castus dans plusieurs endroits, & principalement vers le golfe de Saint-Tropez.

55. *Nerium*. Le Laurier rose vient à l'Esterel, où il a été observé par M. de M.

56. *Rhus coriaria*. Le Roudou vient entre Figaniere & Seillans. On s'en sert pour teindre en noir, & pour apprêter les cuirs.

57. *Vitis sylvestris labrusca*, la Vigne sauvage. Nous ne croyons pas qu'elle soit originaire de cette contrée; mais on ne sauroit disconvenir qu'elle ne s'y soit naturalisée par le transport, dans un terrein propre, des graines du raisin cultivé, dont les plants abandonnés à eux-mêmes, & dépourvus de cette abondance de séve qui grossit le fruit du raisin, rentrent dans l'état primitif d'où ils étoient sortis.

58. *Vaccinium*, l'Airelle. Son fruit est employé pour teindre les étoffes en violet. Ce petit arbrisseau est une production de la haute Provence, où l'on en rencontre deux autres especes.

59. *Thymelæa foliis candicantibus*. La Tartonraire est un joli sous-arbrisseau qu'on trouve à Marseille vers Montredon.

60. *Laureola mas & fœmina*. La Lauréole mâle & la Lauréole femelle. La premiere est toujours garnie de feuilles, la seconde, s'en dépouille. Ces plantes purgent violemment. La lauréole mâle se trouve dans les forêts de la basse Provence. La femelle, du côté de Barcelonnette. Au surplus, cette dénomination de mâle & de femelle n'a été donnée que sur des rapports qui n'ont aucun fondement.

61. *Thymelæa foliis lini*. Le Garou vient le long des chemins & dans les lieux incultes de la basse Provence. C'est un purgatif dangereux; on l'emploie utilement pour les cauteres.

62. *Thymelæa tomentosa foliis sedi minoris.* Plante maritime que j'indique à cause de sa rareté.

63. *Casia pœtica.* Ce petit sous-arbrisseau est, à cause de sa verdure & de ses baies rouges, d'un très-joli aspect.

64. *Elæagnus.* On trouve cet arbre à Gardane. La ressemblance de ses feuilles, avec celles du saule, la fait appeller en provençal, *sauze muscat.* Ses fleurs ont une odeur agréable, & son fruit a la forme de l'olive.

65. *Myrthus*, le Myrthe. Les côtes maritimes de Saint-Tropez en sont garnies. On le trouve aussi dans plusieurs autres endroits. Il présente quelques variétés, suivant l'exposition dans laquelle il se rencontre. N'oublions pas que le myrthe à fleur double a été une production spontanée de la Provence, & qu'on en est redevable au fameux Peyresk, qui, en réunissant tous les goûts, avoit acquis toutes les connoissances possibles.

66. *Terebinthus*, le Térébinthe.

67. *Lentiscus*, le Lentisque. Celui-ci & le précédent, ne se rencontrent que dans la basse Provence. Le lentisque ne perd point ses feuilles. Le térébinthe s'en dépouille. L'un & l'autre ont leurs fleurs mâles, distinctes des fleurs femelles, sur différens individus; en sorte qu'une plante ne porte que des fleurs mâles, & l'autre des fleurs femelles.

68. (*Tamariscus Narbonensis, tamariscus Germanica*). Le Tamaris de Narbonne, & le Tamaris d'Allemagne. Ces deux especes sont très-distinctes. Elles aiment les endroits aquatiques. La premiere semble être destinée pour la région du midi; la seconde pour celle du nord.

69. *Rhododendron.* Arbrisseau qu'on rencontre à Colmars.

70. (*Arbutus.*) L'Arbousier. Les montagnes de la basse Provence en sont garnies, & entr'autres, celles de l'Esterel & des Maures. Cet arbre se plaît dans les endroits ombrageux & humides.

71. (*Uva ursi.*) La Bousserole est une plante originaire des Alpes de la Provence.

72. (*Styrax.*) L'Aligoufier. On le trouve en différens lieux, près de Cuers, à Montrieux.

73. *Anagyris*. Le Bois-puant, vient à Arles.

74. (*Rhamnus catarticus minor.*) La graine d'Avignon ne diffère du nerprum, production de nos montagnes, qu'en ce que sa feuille & sa tige sont plus petites. Leurs baies sont purgatives. On recueille, avec plus de soin, celles-ci, qui servent à teindre en jaune.

75. (*Alaternus.*) L'Alaterne. On la nomme aussi *filaria*; & en appliquant à deux plantes, la même dénomination, on confond deux especes très-distinctes; dont l'une, savoir, l'alaterne a les feuilles placées alternativement, tandis que le *filaria* les a opposées.

76. *Paliurus*, le Paliure, en provençal, *arnavéou*. Rien n'est si commun dans toute la basse Provence.

77. *Cerasus mahales*, le Mahalès, espece de cerisier. On emploie son bois, qui prend un assez beau poli, à divers usages de tableterie; & on lui donne le nom de bois de Sainte-Lucie.

78. *Mespilus folio rotundiore fructu nigro*. L'Amélanchier est un arbrisseau qu'on trouve sur les collines & dans les bois.

79. *Mespilus folio rotundiore fructu rubro*, l'Amélanchier des Alpes. Ses feuilles sont cotonneuses.

80. *Cotonaster folio oblongo serrato*, l'Amélanchier lisse. Celui-ci & le précédent ne se trouvent qu'aux Alpes.

81. *Pyracantha*, le Buisson ardent. C'est avec cet arbrisseau qu'on forme ces haies vives qui sont si éclatantes, quand son fruit est parvenu à sa maturité.

82. *Genista juncea*, le Genêt d'Espagne, est une production de la basse Provence.

83. *Genista sive spartium purgans*, le Genêt purgatif. On trouve encore plusieurs autres especes de genêt, celle entr'autres qui sert à teindre en jaune.

84. Le Cytise. On en trouve plusieurs especes; savoir, 1°. le cytise épineux, *cytisus spinosus*, commun dans toute la basse Provence; 2°. celui de Montpellier, *cytisus glaber siliquâ latâ*; 3°. celui des îles d'Hyeres, *cytisus insularum Stœcadum*; 4°. le velu, *cytisus hirsutus*; 5°. l'argenté, *cytisus argenteus*; 6°. enfin le cytise des Alpes, *cytisus Alpinus*, beau cytise, plus connu des cultivateurs, que des habitans chez lesquels on le rencontre.

85. Le *barba jovis*, très-belle plante à feuille argentée, qui se trouve vers le bord de la mer.

86. *Colutea vesicaria*. Le Baguenaudier, vient dans les bois, sur les montagnes.

87. L'*emerus*, petit arbrisseau des montagnes.

88. *Celtis*. Le Micoucoulier se plaît dans les climats tempérés. C'est un très-bel arbre. On se sert de ses branches pour en faire des fourches.

89. *Salix*, le Saule. Outre l'osier & le marceau, on a trouvé douze especes de saules, dont la plupart naissent aux Alpes.

90. *Suber*, le Liege. C'est une espece de chêne verd répandu dans les Maures.

91. *Ilex*. Le Chêne verd est la production la plus commune de la basse Provence.

92. *Ilex aculeata cocciglandifera*, est un autre Chêne verd, qui n'est qu'arbrisseau, & dont les feuilles sont vertes de chaque côté. La graine d'écarlate ou kermès, est due aux œufs de l'insecte répandu sur ses feuilles & ses jeunes branches. Quoique cet arbuste soit commun dans les endroits chauds & stériles, il n'est pas également chargé de kermès, qu'on récolte abondamment aux environs d'Aix. On sait que le kermès fournit une belle teinture rouge.

93. *Betula*. Le Bouleau, à la vallée de Barcelonnette.

94. *Rhus*. Le Sumach naît dans la basse Provence. On se sert de ses feuilles & de son fruit, qui sont très-astringens, pour tanner les cuirs.

PLANTES INDIGENES.

95. *Cotinus*, le Fuster. Son bois sert à teindre en jaune, & ses feuilles, aux mêmes usages que le précédent.

✻ 96. *Juniperus major baccâ rufescente*, le Cade. Ses baies sont plus grosses que celles du geniévre, & d'une couleur jaunâtre. Rien n'est si commun dans toute la basse Provence que cet arbre, qui s'accommode de toutes sortes de terreins, & qui n'est bon qu'à être brûlé.

97. *Juniperus*. Le Genevrier est aussi commun que le précédent, dans la moyenne & la haute Provence.

98. *Sabina*, la Sabine.

99. *Cedrus folio cuperssi fructu flavescente*. On l'appelle, en provençal, *cade mourvene*.

100. *Larix*. Le Meleze vient sur les montagnes de la haute Provence. On sait que la manne de Briançon se recueille sur le meleze. Le cédre du Liban a beaucoup de rapport avec cet arbre. La plus grande différence qu'on y trouve, c'est que le cédre ne perd point ses feuilles.

On auroit pu augmenter ce catalogue, si l'on n'avoit craint de passer les bornes où l'on croit devoir se renfermer dans une histoire.

PLANTES EXOTIQUES.

De toutes les productions, dont l'Europe jouit, les plus précieuses, sans contredit, sont les fruits, les graines & les légumes qui s'y sont naturalisés. Nous en devons une partie aux expéditions militaires des Romains, les seuls, peut-être, qui aient su tirer parti de leurs conquêtes, tant qu'ils furent libres. Ils profitoient des découvertes & des arts des vaincus pour s'instruire, & prenoient, dans chaque pays, tout ce qui pouvoit enrichir le leur. Ils cultiverent beaucoup de plantes, d'arbres & d'arbustes étrangers, long-tems avant qu'on les connût en-deçà des Alpes.

Les peuples des Gaules, renfermés dans leur pays, par les montagnes & la mer, féparés les uns des autres par de grands fleuves, ne connoiffoient que la terre qu'ils habitoient; car on ne doit compter pour rien, les émigrations qu'ils firent au-delà des Alpes, puifque les peuplades qui s'y établirent, ne conferverent aucunes liaifons avec la métropole. Ils n'avoient donc que des arbres indigenes, dont le fruit mûriffoit à peine, dans un pays couvert de bois & de marais. Ainfi l'agriculture, chez ces peuples, ne date, à proprement parler, que de la fondation de Marfeille. Le commerce de cette ville, en excitant leur induftrie, & en leur donnant des befoins, leur donna auffi des rapports avec la Grece, l'Afrique & l'Italie, d'où font venues fucceffivement les plantes étrangeres, qui font la richeffe & l'ornement de nos jardins.

Plantes exotiques.

Elles furent d'abord cultivées dans le terroir de Marfeille & de fes colonies, enfuite dans toute la Provence, lorfque les Romains en eurent fait la conquête. La conformité de notre climat avec le leur, feconda heureufement l'envie qu'ils avoient de faire, de cette province, une autre Italie. De-là ces productions fe répandirent dans le refte des Gaules, lorfque la rigueur du climat, adoucie par le defféchement & les défrichémens, permit de les cultiver. La plupart étoient déja connues en Provence, avant la chûte de l'empire romain. On lit dans un édit de l'empereur Honorius, de l'an 418, qu'il croiffoit dans cette province les fruits les plus renommés des autres pays, & qu'on y trouvoit les parfums de l'Arabie, les richeffes de l'Orient, de l'Efpagne & de l'Afrique. On peut inférer de-là, que les productions qui s'y font naturalifées, étoient à-peu-près les mêmes alors qu'aujourd'hui. Celles qu'on n'avoit point encore, on les a peut-être tirées de l'Italie, de la Sicile ou de l'Efpagne, depuis qu'elles y ont été tranfplantées par les Arabes ou par le commerce. Mais il eft certain que les plantes qui viennent originairement de l'Afrique ou de l'Afie, ont pénétré dans les Gaules par la Provence, excepté un petit nombre qui, n'étant connues que depuis deux fiecles, font dues au commerce de l'Océan.

1. L'Oranger, le Citronier & le Limonier, originaires d'Afrique, étoient connus des grecs, & l'on a dû les transplanter en Provence, quelque tems après l'établissement des Phocéens. Les liaisons que cette colonie eut avec la Grece, me font croire qu'elle ne tarda pas à se procurer des arbres aussi précieux. Quoiqu'ils soient répandus dans toutes les contrées de l'Asie méridionale, & qu'ils soient cultivés à la Chine de tems immémorial, la fable d'Hercule, qui apporta des jardins des Hespérides, dans la Grece, des plants d'orangers, prouve que les grecs étoient persuadés que cet arbre leur étoit venu d'Afrique; car on convient généralement que c'est dans cette partie du monde qu'il faut placer les Hespérides. Quelques-uns, mais ce n'est pas le grand nombre, les mettent, dans la Lybie; & d'autres à Lixe, en Mauritanie. un moderne se décide pour les Canaries, fondé sur ce qu'Hésiode dit, que ces jardins étoient au-delà de l'Océan, vis-à-vis le Mont-Atlas, & sur ce qu'il les appelle ληιυφωτα, à cause de ces oiseaux, si communs aujourd'hui parmi nous, & dont le chant nous amuse si agréablement. Il s'ensuivra toujours, de ces différentes opinions, que les grecs croyoient l'oranger originaire d'Afrique. C'est peut-être aux Phéniciens, grands navigateurs, qu'ils en furent redevables. Un missionnaire, cité par Ferrari, dans son ouvrage intitulé, *Hespérides*, prétend que cet arbre naît sans culture dans l'Ethiopie.

Le grand nombre de variétés, la plupart très-remarquables, ne proviennent cependant que de deux especes, qui sont l'oranger & le citronier. Celle de l'oranger est divisée en deux. La premiere division, qui est à la base, est en forme de cœur; la seconde est oblongue & finit en pointe. C'est du citronier qu'est issu le limonier. Les autres différences sont autant le produit du climat, que d'une fécondation opérée par la poussiere séminale de deux variétés rapprochées, desquelles résultent des fruits qui participent de l'une & de l'autre.

Chorographie. II. Partie.

Acad. des inscrip. l. 3. m. p. 31 & seq.
T. 18. mém. p. 55 & 56.

2. L'Olivier (*olea*) vient naturellement dans la Syrie, la Palestine, & les îles de l'Archipel. Nous devons cet arbre aux anciens marseillois qui le transporterent de la Grece. L'olivier sauvage, duquel sont dérivées tant de variétés, se rencontre dans les lieux devenus incultes, & où ces arbres abandonnés à eux-mêmes ont poussé des rejettons au-dessous de la greffe, lesquels, en grandissant, l'ont épuisée.

On ne cultive l'olivier que dans la basse Provence, & dans une partie de la moyenne, parce que cet arbre ne peut endurer un trop grand froid. L'hiver de 1709, les ayant fait périr jusqu'à la racine, on laissa croître les rejettons; on en transplanta, on greffa les sauvageons, & par ce moyen on les renouvella. Cet arbre est d'une très-longue durée. Comme son accroissement est très-lent, on présume qu'il peut subsister plus de 300 ans. Rien ne montre mieux l'utilité de l'olivier, que le soin avec lequel on le cultive. De toutes les découvertes, dont l'agriculture s'est enrichie, la plus importante est celle qu'on a faite depuis quelques années : elle consiste à émonder l'arbre de trois en trois ans, & à retrancher tout le bois mort ou inutile. Depuis que cet usage s'est introduit, les récoltes sont devenues infiniment plus abondantes. La graine ne leve que très-difficilement. Aussi a-t-on renoncé à ce moyen de s'en procurer des plants.

3. L'Aloès (*aloe folio in oblongum aculeum abeunte*), Casf. Bauh. Pin. Garidel s'est trompé lorsqu'il a rapporté cet aloès à l'*aloe vulgaris* de Casf. Bauhin. On emploie celui-ci en médecine; l'autre sert à divers usages économiques.

Notre aloès est naturalisé depuis long-tems en Provence. On le trouvoit aux îles d'Hyeres il y a plus de deux cens ans.

Sa fleuraison excite l'admiration du public; & comme il est assez rare de lui voir pousser des fleurs, on a regardé, comme un phénomene, le développement de sa tige, qui, en peu de tems, s'éleve jusqu'à vingt-cinq pieds, & jette divers rameaux qui sont terminés par un grand nombre de fleurs. Il ne feroit pas difficile de donner, de ce développement, une explication plus fatisfaifante que celle de Garidel. Il est certain qu'il est dû à une abondance de feve ; mais elle ne doit avoir lieu que quand toutes les parties sont parvenues à leur parfait accroissement, parce que les feuilles précédent la tige. Ainsi, lorsque les racines & les feuilles auront acquis cette plénitude dans leur façon d'être, la végétation s'exécutera dans une autre partie, par le moyen d'une feve qui deviendroit fuperflue, si elle n'alloit développer des organes reproductifs. Si l'on compare ce prompt accroissement avec celui des autres plantes, & notamment des liliacées, qui ont plus de rapport avec l'aloès, on trouvera la même uniformité, proportion gardée. Il faut encore observer que tout ce qu'on rapporte du prétendu bruit, qui précede la naissance de la tige, est destitué de fondement.

4. Le Coignassier (*cydonia*) sorti originairement de l'île de Crete, ou du territoire de Cydon qui en étoit la capitale, naît aussi sur les collines qui bordent les rives pierreuses du Danube. On le rencontre assez fréquemment le long des haies, dans les endroits humides. La facilité avec laquelle il prend racine, par le moyen des boutures, a dû beaucoup contribuer à sa propagation. Parmi les variétés qu'on cultive, celle qui nous vient de Portugal mérite la préférence par la grosseur de ses coins qui pesent jusqu'à deux livres.

5. Le Prunier (*prunus*). Je n'ai pu découvrir quel est son lieu natal. Il faut pourtant que ce lieu ait beaucoup d'affinité avec notre climat. Cet arbre étoit cultivé dans la Grece, avant qu'il fut répandu en Italie.

Les prunes séches sont un objet de commerce pour la Provence. Celles de Brignole tiennent le premier rang. On en recueille aussi beaucoup à Digne & à Castellane.

6. Le Poirier (*pyrus*). L'espece sauvage, de laquelle dérivent

tant de variétés, naît par-tout. L'âpreté, la fécheresse de ce fruit, comparées avec la délicatesse d'une excellente poire, nous montrent jusqu'à quel point l'homme exerce son empire sur les végétaux, & combien la culture contribue à leur amélioration. C'est par elle en effet que les plantes prennent un nouvel aspect, & se dépouillent de la rudesse qu'elles contractent dans les endroits stériles & sauvages.

7. Le Pommier (*malus*) a la même origine que le poirier. Les variétés des pommes sont aussi nombreuses que celles des poires. J. Bauhin en comptoit soixante, & depuis ce tems-là elles sont encore plus multipliées. Cet arbre est plus commun dans la haute Provence que dans la basse. Il a, sur les autres arbres fruitiers répandus en Europe, une primauté d'origine incontestable, & quoique le poirier y vienne aussi naturellement, il n'est pas douteux qu'on a fait usage des pommes plutôt que des poires; car le fruit du pommier sauvage pouvoit se manger, au lieu qu'il a fallu, pour se procurer de bonnes poires, une culture assidue, qui a dû exiger un long espace de tems. Il y a bien moins de différence entre le fruit du pommier sauvage & la plus excellente pomme, qu'entre celui du poirier sauvage & une poire beurrée.

Le nom du pommier, en latin *malus*, est encore une preuve de cette primauté d'origine, puisqu'il a été donné comme terme générique à la plupart des arbres fruitiers ; ce qui ne seroit point arrivé si les nations européennes n'eussent pas d'abord connu la pomme avant les autres fruits qui pouvoient lui ressembler, & qui, à cause de cette ressemblance, emprunterent son nom, auquel on en ajouta un autre pour les caractériser. Ainsi l'on appella le coignassier *malus cydonia*, le grenadier, *malus punica*, &c. Tous les arbres, auxquels les anciens ont donné le nom de *malus* avec quelqu'épithete, n'ont donc été connus en Europe qu'après le pommier.

8. L'Abricotier (*armeniaca*) est ainsi appellé, parce que les

premiers plants font venus de l'Arménie, d'où on les tranfplanta en Grece, & de-là en Italie. L'abricotier eft commun en Provence, & fujet à moins de variétés que les autres arbres dont nous venons de parler. Quant à fon lieu natal, tout ce qu'on peut conjecturer, c'eft qu'il naît dans l'Afie feptentrionale, parce qu'on en a découvert une efpece dans la Sibérie, avec laquelle il a beaucoup de rapport.

9. Le Pêcher (*perfica*) : fon nom indique le pays où il naît, ou bien d'où il a été tranfporté ; car il n'eft pas décidé qu'il vienne naturellement dans la Perfe. Cet arbre, dont les variétés font très-nombreufes, & qu'on cultive par-tout, à caufe de l'excellence de fon fruit, eft d'une courte durée dans les terreins aquatiques, & fujet à périr lorfqu'il eft adoffé contre un mur trop expofé à l'ardeur du foleil.

10. Le Figuier (*ficus*) s'eft naturalifé en Provence, puifqu'il naît dans les fentes des rochers où il n'a pas été planté, s'étant ainfi multiplié par le moyen de fes graines. On doit vraifemblablement cet arbre, ainfi que ceux dont nous venons de parler, aux anciens marfeillois, qui ont dû l'apporter du Levant, où il croît naturellement, & où il a été connu de tems immémorial. Il y a plufieurs efpeces de figuier, qui, à l'exception du nôtre, naiffent dans des climats plus chauds ; mais dont les figues ne font pas mangeables. Celui que nous cultivons, préfente un grand nombre de variétés auffi remarquables que conftantes.

La fructification du figuier eft unique en fon efpece. La figue n'eft pas, à proprement parler, le fruit du figuier. C'eft un affemblage de fleurs renfermées dans une enveloppe commune qui les recouvre de par-tout, & qui eft percée à fon fommet ; mais ce trou eft environné de petites écailles qui le ferment. Ainfi les fleurs font intérieures, & pour les appercevoir, il faut ouvrir l'enveloppe.

Depuis que nous nous fommes appropriés le figuier, nous jouiffons d'une des plus précieufes productions de la nature, & nous avons, fur les pays qui nous l'ont tranfmis, l'avantage de recueillir les meilleures figues. Celles qu'on féche, & dont le tranfport forme une branche de commerce, font extrêmement recherchées. C'eft au climat que nous fommes redevables de l'excellence de nos figues. Envain on a tenté de s'approprier ce bienfait de la nature, en envoyant chercher les meilleurs plants, & en leur procurant l'expofition la plus favorable. Ces tentatives, exécutées fous un ciel moins tempéré, n'ont produit que des figues fades & douceâtres, qu'on ne pourroit affimiler qu'à celles qui, chez nous, font de la derniere qualité.

11. Le Piftachier (*piftacia*) originaire du Levant, fe greffe fur le térébinthe & le lentifque, qui font du même genre que le piftachier. Son fruit meurit affez bien dans toute la baffe Provence. On doit obferver, à ce fujet, que les fleurs mâles font diftinctes des fleurs femelles, & que l'individu, qui n'a que des mâles, n'a point de fleurs femelles, & *vice verfâ*. De cette obfervation il s'enfuit que fi l'on retranchoit tous les individus mâles, fous prétexte qu'ils ne portent aucun fruit, les individus femelles ne pourroient être fécondés; car pour qu'une femence produife une plante, il faut le concours des organes mâles & femelles, fans lefquels la graine d'une plante peut être affimilée à un œuf fans germe. Le piftachier n'a aucun rapport avec l'amandier.

12. Le Jujubier (*ziziphus*) nous eft venu de l'Afrique & du Levant. Cet arbre n'exige aucune culture; il fe multiplie de lui-même par le moyen de fon fruit, & par fes racines qui pouffent de nouveaux jets : car on voit autour d'un jujubier, dont le terrein n'a pas été labouré, beaucoup de jeunes plants venus de graine, ce qui prouve que ce climat lui eft afforti.

13. L'Amandier (*amygdalus*) a été obfervé dans plufieurs contrées de l'Afrique, à Alep, à Tripoli, &c. Cet arbre n'exige point de culture, & s'accommode de toutes fortes de terreins, pourvu

qu'ils ne soient pas trop humides. On en retireroit un meilleur produit, s'il étoit possible de retarder sa fleuraison. Quand l'hiver est doux, l'amandier fleurit en janvier & février. S'il survient ensuite de grands froids, son fruit gele & se détache. On est sujet à cet inconvénient dans les endroits sur-tout, où le climat est plus tempéré, & où les chaleurs sont plus précoces. Aussi les com-plantations d'amandiers sont plus nombreuses dans la haute Provence que par-tout ailleurs.

14. Le Cerisier (*cerasus*). Les premiers plants furent apportés par Lucullus au retour de cette expédition mémorable, qui fut suivie de la conquête des états de Mithridate. Ce fut à Cerasonte, ville principale du Pont, qu'on trouva cet arbre, qui conserva le nom du lieu, d'où on l'avoit tiré.

Le cerisier s'est presque naturalisé, puisqu'il se multiplie de graine, sans aucune culture. Ce que nous appellons aigriotte, est la cerise de Paris; & comme c'est de toutes les variétés du cerisier la plus estimée, on la greffe sur toute autre, quand on veut se procurer le meilleur fruit.

15. Le Grenadier (*punica*). Je crois qu'on a donné deux étymologies fausses au sujet du *malum punicum*, & du *malum granatum*. Le récit de Pline, qui a le premier donné le nom de *malum punicum* au grenadier, servira à les rectifier; voici le passage : *Sed & circà Carthaginem punicum malum cognomen sibi vindicat; aliqui granatum appellant*. Le grenadier, selon cet auteur, est une espece de *malus* qui croît à Carthage, & à qui on a donné le surnom de *punicus*, dérivé du lieu où il naît, ou de *granatus*, à cause des grains que son fruit renferme. Selon cette explication, conforme au sens littéral, il faut dériver le mot *punica* du pays où le grenadier se trouvoit, & *granatum* de la conformation de son fruit. On veut cependant que cet arbre ait été ainsi appellé, parce que l'intérieur de la grenade est rouge, & que le mot *granatum* désigne le lieu d'où il nous vient, qui est la Grenade. Mais si la couleur avoit

donné lieu à cette dénomination, Pline se seroit servi du terme propre, & au lieu de *punicum* il auroit employé celui de *puniceum*, qui ne se trouve dans aucun manuscrit. Il est donc plus que vraisemblable que cet auteur n'a appellé le grenadier *malus punica*, qu'à cause du lieu natal, & *granatum* à raison de ses graines.

16. Le Laurier cerise (*lauro cerasus*) est un arbre toujours verd, dont les feuilles ont quelque ressemblance avec celles du laurier, & le fruit a beaucoup de rapport avec la cerise. Pierre Belon, naturaliste français, l'observa à Trébizonde en 1546. Trente ans après, Clusius en reçut un plant qu'il cultiva avec succès, & depuis ce tems-là, il est employé à garnir les allées, & à décorer les parterres, que son feuillage, toujours verd, embellit & vivifie.

17. Le Laurier (*laurus*) est un grand arbre toujours verd, natif de la Grece & des contrées orientales qui l'avoisinent. On sait quelle étoit la vénération des anciens pour le laurier. L'usage qu'on en fait à présent se réduit à quelques compositions médicinales, à des assaisonnemens de cuisine, & à une teinture grossiere. On pourroit multiplier le laurier en semant ses baies qui levent facilement. La cannelle, le cinnamome, le camphre, le benjoin, & le sassafras, sont le produit de tout autant d'especes de laurier.

18. Le Marronnier d'inde (*hypocastanum*) n'est connu en Europe que depuis 220 ans. Il est originaire de l'Asie septentrionale.

Le port de cet arbre, la hauteur de sa tige, l'étendue & la beauté de son feuillage, ses fleurs en grappe, son prompt accroissement, son aspect sous quelque point de vue qu'il se présente, lui ont acquis une préférence fondée sur la réunion de tant de qualités. De tous les arbres uniquement destinés à orner des allées, des avenues, à donner de l'ombrage, le marronnier est sans contredit, celui dont on retire le plus d'agrément. Il seroit à souhaiter qu'on en pût retirer autant d'utilité que de plaisir.

19. Le Platane ou plane (*platanus*). On en connoît deux especes. Le platane oriental & le platane occidental. La premiere, célébrée

par les grecs & les romains, naît dans la Grece, les îles de l'Archipel & l'Asie mineure; la seconde vient dans l'Amérique septentrionale. On désigne assez communément, sous le nom de platane, une espece d'érable qui ne lui ressemble que par les feuilles, & qu'on doit nommer érable plane. Il en est de même d'un autre érable qui croît sur nos montagnes, & qu'on appelle sycomore. Le vrai sycomore est une espece de figuier qui vient en Egypte & dans la Palestine.

Le platane est un très-bel arbre qui sert aux mêmes usages que le marronnier. Le premier, qui ait été connu en France, a été planté dans le terroir de Marseille. On les y a beaucoup multipliés.

20. Le Noyer (*juglans*) est un arbre depuis long-tems naturalisé en Europe, & qui nous est parvenu de l'Asie septentrionale. Les propriétés économiques & médicinales du noyer sont connues de tout le monde. On en rencontre plus fréquemment vers la haute Provence, où l'on trouve, en divers endroits, la variété la plus remarquable par la grosseur de ses noix. Depuis la découverte de l'Amérique, on a observé plusieurs autres especes de noyer dans la Virginie, la Caroline, la Jamaïque, &c. Le bois de noyer si généralement estimé, le devient encore davantage lorsque cet arbre est venu sur un sol sec & stérile, qu'il y a vieilli, & qu'il s'y est rabougri. Son bois en est plus compacte, plus brun, plus veiné, & plus susceptible d'un beau poli.

21. Azedarach : c'est un nom arabe donné à un arbre qui se trouve dans la Syrie, & dont on rencontre quelques plants dans la Provence méridionale. Son feuillage est disposé comme celui du frêne. On fait des chapelets avec ses noyaux.

22. La Vigne (*vitis*) : on voit assez fréquemment, le long des rivieres & des sentiers humides & ombrageux, des ceps de vigne en échalas venus de graine, dont la fleur répand une odeur agréable, & dont le raisin est infiniment plus petit que celui de la vigne cultivée.

cultivée. C'est la lambrusque, ainsi appellée, parce qu'elle naît au bord des terres *in marginibus seu labris*.

Dans tous les lieux, où la vigne ne croît pas naturellement, la lambrusque est le produit de la vigne cultivée. Elle ne differe qu'à cet égard de la vigne sauvage, qui naît dans les quatre parties du monde, sous un ciel tempéré. Il seroit difficile de décider si la vigne est indigene en Provence. La facilité avec laquelle on en peut transporter des plants, sans craindre leur dépérissement, doit faire présumer que le premier soin des peuples policés a été de s'en approprier & de la tailler. Les phocéens, dit Justin, apprirent aux gaulois à tailler la vigne. On peut rapporter son origine à cette époque, parce que l'opération la plus essentielle consiste dans la taille.

C'est à la faveur de cette opération que la vigne inculte a été bientôt susceptible d'une amélioration beaucoup plus prompte que celle des autres fruits. La raison en est sensible. En retranchant les sarmens, & en bornant leur reproduction, la grappe reçoit une seve plus abondante, d'où résulte l'accroissement du raisin qui parvient plutôt à sa maturité, parce qu'il est dégagé des sarmens superflus qui l'auroient couvert de leur ombre.

La vigne a donc dû passer bientôt, de l'état agreste, à celui dans lequel nous la voyons. Ce changement a été l'effet des labours, & encore plus celui de la taille. Aussi remarque-t-on que, faute d'être taillée, elle dégénere en peu de tems, sur-tout si le terrein où elle est plantée est stérile.

C'est à la situation & à la nature d'un sol maigre, sec & pierreux, plus favorable à la vigne qu'aux autres productions, qu'il faut attribuer la propagation de cette plante. Elle s'est extrêmement accrue en Provence, malgré les réglemens généraux, dont l'application ne pouvoit concerner une province qui ne peut subsister du produit de ses grains, à cause de la nature du sol; & qui ne s'en procure, que par le produit de la vigne,

Tome I. Y

de l'olivier, & des autres productions qui lui sont particulieres.

23. Le faux Acacia (*pseudo acacia*) vient de l'Amérique septentrionale. On le connoît depuis le commencement du dernier siecle. Ses fleurs légumineuses, & disposées en grappes, répandent une odeur très-agréable. Ses graines levent facilement. Le prompt accroissement des plants qui n'exigent aucune culture particuliere, & qui ont trouvé en Europe à peu-près la même température, que celle dont ils jouissent en Amérique, a contribué à les multiplier. Toutes les plantes légumineuses fournissent un bon fourrage, & la feuille du faux acacia est dans le même cas. On ne doit excepter de cette regle, que celles dont les feuilles sont entourées de piquants qui en écartent le bétail. C'est par cette raison que l'arrête-bœuf est le fléau des prés, quoique la feuille en soit très-bonne, sur-tout quand la plante ne fait que de naître, & que ses épines sont sans consistance.

24. Le Cassier (*acacia indica farnesiana*) : on le cultive dans les endroits bien exposés à cause de sa fleur, qui répand une bonne odeur. Les parfumeurs l'emploient dans leurs essences & pommades. Il vient de graine & croît aisément, mais il craint le froid. Le cassier vient de Saint-Domingue ; on ne doit pas le confondre avec l'arbre qui produit la casse.

25. Le Cyprès (*cupressus*), grand arbre toujours verd, natif de l'Asie mineure, & des îles de l'Archipel ; symbole funebre des grecs & des romains, si souvent célébré par leurs poëtes, qui, en nous transmettant leurs idées, nous ont inspiré pour cet arbre une aversion fondée sur des usages anciens, inséparables de la tristesse. Le port du cyprès, sa verdure perpétuelle, sa longue durée, son bois presqu'incorruptible, sont des avantages dont la réunion auroit dû effacer un préjugé trop adopté. Le moyen peut-être le plus efficace de se garantir des punaises, seroit d'avoir des lits faits de bois de cyprès. L'odeur résineuse, qui s'en exhale continuellement, ne leur permettroit pas de s'y fixer.

26. Le Mûrier (*morus*) : on fait qu'il y en a deux especes, dans ce pays, qu'on éleve avec beaucoup de facilité, le mûrier noir & le mûrier blanc, qui est infiniment plus répandu que l'autre. Le mûrier noir produit des mûres bonnes à manger, avec lesquelles on compose des syrops & des gargarismes.

De tous les arbres étrangers, le mûrier blanc est celui qui s'est le plus aifément familiarifé avec notre climat, & l'on pourroit le regarder comme une production indigene, s'il suffisoit d'accorder cette qualité à celles, dont la conservation est due à la nature plutôt qu'à l'art.

Le Mûrier blanc, originaire de la Chine, est parvenu en Europe fans avoir éprouvé aucune altération, & ses qualités, bien loin de dégénérer, se font plutôt renforcées. Quel autre arbre pourroit-on lui comparer, qui fût susceptible d'une aussi prompte reproduction dans ses feuilles, & dans ses branches qu'on mutile régulierement toutes les années ? Cet attribut n'est pas le seul dont il soit en poffeffion. Dans tous les pays où il a été transplanté, & hors de fon lieu natal, soumis à des épreuves qu'on est dispensé de lui faire subir dans sa patrie, il les surmonte sans en être endommagé. Par-tout ou le mûrier vient naturellement, le ver à foie, qui est sa chenille, s'y attache, y vit, & s'y métamorphose, sans aide & sans soin. Mais, dès qu'il quitte son lieu natal, sa chenille l'abandonne. Dans cet état il faut, pour gouverner cette chenille, que l'art fupplée à la nature, & que le mûrier, dont on arrache la feuille avec violence, ne soit pas plus affecté de ce retranchement que celui qui, servant de domicile aux vers à soie, leur fournit la nourriture dont ils ont besoin, & qu'ils puisent sans meurtrir les parties de l'arbre, qui ne peuvent leur servir d'aliment.

Les complantations du mûrier se font exceffivement accrues. Il paroît qu'on devroit les restreindre, & se contenter d'en garantir les bords des chemins, des fossés, des prairies. On s'est enfin apperçu des préjudices qu'ils causent aux terres destinées à être ensemencées; & l'on s'est déterminé à arracher ceux qu'on avoit plantés dans les meilleurs terreins, parce qu'on a éprouvé que leur produit étoit inférieur au dommage qu'ils causoient.

Cet arbre étoit connu en Provence du tems des empereurs romains, puisqu'on dit que saint Geniès, qui souffrit le martyre à Arles, vers l'an 300, eut la tête tranchée au pied d'un mûrier. *Greg. Turon. de glor. mart. c. 68.*

27. Le Rosier. Quoique son nom soit dérivé du latin, comme le latin est dérivé du grec ῥόδη; cette homonymie n'est point une preuve exclusive en faveur de la Grece; car rien n'est plus commun que le rosier sauvage. Il paroît vraisemblable que tous les rosiers, tant sauvages que cultivés, ne viennent que d'une espece, & que cette espece a subi, à la longue, tous les changemens qu'on remarque dans cette prodigieuse variété de rosiers. Les raisons qu'on pourroit donner de ces changemens, se déduiroient de la difficulté qu'on a éprouvée, quand on a voulu fixer ces différences. Je n'entrerai pas dans un plus grand détail, parce que cette question est problématique. Mais je citerai, pour autoriser mon idée, un passage du plus ancien de tous les modernes, qui dit que le rosier qu'on abandonne à lui-même, dégénére; & que si l'on cultive celui qui est sauvage, il devient tel qu'il est dans nos jardins. *Hortensem rosam si inculta manserit & à superfluis non purgata, degenerare in sylvestrem; rosam vero agrestem diligenti ac frequenti mutatione & culturâ veram rosam effici.* Bartholomæus anglicus, *lib.* 17, *de proprietatibus rerum.*

28. La Tubéreuse. (*Hyacinthus indicus tuberosa radice. Clusii hist. plant.*) Simon de Tovar, médecin espagnol, en eut la premiere griffe, qu'on lui envoya des Indes orientales. Il en fit part à Bernard Paludanus, qui doit en avoir fait mention dans l'itinéraire de l'Inschot, & qui en communiqua un échantillon à Charles de l'Ecluse, connu sous le nom de Clusius, lequel en donna la figure dans son histoire des plantes, imprimées à Anvers en 1601,

avec la description de Simon de Tovar, qui dès-lors avoit envoyé à ce botaniste plusieurs oignons de tubéreuse.

Cette plante a été apportée, en Europe, avant l'année 1594; & depuis la publication de l'histoire des plantes de Clusius, elle s'est répandue par-tout, avec cette différence, qu'on est obligé de la tenir dans des serres, dans les climats qui sont moins tempérés que le nôtre.

29. Le Jasmin (*jasminum vulgare*) est originaire des Indes, & connu de tout le monde.

30. Le Jasmin d'Espagne (*jasminum catalonicum*), ainsi nommé, parce qu'il fut d'abord apporté en Espagne, vient naturellement dans le Malabar. Il est cultivé en Europe, depuis plus de deux cens ans.

31. Le Jasmin jaune odorant (*jasminum indicum flavum odoratissimum*), est dû au fameux Peiresk, qui, au rapport de son historien, le reçut de la Chine. Ce savant, dont les talens s'étendoient sur tous les objets, cultivoit dans son jardin de Beaugencier, les plantes les plus rares. Il fit part de celle-ci à Gui de la Brosse, démonstrateur des plantes du jardin du roi de Paris, & depuis ce tems-là ce jasmin n'a cessé d'être cultivé, excepté en Provence où il n'existe plus.

32. Le Jasmin d'Arabie (*nyctanthes*) a été transporté d'Egypte depuis près de deux cens ans. Comme il étoit répandu dans les contrées voisines, & sur-tout dans l'Arabie, il en a conservé le nom, comme le jasmin d'Espagne, quoiqu'il ne vienne naturellement que dans les Indes orientales.

33. Le Lilas, dont on cultive trois especes, vient de la Perse. La plus commune a des feuilles larges & entieres. L'autre, qui est plus recherchée, les a étroites & découpées; & la troisieme a les feuilles étroites & non découpées.

Ces arbrisseaux ne sont recherchés qu'à cause de l'agrément qu'on retire de leurs fleurs, qui sont odorantes & printannieres. Leur disposition en grappe, forme un coup d'œil agréable.

PLANTES EXOTIQUES.

34. Le Syringa est employé aux mêmes usages que le lilas ; & comme on l'éleve avec beaucoup de facilité, on le trouve presque par-tout. Celui qui est à fleur double, est assez rare, & plus odorant que l'autre.

35. Le Palmier (*palma major*) : on en voit d'assez beaux dans les contrées méridionales, qui fructifient, & dont les fruits parviendroient à leur maturité, s'ils étoient fécondés par un individu mâle. J'en ai vu un à Cavalaire, dont les dattes étoient sans noyau. Ce qui ne pouvoit manquer d'arriver, parce qu'il n'y avoit point de palmier mâle dans le voisinage, & qu'il faut le concours des deux sexes pour féconder le fruit.

36. Le Caprier (*capparis*) naît en Sicile, dans la Grece, dans l'Egypte, &c. Il est cultivé en Provence de tems immémorial ; car son fruit conserve encore le nom grec dans le mot provençal *tapenos*, qui signifie rampant. En effet, cet arbrisseau rampe à terre ou le long des murailles, où il croît. On le plante en pleine terre, dans les endroits où le climat est plus chaud, & ailleurs au pied d'un mur. Les capres sont les boutons de la fleur qui n'est pas encore épanouie.

Voilà ce que nous avions à dire des plantes. Les autres parties de l'histoire naturelle ouvriroient un vaste champ aux recherches d'un physicien. M. Lieutaud, de l'académie des sciences, premier médecin du roi, s'en étoit occupé : comme il portoit dans cette étude, avec les talens d'un bon observateur, le zele d'un citoyen qui ne cherche qu'à se rendre utile, il a traité d'une maniere intéressante des fossiles, des poissons & des oiseaux de Provence. Nous avons pris dans ses manuscrits l'extrait que nous allons donner des poissons & des oiseaux. Nous l'aurions même étendu, si les bornes de notre sujet nous eussent permis de rapporter chaque article avec les descriptions exactes que M. Lieutaud en donne. Mais dans l'histoire générale d'une Province, c'est assez d'indiquer les principaux objets de l'histoire naturelle.

Des Poissons.

Le Poisson Royal, en provençal, *peis reï*, ainsi nommé à cause de sa délicatesse.

Le Rouchau, *scarus varius*, si estimé des grecs, n'est pas commun dans la Méditerranée; on le pêche à Marseille & à Antibes. Il est très-délicat.

Le Gerres, *smaris*, dont les anciens faisoient leur véritable *garrum*.

Le Serran, *hiatula*, n'est pas commun; on le pêche quelquefois du côté du Martigues.

La Perche de mer, la Dorade, la Denti, la Bogue raveo, remarquables, sur-tout les deux derniers, dans l'espece des poissons connus sous le nom de *sparus*.

Les Anchois; les meilleurs se pêchent dans la mer de Fréjus, où ils sont plus abondans qu'aux environs de Marseille.

Les Sardines; celles de Provence sont très-bonnes, quoique moins grosses que celles de l'Océan.

Le Mulet, en provençal *mujou*. Il y en a de cinq especes, toutes fort communes dans la mer & l'étang du Martigues. La plus singuliere est celle du mulet aîlé. C'est avec les œufs du mulet & du loup, autre poisson commun en Provence, qu'on fait la poutargue au Martigues. La poutargue est un mets que les anciens grecs aimoient beaucoup; & il paroît que l'usage s'en est toujours conservé en Provence.

Le Rouget, poisson très-délicat, en hiver sur-tout, qu'il a la chair plus ferme.

Le Malarmat, *lyra cornuta*. Le Merlan; bon poisson, & fort commun.

Deux sortes de Soles, dont l'une est l'*oculata* de Rondelet.

La Vive, dont la chair est très-bonne, & de facile digestion, a des arrêtes fort piquantes; on les croit même venimeuses.

La Vergadelle, ainsi nommée en Provence, à cause de l'agréable variété de ses couleurs. On l'appelle en latin *salpa*. Ce poisson n'est pas rare dans l'étang du Martigues.

Le Turbot, bon poisson, qui abonde vers l'embouchure du Rhône.

Le Fanfre, que je nomme à cause de sa rareté. On l'appelle en latin, *gasterosteus ductor*.

Le Pageau; le Tourdre, en latin, *turdus*, remarquable par la variété de ses couleurs, mais peu estimé. On en compte jusqu'à onze especes.

L'Esturgeon, remonte dans le Rhône, où l'on en trouve d'assez gros.

La Pelamyde, l'Orcynus, le Thon : on prétend que les deux premiers sont des especes de thon, & qu'ils ne different de celui-ci que par l'âge, l'orcynus étant un vieux thon, & la pelamyde un jeune thon. La chair de celle-ci est délicate. Les anciens faisoient la pêche du thon, à-peu-près de la même maniere que nos pêcheurs d'aujourd'hui. Le thon a cinq ou six pieds de long; on le pêche dans le mois d'août & de septembre; on en a quelquefois pris, en un seul jour, jusqu'à deux mille. Il est devenu rare depuis le tremblement de terre arrivé à Lisbonne en 1755. On prétend que ce poisson fuit quand il voit du blanc dans la mer. Le tremblement de terre auroit-il occasionné, dans le détroit de Gibraltar, quelqu'éboulement de terre crétacée, ou d'une autre matiere blanche, qui le fasse reculer; car on sait qu'il vient de l'Amérique dans la Méditerranée.

Si cette conjecture est fondée, le thon ne doit passer le détroit, qu'à mesure que le fond de l'eau reprend sa couleur ordinaire. En effet, ce poisson est aujourd'hui moins rare, qu'il ne l'étoit il y a six ans.

L'Empereur, ou poisson épée, est meilleur que le thon. Il a au-devant de la tête, un os, en forme d'épée, plat & pointu, long, quelquefois,

quelquefois, de quatre à cinq pieds, avec lequel il se défend & coupe les filets. Oppien parle de la pêche qu'on faisoit, de ce poisson, auprès de Marseille.

Le Veau marin. Rondelet a fait dessiner, dans son ouvrage, celui qu'on prit, de son tems, aux îles de Lerins. Il vécut quelque tems dans le monastere, où il se trainoit, sans faire aucun mal, sans avoir peur des hommes, & montoit les degrés en rampant. Ce poisson fait, en dormant, un bruit semblable au meuglement des veaux; c'est de-là que lui est venu son nom. Aux îles de Lerins, on en voit qui s'endorment au soleil, sur les bords de la mer; & quand le bruit les réveille, ils poussent un mugissement, & se culbutent dans l'eau.

Le Dauphin. De tous les poissons, c'est peut-être celui qui nage avec le plus de rapidité. Dans les beaux jours d'été, on le voit bondir sur l'eau, dans la rade de Marseille. On sait tout ce que les anciens ont débité sur la prétendue amitié du dauphins pour l'homme. Ils prenoient, pour amitié, cette voracité qui le fait courir après les vaisseaux, pour atteindre sa proie.

Le Requin. Je ne nommerai plus que celui-ci, parmi les gros poissons de la Méditerranée. C'est un des plus voraces. Il a six rangs de dents en forme de dard crénelé, trois à chaque mâchoire. Comme la mâchoire supérieure avance beaucoup sur l'inférieure, il se renverse sur le dos, pour attraper sa proie; il fait ce mouvement avec tant de rapidité, qu'elle ne sauroit lui échapper. On en prit un, près de la Ciotat, il y a environ trente ans, qui avoit au moins vingt pieds de long. On lui trouva deux thons dans le ventre, & un homme tout entier avec ses habits.

V. Ichtyologia Massil. p. 6.

Nous pouvons encore nommer, parmi les poissons singuliers, le Marteau, le Serpent de mer, qui est bon à manger, & qu'on rejette à cause de sa forme; la Morene, espece de serpent de mer, que l'on confond, mal-à-propos, avec la lamproie. Le Poisson-volant, que nos vaisseaux rencontrent, après avoir passé le détroit pour aller aux Canaries, se voit quelquefois dans les mers de Provence. Rondelet assure, que de son tems, on en pêcha vers l'embouchure du Rhône. Le Silat, en françois le *congre*, est un poisson de mer & de riviere, qui ressemble à l'anguille. Le Spondile se pêche dans la mer du Martigues, & quelquefois dans le Rhône. Il y a, dans le même fleuve, des Brochets, des Aloses, des Cops, des Barbeaux qui pesent jusqu'à dix livres, des Perches excellentes; enfin on trouve en Provence, des Tanches, des Carpes & des Truites fort délicates.

DES OISEAUX.

Parmi les oiseaux, nous remarquerons le Faisan, assez commun dans les montagnes de la haute Provence. On en voit aussi dans celle des îles d'Hyeres, qu'on appelle Porqueirolles, où Louis XIV en fit transporter pour les y perpétuer.

La Grandoule, *attagen seu perdix asclepica Herculei campi*; oiseau très-délicat, un peu moins gros que la perdrix, avec laquelle il a beaucoup de ressemblance. On ne le trouve que dans la crau d'Arles, où l'on assure qu'il niche.

Le *Garrulus argentoratensis*, & le *Loxia curvirostra*. Deux oiseaux curieux, mais qui ne sont que passagers.

L'Outarde. On en a trouvé qui pesoient plus de trente livres.

Le Fenouillet, *regulus non cristatus*, plus petit que le roitelet, car il ne pese pas deux dragmes; ainsi la nature rassemble, dans la même province, le plus gros & le plus petit oiseau qu'on voie dans nos climats: ils sont, l'un & l'autre, passagers.

Le Moineau solitaire, comparable au rossignol, par la douceur de ses accens.

Le Chardonneret, dont le chant est si agréable, & que je nomme, pour avoir occasion de rapporter, sur le témoignage d'un savant digne de foi, que cet oiseau, qui vit jusqu'à vingt-trois ans, est sujet à mourir d'apoplexie ou d'épilepsie. On connoît en Provence un autre chardonneret, plus gros que le précédent & moins beau; mais il eſt étranger.

Le Tarin, *citrinella*, eſt auſſi un oiſeau de paſſage, qui n'a pas le chant auſſi agréable qu'on le prétend.

Le Lucre, *ſpinus* ou *ligurunus*, eſt un oiſeau de paſſage qui ſe trouve quelquefois en Provence, quoiqu'Aldrovande aſſure qu'on n'en voit point, ou que du moins on en voit très-rarement en France & en Allemagne: il a un chant agréable, quoique foible.

L'Impériale, *cardueli congener*, reſſemble au chardonneret, quoiqu'il en diffère un peu par la groſſeur & par deux taches purpurines qu'il a ſur les côtés de la tête, & qui, à cauſe de leur ſituation, ſont appellées petites oreilles par les oiſeleurs.

Deux eſpeces de Chic, *cirlus*; le jaune & le gris.

La Pétronelle des italiens.

La Bouſqualle, *cannevarola Bononienſium*, dont le chant eſt aſſez mélodieux.

Le Pendulino. Il en eſt parlé, ainſi que de ſon nid, dans le journal de phyſique du mois de décembre 1774. Cet oiſeau niche aux environs du Rhône.

Je ne parle pas des oiſeaux de proie, des Pics, dont on compte juſqu'à cinq eſpeces, ni d'une infinité d'autres oiſeaux qu'on voit en Provence, mais qui ſe trouvent auſſi dans le reſte du royaume; ces détails nous meneroient trop loin. Quant à ceux qui ſont recherchés pour la délicateſſe de la table, les perſonnes occupées de ce ſoin, doivent s'applaudir des reſſources que la Provence leur offre. Je dois remarquer, en finiſſant cet article, que M. de Chaſteuil, qui s'étoit fort occupé de l'hiſtoire de ſon pays, prétendoit que la perdrix rouge avoit été apportée de Sicile, dans cette province, par le roi Robert, comte de Provence.

Les oiſeaux aquatiques, dont les marais d'Arles ſont remplis, offrent des variétés pour le moins auſſi remarquables. Nous nous bornerons à nommer,

Le Fuma, gros comme une pie, ayant fur la tête quatre plumes en forme d'aigrette.

Le Rei de faucre, dont le corps eft noir, & du poids de deux livres & demie. Sa tête reffemble à celle d'une macreufe. Il a fous le gofier deux pendans comme les coqs; les yeux font rouges, les jambes & les pieds bleus & garnis d'écailles.

L'Aiffadelle, du poids de quatre livres. Cet oifeau eft blanc, excepté le bec & les doigts du pied, qui font noirs & féparés, comme ceux d'une poule.

La Gallinefegue, groffe comme un pigeon, ayant le devant de la tête, le bec & les yeux rouges; le col, les aîles & la queue noires, les pieds & les jambes jaunes.

La Galligaftre, de la groffeur d'un gros canard & du poids de trois livres, pond jufqu'à trente œufs dans les trous des lapins.

L'Œil de verre, qui pefe environ deux livres, eft ainfi nommé à caufe de fa vue perçante. On affure qu'auffi-tôt que le feu prend au baffinet du fufil, cet oifeau plonge dans l'eau, & évite le coup.

Le Babiloni, gros comme un canard, a la tête, le bec & le col rouges, & le refte du corps, d'un blanc pâle.

Le Ganté pefe jufqu'à neuf livres. Son bec, en forme de rafoir, a environ neuf pouces de long.

Le Cueilleras, qui pefe près de deux livres, tire fon nom de la forme de fon bec, qui reffemble à celui d'une cuillier.

Le Moa eft un des oifeaux les plus remarquables, fi ce que les gens du pays affurent eft vrai; favoir, qu'il a fept fiels, un dans le corps, un à chaque aîle, deux à chaque cuiffe.

Le Flammant ou Phœnicoptere, gros comme un coq-d'inde, & remarquable par la beauté de fes plumes. Celles de fon corps tirent fur l'aurore; celles des aîles font d'un rouge éclatant dans la partie fupérieure, & d'un très-beau noir à l'extrêmité. Cet oifeau niche vers l'étang de Berre, & ne fait qu'un ou deux œufs fort gros.

On dit que les Romains, les plus recherchés pour la délicateſſe de la table, ſe faiſoient ſervir des langues de cet oiſeau, comme un mets exquis. Cependant Gaſſendi rapporte, qu'étant malade, ſon ami, M. de Peyreſk, lui en fit ſervir, & qu'il ne les trouva rien moins qu'excellentes; mais ſur cette matiere, on peut bien ne pas s'en rapporter à un homme malade & dégoûté. On voit auſſi, en Provence, du côté d'Arles, la Cicogne, quoique rarement; la Grue, pluſieurs eſpeces de Hérons. Le héron ſe bat quelquefois avec l'épervier, pendant près d'une heure, avec un acharnement qui étonne. On peut encore nommer,

DES OISEAUX.

Le Cormarin, gros comme une poule; il fait un bruit ſemblable au mugiſſement d'un bœuf. La chair de cet oiſeau eſt excellente.

Deux ſortes de Pluvier, le verd & le doré.

Le Cygne ſauvage, peſant ordinairement vingt-cinq livres. Rien ne ſeroit plus étonnant que la longue vie de cet oiſeau, ſi ce qu'on dit eſt vrai, qu'un cygne avoit vécu trois cens ans.

Trois ſortes de Méjan. La Sarcelle, un peu différente de celle que l'on connoît ailleurs, & dont la chair eſt d'un goût exquis.

Le Siffleur, peſant environ deux livres. Il a un fort joli plumage.

Pluſieurs eſpeces de Canards.

Le Cormoran, gros comme une oie domeſtique, quoiqu'il ait beaucoup moins de chair. Les provençaux l'appellent Gabian.

Enfin on voit quelquefois l'Onocrotale dans les marais formés par le Rhône. Les conſuls d'Arles firent expoſer, à l'hôtel-de-ville, celui qu'on tua au mois de juin 1722; on l'y voit encore. On prétend que cet oiſeau vit quatre-vingt ans.

Si l'on vouloit parler des inſectes, on en trouveroit de beaucoup plus d'eſpeces que dans les autres provinces du royaume. Pour nous, c'eſt aſſez de nommer la mouche luiſante, les mouches à dard, qui piquent les olives, dont ſe nourriſſent les vers qu'elles y dépoſent; la cigale, le ſcorpion, cet animal cruel à

INSECTES.

l'égard même de ses petits, que la mere dévore presque tous, à mesure qu'ils naissent. Les scorpions, dit un moderne, n'observent pas mieux les loix de la société entr'eux, que les sentimens de la nature; car ils se mangent les uns les autres. Leur piqûre est rarement mortelle. Plusieurs circonstances concourent ou s'opposent à ses effets, comme la qualité des vaisseaux que l'aiguillon rencontre, les alimens qu'aura mangé l'insecte, une trop grande diete qu'il aura soufferte; peut-être aussi que la liqueur empoisonnée ne découle pas toutes les fois qu'il pique. On pourroit encore parler de plusieurs especes de sauterelles & de papillons, du lézard allongé, qui ne differe de l'orvet que par ses quatre pates courtes, dont il se sert pour sortir des tas de pierres où il vit, & du lézard moyen, connu sous le nom de Tarente de Marseille, un peu plus grand que le petit lézard gris, & moins que le lézard jaune & verd : il est d'un blanc sale, & n'a aucune des mauvaises qualités que le peuple lui attribue.

Nous laissons aux naturalistes, le soin de parcourir la classe des animaux, parmi lesquels on remarque le castor du Rhône, peu différent de ceux du Canada ; les loutres du même fleuve. Dans la haute Provence, on voit le jumerre, qui naît de l'accouplement de l'ânesse & du cheval; c'est une bête de somme dont on se sert dans la vallée de Barcelonette ; le chevreuil, le cerf, le sanglier, le loup-cervier, qui paroît habiter les Alpes ; il y en eut un qui fit beaucoup de ravages, aux environs de Grasse en 1712. Deux sortes de bléreau, dont l'un a quelque rapport avec le cochon, & l'autre avec le chien. Les ours paroissent quelquefois dans les hautes montagnes : on en tua un fort gros à Saint-Vincent en 1776.

Ces objets, ainsi que tous ceux qui entrent dans l'histoire naturelle, deviendroient le sujet d'un ouvrage fort utile, si on l'envisageoit relativement à nos besoins, aux arts, au commerce, à l'agriculture. Il faut espérer que le public en jouira quelque jour.

Diocese d'Aix.

La ville d'Aix est la plus ancienne ville que les Romains aient eue dans les Gaules: mais ce n'étoit, dans l'origine, qu'un camp fortifié pour contenir les barbares qu'ils venoient de soumettre. Les soldats y logeoient d'abord, sous des especes de cabanes faites de bois, auxquelles ils substituerent ensuite des maisons, & la ville étoit déja formée, quand César y envoya une colonie, quoiqu'à cette époque elle reçut un nouvel accroissement. Ce ne fut point au hasard que les Romains choisirent cet emplacement. Les eaux thermales qu'ils y trouverent, & que la rigueur du climat leur rendoit nécessaires, sur-tout depuis que l'usage des bains chauds s'étoit introduit parmi eux, déciderent de leur choix. Peut-être aussi eurent-ils égard au voisinage de Marseille. Comme ils avoient passé les Alpes, pour la défense de cette république, ils vouloient être à portée de la secourir, en cas de besoin, & même d'en tirer les provisions de toute espece, que les difficultés des chemins, dans un pays couvert de bois, ne leur permettoient pas de recevoir de l'Italie. Tels furent, sans doute, les motifs qui les déterminerent, dans le choix du local. Rien ne paroissoit indifférent à un peuple, dont la politique réfléchie, combinoit toutes les opérations, tant qu'il fut libre.

La ville d'Aix, à cinq lieues au nord de Marseille, est une des plus jolies du royaume, parmi celles du second ordre, & réunit tous les avantages qui distinguent une capitale. On verra, dans l'histoire, les différentes révolutions qu'elle a éprouvées. Elle n'est pas grande, & ne l'a jamais été, parce que le peuple n'est nombreux que dans les villes de commerce, où l'industrie appelle tous ceux qui ont des bras à lui offrir.

Cette ville est le siege d'un parlement, établi par Louis XII, en 1501; d'une chambre des comptes, à laquelle Henri II unit en 1555, la cour des aides qu'il créa cette année-là. L'université,

CHOROGRAPHIE.
II. Partie.

fondée par Louis II, comte de Provence, fut confirmée par Alexandre V, en 1409, & a reçu, en différens tems, des marques de protection, de la part des souverains. Le bureau des finances est composé de vingt-trois trésoriers généraux, dont le doyen est président, d'un avocat, d'un procureur du roi, & de deux greffiers, l'un pour la finance, & l'autre pour le domaine; je ne parle ni de la sénéchauffée, ni de l'hôtel des monnoies, parce qu'ils n'offrent aucune particularité remarquable. Les consuls d'Aix, sont procureurs-nés du pays, & l'archevêque, président-né de l'assemblée des trois états. Il l'est aussi de la chambre souveraine ecclésiastique, établie dans cette ville par Henri III, en 1580.

On verra dans l'histoire, en quel tems la religion fut apportée en Provence. Il est difficile, pour ne pas dire impossible, de fixer l'époque où l'on commença de la connoître dans chaque diocèse.

La situation des lieux, le commerce qu'on y faisoit, & mille autres circonstances, peuvent y avoir attiré des chrétiens, avant qu'il y eût des évêques. Plusieurs mêmes de ces évêques nous sont inconnus; & d'autres ne doivent leur existence qu'à une pieuse crédulité. En respectant la tradition populaire, sur laquelle est fondée la vénération qu'on a pour eux, nous les retrancherons de notre catalogue, où l'on ne trouvera que ceux, dont l'épiscopat est appuyé sur de bonnes preuves.

Le siege d'Aix subsistoit, au milieu du quatrieme siecle, & peut-être avant. C'est une idée, à laquelle on ne peut se refuser, quand on connoît l'histoire générale de la province. Mais l'évêque ne jouissoit pas alors des droits de métropolitain, qui ne commencerent, qu'après l'érection des villes en métropoles civiles. Or, celle d'Aix n'eut ce titre que vers l'an 370. Proculus, évêque de Marseille, s'étoit arrogé, avant l'an 401, une certaine jurisdiction sur les prélats de la Narbonnoise seconde, qui en porterent des plaintes au concile de Turin, mais sans dire qu'ils avoient pour métropolitain, l'évêque d'Aix; d'où l'on peut inférer qu'il ne l'é-
toit

toit pas encore; & quand il voulut faire ufage de fes prérogatives, au milieu du cinquieme fiecle, il trouva des oppofitions de la part de l'évêque d'Arles, qui tenoit dans fa dépendance, prefque toutes les églifes des deux Narbonnoifes, & de la Viennoife, par fon crédit auprès des empereurs, & par les privileges, fans bornes, que les papes avoient attachés à fon fiege.

Aucun de nos évêques n'avoit le courage de réclamer. Enfin celui d'Aix, connoiffant fes véritables intérêts, fecoua infenfiblement le joug; & dès le huitieme fiecle il fit valoir fes droits, comme il paroît, par le concile de Francfort, tenu en 794. Il eft vrai que le pape effaya de l'affujettir, de nouveau, à l'églife d'Arles; & que l'on trouve encore des traces de cette dépendance, jufques vers le milieu du onzieme fiecle. Mais enfin, le droit commun a prévalu, & le fiege d'Aix jouit paifiblement de fes prérogatives. Outre les cinq églifes qui en relevent, & qui font Apt, Riez, Fréjus, Gap & Sifteron; il y avoit celle d'Antibes, qui, vers le milieu du douzieme fiecle, fut réunie à la province eccléfiaftique d'Embrun.

La métropole eft dédiée fous le titre de faint Sauveur. On y remarque un fuperbe baptiftaire, dont le dôme eft foutenu par huit grandes colonnes d'ordre corinthien, qui paroiffent avoir anciennement fervi à un temple de païens; il y en a fix de marbre, & deux de granite. Le chapitre étoit autrefois de l'ordre de faint Auguftin: il eft compofé d'un prévôt, d'un archidiacre, d'un facriftain, d'un capifcol, de feize autres chanoines, & de vingt bénéficiers; quarante chapelains, & un corps de mufique, forment le bas chœur. On compte, dans la ville, trois paroiffes, & une dans le fauxbourg, qui eft deffervie par les doctrinaires; dix-huit communautés d'hommes, dont quatorze de religieux; favoir, les dominicains, en 1218; les cordeliers, la même année; les grands carmes, 1257; les grands auguftins 1270; les obfervantins, 1466; les minimes, 1555; les capucins, 1585; les récollets, 1615; les auguftins réformés, 1616; les trinitaires, 1621; les chartreux,

1623; les carmes déchauffés, 1636; les feuillans, 1649; les picpus, 1666.

Quatre communautés féculieres, qui font, les prêtres de l'oratoire, ceux de la doctrine chrétienne, qui ont deux maifons, & les freres des écoles chrétiennes. Les premiers furent fondés par le P. Romillon, & approuvés par une bulle du pape, le 13 novembre 1615. Ils fuivirent d'abord la regle de faint Philippe de Néri; & fe réunirent enfuite à la congrégation de l'oratoire de France, en 1619. Les deux établiffemens des prêtres de la doctrine chrétienne font, la paroiffe de faint Jean-Baptifte, & le college qui leur a été donné à la fin de l'année 1773. Les freres des écoles chrétiennes furent établis à Aix, fous l'épifcopat de M. de Brancas.

Les différens ordres de religieufes ont auffi des couvens à Aix. Outre les dominicaines, qui furent d'abord fondées hors de la ville, en 1290, on y voit encore des clairiftes, fondées en 1310; les urfulines y ont deux couvens, l'un eft de 1600, & l'autre de 1666; les religieufes de la vifitation y en ont deux auffi, le premier eft de l'année 1624, & le fecond de 1632; les carmelites s'établirent à Aix, en 1625; les dames de la miféricorde, en 1628: les filles pénitentes du bon pafteur, en 1629; les bernardines, en 1639; les bénédictines, en 1659. Elles étoient auparavant à l'abbaye de la Celle, ainfi que nous le dirons plus bas. Le féminaire eft gouverné par des prêtres féculiers.

Dans le catalogue que nous allons donner des évêques & archevêques de Provence, nous fuivrons, à bien des égards, le *gallia chriftiana*, de la derniere édition, qui eft un bon ouvrage. Mais il y a des erreurs & des omiffions, défauts qu'il étoit impoffible d'éviter, dans un genre de travail qui demande tant de recherches; nous avons tâché de corriger les unes, & de fuppléer aux autres; &, fi nous n'avons pas éclairci toutes les difficultés, nous efpérons du moins donner une lifte des évêques de Provence, plus exacte & plus complette, que celles qu'on a publiées jufqu'à ce jour.

Mais on ne doit pas s'attendre à des détails minutieux dans un abrégé, tel qu'on se propose de le donner ici, pour servir de supplément à l'histoire.

EVÊQUES D'AIX.

Lazare, dont l'épiscopat est du commencement du cinquieme siecle, est le premier évêque qu'on sache sûrement avoir gouverné l'église d'Aix. Il s'empara du siege, malgré le peuple & le clergé, si l'on en doit croire le pape Zozime, qui se laissa prévenir contre cet évêque, par Célestius, disciple & compagnon de Pélage; mais cette accusation, toute fausse qu'elle est, prouve que le siege d'Aix subsistoit avant Lazare; & peut-être, parmi ses prédécesseurs, y en eut-il deux qui s'appelloient, l'un Maximin, & l'autre Sidoine. On pourroit les admettre, en rejettant tout ce qui ne s'accorde pas avec la vérité de l'histoire, & qu'un homme éclairé démêle aisément. 400.

Lazare s'étant déclaré pour le tyran Constantin, qui s'étoit fait reconnoître empereur en-deçà des Alpes, fut obligé de se démettre en 412, & passa en Palestine avec Heros, évêque d'Arles, qui avoit eu le même sort. Ils poursuivirent l'erreur de Pélage & de Célestius, qu'ils déférerent au concile de Diospolis en 415; ils écrivirent pour le même sujet aux évêques d'Afrique, assemblés à Carthage en 416, & n'oublierent rien pour faire connoître & condamner ces deux hérétiques dans toute la chrétienté. Le P. Pagi croit que Lazare étoit de retour à Aix en 417, où il mourut, on ne sait pas en quelle année, ayant mérité, par sa conduite, les éloges de la postérité.

Saint *Armentaire* est vraisemblablement celui qui souscrivit la lettre synodique, écrite par les évêques des Gaules, à saint Léon, en 451 : on y trouve les noms de quatre de ses suffragans. Cette conjecture seroit insuffisante, pour nous faire admettre l'épiscopat de cet évêque, si elle n'étoit appuyée d'une inscription, dont Pi- 450.

thon parle, & qui fut trouvée dans la facriftie de l'églife d'Aix. Il y eft auffi mention de faint Ménelfale, qui peut-être lui fuccéda. Nos églifes ont été fi fouvent pillées, avant le douzieme fiecle, qu'on ne peut écrire l'hiftoire des premiers évêques, fans être arrêté, à chaque inftant, par quelque difficulté.

Saint *Bazile* n'étoit que prêtre en 449, lorfqu'il affifta aux obféques de faint Hilaire, évêque d'Arles. Il fut placé fur le fiege d'Aix en 472, puifque fous le confulat de *Turcius-Rufius-Apronianus-Afterius*, l'an de J. C. 494, il comptoit la vingt-troifieme année de fon épifcopat. C'eft un fait prouvé par l'infcription fuivante, que nous n'avons pas en entier. On en voit le marbre chez M. le préfident de Saint-Vincent, à Aix. Voici ce qu'on y lit encore.

.....I...NOIAR
....BASILIO EPO
..ANN. XXIII
...VIII. DI. II. T
...NO. OCTB
...TVRCIO. ASTERIO. CONS.

Bazile fut un des évêques qui négocierent la paix en 474, avec Euric, roi des Vifigots, comme on le verra dans l'hiftoire. L'année de fa mort nous eft inconnue.

Maxime ne lui fuccéda pas immédiatement; car la premiere fois qu'il eft mention de lui, c'eft aux conciles d'Orange & de Vaifon, en 524; il fut préfent à celui d'Orléans, en 541.

Avolus, fon fucceffeur, foufcrivit au cinquieme concile qui fe tint dans la même ville en 549, & à trois autres, dont le dernier eft celui de Paris, en l'année 555.

Francon fut mis à fa place, on ne fait pas en quelle année. Il n'eft connu que par un trait rapporté dans Grégoire de Tours. L'églife d'Aix poffédoit une maifon de campagne, dont Childeric, un des principaux officiers du roi Sigebert s'empara, fous prétexte qu'elle appartenoit au fifc. Francon n'ayant pu la recouvrer par voie de juftice, mit la chapelle de faint Mitre en interdit, & fe profterna fur le tombeau du faint, en lui difant que, s'il ne vengeoit pas fes ferviteurs, on ne chanteroit plus de pfeaumes, & l'on ne feroit plus brûler de lampe en fon honneur. La priere de Francon fut exaucée, & les biens furent reftitués à fon églife en 566.

Pientius rempliffoit le fiege d'Aix en 581, qui eft le tems où Théodore, évêque de Marfeille, fut perfécuté par Dyname, gouverneur de la province, & par fon clergé. Pientius envoya un député au fecond concile de Macon, en 585.

Protais étoit vidame de l'églife d'Arles, quand il fut placé fur le fiege d'Aix, vers l'an 595; nous ignorons combien de tems il l'occupa. Le pape faint Grégoire le grand, donna des éloges à fon zele pour la religion & pour les intérêts de l'églife de Rome, qu'il lui recommandoit, en le priant de lui faire payer, par Virgile, évêque d'Arles, les revenus que le faint fiege avoit en Provence, & & qui n'avoient pas été comptés depuis plufieurs années. Ces revenus provenoient des donations faites au faint fiege par des particuliers, & formoient, ce qu'on appelloit en Provence, le patrimoine de faint Pierre. Après l'épifcopat de Protais, on trouve un vuide de plus de deux cens ans, que Bouche a tâché de remplir, avec les noms de quelques évêques imaginaires. Nous ne connoiffons même pas celui qui, après cet intervalle de tems, paroît le premier dans l'hiftoire. Il demanda au concile de Francfort, tenu en 794, d'être rétabli dans les droits de métropolitain; mais fon nom & fes actions font reftés enfevelis dans l'oubli.

Benoît fut un des métropolitains qui affifterent en 828, par ordre de Louis le débonnaire, au concile de Lyon. Louvet place, après lui, deux évêques, Honoré en 850, & Sylveftre en 866. On n'a aucune preuve certaine de leur épifcopat.

Robert n'eft connu que depuis l'an 879, quoiqu'il foit vraifemblable qu'il fiégeoit déja plufieurs années auparavant. Il fut un des lecteurs de Bozon, au concile de Mantaille. Il eft le premier qui ait eu le nom d'archevêque. On croit qu'il mourut en 885.

886. *Matefroid* affifta au concile du Port, diocèfe de Nîmes, en 886.

928. *Odoric* eft feulement connu par le témoignage de Flodoard. Herbert, duc de Vermandois, le pria en 928, de faire les fonctions épifcopales dans l'églife de Reims, à la place d'Hugues, fon fils, qui étoit, quoiqu'âgé feulement de cinq ans, archevêque de cette ville. La crainte des farrazins, qui ravageoient la Provence, avoit obligé Odoric de s'enfuir. Il abdiqua quelque tems après, & eut pour fucceffeur,

948. *Ifraël*, nommé dans une charte de l'an 948.

966. *Silveftre*, auffi peu connu que le précédent, vivoit en 966.

991. *Amalric* I, depuis 991 jufqu'en 1013.

1014. *Enguerran*, que l'on croit avoir été fon fucceffeur, & qui avoit d'abord été chanoine de faint Sauveur d'Aix, puis évêque de Cavaillon, ne peut avoir été transféré au fiege d'Aix qu'en 1014; fuppofé même qu'il l'ait été, car rien n'eft plus incertain. Il étoit marié, quand il gouvernoit l'églife de Cavaillon.

1019. *Pons* I a eu le fort de la plupart de fes contemporains. On voit leur nom dans des chartes, mais on ne fçait aucune particularité de leur vie. On trouve le fien en 1019.

1032. *Amauri* II nous feroit inconnu, s'il n'avoit approuvé quelques donations faites aux religieux de faint Victor, dont on a confervé les actes.

1038. *Pierre* I, entraîné par l'efprit de fon fiecle, où l'on faifoit confifter la religion à enrichir les églifes & les monafteres, donna plufieurs marques de piété, dans ce genre, depuis l'an 1038, jufqu'en 1048, qui eft l'année de fa mort.

1049. *Pons* II, qui le remplaça, étoit de l'ancienne maifon de Château-Renard, déja diftinguée en Provence, par les biens confidérables qu'elle y poffédoit. Il préfida, avec Raimbaud, archevêque d'Arles, en qualité de député du saint siege, au concile assemblé à Toulouse, pour la réformation de la discipline & des mœurs, en 1056. La même année il fit la consécration de l'église de Brignolle, ou pour mieux dire, il la fit faire par l'évêque de Toulon, quoique les monumens ne soient pas d'accord sur ce point. Il mourut, pour le plus tard, en 1060, ayant eu, pour successeur,

Rostan de Foz (& non pas d'*Hyeres*) comme on le prétend; car ses freres ont, dans les chartes, le surnom de Foz, & leurs ancêtres avoient fondé, dans le territoire de ce nom, l'abbaye de saint Gervais, en 989. Ils avoient aussi des biens à Hyeres; l'archevêque Rostan, & son frere Amiel de Foz, donnerent à l'abbaye de saint Victor, en 1075, deux salines qu'ils y possédoient. Cette ancienne maison étoit une branche de celle de Marseille. Le siege d'Aix fut vacant au commencement de l'année 1085, & rempli, quelques jours après, par

Pierre II, *Goffredi*, des vicomtes de Marseille, religieux de saint Victor, mort vers la fin de l'année 1102. Il avoit assisté au concile de Plaisance, & à celui de Clermont en Auvergne, en 1095, & mourut en 1103.

Pierre III, son successeur, reçut le pallium en 1104, & fit la consécration de la nouvelle église de saint Sauveur, en 1110. On ignore les autres particularités de sa vie.

Fouques est nommé, avec le titre d'archevêque d'Aix, dans des monumens de 1118 & 1119. Il fut déposé, on ne sait ni pourquoi, ni en quelle année. On croit qu'il mourut en 1132. Sous son pontificat, vivoit Albert, chanoine de l'église de saint Sauveur d'Aix, auteur d'une histoire de la premiere croisade, depuis l'an 1095, jusqu'en 1120.

Pierre IV. On ne peut se refuser aux preuves que l'auteur des annales de l'église d'Aix rapporte, de l'épiscopat de cet évêque. Les deux chartes, qu'il cite, sont de l'an 1153; mais il faut qu'elles soient du commencement de l'année, & que celles, où il est

1060.

1089.

1103.

1118.

1140.

mention du suivant, soient de la fin. Si le nom de *Pierre* ne se trouvoit pas tout du long, dans une de ces chartes, nous ne l'aurions pas distingué de *Pons*, dont nous allons parler; & nous aurions cru que ceux qui avoient fait la distinction, s'étoient laissés tromper par la lettre initiale P, qui est la même dans les deux noms.

1153. *Pons de Lubieres* (*de Luperiis*), étoit archevêque d'Aix en 1153, mais il ne fut pas successeur immédiat de Fouques ; avant lui, il y en avoit un autre, dont le nom commençoit par un D. L'histoire de ce siecle est si embrouillée, que nous ignorons comment il se nommoit, & combien de tems il vécut. Quant à Pons, il n'est plus fait mention de lui après l'année 1158.

1162. *Pierre* V fut un des peres du concile de Montpellier, en 1162. Il ne siégea que jusqu'au mois d'avril 1165 ; car on croit que

1165. *Guillaume* gouvernoit déja le diocese au mois de mai de la même année ; mais il pourroit bien se faire que ce prélat fût archevêque d'Auch, & non pas d'Aix.

1166. *Hugues de Monlaur*, en 1166. Sa famille étoit de Languedoc, & fort illustre dans le douzieme siecle.

1178. *Bertrand de Roquevaire*, en 1178. Il assista au troisieme concile de Latran, tenu en 1179, & mourut bientôt après.

1180. *Henri*, d'abord prévôt de l'église d'Aix, & ensuite évêque de Riez, succéda à Bertrand, en 1180.

1188. *Gui de Foz*, à Henri, en 1188. Les libéralités des fideles envers les églises, les disputes que les monasteres eurent entr'eux, ou avec des seigneurs, au sujet de leurs biens, furent cause que le nom de cet archevêque, qui prit beaucoup de part aux affaires des religieux, se trouve souvent dans les chartes, depuis l'année de son élection, jusqu'au mois de mars 1212.

1212. *Bermond Cornuti*, prévôt de l'église de saint Sauveur, puis évêque de Fréjus, & enfin archevêque d'Aix en 1212, y appella les cordeliers, en 1218, & mourut au mois d'avril 1223.

Raimond

Raimond Audiberti siégea depuis l'an 1224 jusques vers l'an 1247. Il avoit gagné l'estime de Raimond Bérenger, comte de Provence, qui le nomma son exécuteur testamentaire.

Jean I assista, en 1248, au concile de Valence, où l'on renouvella l'excommunication contre l'empereur Frédéric & ses fauteurs.

Philippe I, dont l'épiscopat commence en l'année 1251, finit sa carriere au mois de février 1256. Il paroît, par les affaires dont il se mêla, qu'il avoit du crédit dans la province.

Guillaume de Vicedominis, neveu, par sa mere, de Grégoire X, naquit à Plaisance d'une famille illustre. Il fut fait archevêque d'Aix en 1257, à la place d'Hugues II, qui fut élu, sans être sacré, le comte de Provence s'étant opposé à son élection. Le zele de Guillaume, pour les mœurs & la discipline, lui fit assembler un concile provincial, où l'on dressa quelques statuts relatifs à ces deux objets, & sa conduite lui attira la confiance des comtes, des seigneurs, & des évêques du pays, qui, dans plusieurs occasions, le prirent pour arbitre de leurs différens. Grégoire X voulant lui donner une preuve de son affection, le créa cardinal-évêque de Palestrine, en 1272. On lit dans un nécrologe, qu'il fut élevé au souverain pontificat le 6 septembre 1276, & qu'il mourut le jour même; cependant, il paroît certain, qu'il mourut le six avril de la même année.

Grimerius de Vicedominis, suivant une charte de saint Victor, chanoine & official de l'église d'Aix, succéda à Guillaume en 1272, quoique le prévôt & le chapitre eussent demandé Alain, évêque de Sisteron. Mais l'ascendant que les souverains pontifes avoient alors sur les comtes de Provence, à cause du royaume de Sicile, les rendoit maîtres de disposer des honneurs ecclésiastiques, sans avoir à craindre aucune opposition. Grimerius mourut, suivant le nécrologe de l'église d'Aix, le 28 novembre 1282.

Rostan de Noves, religieux de saint François ou de saint Dominique (on n'est pas d'accord sur ce point), eut à peine pris possession de l'archevêché, qu'il donna des preuves de son zele pour la religion & les bonnes mœurs. Il tint à Riez, au mois de février 1285, un concile provincial, qui n'est point dans la grande collection du P. Labbe. On y fit vingt-deux canons; le dernier prononçoit anathême, contre quiconque empêcheroit les appels au métropolitain. Les religieuses dominicaines, fondées à Marseille, dès l'an 1286, furent établies au quartier de la Duranne, près d'Aix, en 1290, par Charles II, roi de Sicile, qui avoit une estime particuliere pour cet ordre. Deux ans après, le 20 du mois de juillet, il les mit près de la ville, au monastere de sainte Marie de Nazareth. Elles devoient être au nombre de cent, dont dix sœurs converses. Rostan mourut à Aix, au mois de février 1310; il étoit de la même famille que la belle Laure, & vraisemblablement son oncle.

1311. *Guillaume de Mandagot*, d'une famille noble de Lodeve, fut transféré de l'archevêché d'Embrun à celui d'Aix, en 1311. Mais ayant été fait cardinal & évêque de Palestrine, l'année d'après, il se démit de l'archevêché.

1313. *Robert de Mauvoisin* (de Malo Vicino), fut élu au commencement de l'année 1313, & mourut en 1318.

1318. *Pierre Després*, natif de Cahors, étoit évêque de Riez, quand il fut nommé à l'archevêché d'Aix, en 1318. Il regarda la pourpre, dont il fut revêtu en 1320, comme un lien de plus qui l'attachoit à l'église, & redoubla de zele pour la servir utilement le reste de ses jours. Il mourut de la peste, à Villeneuve près d'Avignon, le 13 mai 1321.

1321. *Pierre Aureoli*, du diocese de Soissons, remplit le siege d'Aix en 1321, peu de tems après qu'il fut devenu vacant, par la promotion de son prédécesseur, au cardinalat, & ne le garda que jusqu'à la fin de l'année suivante. Il avoit été religieux de l'ordre de saint François, & professeur de théologie en l'université de Paris.

Il fit quelques ouvrages, estimés de son tems, mais condamnés à l'oubli depuis que les ténèbres de l'ignorance ont commencé de se dissiper.

Jacques de Concoz, de la famille de Cabrairez, dans le Quercy, religieux dominicain, ensuite évêque de Lodeve, & enfin archevêque d'Aix, le 10 juillet 1322, assista au concile d'Avignon, le 18 juin 1326, & mourut le premier mai 1329. — 1322.

Arnaud I, prêta serment de fidélité au sénéchal de Provence, qui le reçut, au nom du comte, le 25 avril 1331. Il mourut à Perricard, on ne sait pas en quelle année, mais vraisemblablement au commencement de 1337. — 1331.

Armand de Barcès ou *Narcès*, gouvernoit déja le diocese, le 3 septembre de la même année, ayant assisté ce jour-là au concile d'Avignon, tenu par trois archevêques, du nombre desquels il étoit, & par dix-sept évêques. Le talent qu'il avoit pour les négociations, le fit choisir, par Benoît XII, pour aller déterminer Jacques, roi de Majorque, & Pierre, roi d'Arragon, qui étoient en guerre, à remettre leurs différens au jugement du saint pere. Après la mort de Benoît XII, il fut encore chargé de la même commission, par Clément VI, & s'en acquitta avec honneur. Il mourut au mois d'avril 1348. — 1337.

Arnaud II, *Bernardi du Piret* (de Pireto), élu la même année, est peu connu, parce qu'il demeura presque toujours dans la ville d'Avignon, que le pape venoit d'acquérir de la reine Jeanne; il se démit de l'archevêché d'Aix en 1361, s'il faut s'en rapporter à Baluze, pour aller occuper le siege de Montauban, où il étoit né. Mais rien ne paroît plus douteux que ce fait. — 1348.

Jean Piscis ou *Peissoni*, transféré de Digne à Aix en 1362, fut un des commissaires nommés, pour informer de la vie & des miracles de sainte Delphine, femme de saint Elzéar de Sabran. Il mourut le 10 octobre 1368. — 1362.

Gerard de Posilhac, a eu le sort des personnes qui, occupant — 1369.

les premieres places d'une province, ne font rien pour l'utilité publique; il est resté dans l'oubli. L'on sait qu'il mourut au mois de mai 1378; & que sous son épiscopat, les religieuses de saint Dominique furent transférées, du couvent de Nazareth, à celui qu'on leur bâtit, près de l'église de saint Sulpice, le 22 juin 1377.

1379. *Jean d'Agoult*, qui le remplaça un an après, est plus connu par l'ancienneté de sa noblesse, que par ses actions. Il étoit fils de Fouques, grand sénéchal de Provence, & d'Alix de Baux. Les auteurs ne parlent que de son élection & de sa mort, arrivée en 1394. Jean Fabri, chanoine de l'église d'Aix, & prévôt de Fréjus, ayant été nommé par le chapitre, le pape lui refusa les bulles, & le bâton pastoral fut donné en 1395, à

1395. *Pierre d'Agoult*, cousin de Jean, & dont on connoît à peine l'existence, n'ayant vécu que peu de tems.

1397. *Thomas de Puppio*, né à Aix, obtint l'archevêché en 1397, ou, selon quelques auteurs, en 1399. Il fut délégué du saint siege au mois de décembre 1407, pour unir l'abbaye des religieuses de Saint-Pons de Gemenos, à celle de Lamanarre, près d'Hieres, diocese de Toulon. C'est la seule action de sa vie qui soit parvenue jusqu'à nous, quoiqu'il ait gouverné le diocese pendant plus de vingt ans, n'étant mort qu'au mois de février 1420. On lui attribue quelques ouvrages qui sont demeurés dans l'obscurité, comme presque tous ceux que le quatorzieme siecle a vu naître. Sous son épiscopat, l'université d'Aix fut établie & confirmée par Alexandre V, en 1409.

1421. *Guillaume Fillastre*, d'une famille honnête du Maine, étoit docteur en l'un & l'autre droit, & savant dans la langue grecque & les mathématiques, c'est-à-dire, qu'il connoissoit les élémens de cette science, qui étoit encore à son berceau. Le pape Jean XXIII, charmé de son mérite, le fit cardinal, & lui accorda successivement plusieurs dignités dans l'église de Rome. Il ne fut nommé à l'archevêché d'Aix qu'au mois de janvier 1421. Martin V, successeur de Jean, l'ayant envoyé en France, en qualité de légat *à latere*, avec le cardinal des Ursins, il déclama avec si peu de ménagement, contre les libertés de l'église gallicane, en présence de Charles VI, que ce prince en fut indigné, & l'obligea de sortir du royaume. Il paroît cependant qu'il lui rendit ensuite ses bonnes graces, puisque ce cardinal revint en France avec le titre de légat. Il mourut à Rome le 6 du mois de novembre 1428, âgé de quatre-vingts ans.

Aimon de Nicolaï, religieux dominicain, d'abord évêque de Senez, puis de Saint-Pons, & enfin archevêque d'Aix en 1429, se démit en 1437, parce que l'affection que Louis III, roi de Naples & comte de Provence, lui portoit, l'empêchoit de résider dans son diocese; ce qui prouve qu'il méritoit de le gouverner. — 1429.

Robert Damiani, son successeur, natif de Bourges, eut la confiance d'Eugene IV & de Nicolas V, qui le firent nonce apostolique, & le chargerent de plusieurs commissions importantes. On ignore l'année de sa mort, qui doit être arrivée vers l'an 1468. Il étoit de l'ordre des freres mineurs; on l'appelle dans un acte reçu en 1449, par Rohard, notaire d'Arles, Robert de Saint-Marc. — 1437.

Olivier de Pennart, chanoine de l'église d'Aix, chancelier de l'université de cette ville, coadjuteur de Robert, & son successeur, fut un des principaux bienfaiteurs de la métropole, ayant consacré la plus grande partie de ses revenus à y faire des réparations. Il étoit né dans le Maine, & mourut à la fin de janvier 1484. — 1468.

Philippe-Hebert d'Aussonvilliers, parisien, est le premier qui ait eu l'archevêché d'Aix, par la protection des rois de France, puisqu'il fut nommé au mois de février 1484, & que la province n'étoit réunie à la couronne, que depuis le mois de décembre 1481. Ayant présidé aux états, assemblés à Aix en 1487, il — 1484.

fit un discours sur les avantages de cette réunion, & sur la fidélité que les provençaux devoient à leurs nouveaux maîtres. Il mourut en 1499, ou en 1500, pour le plus tard.

1500. *Christophe de Brillac*, à qui la cour donna l'archevêché, permuta, sur la fin de l'année 1502, avec

1502. *François de Brillac*, son neveu, qui lui céda l'évêché d'Orléans, après l'avoir possédé trente ans. Ces deux prélats étoient nés à Bourges. François ne garda pas long-tems l'archevêché d'Aix, puisqu'en 1505, il avoit pour successeur,

1505. *Pierre Filleul*, dont nous parlerons à l'article des évêques de Sisteron. Il étoit né à Gannat, dans le Bourbonnois. La part qu'il prit au gouvernement du royaume, ne lui ayant pas permis de veiller sur son diocèse, sur-tout après l'an 1515; il en confia l'administration à des vicaires généraux, & se fit donner, pour coadjuteur, en 1530, Antoine Imberti, son neveu. Pierre étoit lieutenant de Charles, duc de Bourbon, dans le Languedoc; & François I le fit son lieutenant-général au gouvernement de Paris & de l'île de France. Pierre mourut dans cette ville, le 22 janvier 1540, âgé de cent deux ans, après avoir été archevêque d'Aix trente-quatre ans trois mois & quatorze jours. Il avoit été fait premier conseiller d'église au parlement d'Aix, le 9 avril 1509.

1541. *Antoine Imberti*, né au Luc ou à Fréjus, en Provence, prit possession de l'archevêché d'Aix, le 28 août 1541. Il assista au concile de Trente, en 1545, & s'y distingua par son zele & ses lumieres. On prétend même qu'il avoit recueilli les actes des premieres sessions de ce concile, qui se tenoit alors à Mantoue, & qu'il les auroit fait imprimer, si la mort ne l'eût surpris le 2 décembre 1550.

1558. *Jean de Saint-Romain*, fils de Jean de Saint-Priest, seigneur de Saint-Chamond, & de Jeanne de la Tour, succéda à sa dignité, mais non pas à ses vertus. Il fut accusé d'avoir embrassé le calvinisme, avec plusieurs autres prélats du royaume. Le pape Pie IV, emporté par son zele, ordonna, aux cardinaux inquisiteurs, de citer, à Rome, toutes les personnes suspectes d'hérésie, de quelque rang & condition qu'elles fussent, & de faire exécuter, contr'elles, la sentence qu'il prononceroit dans un consistoire secret, si elles refusoient de comparoître. Ses ordres furent exécutés, & les cardinaux citerent, à leur tribunal, plusieurs évêques & archevêques, du nombre desquels étoit Saint-Romain. Ce procédé, contraire aux libertés de l'église gallicane, excita, de la part de la France, des réclamations dont on peut voir les suites dans M. de Thou. On dit que Saint-Romain, fatigué de ces poursuites, monta en chaire, le jour de Noël, qu'il déclama contre la foi de ses peres & contre le pape, & quitta les habits pontificaux, pour embrasser la profession des armes, où régnoit alors une licence, qu'il n'auroit pas préférée à la sainteté de son ministere, si les passions ne lui en eussent pas fait sentir le poids. On lit, dans le *gallia christiana*, qu'il se démit en faveur d'André Estienne, chanoine de saint Sauveur, à qui le roi accorda son agrément, en 1567, mais que le pape lui refusa les bulles. Il y a des auteurs qui prétendent que Jean, s'étant retiré à Geneve, s'y maria, & qu'il fut obligé de porter de l'eau, pour gagner sa vie. On ne peut admettre ce fait sans de fortes preuves.

Laurent Strozzi, florentin, neveu de Leon X, & de Catherine de Médicis, reine de France, fut nommé à l'archevêché d'Aix : il avoit d'abord embrassé le parti des armes, & s'y étoit fait un nom par sa bravoure & ses actions. Étant ensuite entré dans l'état ecclésiastique, il accumula, sur sa tête, tous les bénéfices que l'ambition peut se procurer, quand elle est soutenue par le crédit. Possesseur de plusieurs abbayes, évêque de Béziers, cardinal, ensuite archevêque d'Albi, & enfin archevêque d'Aix, en 1566, il fit son entrée solemnelle, dans cette ville, le 14 août 1568, & mourut à Avignon, au mois de décembre 1571.

Julien de Médicis, frere du fameux Laurent, profita du crédit

Diocese d'Aix.
Archevêques.

1566.

1572.

que sa famille avoit en France, pour s'élever aux honneurs ecclésiastiques. Après avoir rempli successivement les mêmes sièges, que son cousin Strozzi, se voyant accablé d'infirmités, il quitta celui d'Aix, en 1575, à condition qu'on le donneroit à son cousin germain

1575. *Alexandre Canigiani*, qui fit son entrée solemnelle le 16 septembre 1576. Il assista à l'assemblée du clergé de 1580, aux états de Blois en 1588, & tint, en 1585, un concile provincial, où l'on fit plusieurs décisions sur le dogme, & des réglemens pour la réformation des mœurs & de la discipline. C'étoit un homme pacifique & régulier, qui, voyant avec douleur les divisions qui déchiroient la France, se retira à Rome, pour y finir tranquillement ses jours, qu'il termina le 21 mars 1591. Sixte V l'avoit envoyé, peu de tems auparavant, en-deça des Alpes, avec plusieurs autres prélats, pour pacifier les troubles du royaume.

1591. *Gilbert Génébrard*, natif de Riom, en Auvergne, fut nommé à l'archevêché d'Aix, par Grégoire XIV, au mois de mai 1591, & vint se faire installer au mois de septembre 1593. Personne ne mérita cette dignité, à plus de titres, que ce savant bénédictin, si l'on ne considere que la science & la régularité des mœurs. Il rendit son nom célebre par beaucoup d'ouvrages sortis de sa plume, & marqués au coin de l'érudition. Mais on le trouve aussi à la tête de quelques écrits séditieux, qui respirent cet esprit de faction, dont les hommes, les plus estimables, ne purent se garentir à la fin du seizieme siecle. Henri IV fut à peine monté sur le trône, qu'on accusa Génébrard du crime de leze-majesté, d'avoir détourné les peuples de l'obéissance du souverain, & d'avoir obtenu son archevêché, contre les loix du royaume, puisque c'étoit le pape, & non pas le roi, qui le lui avoit donné. Ces raisons furent cause que le parlement d'Aix l'en priva, par arrêt du 26 janvier 1596. Henri le grand avoit déja nommé à sa place, en 1595,

Paul

DE PROVENCE.

DIOCESE D'AIX.
ARCHEVÊQUES.

Paul Hurault de Lhôpital, petit-fils, par sa mere, du chancelier de ce nom, homme de mérite, mais trop entêté des prérogatives de son rang. Il mourut au mois de septembre 1624, ayant été remplacé par

1595.

Gui Hurault de Lhôpital, son neveu & son coadjuteur, décédé à Paris le 3 décembre 1625.

1624.

Armand-Louis Duplessis de Richelieu, frere du cardinal, étoit chartreux, quand il fut nommé à l'archevêché d'Aix, le 6 décembre de la même année, trois jours après la mort de son prédécesseur. Il passa à celui de Lyon, en 1629, après avoir été décoré de la pourpre, par Urbain VIII, qui donnoit de grands éloges à son mérite, tandis que le roi le récompensoit par ses bienfaits.

1625.

Louis de Bretel, abbé commendataire de deux abbayes, doyen du chapitre de Rouen, conseiller-clerc au parlement de Normandie, & fils du président de Bretel de Gremonville, ne reçut l'onction épiscopale, que le 2 janvier 1632, quoiqu'il eût été nommé en 1630. Il finit sa carriere le 26 mars 1644.

1630.

Michel Mazarin, frere du cardinal de ce nom, prit l'habit des dominicains à Rome, sa patrie; & après avoir été professeur de théologie, prieur & provincial de son ordre, il obtint, par le crédit de son frere, l'archevêché d'Aix, dont il prit possession le 30 octobre 1645. Etant retourné en Italie, peu de tems après, il fut créé cardinal, du titre de sainte Cecile, & enfin, vice-roi de Catalogne, à la place de Louis de Bourbon, prince de Condé. Il alla faire, pendant quelque tems, les fonctions de sa charge dans cette province; mais entraîné par le desir de retourner dans sa patrie, il repassa les monts, & mourut à Rome le premier septembre 1648, âgé de quarante-un ans, ne laissant dans son diocese que le souvenir de ses titres.

1645.

Jerôme de Grimaldi fut nommé le 20 de septembre 1648; mais n'ayant pu obtenir ses bulles, que sept ans après, le siege demeura vacant pendant tout ce tems-là. Il avoit été nonce en

1648.

Tome I.   Cc

France, & avoit eu, en cour de Rome, des places distinguées; dont on ne doit pas lui faire un mérite, puisqu'il en possédoit un plus réel, qui est celui d'avoir rempli les devoirs de l'épiscopat, avec un zele qu'on peut citer pour exemple. Il remit en vigueur la discipline & les bonnes mœurs parmi le clergé; fit instruire les ecclésiastiques, & soulagea les pauvres, auxquels il distribua ses revenus. Il mourut en 1685, plein d'années & de bonnes œuvres, dans la quatre-vingt-dixieme année de son âge, le jour de saint Charles Borromée, qu'il s'étoit proposé pour modele.

1685. *Charles Legoux de la Berchere*, fils du premier président du parlement de Bourgogne, dut, plutôt à ses talens qu'à sa naissance & à la protection, l'archevêché d'Aix, auquel il fut nommé au mois de novembre 1685, après avoir été dix ans & quelques mois évêque de Lavaur. Mais ayant été nommé à l'archevêché d'Albi, en 1687, avant qu'il eût pris possession de celui d'Aix; la Provence fut privée des avantages qu'elle auroit pu retirer de ses lumieres & de ses vertus.

1687. *Daniel de Cosnac*, né dans le Limousin, porta sur le siege d'Aix un nom illustre, étant fils de François de Cosnac & d'Eléonore de Talairan, fille du prince de Chalais & de Françoise de Monluc. Il étoit évêque de Valence & de Die, quand il fut nommé à l'archevêché d'Aix, au mois de janvier 1687. Mais n'ayant pu obtenir alors ses bulles, à cause des différens survenus entre la cour de France & celle de Rome, il ne fut proclamé que le 26 octobre 1693. Il mourut au mois de juin 1708, âgé de plus quatre-vingts ans, étant alors doyen des évêques de France. On lui fit cette épitaphe ironique, *requiescat ut requievit*. Il avoit été fait commandeur des ordres du Saint-Esprit, le 19 avril 1701.

1708. *Charles-Gaspar-Guillaume de Vintimille du Luc*, sacré évêque de Marseille en 1692, fut transféré à Aix en 1708, & prit possession au mois de novembre de la même année. Il devint archevêque de Paris le 12 mai 1729.

Jean-Baptiste-Antoine de Brancas, né dans le diocese de Carpentras, sacré évêque de la Rochelle, le 21 octobre 1725, nommé archevêque d'Aix en 1729, abbé de Montmorel & de saint Pierre de Melun, mourut en 1770, particuliérement regretté des pauvres & des ecclésiastiques, qui s'étoient ressentis de ses bienfaits.

DIOCESE D'AIX.
ARCHEVÊQUES.
1729.
1770.

Jean-de-Dieu-Raimond de Boisgelin de Cucé, né dans le diocese de Rennes, ancien prieur de Sorbonne, vicaire général de Rouen, sacré évêque de Lavaur, le 28 avril 1765, & transféré à Aix en 1770, a prêché, devant sa majesté, le jour de la cérémonie du sacre, le 11 juin 1775. Il étoit tout naturel que le même prélat, qui avoit déja peint, avec éloquence, le caractere bienfaisant de Stanislas, la piété de la Dauphine, & la sagesse du Dauphin (1), remît, sous les yeux de leur auguste fils, les grandes maximes qu'ils avoient suivies, & qui, en lui apprenant à réunir avec ce fonds de justice qui le distingue, la bienfaisance de l'un, & les vertus des deux autres, le rendront le pere de son peuple, & le modele des bons rois. M. l'archevêque d'Aix a été reçu de l'académie françoise, le 28 février 1776.

Quoique l'ordre monastique soit très-ancien en Provence, puisqu'il y fleurissoit au commencement du Ve siecle, il n'y a point eu de monastere, dans le diocese d'Aix, avant le XIe; c'est peut-être parce que le siege de cette église, n'avoit été rempli par aucun religieux : car la plupart de nos anciens monasteres ont été fondés, ou par des moines, devenus évêques, ou par des évêques élevés chez les moines. L'abbaye de la *Celle*, près de Brignoles, est la plus ancienne du diocese, & remonte à l'an 1011. On trouve, parmi ses fondateurs, Enguerran ou Ingilran, évêque de Cavaillon, qui donna, aux religieux de saint Victor, en pré-

ANCIENNES
ABBAYES.

---

(1) M. l'archevêque d'Aix a fait l'oraison funebre du roi Stanislas, de madame la Dauphine, & de monseigneur le Dauphin. Les deux premieres sont imprimées; & l'autre, qui fut prononcée devant les états de Languedoc, n'a point vu le jour.

fence de sa femme, & au nom de ses enfans, la vallée d'Avolennazo, aujourd'hui la *Celle*, & l'église de sainte Perpetue; il s'y établit, peu de tems après, des religieuses, qui furent dirigées par un religieux de la même abbaye, auquel on donnoit le nom de prieur. Rien n'étoit plus ordinaire, dans ce siecle, que de voir des personnes du sexe, embrasser la regle de saint Benoît, ou de saint Augustin, sous la direction des moines du même ordre, qui avoient pourtant leur demeure & leurs biens à part. Le relâchement s'étant introduit dans le monastere de la *Celle*, les religieuses furent transférées à Aix en 1659, où elles ont fait revivre l'esprit de leur ancien institut.

L'abbaye de Sylvacane, ordre de Cîteaux, de la filiation de Morimond, fondée en 1147, par Raymond des Baux, fut unie au chapitre d'Aix, par une bulle d'Eugene IV, datée du 12 des calendes de janvier 1440, après que les débordemens de la Durance en eurent détruit les bâtimens. Il est dit, dans cette bulle, que les revenus du monastere étoient à peine suffisans, pour nourrir trois religieux.

Nous ne parlons point du monastere de saint Maximin, que le P. Guesnai fait remonter, sans aucune preuve, au neuvieme siecle. Le silence du P. Mabillon, qui n'en a trouvé aucunes traces dans les anciens monumens de l'ordre de saint Benoît, ne permet pas d'adopter l'opinion du P. Guesnai, dont on connoît d'ailleurs le peu d'exactitude. Il est vrai que l'abbaye de saint Victor possédoit anciennement, & peut-être dès le VIe siecle, des biens à Saint-Maximin, mais les moines n'établissoient pas des monasteres par-tout où ils avoient des possessions; il paroît seulement que dans le XIe siecle, ils en bâtirent un dans cette ville. Charles II, roi de Sicile & comte de Provence, le donna, en 1295, aux freres prêcheurs, qui ont justifié son choix, par les vertus qu'ils ont pratiquées.

La campagne d'Aix est fort belle, & produit les mêmes fruits que les autres endroits de la Provence, excepté des oranges. On y trouve des dépôts de la mer, tels que des empreintes de poissons, des ostracites, des cochlites & des néritites. Les fossiles les plus remarquables, sont ceux qu'on découvrit, le 28 janvier 1760, à cent cinquante toises de la ville, & à cent soixante, au-dessus des eaux minérales. On les trouva à cinq pieds de profondeur, dans le cœur d'un rocher, de la nature du marbre le plus dur, mêlé de veines jaspées & transparentes. Il étoit en forme de cailloutage, rempli de cavités, parsemé de limaçons ordinaires, & si dur, qu'il fallut employer la poudre pour le faire sauter ; d'où l'on peut conclure qu'il étoit dans son état primitif, quand il fut ouvert. Le gravier & les cailloux roulés qu'il contenoit, ressembloient au gravier & aux cailloux roulés par la mer. Cette circonstance nous porte à croire, que ces fossiles, qu'on a pris pour des têtes & des os de bras & de jambes humains, ne sont que des especes de nautiles, des cornes d'ammon, & des côtes de gros poissons pétrifiés. On trouve de l'ardoise au quartier nommé *lou prignon*, sur le chemin de *Rians*, & des *pierres* arborisées au *devens*. Je ne dis rien des eaux minérales de cette ville, qui, du tems de Strabon, avoient déja perdu presque toute leur vertu, par le mélange des eaux douces, ou par quelqu'autre cause qui nous est inconnue. Les anciens les employoient dans les maladies de l'urètre, s'il faut en juger par un monument découvert il y a environ soixante ans. C'étoit le symbole du dieu des jardins, offert au dieu de la source, pour désigner le genre de maladie dont on avoit été guéri.

La breche du terroir mérite un peu plus d'attention. Celle du Tolonet, à une lieue de la ville, est fort belle ; c'est un fond jaune, mêlé de taches brunes & noires, qui font un joli effet. Celle de Beaurecueil paroît plus jaune, plus bariolée, plus belle ; mais en général, on peut dire qu'elle est de la même qualité. La breche est un amas de cailloux irréguliers, collés les uns aux autres, d'une maniere si unie, que les masses qui s'en forment ne sont pas veinées comme les marbres ordinaires, mais marquées de taches circonscrites & distinctes, qui laissent appercevoir la différence des cailloux ; au lieu que dans les marbres ordinaires, les veines se confondent, & empiétent, pour ainsi dire, les unes sur les autres.

Cette espece de marbre est assez commune dans le diocese d'Aix, qui est tout compris dans la bande calcaire. Il y en a de verd, à une lieue de cette ville, sur la montagne où est la keirie. On en trouve dans le terroir de *Lambesc*, dont le fond est rouge, avec des taches jaunes & noires. Celui de *Rousset*, tantôt rouge, & tantôt blanc, vaut beaucoup moins que celui de *Tretz*, qui a le fond jaune, mêlé de blanc, & coupé de lignes rouges. Il prend un assez beau poli, ainsi que celui de *Candelon*, au terroir de Brignoles. On en trouveroit d'assez beau, près de *Tourves*, si l'on vouloit se donner la peine de creuser à une certaine profondeur. C'est une espece de brocatelle, variée de différentes couleurs, parmi lesquelles le rouge, le jaune & le blanc dominent. La couleur rouge qu'on apperçoit, dans tous les marbres de ce pays-là, vient du fer répandu dans la terre.

A la Sainte-Baume on en voit de petits morceaux dans la pierre même. La partie de la montagne, où l'on a creusé la grotte de la Magdeleine, est toute de marbre. Celui qu'on avoit commencé d'exploiter au *Plan-d'Aups*, au-dessous de cette montagne, est d'un fond rouge, mêlé de taches jaunes & blanches, qui font un joli effet. J'ai trouvé, dans cette même plaine, qui est à trois cent toises au-dessus du niveau de la mer, des pierres à fusil, des balanites, des fungites, & l'huitre, appellée pié-d'âne, de la plus belle conservation. Le marbre est très-commun à *Nans*, & dans tout le voisinage ; mais il est fort grossier dans le terroir de *Saint-Maximin*. On dit que les belles colonnes de Port-or, d'un noir & d'un jaune fort vif, qui parent le maître-autel de l'église de

Saint-Maximin, ont été tirées d'une carriere qui se trouve au quartier nommé l'*estendar*. Je puis assurer n'avoir rien vu de semblable, quoique j'aie parcouru, avec beaucoup de soin, un endroit ainsi nommé dans le terroir de cette ville. Il faut qu'il y ait un autre quartier du même nom, qui m'est inconnu, & où cette carriere se trouve. Au reste, le marbre abonde en Provence ; & si l'on vouloit s'en occuper, on en trouveroit qui orneroit nos maisons & nos églises, aussi-bien, & avec moins de frais, que celui qui nous vient de l'étranger ; ce seroit un avantage de plus pour le pays.

Nous avons aussi beaucoup de granite, autre espece de pierre, d'une nature tout-à-fait différente de celle du marbre, & dont les anciens faisoient un si grand usage pour les colonnades des temples & des autres édifices publics. Il y en a de différentes couleurs dans la vallée de *Vitroles*. Le plus singulier est couleur de rose & verd, avec une base crystaline, mêlée de quartz. Mais, dans aucun diocese, cette pierre n'est aussi abondante que dans celui de Fréjus, comme nous le dirons en son lieu.

Quant aux métaux, ils sont communs dans la bande schiteuse, & rares dans la calcaire. Cependant on prétend qu'il y a une mine de fer à *Grambois*, sur les côteaux ; à *Peyrolles* & à la montagne de *Candelon*, près de Brignoles. On voit des indices de mine de plomb à Puypin, & d'autres indices de mine d'argent sur la montagne de Sainte-Victoire, tout près d'une mine d'ocre. On trouve, dans cette même bande, beaucoup de charbon de terre, appellé *houille* dans les provinces septentrionales du royaume. C'est une matiere fossile, noire, bitumineuse, & par conséquent combustible, & propre aux forges & aux fabriques où le feu est nécessaire. Cela seul doit rendre le charbon de terre précieux dans notre province, où le bois est rare, & où il en faudroit beaucoup pour les fabriques de savon, les verreries, la filature des soies, la distillation des vins, & les moulins à huile, sans compter la consommation qu'il s'en fait dans les fours à chaux. On croit d'ailleurs que les cendres de charbon de terre peuvent servir d'engrais ; c'est une expérience à faire. Il est certain que dans le Languedoc, elles en fournissent un excellent, quand elles sont mêlées avec la chaux vive. Ce mélange peut encore servir à former un bon ciment, qui a la propriété de se consolider dans l'eau, & de devenir, en peu d'années, plus dur que les pierres, auxquelles il sert de liaison. Ces avantages méritent qu'on cherche ce fossile, qui n'est pas rare en Provence. On en trouve en plusieurs endroits du diocèse d'Aix, à *Mimet, Fuveau, Greasque, Puipin, Auriol, Belcodenes, Saint-Zacharie*, & dans tous les environs ; car le filon s'étend fort loin. Comme le jais est un bitume fossile, qui tient de la nature du charbon de terre, on en découvre tout auprès de celui-ci ; à *Peynier*, par exemple, à *Mazaugues*, & à *Candelon*, quartier de Brignoles, dont nous avons déja parlé deux fois. Ces indications ne dispensent pas des expériences que ces fossiles exigent pour connoître les avantages qu'on en peut retirer.

Le même diocèse offre beaucoup de coquillages fossiles ; il nous suffira de nommer les peignes & les huitres du terroir de *Cadenet*; les glossopêtres, & autres coquilles, du terroir de *Pertuis*, près de *Joannis*; les cornes d'ammon, les grosses & longues bélemnites à queue, & de couleur noire, qu'on voit à *Vauvernagues*, près de la montagne de *Sainte-Victoire*, qu'on dit être élevée de cinq cens trente-deux toises au-dessus du niveau de la mer. Il seroit à souhaiter qu'on fît des observations météorologiques sur nos montagnes, & qu'on déterminât, au juste, leur élévation. Ce qu'on a publié, en dernier lieu, sur la hauteur de la *Sainte-Baume* (1), du *Saint-Pilon*, & de la pointe des *Béguines*,

---

(1) La Sainte-Baume & Nans, sont du diocèse de Marseille. Je n'ai pourtant pas cru devoir les séparer des villages voisins dont j'ai eu occasion de parler, & qui sont du diocèse d'Aix, comme la Sainte-Baume l'étoit anciennement.

n'est

n'est point conforme à ce que le P. Laval fit imprimer, dans les mémoires de l'académie des sciences, en 1708, p. 456 & suiv. Suivant ses observations,

La pointe des Beguines a, au-dessus du niveau de la mer, ... 559 toises 1 pied.
La montagne du Saint-Pilon, . . . 481
La Sainte-Baume, ... 415 ½
Suivant des observations faites, depuis quelques années, avec le barometre,
la pointe des Beguines est élevée de . 604
Le Saint-Pilon, de 504
Et la Sainte-Baume, de 469

Cette différence peut venir, 1°. de celle qu'il y avoit dans l'atmosphere, lorsqu'on mit le barometre en expérience; car la pesanteur spécifique de l'air est rarement la même dans les mêmes mois de l'année, quoique le tems paroisse également serein; 2°. elle vient aussi de la différence des méthodes que les observateurs ont suivies, en évaluant la hauteur de l'air, relativement à celle du barometre. On évalua les observations du P. Laval, d'après la table de M. Cassini, le fils, suivant laquelle le premier pouce d'abaissement du mercure, répond à une élévation de 133 toises dans l'atmosphere, ... 133 toises.

Deux pouces répondent à 290, ... 290
à cause de la progression qu'il y a dans la raréfaction de l'air, à mesure qu'on s'éleve. Mais cette estimation fut ensuite jugée trop forte, par M. Cassini lui-même, qui trouva que la hauteur de l'air, qui répond à un pouce d'abaissement, n'est que de 130 toises, ... 130 toises.
& celle qui répond à deux, de 269, . . . 269.

Il semble qu'on doit conclure de-là, que la Sainte-Baume, le Saint-Pilon & la pointe des Beguines, n'ont pas même l'élévation qu'on leur donnoit en 1708. Mais on convient que l'ef-

Diocese d'Aix. Histoire naturelle.

Acad. des scienc. an. 1733. mém. p. 46.

timation de M. Cassini n'est pas assez forte. D'ailleurs, au commencement du siécle, les instrumens n'étoient point aussi parfaits qu'ils le sont aujourd'hui ; & l'on n'apportoit pas, dans les observations de cette nature, toutes les qualités & les précautions que l'expérience & les connoissances acquises ont fait juger nécessaires. Ces raisons me portent à croire que la derniere estimation, de la hauteur de la Sainte-Baume, que j'ai rapportée ci-dessus, & qui est faite d'après l'abaissement du mercure, approche plus de la vérité ; quoique, à dire le vrai, il faut tant de choses, pour que ces observations soient exactes ; les tables des hauteurs de l'atmosphere, correspondantes à celle du mercure, dans le barometre, sont si différentes entr'elles, qu'on est tenté de croire qu'il est impossible de connoître exactement la hauteur des lieux par cette méthode. Suivant le P. Laval, l'abaissement du mercure, à la Sainte-Baume, étoit, à la fin de juin 1708, de . . . . 2 pouces 8 lignes $\frac{23}{48}$.

 Au Saint-Pilon, de 3   0 $\frac{28}{45}$.
 A la pointe des Beguines, . . 3   5. $\frac{1}{3}$.

Entre cette pointe & le Saint-Pilon, on voit des traces de volcan au midi de la montagne. L'action du feu a soulevé, déchiré, brisé les rochers, dont les débris sont entassés confusément dans les endroits où l'explosion a été la plus forte. Les pierres sont fort cassantes, & généralement criblées de petits trous, semblables à ceux qu'on voit à l'extrêmité des os calcinés. On voit aussi un volcan éteint à Beaulieu ; & l'on en trouveroit sur la plupart de nos montagnes, si on les parcouroit avec attention.

 La pointe des Beguines, qu'on appelle aussi la montagne de Saint-Cassien, est appuyée sur une grotte qui va du nord au midi, dans un espace d'environ cinquante pieds, depuis l'entrée jusqu'au fond, & de trente dans sa plus grande élévation ; c'est, du moins, ainsi que j'en ai jugé, à la vue simple. La matiere spatheuse, d'un

DE PROVENCE.

grain très-fin, a coulé en forme de lave du côté du nord-eft; on en diftingue plufieurs couches l'une fur l'autre, qui font une maffe d'environ trois pieds d'épaiffeur. Celle qui a coulé du côté de l'oueft-fud-oueft, forme, en général, de petites colonnes de différentes groffeurs. Vers l'autre bout de la montagne, à l'oueft, on trouve la grotte des œufs, dont les congellations font plus belles & plus diverfifiées.

La chapelle de la Sainte-Baume n'eft qu'une grotte fort grande, où l'on a bâti un autel, derriere lequel eft la ftatue de la Magdeleine. Cette ftatue, la grotte & le tombeau du Sauveur, font dignes de l'attention du voyageur. L'eau y eft excellente; il n'y a point d'endroit, dans la baffe Provence, où elle foit auffi belle & auffi bonne. Il faut l'attribuer à la qualité de la pierre, d'un grain très-fin, à travers laquelle elle filtre, & à l'élévation de la montagne, qui eft caufe que la pluie qui tombe à cette hauteur, eft moins chargée d'exhalaifons, que dans la région inférieure.

On voit dans la plaine, qui eft au nord, & au-deffous de la montagne de Saint-Caffien, les veftiges d'un ancien monaftere de religieufes, qu'on appelle encore la *baftide dei Beguinos*. Il étoit fous la direction des religieux de Saint-Victor, qui, dès le XIe fiecle, deffervoient le prieuré de Saint-Maximin. Les religieufes furent enfuite transférées à Saint-Zacharie, comme nous le dirons ailleurs.

On croit que la ville de Saint-Maximin s'appelloit anciennement *Villa lata*, & que ce nom étoit dérivé de *Tegulata*, petite ville, qu'on prétend avoir été bâtie en cet endroit; mais on a vu, dans la premiere partie de la chorographie, que les diftances marquées dans l'itinéraire & dans la table, détruifent cette opinion. L'églife, qu'on doit regarder comme un des beaux monumens d'architecture du XIIIe fiecle, fut rebâtie par les libéralités de Charles II, roi de Sicile & comte de Provence, qui avoit une eftime particuliere pour l'ordre de faint Dominique. Le tré-

DIOCESE D'AIX.
HISTOIRE NATURELLE.

REMARQUES HISTORIQUES.

Saint-Maximin.

for, qui eſt rare & digne de la vénération des fideles, offre d'autres preuves de la pieuſe générosité de ce prince & de ſes succeſſeurs. Outre le couvent des dominicains, il y a dans la même ville, des religieuſes de leur ordre, fondées en 1644, & des capucins en 1622.

La voie *Aurelia* paſſoit à Saint-Maximin & à Tourves. On a découvert, dans le terroir de ce village, du côté de Brignoles, une pierre milliaire, dont voici l'inſcription :

NERO. CLAVDIVS
DIVI. CLAVDI. F
GERMANICI. CAESAR
NEP. TI. CAESARIS. AVG
PRON. DIVI. AVG. ABNEP
CAESAR. AVG. GERMANICVS
PONTIF. MAX. TRIB. POT. IIII
IMP. IIII. COS. III. P. P.
RESTITVIT.

Les dernieres lignes ne ſont point exactes ; il n'eſt pas certain que l'empereur Néron ait jamais eu le titre d'IMP. IIII, puiſque la derniere année de ſa vie, qui eſt la ſoixante-huitieme de notre ere, on ne lui donnoit encore que celui d'IMP. III. Mais ſuppoſons qu'il fût IMP. IIII, quand il mourut, on n'auroit ſûrement pas mis, dans l'inſcription, TRIB. POT. IIII, mais TR. POT. XIV, parce qu'il étoit, en effet, dans la quatorzieme année de la puiſſance du tribunat. Voilà donc une erreur palpable, qui nous fait croire que les dernieres lignes, de cette inſcription, ont été mal lues. Il faut néceſſairement lire IMP. ITER. Ce titre s'accorde avec la quatrieme année de la puiſſance du tribunat, TRIB. POT. IIII. Cette correction eſt d'ailleurs juſtifiée par un milliaire, trouvé au *Luc*, & dont l'inſcription, rapportée par Bergier, Spon, Bouche & Muratori, est parfaitement conforme, en tout le reste, au milliaire de Tourves, excepté qu'on lit, dans celle-là: IMP. ITER.

L'empereur Néron ayant, sans doute, fait réparer le chemin du Luc & de Tourves, la même année, qui est la cinquante-huitieme de l'ere chrétienne, on dut mettre la même date sur les deux milliaires; & s'il y a quelque différence, elle vient de ce que le tems ayant dégradé les deux dernieres lignes de l'inscription, que nous rapportons, elles auront été rétablies, dans les derniers siecles, par quelqu'ignorant qui aura lu : IMP. IIII, au lieu d'IMP. ITER. Cette méprise est aisée à faire. M. le comte de Valbelle a fait transporter ce milliaire au bas d'une rampe, dans le parc de son château, dont on cherchera un jour les vestiges, comme on cherche les débris des beaux monumens romains. La terre de Tourves est considérable. Elle fut inféodée par la reine Jeanne, à Jacques d'Arcussia, le 18 octobre 1375. Anne d'Arcussia, unique héritiere de sa branche, ayant épousé Gaspar de Vintimille, en 1518, lui porta cette terre, qui fut donnée en dot, en 1540, à Magdelon de Vintimille, épouse de Jean-Baptiste de Valbelle, chevalier, seigneur de Saint-Simforien, &c. en faveur duquel elle fut érigée en marquisat, au mois de juin 1678.

En allant de Tourves à Fréjus, on rencontre la petite ville de Brignoles, dont on prétend que le nom est composé de deux mots celtiques, *brin*, prune, & *on*, bonne, dont on a fait le mot latin *Brinonia*. On n'a pas besoin de cette étymologie, pour croire que le terroir de cette ville étoit habité du tems des gaulois, & encore mieux du tems des romains. Il n'y a point de pays fertile, lorsque d'ailleurs le climat en est beau, qui ne soit peuplé & cultivé, sous un gouvernement sage & policé, tel qu'étoit celui des romains, quand ils commencerent la conquête des Gaules. Qu'auroit été le reste de la province, si le terroir de Brignoles n'avoit point eu d'habitans? Comment Pline auroit-il fait l'éloge de la politesse des provençaux, de leurs richesses, de la maniere dont ils cultivoient les terres, si celles de Brignoles avoient été couvertes de bruyeres? Cependant on n'y a découvert d'autres vestiges d'antiquité, qu'une urne cinéraire, avec une inscription peu intéressante. Il n'est d'ailleurs mention de cette ville dans aucun auteur ancien. Mais ce silence, de tous les anciens monumens, ne détruit point notre conjecture, qui est fondée sur l'idée que l'histoire ancienne de la province nous donne de la population.

Les cordeliers sont les plus anciens religieux de Brignoles. Ils prétendent avoir été fondés vers l'an 1218; mais on ne trouve point de preuve de leur existence avant l'année 1292. Les augustins s'y établirent en 1319; les capucins en 1599; les trinitaires en 1652; les prêtres du saint-sacrement en 1735; & les ursulines en 1632. Les comtes de Provence, & sur-tout Charles II, roi de Sicile, se plaisoient à Brignoles, où ils passoient quelquefois une partie de l'année. Saint Louis, évêque de Toulouse, & fils de ce prince, y vint au monde en 1274.

Ce que nous venons de dire du terroir de Brignoles, relativement à son état, sous l'empire romain, peut s'appliquer à la petite ville de Lambesc, située à trois lieues nord-ouest de celle d'Aix. Je ne connois aucun auteur ancien qui en parle. Cependant Raymond de Soliers prétend y avoir trouvé un tombeau païen. Quant aux deux inscriptions qu'il rapporte, & qu'on lit dans Bouche, tome 1, p. 209, je ne crois pas qu'on doive les adopter. La premiere a sûrement été mal lue, & la seconde est fausse.

On ne peut donc tirer, de ces inscriptions, aucune preuve en faveur de l'ancienneté de Lambesc. Cette ville, dont la seigneurie appartient à la maison de Lorraine-Brionne, a le titre de principauté. Les communautés de la province y tiennent, tous les ans, leurs assemblées. Les chanoines réguliers de la sainte Trinité y ont un couvent depuis l'an 1513.

<small>Diocese d'Aix. Remarques historiques. Pertuis.</small>

Pertuis nous est connu depuis le dixieme siecle; mais son origine remonte à des tems beaucoup plus reculés. Dans le onzieme, cette petite ville appartenoit au monastere de Mont-Major. Les comtes de Forcalquier en eurent ensuite la moitié, à condition qu'ils en feroient hommage à l'abbé. Ils étoient même obligés de le défrayer, avec douze gentilshommes de sa suite, quand il alloit à Pertuis. Bouche rapporte que, pendant son séjour, on élevoit un capuchon de moine sur le château, pour marquer que le haut domaine appartenoit à l'abbaye. Tous ces privileges furent supprimés, par le roi Robert, en 1335. L'abbé ne conserva que le droit d'être défrayé, suivant l'usage, quand il iroit à Pertuis, & une pension en argent & en bled, qui lui avoit été accordée par sentence arbitrale, en 1242. On voit à Pertuis, des peres carmes, fondés par lettres-patentes du 30 décembre 1501; des capucins, en 1504; des prêtres de l'oratoire, en 1620; des religieuses de sainte Ursule, en 1528; & de sainte Claire, en 1635.

<small>Tour d'Aigues.</small>

La terre de la Tour d'Aigues fut comprise dans le domaine des comtes de Forcalquier, lorsque les descendans de Bozon II, comte de Provence, se partagerent les états de leurs peres en 1054. Comme la maison de Sabran s'allia deux fois à celle de Forcalquier, la premiere, vers l'an 1145, & la seconde, vers l'an 1183, par le mariage de Raynier de Sabran-Castellar avec Garsende, fille unique de Guillaume IV, comte de Forcalquier, la terre de la Tour d'Aigues fut possédée, à la faveur de ces alliances, par une branche de cette maison, d'où elle passa dans celle d'Agoult, en 1410, & y demeura jusqu'en 1505; car Raymond d'Agoult, dernier du nom, en Provence, de la branche des seigneurs de Sault, étant mort sans enfans, ses deux sœurs se partagerent la succession, qui consistoit en soixante-cinq terres nobles. Louise d'Agoult, veuve de Claude de Montauban, seigneur de Saint-André de Beauchêne, eut la baronie de Sault, &c.

Jeanne, sa sœur, épouse d'Antoine-René de Bouliers, Vicomte de Reillane, obtint la baronie de la Tour d'Aigues, & plusieurs autres terres. Mais les deux branches de la maison de Bouliers, qui la possederent successivement, ayant fini vers l'an 1584, elle passa, en vertu d'une substitution faite en 1533, à François-Louis de Montauban, Baron de Sault, descendant de Louise d'Agoult, & mari de Catherine d'Aguerre, veuve d'Antoine de Blanchefort-Créqui. Cette dame eut, de ce second mariage, deux fils, qui, étant morts sans postérité, la firent leur héritiere. Elle transmit cet héritage, à Charles de Créqui, son fils du premier lit, le même qui fut depuis maréchal de France, duc de Lesdiguieres, &c. Charles eut, entr'autres enfans, une fille, nommée Magdeleine, qui, ayant épousé, en 1617, Nicolas de Neufville, duc de Villeroi, pair & maréchal de France, lui porta des droits, en vertu desquels la baronie de la Tour d'Aigues passa dans cette maison en 1704, après la mort du marquis de Créqui, duc de Lesdiguieres, tué à la bataille de Luzara en 1702. C'est des ducs de Villeroi, que M. Jean-Baptiste Bruny, seigneur de Saint-Cannat, acquit cette baronie. Les embellissemens que ses successeurs ont faits au château, qui est très-beau, effacent tous ceux qui sont dus à la magnificence des trois puissantes maisons qui l'avoient possédé.

On prétend qu'Antoine-René de Bouliers en jetta les fondemens au commencement du seizieme siecle; & qu'après lui, Antoine & Jean-Louis-Nicolas, baron de Cental, ses fils & petits-fils, continuerent l'ouvrage. On assure même que presque tout l'édifice est dû à la galanterie de Jean-Louis-Nicolas, qui voulut le rendre digne de recevoir la reine Marguerite de Valois, dont il étoit amoureux. Si le fait est vrai, le baron de Cental ne pouvoit pas laisser un plus beau monument de sa folie. Mais on ne trouve

rien

rien dans les archives de la Tour d'Aigues, qui confirme cette tradition, que nous croyons fabuleufe. Ce qu'il y a de certain, c'eft que la reine Catherine de Médicis alla à la Tour d'Aigues, le 6 juillet 1579, & qu'elle féjourna au château jufqu'au lendemain au foir, accompagnée du cardinal de Bourbon, du maréchal de Montmorency, du grand prieur de France, du prince de Condé, de la princeffe de Lorraine, fa petite-fille, de la princeffe de Condé, &c. &c. C'eft fans doute à cette occafion, que le baron de Cental, âgé pour lors de près de quatre-vingts ans, fit graver, en mille endroits du château, *fatiabor cum apparugrit*, expreffion honnête, mais bien naïve, de la joie qu'éprouve un vieillard, qui reçoit chez lui fa fouveraine.

DIOCESE D'AIX.
REMARQUES HISTORIQUES.

Le château eft bâti à l'endroit où l'on voyoit autrefois une tour, appellée la tour des romains. Nous préfumons, en effet, que de leur tems il y avoit une ville, quoiqu'il n'en foit parlé dans aucun ancien auteur. Le feul monument qu'on y ait trouvé, eft une infcription en l'honneur du dieu Mars, furnommé *Belladoni*, mot gaulois, qui fignifie *guerrier*, ou qui eft peut-être un nom topique.

On découvrit, il y a plus de deux cens ans, dans le terroir de Cucuron, deux infcriptions, dont l'une ne contient que les noms d'une famille, & l'autre celui d'un *fextumvir*, officier municipal, dont nous avons parlé dans la premiere partie de la chorographie.

Cucuron.

Mais cette infcription n'a-t-elle point été apportée d'ailleurs? Nous formerions le même doute fur la fuivante, fi nous ne craignions de paroître vouloir infirmer ces témoignages de l'hiftoire ancienne. Nous pouvons dire, en général, qu'à moins qu'on ne les trouve fur des monumens, qui n'ont pu être tranfportés, ou dans un endroit qui renferme d'autres antiquités, on ne peut pas toujours en conclure qu'elles ont été faites par les anciens habitans du lieu, à moins que la ville n'y foit nommée, ce qui feroit

Reillane.

Tome I. Ee

218 HISTOIRE GÉNÉRALE

CHOROGRAPHIE.
II. Partie.

une marque infaillible de son ancienneté. Une autre preuve que les inscriptions ont été faites sur les lieux, c'est quand on les trouve dans un endroit, ou près d'un endroit où nous savons qu'il y avoit une ville du tems des romains. C'est précisément ce qui arrive ici. Car la suivante a été découverte dans le terroir de Reillane, qui confine avec celui de Ceireste, où nous avons placé l'ancienne *Catuiaca*. Elle regarde deux freres, qui étoient *sextumvir*, c'est-à-dire, du nombre des six magistrats de l'endroit; car je ne crois pas qu'il y en eût davantage dans les petites villes.

V. ce mot, premiere partie.

C. COELIO
C. LIB
TERTIO
C. COELIO. C. F. FELICI
VI. VIR
C. COELIVS. C. F. FAVSTVS
VI. VIR. FRATER. FECIT

Mayrargues.

Il seroit difficile, & peut-être impossible, de nommer les différentes familles auxquelles les villages, dont nous parlons, ont appartenu. Celui de Mayrargues est un de ceux qui ont le plus souvent changé de seigneurs. Possédé par la maison des Baux, jusqu'en 1291, cédé alors à Charles II, roi de Sicile & comte de Provence; & en 1315, à Charles, duc de Calabre, fils du roi Robert; il revint sous la dépendance de la maison des Baux, en 1374. Le maréchal de Boussicaud l'obtint en 1400; le fameux Raymond de Turenne, en 1413; enfin il fut donné à la famille d'Alagonia, qui le posséda depuis 1442, jusqu'en 1620, que MM. de Valbelle de Marseille en firent l'acquisition.

Ce village étoit défendu par un château, qui, dans les tems de trouble, devenoit le refuge des mécontens. Les souverains en dépouillerent quelquefois les propriétaires, en punition de leur révolte, & le réunirent au domaine comtal. Voilà ce qui le fit perdre à Boufficaud, à Turenne & à Louis d'Alagonia.

En parlant de la grotte de la Sainte-Baume, nous avons oublié de dire qu'on en voit une autre fur une montagne fituée au nord-eft de Marfeille, à une égale diftance de cette ville & de celle d'Aix. Cet endroit, élevé d'environ deux cens foixante-huit toifes au-deffus du niveau de la mer, femble avoir été deftiné pour être habité par des perfonnes pieufes, qui fe dévouent aux rigueurs de la retraite & de la pénitence. La grotte, qui étoit fort grande par elle-même, fut confidérablement augmentée par les excavations & les ouvertures qu'y firent des hermites, que l'amour de la folitude y conduifit en 1220. Ils furent remplacés en 1604, par des camaldules venus d'Italie, qui n'y demeurerent pas long-tems; & l'on donna l'églife & fes dépendances à des prêtres de l'oratoire, qui la poffedent encore. Elle eft fous l'invocation de Notre-Dame des Anges.

DIOCESE D'AIX.
REMARQUES HISTORIQUES.
Notre-Dame des Anges.

DIOCESE D'APT.

DIOCESE D'APT.

On a cru que la ville d'Apt, dont nous avons déjà parlé comme d'une colonie floriffante du tems des romains, étoit anciennement capitale de trois peuples à qui l'on a donné le nom de *Vulgientes*, *Albeces*, & *Apollinaires*. Cette erreur eft fondée fur un paffage de Pline, que les PP. Sirmond & Hardouin ont rétabli. Tout le monde aujourd'hui convient qu'il faut lire *Apta Julia Vulgientium, Alebece Reiorum Apollinarium*. La ville d'Apt n'étoit capitale que des *Vulgientes*.

La charte que M. de Remerville rapporte, pour prouver que les albiciens en dépendoient auffi, a été mal expliquée; *pagus albionenfis in comitatu Aptenfi*, fignifie le *village d'Aubenas*, & non pas la ville des *albiciens*. Celle d'Apt a des titres affez honorables de fon ancienne grandeur, pour n'avoir pas befoin de recourir

CHOROGRAPHIE.
II. Partie.

aux fables qui deshonorent l'histoire. Elle fut dévastée par les lombards; & à peine commençoit-elle à se repeupler, que les sarrasins la ravagerent. Ces malheurs ayant cessé vers la fin du Xe siecle, elle se releva peu-à-peu de ses ruines, & se forma un plan d'administration particuliere, quand l'absence, ou la foiblesse des comtes eut permis à nos principales villes de se tirer de leur dépendance, à certains égards. Malgré ces petits avantages qui lui étoient communs avec Arles & Marseille, Apt n'a pu devenir considérable. Son éloignement de la mer ne lui permet pas de profiter du commerce, qui est l'unique source de la grandeur & de l'opulence des villes. L'évêque avoit autrefois le titre de prince. Il ne le devoit qu'à la politique des empereurs; car du reste il n'avoit que la seigneurie du bourg, tandis que la maison de Simiane avoit celle de la ville au commencement du XIe siecle. Elle réunit ensuite l'une & l'autre, & les vendit successivement aux comtes de Provence de la maison d'Anjou.

L'église cathédrale, dédiée sous l'invocation de la sainte Vierge, est la seule paroisse de la ville & du territoire. Le chapitre est composé d'un prévot, qui est seul dignitaire; d'un archidiacre, d'un théologal, d'un capiscol, d'un sacristain, d'un ouvrier, qui sont personnats, & de six autres chanoines. Il y a treize bénéficiers. La ville avoit autrefois un bailliage, qui fut supprimé en 1558. Elle est chef-lieu d'une viguerie de quarante-quatre communautés. Les cordeliers y furent introduits, à ce que l'on croit, en 1213; les carmes, en 1296; les capucins, en 1612; les récolets, en 1634; les freres des écoles chrétiennes, en 1738; les religieuses de la visitation, en 1631; & les ursulines, en 1636.

ÉVÊQUES.

380.   Il paroît, par une charte du XIe siecle, que le premier évêque d'Apt est saint *Auspice*. Les plus anciens monumens qui en fassent

mention, ne remontent pas au-delà du Xe, ou, si l'on veut, du IXe siecle. On ne peut donc ajouter foi à ce que l'on rapporte de sa naissance, & des premieres années de sa vie. Quant à ce qu'on dit, qu'il occupoit le siege d'Apt en l'année quatre-vingt-dix-sept de l'ere chrétienne, cela est encore bien plus destitué de fondement. Je ne crois pas qu'on puisse mettre son épiscopat, avant la fin du IVe siecle, qui est le tems, à-peu-près, où la plupart des évêchés de Provence furent établis.

Saint Leonius est compté parmi les évêques d'Apt, sur le témoignage d'un ancien manuscrit de l'église d'Avignon, dans lequel on lit qu'il souffrit le martyre avec Privat, évêque du Gevaudan, & plusieurs autres, lorsque Crocus, chef des Vandales, fit une invasion dans la Narbonnoise seconde; mais ce Crocus est le même qui fut pris & mis à mort par Marius, général romain, en l'année 408, & il faut rapporter, à ce tems-là, l'épiscopat de ces saints évêques. Or les sieges, qu'on attribue à la plupart d'entr'eux, étoient alors occupés par d'autres prélats. Ce fait détruit l'autorité qu'on voudroit donner au manuscrit dont on s'appuie. Il faut donc effacer saint Leonius du catalogue des évêques, parce qu'en 408, l'église d'Apt étoit gouvernée par

Saint Quintin. On croit même qu'il commença de siéger en 400.   400.

Saint Castor, son successeur, fonda le monastere de saint Faustin, à Menerbe, dans le diocese de Cavaillon. Il fut placé sur le siege d'Apt, vers l'an 419, & l'honora par des vertus qui le firent mettre au rang des saints. C'est à sa priere, & pour l'usage des religieux de Menerbe, que le fameux Cassien composa ses institutions monastiques. Saint Castor étoit déja mort en 426.   419.

Sillucius nous est connu par la lettre que le pape saint Célestin écrivit, en 431, aux évêques des Gaules, pour les exhorter à réprimer la témérité des prêtres de Marseille, qui condamnoient les ouvrages de saint Augustin & de saint Prosper, contre les pélagiens.   427.

Auxanius fut préfent, en 436, à la dédicace de l'églife d'Avignon, que Debon, évêque de cette ville, fit rétablir, après qu'elle eut été détruite par les Vandales.

Afclepias affifta au concile de Riez en 439, & au troifieme d'Arles, 455.

Leonce eft mis au nombre des évêques d'Apt, fur le témoignage de dom Polycarpe de la Riviere, qui difoit avoir lu, dans un ancien manufcrit, que le roi des gots, s'étant rendu maître de la ville d'Apt en 474, envoya l'évêque Léonce en exil. Mais les vifigots ne s'emparerent de la Provence qu'en 480, pour le plutôt; & l'on convient que ce prélat étoit déja mort en 475. Un auteur, bien plus moderne, croit que ce Léonce eft le même dont il eft fouvent parlé dans les lettres de faint Hilaire. Mais il eft démontré que celui à qui ce pape écrivoit, rempliffoit le fiege d'Arles; on n'a donc aucune preuve que l'églife d'Apt ait été gouvernée par un évêque, nommé Léonce, dans le Ve fiecle.

On lui donne, pour fucceffeur, *Prétextat*, en 475. Ce prélat, dit-on, affifta au concile d'Arles, tenu la même année; & il eft nommé, parmi les trente évêques, auxquels le prêtre Lucide écrivit. Le premier fait eft avancé fans preuve; car le nom de Prétextat ne fe trouve point parmi les foufcriptions de ce concile, de l'édition de Labbe: 2°. de ce que cet évêque eft nommé, avec vingt-neuf autres, dans la lettre de Lucide, il ne s'enfuit pas qu'il ait gouverné l'églife d'Apt. L'hiftoire veut être appuyée fur des témoignages plus authentiques. Le fiege étoit occupé, en 517, par un évêque nommé Prétextat, qui affifta au concile d'Epaone, tenu la même année, & au quatrieme d'Arles, en 524. Il vivoit encore en 542. Mais il n'eft pas vraifemblable qu'il eût commencé de fiéger en 475. Son épifcopat auroit duré foixante-fept ans. Cette difficulté qu'on a fentie, a été caufe qu'on a mis fucceffivement deux Prétextat fur le fiege de l'églife d'Apt, depuis l'an 475, jufqu'en 546. Cependant il n'y a point de preuve qu'il ait été rempli par un évêque de ce nom, avant l'année 516. Peut-être demeura-t-il vacant jufqu'alors, ou bien on ne connoît pas le nom de celui qui l'occupoit. Il faut donc mettre Prétextat depuis l'année 516, jufqu'en 546.

Mais on peut faire là-deffus une autre difficulté. Le pape Vigile, dira-t-on, écrivit à l'évêque d'Arles en 545, pour dépofer *Prétextat, évêque d'Apt, intrus dans fon fiege*. Or, un évêque qui avoit fiégé depuis 516, jufqu'en 545, & qui avoit affifté à quatre conciles, où il avoit été admis à la communion des autres églifes, ne pouvoit pas être regardé comme *intrus*. Il faut donc que le premier Prétextat fût mort en 542, après la tenue du concile d'Orléans, auquel il affifta; & qu'un prêtre du même nom, fe fût emparé du fiege, contre les regles canoniques. Mais ce raifonnement eft fondé fur un faux principe; car le Prétextat, dont il eft parlé dans la lettre du pape, étoit évêque de Cavaillon, & non pas d'Apt, fuivant le P. le Cointe, & il n'eft point dit qu'il fût intrus. Il paroît même que les plaintes du pape tomboient fur ce que ce prélat avoit ordonné prêtre un laïque, fans lui avoir fait garder les interftices ordonnés par les canons. Ainfi l'objection tombe d'elle-même, & nous n'admettrons qu'un feul évêque de ce nom, qui commença fon épifcopat en 516, & vécut jufques vers l'an 546; c'eft ce qui nous a paru de plus vraifemblable fur une matiere fi embrouillée.

Prétextat, depuis l'année 516, jufqu'en 546.   516.

Saint *Eufebe* lui fuccéda la même année. C'eft de lui que l'abbaye de faint Eufebe a pris fon nom.   546.

Clementin le remplaça, pour le plus tard, en 549. On trouve fon nom parmi les foufcriptions du cinquieme concile d'Orléans, tenu cette année-là; il affifta à plufieurs autres, dont le dernier eft le quatrieme de Paris, de l'année 573.   549.

Pappus fut préfent au premier de Macon, affemblé en 582, & vivoit encore en 585.   582.

Pierre est connu par un acte d'échange fait en 1291, entre Raymond Bot, évêque d'Apt, & l'abbé de saint Victor de Marseille. L'auteur du clergé de France, croit qu'on peut le mettre dans l'intervalle du tems qui s'est écoulé depuis l'année 585, jusqu'en 788, pendant lequel on ne trouve le nom d'aucun évêque d'Apt. Il faut attribuer cette vacance du siege, aux cruautés que les lombards & les saxons commirent dans cette ville. On cessa, peut-être, de nommer des évêques, jusqu'à ce qu'on eût réparé tous les maux que ces barbares y avoient faits; ce qui suppose qu'elle fut presque abandonnée pendant l'espace de plus de deux cens ans.

Magneric siégeoit en 788. On trouve son nom parmi les souscriptions du concile de Narbonne, tenu en 791, contre Felix, évêque d'Urgel.

Gerard ou *Geraudon*, en 796.

Sondard, en 833, fit donner à son église l'abbaye de saint Martin, par Milon Montanus (1).

Paul I paroît avoir été le premier évêque d'Apt, qui ait reconnu l'archevêque d'Aix pour son métropolitain, en 852.

Teutbert siégeoit en 857.

Richard assista au concile de Mantaille en 879. Quelques historiens ont cru, mal-à-propos, qu'il étoit évêque d'Agde, parce que parmi les souscriptions de ce concile, on avoit mis, par erreur,

---

(1) La charte où ce fait se trouve, & qui est rapportée dans le *Gall. Christ.* t. 1. p. 74. *Instr.* me paroît suspecte; 1°. Parce que l'indiction XI ne s'accorde point avec l'année 835, écrite tout du long dans cette piece. 2°. Parce que cette façon de parler, *Milone prænomine montano comite nobilissimo*, n'étoit pas usitée au milieu du IX° siecle, où l'on ne connoissoit pas les surnoms en Provence. 3°. Parce qu'il y est parlé de chevaliers d'une condition presque servile, *cum mansis equitum & pagensium*, à moins que, par ce mot, on n'entende les chevaux, ce qui ne paroît pas naturel. 4°. Ce qu'on dit de Symmaque, préfet de Rome, & le style de cette charte, donnent des soupçons sur son authenticité.

Richardus

Richardus Agathenſis, au-lieu d'*Aptenſis*; l'évêque d'Agde avoit un autre nom, & n'aſſiſta pas à ce concile.

Paul II étoit à celui du Port, en 887.

Vernier ſiégeoit en 894.

Uldoric nous eſt connu par une charte, datée du mois de mars 946.

Roſtan, en 950.

Arnoul, en 960.

Nartold, depuis l'an 967, juſqu'en 978.

Etienne I, en 979. Nous le mettons, d'après le témoignage de M. de Marca, qui dit avoir lu ſon nom, parmi les ſignatures d'une bulle, que Benoît VII donna ſur la fin de l'année 979.

Nartold II, en 982.

Teuderic ſiégeoit en 990, & fonda douze canonicats dans ſon égliſe, l'année d'après.

Ilbogus eſt mentionné dans deux chartes, l'une datée de la ſixieme année du regne de Rodolfe, & l'autre de la vingtieme; ce qui revient aux années 999 & 1013. Ce Rodolfe eſt le troiſieme du nom; car Rodolfe II ne regna que ſept ans ſur la Provence.

Etienne, qui lui ſuccéda, mourut en odeur de ſainteté, le 6 Novembre 1046, âgé de ſoixante-onze ans. Il étoit natif d'Agde, en Languedoc.

Laugier fut élu, tout de ſuite, après la mort d'Etienne; mais il n'exerça ſon miniſtere qu'environ un mois, étant mort le 21 décembre de l'année 1046. On croit qu'il étoit iſſu des comtes d'Orange.

Elifant, frere de Guillaume & de Roſtan, comtes d'Apt, évêque en 1048, rétablit la cathédrale à ſes frais, & augmenta conſidérablement les revenus du chapitre, par ſes bienfaits. Il vivoit encore en 1068.

Iſoard ſiégeoit en 1095, s'il faut s'en rapporter aux mémoires de dom Polycarpe de la Riviere.

Tome I.   F f

DIOCESE D'APT.
EVÊQUES.
887.
894.
946.
950.
960.
967.
979.
982.
991.
999.
1014.
1046.
1048.
1095.

CHOROGRAPHIE.
II. Partie.
1102.
1108.

Bertrand I est connu par un acte de l'année 1102.

Laugier d'Agoult, qui joignoit à l'éclat de la naissance, les vertus de son état, doit être regardé comme un des bienfaiteurs de son église. Son épiscopat n'est connu que depuis l'année 1108, jusqu'en 1122, quoiqu'il y ait apparence qu'il avoit commencé plutôt.

1145.

Raymond I dut être élu, tout de suite, après la mort de Laugier. Cependant on ne trouve son nom, pour la premiere fois, qu'en 1145; on le trouve encore à 1152.

1158.

Guillaume Astra, en 1158. Il établit la fête de saint Victor, & mourut au mois de décembre 1160 ou 1161.

1162.

Pierre de Saint-Paul, en 1162. Il se qualifie chanoine de Sisteron & de Forcalquier, dans une transaction passée entre Bernard, évêque de Sisteron, & les templiers, en 1174.

1190.

Guirand, fils d'Imbert de Viens, de la maison de Simiane, qui possédoit une partie de la ville d'Apt, reçut l'investiture de son évêché, de l'empereur Frédéric I. Henri VI lui accorda les droits régaliens en 1190. Guirand mourut au mois d'octobre 1208.

1202.

Pierre II *de Saint-Paul*, prévôt d'Apt, paroît avoir été évêque de cette ville, dès l'an 1202, par la démission de Guirand, qui néanmoins en conserva le titre.

1211.

Geoffroy I, d'Apt, prévôt de cette église, en occupoit le siege en 1211.

1229.

Geoffroy II, d'Apt, en 1229, & mourut en 1243.

1244.

Guillaume II, surnommé *Centulio*, lui succéda en 1244, & mourut le 26 janvier 1246.

1247.

Guillaume III, d'une famille de Marseille, appellée Dalmatii ou Dalmas, excommunia Raimbaud de Simiane, pour quelques différens survenus au sujet de la terre de Saint-Martin; il se réconcilia, quelque tems après, avec ce seigneur, en la lui donnant en fief, ainsi que les lods de la cité, sous une redevance annuelle. Il mourut à Marseille le 28 août 1256.

Pierre Bayle, prévôt d'Apt, élu évêque le 11 novembre 1256, finit sa carriere à Marseille, le 30 mai 1268.

Ripert de Viens lui succéda en 1268, & mourut le premier février de l'année suivante, n'ayant siégé que huit mois. Il avoit été aussi prévôt de son église. Sous son épiscopat, le couvent des freres mineurs fut bâti, par les libéralités des seigneurs de Simiane.

Raymond II, *Centulio*, chanoine, fut élevé à l'épiscopat au mois de juin 1271. Il institua la fête de l'invention de la sainte Croix, en 1275, & mourut le 10 juillet de la même année.

Raymond III, *Bot* ou *Botti*, fils de Bertrand, seigneur de Roche-Saliere, & de Thibaude Isoard, étoit chanoine & archidiacre d'Apt, lorsqu'il reçut l'onction épiscopale, le 5 septembre 1275. Il admit les carmes dans la ville, le 8 octobre 1296, & mourut le 22 août 1303.

Hugues Bot, frere du précédent, sacré au mois de novembre 1303, ne vécut que jusqu'en 1318. Il fit achever à ses dépens la nef de l'église, qui est du côté du nord.

Raymond IV, *Bot*, neveu des deux précédens, élu en 1318, mourut à la fin de janvier 1330. Il avoit été, ainsi qu'Hugues, ouvrier de l'église d'Apt.

Gerard ou *Geraud de Corbieres*, nommé à l'évêché en 1330, fut transféré, peu de mois après, à Périgueux.

Bertrand Acciajoli ou *Alberti*, noble florentin, frere du cardinal du même nom, élu le 7 juillet 1331, fut transféré peu de tems après, à Boulogne, & de-là à Nevers.

Guillaume Astier, *Asterius*, de l'ordre des freres mineurs, nommé évêque d'Apt par Jean XXII, le 12 juillet 1332, fut transféré à Périgueux, en 1340, par Benoît XII.

Guillaume Audebert, de Chartres, religieux du même ordre, est peut-être le même que le précédent, quoiqu'on les distingue.

Guillaume Amici ou *l'Ami*, limousin, élu évêque d'Apt en

1342, passa au siege de Chartres, peu de tems après, devint patriarche de Jérusalem, & administrateur perpétuel de l'église de Fréjus.

1343. *Arnaud*, son successeur, fit le voyage de Naples, & n'oublia rien pour gagner la protection de la reine Jeanne.

1348. *Bertrand* III occupoit le siege en 1348; il fit hommage à la reine Jeanne, entre les mains de Raymond d'Agoult, sénéchal de Provence.

1351. *Bernard* lui succéda en 1351. Sous son épiscopat, Guirand de Simiane, seigneur d'Apt, en partie, fut député, par les états de Provence, pour aller demander au pape, Clément VI, qui demeuroit à Avignon, la canonisation d'Elzéar de Sabran.

1353. *Bertrand* IV *de Messenier*, que sa sagesse & ses vertus firent élever à l'épiscopat en 1353, étoit religieux franciscain. Innocent VI, l'ayant chargé d'une commission auprès de la reine Jeanne, il s'attira l'estime de cette princesse, qui le nomma archevêque de Naples en 1357. Il mourut en 1368.

1357. *Elzéar de Pontevès*, passa du cloître au siege d'Apt, le 27 juin 1357. Il célébra les obséques de la bienheureuse Delphine de Signe, femme de saint Elzéar de Sabran. Philippe de Cabassoles, patriarche de Jérusalem, prononça l'oraison funebre. Elzéar mourut au mois de décembre 1361.

1362. *Raymond* V, *Bot*, nommé en 1362, présenta une requête au pape Urbain V, dont il étoit parent, pour la canonisation de la bienheureuse Delphine. On tint dans la ville d'Apt, en 1365, un concile, composé des provinces d'Aix, d'Arles & d'Embrun, auquel présida Guillaume de la Garde, archevêque d'Arles, & ensuite patriarche de Jérusalem. Raymond mourut le 13 avril 1382.

1382. *Raymond* VI *de Savine*, *Savini*, prévôt d'Apt, ne siégea pas deux ans.

1384. *Gerard* III, élu en 1384, mourut au mois de novembre

1390, après avoir affisté aux états de Provence, qui se tinrent la même année.

Jean Filleti, du diocese de Clermont, fut mis à la tête de celui d'Apt, le 2 janvier 1391, & le gouverna jusqu'au mois de juin 1410, qui est le jour de sa mort.

Pierre Pricaudi, dominicain d'Angers, lui succéda la même année, mais il ne vécut pas long-tems, puisque

Peregrin, qui fut nommé après lui à l'évêché d'Apt, mourut au mois de novembre 1412, avant d'avoir pris possession. Les auteurs du *gallia christiana* donnent, pour successeur à Peregrin, Nicolas, qui étoit évêque d'Acqs, & non pas d'Apt.

Constantin de la Treille de Pergula, collecteur des deniers apostoliques, en Provence, référendaire de la cour de Rome, abbé de saint Eusebe, &c. & enfin évêque d'Apt en 1416; fut envoyé auprès du duc de Savoie, par la reine Yolande, avec le cardinal de Saint-Marc, & Pierre d'Accigné, sénéchal de Provence, pour faire la cession du comté de Nice. Il mourut au mois d'octobre 1430. Sous son épiscopat, les carmes s'établirent à Apt, dans le palais qui leur fut donné par les seigneurs de la Voulte.

Etienne III, confesseur de Louis III, roi de Sicile, & comte de Provence, fut élu le 17 juillet 1431, & mourut le 25 novembre 1437. On lui donna le même jour pour successeur

Pierre V *Nazondi*, né à Séez, en Normandie, & chanoine de l'église d'Apt.

Pierre VI *Nazondi*, vicaire général du précédent, & vraisemblablement son neveu, fut élu en 1448, & mourut le premier juillet 1467, après avoir légué tout son bien à son église.

Jean II Ortigue, *Urtica*, passa de la dignité de prévôt, à l'épiscopat, le 6 septembre 1467, & mourut en 1482.

Agricole de Panisse, *Panissa*, de Lucques, docteur en droit & lecteur ordinaire en l'université d'Avignon, fut élu le 18 juillet 1482, & mourut le 5 février 1490.

Diocese d'Apt.
Evêques.
1391.

1410.

1412.

1416.

1431.

1437.

1448.

1467.

1482.

Jean III de Chabroles, *de Chabrolis*, chanoine-facriftain & vicaire général de Valence, fut élu au mois de mars 1490., & transféré à l'évêché de Valence au mois de novembre 1491. Il avoit été maître des requêtes fous Charles VIII, & s'étoit rendu fort habile dans les affaires. On croit qu'il conferva l'évêché d'Apt, dont il confia le gouvernement à Elzéar d'Autric, fon grand vicaire, & qu'il ne fut qu'adminiftrateur·de ceux de Die & de Valence.

Jean IV, de la maifon de *Montaigu*, né dans le Vivarais, fut élu le 6 août 1494, & mourut le 10 feptembre 1527. Il avoit été, pendant trois ans, gouverneur du comtat Venaiffin.

Jean V *de Nicolaï*, qui avoit été nommé adminiftrateur de l'évêché d'Apt, en 1520, du vivant de Montaigu, lui fuccéda en 1527. Il fit imprimer un nouveau bréviaire, en 1532, & mourut au mois de mars de l'année fuivante, fort regretté des favans, parce qu'il l'étoit lui-même. Il avoit été vice-légat d'Avignon.

Céfar Trivulce, d'une illuftre maifon de Milan, nommé à l'évêché d'Apt en 1533, le garda jufqu'en 1541, quoiqu'il eût été pourvu de celui de Côme, en 1539.

Pierre VII, de Forli, *de Forlivio*, nommé au mois de décembre 1541, fe démit en 1557.

J. B. *Raimbaud de Simiane*, fils de Bertrand, baron de Gordes, & de Perrete de Pontevès, fut transféré en 1560 de Valence à Apt. Il embraffa la religion des proteftans en 1571 & mourut au château de Gordes, le 23 feptembre 1584.

François de Simiane de Cafeneuve, frere du précédent, élu en 1571, fit oublier, par fes vertus, le fcandale que fon frere avoit donné à l'églife, par fon apoftafie. Il mourut le 15 mars 1587.

Pompée de Pérille, originaire de Suze, en Piémont, religieux de l'ordre des freres mineurs, théologien, célebre prédicateur de fon tems, difciple de Sixte V, &c. fut nommé en 1587, à l'évêché d'Apt, par Henri III. Il perdit la vue en 1604, & prit pour

DE PROVENCE. 231

coadjuteur, en 1605, Jean Pelissier, natif & prieur de Simiane, qui lui succéda le 28 janvier 1607.

Jean VI, *Pelissier*, fit son entrée solemnelle le premier novembre de la même année, & mourut le 28 novembre 1629. De son tems la ville d'Apt reçut les récollets & les capucins.

Modeste de Villeneuve des Arcs, avoit abandonné le monde, pour prendre l'habit de récollet. Il fut nommé à l'évêché le 28 février 1629, & mourut le 7 janvier 1670. Sous son épiscopat, les ursulines & les religieuses de la visitation s'établirent dans la ville d'Apt.

Jean VII, *de Gaillard*, d'Aix, fils de Pierre & de Marguerite de Village de la Salle, fut nommé le premier janvier 1671. Il conçut le projet du dictionnaire historique-universel, dont il confia l'exécution à l'abbé Moreri, son aumônier, qui a donné son nom à l'ouvrage. Ce prélat mourut le 28 janvier 1695. Il avoit été chanoine-théologal de Coutance.

Joseph-Ignace de Foresta, de Colongue, prévôt & grand vicaire de Marseille, fut évêque d'Apt depuis le 7 septembre 1695, jusqu'en 1722, qu'il donna sa démission, sous la réserve d'une pension annuelle de quatre mille livres. Il mourut à Marseille en 1736. On lui est redevable de l'établissement du séminaire, qui ayant été gouverné par les jésuites, jusqu'en 1762, a été confié aux prêtres du bon pasteur.

Jean-Baptiste de Vaccon, son grand vicaire & son neveu, lui succéda en 1722, & remplit le siege jusqu'au 7 décembre 1751, qui est le jour de sa mort. La maison de la providence d'Apt, doit son établissement à ce prélat, dont le désintéressement & la charité méritent des éloges.

Félicien Bocon de la Merliere, né dans le diocese de Vienne, en Dauphiné, a été nommé à l'évêché d'Apt, le 6 janvier 1753.

On trouve, dans le diocese, beaucoup d'anciens monumens de l'ordre monastique. Il y avoit, dans le quartier de *Carluec*,

DIOCESE D'APT.
EVÊQUES.

1607.

1629.

1671.

1695.

1722.

1752.

ANCIENNES ABBAYES.

lieu habité du tems des romains, un monaſtere dédié à Notre-Dame, dont nous avons parlé dans la premiere partie, au mot *Catuiaca*. Il fut vraiſemblablement détruit par les ſarrazins; & ce n'eſt plus, aujourd'hui, qu'un prieuré, dépendant de l'abbaye de Mont-Major, près d'Arles.

L'abbaye de S. Euſebe, ordre de S. Benoît, fut fondée vers la fin du huitieme ſiecle, par S. Marcien, dans le territoire de Saignon ; détruite par les ſarrazins, environ cinquante ans après, & rétablie vers l'an 1004, qui étoit le tems, où les monaſteres obtenoient tout ce qu'ils vouloient de la piété des fidéles, & de l'indulgence des ſouverains pontifes. Anaſtaſe IV, imitant le zele de ſes prédéceſ-ſeurs, accorda, au mois de mai 1154, à l'abbé & aux religieux de S. Euſebe, le privilege de ne pouvoir être, ni excommuniés, ni in-terdits par l'évêque d'Apt; comme ſi un évêque pouvoit perdre un des principaux droits de la juriſdiction épiſcopale : auſſi Raymond Bot en fit-il uſage, quoique dans une occaſion où il ne l'auroit pas dû ; car il excommunia, en 1307, l'abbé de S. Euſebe, pour avoir refuſé de lui faire un préſent à ſon joyeux avénement.

L'abbaye de Val-Sainte, ordre de Cîteaux, de la filiation de Morimond, reçut, en 1188, une fondation faite par Bertrand Rambaud, ſeigneur de Simiane, en préſence de l'abbé, du prieur & des autres religieux de Sylvacane, ce qui me fait croire que le monaſtere de Val-Sainte étoit ſous la dépendance de cet abbé. Il eut ſes abbés particuliers en 1191, & ſubſiſta juſqu'au commen-cement du quinzieme ſiecle, que les guerres civiles forcerent les religieux de ſe retirer à l'abbaye de Sylvacane, à laquelle tous les revenus de Val-Sainte furent unis par un décret du chapitre général de l'ordre de Cîteaux, en 1425. Cette union dura peu. Le monaſtere de Sylvacane ayant été détruit, par une inondation ar-rivée en 1440, les abbés de Val-Sainte furent rétablis, ſans qu'on ſache de quelle maniere. Il paroît ſeulement qu'en 1500, il y avoit un prieur & deux religieux, à qui l'abbé faiſoit une pen-ſion.

sion. La terre & la seigneurie de Val-Sainte, leur étant ensuite échues en partage, par arrêt du parlement de 1657, après plusieurs contestations qu'ils avoient eues avec l'abbé commendataire, ils transférèrent leur domicile dans l'ancien château, bâti au quartier de Bolinette.

L'abbaye des religieuses de Sainte-Croix, ordre de Cîteaux, doit sa fondation à une dame de la maison de Simiane, qui voulant vivre éloignée du monde, bâtit un monastere dans le territoire de Roussillon, près d'une église qui lui fut donnée par l'abbé de saint André de Villeneuve-lès-Avignon, au mois d'août 1234. Mais ce monastere ayant été détruit, par des factieux, en 1361, les religieuses se retirerent dans la ville d'Apt, où elles sont encore. On a uni à cette abbaye, en 1435, celle de Moleges, même ordre, dans le diocese d'Arles. On lui a donné, en 1750, les biens de l'abbaye de saint Pierre du Puy, supprimée la même année, & fondée dans la ville d'Orange.

L'abbaye de chanoinesses, sous le titre de sainte Catherine, ordre de saint Augustin, supprimée le 15 juillet 1748, avoit été fondée en 1299. Il est inutile de parler des abbayes de saint Pierre de Tourretes & de saint Martin, qui paroissent avoir subsisté dans le neuvieme siecle. Ce ne sont aujourd'hui que des prieurés, & peut-être n'étoient-ils originairement que des domaines dépendans des abbayes de Lerins, ou de saint Victor, qui y avoient quelques religieux, pour en avoir soin.

On trouve à Vaugine, près d'Apt, un rocher tout rempli de glossopêtres, de pétuncles, de grandes huîtres singulieres, & de pelures d'oignon. L'ocre de Viens & de la plaine de Perrate est estimée, ainsi que la craie ou marne argilleuse, dont on se sert pour la faïance: on l'appelle blanc d'Apt. Les cornes d'ammon, du terroir de Lioux, sont assez belles. On trouve aussi dans le terroir de *Viens*, & dans la vallée de l'Argentiere, qui est voisine, des mines de vitriol. A Viens il y en a d'alun & d'argent.

Tome I. Gg

DIOCESE DE RIEZ.

Riez, *civitas Reienfium*, n'offre aujourd'hui rien de remarquable, que les monumens de son ancienneté. Mais ce qui vaut infiniment mieux, l'air y est très-pur, & le terrein fertile; il couvre un pondingue semblable à celui qu'on voit dans la campagne de Marseille & sur les bords de la mer. Le terroir de Trigance, qui n'en est pas éloigné, renferme des ostracites & des cornes d'ammon; celui de la Palu, des pyrites quarrées, des huîtres à rateau, & d'autres fossiles.

La ville de Riez occupe le second rang sous la métropole d'Aix. Le chapitre est composé d'un prévôt, d'un archidiacre, d'un sacristain, d'un capiscol & de huit autres chanoines, dont l'un est théologal; quinze bénéficiers & deux officiers, forment le bas-chœur. Il y a dans la ville, des cordeliers fondés en 1255; des capucins, en 1607; & des ursulines, en 1623. La partie de la seigneurie, qui appartenoit anciennement à la maison de Riez, fut portée par Agnès de Spata, qui en étoit l'unique héritiere, dans la maison de Castellane, vers l'an 1200.

ÉVÊQUES.

On ne connoît point d'évêques de Riez avant saint Maxime. Cependant il est certain qu'il y en eut; mais on ne doit pas mettre du nombre, saint Prosper d'Aquitaine, dont saint Augustin & Gennade parlent comme d'un laïc. Il faut donc commencer le catalogue des prélats de cette église par

433. *Saint Maxime*, d'abord moine, ensuite abbé de Lerins, après saint Honorat, dont il avoit été le disciple. Il commença son épiscopat en 433, ou en 434, & le finit avec la vie, en 460. Saint Maxime étoit né à Riez, suivant M. de Tillemont; ou à Château-

Redon, dans le diocese de Digne, suivant M. Baillet. Cet endroit s'appelloit anciennement des *Cormettes*.

Fauste, né dans la Grande-Bretagne, ou dans la province de France du même nom, fut le successeur de saint Maxime, à l'abbaye de Lerins, en 434, & à l'évêché de Riez, car il siégeoit en 462. Il est auteur de plusieurs ouvrages, où il montre, avec beaucoup d'érudition & de talens, des sentimens qui l'ont fait regarder, avec raison, comme chef des semi-pélagiens. Mais l'église ne s'étoit point encore expliquée sur cette matiere, & l'on doit croire qu'il soutenoit, de bonne foi, des opinions qu'il auroit abandonnées, s'il en avoit connu l'erreur. Il fut exilé dans le Limousin, vers l'an 481, jusqu'en 484, pour avoir écrit contre l'arianisme. On croit qu'il mourut vers l'an 485. Bartel lui donne Dydime pour successeur immédiat ; mais il n'apporte aucune preuve de son sentiment.

Contumeliosus étoit évêque de Riez en 524. Ayant été accusé de crimes fort graves, il fut interdit de ses fonctions par le pape Jean II, qui écrivit à Cesaire, évêque d'Arles, de le faire enfermer dans un monastere. Après la mort de Jean, Contumeliosus appella au pape Agapit du jugement rendu contre lui. Mais on ne sait pas ce que devint cette affaire, qui n'étoit pas encore terminée en 536. Cette époque, & les crimes dont Contumeliosus fut accusé, prouvent qu'il n'étoit pas encore bien âgé en 524, qui est le tems où il commence de nous être connu. Il ne succéda donc point immédiatement à saint Maxime, qui mourut vers l'an 485, ou si l'on veut, en 490.

Fauste II assista au cinquieme concile d'Orléans, en 549.

Emeterius, en 554.

Claudien, en 573.

Urbicus, en 584, ou pour mieux dire, vers l'an 580. Le patrice Dyname, dont nous parlerons dans l'histoire, lui dédia la vie de saint Maxime, qu'il avoit composée.

DIOCESE DE RIEZ.
EVÊQUES.
462.

524.

549.
554.
573.
584.

Claude n'est point connu avant le concile de Reims, auquel il assista en 625. Il vivoit encore en 650. Thomas, qu'on lui donne pour successeur, paroît avoir été évêque de Regio.

Archinricus, dont on ne connoît que le nom, succéda, dit-on, à Claude. Son épiscopat est fort incertain.

Absalon fut élu après lui; mais il est impossible de dire en quelle année. On croit pourtant qu'il siégeoit à la fin du septieme siecle. On prétend qu'*Anthimius* gouverna l'église de Riez sous le regne de Pepin, *Riculfe*, sous Charlemagne, & *Rostan*, sous Louis le Débonnaire. On n'en a aucune preuve. Il est même à présumer que cette église eut le sort de plusieurs autres, dont le siege demeura long-tems vacant, à cause des ravages & du séjour que les sarrazins firent en Provence. On croit pourtant que

Norbert siégeoit en 813, & qu'il fut envoyé en ambassade, par Louis le Débonnaire, auprès de Léon l'arménien, empereur de Constantinople. Ce Norbert pourroit bien avoir été évêque de Regio.

Bernaire étoit parent de Charlemagne, suivant le pere le Cointe. Mais son épiscopat est aussi douteux que celui d'un certain Rodolfe, mis parmi les évêques de Riez, par l'historien de cette église.

Edold assista au concile de Mantaille en 879.

Geraud siégeoit en 936.

N. en 966. On lit, dans un manuscrit authentique du chapitre d'Arles, le nom de Silvestre, archevêque d'Aix, & de ses suffragans, sans désigner leur siege. Il est donc impossible de savoir par lequel de ces évêques, celui de Riez étoit rempli en 966.

Almerand siégeoit, depuis environ l'an 990, jusqu'en 1031. Il fonda le monastere de Valensole, qu'il donna à Cluni.

Ermengaud, en 1032.

Bertrand en 1040. Il donna le lieu de Moustiers, aux religieux de Lerins, en 1052, & vivoit encore en 1056.

DE PROVENCE. 237

Bertrand II, fils d'Albert, seigneur de Barjols, succéda, dit-on, à Bertrand I, assista au concile de Vienne en 1060, & siégeoit encore en 1066. Ne seroit-ce point le même évêque qui gouvernoit l'an 1040? Il fit du bien à l'église des chanoines réguliers de Notre-Dame de Barjols, avec Albert, son frere, Foulques de Pontevès, & Augier de Blanqueria, ou peut-être de Blaccas.

Algeric ou *Augier*, est placé, par Bouche, dans la succession des évêques de Riez, entre deux autres, qu'il appelle *Guillaume* & *Amaury*. Mais on ne sait rien de certain sur leur épiscopat; & même il n'y a point d'apparence qu'ils aient siégé.

Augier fut évêque de Riez, depuis l'an 1069 jusqu'en 1124. — 1069.

Foulques, élu en 1125, mourut le 15 avril 1138. Il étoit fils de Boniface de Castellane, seigneur de Salerne. — 1125.

Pierre Giraud lui succéda la même année, & gouverna son église jusqu'au 29 janvier 1160, qui est le jour de sa mort. — 1138.

Hugues de Monlaur, qu'on croit avoir été archidiacre d'Aix, est mis parmi les évêques de Riez, en 1161. Il fut transféré à Aix en 1165. — 1161.

Henri, prévôt d'Aix, puis évêque de Riez en 1165, assista au troisieme concile de Latran, tenu au mois de mars 1179, & passa, peu de tems après, à l'archevêché d'Aix. — 1165.

Adelbert de Gaubert le remplaça la même année, & se démit, ou fut déposé, au commencement de 1188. — 1179.

Bertrand Garcin, ou *Garcini*, prévôt d'Aix, fut élu évêque de Riez en 1189, & ne prit point possession. — 1189.

Imbert, moine de Lure, gouverna le diocese pendant neuf ans, & retourna ensuite à son monastere, où il mourut peu de tems après, le 19 mai 1199. — 1190.

Hugues Raymundi, ou *Raymond*, fidele coopérateur de Simon de Montfort, & légat du saint-siege, dans la guerre des albigeois, — 1199.

est nommé, dans un accord fait en 1202, entre le comte de Forcalquier, d'un côté, les seigneurs de Baux, de Simiane, & de Reillane, de l'autre. Il assembla, en 1209, un concile à Avignon avec Milon, légat du saint-siege, comme lui, & en tint un autre à Saint-Gilles, où Raymond, comte de Toulouse, fut excommunié pour la seconde fois. Hugues étoit un habile politique, & mériteroit de grands éloges, s'il eût fait de ses talens un usage plus digne de la sainteté de son ministere. On croit qu'il avoit été abbé de Lerins. Il mourut en 1223.

1223. *Rostaing de Sabran* remplit mieux l'esprit de son état, par les bonnes œuvres qu'il fit dans son diocese. Il fut élu en 1223, & mourut le 9 août 1240. Il étoit un des exécuteurs testamentaires de Raymond Bérenger, comte de Provence.

1240. *Foulques de Cailla*, né à Brignolles, fut élu à la fin de l'année 1240, & nommé en 1265 exécuteur testamentaire de Béatrix, épouse de Charles I, roi de Sicile & comte de Provence. Il doit être regardé comme un des bienfaiteurs de son église. Sa mort arriva le 27 juin 1273.

1273. *Matthieu de Puppio*, nommé en 1273, assista au concile provincial de Riez, en 1286. On y ordonna des prieres publiques, pour la délivrance du prince de Salerne, fils de Charles I. Matthieu mourut vers le mois de juin 1288.

1288. *Pierre Negrel*, élu tout de suite, après la mort de Matthieu, finit l'épiscopat avec la vie, le 5 juin 1306. On l'a mal-à-propos nommé Pierre de Millia.

1306. *Pierre Gantelmi* fut élu le 13 juillet 1306. C'est le même que dom Denis de Sainte-Marthe appelle, Pierre Montamont, d'un seul évêque en ayant fait deux. Pierre mourut le 13 août 1316. Il avoit été chanoine de Riez, & prévôt de Forcalquier.

1316. *Gaillard Saumate* fut transféré de l'évêché de Riez, à celui de Maguelone, en 1317, & peu de tems après, à l'archevêché d'Arles.

Pierre Desprez, francifcain, évêque de Riez en 1318, obligea les religieux de fon ordre, à lui demander la permiffion de faire porter la croix aux enterremens. Il devint enfuite archevêque d'Aix, & cardinal-évêque de Paleftrine.

Roffolin, de la maifon des Baux, felon quelques-uns, nommé à l'évêché de Riez en 1319, par Jean XXII, mourut dix ans après.

Arnaud Sabathier, facré en 1322 évêque de Bologne, en Italie, où il étoit né, fut transféré à Riez en 1329, & mourut le 5 août 1334.

Geoffroy Rebety, évêque en 1336, affifta au concile d'Avignon en 1337, & mourut dans cette ville, le 26 juillet 1348.

Jean Joffevry, élu le 14 août 1348, n'occupa le fiege que jufqu'au mois de mars 1352, ayant été transféré fucceffivement à plufieurs évêchés.

Pierre Fabry, limoufin, évêque de Riez, en 1352, mourut au mois de décembre 1369.

Jean de Maillat, de l'ordre des freres-mineurs, rétablit, dit-on, & aggrandit la ville de Riez, qui avoit été brûlée & faccagée par Raymond de Turenne. Il gouverna le diocefe depuis l'an 1370, jufqu'en 1399.

Guillaume de Fabre, prévôt de Riez, en devint évêque en 1400, & mourut le 30 ou 31 décembre 1413. Il affifta, par procureur, au concile de Pife en 1409.

Pierre de Fabre, parent de Guillaume, dont la famille s'établit à Riez, & fon fucceffeur à la prévôté, lui fuccéda auffi à l'évêché en 1413. Il fut attaqué de la pefte, qui fit des ravages affreux en Provence, & mourut vers la fin de l'année 1415.

Michel de Boulliers, religieux dominicain, iffu des feigneurs de Cental, en Piémont, étoit évêque de Riez, au mois de mai 1416, & mourut le 29 feptembre 1441.

Michel II *de Boulliers*, parent du précédent, lui fuccéda vers la fin de l'année 1441, & mourut le 11 février 1449.

DIOCESE DE RIEZ.
EVÊQUES.
1318.
1319.
1329.
1336.
1348.
1352.
1370.
1400.
1413.
1416.
1441.

Robert monta sur le siege de Riez à la fin de février 1449, & mourut l'année d'après.

Jean Facci, nommé en 1450, assista au concile d'Avignon en 1457, & mourut vers la fin de l'année 1462. Il avoit été carme, & général de son ordre, en 1439.

Matthieu mourut en 1466, selon MM. de Sainte-Marthe; sur le témoignage desquels nous admettons cet évêque, n'ayant point d'ailleurs d'autres preuves de son épiscopat.

Marc de Lascaris, des comtes de Tende & de Vintimille, fils d'Antoine & de Françoise de Boulliers, fut fait évêque de Riez en 1466. Le roi René, comte de Provence, lui accorda des droits considérables dans les terres de son évêché, le 18 octobre 1472. Ce prélat se démit en 1490.

Antoine, son neveu, fils de Thomas de Lascaris & de Simonete d'Adorno, fut élu, sur sa démission, au mois de septembre de la même année. Il acheva la nouvelle cathédrale, dont son oncle avoit jetté les premiers fondemens, l'ancienne ayant été brûlée durant les guerres civiles. Antoine fut fait lieutenant, pour le roi, au gouvernement de Provence, & transféré à l'évêché de Beauvais en 1523.

Thomas-Innocent de Lascaris de Tedde, fils naturel de Marc; dont nous venons de parler, fut d'abord prévôt de Riez, & ensuite évêque en 1523 : il mourut le 11 avril 1526. Il avoit obligé Pierre Fabre de Mazan, & Maximin de Castelanne, co-seigneurs de Riez, à lui faire hommage.

François de Dinteville, noble champenois, doyen d'Auxerre; nommé à l'évêché de Riez en 1527, fut transféré à celui d'Auxerre en 1530.

Robert Cenalis, parisien, docteur de Sorbonne, passa de Vence à Riez le 7 mai 1530. C'étoit un prélat fort zélé, qui fit plusieurs réglemens utiles pour son diocese, mais qui fut obligé de l'abandonner, parce que ses chanoines, las de ses fréquens sermons,

mons, ne pouvoient le souffrir. On lui donna l'évêché d'Avranches en 1532.

Antoine Lascaris de Tedde, le même dont nous avons parlé plus haut, après avoir gouverné successivement les églises de Beauvais & de Limoges, revint au siège de Riez, au mois de novembre 1532, & mourut à Barbantanne le 25 juillet 1546.

Jean-Louis de Boulliers, abbé de Villars & de Notre-Dame de Stapharde en Piémont, avoit pris le parti des armes dans sa jeunesse, & s'étoit distingué à la bataille de Cérisolles. Ayant ensuite embrassé l'état ecclésiastique, il fut pourvu de l'évêché de Riez après la mort d'Antoine Lascaris, mais il ne fut pas sacré. Il mourut de poison, à ce qu'on croit, vers l'an 1550, ayant pour coadjuteur Honoré de Villeneuve, qui mourut subitement avant lui.

Lancelot de Carle, fils de Jean, président au parlement de Bordeaux, & de Jaquette Constantin, prit possession, par procureur, en 1551. Il assista à l'assemblée du clergé en 1557, & au colloque de Poissy en 1561. Sa mort arriva, au mois de juillet 1568. Il avoit du talent pour la poésie, & joignoit aux agrémens de l'esprit, le mérite que donnent la science & la vertu. Il établit, en 1558, un chanoine théologal dans le chapitre de son église.

Nicolas Ebrard de Saint-Sulpice, étoit désigné évêque de Riez le 29 août 1568; mais on ne croit pas qu'il ait pris possession.

André d'Oraison, fils d'Antoine, vicomte de Cadenet, fut nommé à l'évêché de Riez en 1570, & prit possession, par procureur, le 7 janvier 1573. Mais, au lieu de se faire sacrer, il quitta son état, se jetta dans le parti des huguenots, & se maria.

Elzear de Rastelles, *de Rastellis*, abbé de Synanque & de la Ferté-sur-Grône, prieur du Pont-Saint-Esprit, fut nommé évê-

DIOCESE DE RIEZ.
ÉVÊQUES.
1532.

1551.

1570.

1577.

que de Riez le 4 septembre 1577. C'étoit un ligueur fort zélé; il mourut à Cavaillon, sa patrie, le 28 octobre 1597. De son tems la peste affligea la ville de Riez, depuis le 16 octobre 1586, jusqu'à la fin du mois d'avril suivant.

1599. *Charles de Saint-Sixt*, aumônier ordinaire du roi, neveu & coadjuteur du précédent, prit possession de l'évêché le 22 novembre 1599, & présida aux états de Provence en 1603, par ordre d'Henri-le-grand. Député plusieurs fois à la cour de France, auteur de quelques poésies & d'ouvrages d'érudition, fondateur du couvent des capucins, & restaurateur de l'hôpital de Riez, il mourut le 13 avril 1614; laissant après lui, la réputation d'avoir été un des évêques les plus distingués de la province, par ses talens & par son zele, pour le salut des ames.

1615. *Guillaume Alleaume*, conseiller au parlement de Paris, neveu de Guillaume du Vair, garde des sceaux, fut nommé en 1615, évêque de Riez, & passa au siege de Lizieux en 1621.

1622. *Gui Bentivoglio de Ferrare*, d'une ancienne maison originaire de Bologne, nonce en Flandres, & ensuite en France, créé cardinal en 1621, par Paul V, dont il étoit référendaire, prit possession de l'évêché de Riez, par procureur, le 24 octobre 1622, & se démit, sous la réserve d'une pension, le 15 septembre 1625.

1625. *François de la Fare Lopis*, de Carpentras, religieux minime, théologien & prédicateur, fut nommé, sur la démission du cardinal Bentivoglio, qui le désigna pour son successeur. Il mourut le 28 septembre 1628, en revenant de l'assemblée du clergé, tenue à Fontenay.

1628. *Louis Doni d'Attichy*, d'une maison illustre, qui a donné à Florence plusieurs gonfaloniers, fils d'Octavien d'Attichy & de Valence de Marillac, sœur du maréchal & du garde des sceaux du même nom, entra chez les minimes, & se fit connoître de bonne heure par ses talens. Il étoit provincial de son ordre,

DE PROVENCE.

quand il fut nommé à l'évêché de Riez, le 5 octobre 1628, & donna des preuves de son zele pour le maintien des bonnes mœurs, & les droits de son siege. On a de lui plusieurs ouvrages, qui sont une preuve de son amour pour l'étude & pour la religion. Il fut transféré à Autun, en 1652. Son pere avoit reçu des marques particulieres de bonté de la part d'Henri III & d'Henri IV, ayant l'honneur d'être très-proche parent de Catherine & de Marie de Médicis.

Nicolas de Valavoire, fils de Pierre & de Gabrielle de Forbin de Soliers, fut nommé le 10 mai 1652, assista à l'assemblée du clergé en 1655, & mourut le 28 avril 1685. — 1652.

Jacques Desmaretz, docteur de Sorbonne, neveu de Jean-Baptiste Colbert, ministre d'état, ayant été nommé à l'évêché de Riez, au mois d'août 1685, assista à l'assemblée du clergé en 1711, & passa au siege d'Auch en 1713. — 1685.

Louis-Balthasar Phelippeaux d'Herbault, fils de François, conseiller au parlement de Paris, & d'Anne Loisel, étoit docteur de Sorbonne, abbé du Toronet & chanoine de Paris, quand le roi lui donna l'évêché de Riez, le 15 août 1713. Il mourut au mois de septembre 1751. L'hôpital, le séminaire, & le college de Riez, dont il est fondateur, sont des monumens de son zele pour le bien public & pour la religion, qu'il fit respecter, par la régularité de sa conduite. — 1713.

Lucrece-Henri-François de la Tour-du-Pin de Gouvernèt de la Chaux-Montauban, sacré le 25 janvier 1752, est mort en 1772. — 1752.

François de Clugny, aumônier du roi, a été sacré le 12 juin 1772. — 1772.

Il n'y a point d'anciennes abbayes dans le diocese de Riez: c'est d'autant plus extraordinaire, que les deux premiers évêques, je parle de ceux qui nous sont connus, avoient été abbés de Lerins. Quand je dis qu'il n'y a point eu d'ancienne abbaye dans ce diocese, je ne parle pas de sainte Catherine de Sorps, ordre de saint Augustin; parce que son établissement est moderne, ne remontant pas au-delà de l'année 1255. Foulques de Caille, qui le fonda, lui donna la jurisdiction & les domaines qu'il avoit aux lieux de Bauduen, de Sainte-Croix, de Montpezat, & d'autres biens qu'il détacha de la mense épiscopale. Les religieuses, au nombre de cent, furent soumises à la regle de saint Augustin, & dirigées par huit chanoines du même ordre, auxquels le même prélat fit bâtir une maison tout au près. Les maladies, occasionnées par le mauvais air, ayant enlevé beaucoup de religieuses, & empêché les jeunes personnes du sexe d'aller prendre l'habit dans ce couvent; il n'en restoit plus que quatre en 1435. Les chanoines, excepté ceux dont la présence étoit nécessaire pour le service de l'église, s'étoient déja retirés à Saint-Juers avec le prévôt, & furent sécularisés vers l'an 1445, sous l'épiscopat de Michel de Bouliers.

Aiguine & la Sueille, près de Mezel, avoient le titre de *Cella* dans le onzieme siecle; c'étoient des hospices pour des religieux. Le bourg de Moustiers, en latin *Monasterium*, fut ainsi appellé, à cause d'un couvent que les religieux de Lerins y firent bâtir dans le commencement du onzieme siecle. On y trouva une inscription, rapportée par Bouche, & gravée sur un monument dressé par la piété filiale; mais elle ne contient rien d'intéressant. Elle prouve, tout au plus, que le terroir de Moustiers étoit anciennement habité, quoiqu'il n'en soit pas fait mention dans les géographes romains. Ces auteurs, uniquement attachés à nommer les colonies & les principales villes bâties près des grandes routes, ou sur les côtes, ne disent rien de celles qui étoient écartées dans les terres. Aussi nous sont-elles presque toutes inconnues. La plupart même ont changé de local, & quitté leur ancien nom pour en prendre un moderne, tiré de quelque circonstance particuliere, comme Moustiers.

La chapelle de Notre-Dame de Beauvezer, située entre deux

montagnes fort hautes, fort escarpées, & séparées par un espace d'environ deux cens cinquante pieds, est ancienne & fameuse par les pélérinages qu'on y faisoit dans les siecles passés. Ces montagnes soutiennent une chaîne de fer, qui s'étend d'un sommet à l'autre, ayant au milieu une grande étoile à cinq raies, au sujet de laquelle on a débité beaucoup de fables. Le lecteur éclairé n'y verra qu'un de ces vœux ordinaires dans les siecles de la chevalerie.

Nos preux chevaliers, qui faisoient des entreprises d'armes, se préparoient presque toujours à les exécuter, par des actes de piété, dans une église où ils se confessoient, & dans laquelle ils devoient envoyer, à leur retour, tantôt les armes qui les avoient fait triompher, & tantôt celles qu'ils avoient remportées sur les ennemis. Souvent ils promettoient des choses aussi bizarres que le caprice qui les dictoit. Nous pourrions en citer plusieurs exemples, si notre intention n'étoit pas d'abréger. Mais la promesse d'enchaîner deux montagnes, peut-elle même servir de preuve de la dévotion étrange de nos bons aïeux; car il n'y a pas de doute que ce ne soit ici un vœu dicté par la valeur, & fait par quelqu'ancien chevalier à Notre-Dame de Beauvezer. Il est difficile de dire à quelle occasion; mais il suffit de connoître l'histoire de l'ancienne chevalerie, pour juger que ce dût être au sujet de quelqu'entreprise d'armes, soit courtoise, soit à outrance. L'étoile suspendue à la chaîne, n'est autre chose que les armes du chevalier qui fit le vœu. Salomé a cru que c'étoient celles de la maison de Blaccas, qui porte d'argent à l'étoile à seize raies de gueules. Si cela étoit, le Blaccas, qui l'auroit mise, seroit vraisemblablement le même dont nous aurons occasion de parler dans l'histoire, & qui se rendit célebre par son courage, par les agrémens de l'esprit & les qualités du cœur. Il mourut en 1230. Ainsi cette chaîne auroit été mise au commencement du treizieme siecle.

Nous avons dit, dans la premiere partie de cet ouvrage, que

Diocese de Riez. Remarques historiques.

Verignon.

la voie militaire, qui alloit de Fréjus à Riez, après avoir traversé le terroir de Draguignan & d'Empus, passoit par celui de Vérignon, où l'on a trouvé des pierres milliaires, ainsi que dans celui de Beaudun. Nous n'avons aucune preuve que ce dernier village soit ancien; mais il y avoit sûrement des habitations du tems des romains, puisqu'on y a découvert plusieurs inscriptions, dont l'une nous apprend le nom d'un édile, c'est-à-dire d'un de ces officiers chargés de la police des marchés, de l'entretien des chemins & des ouvrages publics; ce qui suppose que la ville qu'il habitoit, & que nous croyons avoir existé dans le terroir de Beaudun, n'étoit pas un simple village. On trouva la suivante à Montpezat :

A. IVLIVS. SATVRNINVS
SIGNIFER. LEG. X
GEM. P. F. IIII. VIR. CI
A. VIVVS. FECIT
SIBI. ET. SVIS

Ce *quartumvir*, un des premiers magistrats de la ville, avoit été porte-étendard dans la dixieme légion, & s'étoit retiré du service; car nous ne croyons pas que le même homme pût réunir, tout-à-la-fois, deux emplois qui nous paroissent incompatibles par la nature de leurs fonctions. On donne à la dixieme légion, l'épithete de *gemellæ*, pour nous apprendre qu'elle étoit composée de deux, qu'on avoit réunies en un même corps.

Le marbre découvert au terroir d'Esparron, étoit en l'honneur d'un citoyen d'Arles, de la tribu *Terentina*, lequel avoit passé par toutes les charges de sa patrie, ce qui lui donnoit le premier rang, parmi ceux qui avoient, dans leur pays, les prérogatives de la noblesse, & qu'on appelloit *domi nobiles*. Voici l'inscription :

T. DOMITIO. L. F. TER. PERDVLLO
ARELATENSI. OMNIBVS
HONORIBVS. IN. COLONIA
SVA. FVNCTO. EVTYCHON. LIBERTVS

DIOCESE DE RIEZ.
REMARQUES HISTORIQUES.

Cet affranchi, qui ne prend point le nom de son maître, contre l'usage, étoit grec d'origine, s'il faut en juger par le sien. Il y avoit à Esparron, dans le onzieme siecle, un monastere dépendant de l'abbaye de saint Victor.

Les autres endroits du diocese ne nous offrent rien d'intéressant. Puimoisson est particuliérement connu par la commanderie de Malte, fondée en 1150, & pour avoir donné naissance à Guillaume Durand, l'un des plus célebres jurisconsultes du treizieme siecle. Nous aurons occasion d'en parler ailleurs. — Puimoisson.

Valensole vit naître saint Mayeul, mort abbé de Cluny, en 994. Dès ce tems-là, des religieux de cet ordre s'y établirent, voulant avoir un monastere dans la patrie de leur pieux abbé. — Valensole.

Les carmes furent reçus à Trevans, en 1270; c'étoit le second couvent de leur ordre en France. Le comte de Carces le fit démolir en 1575. On prétend qu'il avoit été fondé par Jacques d'Apericoul, seigneur de Gaubert. — Trevans.

On trouve, à Lagneres, une mine de fer que les sarrazins avoient travaillée; des huîtres à rateau, & d'autres coquillages fossiles..... *Oryctol. de Prov.*

DIOCESE DE FRÉJUS.

Si la position avantageuse des villes, suffisoit pour décider de leur opulence & de leur grandeur, il y en auroit peu d'aussi florissantes que celle de Fréjus, située dans une plaine fertile, près de la mer, & sous le climat le plus tempéré de la Provence. Cependant elle est fort médiocre; & quand on connoît le peu

CHOROGRAPHIE.
II. Partie.

de salubrité de l'air, on a de la peine à concevoir comment elle étoit devenue considérable du tems des romains. C'est une suite des changemens arrivés dans le local. Cette ville ayant été ravagée, ou presque détruite, pendant que les sarrazins occupoient les montagnes des Maures, ou que d'autres barbares infestoient les mers, le terroir fut abandonné aux révolutions de la nature ; il s'y forma des cavités & des attérissemens qui s'opposent aux écoulemens des eaux. Elles y séjournent presque toute l'année, & quand l'hiver est pluvieux, elles entretiennent dans l'air cette malignité qui détruit les habitans. Il n'est donc pas possible que cette ville soit jamais fort peuplée & commerçante ; l'activité des exhalaisons, jointe au genre de vie que les arts de luxe exigent, emporteroit les ouvriers, & détruiroit le commerce dans son principe (1).

Du tems des romains ce n'étoit pas la même chose ; le terrein, nouvellement défriché, n'avoit point encore essuyé de dégradation. D'ailleurs un peuple qui, pour avoir de bonnes eaux, conduisit celles de la Siagne, dans un espace d'environ sept lieues, par un aqueduc superbe, savoit bien se garantir des influences malignes des marais. Il faut dire aussi que la riviere d'Argens n'avoit point encore accumulé les sables, qui ont fait reculer la mer d'environ cinq cens toises du côté du port. Les grands attérissemens, sont l'ouvrage des siecles ; & l'industrie humaine ne peut leur opposer que des efforts impuissans. Le terrein, que la mer a laissé à découvert, n'est plus qu'un marécage, la plus grande partie de l'année, & contribue, avec les eaux qui croupissent ailleurs, à l'altération du climat.

---

(1) Nous avons des historiens, qui, trompés par la ressemblance des noms, ont attribué au climat de Fréjus, ce que Pline dit de celui du Frioul. *Veteris infirmitatis tussicula admonitus rursus sanguinem reddidit Zozimus : quâ ex causâ destinavi eum mittere in prædia tua quæ Foro Julii possides. Audivi enim te sæpè referentem, esse ibi & aerem salubrem & lac hujus modi curationibus accomodatissimum.* Jamais Fréjus n'a été renommé pour les pâturages, ni par conséquent pour le lait de vache ou de brebis.

L'église

L'église cathédrale de Fréjus, dédiée sous le titre de l'Assomption, reconnoît saint Léonce pour second patron. C'est un édifice dont on jetta les premiers fondemens, à la fin du dixieme siecle. Le chapitre est composé d'un prévôt, d'un archidiacre, d'un sacristain, d'un capiscol, & de huit autres chanoines, dont l'un a le titre de théologal : douze semi-prébendés, deux curés & six chapelains, forment le bas-chœur.

Il y a, dans cette ville, des cordeliers, qui succéderent aux minimes, vers l'an 1553; des dominicains, des dominicaines; celles-ci, depuis l'an 1633, & des bernardines, fondées en 1647; le séminaire est gouverné par des prêtres séculiers.

EVÊQUES.

Acceptus fut proclamé évêque par le peuple & le clergé, vers l'an 374. Mais son humilité l'éloigna de l'épiscopat; & nous ne parlons de lui que pour montrer que le siege de Fréjus est antérieur à sa nomination, puisque les peuples n'ont pas droit de l'établir. Dans le quatrieme siecle, la ville de Fréjus étoit encore une des plus belles & des plus considérables de la province, & la plus renommée pour son port. Les romains y avoient long-tems entretenu une flotte, & les vaisseaux qui venoient de la Grece & de l'Italie, y abordoient encore. Il est donc vraisemblable qu'elle avoit déja reçu la religion chrétienne. Nous croyons qu'elle eut des évêques vers la fin du troisieme siecle, quoique leur nom soit inconnu.

Saint Quillinius est le premier dont on parle. On tire la preuve de son épiscopat, d'une lettre que le prêtre Leporius écrivit à Proculus & Quillinius, l'un & l'autre évêques des Gaules, sans nommer le siege qu'ils occupoient. On a cru que Quillinius remplissoit celui de Fréjus; mais la lettre de Leporius est de l'an 427 ou environ, & saint Léonce gouvernoit alors cette église, depuis le commencement du cinquieme siecle. Quillinius étoit donc évêque de quelqu'autre église de Provence ; nous n'avons aucun indice pour la connoître. Nous commencerons donc la liste des évêques de Fréjus par le suivant.

410. *Saint Léonce*, frere de saint Castor, évêque d'Apt, siégeoit avant 405, puisqu'il engagea saint Honorat, son ami, à se fixer dans l'île de Lerins pour y établir un monastere, dont la fondation paroît être de cette année-là. Cassien a dédié à saint Léonce ses dix premieres conférences. Les deux fondateurs de l'ordre monastique, dans les Gaules, sont donc contemporains, & il est difficile de décider quel est le premier qui commença son ouvrage. On croit communément que ce fut saint Honorat. Saint Léonce mourut de la mort des justes, en l'année 432 ou 433, pour le plus tard.

433. *Théodore*, abbé des îles Stœcades ou d'Hyeres, ayant été élu vers l'an 433, évêque de Fréjus, eut quelque différent avec l'abbé de Lerins, au sujet de la jurisdiction qu'il prétendoit sur les religieux ; car cette abbaye dépendoit alors de l'évêché de Fréjus. Ce différend fut terminé dans un concile d'Arles, qui borna la jurisdiction de l'évêque, dans l'île, au droit exclusif d'ordonner, de confirmer, de donner le saint chrême, & d'admettre, au ministere de l'autel, les clers étrangers. Théodore vivoit encore en 455.

460. *Saint Léonce* II dut commencer son épiscopat vers l'an 460. Il étoit vraisemblablement abbé des Stœcades, quand il fut contraint de faire servir, au bien général du diocese, des vertus qu'il vouloit tenir cachées dans la retraite. Il passa en Allemagne pour y porter la lumiere de l'évangile ; mais ayant appris que les visigots étoient entrés en Provence, il vint au secours de son troupeau, & tomba entre les mains de ces barbares, qui l'envoyerent prisonnier en Afrique, où il mourut vers la fin de l'année 481.

Saint Aufile, né en Provence, fut tiré de l'abbaye de Lerins, pour être placé fur le fiege de Fréjus, immédiatement après faint Léonce. On croit qu'il reçut la couronne du martyre, de la main des ariens, le 26 janvier 483. Il n'y a rien de plus obfcur, & peut-être de moins certain, que l'épifcopat de ces deux évêques, qui n'eft fondé que fur les bréviaires & le miffel de l'églife de Féjus. Il eft à préfumer que le monaftere des îles Stœcades, ou d'Hyeres, devoit fon origine à l'abbaye de Lerins.

DIOCESE DE FRÉJUS.
EVÊQUES.
481.

Victorin fut repréfenté au concile d'Agde, en 506, par le prêtre Jean, qui foufcrivit pour lui, & qui lui fuccéda, fuivant un moderne. Cet auteur prétend que Jean députa en 521, (il faut 524) au quatrieme concile d'Arles, le prêtre Didier, qui figna pour lui. Mais le fiege de ce prélat n'eft point nommé dans la foufcription ; il n'y a donc aucune preuve que ce fût celui de Fréjus.

506.

Lupercien eft mis auffi parmi les évêques de cette ville, aux années 527 & 529, parce qu'on trouve fon nom parmi les foufcriptions du concile de Carpentras, & du fecond d'Orange, tenus ces années-là. Mais le nom du fiege n'y eft pas, & les conjectures font infuffifantes pour appuyer les faits hiftoriques.

Didier, dont l'épifcopat ne nous eft fûrement connu que depuis l'année 536, fiégeoit encore en 541, fuivant le pere le Cointe.

536.

Expectat envoya au cinquieme concile d'Orléans, en 549, le prêtre Epiphane ; il affifta au cinquieme d'Arles en 554, & au fecond de Paris en 552. Le pere le Cointe rapporte, dans fes annales, les noms des évêques fuivans, fans date, excepté celui d'Epiphane, & fans faits ; les ravages auxquels cette ville a été long-tems expofée, ont détruit quatre fiecles de fon hiftoire.

549.

Epiphane étoit évêque de Fréjus, lorfque les lombards vinrent en Provence, en 574. La crainte de ces barbares fut caufe qu'il fe retira à Marfeille, où il avoit moins à craindre, parce que la ville étoit fortifiée. Il s'y trouvoit encore en 582, dans le

574.

tems que Gontrand Bozon, le patrice Mummol, & le général Deidier, attirerent en France le fameux Gondebaud, qui vivoit à Constantinople, & dont ils vouloient faire un roi. Epiphane & Théodore, évêques de Marseille, furent accusés d'avoir trempé dans cette intrigue, & conduits comme des criminels à la cour de Gontrand, roi de Bourgogne, qui les fit mettre en prison, où Epiphane mourut en 583. Les autres évêques, dont parle le pere le Cointe, sont, Astier, Rustique, Auger, Jacques I, Barthelemi I, Bérenger I, & Romain. Les catalogues de l'église de Fréjus en font aussi mention.

909. *Benoît* souscrivit au concile de Jonquieres près Maguelone en 909.

946. *Gonthier* siégeoit en 946. Il avoit été prévôt d'Arles. Nous avons déja observé ailleurs, que dans un titre authentique de cette église, il est mention, en 966, des six suffragans de l'évêque d'Aix (celui d'Antibes étoit alors du nombre); mais leur église n'y est point nommée, & nous sommes fort embarrassés pour savoir à qui l'on doit attribuer le siege de Fréjus. Ces évêques sont Landri, Théodoric (évêque d'Apt), Œrard, Honoré, Pons, & Humbert, cela suffit pour s'assurer qu'aucun des six évêchés n'étoit vacant en 966.

974. *Riculfe*, né en Provence, de parens distingués, abbé de Mont-Major, puis évêque de Fréjus en 974, fut le restaurateur de cette ville, ruinée par les sarrazins, & fit aussi rebâtir l'église cathédrale. Guillaume I, comte de Provence, récompensa de si importans services, par des concessions aussi utiles qu'honorables. Un moderne dit qu'Almeraud fut successeur de Riculfe en 990. C'est une erreur; Almeraud étoit évêque de Riez, cette année-là, comme l'a remarqué l'auteur du *Gall. Christ.*

1000. *Pierre* I. siégeoit en l'an 1000.

1015. *Bérenger* I depuis environ l'an 1015 jusqu'en 1029.

1038. *Gaucelme* ou *Gausselin* en 1038.

1044. *Bertrand* en 1044. Un moderne a cru qu'il y avoit eu un

DE PROVENCE. 253

évêque du même nom avant Gauffelin; mais il n'apporte aucune preuve de fon opinion. On trouve encore le nom de Bertrand, évêque de Fréjus, en 1085. Ce qui feroit croire qu'il y en a eu deux qui fe font fuccédés fur le fiege épifcopal de cette ville.

Bérenger II, des vicomtes de Marfeille, eft nommé dans plufieurs chartes, depuis l'année 1094, jufqu'en 1131.

Bertrand II fiégea depuis l'année 1131, jufques vers l'an 1149. Cette époque détruit le fentiment de ceux qui prétendent que ce prélat étoit frere de Boniface de Caftellane, qui refufa de prêter hommage au comte de Provence, roi d'Arragon, en 1189. Quand même il feroit prouvé que Bertrand étoit de la maifon de Caftellane, il ne pourroit être frere que de Boniface II, qui prêta hommage, avec les autres feigneurs de la province, à Raimond Bérenger II, en 1146. On a fort embrouillé la fucceffion des évêques de Fréjus, depuis le commencement du onzieme fiecle, jufqu'au milieu du douzieme. Bertrand affifta, comme témoin, à une reftitution faite à l'abbaye de Lerins, en 1131, par Foulques & Guillaume de Graffe, Guillaume & Geoffroy de Reillane.

Guillaume I eft mis, par l'hiftorien de Fréjus, en l'année 1150.

Pierre II en 1153. Il étoit *dapifer* du comte de Provence. Les fonctions de cette charge confiftoient, fuivant faint Bernard, à fervir le fouverain à table, & à commander l'armée. Pierre dut fiéger jufques vers l'an 1173. Il eut pour fucceffeur immédiat

Bertrand III qui donna, à l'abbaye de Lerins, l'églife de faint Raphaël, en 1173. Il faut donc effacer du catalogue des évêques de Fréjus, Fredole I, qu'on dit avoir fiégé en 1164; car il eft prouvé, par une charte rapportée dans le *Gall. Chrift.* que Fredole étoit encore abbé de faint Victor en 1166. On lit auffi dans le grand cartulaire de la même abbaye, qu'il mourut après l'avoir gouverné pendant trois ans.

DIOCESE DE FRÉJUS.
EVÊQUES.

1094.

1131.

1150.

1153.

1173.

Fredole ou *Fredolon*, différent du précédent, fut sûrement évêque de Fréjus, depuis l'année 1179 jusqu'en 1190, comme on le prouve dans le *Gall. Chrift.*

Bérenger III foufcrivit à une donation faite, au monaftere de Lerins, en 1194.

Guillaume Dupont eft connu depuis l'année 1195, jufqu'en 1202. On croit qu'il fe démit, du confentement d'Innocent III, entre les mains de l'archevêque d'Aix.

Raimond I, confeffeur d'Alphonfe II, comte de Provence, fut tiré du cloître, pour être placé fur le fiege de Fréjus, en 1203.

Bermond Cornuti, archidiacre de Fréjus & prévôt d'Aix, devint évêque de la premiere de ces deux villes en 1206. On croit qu'il paffa au fiege de l'autre en 1212, ou peut-être en 1211; car il fut vacant au mois de mars de cette année-là. Bermond gouverna-t-il jufqu'alors l'églife de Fréjus ? On eft porté à le croire; cependant celui qui étoit évêque en 1208, s'appelloit Bertrand. Cette difficulté n'eft pas facile à réfoudre, à moins qu'on ne dife que Bertrand étoit coadjuteur de Bermond ; mais il n'y en a aucune preuve. Quoi qu'il en foit, nous fixerons le commencement de fon épifcopat, à l'année 1208.

Bertrand de Saint-Laurent, appellé *de Camaret* dans le *Gall. Chrift.* fiégea depuis l'année 1208 jufqu'en 1233.

Olivier, chartreux de la Verne, mourut en 1234, après une année d'épifcopat.

Raymond II, élu en 1235, mourut en 1247. Il avoit pour coadjuteur R***, facrifte d'Arles.

Bérenger IV affifta au concile de Valence en 1248. Il divifa les prébendes du chapitre, en affignant une dixme & un certain droit, à chaque chanoine.

Bertrand V fiégeoit en 1256 & 1263 ; mais nous ignorons s'il pouffa fa carriere plus loin. On lui donne pour fucceffeur

Guillaume de Sulli qui mourut, dit-on, en Italie, au mois de novembre 1265, étant à la suite du comte de Provence.

Pierre III *de Camaret* ne siégea qu'un an & un jour. Il mourut le 24 décembre 1266.

Guillaume IV est connu dès l'an 1269, mais il y a toute apparence qu'il fut élu à la fin de l'année 1266. On tint, en 1276, un synode, dont il nous reste un réglement, sur la maniere de percevoir la dixme sur les bêtes à laine.

Bertrand VI assista au concile de Riez, du 14 février 1286, & mourut au mois de décembre. On ne sait pas en quelle année : ce fut peut-être en 1299.

Jacques d'Euse, communément appellé d*Ossat*, fils, à ce qu'on croit, d'un pauvre cordonnier de Cahors, fut précepteur des enfans de Charles II, roi de Sicile & comte de Provence. Ce prince, qui l'avoit employé dans des affaires très-importantes, voulant lui témoigner le cas qu'il faisoit de son mérite, & combien il étoit satisfait de ses services, le fit élire évêque de Fréjus en 1300. Ce prélat fut transféré à l'évêché d'Avignon en 1310, créé cardinal-évêque de Porto en 1312, & élu pape le 7 août 1316. Il étoit de petite taille, mais d'un grand génie, & fort versé dans la jurisprudence civile & canonique. Il prit le nom de Jean XXII. Sous son pontificat, les cordeliers agiterent cette fameuse question, qui fit tant de bruit dans le monde, & qu'on auroit méprisé dans un siecle moins ignorant. Il s'agissoit de savoir si les choses qu'on leur donnoit leur appartenoient, dans le tems même qu'ils en faisoient usage ; la portion, par exemple, quand ils la mangeoient.

Barthelemi de Grassi, chanoine de Fréjus, sa patrie, assista à deux conciles d'Avignon, l'un en 1326, & l'autre en 1337. Il publia les statuts qu'on observe encore, & qui sont appellés *statuta antiqua*. On croit qu'il mourut au mois de mars 1341.

Guillaume d'Aubussac, qui avoit été successivement dignitaire

DIOCESE DE FRÉJUS.
EVÊQUES.
1264.
1265.
1266.

1286.

1300.

1310.

1343.

en plusieurs chapitres, ne siégea que quelques mois; il fut élu, au mois de juin 1343, & il avoit déja, pour successeur, au mois de novembre de la même année,

1343. *Jean d'Arpatelle*, qui légua, à son église, quantité de vases sacrés d'or & d'argent, des pierreries & des joyaux; ce qui suppose un très-grand luxe dans ce tems-là. On ne sait pas combien de tems il gouverna le diocese.

1359. *Pierre* IV *Alleman*, de Clermont, mourut évêque de Fréjus, en 1359.

1359. *Guillaume Amici*, évêque d'Apt, patriarche de Jérusalem, ne gouverna le diocese de Fréjus, en qualité d'administrateur, qu'environ un an; c'est-à-dire, depuis la mort de Pierre, jusqu'au mois de juin 1360.

1360. *Pierre* V, qui lui succéda tout de suite après, mourut vers le mois d'août 1361.

1361. *Guillaume de Ruffec* ou *de Sofilhac*, siégea depuis le mois de septembre 1361, ou environ, jusqu'au même mois 1364.

1364. *Raymond Daron* ou *Dracon*, religieux augustin, fut transféré du siege de Toulon à celui de Fréjus, au mois de novembre de cette année-là. On croit que sa mort arriva en 1368.

1368. *Guillaume de la Font* est mis, on ne sait pas sur quel fondement, parmi les évêques de Fréjus, depuis la fin de l'année 1368, jusqu'en 1372.

1373. *Bertrand de Villemurs* commence à être connu en l'année 1373, & mourut le 30 de mai 1385. Il donna cent livres pour la rançon de son frere Jean, que les anglois avoient fait prisonnier.

1385. *Louis de Bolhiac*, religieux augustin, fut nommé par Clément VII, au mois d'août de l'année 1385, & finit ses jours le 13 avril 1405.

1406. *Gilles le Jeune*, chantre de l'église de Reims, conseiller des rois de France & de Sicile, maître des requêtes de leur hôtel, fut envoyé en ambassade, à la cour de France, par la reine Yolande, il affista au concile de Pife, fonda une collégiale à Lorgues en 1429, & mourut la même année.

Jean de Billard, doyen du Mans, conseiller d'Isabelle, reine de Sicile, & de Charles VII, roi de France, fut élu 26 jours après la mort du précédent, & assista au concile de Bâle comme ambassadeur de Louis III. Il siégeoit encore en 1445.

Jacques Juvenal des Ursins, archevêque de Reims, se trouvant en Provence, se démit de son archevêché pour accepter l'évêché de Fréjus, qui lui fut offert par les députés du chapitre en 1449.

Jacques Seguin, prieur de Saint-Martin-des-Champs de Paris, se disoit élu évêque de Fréjus en 1452. Il eut pour compétiteur Guillaume Huyn, cardinal du titre de sainte Sabine, nommé à l'évêché de Fréjus par Nicolas V. Mais il paroît que Jacques Seguin demeura paisible possesseur.

Jean du Bellay, d'une ancienne maison d'Anjou, fils d'Hugues, & d'Élizabeth de Montigny, abbé de Saint-Florent, lui succéda le 7 novembre 1455, & permuta avec Léon Guerinet, pour l'évêché de Poitiers, en 1461.

Léon Guerinet se démit de celui de Fréjus en 1473. Il avoit été conseiller au parlement de Paris, & doyen de Poitiers sa patrie.

Urbain de Fiesque, noble génois, secrétaire de Sixte IV, fut placé par ce pontife sur le siege de Fréjus en 1473, sans le consentement du chapitre & du roi René, comte de Provence, qui ne voulurent pas le reconnoître. Le pape, irrité, jetta l'interdit sur cette église, & excommunia les chanoines; ce qui obligea les habitans d'aller faire les exercices de la religion, dans les paroisses voisines, pendant trois ou quatre ans que dura l'interdit. Les pyrates, qui infestoient les mers de Provence, ayant sçu ce qui se passoit à Fréjus, profiterent, pendant la semaine sainte, de l'absence des habitans, pour faire une descente dans

DIOCESE DE FRÉJUS.
EVÊQUES.
1421.

1449.

1452.

1455.

1461.

1473.

Tome I.   K k

la ville. Ils la pillerent, maffacrerent tous ceux qui firent quelque réfiftance, & s'en retournerent chargés de butin, emmenant avec eux plufieurs efclaves de l'un & de l'autre fexe. Cet accident obligea les chanoines de faire un accommodement avec le pape. Urbain fut reconnu & prit poffeffion en 1477. Il mourut à Rome en 1485.

1486. *Robert de Briçonnet*, frere du cardinal Guillaume, miniftre fous Charles VIII, fut élu en 1486, à la recommandation de ce roi. Il fe démit vers l'an 1487, pour paffer à l'archevêché de Reims.

1488. *Raymond d'Ancezune de Caderouffe*, fut nommé en 1488, & refufa l'évêché.

1489. *Roftan d'Ancezune*, fon parent, l'accepta en 1489; il fut transféré à l'archevêché d'Embrun, vers l'an 1495.

1496. *Nicolas de Fiefque*, fils de Jacques, comte de Lavagne, & frere de fainte Catherine de Genes, dont il imita les vertus, fut fait évêque de Fréjus en 1496, & enfuite cardinal par Alexandre VI. Il avoit eu l'adminiftration de l'évêché de Toulon, & mourut doyen du facré college, en 1524.

1512. *Urbain de Fiefque*, fon neveu & fon coadjuteur, lui fuccéda à l'évêché de Fréjus en 1512. Il mourut le 22 mai 1516.

1517. *François des Urfins*, décoré de la pourpre par Léon X, avant qu'il fut tonfuré, nommé à l'évêché de Fréjus, par Clément VII fon parent, en 1517, n'ayant pu venir dans fon diocefe, parce que fes emplois l'attachoient à Rome, le fit gouverner par fon neveu Léon, qu'il fe fit donner pour coadjuteur, & mourut au mois de janvier 1533.

1533. *Léon des Urfins* siégea depuis 1533, jufqu'au mois de mai 1564.

1565. *Bertrand de Romans*, chanoine de faint Sauveur, & confeiller au parlement d'Aix, occupa le fiege de Fréjus depuis l'an 1565 jufqu'en 1579. Il fe départit, envers la communauté de Fréjus, des droits feigneuriaux, à l'exception de la juftice, moyennant une penfion féodale.

DE PROVENCE.

François de Bouliers, fils de Philibert de Cental, seigneur de Mannes, & vicomte de Reillane, originaire de Piémont, fut abbé de Lérins & de Bonport, ensuite évêque de Fréjus en 1579; il mourut à Sisteron, en revenant de Paris, en 1587.

Geraud Bellanger, évêque de Fréjus sa patrie, en 1587, fut député par les seigneurs de Provence, à l'assemblée convoquée à Paris par le duc de Mayenne en 1693. Henri IV, pour le punir de son attachement à la ligue, dont il étoit un des plus zélés partisans, fit saisir son temporel, & le parlement d'Aix le condamna à un bannissement perpétuel.

Barthelemi de Camelin, né à Fréjus, ne dut qu'à son propre mérite son élévation à l'épiscopat. Quoiqu'il fut élu par Henri IV en 1594, il ne reçut ses bulles qu'en 1599. On doit le regarder comme le restaurateur de la discipline dans son diocese, & des privileges de son église. Il mourut le 12 juin 1637.

Pierre de Camelin, neveu du précédent, & son coadjuteur depuis 1621, lui succéda à la fin de juin 1637, & termina sa carriere au mois de janvier 1654, âgé de 75 ans.

Joseph Zongo Ondedei, d'une famille noble de Pezaro en Italie, après avoir été successivement revêtu de plusieurs emplois en cour de Rome, fut placé sur le siege de Fréjus en 1654, à la recommandation du cardinal Mazarin son ami. Ce prélat, recommandable par sa charité envers les pauvres, disposa de tous ses biens en leur faveur, & en faveur de son église; il mourut en 1674. Michel Poncet, nommé pour lui succéder, devint archevêque de Bourges avant d'avoir reçu ses bulles.

Antoine-Benoît de Clermont-Tonnerre-Crusy, docteur de la maison de Navarre, fut nommé à l'évêché de Fréjus le 22 novembre 1674. La régularité de sa conduite lui attira de justes éloges, mais elle ne put le mettre à l'abri de quelques chagrins qui lui couterent la vie. Il mourut, au mois d'août 1678, dans la trente-cinquieme année de son âge.

DIOCESE DE FRÉJUS.
EVÊQUES.
1579.
1587.
1594.
1637.
1654.
1674.

Louis d'Angluré de Bourlemont, & *Jacques Potier de Novion*, évêques de Sisteron, furent successivement nommés à l'évêché de Fréjus ; mais ils passerent à d'autres sieges avant d'avoir pris possession.

1680. *Luc d'Aquin*, d'Avignon, frere d'Antoine, premier médecin du roi, fut transféré de l'évêché de Saint-Paul-Trois-Châteaux, à celui de Fréjus en 1680. Son avarice & sa mauvaise conduite, lui firent tant d'ennemis, que la cour le força de se démettre en 1697. Mais à peine y eut-il consenti, qu'il voulut revenir par la voie du regrès, & n'oublia rien pour empêcher que son successeur ne fût sacré. Exilé en basse Bretagne, & ensuite rappellé à Paris, il y mourut en 1717, avec le regret de n'avoir pu remonter sur le siege de son église.

1697. *Louis d'Aquin*, son neveu, de la maison & société de Sorbonne, agent du clergé, abbé des saints Serge & Bacque, fut pourvu de l'évêché de Fréjus le 2 janvier 1697. Il passa au siege de Séez le premier novembre de l'année suivante.

1698. *André-Hercule de Fleury*, naquit à Lodeve, de Jean de Fleury & de Diane de la Treille de Fosieres. Ce n'est point comme ministre d'état que nous devons l'envisager. Ce titre le rend étranger à notre histoire. Les talens par lesquels on gouverne un grand royaume, sont bien différens de ceux dont on a besoin pour la conduite d'un diocese. Ici avec de la prudence, la connoissance de la religion, & des vertus paisibles, on peut faire beaucoup de bien : mais là il faut de l'élévation & de la fermeté dans le caractere ; de l'étendue & des ressources dans l'esprit ; du mystere & du courage dans les entreprises ; il faut embrasser d'un coup d'œil les différentes parties du gouvernement & les lier ensemble ; être présent dans toutes les cours, par l'influence de son génie, en pénétrer les desseins, en démêler les intrigues, & souvent même en diriger les ressorts. Nous laissons décider aux politiques si M. de Fleury eût les talens qui font les grands miniftres ; il eft fûr du moins qu'ils applaudiront avec toute la France, aux qualités qui l'ont rendu un des plus utiles. La foupleffe & l'aménité de fon caractere lui fervirent beaucoup auprès du duc de Savoie, lorfque ce prince fit une invafion en Provence en 1707. M. de Fleury gagna l'eftime de fon Alteffe Royale, qui, à fa confidération, traita favorablement la ville de Fréjus. Il fut nommé à l'évêché le premier novembre 1698, & donna fa démiffion en 1715, quand le roi, par le codicile de fon teftament, l'eut défigné précepteur de Louis XV. Il fut créé cardinal au mois de feptembre 1726, & mourut à Iffy le 29 janvier 1743, âgé de 89 ans 6 mois. DIOCESE DE FRÉJUS.
EVÊQUES.

Jofeph-Pierre de Caftellane, vicaire-général d'Aix, fut nommé le 18 juin 1715, fur la démiffion de M. de Fleury. 1715.

Martin de Bellei, né dans le diocefe d'Orléans, fut facré le 13 décembre 1739, & donna fa démiffion en 1766. 1739.

Emmanuel-François de Bauffet de Roquefort, né à Marfeille, ci-devant agent du clergé, chanoine & comte de faint Victor, a été facré le 31 août 1766. 1766.

Il y avoit anciennement dans ce diocefe, quatre monafteres, dont un feul fubfifte; favoir, celui de Notre-Dame de Correns, fondé pour le plus tard au commencement du dixieme fiecle. Mathilde de Château-Renard lui fit une donation en 972. ANCIENS MONASTERES.

2°. Le monaftere de Villecrofe, dépendant de l'abbaye de faint Victor, eft mentionné dans une bulle de Pafcal II, au commencement du douzieme fiecle.

3°. L'abbaye du Toronet, ordre de Cîteaux, fondée en 1136, fubfifte encore, ainfi que la chartreufe de Laverne, qui eft de l'an 1170. Frédole, évêque de Fréjus, & Pierre Ifnard, évêque de Toulon, en furent les principaux fondateurs.

Nous n'avons point de diocefe en Provence, dont l'hiftoire naturelle foit plus variée & plus intéreffante. Le porphyre y eft commun à l'Efterel fur-tout, & dans le terroir de *Roquebrune*. HISTOIRE NATURELLE.

En allant de ce village au *Muy*, on rencontre une montagne qui en contient des masses de plus de soixante pieds de haut, sur une largeur considérable. On pourroit en tirer des colonnes semblables à celles qu'on tiroit autrefois de la haute Egypte, & peut-être les romains y taillerent-ils la plupart de celles que nous voyons en quelques villes de Provence ; car la carriere paroît avoir été anciennement exploitée.

Dans certains endroits cette pierre est fort dure, & dans d'autres elle l'est beaucoup moins. J'en ai exposé de cette derniere qualité à un feu de porcelaine modéré. Elle a bouilli dans le vase, & la superficie est devenue poreuse. Les seules parties blanches, celles qu'on apperçoit comme des points à l'extérieur, ont coulé comme le verre, parce qu'elles sont de même nature. Je suis persuadé que ce porphyre, poussé à un plus grand feu, deviendroit poreux. Celui qu'on trouve dans les collines voisines de *Vidauban*, est d'un gris de lin fort joli. On y distingue du feldt-spath opaque blanc, du jaune, & des cristaux transparens.

Le terroir de *Roquebrune* fournit encore du plomb propre à dessiner, appellé *plumbago*. On croit qu'il y a aux environs une mine d'étain. Le *Revest* est remarquable par les agathes blanches. Outre le porphyre, la montagne de *l'Esterel* offre encore du jaspe sanguin, entierement réfractaire, & qui n'acquiert au feu de porcelaine, qu'une couleur plus vive. On voit au même endroit du quartz cristallin, & des améthistes. Les *Maures* sont fameuses par les mines qu'elles renferment. Il y en a de plomb tenant argent, d'orpiment, d'alun & de soufre rouge. Le cuivre est à la *Garde-frainet*, où l'on voit aussi un filon de fer.

La chartreuse de *Laverne* est dans un pays intéressant pour un naturaliste. Elle est bâtie de trois sortes de pierres qu'on tire des environs. La premiere est un schite compact ; la seconde, une pierre ollaire dure, grasse au toucher, entremêlée de petites parties de talc & de mica, & assez semblable extérieurement au plâtre gris. Elle est comme marbrée en gris & noir, & n'est pas susceptible de recevoir le poli. La troisieme est une serpentine talqueuse, qu'on trouve sur le chemin de *Cogolin*. Elle est solide, opaque, d'un verd foncé, mouchetée de taches, tantôt verdâtres & tantôt noires, & prend un assez beau poli. Elle ne fermente point avec l'eau forte ; mais elle est sujette à se fendre dans les endroits où est le talc. Quoiqu'elle durcisse & blanchisse au feu, j'ai constamment observé qu'elle se dégrade & se carie à l'air dans les lieux voisins de la mer, à Saint-Tropez, par exemple, où l'on s'en est servi pour les portes & les fenêtres.

Cette carriere est à une demi-lieue de la montagne de la Magdeleine, où l'on découvre des traces d'un ancien volcan. Les pierres en sont noires & pleines de soufflures. Les habitans de *Cogolin* en ont beaucoup employé à la bâtisse de leurs maisons, parce qu'elles prennent aisément la chaux. On trouve encore, près de la chartreuse, de l'asbeste, du verre de Moscovie qui se sépare en lames flexibles extrêmement minces & transparentes, du liege fossile, *suber montanum*, espece de pierre légere qui ressemble à des ossemens en partie décomposés. Exposé au feu de porcelaine, il acquiert une couleur martiale & devient poreux ; les parties filamenteuses qui le composent, & qui paroissent talqueuses, étant réfractaires résistent, & les autres se dissipent.

On voit au même endroit des bancs de talc blanc & de talc jaune, séparé en petites lames. Celles de la premiere espece sont grasses au toucher, demi-transparentes & fort flexibles : les autres, quoique grasses au toucher, sont opaques & cassantes. Au reste le mica blanc est commun dans ces quartiers, & presque par-tout mêlé avec un schite réfractaire ; car au feu de porcelaine il n'a reçu qu'une légere fusion, qui l'attachoit à peine au fond du vase. Comme ce schite se décompose aisément, le chemin qui va d'*Hyeres* à *Cogolin* est tout couvert de paillettes brillantes, mêlées avec un sable fin. On voit près de *Collobrieres*, une mine de plomb qu'on n'exploite plus ; une autre également abandonnée dans le terroir de *Bormette* ; on en a tiré beaucoup de criſtaux de roche, attachés au quartz où ils s'étoient formés. En allant de Collobrieres à Pierrefeu, on rencontre de la pierre arménienne & des rochers de jaſpe brun, de la même qualité que celui de l'Eſterel ; à Pierrefeu, on voit un porphyre de couleur de lie de vin. En parlant des mines, nous avons oublié de dire qu'on découvre un filon de fer à *Mon-Ferrat*, aux *Salettes*, au *Perret*, au *Canet*, à *l'Eſperel*, à *Trans*, aux *Arcs*, à *Barbentane*. On exploite au *Canet* des mines de cuivre, & de plomb tenant argent. Celles d'*Agaï* & de la *Maure-du-Luc* ſont abandonnées. On prétend qu'il y en a deux dans le terroir de *Pugeton*, l'une d'or & l'autre d'alun.

On voit un filon de fer de bonne qualité, donnant environ quarante pour cent, au territoire de *Château-Double*, quartier de *Rebouillon*, au terroir de *Draguignan*. Les pierres du terroir de *Pennafort* ſont colorées & approchantes du jaſpe ; les unes ſont blanches & rouges ; les autres blanches & violettes. Il y a auſſi une mine de fer & d'aſſez beau granit. Cette eſpece de pierre eſt ſi commune dans le dioceſe de Fréjus, que ce n'eſt pas la peine de marquer les lieux où on la trouve. Il y en a des montagnes entieres (1). On a trouvé des amétiſtes dans le *Rairan*.

Voilà les principales variétés que nous offre, en fait de minéralogie, la bande ſablonneuſe du dioceſe. La calcaire nous préſente, dans le terroir de *Comps*, des cames, des peignes, des cornes d'ammon, & des griſites, eſpece de coquillage, dont on ne connoît point l'analogue ; à *Brenon*, une mine de charbon de terre ; à *Villecroze*, une grotte ſituée preſqu'au haut d'une colline, où l'on

---

(1) Le granit groſſier des environs de Fréjus, car il y en a de plus compact & de plus fin ſur les montagnes, coule au feu de porcelaine. Les corps blancs qu'on y diſtingue, quoiqu'ils fuſſent, ſont plus réfractaires que le reſte. Les parties métalliques lui donnent au creuſet une couleur pâle, dont on pourroit peut-être tirer parti pour les arts.

n'aborde

n'aborde que difficilement. L'entrée en est assez étroite ; mais le dedans est vaste & spacieux. Il y a une vingtaine de colonnes de différentes figures, formées par les dépôts de l'eau qui suinte à travers le rocher. Les unes pendent du haut de la voûte jusqu'à terre ; les autres en descendent, mais ne touchent pas le sol. Elles en sont plus ou moins éloignées de quelques pieds. Ces stalactites sont brunes, & dans quelques endroits noirâtres, apparemment à cause du sable que les eaux entraînent. La grotte renferme une très-belle source. La terre rouge & martiale qui s'y trouve est propre à colorer les ouvrages des potiers.

Diocese de Fréjus. Histoire naturelle.

On voit dans le terroir de *Lorgues*, un marbre qui prend un assez beau poli. Cette petite ville a une église collégiale fondée en 1421, sous l'invocation de saint Martin. Le chapitre est composé d'un doyen, d'un sacristain-curé, d'un capiscol, d'un théologal, de deux autres chanoines, & de quatre bénéficiers. Les trinitaires, les ursulines, & les bernardines y ont un couvent. Celui des ursulines est de l'an 1639. Les capucins y sont établis depuis l'an 1667.

Remarques historiques. Lorgues.

Il y a quatre autres chapitres dans ce diocese. Celui d'*Aups*, fondé par les seigneurs de cette ville, de la maison de Blaccas, étoit autrefois à Valmoissine. Les chanoines devoient être nobles, & avoir assez de revenus pour entretenir un domestique, un cheval, un chien, & un faucon : il étoit de l'essence de la noblesse d'avoir tous ces animaux. Ce chapitre fut transféré à Aups en 1499. Il est composé d'un prévôt, d'un sacristain, de six chanoines, & de six bénéficiers. Il y a des augustins dans cette ville, & des ursulines établies en 1636.

Aups.

La fondation du chapitre de *Pignans* remonte au sixieme siecle. Il étoit autrefois de l'ordre de saint Augustin ; mais il fut sécularisé par une bulle de Clément IX, du 4 septembre 1668. Il y a un prévôt, un doyen, un sacristain-curé, un camérier, un primicier, un capiscol, & douze chanoines. Les cordeliers & les ursu-

Pignans.

Tome I.   Ll

lines ont un couvent à Pignans ; celles-ci depuis l'an 1624. La montagne de Notre-Dame des Anges a trois cens vingt toises au-dessus du niveau de la mer.

La petite ville de *Barjols* a aussi une collégiale fondée en 1060, par Raymbaud, archevêque d'Arles. Un prévôt, un capiscol, un sacristain & huit chanoines, dont l'un est théologal, composent le chapitre, & dix bénéficiers le bas-chœur. Les carmes, les augustins & les ursulines y ont un établissement. Le siege de la justice royale fut établi en 1322, par Robert, roi de Naples & de Sicile, comte de Provence, qui conserva toujours beaucoup d'affection pour cette ville, où il avoit été élevé : elle est située dans une contrée agréable, à deux tiers de lieue de la riviere d'Argens.

On voit chez les PP. carmes, des grottes goutieres, toutes contiguës les unes aux autres ; mais moins élevées que celles de Villecroze. Les stalactites en sont plus singulieres par les formes bizarres qu'on leur a données ; car on prétend qu'un religieux s'étoit amusé à recevoir la filtration de ces grottes, dans des creux empreints de ces figures, ou d'autres objets semblables, & que les dépôts pierreux prenoient dans ces moules la forme qu'il desiroit. Ces stalactites sont d'un beau blanc. Les carmes en conservent dans leur bibliotheque, qui sont d'une délicatesse & d'un travail surprenant.

La situation de *Draguignan* a ses avantages comme celle de Barjols ; cette ville, d'ailleurs, est celle du diocese dont le séjour est certainement le plus gracieux. Son église, unie sous le titre de vicairie perpétuelle, à l'archidiaconé d'Aix, à la fin de l'année 1409, par Alexandre V, & par Jean XXIII, qui confirma cette union au mois de mars 1411, fut érigée en collégiale, en 1570, à la requisition de Jean de Rascas, archidiacre de la métropole, & conseiller au parlement, à condition qu'il conféreroit les bénéfices du chapitre, & qu'il jouiroit des trois quarts de la grosse dîme, laissant aux chanoines la quatrieme partie, les menues dîmes &

le cafuel. Cette condition ayant paru trop onéreufe au chapitre, on fixa par une tranfaction, le revenu de l'archidiacre, à une penfion de 1200 livres. Mais l'union fut enfuite caffée par le parlement de Bourgogne, en 1642, à la pourfuite d'un eccléfiaftique qui avoit impétré la vicairie perpétuelle de Draguignan; enfin l'état du chapitre, après plufieurs procès, fut réduit, par arrêt du confeil du 20 décembre 1691, à la forme où nous le voyons, étant affranchi de la jurifdiction de l'archidiacre d'Aix, & foumis à l'évêque diocéfain. Il eft compofé d'un chef, curé primitif, qui a le titre de facriftain, & de cinq autres chanoines, dont l'un eft capifcol. On voit à Draguignan plufieurs monafteres; favoir, des cordeliers, fondés avant l'an 1299; des dominicains, en 1304; des auguftins, en 1380; des obfervantins, en 1489; des capucins, en 1699; des minimes, & des religieufes de la vifitation, en 1633. Les PP. de la doctrine chrétienne y ont le college.

On trouve beaucoup de plâtre dans le terroir de cette ville, & des eaux qui ne diffolvent point le favon, & ne font pas propres à faire cuire les légumes. Elles font périr les haricots blancs, lorfqu'on en arrofe les plantes plus d'une fois, font ameres & un peu falées. Elles mériteroient d'être analyfées par un chymifte.

On voit dans le terroir de *Trans*, qui eft voifin, une mine de fer & un peu de manganaife. Ce fief fut érigé en marquifat, par Louis XII, en 1505, en faveur de Louis de Villeneuve, feigneur de Serenon; grace qui fut la premiere accordée, en ce royaume, dit le continuateur de Moreri, du moins par lettres-patentes & enregiftrées; celui de Nefle, qui étoit dans la maifon de Sainte-Maure, n'ayant été érigé qu'en 1545, & enregiftré en 1548.

Le bourg de *Cotignac*, fitué dans une contrée montagneufe, mais fertile en excellens fruits, avoit le titre de baronie dès le milieu du quinzieme fiecle. Il y a dans le terroir, l'églife de Notre-Dame de Grace, qui a été long-tems fameufe par la dévotion des fideles. Le roi Louis XIV, & fa mere Anne d'Autriche, vinrent la visiter en 1660. Cette chapelle, fondée au mois de septembre 1519, étoit, à la fin du même siecle, sous la direction de M. Rollin-Ferrier, prieur-curé de Cotignac. Ce pieux ecclésiastique, voulant entretenir la dévotion des peuples, assembla à Notre-Dame de Grace quelques ecclésiastiques, la plupart docteurs, chanoines & théologaux des églises de Marseille & de Grasse, avec lesquels il forma une communauté, qui adopta les réglemens que saint Philippe de Néri avoit donnés à sa congrégation. Clément VIII approuva l'érection de cette communauté, en 1599. Mais André Tod, qui en étoit sous-supérieur, quelques années après, ayant connu M. de Berulle, dans un voyage qu'il fit à Paris, engagea ses confreres à se réunir à l'oratoire de France, ce qui fut exécuté le 14 janvier 1615, & confirmé par une bulle d'Urbain VIII, du 3 août 1628, enregistrée au parlement de Provence.

Nous ne devons pas oublier de dire, que dans le terroir des *Arcs*, dont la seigneurie a appartenu, pendant plusieurs siecles, à la maison de Villeneuve, il y avoit autrefois un couvent de l'ordre de Cîteaux, fondé vers l'an 1306, & appellé *monasterium de cella Robaudi*, dans lequel sainte Rossoline, de Villeneuve, avoit pris l'habit. On conserve encore son corps dans l'église de ce monastere, qui appartient aujourd'hui aux religieux observantins.

Les inscriptions qu'on trouve en plusieurs endroits, & le nombre des villes, dont il est parlé dans les anciens auteurs, prouvent que le diocese de Fréjus étoit fort peuplé du tems des romains. Les pays maritimes sont toujours les mieux habités, ainsi que ceux où l'on a ouvert de grandes routes. Il y en avoit, dans le diocese de Fréjus, qui nous sont connues; l'une alloit à Aix, par Tourves, & l'autre à Riez, par le terroir de *Draguignan*, d'*Empus* & de *Beaudun*.

Le terroir de *Barjemon*, voisin de cette voie militaire, renferme quelques restes d'antiquités. On y découvrit, sur la fin du dix-septieme siecle, trois urnes cinéraires d'un verre bleu céleste, renfermées chacune dans une urne de grès de forme ovale;

DE PROVENCE. 269

avec un couvercle rond de la même pierre. Elles étoient sous une masse de tuf, formée par les sédimens des eaux. On conserve, dans le château, d'autres monumens antiques trouvés au même endroit.

DIOCESE DE FRÉJUS.
REMARQUES HISTORIQUES.

L'affouagement de 1200, fait mention de plusieurs villages qui ne subsistent plus, ce qui vient, sans doute, de ce que les habitans, forcés anciennement de se retirer dans des lieux avantageusement situés, pour se défendre contre les sarrazins, & d'autres pyrates, les abandonnerent ensuite, lorsqu'il y eut plus de sûreté dans la plaine, où ils bâtirent d'autres villages, qui ne sont pas nommés dans cet affouagement. Il est certain aussi que la plupart de ceux qui existoient en 1200, furent détruits durant les guerres civiles du quatorzieme siecle.

Les villages de *Mons* & d'*Escragnole*, offrent une singularité remarquable. Les habitans parlent une langue qu'on n'entend point dans le reste de la Provence. On croit communément que c'est l'idiôme des sarrazins, on se trompe; c'est l'ancien patois de Gênes, qui s'est conservé dans ces villages, depuis que des peuplades de génois vinrent s'y établir, il y a plusieurs siecles. J'ai voulu me procurer une chanson pour constater le fait; car les vaudevilles sont, en matiere de langage, ce que les inscriptions sont en fait d'antiquités. Voici quelques vers qui décident la question:

Mons & Escragnole.

> Grigueur guignon ; a lagna,
> Ou dije, che l'avea de lou ben a la campagna ;
> I m'an pilla ou ca mea ;
> In ou m'an l'aschaou pa un choun.
> Mi foun entra misero.
> Sa posso, me racatero
> La ca, lou ben, & la terro, &c. (1)

---

(1) *Grigueur guignon* ; je suis triste. J'avois du bien à la campagne, on m'a pillé ma maison; on n'y a pas laissé un clou. Je suis dans la misere. Si je puis, je racheterai le bien, la maison & la terre.

Ce patois se conserve depuis environ cinq cens ans, quoique ceux qui le parlent, soient environnés de gens qui ne parlent que provençal, preuve sensible de ce que je dis ailleurs, que rien ne se perpétue davantage que la langue maternelle. Ce qui empêche les provençaux d'entendre ce patois, c'est principalement l'accent, qui est très-fort, quand on le parle.

Diocese de Sisteron.

La ville de Sisteron n'a jamais été considérable dans aucun tems. C'est de leur position avantageuse, & non pas de la fertilité du terroir, que dépend le sort des villes. On en voit de très-grandes dans des pays qui fournissent à peine de quoi nourrir le quart des habitans, parce qu'elles deviennent, par leur situation, un lien de communication entre des provinces & des royaumes entiers. Mais dans les lieux écartés de la mer, des grandes routes & des rivieres navigables, l'industrie & la population languissent, les villes sont à peu près toujours les mêmes; leur sort le plus heureux est de ne pas déchoir.

Celle de Sisteron remonte aux siecles les plus reculés; elle subsistoit du tems des gaulois, comme il paroît par son nom celtique, *Segustero*, qui signifie, lieu où la riviere est resserrée, du mot *ceg*, gorge, & de *stoer*, riviere. En effet, à Sisteron, la Durance est resserrée entre deux rochers.

Cette ville a le titre de comté, dans des chartes du dixieme & même du neuvieme siecle. Les dioceses étant de petits gouvernemens, soumis à un comte, on se servoit indifféremment, dans la basse latinité, des mots de *comitatûs* ou d'*episcopatûs*, pour signifier un diocese. Elle est défendue par une citadelle, & a un chapitre composé d'un prévôt, d'un archidiacre, d'un capiscol, d'un sacristain, & de huit autres chanoines, dont l'un est théologal; il y a aussi douze bénéficiers, dont deux font les fonctions de curés. On dit que Charlemagne, passant par la Provence, fit bâtir la cathédrale, dédiée sous l'invocation de la sainte Vierge. On donne la même origine à la plupart de nos églises; mais il est bon d'observer qu'il n'y en a point qui remonte à des tems si reculés, & que Charlemagne n'est jamais venu en Provence. Celle de Sisteron n'a pas toujours subsisté sans interruption. Il y avoit long-tems que les barbares l'avoient détruite, lorsque l'évêque Frondon forma le dessein de la rebâtir, au commencement du onzieme siecle. Il y établit, ainsi qu'à Forcalquier, seize chanoines, qui ne faisoient qu'un seul & même corps, & desservoient alternativement les deux églises; mais Gerard II les ayant séparées, celle de Forcalquier prit le titre de co-cathédrale, confirmé par Adrien IV & Alexandre III. Un prévôt, un sacristain, un capiscol & dix chanoines, dont l'un est théologal, forment le chapitre; neuf bénéficiers, le bas-chœur. Il y a deux curés. Les cordeliers & les capucins ont un couvent de leur ordre, hors de l'enceinte de Sisteron. Les premiers, depuis l'an 1238, & les autres, depuis l'an 1614. Il y a, dans la ville, des ursulines, depuis l'an 1642, & des religieuses de la visitation. On voit dans le fauxbourg, qui dépend du diocese de Gap, des chanoines réguliers de l'ordre de saint Augustin, & des dominicains, fondés en 1247. Les prêtres de la mission ont la direction du séminaire à Manosque & à Lurs.

DIOCESE DE SISTERON.

EVÊQUES.

EVÎQUES.

Crysaphius siégeoit en 451, suivant le témoignage de Columbi, qui dit avoir vu son nom dans le recueil manuscrit d'un concile d'Arles, tenu sous Ravennius; il est d'ailleurs nommé dans la lettre synodique des évêques des Gaules, écrite à saint Léon en 451. Nous avons bien de la peine à croire que Chrysaphius soit le premier évêque de Sisteron. La religion chrétienne étoit généralement répandue dans toute la Provence, au commencement du

451.

cinquieme siecle, & Sisteron tenoit alors le cinquieme rang parmi les villes dépendantes de la métropole d'Aix. Nous croyons donc qu'elle avoit alors un évêque, puisque tous les autres sieges de la seconde narbonnoise étoient érigés dans ce tems-là. Mais on ne doit pas donner, à celui de Sisteron, une antiquité plus grande que la fin du quatrieme siecle.

500. Jean premier confirma l'élection de *Marius*, abbé de Beuvons, faite du consentement de Gondebaud, roi de Bourgogne. Ce prince commença de régner en 491, & mourut en 516. On peut donc mettre l'élection de Marius en l'année 500 ou environ. On croit que Jean étoit d'une famille sénatorienne.

517. *Valere* souscrivit au concile d'Epaone, ou d'Albon, au diocese de Vienne, en 517.

541. *Avole* fut présent au quatrieme concile d'Orléans, de l'année 541, & représenté par le prêtre Agecius, à celui qui se tint, dans la même ville, en 549.

573. *Geniez* étoit au quatrieme concile de Paris, en 573.

584. *Polychronius* est du nombre des prélats qui assisterent au deuxieme concile de Valence, tenu en 585. Dom Denis de Sainte-Marthe, prétend que l'épiscopat des évêques suivans, jusqu'au dixieme siecle, n'a pas toute la certitude que l'histoire demande. Nous nous conformerons à la liste qu'il en donne, n'ayant rien de mieux à proposer.

619. *Secundin* siégea depuis l'année 619 jusqu'en 657.

657. *Magnibert* depuis 657 jusqu'en 718, ce qui fait soixante-un ans d'épiscopat, & paroît d'autant plus difficile à croire, que l'élection, dans ce tems-là, tomboit ordinairement sur des personnes d'un âge mur, dont les jours étoient encore abrégés par les travaux du ministere.

718. *Amant* depuis 718 jusqu'en 729 ou 730.

730. *Virmagnus* gouverna son église, à ce qu'on prétend, depuis l'année 730, jusqu'en 750.

Bon

Bon I, depuis 750 jufqu'en 805 : nous difons de ce long épifcopat ce que nous avons dit de celui de Magnibert.

Jean II fonda à Volz, dans fon diocefe, un monaftere compofé de douze religieux, à la tête defquels il mit Ademar. Cette fondation eft de l'an 812. Quelques années auparavant, Charlemagne avoit donné la terre de Lurs à l'églife de Sifteron. On croit que Jean rétablit l'abbaye de Beuvons, qui avoit été vraifemblablement détruite par les lombards. Il étoit riche, & légua tout à fon églife.

Bon II eft connu par un acte d'échange qu'il fit avec Paul, évêque d'Apt, la huitieme année du regne de Lothaire, indiction quinzieme. On a cru qu'il s'agiffoit ici de Lothaire, fils de l'empereur de ce nom; mais ce prince, après la mort de fon pere, ne regna que fur la Lorraine & les deux Bourgognes. Il n'auroit donc pu avoir la Provence qu'après la mort de Charles, fon frere, décédé fans poftérité en 863. Mais 1°. cette province, & par conféquent la ville de Sifteron, paffa toute entiere fous la domination de fon frere Louis, roi d'Italie. 2°. Quand même il auroit eu la ville de Sifteron dans fon partage, ce qui eft contre toute vraifemblance, ce n'eut été qu'en 863, & par conféquent on n'auroit commencé de compter les années de fon regne que cette année-là. Or la huitieme ne tomboit qu'en 871, ce qui ne s'accorde ni avec l'indiction quinzieme, qui répond à l'année 867, ni avec l'hiftoire, puifque ce prince mourut au mois d'août 869. C'eft donc de l'empereur Lothaire, roi d'Italie, qu'il faut entendre l'infcription. Il eut la Provence en partage au mois d'août de l'année 843; on comptoit donc dans cette province, la huitieme année de fon regne, au mois de feptembre 851. Ces erreurs, que deux modernes, qui ont écrit fur les évêques de Sifteron, n'ont point apperçues, font caufe qu'ils ont tranfpofé l'épifcopat de Bon. Il faut le mettre en l'année 852, & avant celui de

Campanus qui fiégeoit en 856, fuivant une infcription datée

Tome I. M m

de la douzieme année du regne de l'empereur Lothaire en Provence. Il vivoit encore en 859; mais on ignore l'année de sa mort.

870. *Vivence* ou *Vincent*, mourut, dit-on, en 881, après onze ans d'épiscopat. Cet évêque, Amant, Secundin & Virmagnus, sont placés immédiatement après Jean II dans tous les catalogues, & ils souscrivirent, dans le même ordre, la charte de fondation du monastere de Volz; d'où il paroît naturel de conclurre, que nous devrions mettre les trois derniers après Jean II, & non pas avant, comme nous avons fait : mais nous avons suivi le sentiment de Columbi & de le Cointe, qui, trouvant depuis Polycronius jusqu'à Jean, c'est-à-dire depuis l'an 584 jusqu'en 800, un vuide de 216 ans, ont cru devoir le remplir, en mettant l'épiscopat d'Amant, de Secundin & de Virmagnus dans cet intervalle de tems. Il faut pourtant convenir que l'histoire est bien peu digne de foi, quand elle est fondée sur de pareilles raisons.

881. *Eustorge* siégea quarante-quatre ans, suivant Bureau. L'on peut juger de la critique de cet auteur par le fait qu'il avance; savoir, que les gots & les vandales ariens persécuterent les catholiques de Provence sous l'épiscopat d'Eustorge; car il y avoit déja plusieurs siecles qu'il n'étoit plus question des gots ni des vandales dans les Gaules.

925. *Arnoul* gouverna l'église de Sisteron pendant quarante-un ans, à ce qu'on prétend. On ajoute que durant son épiscopat, on transféra le corps de saint Marius, de Beuvons à Forcalquier, pour le dérober à la fureur des hongrois, qui se répandirent en Provence, par les dioceses de Sisteron & d'Apt. L'invasion de ces barbares doit donc être de l'année 925 ou 926; c'est-à-dire, de la premiere année de l'épiscopat d'Arnoul, si le calcul de Bureau, dont nous venons de parler, est exact.

964. *Ursus* obtint, pour son église, de l'empereur Conrad, la vingt-septieme année du regne de ce prince, & l'an 967 de l'ere vul-

gaire, un privilege qui se trouve dans le livre verd; mais il y a erreur dans les dates. Conrad succéda à Rodolfe II en 937, & par conséquent, la vingt-septieme année de son regne étoit en 964.

Umbert siégeoit en 966. On croit que c'est le même dont il est parlé dans le manuscrit du chapitre d'Arles, que nous avons déja cité ailleurs.

Rodolfe ou *Raoul* I en 981.

Frondon est le même qui érigea le chapitre de Forcalquier, & y établit seize chanoines comme à Sisteron. Columbi croit qu'il siégeoit déja en l'an 1013.

Durand est mis parmi les évêques de Sisteron d'après une charte de l'an 1030, dans laquelle il est nommé avec Frondon, sans qu'on fasse entendre que celui-ci étoit déja mort. Je croirois volontiers que ce Durand est le même que l'évêque de Vence, qui siégeoit en ce tems-là.

Pierre I est nommé, dans plusieurs chartes, depuis l'an 1030, jusqu'en 1040. On dit qu'il étoit petit-fils, par sa mere Odile, de Guillaume I, comte de Provence. Mais Guillaume n'eut qu'une fille appellée Constance. Pierre assista à la consécration de l'église de saint Victor en 1040.

Geraud prenoit la qualité d'évêque de Sisteron, dès l'an 1031, lorsque Pierre I en occupoit le siege. Il paroît même qu'il étoit reconnu par les comtes de Forcalquier, dont il signa quelques actes, & par d'autres évêques, avec lesquels il eut occasion de communiquer; mais Pierre le fut aussi par le pape Benoît IX, & par les évêques qui assisterent à la consécration de l'église de saint Victor. Il siégeoit à Sisteron, & Geraud à Forcalquier. Je présume que celui-ci fut élu par la cabale, & soutenu par les comtes; il y en a même qui croient qu'il étoit marié.

Pierre II, neveu de Pierre I, fut placé sur le siege par les intrigues de son pere Raimbaud, qui acheta l'évêché en l'an 1045, ou environ, & s'empara de la maison épiscopale à main

DIOCESE DE SISTERON.
EVÊQUES.

966.

981.
1015.

Gall. Chrift. tom. 1, p. 481.

1030.

1031.

armée, avec le secours de la comtesse Adélaïde. Il semble que cette scene scandaleuse se passa à Forcalquier, dont les habitans, qui vouloient avoir un siege épiscopal dans leur ville, souffroient impatiemment qu'on détruisît la maison épiscopale. L'élection de Pierre II, ayant été simoniaque, on ne l'a point mis au nombre des évêques de Sisteron, & l'on convient qu'il y eut un interregne de dix-sept ans. Pierre, qui étoit encore enfant, lorsque son pere acheta l'évêché de Sisteron, fut nommé à celui de Vaison, quand il eut l'âge compétent.

1061.

Geraud II, surnommé *Caprerius*, ou plutôt *Cagnerius*, naquit à Oulx, bourg autrefois dépendant du Dauphiné, & aujourd'hui du Piémont, dans le diocese de Pignerol ; il fut élu en 1061, par Hugues, abbé de Cluni, dans un concile d'Avignon, dont on n'a point les actes, & sacré par le pape Nicolas II. Les habitans de Sisteron ayant refusé de le recevoir dans leur ville, il se retira à Forcalquier, où il fut reçu avec beaucoup de démonstrations de joie. De-là son affection pour le chapitre de cette ville, qu'il désunit de celui de Sisteron afin d'ériger l'église en concathédrale. Les habitans de Sisteron étant rentrés dans le devoir, Pierre, Rostan & Pons, freres & seigneurs de cette ville, lui firent hommage, & lui donnerent satisfaction. Cet évêque releva de ses ruines, l'église de saint Laurent de *Plebe Martyrum*, & y établit une célebre communauté de chanoines réguliers. Il vivoit encore en 1074.

1080.

Charles est compté, parmi les évêques de Sisteron, dans un ancien manuscrit que nous rapportons en note (1). La date de son

---

(1) Voici une copie de cette piece, telle qu'on la lit dans l'histoire manuscrite du prieuré de Saint-Gilles, t. 2. p. 110.

Charta Bertrandi Sistaricensis episcopi pro Ecclesiâ Forcalquerensi, in quâ asserit bonæ memoriæ Petrum de Sabrano prædecessorem suum 26 annis, & 2 mensibus sedisse. Ita quòd antea Sistaricensis & Forcalqueriensis fuerint una & eadem ecclesia ; quòd Geraldus Cagnerius episcopus divisit dignitates inter utramque ecclesiam ; quòd ante eum quidam Raimbau-

épiscopat n'y est point marquée, & ne nous est connue par aucun autre monument. Nous croyons pourtant qu'il siégeoit en l'an 1080.

DIOCESE DE SISTERON.
EVÊQUES.

Bertrand II, en 1102 & 1105.

1102.

Geraud III recouvra, en 1110, la terre de Lurs, qui lui fut rendue par Adélaïde, comtesse de Forcalquier. Il assista au concile de Vienne en 1124.

1110.

Rambaud, prieur de Ganagobie, fut fait évêque de Sisteron, on ne sait pas en quelle année, mais nous croyons que ce fut en 1126. Il acheta, pour la somme de cinq mille sols, tous les droits que Tiburge, comtesse d'Orange, avoit à Lurs, & un domaine qu'elle possédoit à Pierre-Rue. Rambaud vivoit encore en 1143.

1126.

Pierre de Sabran, qui joignoit l'éclat de la vertu à celui d'une naissance illustre, commença son épiscopat en 1143, & le finit en 1169. Il fit, par dévotion, le voyage de la Terre-Sainte, & enrichit son église des reliques qu'il en apporta.

1143.

Bertrand II passa de la chartreuse de Durbon, dont il étoit prieur, au siege de Sisteron, en 1169. Il mourut en 1174, après s'être rendu recommandable par sa piété.

1169.

Bermond d'Anduse, d'une maison illustre du Languedoc, fut élu le 2 novembre 1174. Il assista au concile de Latran en 1179, & confirma en 1183, la réunion de l'abbaye de Lure, à celle de Boscaudun.

1174.

Pons de Sabran siégeoit avant l'an 1207.

1203.

dus nomine emit episcopatum pro parvulo suo, qui fuit posteà episcopus Vasionensis; quòd posteà Sistaricensis ecclesia fuit, 17 annis, sine episcopo; quòd posteà Dominus Geraldus episcopus electus in concilio Avinionensi, quòd à papa Nicolao consecratus est Geraldus; quòd Geraldo successerunt Carolus, Bertrandus, Geraldus, Raymbaldus & Petrus; his consideratis Bertrandus, episcopus, varia concessit privilegia dictæ ecclesiæ Forcalq. &c. Actum 1173, mense aprilis, Alexandro summo Pontifice. 1°. Anno pontificatus Domini Bertrandi jam expleto.

Raoul II, moine & abbé du Toronet, fiégea depuis l'an 1216, jufqu'en 1241, n'ayant ceffé, pendant tout ce tems-là, de donner des preuves de fon amour pour la religion & pour la paix. Une tradition fabuleufe porte, qu'il chaffa, de deffous le pont de la Durance, un démon qui faifoit périr les bateaux, ou plutôt les radeaux.

Henri de Barthelemi, *de Bartholomæis*, étoit natif de Suze, favant canonifte, & archiprêtre d'Embrun. Il fut fait évêque de Sifteron en 1241, archevêque d'Embrun en 1250, & cardinal-évêque d'Oftie en 1263. Il mérita, par fon habileté, le furnom de *fource & de fplendeur du droit*. Sous fon épifcopat, la comteffe Béatrix de Savoie, veuve de Raymond Bérenger, fonda un couvent de dominicains au fauxbourg de Sifteron, nommé la Baume, en 1249.

Humbert II, ou *Imbert*, dominicain, élu en 1251, obtint cette année-là, de Guillaume, roi des romains, la confirmation de fes privileges, & fur-tout des droits qu'il avoit, depuis un tems immémorial, fur le château de Lurs & de Laincel. Mais il fut enfuite forcé d'en faire hommage au comte de Provence. Il en eut tant de chagrin, qu'il donna fa démiffion en 1257, & fe retira à Lyon, où il mourut dans le couvent de fon ordre.

Alain ou *Jean Alain*, né à Paris, étoit évêque de Sifteron à la fin de l'année 1257. Le prévôt & le chapitre d'Aix le demanderent pour archevêque à Grégoire IX qui le refufa. On doit le regarder comme un des bienfaiteurs du chapitre de Sifteron, & de celui de Forcalquier. Béatrix, femme de Charles d'Anjou, roi de Sicile & comte de Provence, le nomma fon exécuteur teftamentaire, le 30 août 1275. Il acheta à Aix, une maifon avec un jardin, pour les évêques de Sifteron. Sa mort arriva en 1277.

Pierre Giraud de Puymichel, prévôt de Riez, élu évêque de Sifteron, le 29 août 1277, fit bâtir & fortifier le château de Lurs, & acheta les fonds que quelques feigneurs poffédoient dans le voifinage, & entr'autres ceux de Guillaume Cornuti, damoifeau de

Forcalquier. Il fit ces acquisitions, & plusieurs autres, au profit de son église, dont il augmenta les revenus. Il mourut en 1291.

Pierre d'Alamanon, d'une famille noble de Provence, porta, sur le siege de Sisteron, toutes les vertus qui peuvent rendre un prélat respectable, la piété, la charité envers les pauvres, & le zele pour le bien public. Il étoit religieux dominicain. Son attachement pour Charles, fils de Charles I, roi de Sicile & comte de Provence, qu'il avoit suivi dans sa captivité, ne contribua pas peu à le faire nommer évêque. Son élection est de l'année 1292. Il établit les dominicains à la Sainte-Baume, par ordre de Boniface VIII, en 1295. Bernard Guidonis, évêque de Lodeve, fait mention d'un Pierre de Roy, évêque de Sisteron, en 1298; mais nous ne croyons pas qu'il soit différent de Pierre d'Alamanon. Ce prélat mourut à la fin de l'année 1303.

Jacques Gantelmi, qui lui succéda en 1303, montra des qualités moins conformes à la sainteté de son ministere. Il exigea, des habitans de Manosque, six mille sols tournois d'argent pour lever des troupes, à la tête desquelles il voulut accompagner le roi Robert à la conquête de la Sicile. En effet, il se mit en marche à la suite de ce prince, avec seize cavaliers & beaucoup de gens de pied, mais la mort le surprit dans la ville d'Albe en 1309.

Rostan I ne siégea qu'un an.

Raimond d'Oppede, élu par les chanoines de Sisteron & de Forcalquier, le 2 août 1310, accompagna l'archevêque d'Aix au concile d'Avignon, tenu le 18 juin 1326.

Rostan II ne commence d'être connu que depuis l'an 1330, quoiqu'il y ait toute apparence qu'il fût élu à la fin de l'année 1326. Il fut un des peres du concile d'Avignon, assemblé le 13 septembre 1337. Il étoit abbé de Cruys, & vivoit encore en 1345.

Pierre Avogrado, dominicain, né à Verceil, d'une famille noble, fut transféré d'Albe à Sisteron, en 1349, & peut bien avoir gouverné cette église jusqu'en 1360, ou environ.

DIOCESE DE SISTERON.
ÉVÊQUES.
1292.

1303.

1309.
1310.

1330.

1349.

Geraud IV fut commis par Urbain V, avec l'archevêque d'Aix & l'évêque de Vaifon, pour informer de la vie & des miracles de la bienheureufe Delphine, en 1363. Il refufa la commiffion, à caufe de fes occupations continuelles pour la réforme de fon diocefe; car il difoit que l'abfence de fes prédéceffeurs avoit introduit le relâchement dans les mœurs & la difcipline, & qu'il craignoit, s'il interrompoit fon entreprife, de perdre le fruit de fes premiers travaux.

Pierre VII eft nommé dans des chartes de l'année 1364.

Bertold l'eft dans la bulle d'or de Charles IV, en l'année 1365; il y eft qualifié de chancelier de la cour impériale à la place de l'archevêque de Treves. J'avoue que ces deux évêques, qui n'ont pas fiégé un an entier chacun, me paroiffent fort fufpects, d'autant mieux qu'on trouve encore après eux, en 1365,

Geraud V, qui affifta au concile affemblé, cette année-là, dans la ville d'Apt, & que nous croyons être le même qui s'occupoit de la réforme de fon diocefe en 1363. Pierre & Bertold ne furent vraifemblablement évêques que de nom, car on ne connoît aucun acte de jurifdiction fait de leur part. Geraud mourut en 1367.

Renoul de Gorze de Monteruc ou *de Montirac*, limoufin, neveu d'Innocent VI, nommé à l'évêché de Sifteron en 1367, fut créé cardinal, du titre de fainte Pudentiane, en 1378 par Urbain VI. Il mourut le 15 août 1382.

Artaud, furnommé *de Mezellan*, eft connu depuis l'an 1382 jufqu'en 1389, quoiqu'il y ait toute apparence qu'il fiégea jufqu'en 1400, puifqu'on ne lui connoît point de fucceffeur avant cette année-là.

Robert Dufour, né à Croupiere en Auvergne, fiégea depuis l'année 1400 jufqu'en 1436 au moins; car il eft encore mention de lui dans des chartes de la même année. L'archevêque d'Aix & l'évêque de Digne, réformerent le chapitre de Sifteron en 1431; ce qu'ils firent, fans doute, par commiffion, dans un fiecle où les évêques connoiffoient fi peu leurs droits.

Mitre

Mitre I, surnommé *Gastinelli* par d'Haize, succéda immédiatement à Robert, quoique Saurin prétende qu'après la mort de celui-ci, Raymond Talon, prévôt de Forcalquier, fut élu évêque par son chapitre & par celui de Sisteron. Cette élection, si elle fût faite, n'eut point d'effet, puisque Talon étoit encore prévôt en 1438. Mitre fut envoyé en ambassade, cette année-là, au concile de Ferrare, par René, roi de Jérusalem & de Sicile, & comte de Provence.

Gaucher de Forcalquier, fils de Raymond de Cereste, suivant un moderne, & d'Angélique de Brancas, protonotaire apostolique, & référendaire du pape, ayant été nommé à l'évêché de Sisteron, par les partisans du concile de Bâle, tandis que Mitre Gastinelli, créature d'Eugene IV, siégeoit encore, en prit possession en 1441; mais son droit ne prévalut pas, & il fut transféré à l'évêché de Gap.

Raymond Talon ayant été nommé, après la mort ou la démission de Gastinelli, par le roi René & le pape Eugene IV, se trouva au concile de Basle en 1442. Il y protesta, au nom du roi, contre le titre de duc de Calabre, donné à Ferdinand, fils du roi d'Arragon, par son propre envoyé.

Charles de Bornas, évêque en 1446 & 1448, donna deux prêtres de plus aux habitans de Manosque, qui refusoient de payer la dixme au chapitre de Forcalquier, sous prétexte qu'il n'entretenoit pas assez de monde dans leur église, pour y faire le service divin.

Mitre II, *Gastinelli*, né à Aix, fut le successeur immédiat de Charles de Bornas, suivant Bureau, qui nous apprend que son épiscopat fut fort court. Mais nous avons déja dit que le témoignage de cet auteur ne devoit pas être d'un grand poids; ce qu'il y a de certain, c'est que le siege étoit vacant en 1456.

Jacques Dupont, né en Lorraine, écolâtre de Toul, fut placé en 1457 sur le siege de Sisteron, par la protection du roi René, comte de Provence, qui, par son mariage avec Isabelle de Lorraine, avoit des droits sur ce duché, & en traitoit les

DIOCESE DE SISTERON, EVÊQUES.

1437.

1441.

1442.

1446.

1457.

habitans comme fes fujets. Jacques fiégeoit encore en 1461.

André de Place ou *Fontana*, car on n'eft pas d'accord fur fon nom, piémontois, abbé de Lerins, évêque de Sifteron en 1464, donna fa démiffion avant l'année 1477.

Jean d'Efquenart, né au Mans, docteur en médecine, fut nommé à l'évêché en 1477, par la protection du roi René. Il fit des augmentations confidérables au palais épifcopal de Sifteron, au château de Lurs, & à l'abbaye de Cruys, & fut, par fa vie exemplaire, un fujet d'édification pour fon diocefe. Il mourut au Mans, vers l'an 1492.

Thibaud de la Tour, fils naturel du comte d'Auvergne & de Boulogne, élu par le chapitre de Sifteron en 1492, effuya d'abord des oppofitions de la part des chanoines de Forcalquier, qui n'avoient pas été appellés à l'élection, mais ils donnerent enfuite leur confentement. Il mourut au mois de juillet 1499.

Laurent Bureau, carme, né à Dijon, de parens obfcurs, docteur de Paris, & habile prédicateur, confeffeur de Charles VIII & de Louis XII, étoit provincial de la province de Narbonne lorfqu'il fut élu évêque de Sifteron, le 11 juin 1499. Alexandre VI & Louis XII le commirent en 1501, avec Thomas Pafcal, official d'Orléans, pour aller prendre des informations fur les opinions, la vie & les mœurs des vaudois du Dauphiné. Le 31 mars 1502, il fe déchargea du gouvernement de fon diocefe, fur l'évêque de Digne, attendu que fa préfence étoit néceffaire à la cour. En 1504, il fut envoyé par le pape, en qualité de nonce, auprès de l'empereur Maximilien. C'eft lui qui fit rédiger toutes les chartes de fon églife en un volume, appellé le livre verd, à la tête duquel il mit une lifte chronologique de tous les évêques de Sifteron. On a de fa compofition, un poëme fur Elie, & un ouvrage fur les hommes illuftres de fon ordre. Il mourut à Blois le 5 juillet 1504.

Pierre Filholi ou *Filleul*, natif de Gannat, comme nous l'avons dit à l'article des archevêques d'Aix, étoit évêque de Sisteron au mois de septembre 1504; car il assista alors en qualité de légat du pape, avec Charles de Carreto, marquis de Final, au traité passé à Blois entre Louis XII & l'empereur Maximilien I.

François d'Inteville, noble champenois, fils de Claude & de Jeanne de la Beaume de Mont-Revel, évêque de Sisteron au mois de juillet 1508, fut transféré à Auxerre en 1514. — 1508.

Claude Louvains, de Soissons, vicomte de Berzi, nommé successeur de d'Inteville en 1514, mourut cinq ans après. — 1514.

Michel de Savoie, élu par Léon X en 1519, mourut au mois de décembre 1522. — 1519.

Claude d'Aussonville, noble lorrain, religieux de l'ordre de saint Benoît, élu par les chapitres de Sisteron & de Forcalquier, le 31 décembre 1522, mourut à Lyon au mois d'août 1531. Chérubin d'Orsiere, aumônier de la reine, fut élu unanimement le 4 septembre de la même année; mais le roi nomma, en vertu du concordat, — 1522.

Antoine de Narbonne, vicaire général du cardinal de Lorraine, transféré de Sisteron à Macon, en 1541. — 1531.

Aubin de Rochechouart, fils d'Aimeric de Mortemar & de Jeanne de Rochechouart, de la Branche de Tonnay-Charente, évêque de Sisteron le 23 décembre 1543, est plus connu par le lustre de sa naissance, que par ses actions, n'étant jamais venu dans son diocèse. — 1543.

Aimeric de Rochechouart, abbé de saint Savin, frere ou neveu du précédent, fit rétablir le monastere des religieuses de Manne que les huguenots avoient détruit. Ces hérétiques firent, de son tems, beaucoup de mal dans le diocese de Sisteron, détruisirent plusieurs autels, brûlerent ou déchirerent les chartes de l'église, & un grand nombre de livres, tant manuscrits qu'imprimés. Il n'est point mention de cet évêque avant l'an 1573, ce qui me fait croire qu'Aubin de Rochechouart demeura en possession jusqu'alors. — 1573.

Antoine de Cuppis, natif d'Asti en Piémont, aumônier de Louise — 1584.

de Vaudemont, femme d'Henri III, fut nommé en 1584, & assista au concile d'Aix le 24 février 1585. Il se laissa malheureusement entraîner dans le parti de la ligue, & s'enferma dans le château de Lurs avec des troupes, croyant défendre la religion de ses peres par des moyens qu'elle condamne. Ayant donné sa démission en 1606, il s'en retourna à Turin, où il consacra le reste de sa vie au service des pauvres, pour expier sans doute, sa révolte, & mourut dans ces exercices de charité, le 24 août 1609.

1606. *Toussaint de Glandevès de Cujes*, né à Marseille, fut fait évêque en 1606 à l'âge de vingt-deux ans. Il reçut les capucins à Manosque le 15 avril 1609, les minimes à Manne en 1615, assista au concile d'Aix en 1612, aux états généraux en 1614, & aux assemblées du clergé de 1625 & 1641. Il mourut le 17 janvier 1648, singuliérement regretté dans son diocese, où il s'étoit rendu recommandable, ainsi qu'on le dit dans son épitaphe, par ses vertus & par des talens rares.

1648. *Antoine d'Arbaud de Matheron*, seigneur de Bargemon, fils de Jean, seigneur de Peinier & d'Anne de Rochas, prévôt, grand vicaire & official d'Aix, nommé évêque de Sisteron le 17 juillet 1648, assista aux assemblées du clergé de 1650 & 1655, & mourut le 26 mai 1666, ayant eu l'avantage de réunir la science & les talens au mérite de la vertu. On lui doit aussi des éloges, pour avoir généreusement fourni des secours à Jean Columbi, qui a écrit l'histoire des évêques de Sisteron. Il fut inhumé dans un endroit de son diocese, où il avoit bâti un couvent de récollets.

1667. *Michel Poncet*, d'une famille distinguée dans la robe, docteur de Sorbonne, abbé d'Airvaux, aumônier du roi, nommé au mois de mai 1667, fut transféré à Bourges en 1674.

1674. *Jacques Poitiers de Novion*, fils d'un président au parlement de Paris, nommé au mois de novembre 1674, prit possession en 1677, fut fait évêque de Fréjus en 1680, & passa au siege d'Evreux avant d'avoir reçu ses bulles.

Louis de Thomaſſin étoit coadjuteur d'Antoine Godeau, évêque de Vence, quand il fut nommé à l'évêché de Siſteron en 1680. Il fonda les ſéminaires de Manoſque & de Lurs, & établit les prêtres de la miſſion dans ſa ville épiſcopale, ſous le titre de ſainte Croix. Ce vertueux prélat mourut le 13 juillet 1718.

DIOCESE DE SISTERON.
EVÊQUES.
1680.

Pierre-François Lafitau, né à Bordeaux, entra chez les jéſuites, & s'y diſtingua par ſes talens. Il prêcha pendant quelque tems, avec ſuccès, & fut enſuite employé à Rome pour les affaires du roi, pendant la minorité. Sacré évêque de Siſteron, le 10 mars 1720, pourvu de l'abbaye de Corneville en 1731, il mourut le 5 avril 1764, dégoûté ſur la fin de ſes jours, de toutes les diſputes qui avoient agité une partie de ſa vie. On a de lui trois volumes de ſermons, écrits avec plus d'eſprit que de goût & de ſolidité, & quelques autres ouvrages, dont le principal mérite étoit attaché à des circonſtances qui ne ſubſiſtent plus.

1720.

Louis-Jerôme de Suffren de Saint-Tropez, prévôt de la collégiale de ſaint Victor-lès-Marſeille, a été ſacré le 30 ſeptembre 1764, & député à l'aſſemblée générale du clergé en 1775.

1764.

L'abbaye de Notre-Dame de Lure, ordre de ſaint Benoît, à deux lieues oueſt de Siſteron, fut fondée par ſaint Donat, qui ayant quitté la ville d'Orléans, ſa patrie, vint embraſſer la vie monaſtique, ſous la direction de ſaint Marius. Il ſe retira enſuite aux pieds de la montagne de Lure, avec quelques ſolitaires, qui concoururent à l'exécution de ſes pieux deſſeins. Le monaſtere qu'ils bâtirent, ayant été détruit par les guerres, Foulques d'Anſouis (*de Alſonicis*), & pluſieurs autres ſeigneurs, Bertrand de Graveſon, Guillaume de Monlaur, &c. le rétablirent avant l'an 1170, & en firent don à Guigues, abbé de Boſcaudun, entre les mains de Pierre de Sabran, évêque de Siſteron. Cette abbaye fut enſuite donnée, ſous certaines conditions, au chapitre d'Avignon en 1318, par Jean XXII.

ANCIENNES ABBAYES.

Celle de Volz, dont Jean, évêque de Siſteron, jetta les fondemens dans le neuvieme ſiecle, a été réunie à celle de Pſalmodi;

CHOROGRAPHIE.
II. Partie.

c'est tout ce que nous en savons. Nous sommes un peu plus instruits sur le monastere de Ganagobie, *Conoquorienfe*, auquel Columbi prétend qu'on fit une donation en 1013 ; il subsiste encore, & dépend de l'ordre de Cluny.

L'origine de celle de Cruys est plus incertaine. Grégoire VII disoit dans une lettre écrite en 1074, à Giraud, évêque de Sisteron, que les chanoines qui desservoient l'église de Cruys étoient exemts de la jurisdiction de l'ordinaire ; mais cela ne prouve pas qu'ils fussent réguliers, & rien n'empêche de croire, avec Bouche, que ce chapitre fut érigé en abbaye par Raymond Bérenger, vers le milieu du douzieme siecle. La manse en fut réunie à l'évêché de Sisteron, du tems de Mitre Gastinelli, en 1456.

Le monastere de sainte Claire de Sisteron, établi en 1285, hors de la ville, par Geraude de Sabran, abbesse d'un monastere de son ordre à Avignon, fut transféré dans l'enceinte en 1360, à cause des inondations de la Durance. M. Lafitau l'ayant supprimé, en partagea les revenus entre les dames de saint Bernard de Manosque & les ursulines de Sisteron. On avoit uni, à cette abbaye en 1464, celle de saint Pierre de Souribe, ordre de saint Benoît, diocese de Gap ; Jeanne de Mévoillon, *de Medullione*, étant alors abbesse de Sisteron.

HISTOIRE NATURELLE.

Les terres de ce diocese sont mêlées. La bande marneuse commence, à proprement parler, au-dessus de Sisteron, & occupe la partie septentrionale du diocese. On trouve dans le reste, quoique la pierre calcaire y domine, de la craie, de la marne, du grès & de l'argile, dont on pourroit faire un bon engrais, si on les mêloit ensemble dans une proportion convenable. C'est un des objets les plus intéressans, dont un naturaliste puisse s'occuper, parce que l'utilité de ces sortes de recherches est générale. Les fossiles mériteroient aussi l'attention d'un curieux. On voit à *Curban*, près de Sisteron, une mine de cuivre assez estimée. Sous M. le Régent, on avoit commencé d'exploiter, à Ongles, un minéral d'argent, ré-

Oryctol. de Provence.

pandu par mouches, dans une pierre grife; mais comme ces mouches font rares, on l'abandonna. On trouve, au quartier *du Plan*, terroir d'*Aubenas*, dans un ravin près d'une chapelle, un filon de foufre très-pur. Ce même minéral fe voit fur des pyrites dans le terroir de *Saint-Martin* de *Renacas*, & du *Reveft*; l'ocre, le vitriol & le plomb, font dans le terroir de *Dromon*, diocefe de Gap, bailliage de Sifteron. Le plomb fe voit encore à Puypin, fur la montagne de Léberon. Les villages de *Dauphin*, & de *Saint-Maime*, qui offrent des criftaux affez parfaits, ont, ainfi que *Manofque*, des mines de charbon de terre, dont on tire peu de parti. On néglige également le fuccin ou ambre jaune de *Salignac* & de la tour de *Beuvons*. C'eft une efpece de bitume, qui doit être accompagné de quelqu'autre fubftance analogue, telle que le jayet & le pétrole, &c. On le trouve dans les fentes des rochers de Provence, les plus dépouillés & les plus ftériles; mais il n'y a pas d'apparence qu'on en pût faire des bijoux recherchés, comme on a fait de celui de Pruffe. Peut-être que les anciens marfeillois, qui travailloient le fuccin, négligeoient moins que nous, celui qui fe trouve en Provence.

La colline de Sigoyer abonde en criftaux affez fins, mais tous remplis de glaces (1). Les naturaliftes, curieux des coquillages foffiles, verront une grande quantité de peignes dans les vignobles de *Forcalquier*; des bélemnites & des cornes d'ammon ferrugineufes, dont plufieurs font ftriées, & d'autres liffes & ramifiées dans des marnes nommées roubines, au terroir de *Saint-Vincent*, fur la montagne de Lure, d'où l'on a tiré d'affez beaux criftaux de roche. On rencontre, en d'autres endroits de ce diocefe, des coquillages foffiles, ainfi que des fontaines falées, qui viennent, les unes du fel foffile qu'elles détachent en paffant, & les autres des

---

(1) Sigoyer eft du diocefe de Gap, ainfi que quelques autres villages que nous avons nommés. Mais dans ces fortes de defcriptions, il eft difficile de ne pas rapprocher des endroits, qui font de diocefes voifins.

plâtrieres qu'elles traverfent. La montagne de Léberon contient beaucoup de bitume. Il eft liquide en certains endroits.

La ville de Forcalquier, dont nous venons de parler, eft, ou la même que le *forum Neronis* des romains, ou voifine de l'emplacement de celle-ci, dont on ne voit pourtant aucunes traces. Ce peuple n'élevoit, que dans les colonies, des édifices faits pour fervir de monumens à tous les fiecles. Combien n'y a-t-il pas eu d'autres villes en Provence, de l'exiftence defquelles on ne peut pas douter, & dont il ne refte cependant aucuns veftiges par la même raifon ? Le *forum Neronis* aura donc eu le même fort, fuppofé qu'il ne fût pas bâti à l'endroit où eft Forcalquier, ce que nous avons de la peine à croire. Son nom même s'altéra dans le moyen âge ; car tantôt on a dit *Fons Calquerius*, tantôt *furnus Calquerius*, & enfin *forum Calquerium*, fans qu'on puiffe affigner d'autres caufes de ces changemens, que l'ignorance ou le caprice des notaires. Cette ville donna fon nom au comté, qui fut érigé en faveur de la branche cadette des comtes de Provence, quand ils fe partagerent le domaine de leurs aïeuls. Nous avons parlé ci-deffus de fon chapitre. Les communautés religieufes font, les cordeliers, les récollets & la vifitation.

On prétend que Manofque, qui en eft à trois lieues, fut bâtie par les habitans de quatre hameaux, qui abandonnerent leurs demeures pour fe retirer dans la ville, dont ils venoient de jetter les fondemens. L'exiftence de ces hameaux feroit auffi difficile à prouver, dans ces tems reculés, que celle de Manofque. Ce que nous favons de pofitif, c'eft que Guillaume I, comte de Provence, y tint un plaids vers la fin du dixieme fiecle, & que les comtes de Forcalquier y firent enfuite bâtir un château, qu'ils donnerent aux hofpitaliers de faint Jean de Jérufalem, avec le domaine temporel de cette ville, comme on le verra dans l'hiftoire. Manofque eft fituée dans une contrée fort agréable, arrofée de plufieurs belles fources; elle a deux paroiffes & trois couvens de religieux ; favoir, des carmes,

mes, des cordeliers & des capucins, & deux de monasteres de religieuses, qui sont les clairistes & les bernardines.

La maison de Forbin Janson a fondé, dans le village de Manne, un couvent de minimes, qui, par sa situation & ses agrémens, est un des plus remarquables que l'ordre ait en France. Le cardinal de Janson lui légua sa bibliothéque. L'église est décorée de grands pilastres, & ornée de copies des tableaux des plus grands peintres.

DIOCESE DE SISTERON.
REMARQUES HISTORIQUES.

Nous ne parlerons de *Lurs*, que pour rappeller un événement funeste arrivé dans ce village, le 17 août 1770, sur les six heures & demie du matin. Une grande partie des paroissiens s'étant retirée dans l'église, pendant un orage violent, le tonnerre y tomba, tua le curé qui allumoit un cierge à la lampe, & renversa six autres personnes. L'église parut, un instant après, tout en feu, & l'on éprouva un autre coup de tonnerre, qui renversa quatre-vingt personnes. Les circonstances de cet événement sont remarquables, par les effets singuliers du tonnerre. Un homme qui sonnoit la cloche, & qui avoit laissé son chapeau à dix pas de lui, le trouva entre ses bras; un autre se vit enlever les souliers de ses pieds, qui étoient, sans doute fort larges, comme le sont les souliers des paysans; ils furent emportés à une petite distance, sans avoir été brûlés & sans que les boucles eussent reçu aucune altération. Un rideau qui couvroit un retable, fut enlevé de la tringle qu'on trouva dans les pitons, comme si elle n'avoit pas remué; il faut qu'elle y fût retombée après avoir été soulevée par l'action du tonnerre, qui dans le même instant, fit glisser les anneaux du rideau, avec la force & la rapidité que tout le monde connoît à ce météore.

Lurs.

On voit, près de *Cruys*, un abîme profond, d'où l'on assure qu'il sort un vent continuel. Ce fait n'est pas énoncé d'une maniere exacte; car le vent qui sort du fond des cavernes un peu profondes, est sujet à des variations proportionnées au plus ou moins de vapeurs qui s'y forment, & aux différens degrés de raréfaction dans l'air extérieur. C'est particuliérement de cette derniere cause que

Cruys.

Tome I.   O o

dépend la violence des vents souterrains ou leur interruption. Mais avant d'en faire l'application à celui qui s'échappe de la caverne de Cruys, il faudroit avoir constaté les changemens qu'il éprouve, suivant la différence des saisons, & les divers degrés de chaleur de l'air extérieur.

Un prêtre s'étant fait descendre dans cet abîme, par le moyen d'une corde, il y a plus de deux cens ans, paya cher sa curiosité. Il ne vit, dans les hiboux & les autres oiseaux nocturnes, que le bruit chassoit, & qui voltigeoient autour de lui, que des spectres affreux; ce qui étoit immanquable, dans un siecle où l'imagination étoit continuellement échauffée, par les contes absurdes de sorciers & de revenans. L'illusion fut si forte, que ce bon prêtre en perdit l'esprit, & resta fou toute sa vie.

Quoique *Dromon* soit dans le diocese de Gap, c'est pourtant un des endroits de la Provence qui mérite un article séparé. Dromon est un rocher sur lequel il y avoit autrefois un village qui ne subsiste plus. On l'appelle aussi *Théoux*, par corruption de *Théopolis*. L'autre dénomination, qui signifie pierre taillée, vient du celtique *dro*, couper, & de *mon*, pierre. Elle lui fut donnée, parce qu'en effet on avoit taillé dans le roc un chemin pour arriver à la ville de Théopolis, bâtie sur la montagne. Nous en avons parlé dans la premiere partie de la chorographie. Il seroit inutile de vouloir chercher la raison qui la fit nommer *ville divine* ou *ville de Dieu*, car *Théopolis* signifie l'un & l'autre. Cette dénomination remonte au tems du paganisme, & vient peut-être de quelque divinité particuliérement adorée dans ce canton. Il est surprenant que ce nom grec ait été donné à une ville située dans les montagnes & éloignée de toutes les colonies grecques. Dardane, préfet du prétoire, qui en étoit seigneur, la fit fortifier vers l'an 409 ou 410, pour servir de retraite aux habitans du voisinage contre les barbares, qui menaçoient déja la Provence. Dromon est dépendant de la paroisse de Saint-Geniez, ainsi que le hameau de *Chardavon*, qui a donné son nom à la prévôté des chanoines réguliers de saint Augustin, transférés à l'église de saint Marcel, bâtie dans le fauxbourg de Sisteron.

Diocese d'Arles.

La ville d'Arles est une de celles dont nous aurons plus souvent occasion de parler dans l'histoire. Son nom paroît tiré de deux mots celtiques, *ar lait*, qui signifient près des marais, & semblent prouver qu'elle subsistoit avant que les romains s'y établissent (1). Mais sa véritable existence ne date que du tems où ils y envoyerent une colonie. Depuis cette époque, elle devint toujours plus florissante, & mérita enfin le titre de métropole des Gaules, lorsque le préfet du prétoire & les principaux officiers de l'empire y eurent transféré leur siege.

En faisant réflexion aux établissemens en tout genre, que les empereurs firent dans cette ville, on ne peut s'empêcher de croire que l'air y étoit plus sain qu'aujourd'hui ; jamais ils n'en auroient fait la capitale de la Gaule romaine, ni la demeure des principaux officiers, si les exhalaisons infectes des marais, y eussent entretenu pendant trois mois de l'année, ces maladies qui dévorent les habitans ; il faut donc que tout le vaste terrein où les eaux croupissent fût labourable. Ce que nous avons dit de la maniere dont les marais se sont formés à Fréjus, peut s'appliquer au terroir d'Arles. Nous trouvons dans les débordemens du Rhône, une cause de marécage qui n'existe point à Fréjus : les sables qu'il dépose sur les bords, jusqu'à une certaine distance, ont

---

(1) Quoique Marius paroisse avoir fortifié son camp, près de l'endroit où cette ville est bâtie, les historiens n'en font pas mention ; ils n'en disent rien non plus en parlant du passage d'Annibal, & du débarquement de Scipion, vers l'embouchure du Rhône. Ce silence ne prouveroit-il point que la ville d'Arles n'existoit pas encore, & qu'elle ne fut bâtie que dans l'espace de tems qui s'écoula depuis Marius, c'est-à-dire, depuis l'an 104 avant Jesus-Christ, jusqu'au siege de Marseille ?

élevé considérablement le terrain depuis plusieurs siecles, & empêchent l'écoulement des eaux qui, en séjournant trop long-tems au même endroit y affaissent la terre, & forment des cavités. Ajoutez à cela que le terrain, depuis Arles jusqu'à la mer, n'a qu'environ six toises de pente. Ainsi les changemens arrivés dans le local, ont nécessairement occasionné dans le climat, des altérations qui en détruisent la salubrité. Sans cet inconvénient, il n'y auroit peut-être pas de ville plus agréable que celle d'Arles: bâtie sur un grand fleuve, à sept lieues de la mer, & dans une plaine immense, elle réuniroit à la température du climat, les agrémens de la campagne, les avantages du commerce & toutes les commodités de la vie. Son terroir est très-fertile, & tout ce qu'on y recueille, excellent. La crau même, dans les endroits où l'on trouve la terre végétale, produit beaucoup ; mais sa principale richesse consiste dans les herbes fines & savoureuses dont elle abonde : les moutons qui s'en nourrissent, en écartant les pierres, ont un degré de bonté qui les rend supérieurs à tous les autres.

L'île de la Camargue, formée par les deux bras du Rhône, ne contient, à deux pieds de profondeur, qu'un terrain extrêmement chargé de sel que la mer y a déposé. Les pâturages y sont fort gras & en abondance. On y laisse paître hiver & été une quantité prodigieuse de chevaux & de bœufs. Les premiers sont très-légers à la course, & beaucoup plus infatigables que les autres chevaux du royaume ; mais ils sont sauvages & ombrageux.

Les taureaux le sont encore davantage. Livrés à eux-mêmes, depuis leur naissance, ils acquierent au milieu des marais, une férocité qui, jointe à leur force naturelle, les rend presqu'indomptables. Ce sont ces mêmes animaux qu'on mettoit aux prises avec des hommes, lorsqu'on donnoit au peuple le combat des taureaux. Mais cet usage barbare qui subsiste encore, s'abolira peu à peu, & de tous les spectacles usités chez les romains, on ne conservera que les jeux propres à augmenter l'adresse & la force humaines.

Nous prouvons dans l'histoire, que l'église d'Arles étoit la plus ancienne des Gaules ; l'état florissant de cette ville, la supériorité, l'influence même que ses privileges lui donnoient sur les autres, les rapports qu'elle avoit par son commerce avec la Grece & l'Italie, tout concouroit à y attirer les premiers chrétiens qui aborderent dans nos provinces méridionales. De-là les prétentions de l'évêque à la primatie, & les contestations qu'il eut avec celui de Vienne. C'est une question importante, qu'on verra traitée assez au long dans l'histoire, où nous parlerons aussi des commencemens & des progrès de la religion. Le chapitre de la cathédrale a été sous la regle de saint Augustin, depuis l'an 1187 ou environ, jusqu'en 1493. Il est composé d'un prévôt, d'un archidiacre, d'un sacristain & d'un archiprêtre, dont les dignités furent érigées en 1225 ; d'un capiscol, d'un primicier, d'un trésorier, qui ne sont que des personnats, & de treize autres chanoines, dont l'un est théologal. Il y a de plus vingt bénéficiers, & douze officiers pour la célébration de l'office divin. La métropole a pour suffragans Marseille, Saint-Paul-Trois-Châteaux, Toulon & Orange ; elle avoit anciennement Avignon & les évêchés qui en dépendent. Nous parlerons ailleurs des privileges que les empereurs accorderent aux archevêques d'Arles, parmi lesquels étoit celui de faire battre monnoie, & de donner des lettres de noblesse à leurs vassaux.

Cette ville eut des hôpitaux dès l'an 1201, & fut des premieres à recevoir les différens ordres religieux que l'église a vu naître dans son sein. Celui de Saint-Jean de Jérusalem s'y établit en 1116 ; celui du Temple en 1152 ; les trinitaires en 1203 : c'est le premier couvent que les ordres mendians aient eu en Provence ; les cordeliers en 1218 ; les dominicains en 1231 ; les grands-augustins vers l'an 1258 ; les grands-carmes en 1235 ; les capucins en 1584 : le pere Ange de Joyeuse en a été le premier gardien ; les minimes en 1615 ; les augustins réformés en 1634 ; les carmes déchaussés en 1649. Les prêtres de l'oratoire y furent appellés en 1616. Les antonins, fondés en 1246, ont subsisté jusqu'en 1413. Quant aux religieuses, outre celles du refuge & les carmélites, il y a encore des ursulines depuis l'an 1602, & un couvent de la visitation depuis l'an 1629. En parlant des anciennes abbayes, nous n'oublierons pas celle de sainte Césaire. Le séminaire est gouverné par les lazaristes.

ÉVÊQUES ET ARCHEVÊQUES D'ARLES.

155. *Saint Trophime* étoit regardé du tems du pape Zozime, & du pape saint Léon, comme le fondateur de la religion dans les Gaules. On peut voir dans l'histoire, les raisons qui nous déterminent à mettre le commencement de son épiscopat, vers le milieu du second siecle.

190. *Saint Regulus* est le second qui nous soit connu. Tous les auteurs s'accordent à le regarder comme évêque d'Arles ; mais il est difficile, pour ne pas dire impossible, de décider s'il succéda immédiatement ou non à saint Trophime.

Nous croyons cependant qu'il siégeoit vers la fin du second siecle. On n'est pas non plus d'accord sur son successeur immédiat ; quelques auteurs croient qu'il fut remplacé par Felix ou Felissime. Mais l'existence de cet évêque est aussi douteuse que celle de ceux que Saxi met après lui & avant Marcien. On est souvent trompé sur cette matiere par les diptyques des églises, dont l'autorité a besoin d'être appuyée de celle des autres monumens.

Les diptyques furent inventés par les romains, dans le troisieme ou quatrieme siecle ; & quand les chrétiens les eurent adoptés, ils les consacrerent à marquer les noms des évêques, des souverains pontifes, des fondateurs d'églises ou de monasteres, des martyrs, des confesseurs, & des autres évêques avec lesquels on étoit en communion. Dans le grand nombre des saints personnages qui sont nommés en même-tems, comment discerner les évêques de chaque église, puisqu'on ne mettoit pas le nom de leur siege ? Je remarque en second lieu, que les diptyques n'ayant été adoptés par les chrétiens, que quelques tems après leur invention, ils ne peuvent pas avoir, pour les faits antérieurs, au quatrieme & même au cinquieme siecle, toute la certitude qu'on desireroit. Il n'est donc pas surprenant que nous soyons souvent embarrassés pour la succession des premiers évêques de chaque église.

Marcien gouvernoit celle d'Arles du tems de l'anti-pape Novatien en 252. Mais nous croyons qu'on doit mettre le commencement de son épiscopat en l'année 240 ou environ. Ce prélat ayant embrassé le parti de Novatien, saint Cyprien en écrivit au pape Etienne, pour le prier de le faire déposer, à cause du danger qu'il y avoit pour l'église des Gaules à le laisser plus long-tems en place. La fin de la lettre est remarquable : «*Apprenez-nous*, lui disoit-il, *quel est le successeur de Marcien, afin que nous sachions à qui nous devons adresser nos freres & nos lettres de communion ;* d'où quelques auteurs ont conclu que l'évêque d'Arles étoit alors primat, parce qu'il n'auroit pas été besoin de lui écrire préférablement aux autres, pour conserver la communion entre l'église d'Afrique & celle des Gaules, s'il n'avoit pas eu cette prérogative ; mais ce raisonnement est plus spécieux que solide, & ne suffit pas pour établir la primatie des évêques d'Arles.

Les auteurs du *Gallia christiana*, donnent pour successeur à Marcien saint Victor, qu'ils prétendent avoir souffert le martyre dans le même-tems que saint Privat, évêque de Gévaudan, lorsque Crocus, chef des Vandales, vint en Provence. Ils ajoutent que ce barbare est le même qui fut pris & mis à mort par Marius, général romain. Nous avons déja relevé ailleurs l'anacronisme de ce récit. Nous avons dit que saint Privat ne souffrit le martyre qu'au commencement du cinquieme siecle, qui est le tems où Marius commandoit en Provence; d'où il s'ensuit qu'il faut réformer la chronologie de tous les évêques dont ces auteurs rapportent l'épiscopat à la même année. On ne connoît pas le successeur immédiat de Marcien.

240.

Ep. 68.

Marin, l'un des juges des donatistes nommés par Constantin, se trouva au mois d'octobre 313, au concile de Rome, où ils furent condamnés. Mais ayant demandé d'être jugés dans un concile plus nombreux, Constantin assembla l'année suivante celui d'Arles, composé de six cens évêques, s'il faut s'en rapporter au témoignage d'Adon de Vienne ; ce qui fit dire à saint Augustin, que ce concile étoit *plenarium* & *universale*. On ne sait pas en quel année Marin finit ses jours.

Valentin souscrivit au concile de Sardique en 347.

Saturnin fut un des zélés partisans de l'arianisme. Il joignoit à une ambition effrénée, & à des talens peu communs, toute la souplesse d'un courtisan habile. Choisi pour présider au conciliabule de Béziers, en 356, & député par le concile de Rimini, en 359, auprès de l'empereur Constance, qui protégeoit les ariens, il signala dans toutes les occasions sa haine implacable contre les catholiques. On croit qu'il fut excommunié au concile de Paris, en 360, pour son attachement à l'hérésie, & pour d'autres crimes dont il s'étoit rendu coupable. Ce fut pour n'avoir aucun rapport avec lui, que plusieurs évêques de ses suffragans se soumirent, les uns à l'évêque de Vienne, & les autres à celui de Marseille. De-là les prétentions de Proculus, évêque de cette derniere ville, sur les églises de la narbonnoise seconde. On croit que Saturnin avoit été élu par la faveur de l'empereur Constance, dans le tems du conciliabule d'Arles, en 353.

Saint Concorde assista au premier concile de Valence, tenu le 12 juillet 374. Barralis croit que ce saint évêque avoit été moine de Lerins, & qu'il fut inhumé dans l'église de saint Honorat ; mais l'abbaye de Lerins ne fut fondée qu'au commencement du cinquieme siecle. Un moderne assure que saint Concorde eut pour successeur saint Constance, qui assista au concile d'Aquilée, en 381. Constance étoit évêque d'Orange & non pas d'Arles ; on lit parmi les souscriptions, *Constantius episcopus Arausicus*. Ainsi
nous

nous devons l'effacer de notre catalogue. Les diptyques font une preuve de ce que nous avons dit ci-deſſus, qu'on y mettoit les noms des évêques avec lefquels on étoit en communion, ceux des martyrs, des fondateurs d'églifes & de monafteres, &c. car après Concorde on trouve Gratus, Ambroife, Martin, Ingenuus, Auguftin &' Jérome : enfuite, mais d'une autre main, Savine, Eros, &c. c'eſt-à-dire huit évêques dans l'eſpace de trente-quatre ans; ce qui n'eſt pas vraifemblable ; il eſt hors de doute que quelqu'un d'eux remplit le ſiege après Concorde ; mais comment le connoître ? Dans l'impoſſibilité où nous ſommes de réſoudre la queſtion, faute d'autres monumens, nous nous bornerons à rapporter les noms tels qu'ils ſont dans les diptyques.

DIOCESE D'ARLIS
ARCHEVÊQUES.

Saint Heros, difciple de faint Martin, évêque de Tours, étoit recommandable par ſon zele & par ſa piété ; mais ayant eu la foibleſſe de ſe déclarer pour le tyran Conſtantin, qui ſe fit couronner empereur dans les Gaules, quoique *Honorius* fût à la tête de l'empire, il s'attira la haine du général Conſtance, & fut 'chaſſé de ſon ſiege en 412, dans le même-tems que Lazare, évêque d'Aix, quitta forcément le ſien. Ces deux prélats perſécutés par leurs diocéfains, & par le pape Zozime, qui s'étoit laiſſé prévenir contr'eux, ſe réfugierent en Paleſtine, où ils ſervirent la religion, en combattant les erreurs de Pélage & de ſon difciple Celeſtius.

408.

Patrocle, ami du général Conſtance & du pape Zozime, fut placé, par intrigue, ſur le ſiege d'Arles, & le déshonora par ſa conduite ; c'étoit un courtiſan habile, dont l'ambition étoit heureuſement ſecondée par ſes talens & par la ſoupleſſe de ſon caractere ; il vendoit le facerdoce à prix d'argent : Placidie, mere de l'empereur Valentinien III, lui adreſſa en 425 une conſtitution par laquelle les évêques pélagiens étoient invités à revenir de leurs erreurs, dans l'eſpace de vingt jours, ſous peine d'être chaſſés de leur ſiege. Comme on ne voit, par aucun monument hiſtorique, qu'il

412.

y ait eu dans ce tems-là des évêques pélagiens en Provence ; on croit avec assez de fondement, que Patrocle avoit sollicité cette loi, pour avoir un prétexte de persécuter ses ennemis. Cette même constitution défendoit aux juifs d'exercer la profession d'avocat, qu'Honorius leur avoit permise ; de servir dans les armées, & d'avoir aucun esclave chrétien. Il n'y a point eu d'évêque d'Arles, qui ait autant défendu & même augmenté les privileges de son siege. La ville ayant été assiégée par les gots en 426, Patrocle fut percé de coups par un chef des barbares.

426. *Saint Honoré* ou *saint Honorat*, est le même qui fonda l'abbaye de Lerins, & dont nous parlerons assez au long dans l'histoire. Placé sur le siege d'Arles en 426, il joignit aux vertus qu'il avoit pratiquées dans la retraite, la vigilance & le zele que demande l'épiscopat : sa charité sur-tout étoit extrême ; elle éclatoit sur son visage, & si l'on vouloit la peindre, disoit saint Hilaire, il faudroit lui donner les traits de saint Honoré. Ce pasteur vénérable ne siégea qu'environ trois ans, étant mort le 14 ou le 15 du mois de janvier 429. Il fut inhumé dans le cimetiere des champs élisées, où l'on bâtit peu de tems après une église. Ses reliques furent transportées à Lerins en 1391. Cassien lui avoit dédié sept de ses conférences.

429. *Saint Hilaire*, disciple, compatriote, & même parent de saint Honoré, suivant quelques auteurs, embrassa la vie monastique à Lerins, après avoir distribué le prix de tous ses biens aux pauvres. Attaché à saint Honoré, par les liens du sang & de la reconnoissance, il voulut l'assister à la mort, & prononça son oraison funebre, qui, suivant M. de Tillemont, est la piece la plus éloquente que l'antiquité ecclésiastique nous fournisse en ce genre. Saint Hilaire n'accepta le siege d'Arles que forcément en 429, & prouva par toute sa conduite, combien il étoit digne de le remplir. On verra dans l'histoire avec quelle constance il en soutint les prérogatives. Il mourut le 5 mai 449, âgé de 47 ans, & fut

inhumé dans l'églife de faint Honoré. Ce prélat, dont la vie ne fut qu'un exercice continuel de vertu, avoit tellement mérité l'amour du peuple, que les juifs même affifterent à fes funérailles, & les honorerent de leurs larmes. Il s'étoit trouvé à plufieurs conciles, entr'autres à celui de Riez, de l'an 439, dans lequel on jugea l'affaire d'Armentaire, évêque d'Embrun, qui, n'ayant été ordonné que par deux évêques, fut réduit à l'état de chorévêque, titre auparavant inconnu dans les Gaules, quoiqu'il fût depuis long-tems ufité dans les églifes d'orient.

Ravenne, l'ami de faint Hilaire, & le compagnon de fes travaux, lui fuccéda en 449. Ce fut pendant fon épifcopat que faint Léon termina la grande affaire de la primatie, & quoiqu'il femblât l'avoir ôtée à l'évêque d'Arles, il ne ceffa pourtant pas de le traiter comme primat : il lui adreffa la lettre dogmatique qu'il avoit écrite à Flavien de Conftantinople, fur le myftere de l'incarnation, pour la faire adopter par les évêques des Gaules ; Ravenne préfida au fecond concile d'Arles, de l'an 452, & à celui qui fut affemblé en 455, dans la même ville, pour terminer le différend de Théodore, évêque de Fréjus, avec Faufte, abbé de Lerins. Il mourut la même année.

Auguftal, dont Bede, faint Jerôme & le martyrologe romain font mention, fans marquer la date de fon épifcopat, femble lui avoir fuccédé en 455 ; mais rien n'eft plus douteux que fon épifcopat.

Léonce, qui fiégeoit en 462, mérita l'eftime du pape Hilaire, qui lui écrivit pour le charger d'apprendre aux évêques de la province, fon élévation à la papauté. Ce fouverain pontife montra dans toutes les occafions, qu'il le regardoit comme primat, & le mit dans le cas d'en faire les fonctions. On a regardé Léonce comme fufpect de femi-pélagianifme, parce qu'il engagea Faufte, évêque de Riez, à compofer le traité du libre arbitre, dans lequel on trouve des opinions contraires à la doctrine de l'églife.

Saint Æon, natif de Châlons-sur-Saone, rempliſſoit déja le ſiege d'Arles en 492. Le pape Gélaſe lui écrivit cette année-là, pour lui faire part de ſon avénement à la chaire de ſaint Pierre, & pour le charger d'en informer les évêques des Gaules; c'étoit reconnoître la primatie de ſon égliſe. Le pape Symmaque ſe déclara plus ouvertement encore, en révoquant tout ce que Anaſtaſe, ſon prédéceſſeur, avoit fait en faveur du ſiege de Vienne. Saint Æon mourut le 17 août de l'année 502, & déſigna Céſaire pour ſon ſucceſſeur. Il avoit aſſiſté en 499, à la conférence que les évêques avoient eue avec les ariens en préſence du roi Gondebaud.

Saint Céſaire, né à Châlons-ſur-Saone, comme le précédent, eſt un des plus grands évêques de l'égliſe d'Arles. Il fut élu en 502, & bientôt après il éprouva des perſécutions de la part des ennemis de l'égliſe. Accuſé auprès d'Alaric, roi des viſigots, d'avoir voulu livrer la ville d'Arles aux bourguignons & aux francs, il fut exilé à Bordeaux, d'où il ne revint dans ſon dioceſe, que quand on eut reconnu ſon innocence. Quatre ans après, on eſſaya encore de rendre ſa fidélité ſuſpecte à Théodoric, roi des oſtrogots, infecté, comme tous ceux de cette nation, des erreurs de l'arianiſme ; mais ce prince qui ſe connoiſſoit en mérite, parce qu'il en avoit beaucoup lui-même, fut ſi touché des vertus du ſaint évêque, qu'il le renvoya dans ſon dioceſe, comblé de ſes bienfaits. Gondebaud & Sigiſmond, rois des bouguignons, lui donnerent auſſi des marques d'eſtime, par les ſecours abondans qu'ils lui envoyerent dans un tems de diſette. Nous rapportons dans l'hiſtoire les autres traits de ſa vie, qui nous ont paru intéreſſans. Il mourut au mois d'août 542, âgé de 73 ans. Il avoit été religieux de Lerins, & avoit préſidé à pluſieurs conciles. Ceux de ſes ouvrages qui ſont parvenus juſqu'à nous, reſpirent les ſentimens de la piété la plus tendre. Il eſt le premier évêque des Gaules qui ait été décoré du pallium.

Auxane, fils d'un préfet du prétoire, lui ſuccéda en 543. Le pape Vigile lui envoya le pallium, du conſentement de l'empereur Justinien, quoique la Provence fût déja sous la domination françoise depuis plusieurs années, & le fit son vicaire général dans les Gaules en 545. Cet évêque mourut en 546.

DIOCESE D'ARLES
ARCHEVÊQUES.

Saint Aurelien, que ses vertus & son zèle rendirent si recommandable, fut élevé sur le siege d'Arles, en 546, & décoré des mêmes honneurs que son prédécesseur. Il mourut à Lyon en 553, à la suite du roi Childebert qui alloit à Paris. Il fonda deux monasteres, l'un d'hommes & l'autre de filles, auxquels il prescrivit une regle qui prouve qu'en Provence, le jeûne n'étoit pas ordonné les samedis de carême.

546.

Sapaudus, d'une naissance illustre, succéda en 553, à saint Aurelien dans l'épiscopat, & quatre ans après dans les fonctions de vicaire du saint siege dans les Gaules. On trouve son nom, parmi les souscriptions de plusieurs conciles jusqu'en 586, qui est l'année de sa mort.

553.

Licerius, référendaire du roi Gontran, siégea deux ans. Il mourut en 588. Les diptyques lui donnent Paschase pour successeur; mais Grégoire de Tours, dont le témoignage est préférable, assure qu'il fut remplacé à la fin de la même année par

586.

Virgile ou *Vigile*, né dans l'Aquitaine, moine de Lerins, & ensuite abbé d'Autun. Saint Grégoire-le-Grand, qui l'estimoit beaucoup, lui accorda les mêmes honneurs qu'à ses prédécesseurs, avec le pouvoir d'assembler des conciles, & de juger en premiere instance, avec douze de ses collegues, les différens des évêques, & les questions sur le dogme. L'amitié que le saint Pere avoit pour lui s'étant refroidie, parce qu'il ne s'étoit point opposé au mariage d'une religieuse de son diocese, le pallium & le pouvoir d'assembler des conciles, furent accordés à l'évêque d'Autun, aux instances de la reine Brunehault. Virgile mourut le premier octobre 610. On croit qu'il fit construire l'église cathédrale de saint Etienne.

588.

Florien est nommé dans les diptyques comme successeur de Virgile. Il nous est d'ailleurs connu par une lettre que Boniface IV lui

613.

écrivit le 23 août 613. Ce monument honorable, pour le pontife & pour le prélat, eſt conſervé parmi les manuſcrits de la bibliotheque ambroiſienne.

Cyprien eſt mis après lui dans le *Gallia chriſtiana*, & dans un ouvrage plus moderne, ſur le témoignage d'un auteur latin, qui prétend que cet évêque perſuada à Sigebert de ne point épouſer Frideburge ; ce qui ne s'accorde pas avec la chronologie. Car Sigebert I mourut en 573, dans le tems que Sapaudus étoit ſur le ſiege d'Arles ; & Sigebert II, déclaré roi en 633, à l'âge d'onze ans ou environ, ne commença de regner qu'en 638. Or on convient que Théodoſe ſiégeoit à Arles en 632 ; d'où il ſuit que l'épiſcopat de Cyprien n'a concouru avec le regne d'aucun de ces deux princes, & qu'on doit le révoquer en doute ; car il eſt viſible que l'auteur de la vie de ſaint Gal s'eſt trompé, s'il a voulu parler d'un Cyprien, évêque d'Arles.

632. *Théodoſe* ou *Théodoric*, gouvernoit le dioceſe en 632. Il fut déclaré ſuſpens de toutes fonctions épiſcopales, dans un concile de Châlons-ſur-Saone, où les évêques le dénoncerent comme coupable de pluſieurs crimes. On ſait qu'il ſe ſoumit à la pénitence, mais on ignore combien de tems il vécut encore, & ce qu'il fit.

658. *Jean* I en 658.

Jean II reçut à Arles Théodore, natif de Tarſe en Cilicie, & ſes compagnons, que le pape Vitellien envoyoit en Angleterre. Théodore avoit été ſacré évêque de Cantorbery par le ſouverain pontife. Il paroît que Jean II mourut en 675. Les diptyques le diſtinguent de Jean I, mais nous ſommes portés à croire que ces deux évêques n'en font qu'un. On y lit auſſi les noms d'Anaſtaſe & d'Auſtrobert, avant celui de Félix, qui ne s'y trouve pas. Cette omiſſion rend les diptyques fort ſuſpects. Il faut remarquer, en ſecond lieu, que Félix aſſiſta à un concile tenu dans les Gaules en 679, & que Jean étoit mort en 675. Il ne s'écoula donc qu'environ trois ans entre l'épiſcopat de ces deux évêques. Il n'eſt pas impoſſible qu'il en foit mort deux autres, dans ce court intervalle de tems; mais pour l'affurer, il nous faudroit d'autres preuves que le fimple témoignage des diptyques.

Felix n'eft connu, comme nous venons de le dire, que depuis l'année 679; mais nous préfumons qu'il fut élu tout de fuite après Jean, en 675 ou 676. Il mourut en 684.

Volbert lui fuccéda la même année; fon nom fe trouve dans les diptyques & dans une lettre écrite par l'évêque de Vaifon, à fes comprovinciaux, parmi lefquels eft l'évêque d'Arles fon métropolitain.

Saint Polycarpe étoit repréfenté fur un tabernacle d'argent de la métropole, avec plufieurs autres faints évêques de cette églife; ce qui fait croire qu'il en avoit rempli le fiege. Cette opinion eft d'ailleurs confirmée par les anciens catalogues dans lefquels on trouve fon nom. On y lit auffi celui de Martin, de Protais (évêques d'Aix) d'Innode & de George. Mais nous avons déja remarqué plufieurs fois, combien l'autorité de ces manufcrits doit nous être fufpecte, quand elle n'eft point appuyée de monumens authentiques. L'hiftoire de l'églife d'Arles, au huitieme fiecle, eft fort embrouillée. La ville ayant été plufieurs fois ravagée par les farrazins & les normands, demeura quelque tems fans pafteur, ou bien on négligea de marquer ce qu'ils faifoient de mémorable. Car dans les tems de calamité, fur-tout quand l'ignorance eft devenue générale, il n'y a ni écrivains, ni conciles pour tranfmettre les événemens à la poftérité; l'hiftoire s'appauvrit & s'embrouille.

Ratbert eft mis parmi les évêques, fur la foi d'un ancien manufcrit, dans lequel on lit que ce prélat fut envoyé, avec onze de fes collegues, au concile tenu à Rome en 769, contre l'anti-pape Conftantin.

Elifant prit le titre de *primæ fedis epifcopus*, dans un concile de Narbonne de l'an 788. Celui de Francfort, tenu en 794, voulant terminer les différends qu'il y avoit entre l'évêque de Vienne & celui d'Arles, décida que celui-ci auroit neuf fuffragans; favoir,

DIOCESE D'ARLES ARCHEVÊQUES.
675.

684.

700.

769.

788.

Marseille, Albe, Die, Saint-Paul-trois-Châteaux, Vaison, Orange, Cavaillon, Avignon & Carpentras. Un moderne nomme mal-à-propos Albi, au lieu d'Albe. Albe est une ville dont on voit encore les restes à Alps dans le Vivarais. Elle s'appelloit, du tems des romains, *Alba augusta*. Après qu'elle eut été détruite, on transféra le siege épiscopal à Viviers.

800.   *Jean* II est un de ceux qui signerent le testament de Charlemagne en 811. Il mourut en 819.

820.   *Nothon*, archevêque en 820, fut nommé juge dans l'affaire d'Ebbon, archevêque de Reims, par le concile de Thionville en 835. De son tems les sarrazins firent des ravages dans le terroir d'Arles, & dans toute la Provence, où le duc Folcrade les attira.

855.   *Rolland* présida au troisieme concile de Valence en 855, avec les archevêques de Lyon & de Vienne. C'est le même qui fut pris & vendu par les sarrazins, au peuple d'Arles, de la maniere que nous le dirons dans l'histoire. Il mourut entre les mains de ces barbares en 869.

870.   *Rostang* I, abbé d'Aniane & de Cruas, prieur de Jourdaigues, & archevêque d'Arles en 870, assista à plusieurs conciles, du nombre desquels est celui de Mantaille, où Boson fut élu roi. On croit qu'il mourut en 913. Le pape Jean VIII l'avoit déclaré son vicaire général en France, & avoit enjoint à tous les évêques de lui obéir. Le siege d'Arles demeura vacant pendant un an, après lequel, Pons, évêque d'Orange, fut nommé pour le remplir; mais il ne prit pas possession.

914.   *Manassés*, dont les parens tenoient le premier rang parmi la noblesse de Bourgogne, obtint l'archevêché d'Arles en 914, & ensuite il s'empara, à l'aide d'Hugues, roi d'Italie & comte de Provence, son parent, des sieges de Vérone, de Trente, de Mantoue & de Milan, ajoutant, au mépris des loix, celui de la religion; car il disoit en riant, qu'il imitoit le prince des apôtres, qui avoit été évêque de Rome, d'Antioche & d'Alexandrie. Son ambition fut

utile,

utile, en quelque sorte, à l'église d'Arles. Il obtint de l'empereur Louis l'aveugle, son parent, outre plusieurs bénéfices, des droits considérables, tels que celui de faire battre monnoie. On croit qu'il mourut en 962. Il avoit un coadjuteur nommé Radon, pour gouverner l'église d'Arles en son absence ; de-là vient qu'on donne à celui-ci le titre d'archevêque, dans une charte de l'an 951.

DIOCESE D'ARLES
ARCHEVÊQUES.

Iterius dut commencer à siéger, tout de suite après la mort de Manassés ; mais il n'est mention de lui, pour la premiere fois, qu'en 966. Il donna sa démission en 978 ou 979, en se réservant le titre d'archevêque d'Arles. On lit dans une lettre de Jean XIII, que le siege de cette église ne le cédoit, en dignité, qu'à celui de Rome ; mais les auteurs du *Gallia Christiana*, révoquent en doute l'authenticité de cette piece, & ils ont raison.

962.

Annon, élu en 979, ne prit possession qu'au mois de juin 981. On croit qu'il mourut religieux de Cluni en 994.

981.

Pons de Marignane lui succéda, & fut un des principaux bienfaiteurs du monastere de Mont-Major. Il accorda même des indulgences à tous ceux qui contribueroient à la construction de l'église, & quitta l'archevêché en 1029, pour embrasser la vie monastique dans l'abbaye de saint Victor.

995.

Raimbaud de Reillane, issu d'une famille distinguée dans la province, & parent des vicomtes de Marseille, étoit archevêque d'Arles en 1030. Il donna des preuves de son zele pour la religion, dans les différens conciles auxquels il assista. Il augmenta les revenus de quelques églises par ses largesses, fonda, vers l'an 1063, le chapitre de Barjols, au diocese de Fréjus, dans la dépendance immédiate du saint siege, & voulut engager son chapitre à embrasser la vie des chanoines réguliers de saint Augustin ; mais cette réforme n'eut lieu que plus d'un siecle après. Raimbaud vécut jusqu'en 1067 ; il avoit donné sa démission, & prit l'habit religieux à l'abbaye de saint Victor, avant l'an 1065. Baluze fait mention d'un concile que ce prélat tint à Arles, avec les archevêques d'Embrun & d'Aix,

1030.

Tome I.

contre les simoniaques & les prêtres mariés ; car il y en avoit beaucoup dans le diocese d'Arles.

Aicard, fils de Geoffroy, vicomte de Marseille, & de Rixande, passa du cloître de saint Victor, au siege d'Arles, vers l'an 1064. On dit qu'il fut déposé, parce qu'il avoit embrassé le parti de l'empereur Henri IV, contre l'église romaine ; mais il brava la sentence prononcée contre lui ; & du consentement de son peuple, il gouverna le diocese jusqu'à sa mort, arrivée en 1080.

Gibelin de Sabran fut élu par le légat du pape, à la place d'Aicard ; mais il ne prit possession qu'après la mort de celui-ci, qui étoit soutenu par les grands du pays. Paschal II l'envoya à Jérusalem en 1107, pour présider au concile, où Ebremar, qui s'étoit fait déclarer patriarche de cette ville, fut déposé. Gibelin lui succéda, & mourut en 1112, lorsqu'il se préparoit à revenir en Provence. Il avoit érigé un siege épiscopal à Béthléem au nom du pape, qui l'avoit nommé son légat pour cet effet. Les auteurs du *Gall. Christ.* mettent Guérin & Raymon I après Gibelin. Mais bien loin qu'on ait des preuves de leur épiscopat, il est à croire que ces deux évêques n'ont jamais siégé.

Atton de Bruniquel assista en 1115, à la dédicace de l'église de Cassan, diocese de Béziers, & au concile de Toulouse en 1119. Il mourut en 1121.

Bernard Guérin siégea depuis 1121 jusqu'en 1137.

Guillaume Monge, qui avoit pris l'habit de chartreux au monastere de Montrieux, mérita d'être placé sur le siege d'Arles, à la fin de l'année 1137 ; & d'être nommé légat du pape en 1139, par Innocent II. Il vivoit encore à la fin de l'année 1141.

Raymon de Monredon, chanoine de Nîmes, sa patrie, ensuite évêque d'Agde, & enfin archevêque d'Arles en 1142, reçut la même année, la cession de tous les droits que Pierre, Hugues, Guillaume, Raymond & Bertrand de Lambesc avoient sur Salon il n'y a point d'archevêque qui ait augmenté comme lui, le domaine temporel de son église, ni qui ait eu autant de part au gouvernement de la ville. On lui doit les statuts dont nous parlerons dans l'histoire.

DIOCÈSE D'ARLES
ARCHEVÊQUES.

Sylvius assista aux nôces de l'empereur Frédéric Barberousse & de Béatrix de Bourgogne, célébrées en 1156. Deux modernes prétendent, que c'est à tort qu'on l'accuse d'avoir favorisé le parti de l'anti-pape Octavien, contre Alexandre III. Cependant il n'est pas permis d'en douter, puisqu'il adhéra au concile de Pavie en 1160, comme on peut le voir dans les conciles de Labbe, tome 10, p. 1392. On croit qu'il siégea jusqu'en 1163.

1156.

Raymond de Bolene fut élu la même année. Son mérite & sa place lui donnerent, dans les affaires politiques de la province, plus d'influence qu'il ne lui convenoit d'en avoir. De son tems l'empereur Frédéric étant venu se faire couronner dans l'église d'Arles, le 30 juillet 1178, il dispensa les chanoines de contribuer aux dépenses qu'on faisoit pour l'entretien des murailles & pour la garde de la ville, &c. Raymond assista en 1179, au troisieme concile de Latran, avec ses suffragans, & siégeoit encore en 1183.

1163.

Pierre Isnard, chanoine d'Arles, ensuite évêque de Toulon, fut nommé pour succéder à Raymond, en 1183. Il donna en 1186, à Pierre de Tore, la fabrique de la monnoie, à condition qu'il payeroit douze deniers par marc, à l'église de saint Trophime, & un treizieme pour l'autel de saint Etienne. Les chanoines embrasserent la vie réguliere à l'invitation de ce prélat, qui, pour leur donner l'exemple, prit lui-même l'habit blanc. On croit qu'il mourut au siege d'Acre, le 30 novembre 1189, & que ses os furent transportés à Jérusalem.

1183.

Imbert d'Aiguieres, sacristain de l'église d'Arles, en devint archevêque en 1190. Son caractere pacifique, & sa vie exemplaire, lui gagnerent l'estime & l'affection de ses diocésains, qui l'honorerent de leurs regrets, quand la mort l'enleva le 20 juillet 1202.

1190.

Michel de Moreze, chanoine de Maguelone, ensuite prévôt

1203.

Qq 2

d'Arles, & enfin archevêque de cette ville en 1203, fut allier, au zele de la religion, les reſſources de la politique. Il fit du bien à quelques égliſes, défendit la diſcipline & la foi dans pluſieurs conciles, & augmenta conſidérablement ſes privileges. Il obtint de l'empereur Frédéric II en 1212, tous les droits régaliens, tant ſur la ville que ſur le dioceſe. De-là le pouvoir exceſſif qu'il s'arrogea dans la municipalité, & que ſes ſucceſſeurs conſerverent pendant quelques tems. Il mourut le 21 juillet 1217.

1217. *Hugues* I, dont le nom ſe trouve dans un catalogue dreſſé du tems du cardinal de Foix, ne ſiégea guere plus d'un mois; car il mourut le 29 août de la même année 1217.

1217. *Hugues Beroardi*, natif d'Arles, prévot de Marſeille, fut ſacré à la fin de l'année 1217 par le pape Honorius III, qui lui défendit en 1224, ainſi qu'au chapitre, d'aliéner la terre de Salon, ſous quelque prétexte que ce fût. Ce prélat eſt ſouvent nommé, dans les chartes, pour des affaires, qui ſont une preuve du crédit que lui donnoit ſa place. Il mourut le 18 octobre 1232.

1232. *Jean Beauſſan*, archidiacre de Marſeille, ſa patrie, enſuite évêque de Toulon en 1223, & enfin archevêque d'Arles en 1232, aſſembla trois conciles, dont deux à Arles, & le troiſieme à Lille. Les différens qu'il eut avec ſon chapitre, furent terminés par Pierre d'Albano, légat du pape. Ceux qu'il eut avec les habitans d'Arles, & dont nous parlerons dans l'hiſtoire, furent d'une bien plus grande importance. On s'engagea par une délibération commune, à ne point lui parler, & à n'avoir aucune communication avec lui & les ſiens, parce qu'il avoit détruit l'indépendance de la république, en faiſant hommage au comte de Provence. Il vivoit encore en 1258.

1259. *Bertrand de Malferrat*, de Taraſcon, prévôt de l'égliſe d'Arles, en étoit archevêque en 1259. Il conſentit à la vente du château de Beaucaire, en faveur de ſaint Louis, à condition que ce prince lui payeroit une redevance annuelle de cent livres tournois; mais ſi les rois de France cédoient ce château ou le vendoient, il étoit stipulé que le propriétaire, tel qu'il fût, en feroit hommage à l'archevêque. Ce prélat mourut, pour le plutôt, au mois de juin 1262.

Florent, qui siégea depuis le mois de juillet 1262, jusqu'au mois de mai 1266, tint un concile provincial, que le cardinal Chigi nous a conservé. Il avoit été évêque d'Acre en Palestine.

Bertrand de Saint-Martin passa du siege de Fréjus, à celui d'Arles, en 1266. Il le quitta en 1273, lorsque Grégoire X le fit cardinal-évêque de Sabine.

Bernard de Languissel, né à Nîmes, lui succéda; il présida au concile d'Arles en 1275, à celui d'Avignon en 1279, & fut décoré de la pourpre en 1281, par Martin IV, qui le fit évêque de Porto, & son légat en Piémont. Ciaconius marque sa mort en 1290.

Bertrand Amaury, si recommandable par sa charité envers les pauvres, fut élu en 1281, sur le refus de Bertrand-Jean, chanoine d'Agde, auditeur de la chambre apostolique. Bertrand assembla un concile provincial à Avignon en 1282, & mourut en 1286. Il avoit été chanoine de Reims, & chapelain de Martin IV.

Rostang de Cabre (*de Capra*) né à Granz, dans le diocese d'Arles, fut successivement professeur en droit à Aix, chanoine d'Arles, & enfin archevêque de cette ville en 1286. Son élection, peu canonique de la part du chapitre, déplut à Honorius IV, qui lui donna cependant le pallium quelque tems après. Le pape Boniface VIII fit plus de cas de son mérite, & l'envoya en Espagne, en qualité de vice-légat, avec Guillaume de Mandagot, archevêque d'Embrun; Rostang mourut en odeur de sainteté, le 22 août 1303, après avoir passé toute sa vie dans un exercice continuel de charité, de modestie & de piété. Il avoit assemblé un concile à Lille en 1288, & bâti le château de Salon.

Pierre de Ferrieres, doyen du Puy & d'Auch, évêque de Noyon, chancelier de Charles II, roi de Sicile & comte de Provence, fut fait archevêque, d'Arles le 23 août 1303. C'étoit un habile jurifconfulte, qui dreffa des réglemens fort fages pour le royaume de Sicile & pour la Provence ; il mourut en octobre 1307.

1308. *Arnaud de Fougeres*, prévôt d'Arles, en devint archevêque en 1308, par la protection de Robert, roi de Sicile & comte de Provence. Clément V, qui l'avoit employé dans des affaires très-délicates auprès de Philippe-le-Bel, voulant lui témoigner la fatisfaction qu'il avoit de fes fervices, le créa cardinal-évêque de Sabine le 19 novembre 1310, & le chargea d'informer des crimes dont on accufoit les templiers. Il mourut le 17 feptembre 1317.

1311. *Gaillard de Fougeres*, frere du précédent, lui fuccéda au mois de février 1311. Il paffa au fiege d'Angoulême en 1317, garda le pallium, & obtint une bulle de Jean XXII, qui le déclaroit exempt de la jurifdiction de l'archevêque de Bordeaux.

1318. *Gaillard Saumate*, évêque de Riez, & enfuite de Maguelone, fut transféré à Arles au mois de février 1318. De fon tems Robert, roi de Sicile, comte de Provence & feigneur d'Arles, confirma tous les traités que fes prédéceffeurs avoient paffés avec les archevêques de cette ville. Ce prélat mourut en 1323 ou 1324. Gilles Duport, dit que l'empereur Henri VII, le fit prince du Saint-Empire.

1323. *Gasbert de Laval*, né dans le Quercy, camérier du pape, évêque de Marfeille, & enfin archevêque d'Arles en 1323 ou 1324, préfida au concile d'Avignon le 18 juin 1326. Ce qu'il fit de plus remarquable durant fa vie, ce fut de fonder plufieurs bourfes dans l'univerfité de Touloufe, pour de pauvres eccléfiaftiques. Il fut transféré à Narbonne en 1341.

1341. *Jean de Cardonne*, que le mépris du monde avoit conduit dans un couvent de l'ordre de faint Dominique, en fut tiré par Benoît XII, fon oncle, qui le plaça fur le fiege d'Arles le 27 feptembre 1341, par eftime pour fa fcience & fes vertus. Jean pofa la premiere pierre de l'églife de faint Laurent de Salon en 1344, & mourut

DE PROVENCE. 313

le 23 novembre 1348, après avoir fait confirmer fes privileges par Clément VI, qu'il alla voir à Avignon.

Etienne Aldebran entra dans la carriere des honneurs ecclésiastiques, fous la protection de fon oncle, Clément VI, dont il étoit camérier & tréforier. Il avoit déja occupé fucceffivement l'abbaye de Montcaffin & le fiege de Saint-Pons, quand il fut nommé à l'archevêché d'Arles en 1349 ; il le quitta pour celui de Touloufe en 1350.

Etienne de la Garde, des feigneurs de Saignes, en Quercy, ou près de Tulle, fuivant Baluze, étoit auffi parent de Clément VI, qui le fit fon légat en Lombardie, dans la Romagne & dans le royaume de Naples. Ce prélat ayant été nommé à l'archevêché d'Arles en 1350, recouvra le droit de faire battre monnoie dans la principauté de Mondragon, & lança des excommunications contre les habitans de Salon, qui avoient jetté fon grand vicaire dans un four ardent. Il mourut le 18 mai 1359.

Guillaume de la Garde, frere de Bernard, feigneur de Peliffane, étoit archevêque de Brague en Portugal, quand il fut nommé pour fuccéder à fon oncle en 1360. Il reçut à Arles l'Empereur Charles IV, & lui mit la couronne fur la tête, le lendemain des fêtes de la Pentecôte, en préfence des ducs de Savoie & de Bourbon, dans l'églife métropolitaine. Nous parlerons ailleurs du crime de trahifon dont Guillaume fut accufé envers la reine Jeanne. Ciaconius croit qu'il fut créé cardinal par Urbain V, c'eft une erreur. Ce prélat mourut archevêque d'Arles, & patriarche titulaire de Jérufalem en 1375.

Pierre de Cros, limoufin, frere de Jean, cardinal-évêque de Limoges, religieux de faint Martial, abbé de Tournus, &c. camerlingue de l'églife romaine, fut fait archevêque d'Arles en 1375, après avoir été évêque de Saint-Papoul, & archevêque de Bourges. Il fut créé cardinal par Clément VII en 1383. Rien n'eft plus fanglant que les accufations dont Urbain VI le chargea dans la fentence d'excommunication, lancée contre Clément & fes adhérens.

DIOCESE D'ARLES ARCHEVÊQUES.

1349.

1350.

1360.

1375.

CHOROGRAPHIE.
II. Partie.

1388.

François de Conzié, né en Bugey, vice-chancelier apostolique, camérier de l'anti-pape Clément VII, évêque de Grenoble, & archevêque d'Arles le 31 juillet 1388, fit rebâtir le palais archi-épiscopal, passa au siege de Toulouse en 1390, & ensuite à celui de Narbonne. Nous lisons le nom d'un Raymond, archevêque d'Arles, dans une lettre de Boniface IX, du mois de mars 1390; mais nous présumons que ce prélat, qui demeuroit en Italie, fut nommé par Urbain VI, & qu'il n'osa pas venir prendre possession de l'archevêché. François de Conzié, au contraire, nommé par Clément VII, gouverna tranquillement le diocese, sous la protection de ce pape, qui faisoit sa résidence dans la ville d'Avignon, & qui étoit reconnu en-deçà des Alpes. Il y avoit donc, en même-tems, deux archevêques d'Arles, nommés par les deux concurrens à la tiare.

1391.

Jean de Rochechouart, fils de Jean & de Jeanne de Sulli, d'abord évêque de Saint-Pons, ensuite archevêque de Bourges, & enfin d'Arles en 1391, mourut à Villeneuve-lès-Avignon, le 13 décembre 1398. Après sa mort le siege demeura vacant jusqu'en 1405, pendant lequel tems Pierre de Lune, anti-pape, sous le nom de Benoît XIII, nomma successivement plusieurs administrateurs pour le spirituel, se réservant les revenus de l'archevêché.

1405.

Artaud de Mezellan, évêque de Grasse, & ensuite de Sisteron, sacré archevêque d'Arles au mois de mars 1405, mourut le premier novembre 1410.

1410.

Jean de Brogni, né près d'Annecy en Savoie, lui succéda au mois de décembre de la même année. Le chapitre avoit d'abord élu Paul de Sade, évêque de Marseille; mais l'élection ne fut pas confirmée par Benoît XIII, qui nomma Jean de Brogni, cardinal-évêque d'Ostie, administrateur perpétuel de l'église d'Arles. La reconnoissance ne fit point oublier à ce prélat ce qu'il devoit à la religion: il eut le courage de dire la vérité à son bienfaiteur; & de l'exhorter à quitter la tiare, pour faire cesser le schisme. Il fit plus encore; voyant que ses représentations étoient inutiles, il passa les Alpes

Alpes pour s'attacher au pape légitime. Arrivé à Pife, dans le tems qu'on célébroit le concile, il y prit féance du confentement des peres de cette augufte affemblée, & donna fa voix pour l'élection d'Alexandre V au fouverain pontificat. Ce trait feul eft une preuve qu'il favoit facrifier, à l'amour de la paix & de la religion, tous ces intérêts humains qui faifoient perdre alors à tant d'évêques l'efprit de leur état. Il mourut en 1425 à Geneve, dont il étoit devenu évêque, après s'être démis de l'archevêché d'Arles en 1423. On dit qu'il étoit fils d'un porcher, & qu'il fut redevable de fon éducation à deux religieux, qui, lui voyant garder des cochons, & lui trouvant une phyfionomie intéreffante, lui propoferent de le mener à Rome & de le faire étudier. Le petit de Brogni accepta la propofition, & s'en alla tout de fuite à Geneve acheter une paire de fouliers chez un cordonnier, qui lui fit crédit de fix deniers, en lui difant : *vous me payerez quand vous ferez cardinal*. On prétend que Brogni fit graver cette avanture fur le portail de l'églife de faint Pierre de Geneve, & qu'on l'y voyoit encore le 6 juin 1711.

DIOCESE D'ARLES ARCHEVÊQUES.

Louis d'Alleman, fils de Jean, feigneur d'Arbent, & de Marie de Châtillon de Michaille, fut deftiné, par fa naiffance, fes vertus & fes talens, à remplir les premieres places de l'églife, & à l'édifier. Il fut chanoine de Lyon, grand-chantre de Valence, évêque de Maguelone, archevêque d'Arles en 1424, & enfin cardinal du titre de fainte Cécile le 24 mai 1426. L'afcendant qu'il eut fur les peres du concile de Bafle, eft une preuve de fon habileté dans les affaires & dans l'art de manier les efprits. Il fit échouer, avec la même prudence, les efforts du roi d'Arragon & du pape Eugene IV. Peut-être montra-t-il, contre ce dernier, plus d'amertume que de véritable zele; mais il y a des occafions où il eft difficile de s'en tenir à l'exacte rigueur de fes devoirs. Louis étant devenu l'ame du concile de Bafle, fur-tout après la trentieme feffion, car il en fut alors préfident, fit élire au fouverain pontificat Amedée de Savoie, qui prit le nom de Félix V. Ce coup d'éclat attira au cardinal la

1424.

Tome I.   R r

colere du pape Eugene, qui, pour s'en venger, le dépofa, & nomma au fiege d'Arles, Roger, prévôt d'Aix. Dans la chaleur des altercations, il étoit difficile aux deux partis de fe modérer. Mais quand Louis fut de retour dans fon diocefe, il vit les chofes avec plus de fang-froid, & employa tout fon crédit pour éteindre, par l'abdication de Félix, le fchifme qu'il avoit favorifé. Nicolas V le rétablit dans fes dignités, & lui donna la légation des Pays-Bas. Ce prélat mourut à Salon le 16 feptembre 1450, en odeur de fainteté. Clément VII, par une bulle, permit de célébrer fa fête; & en effet, on la célebre encore dans la métropole feulement. Pendant tout le tems que dura l'interdit du cardinal d'Alleman, fous le pontificat du pape Eugene, Jean de Beauvau, fils de Bertrand & de Jeanne de la Tour-Landry, adminiftra le temporel de l'églife d'Arles, ce qui dura depuis l'an 1445 jufqu'en 1449. Robert Damiani, évêque de Thibériade, & enfuite archevêque d'Aix, exerçoit pour lui les fonctions épifcopales.

1450.   *Pierre de Foix*, cardinal, furnommé *le Vieux*, fils d'Archambaud, vicomte de Foix & de Grailli, & d'Ifabelle de Foix, fœur & héritiere de Matthieu, comte de Sainte-Foix, embraffa l'état religieux dans l'ordre des freres mineurs. Les divifions qui regnoient dans l'églife, l'entraînerent dans le parti de Benoît XIII, qui le créa cardinal du titre de faint Etienne, *in cœlio monte*, vers l'an 1408, à l'âge de 22 ans. Cette dignité ne put l'attacher à fon bienfaiteur, qu'il ne croyoit pas légitimement élu. Il l'abandonna donc, parce que le devoir chez lui l'emportoit fur toute autre confidération, & contribua, de fon fuffrage, à l'élection de Martin V. Les fuccès qu'il eut dans les différentes légations dont il fut chargé, lui firent donner le nom de *bon légat*. On lui doit auffi des éloges pour le zele qu'il fit paroître dans deux conciles qu'il affembla, l'un à Arles, & l'autre à Avignon, & pour la fondation de vingt-cinq bourfes au college de Foix à Touloufe. Il mourut à Avignon en 1464, âgé de 78 ans; il avoit paffé de l'archevêché de Toulouſe à celui d'Arles en 1450, & mérita l'eſtime & l'amour de ſes diocéſains, par des talens & des vertus peu communes.

Philippe de Levis de Quelus, fils d'Euſtache, baron de Quelus, & d'Adélaïde de Couſan, fille de Guy, grand-maître du roi Charles VI, fut nommé archevêque d'Arles en 1462, ſur la démiſſion du précédent. Sixte IV le fit cardinal en 1473, & le roi le chargea de ſes affaires à Rome, où il mourut en 1475. L'évêque de Digne gouverna l'égliſe d'Arles pendant ſon abſence.

Euſtache de Levis, abbé de Mont-Major, frere du précédent, lui ſuccéda en 1476. Attiré à Rome par Innocent VIII, qui le fit ſon premier maître des cérémonies, il y mourut le 22 avril 1489.

Nicolas Cibo, de Gênes, abbé de Mont-Major, fut transféré de l'évêché de Coſenza au ſiege d'Arles, au mois d'avril 1489, par Innocent VIII ſon parent, & fit ſéculariſer ſon chapitre le premier décembre 1493. Il y a, au ſujet de ce prélat, une anecdote unique dans l'hiſtoire eccléſiaſtique. Le ſultan Bajazet écrivit à Innocent VIII, pour le prier de le faire cardinal. Le pape le promit, mais une mort prématurée l'empêcha de tenir ſa parole. Le ſultan en écrivit enſuite, au mois de ſeptembre 1494, à ſon ſucceſſeur Alexandre VI, qui ne paroît pas avoir fait grand cas de ſa demande, car Nicolas mourut en 1499, ſans avoir été décoré de la pourpre, malgré la ſingularité de la protection.

Jean I Ferrier, eſpagnol, paſſa du ſiege de Melfi à celui d'Arles en 1499, à la demande de Louis XII. Ce prélat reſpectable par ſon mérite, & ſur-tout par la ſimplicité de ſes mœurs, aimoit beaucoup la retraite. Il alloit ſouvent au château de Salon, ou à celui qu'il avoit à Saint-Chamas, pour y vivre éloigné du monde & ſeul avec Dieu. Il fut envoyé en qualité de légat, dans un âge fort avancé, auprès de Louis XII, qui, pour lui donner des marques de ſon eſtime, lui permit d'ajouter une fleur de lis à ſes armes. Il fit, à la métropole & à ſon palais, des réparations dignes

CHOROGRAPHIE.
II. Partie.
1521.

du lieu & de la munificence. La mort le furprit à Marfeille le premier janvier 1521.

Jean II *Ferrier*, coadjuteur de fon oncle dès l'an 1518, lui fuccéda en 1521, & le fit revivre dans toute fa conduite. Il mourut en 1550, regretté de tout fon diocefe, pour la fageffe de fon gouvernement.

1550.

Jacques de Brourlat, né dans le diocefe de Meaux, fut nommé à l'archevêché d'Arles en 1550, par la protection de Catherine de Médicis, n'étant encore que clerc; car il n'entra jamais dans les ordres facrés. L'imprudence qu'il eut de fe jetter dans le parti du prince de Condé, chef de l'armée des proteftans, fut la fource de fes malheurs. Le parlement de Paris le priva de tous fes bénéfices, par arrêt du 18 juillet 1559. Il avoit, outre l'archevêché d'Arles, trois abbayes, qu'on ne devoit pas regarder comme la récompenfe des fervices rendus à l'églife. Il fe réfugia en Allemagne, où il mourut en 1575, après s'être marié.

1559.

Robert de Lenoncour, lorrain, fils de Thierry, feigneur de Château-Thierry, chambellan du roi, fut porté dans la carriere des honneurs eccléfiaftiques par la faveur de fes parens. Il poffédoit, tout-à-la-fois, les fieges de Châlons-fur-Marne, de Metz, d'Auxerre, de Touloufe, d'Arles & d'Embrun. On affure cependant qu'il étoit recommandable par fa fcience & par la fainteté de fa vie. Mais il eft bien difficile de concilier ces deux qualités, avec la poffeffion abufive de tant d'évêchés. Il fut fait archevêque commandataire de l'églife d'Arles au mois de février 1561. Paul VI, & non pas Paul III, comme le dit un moderne d'après le *Gall. Chrift.* l'avoit créé cardinal en 1558, & deux ans après il le fit évêque de Sabine.

1561.

Antoine d'Albon, fils de Guillaume & de Gabrielle de Saint-Prieft de Saint-Chamond, permuta le fiege d'Arles pour celui de Lyon en 1562.

1562.

Hippolyte d'Eft, appellé le cardinal de Ferrare, fils d'Alphonfe, duc de Ferrare, & de Lucrece de Borgia, digne héritier des vertus du cardinal Hippolyte, son oncle, aima les lettres, & protégea ceux qui les cultivoient. Sa naissance, la protection de François I, & d'Henri II qui l'estimoit beaucoup, & dont il étoit parent, l'éleverent à toutes les dignités auxquelles un particulier peut parvenir dans l'église, si on en excepte le souverain pontificat. Il passa de l'archevêché de Lyon à celui d'Arles en 1562, & s'en démit en 1567 en faveur de

Prosper de Sainte-Croix, noble romain, homme de mérite, que Jules III & Paul IV avoient déja employé en qualité de légat en plusieurs royaumes. Il étoit nonce apostolique en France en 1562, lorsque Pie IV le fit cardinal, à la recommandation de Catherine de Médicis. Ce prélat conduisit les affaires des deux cours, avec une sagesse admirable, & ne montra pas moins de capacité dans le gouvernement de son diocese, qu'il vint à bout de préserver de l'erreur. On assure que les hérétiques, furieux contre lui, parce qu'il étoit un de leurs adversaires les plus redoutables, attenterent à sa vie; mais il échappa au danger, & après avoir fait gouverner son diocese, par ses vicaires généraux jusqu'en 1573, il donna sa démission, & mourut à Rome en 1589 évêque d'Albano.

Silvius de Sainte-Croix, archidiacre d'Arles, succéda à son oncle en 1573, & ne prit possession qu'en 1578. Il vendit Trinquetaille aux consuls d'Arles l'année d'après, pour la somme de sept cens vingt écus d'or. C'étoit un effet de son avarice; car il en avoit beaucoup. Les ravages affreux que la peste, la guerre, la famine & les inondations firent dans la ville & le terroir d'Arles, ne furent pas capables d'exciter sa charité; il fallut un arrêt du parlement d'Aix, pour l'obliger à secourir des malheureux dont il auroit dû être le pere. On bâtit le grand hôpital du Saint-Esprit, auquel il donna tous les ans cent septiers de bled, & cinquante de seigle. Il étoit à Rome quand il se démit, à cause de ses infirmités, en faveur du suivant, du consentement du roi, & peu regretté de ses diocésains, qu'il n'avoit pas édifiés.

Horace Montane, fils de Jérôme, fameux par ses exploits contre les turcs, naquit à Policastro dans le royaume de Naples. Il passa du siege d'Atri à celui d'Arles en 1599, & reçut le pallium des mains de Clément VIII, qui le fit, peu de tems après, nonce extraordinaire en France. Le même pape le chargea ensuite, avec le cardinal de Joyeuse, de procéder à la cassation du mariage d'Henri IV, avec Marguerite de Valois, sœur d'Henri III. Les services qu'il rendit à la ville d'Arles dans des tems de troubles, sont une preuve qu'il savoit faire usage de son crédit d'une maniere digne de son ministere. Il mourut à Salon, le 11 septembre 1603, après avoir légué tout son bien à sa métropole, qui fut obligée de renoncer à son héritage.

Gaspar Dulaurens, frere d'Honoré, archevêque d'Embrun, & d'André I, médecin d'Henri IV, abbé de saint Pierre de Vienne & de Sinanques, fut nommé archevêque d'Arles, sa patrie, en 1603, assista, trois ans après, aux états du royaume & à l'assemblée des notables tenue à Rouen en 1617. Les conférences qu'il établit dans son palais pour les ecclésiastiques, la protection éclairée qu'il accorda aux communautés religieuses, & le chemin qu'il fit faire à ses dépens, à travers la Crau, depuis Saint-Martin jusqu'à Salon, font honneur à son amour pour l'église, & à son zele pour le bien public. Il harangua Louis XIII dans sa cathédrale en 1622, & mourut le 12 juillet 1630. Jean de Dieu, sculpteur d'Arles, fit son mausolée en 1677.

Jean-Jaubert de Barrault de Blaignac, fils d'Emeri, vice-amiral, ambassadeur de Louis XIII en Espagne, fut transféré du siege de Bazas à celui d'Arles en 1630, & présida à l'assemblée du clergé de 1635. Il mourut à Paris le 30 juillet 1643, ayant très-peu demeuré dans son diocese, qui ne fut point gouverné avec l'intérêt qu'il y auroit mis, s'il avoit été sur les lieux. Il avoit été nommé grand aumônier d'Henriette-Marie de France, reine d'Angleterre ; mais il fut exclus de cette place par le crédit des protestans, qui redoutoient son zele pour la pureté de la foi.

DIOCESE D'ARLES ARCHEVÊQUES.

François Adhemar de Monteil de Grignan, fils de Louis-François, comte de Grignan, & de Jeanne d'Ancezune de Venejan, abbé commendataire d'Aiguebelle, évêque de Saint-Paul-trois-Châteaux en 1631, fut coadjuteur & archevêque d'Arles en 1643. Ce prélat respectable, digne de l'estime du roi, qui lui confia plusieurs fois le soin de rétablir la tranquillité dans la province, dissipa ou prévint, par sa douceur & sa prudence, plusieurs séditions à Marseille, à Aix & à Arles, fut le modele de son clergé, le pere de son peuple, & le bienfaiteur des uns & des autres. La perte de la vue, dont il fut affligé dès l'an 1661, ne rallentit pas son zele, mais l'obligea de se donner, pour coadjuteur, Gabriel Adhemar, abbé d'Aiguebelle, son neveu, qui mourut à Dourdan dans les travaux d'une mission. Il termina lui-même sa carriere le 9 mars 1689, décoré de l'ordre du Saint-Esprit, & laissant dans son diocese un nom qu'il avoit rendu cher par ses vertus & ses actions. Il avoit fondé en 1675 un séminaire, dont il confia le gouvernement aux peres de l'oratoire, déja établis à Arles depuis long-tems.

1643.

Jean-Baptiste Adhemar, fils de Louis, comte de Grignan & de Marguerite d'Ornano, neveu du précédent, & son coadjuteur depuis 1667, lui succéda en 1689, & mourut à Montpellier le 11 novembre 1697, âgé de 59 ans. Il avoit prêché souvent devant le roi, qui lui donna successivement trois abbayes.

1689.

François de Mailli, abbé de Massais, aumônier du roi, fils de Louis, marquis de Mailli & de Jeanne de Monchi, marquise de Néesle, fut nommé à l'archevêché d'Arles au mois de décembre 1697, & sacré le 2 mai 1698, par le cardinal de Janson, évêque de Beauvais. Il passa à l'archevêché de Reims le 12 juillet 1710.

1697.

Jacques de Forbin de Janson, fils de Laurent & de Geneviéve de Briançon, docteur de la maison de Sorbonne, abbé de Saint-

1711.

Valery, vicaire général du cardinal son oncle, fut nommé le jour de Pâque 1711, & sacré par l'archevêque d'Aix au mois d'août de la même année, dans l'église de Beauvais. Il mourut le 14 janvier 1741, âgé d'environ 69 ans.

Jacques-Bonne Gigault de Bellefonds, natif de Montifroy en Touraine, aumônier du roi, abbé de la Courdieu en 1730, évêque de Bayonne en 1735, & archevêque d'Arles le 20 août 1741, passa au siege de Paris en 1746, & mourut dans cette capitale le 20 juillet de la même année, âgé de 48 ans.

Jean-Joseph de Saint-Jean de Jumilhac, né dans le diocese de Limoges, sacré évêque de Vannes le 12 août 1742, fut transféré au siege d'Arles en 1746. Il est mort à Paris le 21 février 1775, étant commandeur de l'ordre du Saint-Esprit, & abbé de Bonneval, dans le diocese de Chartres.

Jean-Marie du Lau, abbé d'Ivry, agent du clergé, vicaire général de Bordeaux, lui succéda le 2 mars de la même année.

Il n'y a point de diocese en Provence, qui ait été gouverné par autant de religieux, que celui d'Arles, dans les premiers siecles de l'église. Aussi n'y en a-t-il point où l'ordre monastique ait été plus florissant. Nous avons remarqué ailleurs que les évêques tirés du cloître, se plaisoient à multiplier ces asyles de la piété, devenus utiles à la religion, par les vertus, les lumieres & la ferveur des premiers cénobites. Comment en effet saint Honoré, saint Hilaire, saint Césaire, & tant d'autres saints personnages, que la grace avoit formés dans la retraite, n'auroient-ils pas établi des monasteres dans leur diocese, puisqu'ils en connoissoient toute l'importance? De tous ceux dont l'origine est antérieure au treizieme siecle, il ne subsiste plus que les abbayes de Saint-Césaire & de Mont-Major. La premiere fut fondée pour des religieuses vers l'an 502, par le saint évêque dont elle porte le nom. L'autre, qui est de l'an 960 ou environ, fut occupée par des religieux, qui, dès le onzieme siecle, embrasserent la regle de saint Benoît, qu'ils suivent encore.

Les

Les abbayes qui ne subsistent plus, sont: 1°. Celle de Lille, bâtie par saint Honoré, près du fauxbourg de Trinquetaille. Saint Céfaire en étoit abbé, quand il fut élevé sur le siege d'Arles.

2°. Les saints Apôtres; 3°. la sainte Vierge; l'une d'hommes & l'autre de filles, & toutes deux fondées dans la ville au milieu du VIe siecle, par saint Aurélien, aux dépens du roi Childebert, fils de Clovis; ce prince fournit les fonds nécessaires pour l'entretien des personnes qui viendroient s'y consacrer à Dieu. Les sarrazins détruisirent ces deux abbayes dans le VIIIe siecle.

4°. Le monastere de saint Sauveur, autrement dit, de saint Honorat & de saint Trophime, fondé vers l'an 590, sous l'épiscopat de saint Virgile, fut donné en 1616 aux PP. minimes qui l'occupent encore.

5°. Celui de saint André, dont on ne connoît que le nom, étoit dans la Camargue, & fut cédé à l'évêque de Marseille, par Manassés I, vers le milieu du Xe siecle.

6°. L'abbaye de la sainte Trinité, fondée dans la même île en 1178, ne nous est guere plus connue.

7°. La fondation de saint Gervais & de saint Protais de Foz, est de l'an 989. Le pape Honorius III supprima cette abbaye en 1225, à cause de la conduite peu édifiante des moines qui n'observoient aucune regle, & ne vouloient reconnoître aucun supérieur. On donna les biens & le monastere de saint Pierre de la Manarre, près d'Hyeres, qui dépendoient de celui de Foz, à des religieuses qu'on tira du monastere de saint Pons de Gemenos, & qu'on mit à la place de ces religieux.

8°. L'abbaye de sainte Marie de Puyredon, près de Mouriez, diocese d'Arles, fut soumise aux moines de Boscodun, en 1202, à condition qu'ils y enverroient douze de leurs confreres, pour y vivre sous le gouvernement d'un abbé. Les trois autres abbayes, dont il nous reste à parler, sont 1°. celle d'Ulmet de l'année 1175, & supprimée en 1288.

Tome I.   S s

CHOROGRAPHIE.
II. Partie.

2°. Sylve-Réale fondée aux calendes de mars 1194, & réunie à l'abbaye de Vallemagne en 1350.

3°. Notre-Dame de Molegès, ordre de Cîteaux, fille de l'abbaye de faint Pons de Gemenos, fondée en 1208, & transférée à Arles en 1305, où elle ne fubfifte plus.

HISTOIRE NATURELLE.

Quand on connoît la partie maritime de ce diocefe, on eft perfuadé que la mer l'a toute couverte, depuis Carri jufqu'à Fonvieille, près d'Arles, & qu'en certains endroits elle s'avançoit sept à huit lieues dans les terres. Toute la plaine, par exemple, qui eft à l'eft, & prefqu'au niveau de l'étang de Berre, depuis Marignane jufqu'à Cabrieres & la riviere de l'Arc, a été fous les eaux ; car les terres & les pierres font compofées de débris de corps marins, ou remplies de coquillages, comme à Calliffane & à Saint-Chamas.

Saint-Chamas.

Saint-Chamas eft un bourg divifé en deux parties égales, dont l'une eft fituée fur le bord de la mer, & l'autre derriere une colline, à travers laquelle on a fait une ouverture d'environ 32 toifes de long, pour la communication d'une partie à l'autre. Cette colline eft toute formée de débris de coquillages. On y voit des vis, des huîtres, des moules, des peignes de toutes les efpeces, & des gloffopêtres. Comme le rocher eft fort tendre, on y a pratiqué des habitations, & l'on y trouva, en le creufant, un morceau de bois très-bien confervé, à plus de 25 toifes dans le cœur du rocher; il n'avoit qu'une petite incruftation de quelques lignes d'épaiffeur. Le terroir de Saint-Chamas abonde en pierres arborifées ; & celui de Lanfon, en turbinites & en groffes cornes d'ammon.

Iftres.

On voit dans celui d'*Iftres*, un banc d'huîtres de cent pieds de haut, fur cent quatre-vingt de long, & fix de large. Il y en a beaucoup qui confervent leur nacre & leurs couleurs. Les coquilles étant de leur nature plus liées & moins fujettes à fe corrompre que le bois, elles peuvent fe conferver plus long-tems dans la terre, fans éprouver de changement. Les coquillages fe multiplient dans l'étang de Berre, avec une prodigieufe facilité. Le fond & les côtés font tout couverts de moules, malgré la grande quantité qu'on en tire pour l'usage des habitans. Il n'y a communément rien de plus peuplé que les bords de la mer. On compte sur l'étang de Berre, qui n'a qu'environ neuf lieues de circonférence, neuf paroisses, dont la plupart sont de gros bourgs, & ne recueillent pas du bled pour quatre mois de l'année. Toutes les autres denrées, que le pays produit, sont très-bien cultivées ; mais la pêche rend beaucoup.

Diocese d'Arles Histoire naturelle.

La ville du *Martigues* en fait une des principales sources de ses revenus. On y sale jusqu'à quatre cens quintaux d'anguilles, & l'on fournit du poisson frais aux principales villes de Provence. La poutargue, qu'on y fait avec les œufs des femelles des *mujous* ou *mulets* qu'on sale, quand on a bien nettoyé les ovaires, & qu'on fait sécher au soleil, après les avoir applatis sous un poids qu'on met dessus, passe pour être fort délicate. On l'a vendue jusqu'à neuf francs la livre. On en sale tous les ans jusqu'à quarante quintaux, ce qui suppose une étonnante fécondité dans le *mulet*. On trouve dans le territoire du Martigues, des mines de plâtre & de charbon de terre, & des carrieres de la même nature que celles de Callissane, c'est-à-dire, composées de débris de coquillages, ainsi que nous l'avons déja remarqué. Nous avons dit aussi que cette qualité de pierre regnoit tout le long de la côte, depuis Carri jusqu'à Fonvieille, à une lieue au levant d'Arles, & que c'étoit une preuve que toutes ces terres avoient été abandonnées par la mer.

Le Martigues.

Il est certain qu'elle a couvert autrefois la *Camargue*. C'est un fait constaté par la qualité du terrein, & par les dépôts de sel qu'elle y a laissés. La pointe la plus septentrionale, est à sept lieues de l'embouchure du Rhône, & Fonvieille en est à la même distance. Nous ne prétendons pas expliquer les causes de cette révolution. Les écroulemens qui se sont faits dans la mer, les montagnes qui lui servoient de digues & qu'elle a percées, les terres qu'elle a englouties ailleurs, y ont sans doute contribué ; mais la principale, & la plus sensible, ce sont les sables que le Rhône a charriés dans

La Camargue.

les premiers âges du monde, sur-tout lorsque les montagnes n'étoient point encore dépouillées, & que la terre, toute neuve pour ainsi dire, étoit entraînée par les pluies & par la fonte des neiges : au lieu qu'aujourd'hui les eaux pluviales ne roulent que sur des pierres & des rochers arides. Si la Durance & le Rhône entraînoient encore la même quantité de sable que dans les tems reculés, en moins de deux siecles la plage de Foz & l'étang de Berre seroient labourables, le terme en sera plus éloigné ; mais les progrès que les sables du Rhône ont faits vers son embouchure, ainsi que nous l'avons observé ailleurs, nous avertissent de ce qui arrivera un jour.

La Crau, qui est entre la ville d'Arles & l'étang de Berre, a dû être elle-même un étang, comme nous l'indiquent la position du local & le sel qu'on y trouve. La Crau est une plaine d'environ sept lieues de circonférence, toute couverte de cailloux, & séparée de la Durance par une chaîne de montagnes qui la couvrent du côté du nord. L'origine de ces cailloux a beaucoup exercé la sagacité des anciens & des modernes. On n'a jamais pu comprendre comment ils se trouvoient dans un pays, où la terre qui les environne est toute calcaire ou falunaire. Eschyle dit, dans une tragédie, que Jupiter les fit pleuvoir pour fournir des armes à Hercule, qui avoit épuisé tous ses traits en combattant contre les Liguriens. C'est une fable ; mais elle prouve qu'avant Eschyle, qui vivoit plus de 500 ans avant J. C., les grecs connoissoient déja la Crau, puisque leur tradition y plaçoit le combat d'Hercule & des Liguriens. Aristote & les philosophes qui l'ont suivi, n'ont pas été plus heureux dans l'explication de ce phénomene : je me dispense de rapporter leurs opinions, puisque ce ne sont que des erreurs.

Ces cailloux ont été apportés par la Durance qui passoit, dans les tems les plus reculés, à travers la chaîne des montagnes dont je viens de parler, & se répandoit dans la Crau, par le territoire de Lamanon, au même endroit à peu-près où passe le canal de Crapone. La preuve en est sensible ; car j'ai trouvé, parmi ces cailloux, les mêmes pierres ferrugineuses & cuivreuses, & les mêmes variolites qu'on rencontre dans la Durance. Les variolites sur-tout ne se voient que dans le lit de cette riviere. Le fond de la pierre est verd & tout moucheté de taches blanches, ovales ou arrondies : c'est par là qu'elle se casse. Elle est ordinairement parsemée de filets de cuivre, dont la décomposition lui donne une couleur verdâtre. Cette pierre ressemble assez à la serpentine des anciens. Ce changement du lit de la Durance est, pour les personnes qui connoissent le pays, l'événement le plus extraordinaire qui soit arrivé en Provence.

<small>DIOCESE D'ARLES HISTOIRE NATURELLE.</small>

Au nord de la Crau est le village d'*Aigalieres*, dans le territoire duquel on trouve un marbre fort estimé qu'on travaille à Saint-Remi, dont il porte le nom. Il est mêlé de blanc, de jaune, de rouge, & de couleur de chair. Celui d'*Aureilles* est encore plus beau.

<small>Aigalieres. Oryct. de Prov.</small>

Parmi les endroits du diocese qui méritent quelqu'attention, nous pouvons compter Salon, à qui l'on donne l'épithete de *nobile Castrum* dans l'affouagement de 1200. C'est une petite ville située dans une campagne agréable & fertile. Il n'en est parlé dans aucun ancien géographe, ce qui ne nous empêche pas de croire que le terroir étoit anciennement habité. Comment se persuader en effet qu'il y ait eu des communautés dans des pays, où tout semble s'opposer à la population, & qu'il n'y ait point eu d'habitations dans cet endroit, où tout invitoit les hommes à se rassembler ; la beauté du climat, la fertilité du sol & le voisinage de plusieurs grandes villes ? Il est bon d'observer que la voie *Aurelia* passoit à Lanson. Nous avons un marbre, qui nous apprend que Marc-Aurele la fit réparer. Elle passoit aussi dans le terroir de Salon, où l'on a trouvé une inscription en l'honneur d'un *sextumvir* augustal, c'est-à-dire, d'un de ces prêtres destinés, comme

<small>REMARQUES HISTORIQUES. Salon.</small>

nous l'avons dit tant de fois, à deſſervir les temples élevés en l'honneur des empereurs, dont on avoit fait l'apothéoſe. Je ſais poſitivement qu'on y a trouvé auſſi des médailles que je n'ai pu voir. Bouche rapporte, d'après un manuſcrit de Burle, qu'au XVIe ſiecle on découvrit dans cette ville, *des ordonnances militaires de Domitien, écrites ſur des tables d'airain, de la longueur de ſept coudées, & de ſix de largeur, qui furent, puis après enlevées & portées à Rome*. La reſſemblance des noms a trompé cet auteur; l'inſcription fut découverte dans l'ancienne *Amphyſſa*, capitale des Locres-Ozolans en Achaïe. *Amphyſſa* s'appelle aujourd'hui *Salone*, & la province *Livadie*. Le mot *Salone* fit croire à Bouche qu'il étoit queſtion de *Salon* en Provence. Il auroit dû reconnoître ſon erreur, quand il vit qu'il s'agiſſoit dans cette inſcription, des ſoldats de la Dalmatie, qui étoient bien éloignés de notre province.

Le même auteur dit, que la table d'airain avoit ſept coudées de long & ſix de large. C'eſt encore une mépriſe. L'inſcription dont il s'agit, eſt un congé, *honeſta miſſio*, donné par l'empereur aux ſoldats qui avoient ſervi honorablement. Or ces ſortes de congés n'avoient, dans toute leur longueur lorſqu'ils étoient ouverts, qu'environ un pied, ſur un demi-pied de largeur; c'eſt la juſte grandeur de celui dont il eſt ici queſtion. On le voit encore, dans le cabinet du grand duc de Toſcane, à Florence. Il a été publié par pluſieurs antiquaires; mais Gori eſt celui qui l'a donné plus exactement. Chacun de ces congés avoit la forme de nos tablettes d'ivoire, ou de nos petits atlas portatifs, avec cette différence qu'il étoit ſeulement compoſé de deux feuillets de bronze, attachés enſemble aux deux extrémités du milieu, avec des charnieres de même métal, par le moyen deſquelles ils ſe plioient des deux côtés, de façon que les deux ſurfaces de chaque feuille pouvoient être tantôt en dedans, & tantôt en dehors du congé.

On mettoit ſur les deux faces intérieures, priſes dans toute leur longueur, comme si elles ne faisoient qu'une même page, le nom de l'empereur qui accordoit le congé, & toute la formule de l'*honesta missio* le jour qu'on l'obtenoit, le nom des consuls, & le lieu où l'original étoit conservé ; car on n'en délivroit aux soldats que des copies.

Lorsque ces deux feuillets étoient pliés, on gravoit mot à mot, sur l'un des côtés extérieurs, toute la formule qu'on lisoit en dedans, & sur l'autre les noms des soldats qui avoient obtenu le congé. Ces formalités étoient nécessaires pour le rendre authentique. Ces soldats étoient étrangers, *peregrinæ conditionis*. On ne commença de les admettre dans les légions romaines, que quand l'éloignement ne permit plus de se recruter en Italie ; mais au moment qu'ils étoient admis, ils acquéroient le droit de citoyens romains qu'on leur confirmoit, lorsqu'après vingt-cinq ans de service, & d'une conduite sans reproche, *probati*, ils recevoient *l'honesta missio*. Alors on leur permettoit de se marier, ou bien on validoit le mariage qu'ils avoient contracté contre les loix ; car il étoit défendu aux soldats de se marier. *Dedit & connubium cum uxoribus quas tunc habuissent, cum est civitas iis data.* Par le même acte on légitimoit les enfans qui étoient venus de leurs liaisons avec une concubine. Voici la formule de ce congé, qui n'est point rapportée exactement dans Bouche :

> IMPERATOR. CAESAR. DIVI. VESPASIANI. *FILIVS*. DOMITIA
> NVS. AVGVSTVS. GERMANICVS. PONTIFEX. MAXI
> *MVS*. TRIBVNIT*IA*. POTESTATE. XI. IMPER*ATOR*. XXII
> CONSVL. XVI. CENSOR. PERPETVVS. P*ATER* P*ATRIAE*.
> PEDITIBVS. ET. EQVITIBVS. QVI. MILITANT. IN. COHOR
> TE. TERTIA. ALPINORVM. ET. IN. OCTAVA. VOLVNTARIORVM
> CIVIVM. ROMANORVM. QVI. PEREGRINAE. CONDITIO
> NIS. PROBATI. ERANT. ET. SVNT. IN. DELMATIA. SVB. Q. POM
> PONIO. RVFFO. QVI. QVINA. ET. VICENA. STIPENDIA

Toutes ces lignes sont sur la partie supérieure de la face intérieure.

CHOROGRAPHIE.
II. Partie.

AVT. PLVRA. MERVERVNT. ITEM. DIMISSO. HO
NESTA. MISSIONE. EMERITIS. STIPENDIIS
QVORVM. NOMINA. SVBSCRIPTA. SVNT. IPSIS
LIBERIS. POSTERISQVE. EORVM. CIVITATEM

Celles-ci font fur la partie inférieure au-deſſous de la charniere.

DEDIT. ET. CONNVBIVM. CVM. VXORIBVS
QVAS. TVNC. HABVISSENT. CVM. EST. CIVI
TAS. IIS. DATA. AVT. SI. QVI. CAELIBES. ESSENT. CVM
IIS. QVI. POSTEA. DVXISSENT. DVMTAXAT
SINGVLI. SINGVLAS. ANTE. DIEM. TERTIVM. IDVS. JVLIAS
M. LOLLIO. PAVLINO. VALERIO. ASIATICO. SATVRNINO
CAIO. ANTIO. IVLIO. QVADRATO. COSS
COHORTIS. TERTIAE. ALPINORVM. CVI. PRAEEST
C. VIBIVS. MAXIMVS
PEDITI, &c.

Ici font les noms de quelques foldats, après lefquels on lit ce qui fuit :

DESCRIPTVM. ET. RECOGNITVM. EX. TABVLA
AENEA. QVAE. FIXA. EST. ROMAE
IN MVRO. POST. TEMPLVM. DIVI. AVGVSTI. AD. MINERVAM

Nous n'avons pas cru qu'il fût inutile de donner l'explication de ce congé, puifque Bouche l'a inféré dans fon hiftoire, quoiqu'il ne contienne rien qui ait rapport à notre province ; mais il nous apprend des ufages qu'il eft bon de favoir.

La ville de Salon a une collégiale, dont le chapitre eft compofé d'un doyen, de fept chanoines & de huit bénéficiers. Les cordeliers y ont un couvent depuis l'an 1233, & les capucins depuis l'an 1586. Les urfulines y furent reçues en 1631, quoiqu'elles n'aient été cloîtrées que neuf ans après. Je ne parle pas du couvent de la miféricorde, dont on a ordonné la fuppreffion. On voit dans l'églife des cordeliers, le tombeau du fameux Noftradamus

tradamus avec une épitaphe, dont le sens est que *sa plume presque divine, décrivoit les événemens que l'influence des astres devoit amener dans l'univers.* On verra son article quand nous parlerons des hommes illustres de Provence.

Les archevêques d'Arles ont le domaine temporel de Salon; dont ils ont reçu plusieurs fois l'investiture des empereurs. Ils sont aussi seigneurs de Saint-Chamas, ou de Saint-Amant, comme on l'appelloit autrefois.

A un quart de lieue au midi de ce bourg, passe la petite riviere de la Touloubre, sur laquelle est un pont antique de construction romaine, appellé *pont surian*, ou *pont flavian* par les gens du pays. Il est bâti en plein ceintre entre deux rochers, de niveau avec le chemin qui va d'Arles à Aix, & qui est le même que l'ancienne voie *Aurelia*. Le pont n'a qu'une seule arche de six toises de largeur, il est long de onze, en y comprenant deux massifs fort épais qu'on fit pour l'allonger. On éleva aux deux côtés, deux arcs de 21 pieds 8 pouces, qui n'étoient que pour servir de couronnement à l'ouvrage, & non pour éterniser quelque victoire, comme on l'a faussement cru. Celui qui se présente du côté d'Aix a une frise dont les ornemens occupent les deux tiers; le reste est rempli par l'inscription suivante.

DIOCESE D'ARLES
REMARQUES HISTORIQUES.

Saint-Chamas.

Acad. des inscrip. t. 12. hist. p. 253.

L. DONNIVS. C. FLAVOS. FLAMEN. ROMAE. ET. AVGVSTI
TESTAMENTO. FIEREI. IVSSIT. ARBITRATV
C. DONNEI. VENAL. ET. C. ATTEI. RVFFI

Vers les pilastres on voit des aigles, & la face intérieure de la frise est couverte d'ornemens sans aucune inscription. L'autre arc est semblable à celui-là, excepté que l'inscription n'occupe que deux lignes dans la frise, la troisieme étant placée sur la grande face de l'architrave, & commençant par G; de ce côté les aigles tiennent une couronne de laurier. Il ne restoit qu'un lion accroupi sur un de ces arcs. Les trois autres, qui avoient été détruits par l'injure du tems, ont été remplacés de nos jours.

Ces deux arcs sont d'ordre corinthien ; les bases pourroient passer pour attiques, si elles avoient un plinthe. M. le marquis de Caumont, qui en envoya la description à l'académie des belles-lettres en 1737, remarque 1°. que la frise & la corniche sont fort ornées, & que l'architrave ne l'est point ; 2°. que l'astragale des chapiteaux est avec des *pate-notres*, ce qui ne se voit dans aucun monument antique ; 3°. que les pilastres ont sept canelures, qui se terminent en creux, par le tiers & par le haut ; ceux des côtés sont plus étroits, & le nombre des canelures y est réduit à cinq. Tous ces ouvrages paroissent avoir été faits avec soin & sont bien appareillés.

Ce *Lucius Donnius* qui ordonna par son testament que le pont & les arcs fussent bâtis à ses dépens, sous la direction de *Caïus Donneus Venalis*, & de *Caïus Atteius Ruffus*, étoit prêtre d'Auguste & de Rome, deux divinités de nouvelle date, qui avoient un culte & des temples communs en plusieurs endroits de la province. Ce respectable citoyen devoit être du pays, & fort riche. Il n'y a que l'amour de la patrie & de la gloire, qui puisse engager un particulier à faire construire à ses dépens, des monumens de cette espece. Les pierres employées à la construction du *pont furian*, sont de la carriere de Calissane.

Le Martigues. La ville du Martigues ne remonte pas au-delà du treizieme siecle : elle doit ses commencemens à quelques pêcheurs, qui abandonnerent Saint-Geniez, pour se retirer dans l'île, lorsque les pyrates ravageoient les bourgs voisins de la côte. L'Ile est une des trois petites villes, dont celle du Martigues est composée. Les deux autres qui sont, Jonquieres au midi, & Ferrieres au nord, sont bâties sur des presqu'îles. Elles ne forment à elles trois qu'un seul & même corps de communauté depuis l'an 1581. Chacune fournit un consul & le même nombre de conseillers, pour maintenir en toutes choses cette parfaite égalité, à laquelle elles se sont soumises, sous peine de trois mille livres d'amende pour celle qui voudroit y contrevenir.

On prétend qu'en 1688, il y avoit vingt mille habitans au Martigues. On n'en compte plus que sept mille aujourd'hui ; ce qui est d'autant plus surprenant que les pays maritimes, sur-tout quand le terroir est fertile comme ici, sont plus peuplés que les autres ; l'industrie y a plus d'activité, & le poisson dont le peuple se nourrit, paroît être une cause physique de population. Il faut donc, quand elle diminue, qu'il soit arrivé quelqu'altération dans le climat, ou que la navigation & la pêche venant à augmenter, arrachent un plus grand nombre d'hommes à leur patrie. Il y a trois paroisses au Martigues, & deux couvens de capucins. L'endroit où cette ville est bâtie, étoit autrefois du domaine temporel des archevêques d'Arles. L'un d'eux, nommé Hugues Boardi, ayant cédé, le 11 janvier 1224, à Raymond-Berenger, comte de Provence, deux (1) ferrages qui composoient l'île du Martigues, ce prince fit agrandir cette ville & la donna à Guillaume de Porcelet, qui ne la garda que peu de tems, elle fut réunie au domaine des comtes, & cédée en 1354, à Raymond de Baux, avec titre de baronie.

Raymond étant mort sans postérité, la reine Jeanne en gratifia en 1375, Jacques d'Arcusia de Cayro, qui ayant reçu de Louis I, duc d'Anjou, d'autres terres en échange, la rendit pour être encore réunie au domaine en 1382. Nicolas de Roux, marquis de Courdon, la posséda ensuite en récompense de ses services, suivant un moderne. Enfin les comtes de Provence la reprirent en

DIOCESE D'ARLES
REMARQUES HISTORIQUES.

Bouch. hist. de Prov. t. 1. p. 322.

Dict. des Gaules.

---

(1) L'archevêque se réserva pourtant les Bourdigues, l'église & l'hôpital de l'Ile, qui étoit la seule ville qu'on y eut alors bâtie. Le comte céda en échange au prélat, les droits qu'il avoit sur les seigneuries de Chauveires & de Saint-Mitre, avec permission d'y bâtir des châteaux & des forts, moyennant la redevance d'une obole d'or fin, payable au comte & à ses successeurs.

1414, & la garderent jufqu'en 1473, que le roi René l'érigea en vicomté, y comprenant plufieurs autres lieux. Il en fit préfent à Charles du Maine, fon neveu & fon fucceffeur, qui par fon teftament la légua à François de Luxembourg, fon coufin. Louis XI, héritier & fucceffeur de Charles du Maine, au comté de Provence, l'en priva pour la donner à Palamede de Forbin. François I, en fit don enfuite au comte de Melphi ; mais le parlement de Paris l'adjugea par un arrêt en 1568, à Sébaftien de Luxembourg, conformément au teftament de Charles du Maine. Marie de Luxembourg fa fille, ayant été mariée à Philippe-Emmanuel de Lorraine, duc de Mercœur, Henri III, érigea en leur faveur la vicomté du Martigues en principauté, par lettes-patentes du mois de juillet 1580. Françoife de Lorraine la porta en dot à Céfar de Vendôme, qui la laiffa à fon fils Louis-Jofeph, dont la veuve la vendit au maréchal de Villars, en faveur duquel Louis XIV, par lettres-patentes du mois de juillet 1715, confirma l'érection de la ville du Martigues en principauté. La feigneurie eft actuellement poffédée par M. de Galiffet.

Cette ville étoit anciennement chef d'une vallée, qui comprennoit Aiguilles, Ventabren, Velaux, la Fare, Rognac, Vitrole, Berre, Iftres, Foz, Saint-Mitre, Lanfon, Ferrieres, Lille, Jonquieres, Château-neuf, Marignane, les Pennes & Cabrieres. Berre eft renommé pour la qualité du fel qu'on y fait.

La ville de Tarafcon offre quelques détails qui trouveront place dans l'hiftoire. Nous avons déja parlé de fon ancienneté ; fon état actuel n'a rien qui puiffe entrer dans le plan de cet ouvrage, où l'on ne fe propofe pas d'épuifer des particularités qui n'intéref-feroient que les habitans. Leur aifance & la bonté du pays, y ont attiré des religieux & des religieufes de différens ordres. Les religieux font les cordeliers qui ont deux couvens, les dominicains, les capucins, les trinitaires, les auguftins réformés, & les prêtres de la doctrine chrétienne, chargés du college. Parmi les religieufes on compte une abbaye de l'ordre saint Benoît, un couvent d'ursulines & un de la visitation. La collégiale est sous l'invocation de sainte Marthe, douze chanoines, & un doyen, qui est en même-tems archidiacre d'Avignon, forment le chapitre, & douze bénéficiers, le bas chœur.

Tarascon est du diocese d'Avignon, ainsi que Saint-Remi dont l'église étoit autrefois un prieuré régulier, dépendant de l'abbaye de saint Remi, de Reims. Jean XXII, par une bulle du 10 décembre 1331, en fit un college de douze chanoines, & de quatre clercs, qui avoient à leur tête un prieur. Dix-neuf ans après Clément VI, l'érigea en chapitre séculier, composé du même nombre de prêtres, avec cette différence que le prieur prend le titre de doyen; & les quatre clercs, celui de bénéficiers.

Il y avoit deux autres prieurés réguliers, dont l'un sous l'invocation de saint Pierre, dépendoit de l'abbaye de Mont-Major, & l'autre sous le titre de saint Paul, étoit possédé par des chanoines réguliers, qui faisoient corps, à ce qu'il paroît, avec ceux de la métropole d'Avignon. Leur église fut donnée aux religieux observantins en 1677. Il y a dans la même ville des chanoines réguliers de la sainte Trinité, fondés en 1636, & chargés du college, depuis le 16 décembre 1706. Les religieuses de sainte Ursule, furent fondées en 1634, & celles de sainte Claire en 1639. Comme nous parlons ailleurs de cette ville & de ses anciens monumens, nous n'entrerons pas ici dans de plus grands détails. Nous nous dispenserions même de nommer le bourg des Baux, situé sur une hauteur, à trois lieues d'Arles, s'il n'étoit fameux dans l'histoire, par les sieges qu'il a soutenus, lorsqu'il appartenoit aux seigneurs qui portoient son nom, & dont nous aurons souvent occasion de parler. Ce bourg étoit le chef-lieu des terres immenses qu'ils possédoient. Cependant il n'est connu que depuis le dixieme siecle.

Le village de Montdragon est fameux dans l'histoire ecclésiastique d'Arles, par le droit qu'avoient les archevêques d'y faire battre monnoie. Il se qualifioient de *hauts seigneurs & princes de Montdragon* dans le quatorzieme siecle. Cependant ils ne possédoient pas la seigneurie en entier ; car les Troubadours de la fin du XIIe siecle parlent quelquefois des Dragonets, seigneurs de Montdragon, & la maison de Sabran avoit un tiers de la seigneurie en 1316, comme il paroît par les chartes de l'archevêché.

DIOCESE DE MARSEILLE.

Presque toutes les anciennes villes ont éprouvé des révolutions qui les ont ou détruites ou fait décheoir de leur grandeur. Marseille a triomphé de la vicissitude des siecles, parce qu'elle est moins dépendante que les autres de l'inconstance des gouvernemens. Sa situation avantageuse sur la Méditerranée fait toute sa richesse, & tant qu'il restera quelque commerce parmi les peuples, elle sera le centre de celui que les Gaules feront avec l'Italie & le Levant. Aussi voyons-nous que malgré les ravages affreux des barbares & des guerres civiles, elle s'est toujours relevée de ses ruines. C'est que son industrie n'est pas uniquement fondée sur les arts de luxe ; elle a pour base le besoin qu'ont les hommes de communiquer entr'eux pour l'échange des marchandises. Cette ville a existé avant aucune de celles que nous connoissons en France, elle existera après elles ; parce que son existence dépend de beaucoup moins de circonstances, & parce que ces circonstances elles-mêmes sont plus indépendantes des révolutions des monarchies.

Elle est fort grande & fort peuplée, & une des plus belles du royaume. Son terroir naturellement stérile, abonde en toutes sortes de productions par les soins des cultivateurs, qui ont pour ainsi dire forcé la nature, & changé la qualité du sol à force d'engrais : tant il est vrai que l'influence du commerce est presqu'aussi grande sur les terres que sur le génie des peuples. Il crée & féconde par-tout où son activité peut s'étendre.

Cependant ces campagnes fi bien cultivées, n'offrent point aux yeux des voyageurs, le même coup d'œil que celles qui font arrofées par la Loire, la Seine, & la Saône. Il y a quelques prairies & quelques jardins fur les bords de l'Huveaune. Le refte eft couvert de vignes, d'oliviers & de figuiers, qui font, avec les amandiers, les arbres qu'on y cultive le plus. Si quelque chofe doit frapper, c'eft cette quantité de maifons de campagne, dont le nombre eft d'environ cinq mille, & qui étant fort multipliées dans le voifinage de Marfeille, font une forte d'illufion au voyageur, qui croit voir une autre ville. Elles coupent d'une maniere agréable, la verdure dont la terre eft couverte toute l'année ; & quand on eft fur quelque hauteur d'où l'on peut découvrir tout à la fois la mer, la ville & la campagne, l'on jouit d'un fpectacle qui paroît toujours nouveau.

Le terroir de Marfeille eft environné de montagnes qui bordent l'horifon de tous côtés, excepté au fud-fud-oueft, par où la mer entre dans les terres. On feroit porté à croire qu'elle les a couvertes, & l'on eft confirmé dans cette idée, quand on fait attention au poudingue, fur lequel la terre végétale eft affife. Il eft de la même nature que celui qui fe forme au fond de la mer, & fur fes bords.

Nous aurions beaucoup à dire, fi nous voulions examiner en quel tems la religion fut connue à Marfeille. Cette queftion qui demande un article féparé eft traitée affez au long dans l'hiftoire. Il nous fuffira de parler ici des principaux établiffemens que les marfeillois doivent à la piété de leurs peres. Le plus ancien fans doute eft celui de l'églife cathédrale nommée la Major, dédiée fous l'invocation de la fainte Vierge. Elle paroît avoir été bâtie près du fameux temple de Diane d'Ephefe, dont les marfeillois avoient introduit le culte chez eux. Mais telle qu'elle eft, elle ne remonte pas au-delà du XIIIe ou XIVe fiecle. Il eft impoffible de favoir en quel endroit les premiers chrétiens s'affembloient ; nous avons tout lieu de croire que c'étoit dans la chapelle de la confession sur laquelle on a bâti l'église de saint Victor. En lisant les actes de ce martyr, on sent qu'à la fin du IIIe siecle, il y avoit très-peu de chrétiens à Marseille, & que l'intolérance du gouvernement qui étoit excessive, les forçoit à se tenir cachés. On remarque dans la Major six colonnes de granit, dont les chapiteaux sont de marbre blanc. Elles doivent avoir servi à la construction de quelque temple.

Le chapitre est composé d'un prévôt, d'un archidiacre qui sont dignitaires, d'un sacristain & d'un capiscol, dont les bénéfices ont le titre de personnats, & de neuf autres chanoines, dont l'un est théologal. Dix-huit bénéficiers composent le bas chœur.

Outre la cathédrale on compte trois collégiales, qui sont 1°. l'église de saint Victor, dont nous parlerons en traitant des anciennes abbayes du diocese. Le chapitre a été sécularisé par une bulle de Clément XII, datée du 27 décembre 1739, & confirmée par lettres-patentes du roi en 1751. Il fut alors réglé qu'on ne pourroit être reçu chanoine, sans avoir fait des preuves de noblesse, ainsi qu'on le pratique dans les autres chapitres nobles du royaume. Celui-ci est composé de trois dignitaires, qui sont le prévôt, le chantre, & le trésorier, & de seize chanoines. Il y a de plus six places nobles amovibles pour de jeunes clercs, obligés de faire les mêmes preuves que les chanoines, qui ont obtenu le titre de comtes, par lettres-patentes du mois de mars 1774. Ils portent depuis 1760, une croix d'or émaillée à huit pointes, au milieu de laquelle est d'un côté l'image de saint Victor à cheval, armé de toutes pieces, avec cette légende, *divi Victoris Massiliensis*; & de l'autre, l'église de saint Victor, avec ces mots, *monumentis & nobilitate insignis*. Le bas chœur est composé de sept prêtres, de sept diacres, de sept soudiacres, & de sept clercs.

2°. L'église de saint Martin, qui est une paroisse, depuis environ l'an 1000, fut érigée en collégiale en 1536. Elle a un prévôt
&

& huit chanoines, dont les deux derniers defservent la cure.

3°. Notre-Dame des Accoules avoit déjà le titre de paroifse avant l'an 1072. Les religieufes caffianites l'obtinrent vers l'an 1031, avec les maifons qui en dépendent, & s'y logerent en attendant que le monaftere qu'elles occupent fût bâti. Elles céderent cette églife en 1538 à des prêtres féculiers, fous certaines conditions, qu'elles reclamerent, quand elles confentirent à l'érection du chapitre en 1562. Il doit être compofé, fuivant le décret de M. l'évêque, du 30 août 1760, d'un doyen, & de neuf autres chanoines, dont le dernier reçu fait les fonctions de curé, & de quatre vicaires amovibles.

Les autres paroifses font faint Laurent & faint Ferréol. Celle-ci étoit hors des murs avant l'agrandifsement de la ville; aujourd'hui elle eft une des plus confidérables. L'acte d'érection de cette paroifse, eft du 21 août 1693.

Les deux féminaires font gouvernés, l'un par les prêtres de la miffion de France, que Marie de Vignerod, duchefse d'Aiguillon, établit à Marfeille en 1643; & l'autre, par les prêtres du Bon-Pafteur, depuis le 2 avril 1747. L'établifsement des prêtres de l'Oratoire, remonte au 26 mai 1620; cinq ans après, on leur donna le college. Les prêtres du faint Sacrement furent appellés à Marfeille en 1636.

Les communautés religieufes d'hommes, font les chanoines réguliers de faint Antoine, fondés avant l'an 1180; les trinitaires, en 1203, ils ont deux maifons; les dominicains, en 1225; les grands auguftins, en 1258; les grands carmes, fondés aux Aigalades en 1238, ne font à Marfeille que depuis l'an 1285; les obfervantins, en 1424; les capucins, en 1578; les minimes, qui occuperent en 1578 le prieuré de Notre-Dame du Rouet, reçurent en échange l'églife de faint Michel en 1590. Les auguftins réformés, établis à Notre-Dame du Rouet en 1605, n'acheterent le terrein où ils bâtirent leur couvent, qu'en 1611. Les ré-

Tome I. V v

collets, également logés à Notre-Dame du Rouet en 1619, jetterent les fondemens de leur couvent actuel en 1633; les carmes déchauffés, en 1632; les feuillans, en 1648; les religieux de Notre-Dame de la Merci, reçus dans la ville le 14 mars 1418, abandonnerent leur établissement, & ne revinrent qu'en 1652. Les religieux du tiers-ordre de saint François, connus sous le nom de picpus, ont été fondés à Marseille en 1740; & les freres des écoles chrétiennes en 1706; ceux-ci ont deux maisons.

Il s'est établi successivement dans la même ville plusieurs monasteres de filles. Les religieuses de sainte Claire, en 1254; les carmelites, en 1623; les religieuses de la visitation, la même année; elles ont deux maisons, dont la derniere est de 1651. Les capucines, fondées aussi en 1623, sur le quai de Riveneuve, y demeurerent jusqu'en 1683, que le roi fit agrandir l'arsenal; il fit bâtir en même-tems le monastere qu'elles occupent. Les bernardines, établies comme les capucines sur le quai de Riveneuve, en 1637, se transporterent en 1746 au couvent qu'elles habitent. Les religieuses de la miséricorde furent fondées en 1637; celles du tiers-ordre de saint François, en 1634; on les appelle Lyonnoises, parce que les premieres vinrent de Lyon. Les ursulines, en 1637; & les religieuses du saint Sacrement, en 1659. Les sœurs des écoles de la charité ont un établissement dans la même ville.

Nous ne parlons, ni des confrairies de pénitens, ni des hôpitaux. La dévotion de nos peres a prodigieusement multiplié les premiers en Provence, & la misere du peuple a rendu les autres nécessaires dans toutes les villes.

Il y a dans le territoire quelques couvents de religieux. Les grands carmes sont aux Aigalades depuis l'an 1238 ou environ. C'est le plus ancien couvent de leur ordre en occident. Ils en ont un aussi à Mazargue; les observantins, à saint Jérôme depuis l'an 1470; & les chartreux, au quartier de saint Just depuis 1633. Les trinitaires ont aussi deux petits établissemens, l'un à la Palud, & l'autre à la Capellete. L'églife de Marfeille reconnoît faint *Lazare* pour fon premier évêque. Il y a dans cette ville une académie fondée en 1726, par M. le maréchal-duc de Villars: M. le cardinal de Bernis, ambaffadeur de France à Rome, en eft le protecteur; les lettres ne peuvent pas en avoir de plus éclairé.

Diocese de Marseille.

E V Ê Q U E S.

Evêques.

Orezius eft le premier qui nous foit connu par des monumens inconteftables. Il foufcrivit au premier concile d'Arles, en 314. Nous ignorons en quel tems il commença de fiéger. Les actes du martyre de faint Victor, en 290, ne font mention d'aucun évêque. Cependant il y avoit des prêtres, & cette ville a dû être des premieres à recevoir la religion. Le commerce qu'elle faifoit dans le Levant, fourniffoit aux premiers chrétiens une occafion favorable de venir fignaler leur zele en-deçà des mers.

314.

Proculus étoit regardé comme un des plus illuftres prélats des Gaules, par fa doctrine & fa vertu. Il s'étoit arrogé les droits de métropolitain dans la Narbonnoife feconde. Le concile de Turin, en décidant qu'ils n'étoient point attachés à fon fiege, lui en laiffa la jouiffance fa vie durant, par eftime pour fon mérite. L'ufage qu'il en fit, lui attira l'inimitié du pape Zozime, & de Patrocle évêque d'Arles, qui fe réunirent pour le faire dépofer; mais fa vertu triompha de leurs efforts. Il mourut dans fon diocefe en 428 pour le plutôt, après plus de quarante-fept ans d'épifcopat, puifqu'il avoit affifté au concile d'Aquilée en 381, n'y ayant vraifemblablement alors que très-peu de tems qu'il étoit évêque. Il ne doit donc pas avoir été le fucceffeur immédiat d'Orezius, qui fiégeoit en 314. Peut-être le fiege demeura-t-il vacant durant plufieurs années.

381.

Venerius, religieux de faint Victor, reçut l'onction épifcopale à la fin de l'année 428, lorfque le femi-pélagianifme avoit déja fait des progrès parmi le clergé de Marfeille. La doctrine de faint Auguftin y étoit publiquement combattue, & celle de Caffien adop-

428.

tée. Le pape saint Célestin écrivit aux évêques des Gaules pour les exhorter à réprimer ce scandale, ainsi que l'acharnement avec lequel on attaquoit la mémoire du saint docteur. Il est à croire que Venerius seconda le zele du souverain pontife. C'est lui qui engagea Musée, prêtre de Marseille, très-versé dans l'écriture sainte, à recueillir tout ce qu'il trouveroit dans les livres de plus propre à être récité pendant l'office. On peut regarder cet ouvrage comme le plus ancien bréviaire. Venerius mourut en 452.

453. *Eustate* ou *Eustache*, dont il est mention aux années 466 & 470, paroît avoir été son successeur immédiat. Musée lui dédia son traité des sacremens, & Gennade l'appelle, dans son livre des hommes illustres, *homo Dei*, expression honorable dont on ne se sert qu'en parlant d'un saint homme.

472. *Græcus* fut un des quatre évêques qui négocierent la paix entre Euric, roi des visigots, & l'empereur Népos. La cession de l'Auvergne fut une des conditions du traité. Sidoine Apollinaire, évêque de Clermont, écrivit à Græcus pour s'en plaindre d'une maniere assez vive, lui reprochant entr'autres choses, d'être devenu le dernier de ses comprovinciaux, par une conduite dont l'intérêt personnel étoit l'unique regle, c'est-à-dire, d'avoir perdu la considération dont il jouissoit parmi ses collegues; car il nous paroît que c'est le sens le plus raisonnable qu'on puisse donner à cette phrase. *Parùm in commune consulitis, & cum in consilium convenitis, non tam curæ publicis mederi periculis, quam privatis studere fortunis. Quod utique sæpe diùque facientes, jam non primi comprovinciales cœpistis esse, sed ultimi.* Ceci se passoit en 474.

476. *Honorat* ou *Honoré* I, qualifié de saint par quelques auteurs récens, commença son épiscopat en 475 ou 476, suivant M. de Tillemont, dont le sentiment nous paroît le plus probable. Ainsi nous ne mettrons pas Salvien parmi les évêques de Marseille, comme a fait un moderne. Tous les bons critiques s'accordent à dire qu'il n'occupa jamais le siege épiscopal. Saint Honorat joi-

gnoit, à beaucoup de zele pour la religion, des talens & des vertus qui le rendirent utile. Il avoit composé plusieurs homélies que nous n'avons plus, & quelques vies de saints, dont la seule qui nous reste, est celle de saint Hilaire d'Arles, particuliérement estimable par le caractere de vérité & de sincérité qui la distingue de la plupart des ouvrages de ce genre. Saint Honorat vivoit encore en 492, sous le pontificat de Gélase. Peut-être est-ce lui qui assista à la conférence que les évêques catholiques eurent avec les ariens devant Gondebaud, roi des bourguignons.

Après cet évêque, nous n'en trouvons point d'autre jusqu'à Eméthere, qui siégeoit vers le milieu du sixieme siecle. Il y a des auteurs modernes qui mettent saint Cannat, Gennade & d'Almace après saint Honoré; mais leur opinion n'est fondée sur aucune preuve. Des conjectures hazardées, & des monumens controuvés, ne sont pas des titres que l'histoire puisse admettre.

Eméthere assista, dit-on, par député au concile d'Arles en 554; mais il n'est pas dit qu'il fût évêque de Marseille. On le conjecture, parce que l'on connoît le siege de tous les autres évêques de la province d'Arles qui assisterent à ce concile.

Théodore siégeoit en 575. Nous parlons dans l'histoire des persécutions qu'il eut à souffrir de la part du roi Gontran, pour s'être déclaré contre lui, en faveur de Childebert, roi d'Austrasie, durant les contestations que ces deux princes eurent, touchant le domaine de Marseille. Accusé plusieurs fois auprès des deux souverains, il eut toujours le bonheur de se justifier, & triompha de ses ennemis par ses vertus & ses miracles. Le zele & la charité qu'il montra durant la peste qui ravagea Marseille sous son épiscopat, étoient dignes de la sainteté de son ministere. Il mourut vers l'an 594.

Serenus est particuliérement connu par le zele imprudent qu'il fit paroître contre les images. Il les brisa, sous prétexte que le peuple les adoroit par un reste d'idolâtrie. Le pape saint Grégoire le grand lui écrivit à ce sujet des lettres instructives, pleines de reproches & de charité. Ce prélat mourut vers l'an 661. On célebre sa fête à Marseille.

Quelques auteurs placent Ambroise après lui, & se fondent sur ce qu'on trouve son nom avec celui des évêques de la province eccléfiastique d'Arles, dans un acte de l'an 682. Leur siege n'y est pas nommé ; il n'est pas dit non plus qu'ils fussent tous de la province d'Arles. Mais on le croit, parce que l'évêque de cette ville signa, & parce qu'il s'agissoit, dans cet acte, de la fondation de l'abbaye de Grosel, à une lieue & demie de Vaison, dont le siege étoit suffragant d'Arles. On voit donc que l'épiscopat d'Ambroise n'est fondé que sur une conjecture ; mais elle est très-probable, & l'on peut l'admettre au défaut d'autres preuves.

684. *Ambroise* en 684.

737. *Adalong* est mis parmi les évêques de Marseille, immédiatement après Serenus, dans le martyrologe gallican, sans marquer le tems de son épiscopat. Il s'enfuit donc, ou qu'Ambroise n'a pas siégé, ou que le martyrologe est suspect ; ce qui nous paroît plus vraisemblable. On marque l'épiscopat d'Adalong en l'année 737. Nous rejettons celui de Jean I, qui n'est fondé que sur une piece remplie de faussetés.

767. *Saint Mauront*, abbé de saint Victor, fut évêque de Marseille depuis 767, suivant le P. le Cointe, jusqu'en 804. L'auteur de l'histoire des évêques de Marseille ne lui donne, au contraire, qu'une année d'épiscopat, depuis le mois de mars 780 jusqu'au même mois de l'année suivante 781. Il met à cette époque un autre abbé de saint Victor nommé Yves, par la grace de Dieu, évêque, recteur & gouverneur de cette même église. *Episcopus rector & gubernator ipsius ecclesiæ*, &c. Ces deux derniers mots, *ipsius ecclesiæ*, me portent à croire qu'on n'a pas voulu désigner le prieur d'un monastere, mais un évêque. Nous dirons donc que Mauront siégea depuis 767 jusqu'en 781, & que cette année-là il fut remplacé par Yves, qui gouverna le diocese, on ne sait pas combien de tems.

DE PROVENCE.

Yves, abbé de saint Victor, fut fait évêque de Marseille en 781.
Gulfaric en 789, pour le plus tard.

Babon, vers l'an 800. Les preuves qu'on donne de l'épiscopat de ces deux derniers, dans l'histoire des évêques de Marseille, tom. I, p. 302 & suiv. nous ont paru trop plausibles pour être rejettées. On croit que c'est Babon qui fit bâtir, près de l'église paroissiale de saint Laurent, le château qui portoit son nom.

Vadalde en 817.

Théodebert en 818. Sous son épiscopat Louis le débonnaire confirma en 823, les droits que Charlemagne avoit accordés à l'église de saint Victor, sur les marchandises qui entroient dans le port ou qui en sortoient.

Alboin en 844.

Léodoin, dont le nom se trouve dans un acte de l'an 875, assista au concile de Mantaille en 879.

Bérenger siégeoit en 884. Il assista au concile du Port, près de Nîmes, en 886.

Venator lui est donné pour successeur dans quelques catalogues. On lit dans un vieux titre déja cité, que le dénombrement des esclaves du territoire de Marseille, fut fait la dixieme année de son épiscopat, c'est-à-dire vers l'an 896.

Drogon ou *Dreux* se trouva réduit à une extrême misere vers l'an 923, avec tout son clergé, à cause des ravages des sarrazins, qui détruisirent de fond en comble l'abbaye de saint Victor. On ignore l'année de sa mort.

Saint Honoré II, frere de Guillaume I, vicomte de Marseille, occupoit le siege en 948. On doit à la piété de ces deux freres, le rétablissement de l'abbaye de saint Victor. Ils augmenterent le nombre des religieux, leur firent rendre les biens qu'on leur avoit enlevés, leur en donnerent de nouveaux, & les soumirent à la regle de saint Benoît, ou peut-être ne firent-ils que la remettre en vigueur; car il semble que ces moines l'avoient déja adoptée.

DIOCESE DE MARSEILLE.
EVIQUES.
781.
789.
800.

817.
818.

844.
875.
884.
886.

923.

948.

Pons I, fils du vicomte Guillaume, ayant succédé à son oncle, l'imita dans ses libéralités envers l'abbaye de saint Victor; car c'est lui qui acheva ce que ce saint évêque avoit si heureusement commencé, tant pour la construction & les revenus du monastere, que pour le maintien de la discipline. Il avoit commencé à siéger en 976, & mourut en 1014.

Pons II, neveu du précédent, fils du vicomte Guillaume II & d'Asseline, monta sur le siege en 1014. Il hérita de l'attachement de sa maison pour l'abbaye de saint Victor, à laquelle il donna des preuves de son zele, sur-tout quand Benoît IX en consacra l'église en 1040, assisté de vingt-trois évêques, d'une grande multitude d'abbés & de moines, & de près de dix-mille laïques de l'un & de l'autre sexe. Nous ne parlons de cette consécration, que d'après un acte, qui, s'il n'est pas faux, suppose dans le rédacteur une ignorance bien étrange. Pons mourut en 1073.

Raymond I, qui lui succéda la même année, favorisa l'établissement de la chartreuse de Montrieux en 1117, & n'oublia rien pour assoupir les contestations qui s'éleverent entre les moines de saint Victor & son clergé, dont il épousa les intérêts. Parmi les différends qu'il s'agissoit de régler, il y en avoit un qui regardoit les contrats ou lettres de mariage. Les moines étoient dans l'usage de les expédier, & d'en garder les rétributions. Il fut décidé que quand quelqu'un prendroit une femme dans le *Revest* (c'étoit un quartier près de saint Victor) le religieux chapelain de saint Ferréol en écriroit l'acte; mais que lorsque les habitans du Revest prendroient des femmes ailleurs, les actes seroient dressés par les clercs de Marseille. Nous avons une suite de chartes qui prouvent que Raymond I siégea jusqu'en 1121.

Raymond de Soliers, second du nom, fut tiré du cloître, apparemment de saint Victor, pour être placé sur le siege de Marseille, où il ne changea ni d'habit, ni de façon de vivre. Il eut quelques démêlés avec les religieux & les vicomtes; mais comme il mettoit
de

de la droiture & de l'équité dans les affaires, il ne lui étoit pas difficile de les terminer. On croit qu'il mourut le 22 août 1151.

Pierre I reçut hommage en 1152, de Raymond Geoffroi, vicomte de Marseille. Comme la forme de cet acte se trouve souvent répétée dans les chartes de ce tems-là, nous allons la mettre sous les yeux du lecteur.

« Moi Raymond Gauffredi de Marseille, fils de Douceline, je » vous jure à vous Pierre, évêque de Marseille, fils de Béatrix, » que je ne vous ôterai point la vie, ni les membres qui tiennent à » votre corps ; que je ne me saisirai point de votre personne, ni ne » vous ferai prendre par personne ; que qui que ce soit, homme ou » femme, ne le fera par mon conseil, ou avec mon consentement. » Je vous jure encore que je ne vous enleverai point votre ville, ni » vos châteaux, ni vos bourgs, ni vos villages, &c. ».

Pierre fit un voyage à Rome en 1153, & se trouva souvent compris dans les démêlés occasionnés par l'amour des richesses, entre les moines & le clergé. Il mourut au mois d'avril 1170.

Foulques de Torames étoit déjà élu au mois de septembre de la même année. Il fut un des plus zélés protecteurs de la chartreuse de Montrieux. C'est dans une sentence arbitrale, prononcée au sujet d'un différend que ce monastere avoit avec les habitans de Méounes, qu'il se déclara contre le schisme occasionné par Victor IV & l'empereur Frédéric Barberousse. Cependant il paroît qu'il avoit ensuite changé de sentiment, puisqu'il fut obligé de rentrer sous l'obéissance d'Alexandre III, & de recourir à son indulgence. Ce prélat assista au troisieme concile de Latran, tenu en 1179, & mourut à la fin de l'année 1185. Quelques historiens l'ont confondu avec Folquet le troubadour, qui étoit encore dans le monde avec sa femme, à la fin du douzieme siecle, n'ayant embrassé qu'en 1200 ou environ, l'ordre de Cîteaux, d'où il fut tiré pour être placé sur le siege de Toulouse.

Nicolas I, successeur de Foulques en 1186, alla voir le pape

Urbain III à Vérone, & le suivit à Lépia, pour la consécration d'une église & de deux autels d'un monastere de religieuses. C'est la seule action de sa vie que l'on connoisse; & depuis cette époque, il n'est plus mention d'aucun évêque de Marseille jusqu'en 1192.

1192. *Rainier*, qui occupoit le siege cette année-là, termina un différend qu'il avoit avec un des vicomtes de Marseille, nommé Barral, car il y en avoit alors plusieurs. Les trinitaires s'établirent dans cette ville sous son épiscopat, & les prémontrés vers l'embouchure de l'Uveaune, sur les ruines d'une ancienne église. Ce prélat, recommandable par son zele pour la pureté de la foi, & pour le maintien de la discipline monastique dans les couvens de son diocese, mourut le 15 mars 1215.

1215. *Pierre* II *de Monlaur* fut élu la même année. Les consuls ayant acquis le domaine des vicomtes, n'oublierent rien pour empiéter sur ses droits & sur ceux de l'abbaye de saint Victor, ce qui occasionna des différends, que l'évêque vint à bout de terminer à sa satisfaction. Un de ses prédécesseurs, Pierre I, avoit acheté des vicomtes, une portion de leur domaine; Pierre de Monlaur se fit confirmer la vente le 21 avril 1225, par Gérard Adhemar de Monteil, & par Mabile, sa femme, vicomtesse de Marseille. Cet évêque mourut au mois d'août 1229.

1229. *Benoît d'Alignano*, né en Provence d'une famille noble, qui ne subsiste plus, étoit fort jaloux de ses droits seigneuriaux, & ne savoit rien sacrifier à l'amour de la paix. Avec des dispositions si peu conformes à l'esprit de son état, il lui fut impossible d'éviter les contestations qu'il eut avec les habitans de la ville inférieure, enthousiastes de leur liberté. La dévotion qui régnoit de son tems, & peut-être aussi son humeur inquiete, lui firent entreprendre, deux fois, le voyage de la Terre-Sainte en 1239 & en 1260. Il se démit de l'évêché en 1266, pour entrer dans l'ordre des freres mineurs, qui étoit un des plus austeres.

Robert est mis au nombre des évêques de Marseille, par ce qu'on lit dans de vieilles annales, qu'en 1279, il accorda aux carmes la permission de bâtir une chapelle, &c. Mais il est constant que Raymond de Nîmes occupoit alors le siege depuis l'an 1268 ; ainsi la preuve qu'on apporte de l'épiscopat de Robert, tombe d'elle-même.

Raymond, de Nîmes, fit en 1268, le voyage de Viterbe, où étoit le pape, pour redemander la seigneurie de la ville supérieure, que son prédécesseur avoit cédée à Charles d'Anjou, moyennant quelques terres qu'il avoit reçues en échange. Cette affaire ne fut terminée que long-tems après, comme on le verra dans l'histoire. Les statuts que Raymond fit avec son chapitre en 1270, sont un des monumens les plus remarquables de son épiscopat. Il assista au second concile de Lyon en 1274, & à quelques autres que les évêques de la province d'Arles tinrent, soit dans cette ville, soit dans les dioceses suffragans. De toutes les affaires qu'il eut, il n'y en eut point qui lui donnât autant de sollicitude que la réforme de l'abbaye de saint Sauveur. Le siege étoit déja vacant au mois de juillet 1288.

Durand, qui le remplit, eut la douleur de voir quelques-uns de ses diocésains embrasser le judaïsme, & d'autres en adopter les pratiques superstitieuses, auxquelles ils attribuoient, sans doute, une vertu particuliere pour se préserver de malheurs. Le pape Nicolas IV écrivit à Durand pour l'exhorter à réprimer ce scandale. Boniface VIII le chargea ensuite de recueillir les contributions des fideles, pour le recouvrement de la Terre-Sainte. Ce prélat mourut en 1311.

Raymond IV, déja évêque au mois de mars 1312, fut associé par le pape Jean XXII, à Michel Monachi, inquisiteur dans les comtés de Provence & de Forcalquier, pour procéder contre cinq religieux de l'ordre des freres mineurs, qui se disoient les spirituels, les vrais enfans de saint François, & joignoient à cette simplicité, plusieurs erreurs pernicieuses, qui les firent condamner à être brûlés. La sentence leur fut lue dans le cimetiere des Accoules, en présence d'un peuple nombreux, qui, dans un siecle plus éclairé, en condamnant les égaremens de ces religieux, n'auroit point approuvé, comme il fit, la barbare sévérité de leurs juges. Raymond fut transféré à Embrun en 1320.

1320. *Gasbert de Laval* lui succéda la même année, & fut transféré à Arles en 1323.

1324. *Adhemar Amelin* prêta serment de fidélité au roi Robert, le 18 mars 1324, & approuva la fondation d'une chapelle faite le 27 septembre de la même année, par Geoffroi de Bausset, chevalier, demeurant à Aubagne, & Adalalie sa femme. Adhemar acheta, l'année d'après, la seigneurie inférieure de Signe, qui appartenoit à Bertrand de Porcelet. Mais comme il n'étoit pas en état de payer cette acquisition, il obtint du pape la permission de lever un subside sur le clergé de la ville & du diocese. Sa mort arriva au mois de décembre 1333; il avoit assisté au concile de Saint-Ruf, près d'Avignon, en 1326.

1333. *Jean Artaudi* fut élu à sa place. On trouve la preuve de son épiscopat dans un acte authentique de l'an 1345; mais il ne dut siéger que peu de mois.

1334. *Jean Gasqui*, évêque en 1334, fut un des peres du concile de Saint-Ruf en 1337. De son tems le chapitre vendit à la reine Jeanne, pour le prix de deux mille trois cens florins, un reste de jurisdiction qu'il avoit dans la ville supérieure, & dont le prévôt jouissoit auparavant. Jean fit son testament le 5 septembre 1344, & mourut peu de tems après. Il paroît, par la distribution qu'il fit de ses livres, qu'il avoit du goût pour l'étude & la piété. Mais sa bibliotheque fait peu d'honneur à ses lumieres & à celles de son siecle.

1344. *Robert de Mandagot*, neveu de Guillaume, cardinal, archevêque d'Embrun, succéda à Jean au mois de septembre 1344. Il établit la cure de Cujes en 1349, & fit le voyage de Rome en

1350, à l'occasion du jubilé. La rigueur avec laquelle il faisoit valoir ses droits & ses prétentions, lui fit beaucoup d'ennemis, & souleva les habitans de Saint-Cannat, dont il étoit seigneur. Ils aimerent mieux se donner à des brigands en 1357, & ensuite à la reine Jeanne, que d'être sous sa dépendance. Il mourut à la fin de l'année 1359.

Hugues d'Arpajon, neveu, à ce que l'on croit, de Guillaume de Mandagot, prévôt d'Embrun, & chapelain de Jules III, fut élevé sur le siege de Marseille en 1360. La même année les officiers royaux remirent, de la part du souverain, la ville de Saint-Cannat à ses vicaires généraux, qui, par leur zele & leur prudence, vinrent à bout d'y rétablir la tranquillité. Ce prélat y ayant fait un voyage en 1361, mourut peu de jours après son arrivée.

Pierre Fabri, son successeur, ne siégea que quelques mois.

Guillaume Sudre, né à l'Acquène, près de Tulle en Limousin, étoit provincial de l'ordre de saint Dominique, & maître du sacré palais, quand il fut nommé à l'évêché de Marseille, par Innocent VI, le 26 août 1361. Le même pape fulmina, dans ce tems-là, une sentence d'excommunication contre la ville de Marseille, parce que les habitans avoient enlevé de force six bâtimens chargés de bled pour le palais apostolique. Guillaume étoit un prélat sage & vigilant, très-propre au gouvernement d'un diocese. Il fut fait cardinal-évêque d'Ostie en 1366, & mourut à Avignon le 28 septembre 1373.

Philippe de Cabassole, chanoine, archidiacre, prévôt, & enfin évêque de Cavaillon, sa patrie, avant l'âge prescrit par les loix, s'étoit déja fait un nom par ses talens pour les négociations & pour les lettres, quand il fut nommé évêque de Marseille en 1367 : il étoit alors patriarche de Jérusalem. Mais ayant été décoré de la pourpre en 1368, il se démit de l'évêché.

Guillaume de la Voute, de la maison d'Anduse, passa du siege de Toulon à celui de Marseille, sur la fin de l'année 1368. Le pape l'envoya l'année d'après en Sicile, en qualité de nonce. Il n'y resta que deux ans, après lesquels il revint à Marseille, d'où il partit ensuite pour Rome; car il y étoit en 1378, quand Grégoire XI mourut. Guillaume ayant été chargé de la garde du conclave pendant l'élection d'Urbain VI, se rendit si odieux aux romains, qu'il n'échappa à leur fureur que par un bonheur singulier. Il fut transféré à Valence au mois de juin 1378.

1378. *Aymar de la Voute*, son frere, d'abord évêque de Grasse, fut placé sur le siege de Marseille par Urbain VI, à la fin de l'année 1378. Mais comme ce pape n'étoit pas reconnu dans les états de la reine Jeanne, Aymard fut obligé d'obtenir de nouvelles provisions de Clément VII, qu'on regardoit, en-deçà des monts, comme légitimement élu. Ce prélat mourut au mois d'octobre 1396.

1399. *Guillaume le Tort*, nommé évêque de Marseille peu de jours après, ne fit son entrée dans la ville qu'au mois de janvier 1399. Il mourut à la fin de l'année 1403, après avoir gouverné pendant quelque tems le diocese d'Arles en qualité d'administrateur.

1404. *Paul de Sade*, prélat recommandable par ses lumieres & ses vertus, succéda à Guillaume vers la fin de l'année 1404. Il eut la douleur de voir la ville ravagée par la peste en 1407, & livrée au pillage par les arragonnois en 1423. Les citoyens trouverent des ressources dans son zele & dans sa charité, jusqu'au tems de sa mort, arrivée le 28 février 1433. Il avoit assisté au concile de Pise.

1433. *André de Botaric*, dont l'épiscopat est prouvé par plusieurs pieces authentiques, ne siégea que très-peu de tems, puisqu'il étoit déja mort au mois de septembre de la même année.

L'élection de son successeur causa beaucoup de troubles dans l'église de Marseille. Le pape Eugene IV s'étoit réservé, du tems de Botaric, la nomination à l'évêché pour la premiere fois qu'il viendroit à vaquer. Le concile de Bâle, qui étoit brouillé avec lui, déclara que le pape ne devoit plus à l'avenir faire de réserve des églises métropolitaines, cathédrales ou collégiales, &c. & que celles qu'il avoit déja faites, feroient nulles. Ce fut en vertu de ce décret, que le chapitre élut en 1433 Louis de Glandevès, évêque de Vence, fils d'Elion, chambellan du roi de Sicile. Le pape Eugene qui regardoit cette démarche comme un attentat à son autorité, bien loin d'approuver l'élection du chapitre, conféra l'évêché à

Barthelemi de Raccoli, général des carmes, le 2 septembre 1433, & nomma un commissaire pour l'installer. Le concile de Bâle qui s'étoit déclaré pour Louis de Glandevès, avoit chargé, de son côté, le cardinal Alleman, archevêque d'Arles, de le mettre en possession; ce qui fut exécuté avec les solemnités ordinaires, le 25 février 1434. La ville qui étoit bien aise de l'avoir, & qui craignoit que le parti du pape ne prévalût, demanda la protection de Pierre de Beauvau, Gouverneur général de la province, pour un pasteur, disoit-on, *distingué par sa naissance, son mérite, son génie & ses mœurs*. Le zele des habitans ne put l'emporter sur les intrigues de Barthelemi Raccoli. La division se mit parmi eux, & l'interdit qu'il lança, produisit un tel effet, qu'ils allerent le prendre à Avignon pour l'amener à Marseille. Il n'y eut que sa mort arrivée en 1445, qui fit cesser la division.

Louis de Glandevès fut alors paisible possesseur de l'évêché. Le roi de Sicile, auprès duquel il avoit beaucoup de crédit, l'envoya avec le titre d'ambassadeur, à Lyon & à Geneve, pour y traiter avec les envoyés des autres cours, des moyens de faire cesser le schisme. Ce prélat mourut la même année, c'est-à-dire en 1445, avec la réputation d'avoir été, suivant un historien du tems : « un » vaste génie, incapable de dissimulation, se montrant dans ses » discours tel qu'il étoit, & n'étant jamais artificieux, ni trompeur ». *Vir animo vastus, & ab omni simulatione alienus, quem talem puta qualem audis, nusquam fallax, nusquam deceptor.*

Jean II siégeoit au mois de janvier 1446. Il est connu par des lettres de René, roi de Sicile, duc de Lorraine & comte de Provence.

Nicolas de Brancas, petit-fils de Buffile, comte d'Agnare & maréchal de l'église, le premier de sa maison qui soit venu s'établir en France, reçut à Marseille au mois de mai 1447, Louis Dauphin, qui fut ensuite roi de France, sous le nom de Louis XI, au retour du voyage que ce prince fit à la Sainte-Baume. Le pape Pie II unit en 1458, sous l'épiscopat de Nicolas, l'abbaye de saint Sauveur, avec tous ses biens à l'église cathédrale; mais l'exécution de la bulle ne dura que jusqu'en 1472. Ce prélat mourut à Tours le 21 avril 1466.

Jean Allardeau, natif d'Angers, réunit en sa faveur tous les suffrages du chapitre, & porta sur le siege épiscopal, avec quelques vertus, les talens d'un courtisan & d'un politique. Le roi René le fit administrateur général de ses finances, & Louis XI lui donna ensuite le gouvernement de Paris. On croit qu'il se démit de son évêché le 27 décembre 1496, pour aller profiter de la faveur du prince.

Ogier d'Anglure, fils de Simon & d'Elisabeth du Châtelet, naquit en Lorraine, & fut sacré évêque de Marseille, le 26 février 1497, dans l'église de saint Sauveur d'Aix. Il mourut au château d'Auriol le 6 mai 1506. Il devoit son élévation à l'épiscopat, moins à sa naissance illustre, qu'au mérite & aux vertus qu'il avoit montrés dans le gouvernement des abbayes de Hautvilliers & de Saint-Victor-lès-Marseille, dont il avoit été successivement pourvu; car il étoit religieux bénédictin.

Antoine Dufour, dominicain d'Orléans, docteur de Sorbonne, prédicateur & confesseur de Louis XII, fut élu à la recommandation de ce Prince, & sur le désistement de Jean de Cuers, prévôt de la cathédrale, à qui tous les chanoines avoient donné leur voix, mais qui renonça librement à l'évêché, quand il apprit les intentions du souverain. Antoine Dufour ne prit possession que deux
ans

ans après, c'est-à-dire en 1508, & mourut à Milan au commencement de juillet 1509, à la suite de Louis XII.

Claude de Seyssel, né à Aix en Savoie, ou peut-être à Seyssel, petite ville du Bugei, lui succéda. Il réunissoit à la science du droit, des talens rares pour les affaires. Louis XII, qui le connut en Italie où Seyssel avoit étudié & enseigné le droit, le fit d'abord conseiller, ensuite maître des requêtes, & enfin il lui fit donner l'évêché de Marseille au mois de juillet 1529. Le roi disoit au chapitre, dans une lettre que Ruffi rapporte : « Nous avons
» écrit à notre Saint-Pere en faveur de notre amé & féal conseiller
» & maître des requêtes ordinaires de notre hôtel, messire Claude
» Seyssel, qui est un très-noble personnage, & tel dont ledit siege
» épiscopal sera bien rempli, au contentement de vous & de tout
» le diocese, &c. ».

Cependant Seyssel ne fut sacré qu'en 1513. Le roi qui l'estimoit beaucoup, l'envoya en qualité d'ambassadeur à la diéte de Tréves en 1512, & au concile de Latran l'année d'après. Il passa à l'archevêché de Turin en 1517, & mourut dans cette ville, avec la réputation d'avoir été un des hommes les plus savans de son tems. Il avoit composé beaucoup d'ouvrages, dont le plus curieux est *la grande monarchie françoise*.

Innocent Cibo, noble génois, cardinal du titre de saint Côme & de saint Damien, petit-fils d'Innocent VIII, neveu de Léon X, camérier du saint siege, légat de Bologne, étoit archevêque de Turin, lorsqu'il permuta avec Claude de Seyssel pour l'évêché de Marseille, où il ne parut jamais. L'usage qu'il fit de ses talens pour les affaires de la cour de Rome, ne lui donne, non plus que ses titres, aucun droit à des éloges que nous réservons aux prélats qui ont travaillé pour l'édification & l'utilité de leur église. Celui-ci se démit en 1529, en faveur de son frere, qui ne fit prendre possession qu'en 1532.

Jean-Baptiste Cibo laissa le gouvernement du diocese aux

Tome I. Y y

DIOCESE DE MARSEILLE. EVÊQUES.
1509.

1517.

1529.

soins d'un vicaire-général. Il n'étoit pas même à Marseille, lorsque le pape Clément VII, son parent, y vint célébrer le mariage de sa niéce Catherine de Médicis, avec Henri d'Orléans, second fils de François I, qui se trouva lui-même à la cérémonie, ainsi que la reine, le duc d'Angoulême, & beaucoup de cardinaux. Ce prélat mourut en 1549, & le cardinal son frere reprit l'administration de l'évêché, comme s'il n'avoit fait que le lui prêter. Il le garda jusqu'à la fin de l'année 1550.

1550. *Christophe de Monte* ou *de Monti*, fut nommé par Paul III son cousin germain, & par Henri II, en 1550, sur la démission de Jean de Balaguer, à qui ce prince avoit d'abord conféré l'évêché. Créé cardinal par Jules III son parent, en 1551*, il quitta le siege de Marseille en 1555, n'ayant rien fait de mémorable dans son diocese.

1555. *Pierre de Ragueneau*, natif de Tours, fut nommé en 1555, sacré le 16 janvier 1557, & se démit en faveur de son neveu, vers l'an 1570. Il reçut à Marseille en 1564 le roi Charles IX, qui étoit accompagné de la reine sa mere, du duc d'Anjou, de Henri, roi de Navarre, des cardinaux de Bourbon & de Guise, du connétable de Montmorenci, & d'un grand nombre de seigneurs. Pierre possédoit avant son épiscopat, plusieurs bénéfices en Provence, & entr'autres la cure de Brignoles.

1570. *Frédéric de Ragueneau* monta sur le siege en 1570, & assista à l'assemblée du clergé en 1573. Pendant trente-trois ans qu'il gouverna le diocese, il eut la douleur de voir la ville deux fois affligée de la peste, & toujours déchirée par les factions des ligueurs. Mais rien ne le put détourner du soin de son troupeau, ni de l'obéissance du souverain. Cependant, avec des vertus si louables, il n'eut pas le talent de se faire aimer; il fut assassiné par des gens masqués, le 26 septembre 1603, dans son château de Signe.

1604. *Jacques Turricella*, cordelier toscan, confesseur de Marie de

Médicis, nommé en 1604, montra beaucoup d'attachement pour l'ordre religieux, qu'il favorisa dans toutes les occasions. Il fut chargé d'aller dégrader à Aix, le prêtre Gaufredi, condamné à être brûlé vif, pour cause de magie en 1611; ce qui prouve que ce prélat n'étoit pas exempt d'une superstition, qui fit autant de mal à la religion qu'à la société. On dit qu'il étoit fort avare. La réputation qu'il avoit d'avoir amassé de grands tréfors lui couta la vie ; car son valet de chambre l'empoisonna en 1618, pour s'emparer de son argent.

Artus d'Espinai de Saint-Luc, né en Bretagne, fils de François, grand-maître de l'artillerie de France, & de Jeanne de Cossé, abbé commendataire de Rhedon, de Villers & de Chaterier, conseiller d'état, fut nommé en 1618, fit prendre possession en 1621, & mourut au commencement de novembre de la même année.

Nicolas Coeffetau, dominicain, célebre controversiste, docteur de Sorbonne, professeur en théologie, prédicateur du roi, naquit à Château-du-Loir, ou à Saint-Calais dans le Maine. C'étoit un des hommes les plus savans de son tems, & peut-être l'écrivain le plus poli. Avec les talens qu'il montra dans l'oraison funebre d'Henri IV, il se seroit fait un nom dans l'éloquence de la chaire, s'il eût été contemporain de nos bons prédicateurs. Il fut nommé à l'évêché de Marseille en 1621, & mourut le 21 avril 1623, sans avoir pris possession. On a de lui beaucoup d'ouvrages qui sont une preuve de son érudition.

François de Loménie, né à Limoges, passa de l'ordre de saint Dominique, où il avoit professé la théologie, dans celui de saint Benoît, où il étoit abbé de sainte Marie de Josaphat, diocese de Chartres, quand il fut pourvu de l'évêché de Marseille en 1624. Il assista l'année suivante à l'assemblée du clergé, & mourut au château de Faye, dans le diocese de Limoges, le 27 février 1638. Il avoit un mérite qui l'élevoit au-dessus de beaucoup de ses prédécesseurs.

Euſtache Gault, natif de Tours, prêtre de l'oratoire, vicaire-général du dioceſe de Bordeaux, fut jugé digne de l'épiſcopat par ſes vertus ; mais quoique le roi l'eut nommé à l'évêché de Marſeille, au mois de mars 1639, il mourut le 13 du même mois 1640, avant d'avoir reçu ſes bulles, dans des ſentimens bien conformes à la ſainteté du miniſtere auquel il étoit deſtiné. On voit par les ouvrages dont il eſt auteur, que dans ſes études il avoit embraſſé plus d'un genre.

Jean-Baptiſte Gault, ſon frere, prêtre de l'oratoire comme lui, fut appellé par la providence, au gouvernement du dioceſe de Marſeille ſur la fin d'avril 1640. Il ne reçut ſes bulles qu'un an après, & fut ſacré le 5 octobre 1642. Il ſe dévoua aux fonctions de ſon miniſtere avec une ardeur qui le rendoit préſent à tout. Les riches, les pauvres, les hôpitaux, les galeres eurent également part à ſes lumieres & à ſa charité. Il n'y avoit que la différence des beſoins, qui lui en fit mettre dans ſon zèle. Les galériens manquant de ſecours ſpirituels, il fit ſur les galeres une miſſion avec tant de ſuccès, dit un auteur, que la religion y étoit pratiquée comme dans un cloître. L'inſtruction fut celle de ſes obligations à laquelle il s'attacha davantage, & il la rendit efficace par ſes exemples. Ce fut au milieu de ces travaux apoſtoliques, qu'il fut attaqué de la maladie dont il mourut ; ſentant approcher le moment de ſa délivrance la veille de la Pentecôte 1643, il prononça ces dernieres paroles : « Seigneur, je vous rends honneur & hom- » mage de ma vie, & comme vous avez remis votre ame entre » les mains de votre pere, je rends la mienne entre vos bras. » *Veni, Domine Jeſu, moriatur anima mea morte juſtorum* ». Deux heures après il s'endormit dans le ſeigneur, n'ayant paſſé que cinq ou ſix mois dans l'épiſcopat. Comme il donnoit tout aux pauvres, & qu'il avoit peu de beſoins, il ne laiſſa ni argent ni dettes. L'aſſemblée du clergé de 1646, écrivit une fort belle-lettre à Innocent X, pour le prier de procéder à la canoniſation de ce ſerviteur de Dieu, canonifé d'avance par la voix publique, & par les miracles qui se font opérés sur son tombeau.

Etienne de Puget, nommé en 1644, étoit né avec un génie heureux, & propre pour les sciences, dans lesquelles il fit des progrès sensibles dans sa jeunesse. Il favorisa beaucoup les monasteres, qu'il regardoit comme utiles à la religion, & se montra toujours aussi zélé pour prévenir les abus, que sévere pour les réprimer. Il mourut à Marseille, le 11 janvier 1668.

Toussaint de Forbin Janson, évêque de Digne, lui succéda la même année. Il se rendit célebre par ses talens pour la politique, par son adresse à manier les esprits, & par son zele pour le service du roi. Jean Sobieski lui fut en partie redevable de son élection à la couronne de Pologne ; & la France l'employa avec succès, dans plusieurs cours d'Allemagne. Il obtint l'évêché de Beauvais en 1679. Le roi le fit ensuite commandeur de l'ordre du Saint-Esprit, & le pape Alexandre VIII, cardinal du titre de saint Calixte, le 13 février 1690 ; il étoit aussi grand aumônier de France.

Jean-Baptiste d'Estampe, fils de Joseph, marquis d'Autry & de Louise le Grand, docteur de Sorbonne, étoit évêque de Perpignan, quand le roi le nomma à l'évêché de Marseille en 1679 ; mais il ne reçut ses bulles qu'en 1682, & mourut subitement à Paris le jour qu'il devoit partir pour son diocese ; c'étoit le 6 janvier 1684.

Charles-Gaspar de Vintimille du Luc, nommé en 1684, ne reçut ses bulles que huit ans après ; mais il ne laissa pas de gouverner le diocese en qualité de vicaire-général, & d'en percevoir les revenus. Il fut transféré à Aix au commencement de l'année 1708.

Bernard-François de Poudenx de Castillon, fils du vicomte de Poudenx & de N. de Castillon, vicaire-général de l'évêque de Tarbes, son oncle, & agent du clergé en 1705, fut nommé à

DIOCESE DE MARSEILLE.
EVÊQUES.
1644.

1668.

1679.

1684.

1708.

l'évêché de Marseille le 22 février 1708, & mourut subitement le 19 janvier 1709, singuliérement regretté de ses diocésains, pour ses talens & sa grande charité.

1709. *Henri-François-Xavier de Belzunce*, fils d'Arnaud, marquis de Belzunce & de Castelmoron, sénéchal, gouverneur de l'Agenois & Condomois, & d'Anne de Caumont-Lauzun, prit l'habit de jésuite, qu'il quitta peu de tems après à cause de la foiblesse de son tempérament. Il fut nommé évêque de Marseille le 5 avril 1709, & sacré le 30 mars 1710. Les vertus qu'il fit paroître au commencement de son épiscopat, donnerent les plus grandes espérances à son diocese, & il les surpassa pendant les ravages affreux que la peste fit à Marseille. Il n'y a que l'humanité, soutenue par la religion, qui puisse inspirer tout ce qu'il fit alors pour le soulagement du peuple. On appercevoit la simplicité de son ame, & la droiture de ses intentions, à travers même les actions qu'il faisoit par une impulsion étrangere, & il auroit réuni tous les suffrages s'il eût vécu dans ce tems-ci. Il mourut le 14 juin 1755.

1755. *Jean-Baptiste de Belloy*, né dans le diocese de Beauvais, sacré évêque de Glandeves le 30 janvier 1752, transféré à Marseille le 22 juin 1755, abbé de Corneille depuis 1766, a assisté à l'assemblée du clergé 1775.

1°. L'abbaye de saint Victor, fondée par Cassien vers l'an 408, & celle de Lerins, dont nous parlerons ailleurs, sont les plus anciennes des Gaules. La premiere, célebre par la réputation de son fondateur, l'austérité des cénobites, & le grand nombre de prélats qu'elle a donnés à l'église dans tous les tems, ne l'est pas moins par la protection & les privileges que les papes, les empereurs & les rois de France lui ont accordés, & par les reliques qu'elle renferme. Elle a été plusieurs fois détruite par les barbares, & en particulier par les sarrazins, dans le IXe siecle. L'ancien édifice ne subsiste donc plus; mais on y trouve beaucoup de vestiges d'antiquité, qui indépendamment de leur mérite, font des ornemens remarquables dans un lieu confacré à fervir d'afyle à l'ancienne nobleffe de la province.

2°. Les religieufes de faint Sauveur reconnoiffent auffi Caffien pour fondateur, d'où elles furent appellées Caffianites. Leur monaftere, bâti près de faint Victor, portoit le nom de faint Cyricius ou Ceris, quand il fut détruit par les farrazins qui maffacrerent fainte Eufebie & fes compagnes. On transféra vers l'an 1031, les religieufes dans la ville, pour les mettre à l'abri des incurfions des ennemis ; & en attendant que le monaftere qu'on leur deftinoit fût bâti, on leur donna l'églife de Notre-Dame des Accoûles, avec les maifons qui en dépendoient. Cette abbaye, la plus remarquable des abbayes de religieufes par fon ancienneté, l'eft auffi par les vertus qui l'ont illuftrée.

3°. Il y avoit près de l'embouchure de l'Uveaune, un autre monaftere de religieufes fondé par Caffien. Le P. le Cointe & dom Denis de Sainte-Marthe, deux auteurs dont on connoît l'érudition & la critique, l'affurent d'une maniere bien pofitive, & nous trouvons la preuve de ce fait dans une charte de l'an 1204. On y lit que l'évêque de Marfeille, permit aux prémontrés de bâtir une églife fur les ruines d'une autre qui ne fubfiftoit plus, & à côté defquelles on voyoit encore, fuivant l'hiftorien des évêques de Marfeille, les mafures d'une maifon détruite. Ce monaftere, quoiqu'en dife cet auteur, n'avoit point appartenu aux prémontrés ; leur ordre étoit trop récent dans les Gaules pour avoir eu, fur les bords de l'Uveaune, un établiffement que le tems eût déja détruit. Ils ne s'y feroient établis pour la premiere fois, qu'en vertu d'une charte, qui auroit été rappellée dans celle de 1204, & il n'en eft pas mention. Je remarque enfin, que les conditions ftipulées dans celle-ci, annoncent que ces religieux n'avoient encore paffé aucune convention avec l'évêque, ni avec fes prédéceffeurs. On doit donc reconnoître dans les ruines de la maifon & de l'églife bâties à l'embouchure de l'Uveaune, les ruines d'un ancien monaftere anté-

T. 2. p. 17.

rieur à l'ordre des prémontrés, qui ne remonte qu'en 1126. Or ce monastere n'a pu être fondé, dans ces tems reculés que par Cassien, ou par quelqu'un de ses successeurs. Il fut détruit par les visigots ou par les sarrazins. Les religieuses qui échapperent à leur fureur, ou qui la prévinrent par la fuite, s'étant retirées dans le couvent qui étoit près de saint Victor, eurent le sort de sainte Eusebie. De-là cette tradition populaire qui fait appeler ces vieilles masures *lei denarrados*, c'est-à-dire, le monastere des religieuses qui se couperent le nez. On ne se seroit point servi de cette façon de parler, si les dames de saint Sauveur n'avoient commencé de posséder ces biens que dans le XVIe siecle.

4°. L'abbaye de l'Uveaune, ordre de prémontré, fondée en 1204, subsista jusqu'en 1405. Ses biens furent unis alors au monastere des religieuses de sainte Paule, qui, sous l'habit de l'ordre de saint Jérôme, suivoient la regle de saint Augustin. Mais ce monastere ayant été détruit en 1524, durant le siege de Marseille par le connétable de Bourbon, les religieuses furent incorporées en 1529 à la communauté de saint Sauveur, qui, par cette union, entra en possession de leurs biens.

5°. Il y avoit à la fin du douzieme siecle, vers l'endroit où sont les observantins, les freres de la bienheureuse vierge Marie, dont les biens furent ensuite réunis à ceux de Notre-Dame de l'Uveaune, & passerent avec eux aux dames de saint Sauveur.

6°. L'abbaye de Saint-Pons-les-Gemenos, qui ne subsiste plus, avoit été fondée en 1205. Elle étoit située dans un vallon, entre de hautes montagnes, & avoit sous sa dépendance trois églises voisines, savoir, saint Martin, saint Clair, & saint Jean de Garguier. Les religieuses suivoient la regle de Cîteaux. Celles qui restoient dans le quinzieme siecle, s'étant écartées de l'austérité de la discipline, furent transférées à l'abbaye de Lamanare, près d'Hieres, qui étoit une fille de Saint-Pons.

7°. Celle du mont de Sion fut bâtie en 1242, vers l'endroit où est

est le jardin des bernardins, & où l'on voyoit un riche hôpital, dont les seigneurs de la maison de Roquefort, qui ne subsiste plus, étoient fondateurs. Ils le donnerent, avec tous ses biens, à cette abbaye qu'ils fonderent, en se réservant le droit de patronage proprement dit. Les premieres religieuses furent tirées de l'abbaye de Saint-Pons, de qui celle de Sion devoit dépendre. Leur monastere ayant été détruit en 1361, elles en firent bâtir un autre près de l'église de saint Martin, d'où elles ont été transférées en 1769, dans l'ancien hôpital des convalescens. Elles suivent la regle de Cîteaux.

Diocese de Marseille. Anciennes abbayes.

8°. La chartreuse de Montrieux, dont nous parlerons dans l'histoire, est de l'an 1117.

Les coquillages fossiles ne sont pas aussi communs dans le terroir de Marseille, qu'en bien d'autres endroits éloignés de la mer. Château-Gombert & les vieilles Infirmeries, sont les quartiers où l'on en trouve davantage. Le dernier, sur-tout, offre beaucoup d'ostracites & d'échinites. Ces fossiles abondent au Cap-Couronne, ainsi que les buccardites, les chamites, les turbinites, les murycites, les purpurytes, &c. On en rencontre également aux pieds des montagnes qui bordent le terroir. Mais il suffit d'en avertir. Un plus long détail seroit inutile pour la physique & les arts. Il y a au quartier des Camoins des eaux minérales. On trouve à Notre-Dame de la Garde, au midi de Marseille, de la craie, des pierres à fusil, & du cuivre parsemé en grains sur des pierres. Marseille-Veire, au midi de Notre-Dame de la Garde, renferme une grotte, nommée la Baume de Rolland, très-longue, & riche en stalactites d'un spath jaune & ondé. On y voit aussi des colonnes de la même matiere, & des culs-de-lampe suspendus à la voûte. On assure que le fameux Puget avoit envie de la percer, & de les enlever, ce qui paroît difficile à croire. Il étoit plus simple de les couper par le moyen d'un échafaudage.

Histoire naturelle.

M. Galland, de l'académie des inscriptions, étant à Marseille

Acad. des scienc. 1703. hist. p. 17.

Tome I. Zz

en 1702, alla voir ce célebre sculpteur dans sa maison de campagne. Il y trouva des colonnes d'un albâtre très-précieux, & si transparent, que par le poli qu'il recevoit, on voyoit à deux doigts d'épaisseur, l'agréable variété de ses couleurs. M. Puget dit à l'académicien, qu'il étoit le seul qui connût la carriere, quoiqu'elle ne fût pas loin de Marseille. Auroit-il envié à ses concitoyens, le secret d'une découverte aussi utile ? Le même M. Galland trouva de l'ambre jaune sur le bord de la mer, dans un endroit où il n'y avoit point d'arbres. Il étoit tombé des fentes des rochers que les flots battoient dans les gros tems. Le flux & reflux se fait sentir dans le port de Marseille. Il seroit à souhaiter qu'on fît des observations sur ce phénomene, ainsi que sur les courans qui sont assez variés sur les côtes de Provence. Ils ont fait quelquefois échouer de petits bâtimens, & souvent ils ont emporté les filets des pêcheurs.

Le corail qu'on pêche à Cassis, & en plusieurs autres endroits, mériteroit aussi l'attention d'un naturaliste. Il s'en faut bien qu'on soit parfaitement instruit sur la génération & la formation de ce corps marin. On sait qu'il est l'ouvrage des animaux, mais on ne sait pas comment ils s'engendrent & se nourrissent, & de quelle maniere se forment les branches qui le composent ; si elles proviennent d'un même polype qui en engendre d'autres par ses côtés, ou des tuyaux membraneux qui composent le corail, & qui se subdivisant à mesure qu'ils s'éloignent de la base, prennent différentes directions. En suivant cette hypothese, à laquelle les observations de M. Ellis pourroient donner quelque fondement, on verroit pourquoi les premieres branches sont plus grosses que les autres ; c'est, diroit-on, parce qu'il se détache du tronc un plus grand nombre de tuyaux. Si l'on objectoit que ces branches ont quelquefois une grosseur qui excede le nombre des tuyaux que nous supposons s'être écartés de la tige ; on répondroit qu'étant moins pressés, dès qu'ils sont séparés de la masse totale, ils acquiérent plus de volume; enfin fi l'on vouloit favoir pourquoi les rameaux, en général, vont en diminuant dans une certaine proportion, à mefure qu'ils naiffent plus près du fommet de la plante, on trouveroit, dans la fubdivifion de ces mêmes tuyaux, une réponfe plaufible qu'on fortifieroit par la comparaifon des arbres, & par la difficulté de donner raifon de ces différentes ramifications, quand on les attribue à des polypes qui fortent du polype mere par fes côtés; car il faut fuppofer qu'ils naiffent toujours plus minces à proportion qu'ils s'éloignent de la bafe; fuppofition gratuite, dont toutes fortes de lecteurs ne fe contenteroient pas. Ces difficultés, & plufieurs autres qu'on pourroit faire, en examinant la matiere à fond, prouvent qu'on a befoin encore de quelques nouvelles découvertes, pour bien connoître la formation du corail.

Les tuyaux, dont il eft compofé, font membraneux, & reçoivent dans leurs mailles ou véficules, une matiere calcaire, un fuc pierreux qui fe durcit & forme un corps folide. Ce méchanifme eft le même que celui de l'offification, fuivant les obfervations ingénieufes de M. Hériffant. Les parties terreufes doivent s'infinuer par les petits corps blancs qu'on apperçoit fur toute la furface du corail, quand il eft dans l'eau de la mer; c'eft par-là que le polype prend fa nourriture. Les pinnes-marines & les nautiles papyracées, ne font point rares fur les côtes de Provence, du côté de Saint-Tropez.

La petite ville de Caffis, telle qu'elle eft, ne remonte pas au-delà du treizieme fiecle; il n'en eft pas mention dans l'affouagement de 1200. Elle a été bâtie près de celle qui fubfiftoit du tems des romains, & qui nous a fourni un article dans la premiere partie de la chorographie.

Il en eft à-peu-près de même de la Ciotat, dont la fondation eft auffi récente. Les anciens habitans de *Tauroentum*, après la deftruction de cette ville, fe retirerent à Ceirefte, *Citharifta*, à une lieue au nord-eft, pour éviter la fureur des pirates. Ceirefte étoit,

Diocese de Marseille. Histoire naturelle.

Acad. des fcienc. an. 1758. p. 31 & 322, &c. an. 1766. p. 508.

Remarques historiques. Caffis.

La Ciotat.

du tems des romains, beaucoup plus confidérable qu'aujourd'hui, & fortifiée. Quelques auteurs ont cru qu'il y avoit un évêque, ainfi qu'à Gargarie, au commencement du cinquieme fiecle; mais les lettres du pape Zozime prouvent que ces deux églifes étoient de fimples paroiffes, que les évêques d'Arles & de Marfeille fe difputoient. La Ciotat doit fon origine à des pêcheurs, comme prefque toutes les villes maritimes, & fes accroiffemens au commerce, que fa fituation avantageufe l'a mife à portée de faire. Les capucins s'y établirent en 1606, les prêtres de l'oratoire en 1618, les minimes en 1633, les urfulines en 1635, les bernardines en 1642. Les fervites établis à Fonfainte en 1521, ne furent transférés qu'en 1693 dans cette ville, dont la population a augmenté aux dépens de Ceirefte. Bouche rapporte que de fon tems il y avoit dans le terroir de ce village un olivier, dont le tronc étoit creux, & fi prodigieufement gros, qu'il pouvoit contenir vingt perfonnes. Le propriétaire y logeoit en été avec toute fa famille, & y avoit encore ménagé un petit coin pour un cheval. Si le fait n'eft point exagéré, c'eft un des plus finguliers qu'on puiffe rapporter en ce genre.

Aubagne. La ville d'Aubagne, fituée fur les bords de l'Uveaune, & dans un terroir fertile, eft après la Ciotat, la plus confidérable du diocefe : elle n'eft pas grande; mais le voifinage de Marfeille y anime le commerce & l'induftrie, & répand l'aifance parmi les citoyens. Il n'y a que deux communautés religieufes, qui font les urfulines depuis l'an 1631, & les obfervantins. Cette ville, nommée *Albania* dans une charte de l'an 1014, fut donnée à l'évêque, par le roi René, en 1471, avec les feigneuries de Caffis, de Roquefort, de Saint-Marcel, de Julhians, de Cujes & du Caftellet, en échange des terres de Saint-Cannat, d'Allein & de Valbonnette, qui appartenoient à l'évêché.

On a trouvé quelques infcriptions peu importantes dans le territoire d'Aubagne; cela eft d'autant moins furprenant, qu'il étoit anciennement habité, & qu'il dépendoit de la république de Marseille. Cependant aucun ancien auteur ne parle des villes qu'on avoit bâties dans ce territoire.

Aubagne n'est pas éloignée de Gemenos, petit village qui a succédé à un plus ancien, dont on voit encore les ruines au pied d'une montagne, où étoit l'église de saint Martin, dépendante de l'abbaye de Saint-Pons.

L'ancienneté de Saint-Zacharie paroît appuyée sur des preuves plus authentiques. On y a trouvé quelques petites colonnes, de grosses pierres liées ensemble avec des crampons de fer, un pavé à la mosaïque, & une inscription, dont la premiere ligne étoit effacée. On lisoit dans les autres:

MATRIBVS
VBELKABVS
V. S. L. M
SEX. LICINIVS
SVCCESSVS

Ce pavé à la mosaïque, ces pierres, ces colonnes, étoient les débris d'un temple dressé en l'honneur des déesses meres. On croit communément que leur épithete est toujours *topique*, c'est-à-dire qu'elle est tirée d'un nom de lieu, ou d'un nom de peuple. Mais celle-ci paroît avoir une autre origine, & venir des mots celtiques *ub*, exclamation qui marque la crainte, & de *elk*, qui signifie mauvais. Il s'ensuit de-là qu'il y avoit à Saint-Zacharie un temple où l'on offroit des sacrifices aux mauvaises déesses, pour les appaiser. C'étoient des divinités champêtres qu'on représentoit avec des fruits & des fleurs, & avec une corne d'abondance. Elles étoient redoutables aux gens de la campagne, qu'elles effrayoient, disoit-on, par leurs apparitions. Le peuple s'imaginoit qu'il y en avoit une d'affectée à chaque lieu & à chaque homme; suivant cette opinion, elles étoient la même chose que les *génies*. On appelloit ordinairement *junones*, les génies tutélaires des femmes : ce mot, dans les inscriptions, est synonyme de celui de *matres*. Comme on trouve communément ces déesses meres représentées au nombre de trois, sur les cippes, quelques auteurs les ont confondues avec les Parques. M. l'abbé Banier paroît avoir assez bien réfuté cette opinion dans les mémoires de l'académie des belles-lettres, tom. 7. mém. pag. 34.

La ville de Saint-Zacharie est désignée dans l'affouagement de 1200, sous les noms de *monasterium sancti Zachariæ*, parce que l'église étoit anciennement desservie par des chanoines, qui embrasserent la regle S. de Victor vers l'an 1034. Ils acheterent un domaine qui leur coûta un cheval, un bœuf & deux cochons. L'argent étoit rare, & l'on étoit obligé de faire les achats par échange, comme on le pratique encore chez les peuples qui ne sont point civilisés. La nouvelle communauté subsista durant plusieurs siecles; c'est aujourd'hui un prieuré simple à la nomination de l'abbé. Les bénédictines ont aussi un couvent dans cette ville. On croit que c'étoient originairement des cassianites établies à la Sainte-Baume, d'où elles furent transférées à Saint-Zacharie au commencement du treizieme siecle. Elles se soumirent à la réforme en 1630.

Auriol & Roquevaire n'offrent rien de remarquable que quelques traces de la domination romaine. C'est ainsi qu'il faut regarder les inscriptions qu'on y a découvertes, & qui ne contiennent rien d'intéressant. Le terroir de ces trois bourgs est beau, fertile en huiles & en vins sur-tout.

Nous ne parlerions pas de Signes, si l'on ne croyoit communément sur la foi de Nostradamus, que les dames de Provence, dans les tems de chevalerie, tenoient la cour d'amour dans le château de ce lieu. C'est une fable que nous détruirons dans l'histoire, où l'on verra ce que c'étoit que ces cours d'amour.

On trouve un monument d'antiquité assez singulier dans le village de Pennes, à trois lieues nord-ouest de Marseille. Il contient les différens emblêmes qui repréſentent les attributs de la déeſſe Cybele ; une pele pour remuer la terre, un bonnet de berger, un lion paſſant, une tour & un pin où ſont ſuſpendus des inſtrumens de muſique, tels que des cymbales & une flûte de Pan. Caïus Januarius, bedeau du temple, que cette divinité avoit aux Pennes, fit en ſon honneur, l'inſcription ſuivante, rapportée par Muratori, pape 185, n. 3.

MATRI. DEVM. MAGNAE. IDAE
PALATINAE. EIVSDEM. RELIGIONIS.
APPARITOR.
CAIVS.   IANVARIVS

Ce village, après avoir dépendu, quant à la juriſdiction temporelle, des religieux de ſaint Victor, de l'évêque de Marſeille, de la reine Jeanne, de Guillaume de Beaufort, vicomte de Turenne, du maréchal de Boucicault, & de la communauté de Marſeille, fut réuni au domaine comtal vers l'an 1394. Le roi René l'ayant annexé à la vicomté du Martigues, en 1473, le donna avec le reſte de ſes états à Charles du Maine ſon ſucceſſeur. Celui-ci légua la vicomté en 1481, à François de Luxembourg, dont le fils, nommé François, comme lui, vendit la terre des Pennes à Charles de *Vento*, viguier de Marſeille. Elle eſt encore poſſédée par ſes deſcendans. On y trouve une breche très-agréable par la diverſité des couleurs ; elle prend un beau poli, quoiqu'elle ſoit difficile à travailler. La fontaine qu'on rencontre à l'entrée du village en venant de Marſeille, eſt remarquable par la difficulté qu'on a eue de conduire l'eau. Il a fallu percer une maſſe de pierre vive de l'épaiſſeur de cinquante toiſes, & de plus de ſeize d'élévation. Les mineurs qui travailloient en même-tems au nord & au midi, en ſuivant la direction de la bouſſole, ſe rencontrerent ſur la même ligne, à très-peu de différence les uns des autres pour la hauteur. Cette terre fut érigée en marquifat au mois d'octobre 1678, en faveur de Nicolas de *Vento*, baron de Peiruis, qui avoit été premier procureur du pays.

Diocese de Toulon.

Nous avons déjà dit que la ville de Toulon ne remontoit pas au-delà du IVe fiecle, ou du moins n'a-t-on aucune preuve du contraire. Ainfi l'on ne doit pas s'attendre à y trouver le moindre veftige d'antiquité. Si l'art de la guerre & de la politique eût été affujetti chez les romains aux mêmes regles que chez nous ; fi leur empire en-deçà des Alpes eût été borné par le Rhône, & menacé par des nations belliqueufes & policées, ils auroient fans doute tiré parti de la fituation avantageufe du fol, pour y bâtir une ville qui feroit devenue un des remparts de l'Italie, & leur auroit affuré l'empire de la Méditerranée dans les Gaules. Mais les ennemis qu'ils avoient à combattre étant éloignés, fans expérience dans la guerre, & fur-tout dans la marine ; ils négligerent la plage de Toulon, la regardant comme un fimple afyle offert par la nature, aux vaiffeaux qui avoient befoin d'y relâcher. Les eaux qui fortoient du pied de la montagne, le kermès qu'on trouve dans le voifinage, & le murex qu'on pêche dans la mer, furent les feuls objets qui fixerent leur attention. Ils établirent la manufacture dont nous avons parlé ailleurs.

Ces objets font négligés aujourd'hui. Toute l'attention du gouvernement s'eft tournée vers la marine, & cette ville eft devenue, par les forts qui la défendent, une des plus fortes, comme fon port eft un des plus beaux & des plus fûrs du royaume. L'arfenal fait l'admiration des curieux. Parmi les lieux néceffaires pour la conftruction & l'armement des vaiffeaux, on diftingue la corderie, qui eft un ouvrage digne de la réputation de M. de Vauban. Il n'y a peut-être rien en France, fi l'on en excepte le port de Breft,

qui

qui donne une plus haute idée de la majesté du souverain, que tous ces ouvrages enfantés par l'art & le génie, pour la défense de l'état.

DIOCESE DE TOULON.

Le chapitre est composé d'un prévôt, d'un archidiacre, d'un sacristain, d'un capiscol & de huit autres chanoines. Il y a de plus dix bénéficiers, deux vicaires & deux chapelains. Les communautés religieuses sont, les dominicains, fondés en 1303; les capucins, en 1588; les minimes, en 1611; les carmes déchaussés, en 1635; les augustins, la même année; les récollets, en 1548; les freres des écoles chrétiennes, en 1759. Les prêtres de l'oratoire, qui ont le college, furent reçus en 1625; les ursulines, la même année; & les religieuses de la visitation, en 1634. Les bernardines, dont la fondation étoit de l'année 1633, ont été transférées à Cuers, en 1767.

EVÊQUES.

EVÊQUES.

Le premier évêque connu est, *Honoré*, qui souscrivit la lettre synodique écrite à saint Léon, par les évêques des Gaules, en 451. Il est vraisemblablement le premier qui ait gouverné l'église de Toulon. Cette ville n'est pas nommée dans la notice de l'empire, faite du tems de l'empereur Honorius, au commencement du Ve siecle; elle étoit alors trop peu de chose pour avoir un siege.

451.

Saint Gratien souffrit le martyre pour la défense de la foi contre les ariens en 481, sous Euric, roi des visigots, qui se rendit maître de la Provence en 480.

481.

Saint Cyprien, disciple de saint Césaire, dont il a écrit la vie, & second patron de l'église de Toulon, remplissoit le siege avant l'année 524, puisqu'il assista cette année-là au concile d'Arles. Il montra dans plusieurs autres, où il se trouva, un zele & des lumieres, qui, jointes à la sainteté de sa vie, le firent distinguer parmi les plus saints évêques de son tems. Il mourut avant l'année 549.

524.

Tome I. Aaa

Palladius, son successeur, assista cette année-là au cinquieme concile d'Orléans, & envoya un député à celui d'Arles, de l'année 554.

Didier, dont on trouve le nom parmi les souscriptions du quatrieme concile de Paris, de l'an 573, se fit représenter au deuxieme de Macon, en 585.

Mennas, évêque en 501, reçut cette année-là une lettre de saint Grégoire le grand, qui lui recommandoit les moines qu'il envoyoit dans la grande Bretagne.

Taurinus, diacre de Toulon, assista en qualité de député d'un concile des Gaules à celui de Rome, tenu en 680. Neuf ans après on trouve un évêque du même nom au concile de Rouen, mais son siege n'y est pas nommé. On ne peut pas conclure de la conformité des noms, que Taurinus fût évêque de Toulon, & qu'il soit le même, qui n'étant que diacre, fut député au concile de Rome. L'assemblée de Rouen n'étoit composée que de seize évêques, dont aucun ne paroît avoir été de Provence. Ainsi, depuis Mennas, qui mourut au commencement du VIIe siecle, jusqu'en 879, on ne trouve plus aucun évêque de Toulon. C'est peut-être parce que cette ville étant fort exposée aux incursions des pyrates, & hors d'état de se défendre à cause du petit nombre de ses habitans, le siege demeura vacant pendant près de deux siecles. Ce n'est pas le seul vuide qu'on trouve dans ce catalogue.

Eustorge fut un des électeurs de Bozon en 878.

Armode assista au sacre de Rainfroi, archevêque de Vienne, en 899.

Jandad ou *Jaudad* paroît avoir occupé le siege dès l'an 1021; mais il ne vivoit plus, ou il s'étoit démis en 1031.

Deodat, chanoine de Marseille, étoit évêque de Toulon cette année-là. Nous avons des preuves de son épiscopat jusqu'au mois de juillet 1048. Il assista au concile de Saint-Gilles, tenu le 4 septembre 1042. On l'appelle Jaudad dans une charte de saint Victor, de l'an 1035.

Guillaume I bénit l'église de Brignoles à la priere de Pons II, évêque d'Aix, le 25 janvier 1056. Il est prouvé par un autre acte, qu'il siégeoit cette année-là. Mais nous n'en trouvons aucun dont on puisse inférer qu'il vivoit en 1079, comme on l'a cru. Les archives de nos églises, & sur-tout celles de Toulon, ont été si dévastées, qu'il y a nécessairement beaucoup de lacunes dans l'histoire des évêques.

Aimin ou *Arimin* accompagna Godefroi de Bouillon dans l'expédition de la Terre-Sainte, en 1095, & vivoit encore en 1110.

Guillaume II occupoit le siege en 1117, comme il paroît par la fondation de la chartreuse de Montrieux. On a des preuves de son épiscopat jusqu'au mois de septembre 1165; car il étoit alors un des arbitres du différend que l'évêque de Marseille avoit avec les vicomtes, au sujet de la jurisdiction temporelle.

Pierre Isnard, chanoine d'Arles, nommé à l'évêché de Toulon vers l'an 1168, fut un des fondateurs de la chartreuse de la Verne, dans le diocese de Fréjus en 1170, avec Fredole, évêque de cette ville. Il assista au troisieme concile de Latran en 1179, & passa à l'archevêché d'Arles en 1183.

Didier embrassa la vie religieuse à la chartreuse de la Verne en 1170, étant prévôt de Toulon. Il fut fait évêque de cette ville en 1183, & donna sa démission vers l'an 1201, pour rentrer dans la solitude d'où on l'avoit tiré.

Pons Rausin, de Toulouse, fut placé sur le siege de Toulon en 1201; mais on ignore l'année de sa mort.

Guillaume de Souliers, paroît lui avoir succédé, & s'être démis peu de tems après son élection. Il est mention de lui dans un acte du 30 septembre 1214, mais alors il ne gouvernoit déja plus son église. On croit qu'il prit l'habit de chartreux à Montrieux.

Etienne, qui siégeoit en 1212, semble avoir été de la même maison que Guillaume. C'étoit un évêque fort pieux, qui, redoutant le poids du ministere, abdiqua en 1223, pour aller faire pé-

DIOCESE DE TOULON. ÉVÊQUES.

1056.

1095.

1117.

1168.

1183.

1201.

1210.

1212.

nitence, le reste de ses jours, dans la chartreuse de Montrieux, dont il étoit un des bienfaiteurs.

Jean Baussan, archidiacre de Marseille, siégeoit au mois d'août 1223, & se trouve encore nommé dans un acte de 1232. Dom Denis de Sainte-Marthe observe qu'il y a, dans les archives de la cathédrale de Marseille, une charte où le nom de l'évêque de Toulon est désigné par une F. Cette charte est du quatre des ides de juillet 1226: on y lit, en propres termes,... *Domini Hugonis, Dei gratiâ Arelatensis archiepiscopi, & domini F. eâdem gratiâ, episcopi Thol. &c.* La maniere dont ce dernier mot est écrit, prouve qu'il s'agit de Foulques, évêque de Toulouse, & non pas de Toulon. Jean fut commis, avec l'archevêque d'Arles, par le cardinal de Saint-Ange, légat du saint-Siege en Albigeois, en France & en Provence, pour terminer les plaintes que l'évêque de Marseille avoit portées au sujet de l'union faite à son préjudice, entre la ville supérieure & l'inférieure. Il fut transféré à Arles en 1232.

Raymond de Saint-Jal, son successeur, ne commence à être connu qu'en 1235; il assista au concile de Lille en 1251, & mourut en 1255.

Bertrand, siégeoit en 1257. C'est ainsi que nous le nommons, n'étant désigné que par la lettre initiale de son nom dans une charte de Montmajor.

Gautier Gaufredi fut nommé exécuteur testamentaire de Béatrix, reine de Sicile, & comtesse de Provence en 1266. Deux ans après, il fit la distribution des prébendes de son chapitre, en établissant douze chanoines & six bénéficiers; ce qui fut confirmé, par l'archevêque & le chapitre d'Arles, le 5 avril 1277.

Jean II assista au concile d'Avignon, le 17 mai 1279, & siégeoit encore en 1303.

Raymond Rostagni tint un synode à Toulon, on ne sait pas en quelle année, & mourut en 1311.

Pons II siégeoit en 1314.

DE PROVENCE. 375

Elzéar de Glandevès, frere d'Anselme, évêque de Glandeves, prévôt de Toulon, en étoit évêque en 1317, lorsque Jean XXII. lui enjoignit de réprimer les abus qui s'étoient glissés parmi les béguines de cette ville, & d'accorder sa protection à celles que Sanche, reine de Sicile, avoit établies à Hyeres & à la Roubaude. Cet évêque vivoit encore au mois de septembre 1323.

Hugues siégeoit en 1324, comme il paroît par une charte du mois de juin de la même année; mais il ne dut gouverner le diocese que quelques mois, puisque

Pierre de Guillelmi lui avoit déja succédé en 1325. Il assista l'année suivante au concile de Saint-Ruf, près d'Avignon.

Foulques, religieux de l'ordre de saint Dominique, fut transféré de Vence à Toulon, en 1328.

Jacques, religieux du même ordre, passa du couvent de saint Maximin au siege de Toulon, en 1329, & l'occupa jusqu'en 1341. Il eut pour successeur

Jean de Corbeau, qui donna une sentence arbitrale entre l'évêque de Gap & les dominicains de la Baume.

Hugues la Bailla, religieux augustin, fut transféré de Gubio à Toulon, le 9 décembre 1345.

Pierre III fut nommé le premier avril 1357.

Raymond Daronis étoit évêque de Toulon, lorsqu'il passa au siege de Fréjus en 1364.

Guillaume de la Voute, de la maison d'Andufe, abbé de saint Vincent, ordre de saint Benoît, nommé à l'évêché de Toulon sur la fin de l'année 1364, obtint celui de Marseille au mois d'octobre 1368 pour le plutôt; puisque Philippe de Cabassole, qui en avoit l'administration, ne paroît l'avoir quittée qu'après sa nomination au cardinalat, qui est du 27 septembre de la même année; par conséquent le successeur de Guillaume à l'évêché de Toulon n'a pu être nommé au mois d'avril 1364, comme on l'a prétendu.

DIOCESE DE TOULON. ÉVÊQUES.

1317.

1324.

1325.

1328.

1329.

1342.

1345.

1357.

1363.

1364.

Etienne II, qui eft le fucceffeur dont il s'agit, ne commença fon épifcopat qu'au mois de novembre 1368.

Jean-Sylveftre de Girbioto, efpagnol, confirma les ftatuts du chapitre le 22 août 1371, & mourut en 1380. Les dominicains établis hors des murs, depuis l'an 1303, à l'endroit où eft le champ de bataille, fe logerent dans la ville en 1378, & occuperent la maifon de la reine Jeanne, qui leur en fit préfent.

Pierre IV *de Marville*, dominicain, fuccéda vraifemblablement à Jean, quoiqu'il ne foit pas connu avant l'an 1395. Il mourut le 4 ou le 5 de feptembre 1402.

Jean V fiégea depuis l'an 1403 jufqu'en 1409.

Vital, religieux francifcain, élu le 13 février 1411, fut chargé par le concile de Conftance, d'aller redemander à Jean XXIII l'anneau du pêcheur. Il eft mention de lui jufqu'au 27 juillet 1427.

Guillaume de Nicolaï eft mis au nombre des évêques, on ne fait pas trop fur quel fondement, en l'année 1430.

Sairifius Draconis mourut en 1434.

Jean de Gumbaud fiégeoit en 1437.

Pierre de Clapiers, prévôt de Toulon, & enfuite évêque en 1440, étoit préfident de la cour fouveraine, & chancelier du comte de Provence vers l'an 1467, ce qui eft une preuve de fon mérite.

Jean VI fit un échange de quelques terres avec Honoré de Caftellane, le 28 feptembre 1487.

Jean de Mixon, prieur commandataire de Notre-Dame de Loudun, occupoit le fiege en 1491 & 1494.

Guillaume de Briçonnet, appellé le cardinal de Saint-Malo, fiégeoit aux années 1497 & 1501. Il donna fa démiffion en faveur de fon fils.

Denis de Briçonnet, de Tours, fils du précédent, & de Raoulette de Beaune, archidiacre de l'églife de Reims, prit poffeffion de l'évêché de Toulon le premier février 1511. Il fit du bien à la cathédrale, affifta au concile de Pife, vraifemblablement après qu'on l'eut transféré à Milan le 4 janvier 1512, & fe trouva auffi à la huitieme feffion de celui de Latran en 1513. Ce prélat fut fucceffeur de fon frere Guillaume à l'évêché de Lodeve, & paffa enfuite à celui de Saint-Malo. Il avoit les abbayes de Cormery, d'Epernai, & le doyenné de Tarafcon.

Philas de Roverella, né à Ferrare, étoit protégé de Léon X, qui le transféra de l'évêché de Toulon à celui d'Afcoli, le 3 novembre 1518. Le même pape, Adrien VI, Clément VII & Paul III le chargerent de plufieurs légations dont il s'acquitta toujours avec honneur. Les cardinaux le nommerent gouverneur de Rome après la mort de Paul III. Il mourut à Afcoli en 1550, dans un âge fort avancé. 1515.

Nicolas de Fiefque, né à Gênes, eft le même dont nous avons parlé dans le catalogue des évêques de Fréjus. Il adminiftra l'évêché de Toulon depuis le 3 novembre 1518 jufqu'en 1524. 1518.

Auguftin Trivulce, né à Milan, évêque de Baïeux & de Périgueux, légat apoftolique des troupes du pape Clément VII, évêque d'Afti, fut nommé adminiftrateur de l'évêché de Toulon, le 22 juillet 1524, après la mort de Nicolas de Fiefque. Il mourut à Rome en 1548, étant cardinal. 1524.

Antoine Trivulce, nonce du pape à Venife, référendaire de la cour de Rome, fuccéda à Auguftin, fon parent, dans l'adminiftration de l'évêché de Toulon, le 3 mars 1528; il faut donc qu'Auguftin fe fut démis vingt ans avant fa mort, s'il n'y a point d'erreur dans les dates. Ce n'eft que par exactitude que nous nous attachons à ces détails; car pour le bien que ces adminiftrateurs faifoient dans le diocefe où ils ne venoient jamais, ce n'eft pas la peine de compter leurs jours. Antoine mourut à Rome en 1559, à fon retour de France, où le pape l'avoit envoyé pour négocier la paix entre Henri II & Philippe II. Il étoit cardinal du titre de faint Adrien depuis l'an 1557, & avoit été nommé vice-légat d'Avignon en 1554. 1528.

CHOROGRAPHIE.
II. Partie.
1560.

Jérôme de la Rovere, de Turin, abbé de Lucedio & de saint Sever du Cap, fils de Lœlius & d'Anne de Piozzasc, fut particuliérement protégé de François I & d'Henri II, dont il fit l'oraison funebre. Celui-ci le nomma à l'évêché de Toulon. On ne sait pas précisément en quelle année, mais vraisemblablement en 1560. La Rovere ayant été envoyé en ambassade vers le duc de Savoie, devint archevêque de Turin en 1564, & cardinal du titre de saint Pierre-ès-liens en 1586, un an après que le duc de Savoie l'eut chargé de ses affaires en France, où il résidoit en qualité de son envoyé. Ce cardinal, distingué par ses talens & ses lumieres, mourut pendant le conclave en 1592, après avoir eu quelques voix pour la papauté.

1566.

Thomas Jacomel, dominicain & inquisiteur de Turin, étoit né à Pignerol. Il fut évêque de Toulon depuis l'an 1566 jusqu'en 1571. Il composa deux ouvrages oubliés; l'un sur l'autorité du pape, & l'autre contre les vaudois.

1571.

Guillaume le Blanc, oncle de Guillaume, évêque de Grasse & de Vence, conseiller au parlement de Toulouse, & chancelier de l'université dans la même ville, fut nommé à l'évêché de Toulon en 1571, & mourut au mois de février 1588 dans la ville d'Avignon, où il étoit chancelier. C'étoit un homme d'esprit, qui joignoit à la science de la théologie, la connoissance de la langue grecque & l'amour de la poésie. Il traduisit l'histoire de Xiphilin, fit des vers & quelques traités sur les sacremens, & contre les hérétiques. Mais rien de tout cela n'a échappé à l'injure du tems.

1599.

Gilles de Seystres, avignonois, lui succéda en 1599; ainsi le siege demeura vacant pendant plus de dix ans. Ce prélat fit réparer l'église de saint Paul d'Hyeres, & mourut à Toulon le 2 mai 1626.

1628.

Augustin de Forbin, fils de Palamede, seigneur de Soliers, gouverneur de Toulon, & de Jeanne de la Garde, fille de Gaspar de Vins, étoit prévôt de Pignans, quand il fut nommé à l'évêché de

DE PROVENCE.

de Toulon en 1628. On ne sait rien de particulier touchant son épiscopat, qui dura vraisemblablement jusqu'en 1639.

Jacques Danès, de Marly, fils de Jacques, conseiller au grand conseil, & ensuite prévôt des marchands de Paris, & d'Anne Hennequin, fut aussi conseiller au grand conseil, où il se fit connoître par ses lumieres & par son zele pour le bien public. Sacré évêque de Toulon le 6 mai 1640, il n'eut point d'autre objet que la gloire de la religion & le salut de son troupeau. Il contribua à l'un & à l'autre, autant par ses discours & ses exemples, que par les pieux établissemens qu'il fit dans son diocese. Ce fut lui qui fit ériger en collégiales les églises de Cuers & de Six-Fours. Cependant quoiqu'il soutînt avec tant de zele le poids de son ministere, il craignit de n'en pas remplir les fonctions assez dignement, & donna sa démission, pour s'occuper uniquement de son salut dans la retraite. Il mourut à Paris le 5 juin 1662, étant devenu un vrai modele de pénitence. Sa piété étoit fort éclairée, car il y avoit peu d'évêques, de son tems, qui eussent autant de talens & de connoissances.

Pierre Pingré, chanoine de l'église de Paris, sa patrie, conseiller en la cour des aides, & prieur de Souvigny, prêta serment en qualité d'évêque de Toulon, au mois d'octobre 1658, & se montra digne, par ses vertus, des beaux siecles de l'église. François Didier, de Toulon, vicaire apostolique dans le Tunquin, pendant plus de trente ans, & mort évêque d'Ascoli en 1695, avoit été son disciple. Pierre donna tout son bien à l'hôpital, sa bibliotheque aux prêtres de l'oratoire, & mourut à Toulon le 3 ou le 5 décembre 1662, regretté de ses diocésains qu'il n'avoit pas cessé d'édifier. Il fut enterré dans le cimetiere hors de la ville, comme il l'avoit demandé. Mais son corps fut rapporté dans la sépulture ordinaire des évêques en 1707, peu de tems avant le siege.

Louis de Forbin d'Oppede, dont le pere & le frere furent premiers présidens au parlement de Provence, avoit été successi-

DIOCESE DE TOULON.
EVÊQUES.
1640.

1658.

1664.

vement prévôt de Riez, doyen de Tarascon, & archidiacre d'Avignon, quand il fut nommé à l'évêché de Toulon en 1664. Il se fit particulierement estimer par sa sagesse & la pureté de ses mœurs. Sa mort arriva le 29 avril 1675.

1675. *Jean de Vintimille du Luc*, prévôt de Riez pendant trente-six ans, ensuite doyen de Tarascon, puis évêque de Digne en 1669, fut transféré à Toulon en 1675, & s'y fit chérir de tout le monde par son affabilité.

1684. *Armand-Louis Bonin de Chalucet*, né en Bretagne, fut nommé à l'évêché de Toulon en 1684, & ne reçut l'onction épiscopale que le 25 mars 1692, n'ayant pu recevoir ses bulles que cette année-là, à cause des démêlés de la cour de France avec celle de Rome. Il gouverna le diocese durant cet intervalle, & l'édifia par la régularité de sa conduite. Son installation ne fit que ranimer son zele. Il défendit la religion par ses écrits, la fit respecter par ses vertus, & par les établissemens utiles & les œuvres de charité dont elle fut le principe. Il eut l'honneur de haranguer Sa Majesté le 28 juin 1702, au nom de l'assemblée du clergé, & fit, durant le siege de Toulon, tout ce qu'on peut attendre d'un sujet fidele, & d'un pasteur charitable. La ville voulant laisser à la postérité un monument de sa reconnoissance pour ce prélat, fit graver sur le marbre une inscription, dont M. Ferrand, alors consul, étoit auteur. Ce prélat mourut dans son diocese, regretté de tout le monde, & particuliérement des pauvres, auxquels il légua tout ce qu'il avoit.

1712. *Louis de la Tour du Pin*, de Montauban, docteur en théologie, vicaire général d'Apt, abbé d'Aniane & de Saint-Guillem du désert, fut nommé le 15 août 1712, & sacré à Lisieux. Il mourut le 12 septembre 1737.

1737. *Louis-Albert Joly de Chouin*, vicaire général de Nantes, nommé évêque de Toulon en 1737, fut pourvu de la prévôté de Pignans l'année suivante, & mourut le 16 avril 1759.

Alexandre de Lascaris de Vintimille, abbé de Figeac en 1749, a été sacré le 12 septembre 1759.

<small>DIOCESE DE TOULON. 1759.</small>

Nous avons dit ailleurs que les seigneurs de Foz, de la maison de Marseille, fonderent, en 989, un couvent de religieux à Foz. Comme ils avoient aussi le domaine d'Hyeres, ou que du moins ils y possédoient beaucoup de biens, nous présumons que ce sont eux qui fonderent à Saint-Pierre de la Manarre, dans le territoire de cette ville, sur le bord de la mer, le monastere de bénédictins dépendant de celui de saint Gervais de Foz. Le relâchement s'étant introduit dans ces deux couvens, on fut obligé de les supprimer, & l'on donna celui de Saint-Pierre de la Manarre, avec tous les biens qui en dépendoient, à des religieuses qu'on tira de l'abbaye de saint Pons de Gemenos. Cette commission fut exécutée le 13 mars 1220, par Conrad, évêque de Porto, légat du saint-Siege en Provence. L'abbaye de saint Pons, qui suivoit la regle de saint Bernard, étant ensuite tombée dans la décadence au quinzieme siecle, on transféra les religieuses à la Manarre. Mais ce monastere étoit trop exposé aux courses des pyrates, pour pouvoir subsister plus long-tems. Il fut en effet détruit, & les religieuses allerent habiter à Hyeres dans celui qu'elles occupent encore. C'est une abbaye de l'ordre de Citeaux.

<small>ANCIENNES ABBAYES.</small>

Le saffre domine dans la partie du terroir de Toulon, qui est au nord & au nord-ouest de la ville. On appelle saffre, un amas de petites pierres liées ensemble par un gluten, qui se durcit à l'air avec une facilité surprenante. Si on laissoit le terroir en friche pendant une vingtaine d'années, il formeroit une espece de poudingue aussi dur que celui du bord de la mer, où il faut employer la mine pour le faire sauter. J'ai vu à Toulon une muraille de pierre séche, où l'on avoit mis indistinctement le saffre avec d'assez gros morceaux de pierre de taille & de grès. La pluie ayant fait couler sur celle-ci le gluten du saffre, avoit lié le tout ensemble, comme on auroit pu faire avec le mastic le plus fort. On prétend qu'il y a une mine

<small>HISTOIRE NATURELLE.</small>

d'étain à la bastide de M. Blanc, entre Toulon & la Valette.

L'autre partie du terroir, voisine de la mer, est un schiste d'une couleur qui varie beaucoup. Il y en a de couleur de plomb, de fer rouillé, d'un gris blanchâtre & d'un blanc fort vif. Ce schiste blanc étant exposé au feu de porcelaine, n'acquiert que peu d'adhérence au fond du vase, sans perdre sa couleur, qui n'est que foiblement ternie. Le noir coule au même degré de chaleur, & acquiert une couleur martiale très-foncée. On distingue à l'œil les parties métalliques mises en fusion. Je pense qu'à un plus grand feu le schiste blanc fuseroit aussi. On apperçoit, près de l'Eigoutier, des indices de charbon de terre, & vers la hauteur de Sainte-Catherine, on trouve à quinze ou vingt pieds de profondeur, une couche de marne incrustée de cames & de moules. La pierre arménienne d'un bel azur, se trouve au fond d'une caverne située du côté de la mer, au pied de la montagne appellée la *Couelo negro*.

Il y a aussi du kermès ou vermillon dans le terroir, & particuliérement sur les collines qui bordent la mer depuis Toulon jusqu'à Saint-Tropez. On détache cet insecte du chêne verd, avant que le soleil ait enlevé la rosée. Il y a des femmes qui en ramassent jusqu'à deux livres par jour. On considere cet insecte dans trois états différens & très-marqués. Le premier tems est au commencement du mois de mars, où l'animal est plus petit qu'un grain de millet. Considéré au microscope, il paroît d'un très-beau rouge, ayant sous le ventre, & tout à l'entour, une espece de coton qui lui sert de nid, & dont quelques petits flocons s'élevent sur son dos.

Dans le second tems, qui est au mois d'avril, le ver a pris tout son accroissement; il est devenu rond & gros comme un pois. Sa peau est plus ferme & plus également couverte de coton; il ne paroît plus qu'une coque, ou une gousse remplie d'une liqueur rougeâtre comme du sang pâle.

Le troisieme tems tombe vers le milieu ou la fin de mai. L'on trouve alors dans cette espece de coque, & sous le ventre de l'insecte, dix-huit ou vingt mille petits grains ronds, qui sont autant d'œufs, & qui donnent autant d'insectes semblables à celui dont ils sont sortis.

Il n'est pas rare d'avoir, dans une année, deux récoltes de kermès. Les marchands qui viennent l'acheter ont soin de l'arroser de vinaigre, ainsi que les œufs qui s'en séparent, & de l'exposer ensuite au soleil, ou à une chaleur équivalente, pour faire périr tous les petits animaux éclos ou à éclore; sans cette précaution, ils se métamorphoseroient en mouches, & s'envoleroient. Le kermès, qui naît sur les chênes verds voisins de la mer, est plus gros, & d'un rouge plus vif que celui qu'on ramasse sur les arbrisseaux qui en sont éloignés.

On trouve aussi dans la mer, près de Toulon & ailleurs, le *murex*, que les anciens estimoient tant pour la teinture en pourpre. Gassendi rapporte dans la vie de Peyresk, que ce savant étant venu faire la pêche du corail à Toulon, y prit quantité de petits coquillages, parmi lesquels il trouva une espece de limaçon sans coquille; ayant voulu les faire desscher dans un four pour les conserver, il s'apperçut que le limaçon étoit fondu en liqueur de pourpre, & que tout ce qui l'environnoit étoit teint de la même couleur. Il conjectura que ce petit animal pouvoit bien être le véritable pourpre que les anciens nommoient *murex*, & dont ils se servoient, ainsi que du kermès, à la teinturerie de Toulon.

Vita Peyresk, l. 4.

Un autre coquillage remarquable, est le *dail* ou *pholade*, qu'on trouve dans la pierre en plusieurs endroits de la rade. Sa figure, & celle de son trou, ressemblent à-peu-près à celle d'un cône tronqué, dont la plus petite base est toujours en haut; par conséquent le dail ne sort point de ce trou. Il se le creuse dans la glaise, lorsqu'il est fort jeune; ensuite il s'y enfonce de plus en plus, l'augmente à mesure qu'il croît; & pendant tout le tems qu'il met à creuser son sépulcre, la glaise se durcit & se change en banche : ainsi les *dails* ou *dattes*, comme on les nomme à Toulon, vivent long-tems. L'inftrument dont ils fe fervent pour creufer, eft une partie charnue affez groffe, & faite à-peu-près en lofange, qu'ils font fortir du bout inférieur de la coquille; peut-être fe fervent-ils, pour cette opération, du mouvement de la coquille même, dont la fuperficie extérieure reffemble à une lime, fur-tout vers la tête. La partie charnue dont je viens de parler, ne ferviroit, dans ce cas-là, qu'à faire remuer la coquille, pour ufer la pierre. La chair des dails eft excellente, & répand dans l'obfcurité, quand elle eft fraîche, une lumiere que Pline appelle miraculeufe. C'eft un fait que M. de Réaumur a vérifié. Il a remarqué qu'ils luifent dans la bouche de ceux qui les mangent, dans les mains de ceux qui les touchent, & que les gouttes qui tombent de leur corps, foit à terre, foit fur les habits, foit fur d'autres matieres, font luifantes. On trouve beaucoup d'amianthe à celle des îles d'Hyeres qui eft au levant.

A l'article du diocefe de Fréjus, pour ne pas féparer des lieux qui font voifins, nous avons parlé de quelques mines qui font dans le diocefe de Toulon. On dit qu'il y en a une de cuivre & d'argent à Six-Fours, & qu'on trouve de l'aimant au *Cap de Bénac*, près du château de Bregançon. Ce qu'on rapporte du *lapis-lazuli*, du mont Carqueirane, eft deftitué de fondement. Les montagnes des environs d'Ollioules, dont les plus hautes n'ont qu'environ deux cens toifes au-deffus du niveau de la mer, offrent des traces de volcan. Au-deffus de la maifon des prêtres de l'oratoire, fituée fur une hauteur, à un quart de lieue du bourg, on trouve beaucoup de pierres noirâtres, pleines de foufflures, qui ne font point effervefcence avec l'eau forte, & donnent quelques étincelles avec l'acier. On y apperçoit des points brillans, qui annoncent une vitrification. On découvre auffi au même endroit, un minéral pyriteux, grisâtre, qui tient du cuivre & du fer, & qui a été vraifemblablement vomi par le volcan. Ce minéral nous porte à croire qu'il y avoit dans ces montagnes, & qu'il y a peut-être encore, des pyrites, qui, s'étant échauffées, ont occasionné des feux souterrains. Un grand nombre de ces pierres volcanisées dont nous parlons, ressemblent à du mâche-fer. Les habitans d'Ollioules les ont employées, dans tous les tems, pour bâtir les murailles des jardins & des maisons; & il est surprenant qu'on ne s'en soit apperçu que depuis peu. On trouve encore des volcans éteints à Evenos, au Broussan, au Revest, & dans le terroir de Montrieux. Il y a des endroits où le minéral pyriteux, dont je viens de parler, donne aux pierres une couleur verdâtre, & dans d'autres il est crystallisé.

On voit au sortir d'Ollioules du marbre d'un rouge sanguin, il y en a de blanc au-dessus de la maison de l'oratoire; il doit y en avoir sur les montagnes voisines.

On croit qu'Ollioules est ainsi nommé, à cause du grand nombre d'oliviers dont le terroir est couvert; ils sont très-beaux. Les orangers y viennent en plein vent. C'est le premier endroit où l'on en trouve, en suivant la côte depuis le Rhône jusqu'au Var. Il y a dans cette ville des observantins fondés en 1569, des clairistes en 1634, des ursulines en 1628, & des prêtres de l'oratoire en 1632.

Le bourg de Seyne, qu'on apperçoit au fond du golfe de Toulon, ne remonte qu'au commencement du XVe siecle. Il fut d'abord habité par des pêcheurs; mais la fertilité du terroir, & sa situation avantageuse y ayant ensuite attiré des habitans de Six-Fours & des villages voisins, le nombre des maisons augmenta; & il s'y est formé peu-à-peu un bourg considérable, où l'on trouve toute l'aisance & l'activité que le commerce peut donner à une petite ville. Les capucins y ont un couvent depuis l'an 1621.

On a trouvé à Six-Fours une inscription païenne qui ne signifie rien, sinon qu'on peut inférer de là que le terroir étoit anciennement habité; cette conjecture est appuyée sur ce que nous avons dit ailleurs de la population de la province, sous l'empire romain. Soleri rapporte que de son tems, c'est-à-dire sur la fin du XVIe siecle, les habitans de Six-Fours avoient, pour l'ordinaire, huit ou

Diocese de Toulon.
Histoire naturelle.

Remarques historiques.

Seyne.

Six-Fours.

neuf palmes de haut, c'est-à-dire environ six pieds de roi, & qu'ils ne pouvoient se marier qu'entr'eux pour ne pas dégénérer. La crédulité de cet auteur, & la diminution qui se feroit faite en soixante ans dans la taille de ces gens-là, rendent cette anecdote fort suspecte ; car Bouche qui rapporte cette remarque de Soleri, fait entendre que de son tems les habitans de Six-Fours n'étoient pas plus grands que les autres. La paroisse de ce village fut érigée en collégiale en 1650, trois ans avant celle de Cuers, petite ville bâtie dans un beau terroir, & où les oliviers sont les plus gros.

La seigneurie de Cuers paroît avoir anciennement appartenu à un cadet de la maison de Marseille, d'où elle passa dans celle de Glandevès. Nous parlerons dans l'histoire d'un siege de dix-neuf jours, qu'Isnard de Glandevès, surnommé le Grand, soutint dans le château de Cuers, contre les troupes de Charles de Duras, sur la fin du XIVe siecle. Les habitans ayant ensuite acheté la seigneurie, se donnerent à Louis XIII, qui établit à Cuers une jurisdiction royale. Le chapitre est composé d'un prévôt, d'un sacristain, d'un capiscol & de huit chanoines. Il y a deux curés & plusieurs bénéficiers. Les récolets furent fondés en 1634, les ursulines en 1536, & les bernardines en 1640.

Les capucins s'établirent en 1660 à Soliers, autre communauté divisée en trois paroisses, & située entre la précédente & Toulon, dans une contrée des plus agréables, abondante en grenades, olives, oranges, citrons, figues, &c. On y a trouvé quelques restes d'inscriptions qui ne contiennent rien d'intéressant. Je n'ai pas de peine à croire que ce terroir & celui des environs, qui est peut-être le plus beau de la Provence, ait été habité avant & après la conquête des romains ; les hommes ne s'éloignent pas des lieux où la nature les invite, & leur offre tout ce qui est nécessaire à la vie.

J'en dis autant du terroir d'Hyeres, si remarquable par l'abondance & la variété de toutes sortes de fruits & de légumes dans

toutes

toutes les saisons; car en hiver même, lorsque la nature est engourdie dans le reste de la France, elle est encore belle dans ces jardins, où, par une illusion dont on ne peut se défendre, on croit en arrivant avoir changé de saison & de climat. C'est l'endroit de la Provence qui plut davantage à Bachaumont & Chapelle; ils regrettoient que Paris ne fût pas situé sous un si beau climat. *Que c'est avec plaisir*, disoient-ils,

> Que c'est avec plaisir qu'aux mois
> Si fâcheux en *France* & si froids,
> On est contraint de chercher l'ombre
> Des orangers, qu'en mille endroits
> On y voit sans rang & sans nombre
> Former des forêts & des bois!
>
> Là, jamais les plus grands hivers
> N'ont pu leur déclarer la guerre.
> Cet heureux coin de l'univers,
> Les a toujours beaux, toujours verds,
> Toujours fleuris en pleine terre.

Si Bachaumont & Chapelle étoient venus en Provence après l'hiver de 1709 & de 1768, ils auroient vu que le froid ne respecte pas toujours ces arbres. Il y a aussi quelques palmiers dans le même terroir; mais le fruit ne mûrit pas. Les cannes de sucre qu'on avoit plantées autrefois aux îles d'Hyeres, furent abandonnées quand le commerce de l'Amérique, & la modicité du produit eurent fait sentir l'inutilité de cette espece de culture. Il est fâcheux que les exhalaisons des marais voisins détruisent, en été & au commencement de l'automne, la salubrité d'un climat, où tout sembloit fait pour le séjour de l'homme.

L'église paroissiale fut érigée en collégiale en 1572. Le chapitre est composé d'un prévôt, de six chanoines, de quatre bénéficiers, & de deux curés. Les prêtres de l'oratoire, fondés en 1649, y ont le college, les cordeliers un couvent, depuis l'an 1290 ou environ; les récollets s'y établirent en 1621, & les religieuses de sainte Claire en 1634. Nous avons parlé plus haut de l'abbaye & de son origine.

Cette ville est la seule, avec Salon & Tarascon, qui ait l'épithete de *Nobile Castrum*, dans l'affouagement de 1200. C'est qu'elle avoit, dès ce tems-là, des avantages qui la distinguoient des autres bourgs. Il n'y a pas d'apparence que son origine remonte au-delà du VIe ou du VIIe siecle; quelqu'ancien auteur en auroit parlé. Je présume qu'elle fut bâtie quand l'*Olbia* des marseillois, située du côté du port de l'Eoube, eût été détruite par les pyrates, ou par les sarrazins. Ceux des habitans qui se sauverent, ne voulant point abandonner un pays si fertile où ils avoient leurs biens, se retirerent à une lieue de la mer, sur une hauteur où ils étoient moins exposés aux incursions des pyrates, & plus en état de se défendre par la situation du lieu. Cette ville fut donnée dans le XIe siecle, à un cadet de la maison de Marseille, de la branche des seigneurs de Foz.

Les îles d'Hyeres ont été érigées deux fois en marquisat; la derniere fois en 1549 par Henri II, en faveur de Christophe, comte de Roquendolf & de Gundetrof, en reconnoissance de ce qu'il avoit abandonné des terres considérables en Allemagne, pour passer au service de S. M. Il y avoit dans ces îles, vers l'an 420, des religieux qui avoient été vraisemblablement envoyés par l'abbé de Lerins; mais leur monastere fut détruit par les sarrazins. Ceux qui voulurent s'y établir dans le XIIIe siecle eurent le même sort; ils furent enlevés par des pyrates; il n'y eut personne ensuite qui voulût courir les mêmes risques.

Quoique l'histoire d'Avignon & du Comtat Venaissin entre en partie dans celle de Provence, nous ne ferons pas le catalogue des évêques de ce petit état, qui est regardé comme étranger, & qui a son histoire particuliere.

DIOCESE DE DIGNE.

Il nous reste à parcourir les évêchés des Alpes maritimes, dépendans de la métropole d'Embrun. Celui de Digne est le premier suffragant, quoiqu'à ne considérer que le nombre des paroisses, la grandeur & l'ancienneté de la ville, il soit de beaucoup inférieur à celui de Cimiez, réuni à l'évêché de Nice. Mais le rang des dioceses fut fixé par des raisons qu'il seroit inutile de vouloir deviner. Il est du moins certain qu'on n'eut point égard à l'ancienneté, puisque le siege de Cimiez, qui n'est placé dans la notice que le pénultieme, est antérieur de cent ans au moins à ceux qui le précédent. Si l'on vouloit pourtant donner une raison de cet arrangement, on pourroit dire qu'il fût fait suivant l'ordre qu'on avoit suivi dans le dénombrement des peuples des Alpes maritimes; car ils sont nommés les uns après les autres dans le trophée d'Auguste, en allant du couchant au levant, & du nord au midi, dans le même ordre précisément que le font les dioceses. D'après cette hypothese, Digne, Senez & Glandeve doivent être avant Cimiez & Vence.

La ville de Digne n'avoit rien, du tems des romains, qui la rendît remarquable, ni temples, ni autres édifices publics. L'industrie des habitans étoit bornée à l'agriculture; la fertilité du terroir étoit médiocre, & sa situation l'éloignoit de toutes les grandes routes. Ainsi privée du commerce, & par-là de tous les avantages qui font la richesse & la grandeur des villes, elle a été réduite, dans tous les tems, à un état de médiocrité dont il lui sera difficile de sortir.

Cependant, quelque peu considérable qu'elle fût dans le VIIIe siecle, elle avoit ses échevins, *scabini*, espece d'officiers municipaux qui faisoient, en certains cas, les fonctions de juges, quoique pour l'ordinaire ils ne fussent que les assesseurs des comtes. Nous lisons ce fait dans une charte qui nous apprend en même-tems, que les envoyés du prince, *missi dominici*, tinrent un plaids dans cette ville, en 780, sous le regne de Charlemagne. On croit communément que ce prince fit bâtir l'ancienne cathédrale de Digne, lorsqu'il étoit en Provence : mais il est bon d'observer qu'il n'y vint jamais, & qu'aucune église de France ne remonte à ces tems reculés. On ne sauroit trop se défier des traditions populaires, qui sont presque toujours une source d'erreurs. Le chapitre est composé d'un prévôt, d'un archidiacre & d'onze chanoines, dont l'un est théologal.

Les communautés religieuses sont, 1°. les cordeliers, fondés vers la fin du XIII° siecle ; 2°. les chanoines réguliers de la Sainte-Trinité & les récollets, en 1495. L'établissement des religieuses de la Visitation est de l'an 1630, & celui des ursulines de 1642.

ÉVÊQUES.

370. Le premier évêque connu, est *saint Domnin*. Il quitta l'Afrique où il étoit né, avec saint Marcellin & saint Vincent, pour venir combattre l'idolâtrie dans les Gaules. Ayant appris en arrivant en Provence, qu'on adoroit encore les faux-dieux dans une partie des Alpes maritimes, ils entreprirent d'y aller porter la foi. Marcellin la fit connoître au peuple d'Embrun, dont il devint le premier évêque ; Domnin & Vincent, ses disciples, allerent la prêcher dans la ville de Digne, où il y avoit déjà quelques chrétiens, mais en petit nombre. Ils convertirent le reste des habitans, & Domnin les gouverna en qualité de premier pasteur, ayant été sacré par Marcellin, vers l'an 370.

380. *Saint Vincent*, qui avoit partagé ses travaux apostoliques, lui succéda, on ne sait pas en quelle année, mais vraisemblablement vers l'an 380. L'histoire ne parle que de son zele pour le salut des ames, de son éloquence, de ses mortifications, & du succès avec lequel il combattit l'arianisme, qui avoit fait quelques progrès dans la province. Mériter ces éloges, c'est avoir rempli les devoirs de l'épiscopat.

Nectaire monta, fuivant toutes les apparences, immédiatement après lui fur le fiege de Digne, qu'il occupoit en 439 ; car on croit qu'il foufcrivit cette année-là au concile de Riez, où l'on jugea l'élection d'Armentaire, évêque d'Embrun : cependant l'églife de Nectaire n'y eft pas nommée. On prétend que ce prélat fut envoyé à Rome avec Conftantin, évêque de Die, pour faire revenir le pape faint Léon fur le compte de faint Hilaire d'Arles, contre lequel il avoit pris des impreffions fâcheufes. On a des preuves de l'épifcopat de Nectaire jufqu'en 455.

Mémorial eft mis après Nectaire, par la raifon qu'on trouve fon nom dans une lettre que les évêques de la province d'Embrun écrivirent au pape Hilaire, pour l'affaire de l'évêque de Die, facré par celui de Vienne, en 463. Mais comme le fiege de Mémorial n'eft pas nommé dans la lettre, ce n'eft que par conjecture qu'on lui attribue celui de Digne.

Pentadius affifta au concile d'Agde en 506.

Portianus à celui d'Arles, en 524, & à celui de Carpentras, en 527 ; mais fon fiege n'eft pas nommé dans les foufcriptions. Gaffendi croit qu'il occupoit celui de Digne.

Hilaire eft connu depuis l'année 549 jufqu'en 554.

Heraclius depuis 573 jufqu'en 585.

Agapius & *Bobon* furent dépofés au concile de Châlons en 644, parce qu'ils s'étoient écartés des canons fur plufieurs points. Peut-être avoient-ils été élus par deux partis différens, & d'une maniere irréguliere. Il paroît pourtant qu'on leur donna le titre d'évêques, jufqu'à ce que l'irrégularité eût été jugée par le concile.

Raymbaud gouvernoit l'églife de Digne en 791. Il eft inutile d'avertir qu'entre lui & les deux précédens, il doit y avoir eu plufieurs évêques, dont le nom eft inconnu. L'églife de Digne paroît avoir encore été fans pafteur pendant près d'un fiecle, après la mort de ce prélat.

Bledric fut préfent à l'élection de Rainfroi, évêque de Vienne,

DIOCESE DE DIGNE.
EVÊQUES.

439.

463.

506.
524.

549.
573.
644.

791.

899.

en 899. Gaſſendi ne parle point de ces deux derniers évêques dans l'hiſtoire de l'égliſe de Digne.

Eminus eſt nommé dans un acte de l'an 1025. Voilà donc trois évêques ſeulement, dans l'eſpace de près de 400 ans. Il faut attribuer aux ravages des lombards, & des ſarrazins ſur-tout, la vacance du ſiege de cette égliſe, & la perte de ſes monumens. C'eſt par ces deux raiſons que nous trouvons un ſi grand vuide dans le catalogue des évêques.

Bernard eſt nommé dans une charte de l'an 1035, rapportée dans le *Gall. Chriſt.* t. 3. inſtr. p. 210. On croit qu'il faut mettre le commencement de ſon épiſcopat en l'année 1030, ou environ.

Hugues I fit une donation aux religieux de ſaint Victor, en 1038; on voit, par l'acte qu'on en dreſſa, que ſon pere Gui étoit un des plus puiſſans ſeigneurs du dioceſe de Digne. On croit qu'Hugues ſiégeoit encore en 1066.

Laugier, dont Gaſſendi fait mention, doit être mis immédiatement après Hugues, ſuivant dom Denis de Sainte-Marthe.

Gui, ſiégeoit en 1146. Après lui on place quelques évêques, dont on ne connoît que le nom, ſans ſavoir le tems où ils vivoient. Nous ſuivrons le ſentiment de l'auteur déjà cité, qui les rapporte dans l'ordre ſuivant.

Pierre Eſmivy (*Petrus Eſmido*) vers l'an 1150.

Hugues II, *de Vars*, mourut, ſuivant un ancien martyrologe, le 25 Janvier. On ne ſait pas de quelle année.

Hugues III, au commencement de mars, l'année n'eſt pas non plus marquée. C'eſt cette différence des mois qui nous oblige de diſtinguer ces deux évêques; la conformité des noms portant d'abord à croire qu'ils n'en font qu'un.

Pierre de Droillas.

Guillaume de Benevent, chanoine de Fréjus, enſuite prévôt de Digne en 1175, quitta cette dignité pour embraſſer la regle des chartreux. Il fut tiré du cloître pour être placé ſur le ſiege de

DE PROVENCE.

Digne en 1179, & l'occupoit encore en 1184. Il y a toute apparence que c'est le même qui fut ensuite archevêque d'Embrun, quoiqu'on n'en ait aucune preuve.

Gui de Revel fut élu à la fin de l'année 1184, ou au commencement de la suivante. Il siégea peu de tems.

Bertrand de Turias est nommé dans deux chartes; l'une de l'an 1192, & l'autre de l'an 1196, par la premiere lettre de son nom. Mais on croit que c'est le même qui est cité tout du long, & sans date, dans un ancien martyrologe.

Ismido signa, comme témoin, un acte par lequel Rambaud de Beaujeu donna quelques biens à l'abbaye de Saint-Victor-lès-Marseille, en 1206.

Walo ou *Gualo*, siégeoit en 1209.

Lantelmi, en 1211. On lit dans les manuscrits de M. de Peyresk que cet évêque fut présent à la cérémonie par laquelle Guillaume Feraud de Glandevès, seigneur de Thorames, s'offrit, c'est-à-dire, se fit affilier à l'abbaye de saint Victor. Les manuscrits ajoutent que ce seigneur le nomma tuteur de ses enfans en 1217. Ce prélat mourut au mois d'octobre 1232 ; il y a toute apparence qu'il étoit de Digne.

Hugues de Laudun lui succéda. L'on trouve son nom dans différens actes, depuis l'année 1233 jusqu'en 1242. Il y eut en 1239, le 3 des nones de juin, à l'heure de midi, une éclipse totale, qui effraya d'autant plus, qu'on étoit fort ignorant & fort superstitieux. On grava une inscription sur la porte de l'église de la Magdeleine, bâtie près de la Durance, entre Mirabeau & Canteperdrix, pour éterniser le souvenir de cet événement. On lisoit, après l'inscription latine, ces mots provençaux, *grada* (ou peut-être *garda*) *fi commenzas, com feniras. Qui ben fara, ben trouvara.* Ce dernier mot est effacé. Les autres signifient : « En commençant une entreprise, « regarde comment tu l'acheveras. Qui bien fait, bien trouve ».

Amblar, qui gouverna le diocese après lui, se démit en 1248, pour aller prendre l'habit de chartreux à Montrieux, où l'on croit qu'il mourut en odeur de sainteté.

Boniface, archidiacre de l'église de Digne, fut élu à la fin de l'année 1248, pour la gouverner. Ce devoit être un homme riche & fort jaloux de s'instruire, puisque dans le tems de son élection, il étudioit en théologie à Paris, où il étoit alors fort rare de voir des provençaux. Sous son épiscopat, au mois d'octobre 1264, on tint à Seyne, en Provence, dans le diocèse d'Embrun, un concile où il fut enjoint aux fideles de veiller sur la conduite des hérétiques, & de respecter les immunités ecclésiastiques. On défendit aux clercs, dans un autre canon, de porter des couteaux pointus sans la permission de l'évêque. Boniface mourut le 23 mai 1278. Après lui on ne trouve plus d'évêque de Digne jusqu'en 1289, quoiqu'il ne soit pas vraisemblable que le siege ait demeuré vacant pendant onze ans de suite.

Guillaume de Porcellet, religieux cordelier, fut nommé à la fin de décembre 1289, & siégeoit encore en 1294, mais on ignore l'année de sa mort.

Hugues V lui avoit déja succédé, à ce que l'on croit, en 1297.

Raynaud de Porcellet, fils de Jean & d'Alize de Sabran, sacristain & ensuite évêque de Digne, le 2 janvier 1303, confirma le 22 mars 1315, les statuts de ses prédécesseurs, fut l'exemple de son diocese, & mourut, suivant Gassendi, en odeur de sainteté, l'an 1318.

Armand fut élu la même année. On croit que le pape Jean XXII l'envoya en Gascogne en 1322, avec l'évêque de Maguelone, pour pacifier les troubles de la province.

Guillaume de Sabran, fils d'Elzéar & de Cécile d'Agout, abbé de saint Victor dès l'an 1294, élu évêque de Digne, on ne sait pas précisément en quelle année, siégeoit en 1323, & mourut à la fin de l'année 1324, ou au commencement de la suivante.

Guillaume IV, qu'on croit avoir été surnommé Ebrard, envoya
un

un député au concile de Saint-Ruf, près d'Avignon, en 1326. C'est le seul acte par lequel il nous soit connu.

Elzéar de Villeneuve, fils d'Arnaud, baron des Arcs & de Trans, & de Sibylle de Sabran, chanoine de Fréjus, ensuite de Marseille, prêta serment en qualité d'évêque de Digne, à Robert, roi de Sicile & comte de Provence, le premier octobre 1334. Il assista au concile de Saint-Ruf, près d'Avignon, en 1337, & fit des statuts, parmi lesquels on trouve la formule du serment que les juifs devoient prêter, quand ils étoient appelés en témoignage contre les chrétiens (1). Il mourut au commencement d'octobre 1341, après

Diocese de Digne. Evêques.

1334.

---

(1) La formule de ce serment nous a paru si singuliere, que nous avons cru devoir la rapporter ici pour faire juger de l'esprit de ce siecle, de l'idée qu'on avoit de la mauvaise foi des juifs, & de l'oppression où on les tenoit. *Item statuimus quòd si Judæus causam habet cum christiano, vel contra christianum, vel etiam testimonium ferat contra christianum, teneatur jurare sub hâc formâ. Juras tu per Deum patrem Adonaï? Respondet, juro. Juras tu per Deum patrem omnipotentem sabaoth? Resp. juro. Juras tu per Deum Eloï? Resp. juro. Juras tu per Deum qui Moysi apparuit in Rubo? Resp. juro. Juras tu per decem nomina Dei? Resp. juro. Juras tu per totam istam legem quam docuit Moysen famulum suum? Resp. juro. Si tu culpabilis es de hâc re, & Dei nomina & legem ejus perjuras, mittat Deus super te turbam & febrem quotidianam, tertianam & quartanam; & mittat Deus super te & oculos tuos angustiam animæ tuæ. Resp. amen. Lucrum tuum comedant inimici tui, & mittat Dominus super te iram suam, & deficias ante tuos inimicos: habeant super te inimici tui potestatem & fugias nemine te sequente. Resp. amen. Si perjuras Dei sacramenta, frangat Deus vires tuas, & potentiam tuam; & ponat Deus devastationem in domum tuam; & mittat Deus super te bestias feroces, & ponat Deus super te inimicos tuos. Resp. amen. Adducat Deus super te gladium vindicare vindictam, & adducat pestilentiam super te; & tollat à te omnem substantiam panis, & comedas & non satieris. Resp. amen. Item, si perjuras de hoc sacramento, comedas carnem filiorum tuorum, & destruat Deus cadaver tuum, & super corpora infantium tuorum adducat mortalitatem pessimam. Resp. amen. Donet Deus domum tuam in deserto, & destruat Deus sanctuarium tuum, & deleat te de terrâ & inimici habitent in domo tuâ, & stuprent tuam uxorem, & dispergat te Deus super terram, & nemo respiciat te. Resp. amen. Sectetur te gladius mortalitatis; & mittat Deus molestiam & timorem in corde tuo, ut fugias ad metum foliorum arborum, ac si gladius insequeretur. Resp. amen. Sis dispersus inter gentes, & moriaris in terrâ inimicorum tuorum; & sic te absorbeat terra sicut absorbuit Dathan & Abiron, & etiam deglutiat. Resp. amen. Et si tu de hoc sacramento perjures; declinet Deus cor tuum iniquum & veniant super caput tuum omnia peccata tua & parentum tuorum, & omnes maledictiones quæ in volumine legis Moysi & prophetarum scripta sunt. Resp. amen, amen, amen. Fiat, fiat, fiat.*

Tome I. Ddd

avoir édifié son diocèse par ses bonnes œuvres & la régularité de sa conduite. On voyoit ses armes dans une chapelle de l'ancienne cathédrale, appellée de son nom la chapelle de saint Elzéar. Il étoit cousin de saint Elzéar de Sabran, & frere de sainte Rossoline de Villeneuve.

1341. *Jean Piscis* ou *Peyssoni*, fut un prélat régulier, attentif à maintenir la discipline & les mœurs parmi son clergé, comme on le voit par les statuts. Nommé à l'évêché de Digne en 1341, par Benoît XII, il fut transféré à l'archevêché d'Aix en 1366, ou peut-être en 1362, qui est l'année où il prêta serment au comte de Provence.

1362. *Bertrand de Seguret*, sacristain de Digne, successeur du précédent, en 1362, assista au concile provincial d'Apt, le 14 mai 1365, & paroît avoir siégé jusqu'en 1385.

1385. *Nicolas de Cerbaris*, de l'ordre des freres mineurs, fut mis après lui à la tête du diocèse, & paroît l'avoir gouverné jusqu'au mois de mars 1407.

1409. *Bertrand Raoul*, religieux du même ordre, assista au concile de Pise en 1409, & en fit célébrer un à Digne en 1414, où assisterent les évêques suffragans d'Embrun; mais il n'en reste aucuns vestiges. On croit que Bertrand étoit déjà mort au mois de décembre 1430. Le 7 du mois de juin 1415, qui étoit un vendredi, il y eut une éclipse totale deux heures après le lever du soleil, qui dura une heure. La même éclipse fut totale aussi pour la Bohême & la Pologne. Dans *l'art de vérifier les dates*, cette éclipse est marquée le 6 à cinq heures du matin, parce qu'on y compte les jours, suivant la méthode astronomique, d'un midi à l'autre.

1431. *Pierre de Verceil*, fort versé dans la théologie, le droit & la politique, ayant été député au concile de Basle par le clergé de la province en 1431, & par Louis III, roi de Sicile & comte de Provence, il harangua l'assemblée & l'empereur, & fut chargé plusieurs fois, pendant la tenue du concile, de négociations importantes auprès du pape Eugene IV. On l'envoya même à Conſtantinople pour ménager la réunion des grecs avec l'égliſe latine. Il aſſiſta auſſi au concile de Florence, puiſqu'on trouve ſon nom parmi les ſouſcriptions, ce qui prouve qu'il ne fut transféré à Meaux qu'après le mois d'avril 1442, qui eſt le tems où le concile finit.

Guillaume d'Eſtouteville paſſa, dit-on, du prieuré de Saint-Martin-des-Champs, à l'évêché de Digne, à la fin de l'année 1439. Mais nous venons de voir que Pierre de Verceil ſe qualifioit encore évêque de cette ville au mois d'avril 1442. Il peut donc ſe faire que celui-ci fût nommé à l'évêché de Meaux en 1439, & Guillaume à celui de Digne, la même année; mais on ne doit les regarder comme véritablement évêques de ces deux égliſes, que du moment qu'ils en eurent pris poſſeſſion, c'eſt-à-dire, vers le mois de juillet 1442. Guillaume ne parut jamais dans ſon dioceſe, pendant plus de trois ans qu'il en fut titulaire. Mais il fit un trait qui prouve combien il méritoit de le gouverner. Il rendit à l'égliſe de Digne, par délicateſſe de conſcience, les revenus de l'évêché, attendu qu'il n'avoit pas rempli les fonctions de ſon miniſtere. Cependant ce même homme étoit évêque ou adminiſtrateur perpétuel de pluſieurs dioceſes, tant il eſt vrai que les préjugés du tems font ſouvent illuſion aux conſciences les plus délicates. Il étoit cardinal du titre de ſaint Sylveſtre & de ſaint Martin, & garda l'évêché de Digne juſqu'au commencement de décembre 1445.

Pierre Turelure, de l'ordre des freres prêcheurs, occupoit déjà le ſiege le 18 décembre de la même année, aſſiſta au concile d'Avignon en 1457, fit des ſtatuts pour ſon dioceſe en 1460, & mourut le 22 juillet 1466.

Conrad de la Croix, élu le 24 juillet de la même année, mourut au mois d'août 1479. Comme il s'apperçut que les chanoines aſſiſtoient rarement au chœur, à cauſe de la modicité des diſtributions, il donna ſoixante-dix florins d'or pour les augmenter.

Antoine Guiramand, né en Provence, ayant été élu, peu de jours après la mort de son prédécesseur, fut député vers Sixte IV, par le roi Charles III, comte de Provence, avec François de Luxembourg & Jean de Jarente, chancelier de ce prince. Les états de Provence ayant nommé des députés pour aller prêter serment de fidélité à Louis XII, au nom de la province, le clergé choisit l'évêque de Digne. C'étoit un homme de mérite qu'on employoit souvent dans les affaires importantes. Le cardinal d'Amboise le chargea de travailler avec le cardinal Augustin de Grimaldi, évêque de Grasse, à la réforme des religieux. L'église de saint Jérôme, bâtie hors de la ville de Digne, est un monument de sa munificence. On croit que ce prélat donna sa démission en 1513.

François de Guiramand, son neveu & son successeur, assista aux deux dernieres sessions du concile de Latran en 1516 & 1517, & mourut le premier juin 1536.

Cherubin d'Orsiere, aumônier de la reine, le même qui avoit été élu, par le chapitre de Sisteron, évêque de cette ville en 1531, mais qui ne put avoir l'agrément du roi, fut nommé à l'évêché de Digne au mois de juin 1536, & obtint ses bulles au mois d'août de la même année. Il vivoit encore en 1544.

Antoine Olivier, frere du chancelier de ce nom, siégeoit déja à la fin de février 1546, & fut transféré à Lombès en 1552, car

Antoine Hérouet, parent du même chancelier de France, étoit évêque de Digne cette année-là. Il assista à l'assemblée du clergé en 1567, & mourut au mois de décembre de l'année suivante, fortement soupçonné d'avoir donné dans les erreurs de Calvin. Il s'étoit fait, avant qu'il fût évêque, une réputation par ses poésies latines, où l'on voyoit, avec beaucoup de talent, toute la sensibilité d'un jeune homme.

Henri le Meignem, fils d'un laboureur d'Oisery, dans le diocese de Meaux, se fit connoître, par son mérite, à la reine Catherine de Médicis, qui le nomma précepteur, & ensuite aumônier de fa fille Marguerite, duchesse de Valentinois. Cette marque de confiance de la part de la reine, le conduisoit naturellement à l'épiscopat. Il fut, en effet, nommé à l'évêché de Digne en 1569, & s'en démit en 1587, du consentement d'Henri III, en faveur de son neveu, sans avoir jamais fait son entrée à Digne. Pour rendre cette conduite encore plus singuliere, on prétend qu'il vint une fois jusqu'à Mezelle, à deux lieues de cette ville, & qu'il s'en retourna. Mais il n'est pas nécessaire de donner du ridicule à un homme, assez coupable d'ailleurs, pour avoir gardé dix-huit ans un évêché sans y paroître une seule fois.

Claude Coquelet, aumônier de la princesse Marguerite, dont nous venons de parler, fut pourvu de l'évêché, de la maniere que nous l'avons dit. Étant allé dans son diocese en 1593, il fit substituer à l'ancien office celui qu'on avoit rédigé, suivant le décret du concile de Trente, parce qu'il étoit beaucoup plus court, & par conséquent moins gênant pour lui; car sa grande vivacité ne lui permettoit pas de demeurer long-tems à la même place. Il ne tarda pas à s'en retourner à Paris, d'où il ne revint qu'une seule fois dans son diocese, pour en toucher les revenus, & encore se fit-il payer quelques années d'avance. Il permuta pour l'abbaye de Livry en 1602, avec Etienne de Boulogne, qui lui fit faire cession de l'évêché en faveur de son frere

Antoine, de la famille de Capizzuco, originaire de Bologne, en Italie, né au Plan, petit village près de Barcelonette, diocese d'Embrun. Il avoit fait ses vœux depuis plusieurs années dans l'ordre des minimes, quand son frere lui fit donner l'évêché de Digne; car il étoit procureur du couvent de Mâcon. Il ne se fit connoître que par les procès qu'il eut avec le chapitre, les habitans de Digne & les communautés de son diocese. Les chagrins qu'il en eut, altérerent sa santé. Il mourut le 24 septembre 1615, aussi peu regretté, que pouvoit l'être un plaideur de cette force.

Louis de Boulogne, son frere & son coadjuteur, aumônier du

DIOCESE DE DIGNE. ÉVÊQUES.

1587.

1602.

1615.

roi, étoit en Gascogne quand il apprit sa mort. Il avoit accompagné Louis XIII, qui étoit allé au devant d'Anne d'Autriche, son épouse. Ce prélat fut attaqué dans le voyage d'une paralysie, qui lui ôta l'usage de la moitié du corps, & le mit dans l'impossibilité de se faire sacrer. On lui donna pour coadjuteur son neveu, dont nous allons parler. Louis mourut à Nogent au commencement de février 1628, en revenant de Digne, où il s'étoit fait porter pour prendre les bains.

1628. *Raphel de Boulogne*, natif de Mondovi en Piémont, ne fit rien dans son diocese qui mérite d'être rapporté. Son âge & ses infirmités ne lui permettant plus, en 1653, de vaquer aux fonctions de son ministere, il demanda, pour coadjuteur, Toussaint de Forbin Janson, & vécut encore au moins dix ans, n'étant mort qu'en 1664. Il avoit assisté à l'assemblée du clergé de 1635, & porté les armes dans sa jeunesse.

1668. *Toussaint de Forbin Janson*, dont nous avons parlé à l'article des évêques de Marseille, fit paroître pendant le tems qu'il gouverna le diocese de Digne en qualité d'évêque ou de coadjuteur, une prudence & des talens qui faisoient concevoir de grandes espérances. On a vu ce que nous avons dit ailleurs des succès qu'il eut dans les différentes ambassades dont il fut chargé. Les historiens remarquent qu'il aimoit beaucoup le faste, & que quand il eut audience de la république de Pologne, pendant la vacance du trône, son cortege surpassoit tout ce qu'on avoit vu de plus magnifique. Il avoit plus de cent carrosses à sa suite, cinq à six cens hommes à cheval, & trois mille hommes de pied. La province ayant chargé ce prélat, lorsqu'il étoit encore évêque de Digne, de haranguer Louis XIV à Tarascon, le 13 janvier 1660, il s'en acquitta avec beaucoup d'honneur. Il fut transféré à Marseille au commencement de l'année 1668.

1668. *Jean-Armand Rotundi de Biscarras*, docteur de Sorbonne, abbé de saint Serri, nommé à l'évêché de Digne au mois d'avril

1668, passa à celui de Lodeve, avant d'avoir pris possession de l'autre, en 1669.

Jean de Vintimille du Luc, dont nous avons parlé à l'article des évêques de Toulon, occupa le siege de Digne depuis le mois de septembre 1669, jusqu'au même mois de l'année 1675.

Henri-Félix de Tassi, fils de Charles-François de Tassi, seigneur de Stein, premier chirurgien du roi, fut nommé au mois de décembre 1675, & transféré à Cavaillon le 18 juin 1677.

Claude de Bourbon n'accepta point l'évêché auquel il fut nommé le 28 juillet 1677.

François le Tellier, aumônier de la reine, fils de Simon, médecin du roi, nommé le 9 octobre de la même année, mourut à Paris en 1708, âgé de soixante-quatorze ans. Il étoit abbé d'Aiguebelle, diocese de Saint-Paul-trois-Châteaux, & avoit assisté aux assemblées du clergé de 1702 & 1707.

Henri du Puget, fils d'un président au parlement de Toulouse, abbé de Simorre, nommé à l'évêché de Digne le 7 avril 1708, & sacré le 9 mars 1710, se rendit recommandable par sa charité envers les pauvres, qu'il fit ses héritiers en mourant, le 22 avril 1728.

Antoine-Joseph-Amable Feydeau, qui lui succéda en 1730, mais qui ne prit possession que l'année d'après, mourut à Digne le 3 décembre 1741, âgé de quatre-vingt-deux ans. Il légua son bien au chapitre & aux paroisses dont il étoit décimateur. Cet évêque, natif de Moulins, avoit été général des carmes. Il eut pour successeur, en 1742,

Jean-Louis du Lau de la Coste d'Allemans, mort à Paris le 15 septembre 1746.

Louis-Sextius de Jarente de la Bruyere, natif de Marseille, fut nommé en 1746, & transféré à Orléans le 29 janvier 1758.

Pierre-Paul du Caylar lui succéda le même jour sur le siege de Digne qu'il remplit encore.

CHOROGRAPHIE.
II. Partie.

ANCIENNES
ABBAYES.

Il y avoit anciennement, dans ce diocese, trois monasteres qui ne subsistent plus, & dont le plus ancien étoit celui de sainte Marie des Prés, ou de Failfoc, connu dès l'an 1144, mais on ignore l'époque de sa fondation. Il fut réuni à celui de Valbonne, diocese de Grasse, en 1212, à cause de la modicité de ses revenus, & soumis ensuite à l'abbaye de Boscaudun en 1285. C'est aujourd'hui un prieuré simple, dépendant de l'abbaye de Cluny.

Le second monastere étoit celui de Truchet, qui est devenu, comme le précédent, un prieuré simple à la nomination du chapitre de saint Victor.

Le troisieme appartenoit à des religieuses de sainte Catherine, de l'ordre de saint Augustin. Il étoit bâti dans la ville. Le plus ancien monument qu'on en trouve, est de l'an 1367.

HISTOIRE
NATURELLE.

Digne.

Le terroir de Digne est renommé pour les prunes. Les autres productions n'ont rien qui les distingue par leur qualité. On trouve à la montagne de *Saint-Vincent* des Astroïtes, des peignes striés, des cornes d'ammon, des bélemnites, des pyrites & une grande quantité de trochites. On dit aussi qu'il y a des géodes remplis de cristaux mobiles. Nous ne dirons rien des eaux thermales qui sont à une demi-lieue de la ville; on ne peut en parler comme il faut qu'après les avoir analysées. L'auteur de la description de la France, dit qu'elles sentent la boue & sont un peu piquantes; qu'elles ont beaucoup de sel alkali, beaucoup de souffre, & qu'elles purgent par les selles. Avec la noix de galle, ajoute-t-il, elles n'ont pris aucune teinture; avec le suc de tournesol, elles sont devenues de couleur amaranthe un peu foncée : la dissolution du vitriol blanc les a rendues jaunes, & le sel de tartre laiteuses, puantes, & d'une saveur désagréable. Par évaporation une livre & demie d'eau a donné trente-cinq grains d'une résidence grisâtre, extrêmement salée. Non-seulement l'eau en est bonne à boire, mais elle est encore excellente pour se baigner. Gassendi rapporte qu'au mois de mai & de juin, il tombe des

rochers,

rochers, d'où sortent ces eaux, des serpens qui ne font point de mal. Les enfans les prennent sans crainte, & s'en jouent de même; au lieu que les serpens qu'on trouve à une portée de mousquet au-delà, sont vénimeux & mordent comme par-tout ailleurs. Il est surprenant que depuis plus de deux mille ans que ces eaux sont connues, la cause de leur chaleur ne soit point encore épuisée. Nous croyons qu'il faut attribuer ces effets à des mêlanges de pyrites qui s'échauffent en se décomposant.

La fontaine de Lambert, près de Digne, est d'une autre nature. L'eau en est salée, & en la mettant dans un chaudron sur le feu, on en tireroit peut-être un sel assez bon. On prétend qu'il y a une mine d'argent à *Mariaud*; une de fer à *Barles*, ainsi que dans la vallée, dite l'*Ecluse*, & près du château de Saint-Marc de Jaume-Garde; une de cuivre à Verdache, & des cristaux sur les montagnes de *Champourcin*.

Il paroît par la bulle de Grégoire VII, qu'il y avoit à *Chaudol* & à *Clochier*, près de la Javie, des hospices pour des religieux, ou si l'on veut, des espèces d'hermitages pour deux ou trois moines, car dans la bulle ces endroits sont désignés par le mot *cella*.

Evêché d'Antibes, transféré a Grasse.

La ville d'Antibes est petite & mal bâtie; il semble pourtant que son port & sa situation auroient dû la rendre plus considérable. Elle l'étoit en effet du tems des romains, qui l'avoient embellie par des édifices publics & bien fortifiée. Mais elle déchut avec l'empire, & fut ensuite dévastée par les sarrazins & d'autres pyrates. Les incursions que les africains n'ont cessé de faire sur les côtes de Provence, jusqu'au commencement du siecle passé, sont une des principales causes de la médiocrité où nos villes maritimes sont restées, si on en excepte Marseille & Toulon. Les habitans intimidés préférerent de s'établir dans les terres; &

Tome I. E e e

quand ils les eurent défrichées, quand le produit de l'agriculture les eut attachés à leurs habitations, ils ne fongerent point à les abandonner pour venir encore demeurer fur les côtes. Tout le commerce du Levant étant d'ailleurs concentré à Marfeille par l'habitude de plufieurs fiecles, & par la politique du gouvernement, les arts & l'induftrie s'y porterent; ainfi cette ville s'enrichit & s'agrandit, tandis que les autres, privées de la même reffource, font reftées, quant à leur grandeur, à peu-près dans le même état qu'auparavant.

Antibes dut avoir des adorateurs du vrai Dieu, peu de tems après que la lumiere de l'évangile eut pénétré en Provence ; l'on peut dire la même chofe de toutes nos villes maritimes. Les hommes apoftoliques qui allerent prêcher la religion dans les montagnes, où l'on adoroit encore les idoles au milieu du IVe fiecle, la trouverent généralement établie dans la baffe Provence. Il y a donc toute apparence que le fiege d'Antibes fubfiftoit alors depuis près de cent ans. Mais nous ne connoiffons point les noms de ceux qui l'occuperent avant l'an 450, ou du moins n'a-t-on aucune preuve folide de leur épifcopat. Il y a eu des comtes d'Antibes dès la fin du Xe fiecle. Nous avons lieu de croire qu'ils n'étoient feigneurs qu'en partie de cette ville, puifque nous avons une charte qui prouve que les comtes de Provence y avoient auffi des droits feigneuriaux. On verra ci-deffous comment les évêques acquirent infenfiblement ces droits de la maifon de Graffe.

Ce fiege a été fuffragant d'Aix jufqu'à la fin du Xe fiecle, & fut transféré à Graffe, le 19 juillet 1244, à caufe des incurfions des pyrates. Cependant l'évêque continua de jouir de la jurifdiction fpirituelle & temporelle d'Antibes, jufqu'au tems de Clément VII, généralement reconnu en France. Mais la plus grande partie de l'Italie, fans parler des autres royaumes, & quelques évêques de Provence, s'étoient déclarés pour Urbain VI. Celui de Graffe étoit du nombre, ce fut pour l'en punir que Clément s'empara de la ville d'Antibes, fous prétexte de la maintenir dans fon obéiffance. Il en confia le gouvernement le 26 mai 1384, à Marc & Luc de Grimaldi de Gênes, qui ne la garderent que huit mois ; car le 26 janvier de l'année fuivante, voulant récompenfer les fervices qu'il avoit reçus du doge de Gênes, Antoine Adorno, Clément lui donna cette ville à condition qu'il la tiendroit dans la mouvance du faint-Siege, qu'il paieroit tous les ans une once d'or à l'évêque de Graffe, & qu'il ne reconnoîtroit point Urbain VI. Mais cette derniere condition n'ayant pas été remplie, Clément VII retira la ville des mains d'Adorno, & la foumit à la chambre apoftolique, au mois de novembre 1385. Un an après il en difpofa d'une autre maniere, & par un autre motif bien différent. Marc & Luc de Grimaldi dont nous venons de parler, avoient prêté à la chambre apoftolique cinq mille florins d'or, monnoie de Gênes; il leur en affigna le paiement fur les revenus d'Antibes, dont il leur abandonna la feigneurie, jufqu'à ce qu'ils fuffent entiérement payés. La reine Marie de Blois, veuve de Louis I, duc d'Anjou & comte de Provence, confirma cette ceffion par lettres-patentes datées de Pertuis le dernier de décembre 1386.

<small>DIOCESE DE GRASSE.</small>

<small>Le 26 Nov. 1386.</small>

Suivant cet arrangement, Clément VII pouvoit fe flatter de rentrer un jour en poffeffion de la ville d'Antibes. Mais l'état de fes finances l'ayant obligé de recourir à de nouveaux emprunts, meffieurs de Grimaldi lui prêterent encore cinq mille florins à trois différentes reprifes. Cette fomme jointe à l'autre, & aux dépenfes qu'ils avoient faites pour l'entretien de la ville, leur en affuroit le domaine pour toujours. En effet, Jean XXIII, par une bulle confirmative de celles de Clément VII, approuva les claufes & conditions de l'engagement pris en leur faveur, & leur permit d'élire un eccléfiaftique pour exercer dans Antibes la même jurifdiction que l'évêque de Graffe y avoit auparavant. Telle étoit l'origine de leurs droits fur cette ville, & l'époque de l'établiffement du vicaire apoftolique.

<small>20. Oct. 1413.</small>

Les évêques de Grasse ne cesserent point de réclamer contre ces entreprises qu'ils traiterent d'usurpation. Ils contesterent donc à messieurs de Grimaldi leurs droits, & ce fut avec succès, d'abord auprès de Martin V, ensuite au concile de Basle, & enfin au tribunal de l'archevêque d'Embrun à qui le concile avoit renvoyé la décision de cette affaire ; mais le pape Eugene IV cassa la sentence du métropolitain, le 3 décembre 1439, & comme il falloit donner quelque satisfaction à l'évêque de Grasse, on ordonna que les seigneurs d'Antibes lui paieroient, tous les ans & à ses successeurs dans le palais épiscopal, le jour de la Toussaint avant le lever du soleil, cinquante ducats d'or de la chambre. On mit pour clause que la somme augmenteroit autant de fois qu'ils laisseroient passer de jours sans la payer.

Messieurs de Grimaldi ont possédé la seigneurie d'Antibes jusqu'en 1608, qu'ils la vendirent à Henri IV pour le prix de 250000 florins. M. du Vair, premier président au parlement d'Aix, en prit possession au nom du Roi. La jurisdiction épiscopale fut rendue à l'évêque de Grasse, par arrêt du conseil du 11 octobre 1732, & le vicaire apostolique supprimé.

Il y a dans cette ville des observantins depuis l'an 1515, & des religieuses de l'ordre de Cîteaux.

ÉVÊQUES D'ANTIBES.

451.

Saint Armentaire en a été le premier évêque, suivant la tradition du pays. Mais il n'est mention de lui d'une maniere précise dans aucun ancien monument. On célebre particuliérement sa fête à Draguignan, diocese de Fréjus, dans une chapelle bâtie hors de la ville, & sur laquelle on lit ces mots, *sanctus Armentarius episcopus Antipolitanus*. On croit que c'est un des deux Armentaires qui signerent la lettre synodique, écrite au pape saint Léon en 451, par les évêques des Gaules ; cette conjecture est d'autant plus probable, que la plupart étoient de Provence.

Valere, suivant un ancien manuscrit, souffrit le martyre sous Euric, roi des gots, en 481, & non pas en 473, comme on le dit; puisque ce prince, ainsi que nous l'avons déja remarqué plusieurs fois, ne s'empara de la Provence qu'en 480.

Agroece assista au concile d'Agde en 506, députa à celui d'Arles en 524, & fut interdit pendant un an, même des fonctions sacerdotales, pour n'avoir point comparu au concile de Carpentras en 527, où il étoit cité pour rendre compte de sa conduite au sujet d'une ordination irréguliere qu'il avoit faite.

Euthere est du nombre de ces évêques dont l'épiscopat n'a pas toute la certitude qu'on desireroit. On croit qu'il assista au second concile d'Orange en 529, & au quatrieme d'Orléans de l'année 541. Il y en a qui prétendent, que de son tems l'évêché d'Antibes, qui étoit suffragant d'Aix, passa sous la métropole d'Embrun. Mais le P. le Cointe soutient avec raison que ce démembrement se fit plus tard.

Eusebe députa au cinquieme concile d'Orléans en 549. Il est peut-être le même qui souscrivit au cinquieme d'Arles en 554.

Optat siégeoit aux années 573 & 585. Entre lui & le suivant, on trouve un vuide de cinquante-neuf ans, pendant lesquels il a dû y avoir quelque évêque dont le nom n'est pas venu jusqu'à nous.

Deocarius étoit un des peres du concile de Châlons en 644. Il vivoit encore en 658; après lui la suite des évêques est interrompue jusqu'en 791, c'est-à-dire, pendant l'espace de cent trente-trois ans; on n'en est point surpris quand on pense que c'est le tems où la basse Provence fut exposée aux plus grands ravages.

Aribert souscrivit au concile de Narbonne en 791.

Heldebon siégeoit en 828. Mais il faut avouer qu'on n'a pas de preuve bien certaine qu'il fût évêque d'Antibes. On le croit parce qu'il confirma une donation faite à l'abbaye de Lerins, située dans

DIOCESE DE GRASSE.
Evêques d'Antibes.
481.
506.
529.
549.
573.
644.
791.
828.

ce diocese. Le siege étoit encore suffragant d'Aix, suivant le P. le Cointe.

Aimar est mis par quelques auteurs, au nombre des évêques de cette église en 930, quoiqu'il ne soit mention de lui dans aucun ancien monument. Il n'y a peut-être pas de diocese dont l'histoire ecclésiastique soit plus stérile & plus embrouillée que celle d'Antibes. On en perd le fil à chaque instant dans ces tems reculés.

N. occupoit le siege en 966, car on connoît un acte authentique de cette année-là, qui fut signé par Sylvestre, archevêque d'Aix, & par ses six suffragans, dont on trouve les noms sans que leurs églises soient désignées. S'ils signerent suivant l'ordre de leurs sieges, l'évêque d'Antibes s'appelloit Humbert, qui est le nom du sixieme. Cet acte prouve qu'il étoit encore suffragant d'Aix.

Bernard I est cité dans un manuscrit de l'église d'Arles, comme ayant promis avec serment à l'archevêque de cette ville en 987, de se mettre sous sa jurisdiction & de lui obéir. Cette anecdote prouve que Bernard fut le premier qui ne reconnut pas l'archevêque d'Aix pour son métropolitain, & que n'ayant pu faire annexer son évêché à la province d'Arles, il le fit réunir à celle d'Embrun. Comment cette réunion se fit-elle, & pour quelles raisons ? C'est ce que l'histoire nous laisse ignorer. Bernard siégea depuis l'an 987, jusqu'en 1022.

Heldebert ou *Adelbert* I, fils de Jauceran & de Belieldis, lui succéda & gouvernoit encore le diocese en 1059. C'étoit un homme pieux qui fit beaucoup de bien à l'abbaye de Lerins, & qui donna sa démission, à ce qu'on croit, pour vivre dans la retraite. Jauceran est qualifié comte d'Antibes.

Gaufredi I, neveu du précédent & son successeur en 1060, montra le même attachement pour l'abbaye de Lerins. Il lui donna entr'autres biens, l'église de Notre-Dame de Grasse, près de Cotignac, en 1078, d'où l'on peut conclure que cette église ne dépendoit point encore du diocese de Fréjus, à moins que les parens de

DE PROVENCE. 409

Gaufredi n'en euffent été les fondateurs. Il vivoit encore en 1083; mais on ignore l'année de fa mort. Il étoit fils de Guillaume Jauceran & de Phide.

Aldebert ou *Adelbert* II, fiégeoit en 1089 & en 1093.

Mainfroi, qu'on dit être de la maifon de Grimaldi, eft connu depuis l'an 1110 jufqu'en 1134. A juger de fon caractere par ce que les chartes rapportent de lui, c'étoit un homme intelligent qui fçut profiter de la difpofition des efprits, pour augmenter les revenus de l'évêché. Il eut, avec l'abbé de Lerins, quelques conteftations qui furent terminées par les foins de Bertrand & de Raymond de Graffe en 1113.

Gaufredi II, prit poffeffion de la feigneurie de la Motte, dont Phedie, mere d'Audibert & d'Hugues d'Efclapons, fit préfent à l'églife d'Antibes en 1143.

Pierre ne fut pas moins attentif que fes prédéceffeurs à maintenir les intérêts de fon fiege. Il termina le 11 mars 1155, un différend qu'il avoit avec Raymond de Graffe. C'eft la derniere action de fa vie qui nous foit connue. Il avoit commencé fon épifcopat en 1146.

Raymond I gouvernoit déja le diocefe en 1158. Ce devoit être un prélat bien refpectable, puifqu'il mérita d'être choifi pour arbitre à Nice, entre l'évêque & les confuls, & à Marfeille, entre les chanoines & les religieufes de faint Sauveur en 1163. Ceux qui prétendent qu'il vivoit encore en 1167 n'en apportent aucune preuve.

Bertrand I éprouva les bienfaits de Bérenger III, comte de Provence, en 1166, & d'Alphonfe I en 1176. Il paffa une tranfaction avec Raymond de Graffe & fes freres, au mois de juillet 1173.

Foulques fut tiré du cloître de faint Victor, pour être placé fur le fiege d'Antibes, vers l'an 1177. Il fit réparer ce monaftere au mois de juin 1185, fuivant une ancienne chronique, qui ajoute

DIOCESE DE GRASSE.
ÉVÊQUES D'ANTIBES.
1089.
1110.

1143.

1146.

1158.

1166.

1177

qu'il retira des mains des juifs la *vallée de Marseille*, & qu'il mourut le quatre des ides de juillet de la même année. Nous ne trouvons rien dans l'histoire qui puisse nous faire connoître ce que c'étoit que cette vallée, & de quelle maniere l'évêque la retira des mains des juifs, à moins que l'auteur n'ait voulu parler de quelques possessions qu'ils avoient du côté de Notre-Dame de la Garde, & que Foulques racheta. Alphonse I lui donna, en 1181, les droits seigneuriaux qu'il avoit sur Antibes; preuve que les comtes de Provence étoient co-seigneurs de cette ville.

Guillaume approuva, en 1186, une confrérie établie à Grasse, qui est la plus ancienne dont notre histoire fasse mention.

Raymond Grimaldi obtint du pape Clément III une bulle confirmative de tous les biens de l'évêché en 1188. Les différends qu'il eut avec Raimbaud & Guillaume de Grasse, l'obligerent d'implorer la protection d'Alphonse, roi d'Arragon & comte de Provence.

Olivari permit aux religieux de sainte Marie de Prats de bâtir une église à Sartous, au mois de février 1199.

Bertrand II siégea depuis l'an 1202 jusqu'à la fin de l'année 1213.

Guillaume II lui succéda, & vécut peu tems.

Bertrand, d'Aix, religieux de l'ordre de saint Dominique, fut choisi par le pape Honorius III en 1217, avec l'évêque de Riez & l'abbé du Toronet, pour terminer les différends qui s'étoient élevés à Marseille entre les habitans & les religieux de saint Victor, au sujet de la seigneurie de cette ville. C'étoit un homme dont l'intelligence paroît assez prouvée par le petit nombre de chartes qui font mention de lui. Il acheta, de la maison de Grasse, la portion des biens & des droits qu'elle avoit dans la ville d'Antibes, & s'en fit céder la seigneurie par le comte de Provence, pour le prix de trente mille sols raymondins, le 30 août 1238. Ce fut sous son épiscopat, le 19 juillet 1244, que le siege fut transféré à Grasse. On croit que Bertrand mourut au mois de décembre 1246.

Aucun

Grasse.

Aucun auteur romain n'a parlé de la ville de Grasse. Cependant il est vraisemblable qu'elle existoit déjà, comme il paroît par son nom celtique *gras*, qui signifie *abondante, fertile*. Peut-on se figurer, en effet, qu'un terroir si voisin de la mer, fertile, arrosé de plusieurs sources, & situé sous le plus beau climat de la Provence, n'ait pas été habité dans les anciens tems ? Il est vrai qu'on n'y trouve aucuns de ces vestiges d'antiquité, qui pourroient constater l'ancienneté de son origine. Mais on doit seulement conclure de-là que les romains n'y avoient point d'habitations. Ils étoient répandus dans les villes voisines situées sur les bords de la mer & sur la voie *aurelia*, laissant le territoire de Grasse aux *Ingauni*, qui l'occupoient, ainsi que nous l'avons prouvé dans la premiere partie de la chorographie.

Cette ville, bâtie sur le penchant d'une colline, au pied des montagnes arides, qui la couvrent du côté du nord, est entourée au midi de prairies, & sur-tout de jardins ornés de toutes sortes de fleurs, que les eaux jaillissantes de la montagne animent & vivifient. Les orangers, les citronniers & les cédrats, mêlés au jasmin d'Espagne, répandent, quand ils sont en fleurs, un parfum délicieux. L'horison est terminée au midi par la vue de la mer.

Malgré ces avantages, malgré la bonté du climat & la pureté de l'air, la ville de Grasse n'est point jolie ; les rues y sont étroites, irrégulieres, sans ornemens, & toujours couvertes de fumier, comme le sont celles de beaucoup de villes & de tous les villages de Provence.

Cependant elle est assez commerçante. On y fabrique des cuirs tanés avec la poudre de myrte & de lentisque qui les rend verds & de meilleur usage que le cuir rouge. Ils sont plus forts, plus nerveux ; & quand ils sont graissés & desséchés au grand air, ils résistent davantage à l'humidité & aux chemins pierreux des montagnes. La soie fournit une seconde branche de commerce ; la troisieme est celle des fabriques de savon, de cire, de pommades, d'essences, de savonnettes & de parfums connus dans tout le royaume.

Le chapitre est composé de neuf chanoines, parmi lesquels on compte le sacristain, le capiscol, l'archidiacre, l'archiprêtre & le théologal. Il y a aussi plusieurs bénéficiers. Les communautés religieuses sont, les dominicains, fondés hors des murs en 1236; ils s'établirent dans la ville vers l'an 1272; mais la fondation du couvent qu'ils occupent n'est que de l'an 1469. Celle des cordeliers de 1240, & celle des augustins de 1259. Ceux-ci succéderent à des hermites du même ordre, qui, dès l'an 788, avoient, dans le territoire de Grasse, un monastere que les sarrazins détruisirent. Les capucins s'établirent dans la même ville en 1605, l'oratoire en 1632, & les religieuses de la visitation la même année. Elles furent logées dans le couvent des ursulines, qui embrasserent leur institut.

Evêques de Grasse.

1247. *Raymond*, que l'on croit être de la maison de Villeneuve, est le premier qui ait siégé à Grasse; il étoit de l'ordre de saint Dominique, & fut élu le 3 janvier 1247. On ne sait pas précisément l'année de sa mort.

1255. *Pons* siégeoit en 1255.

1258. *Guillaume* II, étoit évêque en 1258. Quelques auteurs le nomment *de Grasse*, cependant il n'est pas dans la généalogie de cette maison. Il est nommé dans plusieurs actes, qui ne nous apprennent rien d'intéressant sur sa vie. L'année de sa mort nous est inconnue.

1281. *Pons* II lui avoit déjà succédé en 1281. Il acheta d'*Othon* de *Thoard*, surnommé *Prioret*, pour le prix de cinq mille sols, une partie de la seigneurie d'Antibes, qui appartenoit à ce seigneur. Ce partage des droits seigneuriaux devoit provenir des alliances que les maisons faisoient entr'elles.

1287. *Lantelmi* ou *Gantelmi* occupoit le siege au mois de mars 1287. Il approuva en 1297, la réunion du monastere de Valbonne, à l'abbaye de saint André d'Avignon. On croit qu'il donna fa démiffion l'année d'après.

Guillaume III prit fa place à la fin de novembre 1298, & ne fiégea qu'environ un an.

Gaufridi III, religieux dominicain, prêta ferment entre les mains de l'archevêque d'Embrun en 1300. Il députa au concile de Saint-Ruf, l'an 1326, & à celui de l'an 1337. Ce qu'il fit de plus intéreffant, ce font quelques ftatuts qu'il publia en 1305 & 1343. Il mourut peu de tems après.

Pierre de Beretti, de l'ordre des carmes, étoit confeffeur de Clément VI, qui le nomma à l'évêché de Graffe en 1344, ou peut-être à la fin de l'année 1343. C'étoit un homme favant pour fon fiecle; il compofa quelques ouvrages de théologie, dont l'utilité a été bornée à ce tems-là. Il fut fait adminiftrateur de l'évêché de Vaifon en 1348.

Jean de Peyrollieres fut élu le 6 avril 1349.

Amédée, furnommé *de Digne*, fiégeoit en 1361. Il députa au concile d'Apt, en 1365, mais on ne fait pas combien de tems il gouverna le diocefe, à la tête duquel il étoit encore en 1369.

Aymar de la Voute, dont nous avons parlé à l'article des évêques de Marfeille, fit hommage le 25 novembre 1374, pour les fiefs dont il étoit feigneur, à Nicolas Spinelli, fénéchal d'une partie de la Provence, & chancelier du royaume de Naples. Il fut transféré à Marfeille en 1378.

Artaud de Mehelle, (*de Mehella*) étoit évêque en 1379. Il promit, avec ferment, en 1382, à Louis I, duc d'Anjou, d'aller combattre en perfonne, ou de lui donner du fecours pour la délivrance de la reine Jeanne. Il fut transféré à Sifteron fur la fin de la même année.

Thomas de Gerente fut élu au mois d'octobre 1382; c'eft fous fon épifcopat que Clément VII s'empara de la ville d'Antibes. Ce prélat fiégea jufqu'en 1390.

DIOCÈSE DE GRASSE.
EVÊQUES.
1298.
1300.
1344.
1349.
1361.
1374.
1379.
1382.

Jacques Grailleri, religieux de Saint-Pons-lès-Nice, lui succéda. Son attachement au parti d'Urbain VI, fut cause que Marie de Blois, veuve de Louis II, le déclara déchu de tous les droits qu'il avoit sur la ville d'Antibes, au mois de janvier 1392, & défendit aux habitans de le reconnoître pour leur évêque. Il donna sa démission la même année.

Pierre Bonnet, prévôt de l'église de Grasse, successeur de Jacques, vécut jusques vers le mois de mai 1405. De son tems, Louis II, comte de Provence, confirma, par lettres-patentes du 13 novembre 1399, l'engagement que Clément VII avoit fait de la ville d'Antibes, à Marc & Luc de Grimaldi, & les privileges que les reines Jeanne & Marie leur avoient accordés.

Bernard de Paule, religieux dominicain, fut élevé à l'épiscopat en 1406. La perte de la ville d'Antibes ayant diminué ses revenus, il fut déchargé par Jean XXIII, au mois de janvier 1410, d'une partie de la dixme papale. L'établissement de l'archidiaconé du chapitre de Grasse, auquel il donna son consentement, est du 16 mai 1421. Ce prélat fut enterré dans sa cathédrale le 4 septembre 1427.

Antoine de Romulis, religieux du même ordre, affilié au couvent de Draguignan, réunit tous les suffrages du chapitre en sa faveur, le 5 septembre de la même année, quoiqu'il fût alors à Rome. Cette élection lui fait d'autant plus d'honneur, qu'il ne la devoit qu'à son mérite. Il étoit au concile de Basle en 1433, quand il obtint des commissaires pour examiner les droits qu'il avoit sur la ville d'Antibes. L'archevêque d'Embrun ayant été spécialement chargé de cette commission, déclara que les MM. de Grimaldi, depuis quarante ans qu'ils jouissoient des revenus de cette ville, devoient être suffisamment payés des sommes qu'ils avoient avancées à Clément VII, & les condamna à la rendre à l'évêque de Grasse. Mais le pape Eugene IV, auquel ils en appellerent, renvoya l'affaire au cardinal Lecomte ou à son vicaire, l'évêque de

Cavaillon, qui, ayant déclaré la commiſſion du concile nulle & abuſive, caſſa la ſentence de l'archevêque d'Embrun, & condamna aux dépens Antoine de Romulis. Ce prélat aſſiſta au concile de Florence en 1439, & donna ſa démiſſion en 1448, ſous la réſerve d'une penſion annuelle de trois cens florins, monnoie de Provence.

Guillaume de Glandevès lui ſuccéda. J'ai lu dans un ancien manuſcrit, qu'il avoit l'habitude de ſigner Gvez, par abréviation, au lieu de Glandevez. De-là vient que l'auteur du *Gallia Chriſtiana*, n'a pas connu ſon véritable nom. Il ne ſiégea que peu de tems, étant mort le 24 novembre 1451.

Pierre Gorbini fut nommé, pour lui ſuccéder, par le pape Nicolas V, dont il étoit camérier. Mais Antoine de Romulis, ayant voulu remonter ſur le ſiege, il s'éleva une diſpute ſcandaleuſe entre les deux concurrens, qui ſe firent beaucoup de tort en fulminant des excommunications l'un contre l'autre. Pendant tous ces démêlés, le chapitre nomma Iſnard de Graſſe, ne croyant pas devoir prendre part à des diſputes, que la mort de Gorbini, décédé à Rome, peu de tems après ſon élection, ne put terminer; car Nicolas V, prétendant toujours avoir le droit de nommer, lui donna, pour ſucceſſeur, Dominique de Guiſſa, qui n'eut qu'un vain titre.

Iſnard, fils de Bertrand de Graſſe, comte de Bar, prit donc poſſeſſion de l'évêché, après avoir reçu ſes bulles, datées du 24 janvier 1453. Il fut nommé abbé commendataire de Lerins en 1464, & mourut le dernier de novembre 1481, dix jours avant que la Provence fût cédée à Louis XI par Charles III, comte de Provence.

Jean-André de Grimaldi, baron de Prats, abbé de Lerins, & nonce en France, étoit fils de Nicolas, ſeigneur d'Antibes, & gouverneur de Marſeille, & de Céſarine Doria. Il occupa pluſieurs emplois en cour de Rome, avant d'être nommé par le chapitre de Graſſe à l'évêché. Sa nomination eſt du 27 juin 1483. Elu référendaire par Innocent VIII, il avoit obtenu la nomination au cardinalat, quand la mort, qui le furprit le premier de juillet 1506, priva l'églife d'un prélat qui auroit pu honorer la pourpre par fes talens.

1506. *Auguftin de Grimaldi*, fils de Lambert, prince de Monaco, & de Claudine, derniere héritiere de la principauté, fut fait coadjuteur du précédent en 1498, & lui fuccéda dans l'épifcopat & l'abbaye de Lerins. Son frere Lucien ayant été tué, il fe chargea du gouvernement de la principauté, & de la tutelle de fes neveux. Ce fut en qualité d'adminiftrateur de ce petit état, qu'il fe déclara pour l'empereur Charles-Quint, croyant que les intérêts de fes neveux exigeoient qu'il fe mît fous la protection de l'Efpagne. François I le traitant alors en ennemi, le priva de tous les bénéfices qu'il poffédoit en France; mais il les lui rendit enfuite par le traité de Madrid, de l'an 1526, qui n'eut fon entiere exécution, quant à cet article, qu'au mois de novembre 1529; c'eft l'année où le prélat reçut l'empereur à Monaco. Il avoit déjà reçu à Lerins, en 1522, le pape Adrien VI qui revenoit d'Efpagne. Cette abbaye avoit alors befoin de réforme; le prélat l'y établit, & la fit enfuite unir à la congrégation du Montcaffin, par Léon X, avec l'agrément de François I. Il mourut le 12 avril 1532, avant d'être cardinal, quoiqu'il eût été défigné pour la premiere promotion. Le cardinal Sadolet étoit un de fes amis.

1532. *René du Bellay*, confeiller-clerc au parlement de Paris, fut nommé le 8 juin 1532. Il étoit frere de Jean du Bellay, cardinal, évêque de Paris, & de Guillaume du Bellay, qui fe diftingua dans les différentes ambaffades, qu'il eut à remplir, & dans les guerres d'Italie. Il donna fa démiffion en 1534, en faveur de

1534. *Benoit Taillecarne*, communément appellé Théocréne, né dans les états de Gênes, précepteur des enfans de France, abbé de Nanteuil & de Fontfroide. Il avoit fait, dans fa jeuneffe, des vers latins, qui lui attirerent, de la part des poëtes de fon tems, des éloges que la postérité n'a pas confirmés. Il mourut à Avignon le 18 octobre 1536.

Augustin Trivulce, de Milan, cardinal de la création de Léon X, en 1517, eut six évêchés, soit en France, soit en Italie, & ne parut peut-être dans aucun. Il est du moins certain que les habitans de Toulon & de Grasse, dont il étoit en même-tems évêque-commendataire, ne le virent jamais: & comme si tous ces bénéfices n'avoient pu lui suffire, il possédoit encore en France les deux abbayes de son prédécesseur. Il semble que la prodigalité du gouvernement, dont il ne seroit peut-être pas difficile d'expliquer la raison, étoit d'accord avec l'ambition de quelques ecclésiastiques italiens. Ce cardinal mourut à Rome en 1548.

Jean Valerii, italien, chanoine & vicaire-général d'Agen, fut nommé à l'évêché de Grasse, qu'il garda avec son canonicat. Il ne connut pas mieux les devoirs de la résidence, que son prédécesseur; car il ne parut point dans son diocese, qu'il fit gouverner par Jean Grenon qui lui succéda. Il avoit fait prendre possession en 1550, & mourut sur la fin de l'année 1565.

Jean Grenon obtint ses bulles le 19 novembre 1566, & ne gouverna que deux ans, étant mort le 19 du même mois 1568.

Etienne Deodet ne fut sacré que le 30 novembre 1573, quoique ses bulles fussent datées de la veille des ides de mars 1569. Il mourut à son abbaye de Cruas, en Vivarais, au mois d'août 1588.

George de Poissieux fut nommé par Henri III, le 27 mai 1589. Ce prince étant mort le 2 août de la même année, Henri IV confirma la nomination, à laquelle la cour de Rome ne voulut point avoir égard, attendu que ce prince étoit encore hors de l'église. Après l'élection de Clément VIII, l'évêché fut réuni à celui de Vence, & l'on nomma pour gouverner ces deux églises, Guillaume le Blanc, dont nous allons parler. Cependant George de Poissieux se démit en faveur d'Etienne le Maingre de Boucicault, le 13 février 1598.

DIOCESE DE GRASSE.
EVEQUES.
1536.

1550.

1566.

1573.

1589.

CHOROGRAPHIE.
II. Partie.

1592.

Guillaume le Blanc ou *Blanchy*, natif d'Albe, camérier de Sixte V, fut donc nommé après la réunion des deux évêchés, faite le 14 février 1592, & eut la permission de recevoir la prêtrise hors des tems marqués par les canons, car il n'étoit encore que diacre. La bulle du Pape, touchant cette union, fut enregistrée au parlement le 22 mai 1592, en vertu des ordres du duc de Mayenne. Henri IV l'approuva ensuite au mois de février 1596, & le clergé de Vence, qui avoit d'abord formé opposition, ayant donné son consentement en 1597, cette affaire ne paroissoit plus devoir souffrir aucune difficulté. Cependant Etienne de Boucicault se pourvut au conseil du roi, pour faire valoir la cession que George de Poissieux lui avoit faite de l'évêché de Grasse. Il y eut quelques arrêts qui ne toucherent point au fond de la question; enfin l'affaire fut renvoyée au parlement d'Aix, qui décida en faveur de Boucicault, au mois de novembre 1601. Guillaume le Blanc mourut dans cette ville, le 29 décembre de la même année, avec la réputation d'avoir joint au zele de la religion, le mérite de l'érudition & le talent de la poésie latine.

1602.

Etienne le Maingre de Boucicault, natif d'Arles, ne put obtenir ses bulles qu'après la mort de Guillaume, le 24 mars 1604. Il avoit d'abord pris l'habit de capucin, qu'il quitta ensuite pour entrer chez les religieux de l'observance, avec la permission du saint pere. Il fut fait aumônier du roi, le 11 mars 1600, & ensuite premier aumônier de Marguerite de Valois, la premiere femme d'Henri IV, le 27 juillet 1612. Ce prélat assista à l'assemblée générale du clergé, tenue à Bordeaux en 1621, & mourut le 17 avril 1624. On a de lui quelques statuts généraux qu'on suit encore dans la cathédrale de Grasse.

1625.

Jean de Grasse-Cabris, nommé en 1625, donna sa démission en 1628, avant d'avoir été sacré, en faveur du suivant qui lui résigna le prieuré de l'Enfourchure.

1630.

Jean Guerin, né en Auvergne, reçut l'onction épiscopale en 1630, & mourut le 7 avril 1632.

Scipion

Scipion de Villeneuve, nommé le 12 juin de la même année, & sacré à Aix le 8 mai 1633, établit à Grasse les religieuses de la visitation, & leur donna la maison des ursulines, qui embrasserent le même institut. On doit à son zele, la construction des orgues de la cathédrale. Il mourut subitement dans son diocese, le 30 mai 1636, n'ayant encore que trente-cinq ans.

Diocese de Grasse. Evêques. 1632.

Antoine Godeau, que ses talens, ses vertus, ses ouvrages & les réglemens qu'il fit dans son diocese, ont rendu à jamais recommandable, fut sacré à Paris le 24 décembre 1636. Les agrémens & la vivacité de son esprit le firent rechercher dans sa jeunesse, par les personnes qui fréquentoient l'hôtel de Rambouillet.

1636.

C'étoit une grande preuve de bel esprit, que de mériter leur suffrage. Godeau s'en fit estimer, & passoit pour un très-grand poëte, quoique Malherbe & Corneille eussent déjà fait entrevoir ce que c'étoit que le vrai talent de la poésie. Il dut l'épiscopat à ses vers, & c'est le plus grand bien qu'ils aient produit. Il présenta la paraphrase du cantique des trois Hébreux au cardinal de Richelieu, qui lui dit : « Vous m'avez donné *benedicite*, je vous donne *Grasse*. » Il pouvoit lui donner quelque chose de mieux ; mais tous les évêchés se ressemblent aux yeux d'un homme qui ne cherche qu'à faire le bien. Tel étoit M. Godeau. S'il poursuivit, & s'il obtint, le 9 septembre 1644, la réunion de l'évêché de Grasse avec celui de Vence, ce n'étoit sûrement pas par ambition, puisqu'ayant su qu'il avoit fait un faux exposé, en disant dans sa requête que cette union avoit été faite en faveur de Guillaume le Blanc & de ses successeurs, quoiqu'elle n'eût été faite que pour lui : il quitta le siege de Grasse le 7 septembre 1653, & ne garda que celui de Vence, dont les revenus n'étoient pas les plus forts. Nous aurons donc encore occasion de parler de lui dans un autre article.

Louis de Bernage, chanoine de Notre-Dame de Paris, aumônier du roi & abbé de Clairfaix, fut proclamé à Rome le 25 no-

1653.

Tome I.

Ggg

vembre 1653, & sacré à Paris le 25 janvier 1654. Comme il avoit été nommé, en même-tems, par le roi au vicariat d'Antibes, il voulut en exercer les fonctions en qualité d'évêque; ce qui excita une réclamation de la part des habitans qui porterent l'affaire au conseil. Enfin, après avoir plaidé pendant quelque tems, on convint de part & d'autre, le 20 juin 1661, que l'évêque feroit les fonctions de vicaire apostolique, en reconnoissant qu'il n'y avoit aucun droit en vertu de la jurisdiction épiscopale, & qu'elles en étoient entiérement indépendantes, la ville d'Antibes n'étant ni de son diocese, ni d'aucun autre ; mais immédiatement soumise au saint-Siege, &c. Ce prélat mourut à Grasse le 16 mai 1675.

1675. *Louis de Roquemartine*, prévôt d'Arles, lui succéda au mois de septembre de la même année, & fut transféré à Saint-Paul-Trois-Châteaux, le 2 novembre 1680.

1680. *Antoine le Conte*, prévôt de Glandeves, obtint l'évêché de Grasse, au mois de décembre 1680, & mourut le 6 septembre 1685, sans avoir été dans son diocese.

1684. *François Verjus*, prêtre de l'oratoire, abbé de Barbeaux, fut nommé le 31 mai 1684, & transféré, avant qu'il eût reçu ses bulles, à l'évêché de Glandeves, au mois de novembre 1685, pour revenir bientôt après à sa premiere église.

1685. *Jean Balthazar*, fils de Balthazar de Cabannes, baron de Viens, président à la chambre des comptes, & de Magdeleine de Valavoire, nommé au mois de novembre 1685, se démit avant d'avoir pris possession.

1686. *François Verjus*, qui n'étoit point encoré sacré, fut de nouveau pourvu de l'évêché de Grasse, au mois d'avril 1686. Il étoit frere de Louis, comte de Créci, plénipotentiaire de la cour de France à la paix de Ryswick. De son tems, les revenus de la prévôté furent réunis à la mense épiscopale, & les privileges à la dignité de sacristain, par une bulle du 30 juillet 1692. Mais cette réunion à laquelle on forma opposition, ne fut entiérement consommée que sous l'épiscopat de son successeur. Sa mort arriva le 17 septembre 1710.

Joseph-Ignace de Mesgrigny, capucin, fils de Jean, chevalier, baron de Vendeuvre, président au parlement d'Aix, & d'Huberte-Renée de Bussy d'Inteville, étoit déjà vieux quand il fut nommé à l'évêché de Grasse, le 5 avril 1711. On doit à ses libéralités, la construction de l'église souterreine de la cathédrale. Ce bon prélat se rendit particuliérement recommandable par sa régularité, sa modestie & cette naïve simplicité qui se peignoit dans la plupart de ses actions. Il mourut à Grasse le 2 mars 1726.

Charles-Léonce-Octavien d'Antelmi, né à Trigance dans le diocese de Riez, fut nommé à l'évêché de Grasse, le 26 mars 1726, & en prit possession le 15 octobre de la même année. Il mourut le 21 octobre 1752, âgé d'environ 85 ans.

François-Etienne de Saint-Jean de Prunieres, né à Gap, a été nommé le 23 novembre 1752.

La plus ancienne abbaye du diocese, & même des Gaules, est celle de Lerins, fondée, suivant quelques auteurs, en 375, & suivant Baillet en 391. Mais aucune de ces deux opinions n'est recevable. Tous les historiens conviennent que saint Léonce occupoit le siege de Fréjus, lorsque saint Honoré arriva dans le diocese. Or cet évêque mourut en 432 ou 433; il est impossible de lui donner plus de trente ans d'épiscopat, quand on fait attention que dans les premiers siecles de l'église, on ne confioit le gouvernement des dioceses qu'à des personnes d'un âge mûr. Ainsi saint Léonce ne commença à siéger que vers l'an 402, & l'abbaye de Lerins ne fut fondée que vers l'an 405, parce que saint Honoré demeura quelque tems dans sa retraite avant de réunir les solitaires en communauté. Cette raison peut être fortifiée par le témoignage de saint Paulin, évêque de Nole, qui n'entendit parler de l'abbaye de Lerins que vers l'an 410, & par l'époque où saint Honoré fit le voyage du Levant, qu'on fixe à l'année 395 ou 396. Ces preuves nous dispensent d'entrer dans une plus longue discussion; l'essen-

---

DIOCESE DE GRASSE.
EVÊQUES.
1711.

1726.

ANCIENNES ABBAYES.

tiel pour nous eſt d'abréger. On peut conſulter, ſi l'on veut, l'hiſtoire eccléſiaſtique de M. de Tillemont, qui met la fondation de cette abbaye en 401 pour le plutôt.

C'eſt une choſe frappante que l'impreſſion de l'exemple ſur des hommes vertueux. A peine ſaint Honoré fut arrivé dans le dioceſe de Fréjus, que l'île de Lerins ſe peupla d'une foule d'anachoretes qui ſe livrerent comme lui à toutes les rigueurs de la pénitence. Nos égliſes, dans les premiers ſiecles, y choiſiſſoient leurs paſteurs, & la religion y auroit trouvé des défenſeurs zélés, s'ils ſe fuſſent toujours préſervés des erreurs du ſémi-pélagianiſme. Cependant il y en eut dans le nombre qui la défendirent avantageuſement par leurs écrits, tandis qu'ils la faiſoient reſpecter par leurs vertus. Au reſte, il y a peu d'abbayes dans le royaume qui aient autant édifié l'égliſe.

Le monaſtere d'Arluc, bâti pour des religieuſes, ſous l'invocation de ſaint Etienne, étoit ſitué ſur un petit côteau voiſin de la mer, à l'endroit même où il y avoit auparavant un temple dédié à Vénus. Ce monaſtere fut fondé vers l'an 616, par ſaint Nazaire, abbé de Lerins, à la priere de ſainte Creſcencia, fille de ſaint Eucher. On conſtruiſit tout auprès, dans le même tems, une autre égliſe, ſous le titre de ſaint Jean-Baptiſte. Le monaſtere & l'égliſe furent détruits par les ſarrazins.

Celui de Valauri, qui ne ſubſiſte plus, étoit de l'an 1227. Il devoit ſon origine aux pieuſes libéralités d'une dame nommée Ayceline, qui le fit bâtir pour des religieuſes, ſur un local qui appartenoit aux moines de Lerins depuis l'an 1032.

A Sartous, il y avoit anciennement celui de ſainte Marie-des-Prés, ou de Valbonne, conſtruit par les ſoins d'Olivier, évêque d'Antibes, en 1199. Le lieu de Sartous avoit été donné aux moines de Lerins, en 1016, par Bilieldis, femme de Jauſſeran, comte d'Antibes. On unit à ce monaſtere celui de Failſoc, dioceſe de Digne, au mois de décembre 1212; & environ cinquante ans après, on attribua une partie de fes revenus à un monaftere de religieufes qu'on bâtit tout auprès, fuivant l'ufage de ce tems-là. Mais le relâchement & la pauvreté firent abandonner, au commencement du XIVe fiecle, ces deux couvens, dont les biens ont paffé fucceffivement en différentes mains.

<small>Diocese de Grasse.</small>

On a découvert depuis vingt ans, fur la montagne qui eft au nord de *Graffe*, des carrieres de marbre blanc, de jafpe varié de différentes couleurs, & un filon d'albâtre oriental, précieux pour la fineffe du grain, la beauté des couleurs, la tranfparence des tranches, & le beau poli qu'il prend; quoiqu'auffi dur que le marbre, il eft plus doux fous le cifeau. On en trouve de grands blocs de quatre, cinq & fix pieds de long, fur un pied ou environ d'épaiffeur, & affez large pour en faire de grandes tables & des cheminées. Les blocs moyens ou petits font recherchés pour en fculpter des urnes, des vafes, & des fceaux qui ont beaucoup d'éclat & font d'une grande beauté. On trouve aux environs de *Graffe* des pierres arborifées, des litophites, des cornes d'ammon, & d'autres coquillages foffiles; dans le terroir de *Biot*, une pierre crétacée grisâtre, & toute compofée de coquilles ou de détrimens de coquilles. On y voit auffi des glands de mer, des peignes, des cames, des vis, des pinnes, des huîtres, des ourfins, des boucardes & des tuyaux marins. Enfin on trouve au fommet d'une colline voifine du village, une grande quantité de manganaife, dont les génois fe fervent pour donner à la poterie, cette couleur de fer qui la diftingue.

<small>Histoire naturelle. Graffe.

Biot.</small>

Le granit qui fe voit aux environs de *Cannes*, reffemble à celui d'Egypte, avec cette différence qu'il eft plus abondant en quartz & en mica; on y trouve auffi une pierre grisâtre appellée *petrofilex*, qui eft la mere des porphyres & des jafpes. Le porphyre commence d'une maniere bien fenfible à la Napoule, & fe durcit à mefure qu'on approche de l'Efterel. Alors on y découvre des taches d'un petit feld-fpath, femblables à celles qu'on

<small>Cannes.</small>

apperçoit dans les porphyres d'Egypte ; il y en a aussi de couleur de plomb. Lorsqu'on est près de la montagne, le porphyre ne disparoît pas entiérement ; mais la pierre rougeâtre que nous avons dit en être la mere, devient d'une finesse de grain & d'une dureté qui la font placer parmi les jaspes.

On trouve une pierre grisâtre & grossiere, en allant de Cannes à Antibes, entremêlée de mica, de quartz & de feld-spath. Ce sont les mêmes especes qui entrent dans la composition des granits, avec cette différence pourtant qu'elles sont plus mûres & plus compactes dans ceux-ci que dans l'autre. Le terroir d'Antibes est abondant en fossiles ; on y rencontre des cœurs canelés qui ne sont point pétrifiés. On m'a assuré qu'à *Saint-Césaire*, paroisse du diocese de Grasse, il y a une grotte qui offre les mêmes beautés que la grotte d'Arcis. Il seroit à souhaiter que quelqu'un se chargeât d'en faire une description exacte. Je dois observer en finissant cet article, que le terroir de Valauri offre une manganaise semblable à celle de *Biot*.

L'inscription trouvée dans le village du Bar, dont la seigneurie appartient depuis plusieurs siecles à la maison de Grasse, étoit sur le tombeau de deux dames romaines, dont elle nous apprend seulement les noms. Elle ne renferme donc rien d'intéressant pour mériter d'être rapportée. Il est fâcheux que nous n'ayons pas en entier celle qu'on découvrit dans la forêt de l'Esterel, près de la Verne, & dont nous avons oublié de parler à l'article de Fréjus. On n'a pu lire que ces deux mots :

. . . . DEA
. . . . SYLVARVM

Ils nous apprennent que du tems des romains, cette forêt étoit consacrée à une déesse, qui en portoit vraisemblablement le nom. Comme il n'y a rien qui se perpétue davantage que la superstition, celle-ci changea de forme & d'objet après l'établissement du christianisme. La déesse, suivant notre religion, étoit l'esprit immonde, qui usurpoit des hommages dus à la divinité. On ne lui rendit plus de culte à la vérité, mais on crut qu'elle résidoit toujours dans un lieu dont elle avoit été si long-tems en possession. La frayeur que le silence & la sombre obscurité des bois inspire, jointe aux crimes que des brigands y commettoient, entretenoit cette idée. On crut donc voir dans cette forêt la puissance d'un malin esprit, qu'on appella *Fée Esterelle*, quand on commença de parler des fées sur la fin du XIIe siecle ; car les contes de fées n'ont pas une origine plus ancienne.

<small>Diocese de Grasse. Remarques historiques.</small>

Dans le même diocese est l'île de Sainte-Marguerite, où l'on transféra à la fin du dernier siecle, le fameux prisonnier au masque de fer, dont on ne saura peut-être jamais le nom. Il n'y avoit que peu de personnes attachées à son service qui eussent la liberté de lui parler. Un jour que M. de Saint-Marc s'entretenoit avec lui, en se tenant hors de la chambre dans une espece de corridor, pour voir de loin ceux qui viendroient ; le fils d'un de ses amis arrive, & s'avance vers l'endroit où il entend du bruit. Le gouverneur qui l'apperçoit ferme aussi-tôt la porte de la chambre, court précipitamment au-devant du jeune homme, & d'un air troublé, il lui demande s'il a vu, s'il a entendu quelque chose. Dès qu'il se fut assuré du contraire, il le fit repartir le jour même, & il écrivit à son ami, *que peu s'en étoit fallu que cette avanture n'eût coûté cher à son fils; qu'il le lui renvoyoit de peur de quelqu'autre imprudence.* Cette anecdote rappelle celle du pêcheur, qui avoit trouvé l'assiette d'argent, & à qui M. de Saint-Marc dit: *tu es bien-heureux de ne savoir pas lire.*

<small>Ile de Sainte-Marguerite.</small>

Diocese de Vence.

La ville de Vence étoit la capitale des *Nerusi*, & subsistoit vraisemblablement avant que les romains s'emparassent de la Pro-

<small>Diocese de Vence.</small>

vence ; car son nom est celtique, & signifie belle habitation, de *vin*, belle, & de *zy*, habitation. Cette petite ville est en effet agréablement située sous un très-beau climat. Aussi du tems des romains étoit-elle beaucoup plus considérable qu'elle n'est de nos jours. Le grand nombre d'inscriptions qu'on y a trouvées en est la preuve. On en connoît une qui nous apprend que, sous les premiers empereurs, Vence dépendoit du président des Alpes maritimes. Du tems d'Honorius elle fut comprise dans la province ecclésiastique d'Embrun. Antibes au contraire, qui avoit toujours été annexée à la Narbonnoise, fut soumise à la métropole d'Aix (1).

Nous avons dit qu'Armentaire, qui siégeoit en 451, n'étoit sûrement pas le premier évêque d'Antibes. Cette conjecture devient très-probable, s'il est vrai que Vence ait eu le sien en 374. Il n'est pas vraisemblable en effet, qu'Antibes plus grande, plus à portée de recevoir des chrétiens à cause du commerce, n'ait été décorée d'un siege épiscopal que soixante-dix-sept ans après ; ou bien il faudroit dire que celui de Vence est de la même date. Au reste il est bon d'observer que tous nos évêchés remontent à peu-près à la même époque, qui est le IVe siecle. C'est une preuve que la religion n'est pas aussi ancienne en Provence qu'on se l'imagine. Il seroit difficile d'expliquer comment elle auroit fait si peu de progrès pendant près de trois cens ans, si saint Lazare & saint Maximin avoient été, l'un évêque de Marseille, & l'autre d'Aix, vers l'an 60 de J. C.

Les papes ont tenté de réunir le siege de Vence à quelqu'autre; Eugene IV à celui de Senez en 1432, & Clément VIII à celui

---

(1) Raymond Bérenger, dernier comte de Provence, de la maison de Barcelone, donna le 7 février 1250, tous les droits qu'il avoit sur la ville de Vence, à Romée de Villeneuve, son connétable & ministre d'état, surintendant de ses finances, & grand sénéchal de Provence, en récompense des services que ce seigneur lui avoit rendus.

de

de Graffe en 1592. On avoit déjà tenté la même réunion en 1562 ; mais elle ne fut véritablement effectuée qu'en 1644, sous M. Godeau. Ce prélat ayant reconnu qu'elle avoit été faite sur un faux exposé, se démit volontairement de l'évêché de Graffe, & les choses resterent dans leur premier état.

Le chapitre est composé d'un prévôt, d'un sacristain, d'un archidiacre, & de cinq autres chanoines, car le capiscol ne l'est pas. Dix bénéficiers, dont deux font les fonctions de curés, un bénéficier diacre, un sous-diacre, & deux serviteurs composent le bas chœur.

Evêques.

Saint Eusebe étoit évêque de Vence en 374, mais le commencement de son épiscopat, ses actions, & le tems de sa mort nous sont inconnus. — 374.

Saint Juvin siégeoit, à ce que l'on croit, en 410. Il est surprenant qu'avant l'an 430, on ne trouve des députés de cette église dans aucun des conciles auxquels assisterent les autres évêques de Provence, & sur-tout à celui de Turin de l'an 401, qui roula sur les affaires des Gaules, & particuliérement sur la primatie d'Arles. Ce silence, de tous les anciens monumens les plus authentiques, est un préjugé bien peu favorable à l'ancienneté du siege de Vence. — 410.

Arcade, dont l'épiscopat est rapporté à l'année 430, est vraisemblablement le même qui souscrivit au concile de Riez en 439, & dont le nom se trouve dans une lettre du pape saint Célestin, quoique son siege ne soit nommé ni dans l'un ni dans l'autre. — 430.

Saint Veran, fils de saint Eucher, qui fut évêque de Lyon, embrassa la profession monastique à Lerins avec son frere Salone, & s'y adonna tout entier à l'étude de la religion sous la conduite de saint Honoré, de Salvien, & de Vincent. Les ouvrages qu'il composa sont une preuve des progrès qu'il fit. Le pape saint Hilaire le choisit pour examiner avec Léonce & Victurus, les plaintes — 451.

Tome I.   Hhh

qu'Ingenuus, évêque d'Embrun, lui avoit portées contre Auxane, qui sur un faux exposé avoit obtenu de ce pontife la permission de sacrer un évêque de Nice, quoique le pape saint Léon eut réuni le siege de cette ville à celui de Cimiez. Saint Hilaire lui donna en d'autres occasions, des marques de son estime. Ce prélat assista au concile d'Arles en 475. Quoiqu'on ne puisse pas prouver, par toutes ces autorités, qu'il étoit évêque de Vence, parce qu'il n'y est pas mention de son siege, la chose paroît démontrée par l'intérêt qu'il prit aux affaires des Alpes maritimes, par un ancien martyrologe, & par la tradition de l'abbaye de Lerins, où l'on conserve encore de ses reliques.

525. *Prosper* est mis dans le catalogue des évêques de Vence, sur la foi de quelques auteurs modernes; car du reste, il n'y a aucune preuve certaine de son épiscopat, que l'on rapporte à l'année 525. Nous disons la même chose du suivant.

535. *Firmin*, 535.

541. *Deuther* assista à plusieurs conciles, ou en personne ou par députés. Le premier qui fait mention de lui, est le quatrieme d'Orléans, tenu en 541, & le dernier celui d'Embrun de l'année 588, qui est celle de sa mort, suivant Grégoire de Tours.

588. *Fronime* lui succéda la même année, suivant le même auteur, qui n'est pas clair dans l'endroit où il en parle.

644. *Aurélien* est nommé parmi les peres du concile de Châlons tenu sous Clovis II en 644. Nous ne prétendons pas qu'il ait succédé immédiatement à Fronime; il y a dans la succession des évêques de Vence, des lacunes qu'il est impossible de remplir faute d'anciens documens. Après Aurélien, il s'est écoulé environ deux siecles, pendant lesquels l'histoire garde un profond silence. Le premier évêque qu'on trouve après ce long intervalle de tems, est

835. *Lieutaud* (*Lieutadus*) qui vivoit en 835, selon quelques auteurs, & gouvernoit encore le diocese en 868.

Valdene est mis au nombre des évêques par quelques auteurs, sans qu'il y ait aucune preuve bien certaine de son épiscopat. On voit par une lettre de Jean VIII, écrite sur la fin de l'année 877, que Valdene n'étant encore que diacre, fut élu par le peuple & le clergé ; mais que l'archevêque d'Embrun en sacra un autre. Ce conflit excita des plaintes qui furent portées en cour de Rome ; mais nous ignorons quel en fût le succès, & quel étoit le nom du concurrent de Valdene. Il est donc impossible de dire par qui le siege fut occupé. Ainsi nous passerons au suivant sans décider s'il fût le concurrent ou le successeur de Valdene.

Wiffred étoit évêque au mois de mai de l'année 878. On trouve son nom dans une lettre du même pape, qui lui défendit de dire la messe, jusqu'à ce qu'il fût allé se justifier à Rome, parce qu'il avoit communiqué avec des excommuniés. La suite des évêques est encore interrompue jusqu'en 1020, qui est le tems où vivoit

Arnoul. Ce prélat promit à l'archevêque d'Arles de se mettre sous sa jurisdiction. On doit regarder cette démarche comme une preuve du crédit que ce métropolitain avoit alors dans la province. Les privileges que les derniers empereurs lui avoient accordés, & le pouvoir qu'il avoit dans la ville d'Arles, dont il étoit pour ainsi dire, le premier magistrat, le mettoient à même de faire valoir ses anciennes prétentions sur la primatie.

Durand ou *Durant*, qui fonda près de Cagne l'abbaye de Saint-Veran, dont nous parlerons ci-après, commença son épiscopat vers l'an 1025, & vivoit encore, à ce qu'on prétend en 1060, qui est vraisemblablement l'année de sa mort ; car il n'y a pas d'apparence qu'il ait occupé le siege jusqu'en 1093, tems auquel siégeoit Pierre I. Il faut donc que le nom de son successeur immédiat ne soit pas venu jusqu'à nous.

Pierre I, élu en 1093, mourut vers la fin de l'année 1113. Il avoit été religieux de Lerins.

1114. *Saint Lambert*, né à Baudun, dans le diocese de Riez, embraſſa la profeſſion monaſtique dans la même abbaye, & devint un modele de toutes les vertus chrétiennes. Il fut nommé à l'évêché de Vence par le peuple, & le clergé de cette ville en 1114, & mourut plein de bonnes œuvres le 26 mai 1154, particuliérement regretté du peuple & du clergé qu'il n'avoit ceſſé d'édifier par ſon humilité, ſes mortifications, ſon aſſiduité à la priere, & ſon exactitude à ſes devoirs.

1155. *Raynaud* I ſiégeoit en 1155. Il eſt à craindre qu'on ne l'ait confondu avec

1159. *Raymond* qui fut préſent à un accommodement fait entre l'évêque & le chapitre de Nice en 1159.

1179. *Guillaume Giraldi* gouvernoit le dioceſe en 1179; il aſſiſta cette année-là au troiſieme concile de Latran.

1193. *Pierre* II *Grimaldi*, ſigna le 22 août 1193, le teſtament de Romée de Villeneuve, miniſtre d'état, & connétable du comte de Provence. Il vivoit encore en 1202. Le nom de l'évêque qui lui ſuccéda, n'eſt déſigné que par la lettre initiale

1214. L. qui eſt peut-être celle de *Ludovicus*. Cet évêque ſiégeoit en 1214.

1222. *Guillaume Riboti*, élevé à l'épiſcopat vers l'an 1222, donna ſa démiſſion en 1243 ou environ, pour ſe retirer à l'abbaye de ſaint Victor, s'étant ſeulement réſervé une penſion ſur l'évêché.

1263. *Pierre* III, qu'on dit avoir été aumônier de Charles I, roi de Sicile, tranſigea en 1263, avec les ſeigneurs de Villeneuve, au ſujet de la juriſdiction de Conſegoules.

1270. *Guillaume de Siſteron* eſt connu depuis l'an 1270, juſqu'en 1290, qu'il aſſiſta au concile provincial d'Embrun.

1298. *Pierre* IV *Malirat*, natif d'Avignon, religieux dominicain, ſuccéda ſûrement à Guillaume de Siſteron, ſans qu'on puiſſe dire en quelle année. Il ſiégeoit en 1298.

1308. *Foulques* lui avoit déjà ſuccédé en 1308; il ſuit de-là que

Pierre IV ne fut pas évêque pendant vingt ans comme on l'a prétendu.

Pierre V fut facré en 1312. Le chapitre lui céda la jurifdiction qu'il avoit à Vence, à Tourrêtes, à Mauvans & à la Baftide, à condition que l'évêque & fes fucceffeurs ne pourroient l'aliéner en tout ou en partie, fans le confentement des habitans de ces lieux. Mais Louis de Grimaldi ayant vendu en 1572, les droits feigneuriaux qu'il avoit à Vence, malgré l'oppofition des citoyens, à Claude de Villeneuve, baron & co-feigneur de cette ville, l'affaire fut portée au grand-confeil, & la moitié de la jurifdiction qui appartenoit à l'évêque, réunie à la manfe épifcopale, fous Pierre du Vair fucceffeur de Guillaume le Blanc.

Raymond II fut élu, à ce qu'on croit, au mois d'octobre 1319, & mourut quelques mois après fon élection.

Pierre VI, aumônier de Robert, roi de Sicile & comte de Provence, fut mis à fa place la même année, & mourut en 1325 ou 1326.

Fouques, qui lui fuccéda, étoit de l'ordre de faint Dominique. Il affifta au concile de Saint-Ruf, près d'Avignon, le 18 juin 1326, & fut transféré à Toulon deux ans après.

Raymond III, de l'ordre des freres mineurs, étoit pénitencier de Jean XXII, qui le nomma à l'évêché de Vintimille en 1320, en donnant de grands éloges à fa fcience & à fa conduite. Raymond fut enfuite pourvu du fiege de Vence, au mois de novembre 1328, & le garda jufqu'en 1333, qu'il paffa à celui de Nice.

Arnaud Barcilot ou *d'Antifico*, né en Catalogne, & religieux du même ordre que le précédent, lui fuccéda au mois de février 1333, par la protection de Jean XXII, dont il étoit grand pénitencier.

Jean fiégeoit en 1348.

Guillaume Digne acheta de Foulques d'Agout, grand fénéchal de Provence, en 1358, la partie de la jurifdiction que ce feigneur

DIOCESE DE VENCE.
EVÊQUES.
1312.

1319.

1319.

1326.

1328.

1333.

1348.
1358.

avoit à Vence, pour le prix de 1200 florins d'or. Il est encore mention de ce prélat dans un acte de l'an 1360, qui est vraisemblablement l'année de sa mort.

1361. *Etienne Digne*, frere du précédent, & son successeur en 1361, assista au concile d'Apt en 1365.

1375. *Boniface Dupuy* fit des statuts en 1375, & fut déclaré schismatique en 1378, par Clément VII, parce qu'il étoit de la communion d'Urbain VI, que la reine Jeanne, comtesse de Provence, ne reconnoissoit point. Boniface donna sa démission; & pour avoir de quoi vivre, il engagea le château de Gatieres aux consuls de Nice, & en vendit tous les meubles; cette vente paroîtra moins étrange, peut-être, que la simplicité des consuls, qui achetoient un bien dont ce prélat ne pouvoit pas disposer.

1379. *Jean Abrahardi*, élu, selon toutes les apparences, en 1379, assista aux états de Provence en 1390, & racheta le château de Gatieres, où il mourut en 1395.

1404. *Raphel* est mis au nombre des évêques, on ne sait pas sur quel fondement, en 1404.

1409. *Jean* III envoya des députés au concile de Pise en 1409.

1415. *Paul de Cario*, qui siégeoit en 1415, permuta pour l'évêché de Glandeves en 1420, avec

1420. *Louis de Glandevès*, qui gouverna le diocese de Vence jusqu'en 1441. Ce fut lui qui fonda l'archidiaconé de cette église, & qui obtint d'Eugene IV, le 16 juillet 1432, une bulle pour unir l'évêché de Vence à celui de Senez. Mais l'union n'eut pas lieu, quoique les deux prélats & les chapitres des deux églises y eussent consenti. N'est-ce point à cause des difficultés qu'on dut trouver à mettre, sous une même jurisdiction, deux dioceses qui ne sont point limitrophes? Louis fut transféré à Marseille en 1441.

1441. *Antoine Salvanhi* lui succéda la même année, & mourut en 1463. Il avoit tenté de faire supprimer la dignité d'archidiacre, fondée par son prédécesseur.

Raphel Monſo, né en Catalogne, religieux de l'ordre de ſaint Auguſtin, & confeſſeur du roi René, fut ſacré en 1463. Il fit beaucoup de bien à ſon égliſe, dont il augmenta les revenus & les ornemens. C'étoit un prélat fort zélé pour le bien public. Il céda les maiſons qu'il avoit à Saint-Laurent en 1485, à trente perſonnes, à condition qu'eux & leurs ſucceſſeurs entretiendroient une barque pour le paſſage du Var, ſans rien exiger des voyageurs. Il mourut au mois d'octobre 1491.

Jean de Wec ou *de Weſt*, étoit fils d'Etienne, que Charles VIII, dont il étoit valet-de-chambre, fit ſénéchal de Beaucaire, ſa patrie, & de Nîmes, enſuite préſident de la chambre des comptes. Jean, qui avoit été chanoine de la ſainte Chapelle en 1485, puis chantre de la même égliſe, fut nommé à l'évêché de Vence en 1491.

Aimar de Weſt, ſon frere, lui avoit déjà ſuccédé en 1497.

Alexandre Farneſe, cardinal du titre de ſaint Euſtache, évêque d'Oſtie, & enfin créé ſouverain pontife le 12 octobre 1534, ſe diſoit évêque commendataire de Vence en 1508. Ugel, dans le premier tome de l'*Italia ſacra*, parle d'un Lambert Arbaud, natif d'Antibes, qui, après avoir été évêque de Vence, fut placé ſur le ſiege de Venoſa, dans le royaume de Naples, au mois de juillet 1510, & mourut le 15 novembre 1527. Cependant il n'eſt mention de lui dans aucun hiſtorien de Provence; nous ne voyons pas même en quel tems il auroit pu ſiéger, puiſqu'Alexandre Farneſe étoit encore évêque de Vence le 10 mai 1509, & qu'il ſe démit en faveur de *Bonjean* en 1511. Il y a toute apparence qu'Arbaud gouverna le dioceſe de Vence en qualité de grand vicaire ou de coadjuteur, durant l'épiſcopat de Farneſe, & que c'eſt ce qui a induit Ugel en erreur.

Jean-Baptiſte Bonjean, natif de Rome, fut ſacré, ſur la démiſſion de Farneſe, en 1511. Il demeura peu de tems dans ſon dioceſe, & eut un procès avec ſon chapitre, au ſujet de la nomination aux bénéfices. On convint, en 1517, qu'il nommeroit à tous ceux du diocese, & que les dignitaires, les chanoines, les bénéficiers & les vicaires feroient nommés par le chapitre. Cet évêque mourut en 1523, & fut enterré à Cagne.

1523. *Robert Cenal*, parisien, fut pourvu de l'évêché de Vence par François I en 1533, & transféré à Riez en 1520. C'est-là, qu'ayant ennuyé les chanoines à force de les prêcher, il en eut tant de désagrément, qu'il fut contraint de donner sa démission. Ils exigerent de son successeur, qu'il ne leur prêchât point l'évangile, prétendant que cet usage n'étoit bon que pour des moines.

1531. *Balthazar de Jarente*, fils de Thomas, baron de Senas, & de Louise de Glandevès, étoit premier président de la chambre des comptes d'Aix, quand il fut nommé à l'évêché de Vence en 1531. Il réunissoit encore les deux dignités en 1536, & fut ensuite transféré a Saint-Flour, d'où il passa à l'archevêché d'Embrun.

1541. *Nicolas de Jarente*, son frere, ou peut-être son cousin & son coadjuteur, lui succéda en 1541, & mourut en 1555.

1555. *Jean-Baptiste Rambaud de Simiane*, fils de Bertrand Rambaud, baron de Gordes & de Cazeneuve, & de Perrette de Pontevès, ne gouverna le diocese que depuis l'an 1555 jusqu'en 1560, qu'il fut transféré à Apt.

1560. *Louis de Grimaldi*, fils de René, baron de Beuil, & de Thomassine Lascaris, abbé de Saint-Pons-lès-Nice, aumônier du duc de Savoie, & son envoyé en France, chancelier de l'ordre de l'Annonciade, &c. reçut l'onction épiscopale en 1560, assista au colloque de Poissy & au concile de Trente, donna sa démission en 1576, & mourut à Nice dans un âge fort avancé, le 3 février 1608.

1576. *Audin Garidelli*, son grand vicaire, lui succéda, & prit possession le 8 décembre 1576. Il mourut à Saint-Paul le 23 avril 1588.

1588. *Guillaume le Blanc*, natif d'Albi, camérier de Sixte V, bon poëte, & homme assez savant pour le tems où il vivoit, fut sacré à la fin de l'année 1588. Il obtint, au mois de février 1592, une bulle

bulle de Clément VIII, qui réunissoit l'évêché de Vence à celui de Grasse; mais les deux sieges furent encore séparés par arrêt du conseil en 1601. Ce prélat mourut le 29 novembre de la même année.

Pierre du Vair, parisien, frere de Guillaume, vice-chancelier de France, lui succéda au mois de décembre. Son exactitude à ses devoirs, l'augmentation qu'il fit des revenus de son église, lui méritent un rang parmi les bons évêques. Quoiqu'on lui offrit des évêchés plus considérables, il eut le mérite rare de les refuser, en disant que sa premiere femme lui suffisoit, quelque pauvre qu'elle fût. Il mourut le 28 juin 1638.

Antoine Godeau siégea après lui. Nous en avons parlé à l'article des évêques de Grasse. C'est un prélat dont la mémoire est précieuse à l'église & aux savans, par le grand nombre d'ouvrages qu'il a composés, quoique pour le style, la méthode, & même pour le fond des choses, ils aient beaucoup perdu de leur mérite, depuis que le goût & la critique se sont perfectionnés. Nous avons dit qu'il avoit été nommé à l'évêché de Grasse en 1636, & que l'ayant ensuite fait réunir à celui de Vence, il ne garda que celui-ci, soit par scrupule, parce que la requête au saint-Siege étoit obreptice, soit pour appaiser les murmures du clergé séculier de Vence, qui désapprouvoit la réunion. Il mourut dans cette ville le 17 avril 1672, d'une attaque d'apoplexie.

Louis de Thomassin, fils de Louis, conseiller au parlement d'Aix, & de Jeanne du Chaine, ayant été nommé coadjuteur de M. Godeau, au mois d'avril 1671, fut sacré le 21 février 1672, & transféré à Sisteron, ainsi que nous l'avons dit ailleurs, le 2 février 1680.

Théodore Allart, récollet, vicaire général de son ordre, en France, fut nommé au mois de juin 1681; & finit sa carriere le 14 décembre 1685.

Jean-Balthazar de Cabannes de Viens, fils de Balthazar, prési-

DIOCESE DE VENCE. EVÊQUES.

1601.

1638.

1672.

1681.

1686.

Tome I, Iii

dent à la chambre des comptes d'Aix, & de Nicole de Valavoir, ayant été nommé au mois d'avril 1686, ne fut facré qu'au mois de novembre 1693. Il mourut à Tournai le 9 mai 1697, & eut pour fucceffeur, le 26 du même mois,

1697. *François de Balbs de Berthon de Crillon*, fils de Louis & de Marquife d'Albertas, prévôt de Cavaillon, abbé de faint Liguaire & de faint Florent, qui fut transféré à Vienne en 1714. Il affifta à l'affemblée générale du clergé en 1711.

1711. *Flodoart Morel de Bourchenu*, natif de Grenoble, lui fuccéda, & donna fa démiffion en 1727. Le roi nomma à fa place un homme qui ne dut qu'à lui-même la réputation & les honneurs dont il jouit. Je parle de

1727. *Jean-Baptifte Surian*, prêtre de l'oratoire, qui, après avoir prêché durant plufieurs années à la cour & à Paris, avec un applaudiffement général, mérita, par fes talens & fon éloquence, l'épifcopat & une place à l'académie françoife en 1727. Arrivé dans fon diocefe, il ne s'occupa que du foin de le gouverner; & pendant plus de vingt ans qu'il fut évêque, il n'en fortit que quand il fut appellé, par fon devoir, à l'affemblée du clergé. Il vécut fans difputes de religion, fans fafte, fans hauteur, & avec une économie qu'on auroit défapprouvée, fi l'hôpital feul n'en eût recueilli tout le fruit après fa mort, arrivée en 1754. Il étoit né à Saint-Chamas, dans le diocefe d'Arles.

1754. *Jacques de Graffe du Bar*, chanoine de Beauvais, fon fucceffeur, fut transféré à Angers au mois de novembre 1758. Dans le même tems le roi nomma à l'évêché de Vence

1758. *Gabriel-François Moreau*, chanoine de Notre-Dame, confeiller-clerc au parlement de Paris, aujourd'hui évêque de Mâcon, depuis l'an 1763.

1763. *Michel-François Couel du Vivier de Lorri*, né à Metz, vicaire général du diocese de Rouen, lui succéda, & fut transféré à Tarbes en 1769.

Jean de Cairol de Madaillan, né à Limoux, vicaire général du diocese de Reims, évêque *in partibus* de Sarepte, nommé à l'évêché de Vence la même année, fut pourvu de celui de Grenoble en 1771, ayant eu, pour successeur, dans le premier,

Antoine-René de Bardonnenche, vicaire général & chanoine de Grenoble, sa patrie.

Il y a eu autrefois, dans le territoire de Cagne, près de la riviere du Loup, à l'endroit même où étoit l'église de Notre-Dame la Dorée, le monastere de saint Veran, fondé vers l'an 1026, par Durand, qui passa de celui de saint Eusebe, près d'Apt, à l'évêché de Vence, vers l'an 1025. Ce monastere fut réuni à l'abbaye de Lerins en 1056 ou environ.

Celui d'*Aigremont*, sur le Var, n'étoit, à proprement parler, qu'un hôpital qui subsistoit en 1248, & dont la fondation ne remontoit vraisemblablement pas au-delà de 1100. C'est le tems, à-peu-près, où les pélerinages de Rome & de la Terre-Sainte étoient le plus en vogue. Comme le Var se trouvoit sur la route des pélerins qui alloient en Italie par terre, ou qui venoient d'Italie à Marseille, on crut faire un devoir de charité, que de fonder un hôpital en cet endroit. Mais l'abord des pélerins, de tout sexe, de tout âge & de toute condition, ayant introduit le relâchement parmi les moines, on fut obligé de les supprimer, & l'on unit leurs biens à la manse épiscopale de Vence, par une bulle datée d'Avignon en 1327. Il n'y a plus de monastere aujourd'hui dans ce diocese, qui ne contient que vingt-trois paroisses, dont trois dans le comté de Nice.

La ville de Vence est bâtie sur une roche coquilliere, dont le filon s'étend peut-être jusqu'à Antibes. Il contient, auprès d'une chapelle en allant à Grasse, une quantité prodigieuse de peignes amoncelés les uns sur les autres. Les pierres à chaux sont arborisées.

La petite ville de Saint-Paul, remarquable par la beauté de sa situation & de son climat, a un chapitre composé de sept chanoines, dont le doyen est curé. Elle est bâtie sur une colline, dont la partie moyenne, jusqu'au bas, renferme une pierre crétacée, tendre, entremêlée de coquilles. Les montagnes voisines sont couvertes de pierres roulées, semblables à celles que la mer dépose sur ses bords. On trouve beaucoup de buccardites & des pectinites, dans le monceau de coquillages fossiles qu'il y a près de Tourretes, & une mine de charbon de terre, qu'on a cessé d'exploiter, à cause de l'odeur forte qu'elle exhale, dans le terroir de Consegoules, petit endroit qui a le titre de ville royale, parce que les habitans s'étant rendus adjudicataires en 1620, de la place, seigneurie & jurisdiction, haute, moyenne & basse, vendues à la poursuite des créanciers du seigneur, les donnerent au roi, à condition qu'ils auroient la nomination des officiers; savoir, du juge qui seroit annuel ou triennal, du lieutenant de juge, dont la charge seroit annuelle, & donnée au premier consul de l'année précédente, & du procureur de la jurisdiction, qui prend le titre de procureur du roi, & assiste, comme substitut du procureur général, aux actes & procédures où sa présence est nécessaire. Les consuls ont le droit de porter le chaperon mi-parti de rouge & de noir.

DIOCESE DE GLANDEVES.

La ville de Glandeves, qui ne subsiste plus, n'est connue que depuis le commencement du cinquieme siecle; & même elle devoit être bien peu de chose alors, car les habitans de la contrée, moins policés que ceux de la basse Provence, parce qu'ils n'avoient ni commerce, ni aucuns des autres avantages qui donnent des richesses & des mœurs, vivoient encore plus de la chasse & de l'agriculture, que du produit de l'induftrie. Leurs villes n'étoient que des bourgs ou des hameaux; & fi Glandeves prit quelque forme, ce dut être après l'établiffement de l'évêché. Encore voyons-nous que la préfence d'un évêque & d'un chapitre ne fuffifent pas pour tirer une ville de fon extrême médiocrité.

DIOCESE DE GLANDEVES.

Le nom celtique de celle-ci, fignifie *habitation* fur *le rivage*. Elle étoit bâtie fur un terrain que le Var a dégradé, mais qui ne pouvoit pas fournir une grande enceinte. Auffi y trouve-t-on peu de veftiges d'habitations, excepté les débris de l'ancienne églife, nommée Notre-Dame de la Sedz, à côté defquels on a bâti, depuis environ cent ans, le palais de l'évêque. Il eft feul dans une campagne, refferrée d'un côté par le Var, & de l'autre par un roc, fur lequel on voit les ruines d'un ancien château.

La ville de Glandeves n'a été entiérement détruite que fur la fin du quatorzieme fiecle, pendant les guerres civiles qui défolerent la Provence. Cependant elle devoit avoir beaucoup fouffert de la fureur des lombards dans le huitieme, & des ravages des farrazins dans le dixieme. C'eft peut-être du tems de ces derniers, que quelques habitans, pour éviter les périls dont ils étoient menacés, fe retirerent à l'endroit où ils bâtirent Entrevaux, qui, par fa fituation, au pied d'une montagne, étoit moins expofé aux attaques des ennemis & aux débordemens de la riviere. Cette ville a long-tems appartenu à la maifon de Glandevès, qui partageoit la feigneurie avec l'évêque. Le prévôt y avoit auffi quelques droits.

Un détachement de l'armée de Charles-Quint s'étant rendu maître d'Entrevaux en 1536, y mit le feu, & paffa le plus grand nombre des habitans au fil de l'épée. Jacques de Glandevès, qui en étoit feigneur, fe retira dans le château, avec quelques payfans, & fit une réfiftance de plufieurs jours, après laquelle il fut obligé de céder au nombre. Il avoit, avec lui, deux de fes fils, dont l'un fut tué dans une action, & l'autre tomba entre les mains des ennemis, qui le garderent prifonnier durant plufieurs années. Ceux des habitans qui avoient échappé au carnage, ayant pris les armes en 1542, chasserent les impériaux, & se mirent sous la jurisdiction immédiate du roi, qui, pour récompenser leur zele, leur accorda plusieurs exemptions & priviléges. C'est presque la seule chose qui distingue cette ville de beaucoup de bourgs, qui sont plus considérables. Le chapitre est composé d'un prévôt, d'un archidiacre, d'un sacristain, d'un capiscol, de cinq chanoines, & de quelques bénéficiers. On bâtit, en 1760, sur les débris de l'ancienne cathédrale de la Sedz, à côté du palais épiscopal, un séminaire qui a été changé, dix ans après, en un couvent de bernardines.

La religion, qui dut ses progrès, dans les Alpes, au zele de saint Marcellin & de ses disciples, vers l'an 363, ne tarda pas, selon toutes les apparences, d'être connue dans le diocese de Glandeves. Les habitans de la partie méridionale étoient d'ailleurs à portée de la recevoir des dioceses de Vence, de Grasse & de Nice, qui sont voisins. Cependant on n'a aucune preuve de l'existence de ce siege avant l'an 451.

ÉVÊQUES.

451. *Fraternus* l'occupoit cette année-là, autant qu'on en peut juger par des indices que fournit l'histoire de cette église. On trouve son nom dans la lettre synodique des évêques des Gaules, au pape saint Léon, en 451 ; mais on n'y dit pas quel étoit son siege. Ses successeurs nous sont inconnus jusqu'à

541. *Claude*, qui assista, par député, au quatrieme concile d'Orléans, en 541.

549. *Basile* fut présent au cinquieme, tenu dans la même ville en 549, & au deuxieme de Clermont en Auvergne. Enfin il députa à celui d'Arles, de l'an 554.

573. *Promotus* souscrivit au quatrieme de Paris, en 573.

585. *Agrece*, à celui de Mâcon, en 585, & à celui d'Embrun, tenu

fous Emerite, évêque de cette ville, par ses suffragans, en 588. Après Agrece, la succession des évêques est encore interrompue jusqu'à

DIOCESE DE GLANDEVES. ÉVÊQUES.

Gui, abbé de saint Chaffre, dans le diocèse du Puy, ensuite évêque de Glandeves en 975. On croit qu'il siégea jusqu'en 1012; mais on ne sait aucunes particularités de sa vie. Il faut avouer que nous avons quelques doutes sur le long épiscopat de cet évêque. Il est bien difficile qu'un religieux, qui avoit été à la tête d'une abbaye, fut encore assez jeune, quand il reçut le bâton pastoral, pour l'avoir gardé trente-sept ans, & même nous sommes obligés de prolonger son épiscopat, jusques vers l'an 1020, pour ne pas en attribuer un trop long à son successeur. Ainsi nous serions portés à croire, avec dom Mabillon, qu'il y eut deux évêques du même nom qui se succéderent sur le siege de Glandeves.

975.

Pons I, qui commença vraisemblablement à l'occuper en 1020, nous est connu par un acte de l'an 1029. On a des preuves qu'il gouvernoit encore le diocèse en 1057.

1020.

Pons II lui succéda en 1058. Nous le distinguons de l'autre, parce qu'il vivoit encore en 1095, ce qui feroit impossible, s'il eût été évêque en 1020 ou 1029. Ce prélat quitta l'évêché pour prendre l'habit de religieux à saint Victor. Il donna à cette abbaye des biens que son pere lui avoit laissés à Castellane, Alons & Thorame ; ce qui me fait croire qu'il étoit né dans ce pays-là.

1058.

Pierre I accompagna le comte Raymond de Saint-Gilles dans son expédition de la Terre-Sainte. On sait que ce prince partit à la fin d'octobre 1096.

1076.

Humbert lui avoit déja succédé en 1108. Il est nommé dans plusieurs chartes jusqu'en 1146 ; mais elles ne nous apprennent rien d'intéressant sur son compte.

1108.

Ysuard, qui est aussi nommé *Isnard*, signa, comme témoin, un acte daté du cinq des ides de février 1164. Il gouvernoit déja le diocèse en 1139. Mais l'année de sa mort ne nous est pas

1139.

plus connue que celle qui termina la vie de ses prédécesseurs.

Raymond assista au troisieme concile de Latran en 1179.

Isnard de Grimaldi, suivant la généalogie de cette maison, siégeoit en 1190.

Pierre II, c'est ainsi que je le nomme, quoiqu'on ne trouve que la premiere lettre de son nom, siégeoit en 1213. Il fut assassiné, en faisant la visite de son diocese, par un nommé Salvagni qu'il avoit admis à sa table, sans que sa conduite eût donné lieu à un pareil assassinat. Tous les évêques suffragans d'Embrun excommunierent le meurtrier, & mirent ses terres en interdit. Le pape Honorius III défendit de faire aucunes fonctions ecclésiastiques, & d'administrer les sacremens, excepté le baptême, la pénitence & le viatique aux moribonds, dans les paroisses où le meurtrier iroit se réfugier, à compter du moment de son arrivée. De Haitze croit que cet évêque étoit de la maison de Glandevès. Il eut pour successeur,

P. que les uns nomment *Pons*, & les autres *Pierre*. Il prêta serment de fidélité au comte de Provence le 25 avril 1238, & vivoit encore en 1245.

B. peut-être *Bertrand*, assista au concile provincial d'Embrun en 1290.

Anselme de Glandevès, fils de Guillaume Feraud de Glandevès, seigneur dudit lieu de Thorame, de Châteauneuf, le Charbonier, &c. & de Béatrix des vicomtes de Marseille, dame de Cuers, siégeoit déja en 1316. Il envoya un député au concile de Saint-Ruf, le 18 juin 1326.

Jacques passa du cloître à l'évêché de Glandeves le 23 février 1328, & assista au concile d'Avignon en 1337.

Hugues siégeoit en 1345.

Bernard en 1353, & mourut dans le courant de l'année 1365.

Alziax, d'abord moine de Mont-Major, ensuite abbé de Lerins en 1361, fut élu évêque de Glandeves sur la fin de l'année 1365.

Bertrand

Bertrand Lagier, religieux cordelier, natif d'Auvergne, après avoir été successivement évêque d'Ajacio & d'Assise, fut transféré à l'évêché de Glandeves le 25 janvier 1368, & créé cardinal par Grégoire XI en 1372. Il accompagna ce pape, quand il partit d'Avignon pour s'en retourner à Rome, au mois de septembre 1376, & contribua à l'élection de son successeur l'archevêque de Barri, qui prit le nom d'Urbain VI. Mais il se joignit ensuite aux cardinaux du parti contraire assemblés à Anagni, pour élever sur la chaire de saint Pierre, Robert, de Geneve, connu sous le nom de Clément VII. Il sacra dans l'église cathédrale d'Avignon, Louis I, duc d'Anjou, roi de Sicile & comte de Provence, & mourut dans cette ville le 18 novembre 1392.

DIOCESE DE GLANDEVES.
EVÊQUES.
1368.

Jean, religieux du même ordre, lui succéda en 1372; car nous avons remarqué ailleurs que c'étoit alors l'usage qu'un évêque donnoit sa démission, quand il étoit fait cardinal. Jean assista aux états de la province, assemblés à Aix en 1390, & fut commis la même année, avec l'évêque d'Apt, pour procéder à la canonisation du cardinal de Luxembourg. Il mourut peu de tems après cette commission, & eut pour successeur, au mois de février 1391,

1372.

Herminc de Vicaruftede, religieux franciscain.

1391.

Jean II siégeoit le 13 avril 1405, & députa au concile de Pise, en 1409. Il eut en 1406 quelques contestations avec Isnard de Glandevès, au sujet de la jurisdiction d'Entrevaux, que celui-ci possédoit toute entiere.

1405.

Louis de Glandevès, des seigneurs de Faucon, fut élu, on ne sait pas en quelle année. Il permuta avec Paul de Cario, évêque de Vence en 1420.

1420.

Jean Bonifaci, prévôt de Marseille, sa patrie, fut nommé au commencement de l'année 1425. Ruffi, dans l'histoire manuscrite des évêques de Marseille, parle avec éloge de son savoir & de sa piété.

1425.

Pierre Marini, religieux augustin, fameux dans son tems par sa

1447.

Tome L. Kkk

science & son talent pour la chaire, confesseur du roi René, commença son épiscopat en 1447, & assista au concile d'Avignon en 1457. Il laissa plusieurs manuscrits, dont la plupart rouloient sur des sujets de piété. Mais les progrès que les sciences ont fait depuis sa mort, n'ont pas fait juger que l'impression de ces ouvrages pût être utile. Il est enterré dans le couvent des augustins d'Aix, auquel il étoit affilié. Sa mort dût arriver sur la fin de l'année 1457, puisque

1457. *Marin*, religieux cordelier, gouvernoit alors le diocese de Glandeves, suivant l'historien de son ordre. C'est la seule autorité que nous ayons pour le mettre au nombre des évêques.

1468. *Jean de Montanhim* fut élu le 13 avril 1468.

1490. *Marien de Latuo* siégeoit en 1470, & mourut à Rome en 1490.

1494. *Christophe de Latuo* gouvernoit le diocese en 1494.

1509. *Symphorien de Boullioud*, de Lyon, aumônier du roi, chanoine de saint Just, & conseiller-clerc au parlement de Paris, fut promu à l'épiscopat en 1509. Ayant été envoyé à Milan cette année-là par Louis XII, il y fit les fonctions de sénateur. Il étoit ambassadeur de France auprès de Jules II en 1512, quand on fit l'ouverture du concile de Latran auquel il assista, & qui fut continué sous Léon X.

1525. *Philippe de Terrail*, dauphinois, frere du fameux chevalier Bayard, & neveu de Louis Alleman, évêque de Grenoble, fut élevé au siege de Glandeves, on ne sait pas en quelle année. Il mourut en 1532, & eut pour successeur, son frere

1532. *Jacques de Terrail*, doyen du chapitre de Grenoble, & abbé de Josaphat, près de Chartres, où il mourut le 15 mai 1535.

1535. *Imbert Iserand*, moine de Mont-Major, lui succéda, & mourut évêque de Glandeves vers l'an 1546, quoiqu'en dise un moderne, qui differe sa mort jusqu'en 1548; car Aymar de Maugiron siégeoit à la fin de 1547, puisque le 25 novembre de cette année-là, il passa une transaction avec Gaspar de Glandevès. Il faut donc transposer Martin Bachet, que l'auteur du *Gallia Christiana* met au nombre des évêques de Glandeves, depuis l'an 1548 jusqu'en 1555 ou environ.

Aymar de Maugiron, fils du gouverneur du Dauphiné, abbé de Mont-Major, prévôt du chapitre de Vienne, remplit le siege depuis la fin de l'année 1547, jusqu'au 28 avril 1564. — 1547.

Martin Bachet, s'il est vrai qu'il ait eu l'évêché de Glandeves, car on n'en apporte aucune preuve, doit avoir gouverné le diocese depuis le mois de mai 1564, jusqu'au mois de juin 1572 : on ne trouve point d'autre évêque jusqu'à cette époque. — 1564.

Hugolin Martelli fut nommé le 18 juillet de cette année-là, par la protection de Catherine de Médicis, qu'il avoit accompagnée en France ; il étoit florentin. C'étoit un homme instruit, qui composa quelques ouvrages sur la chronologie & le calendrier. — 1572.

Clément Isnard, de Nice, fut sacré le 19 décembre 1593, & gouverna le diocese avec beaucoup de sagesse pendant dix-neuf ans. On dit qu'il unit, le 7 février 1609, à la mense capitulaire, tous les prieurés ruraux simples qui viendroient à vaquer, pour dédommager les chanoines des pertes qu'ils avoient faites durant les guerres civiles, & pour les aider à bâtir la cathédrale. — 1593.

Octave Isnard, son successeur en 1615, & peut-être son parent, assista à l'assemblée générale du clergé en 1621. — 1615.

René le Clerc, de Beauvais, religieux minime, fut sacré le 14 février 1627, assista à l'assemblée du clergé en 1625, & mourut en 1651. — 1627.

François Faure, de l'ordre des freres mineurs, docteur en théologie de la faculté de Paris, prédicateur du roi, fut nommé le 6 mars 1651, & transféré à Amiens peu de tems après. — 1651.

Jean-Dominique Ithier, religieux franciscain, gardien du couvent de son ordre à Bordeaux, avoit beaucoup de crédit dans cette ville, qui s'étoit soustraite à l'obéissance du roi. Le ministere le char- — 1653.

gea de traiter avec les séditieux, & lui envoya des lettres de grace pour tous les coupables. Mais les ennemis de la paix, s'étant apperçus de ses négociations, le mirent en prison au pain & à l'eau, ce qui ne l'empêcha pas de continuer sa négociation. Il fit tant, par ses lettres & par le secours de ses émissaires, qu'une grande partie des habitans, ayant déclaré qu'ils vouloient rentrer sous l'obéissance du souverain, briserent les prisons, & envoyerent Ithier pour traiter avec le commandant des troupes qui investissoient la ville. Il termina cette grande affaire, à la satisfaction de la cour & des habitans. Le roi voulant récompenser son zele, le nomma à l'évêché de Glandeves en 1653. Ce prélat mourut en 1672.

1672. *Léon Bacoue*, religieux observantin, lui succéda la même année, & donna dix mille livres pour fonder un séminaire, qui ne subsista que peu de tems. Il se démit en 1685, sous la réserve d'une pension annuelle de quatre mille livres.

1685. *François Verjus*, prêtre de l'oratoire, dont nous avons parlé à l'article des évêques de Grasse, ne prit point possession de l'évêché, quoiqu'il fût nommé en 1685.

1686. *Charles de Villeneuve de Vence*, docteur de Sorbonne, fut mis à sa place au mois d'avril 1686, & sacré le 18 du même mois 1694. Il mourut en 1702.

1702. *César de Sabran* lui succéda le 3 juin de la même année, & gouverna le diocese jusqu'à la fin de l'année 1720, que la mort le surprit.

1721. *Dominique-Laurent de Berthon de Crillon*, nommé le 8 janvier 1721, assista à plusieurs assemblées du clergé, & mourut à la Sedz le 28 octobre 1747.

1747. *André-Jean-Baptiste de Castellane*, mort au même endroit le 8 septembre 1751, étoit docteur de Sorbonne, prévôt d'Auch, & vicaire général du même diocese, quand il fut élevé à l'épiscopat en 1747. Il assista à l'assemblée du clergé de 1750.

Jean-Baptiste de Belloi, abbé de Saint-André de Villeneuve-lès-Avignon, grand archidiacre de Beauvais, & vicaire-général du même diocese, fut nommé à l'évêché de Glandeves en 1751, assista à l'assemblée générale du clergé de 1755, & fut transféré la même année au siege de Marseille qu'il remplit encore.

Gaspar de Tressemanes de Brunet, chanoine de l'église de saint Sauveur d'Aix, lui succéda la même année, & donna sa démission le 23 juin 1771. Le roi nomma le lendemain

Henri Hachette des Portes, évêque de Sidon, grand archidiacre de l'église de Reims, abbé de Vermand, visiteur général des carmélites de France, vicaire-général de Paris & de Reims, & docteur de Navarre.

Les cantons de *Guillaumes*, *Dalluis*, *Auvare*, *Saint-Leger*, le *Puget de Rostan*, donnent des indices de mines de cuivre. Celle de Dalluis est la plus riche. Les terres toutes rouges, sont mêlées de bandes vertes : il y en a même qui contiennent du vitriol bleu, & quelques parties de cuivre. On voit dans les marbres de *Dalluis* & de *Guillaumes*, des veines de ce métal qui ne doit pas être le seul dans ces montagnes. Au Mas on découvre un beau filon de charbon de terre, qui n'est point exploité, des morceaux de cristal assez beaux sur les bords du lac de Ligny, & des pyrites luisantes au village de Briançon. Leur éclat avoit trompé quelques personnes qui les exploiterent, comme une bonne mine.

L'abbaye de Lerins a eu dès le XIe siecle, des biens en plusieurs endroits de ce diocese ; mais on n'y a jamais fondé de monastere. Le terrein est trop ingrat, trop difficile à cultiver, pour que des moines aient jamais eu envie de s'y établir pour le défricher ; & les habitans en général n'ont jamais été assez riches pour avoir pu fournir, par leurs pieuses libéralités, à l'entretien de ces sortes d'établissemens. Il n'y a que le Puget de Théniers qui ait eu des templiers, & ensuite des religieux mendians ; car Joffredi rapporte dans son histoire manuscrite des Alpes maritimes, que les jacobins

DIOCESE DE GLANDEVES. EVÊQUES.

1751.

1755.

1771.

HISTOIRE NATURELLE.

Oryctol. de Provence.

REMARQUES HISTORIQUES.

Puget de Théniers.

& les cordeliers y avoient autrefois un couvent. On n'y voit aujourd'hui que celui des auguſtins réformés ; c'eſt le ſeul monaſtere d'hommes qu'il y ait dans ce dioceſe.

Le Puget appartenoit dès l'an 1070, à des ſeigneurs qui en prirent le nom. Ils étoient de la maiſon de Balbs, qui occupoit au commencement du XIe ſiecle, la baronie de Beuil, une grande partie du dioceſe de Glandeves, des comtés de Tende & de Vintimille. C'eſt un fait qui réſulte de l'hiſtoire manuſcrite que nous venons de citer, & dont l'unique exemplaire eſt à la bibliotheque de l'univerſité de Turin. Il eſt vraiſemblable que ces Balbs avoient la même origine que ceux de Quiers en Piémont, qui dès le XIIe ſiecle tenoient un rang diſtingué dans cette république, & dont une branche s'eſt établie en France.

Le Puget n'appartenoit pas tout entier aux ſeigneurs de ce nom. Les comtes de Provence en avoient une partie. Ils y établirent une viguerie & une cour royale, dont le reſſort s'étendoit dans preſque tout le dioceſe de Glandeves, & dans la partie occidentale de celui de Nice, juſqu'à Saint-Dalmas-le-Sauvage, ainſi qu'il conſte par pluſieurs chartes de la chambre des comptes d'Aix. Quand le comté de Nice fut ſéparé de la Provence, le Puget de Théniers ayant été compris dans le démembrement, la viguerie fut ſupprimée, & l'on établit un bailliage à Guillaumes, qui, malgré cette prérogative, n'a jamais ceſſé d'être un village, comme ſont tous les endroits de ce dioceſe, dont le plus conſidérable n'eſt qu'un gros bourg.

Briançon. On a trouvé au village de Briançon, pluſieurs inſcriptions romaines que nous avons rapportées dans la premiere partie de la chorographie: elles prouvent, ainſi que nous l'avons remarqué, que *Briançon* étoit anciennement plus conſidérable qu'aujourd'hui, quoique la ſtérilité du ſol, & ſa ſituation qui l'éloigne de toutes les reſſources de l'induſtrie, mettent un obſtacle invincible à la population. Il eſt vrai qu'elle a dû diminuer depuis qu'on a défriché les montagnes. Les terres végétales & les sels qui ne sont plus retenus par les racines des arbres, sont entraînés par les eaux pluviales qui forment des torrens & dégradent entiérement le terrain. Le pays étant donc plus fertile anciennement, & les montagnes couvertes d'arbres & de pâturages, on y trouvoit un plus grand nombre d'hommes & de bestiaux, avant que les barbares eussent commencé d'envahir les Gaules.

On voit dans le terroir de *Peyresc*, dont le nom est devenu si célebre, une caverne d'où sort tous les soirs un petit vent, qui augmente sensiblement jusqu'à minuit. Alors il commence à diminuer jusqu'au lever du soleil qu'il tombe entiérement. Gassendi & Bouche en font mention. Ce vent est l'effet des vapeurs qui se forment dans la caverne pendant la chaleur du jour, & qui sur le soir, lorsque l'air extérieur se rafraîchit, sortent avec précipitation, jusqu'à ce qu'elles soient épuisées, ou que la fraîcheur de la nuit les ait condensées. Mais pour pouvoir donner une explication satisfaisante de ce phénomene, qui d'ailleurs n'est pas rare, il faudroit en connoître toutes les circonstances, savoir le mois où ce vent commence, & quel est le degré de température qui lui est le plus favorable: car il doit être plus ou moins fort selon les différentes variations de l'atmosphere.

Nous avons parlé à l'article des *Beritini*, de la *vallée de Chanan*, composée autrefois des seuls villages de la *Rochette*, du *Puget-Figette*, de *Chandoul*, de *Sainte-Marguerite* & de *Collongue*. C'étoit une capitainerie ou châtellenie que le comte de Provence acheta dans le XIIIe siecle, de Jean de Glaneres, pour la donner à George de Vintimille, en échange de la portion du comté de Vintimille que George possédoit. Depuis cette époque on a réuni à cette vallée, dont la Rochette a toujours été le chef-lieu, les villages de *Saint-Antonin*, de *Cuebris*, & de *Saumelongue*. Le seigneur porte le nom de baron de Laval.

Diocese de Glandeves. Remarques historiques.

Peyresc.

Val de Chanan.

DIOCESE DE SENEZ.

Il n'y a que le zele de la religion qui ait pu faire établir une évêché à Senez. Le defir des richeffes & des diftinctions n'auroit jamais conduit les premiers apôtres de la Provence dans un lieu où un évêque, obligé de vivre loin du monde & des grandeurs, n'a que des occafions d'exercer fon zele & fa charité. La crainte des ennemis peut auffi avoir été caufe que le fiege fut établi à Senez plutôt qu'à Caftellane; les habitans abandonnoient la plaine pour fe retirer fur les hauteurs, & le pafteur charitable qui prêchoit l'évangile, alloit par-tout où il croyoit pouvoir gagner des ames à Dieu. Comme la ville de Senez eft fort petite & mal fituée, on a fouvent parlé de transférer le fiege à Caftellane, ou de le réunir avec quelque autre; fa réunion avec celui de Digne paroît fort avancée.

Le chapitre eft compofé d'un prévôt, d'un archidiacre, d'un facriftain & de cinq autres chanoines. Il y a outre le curé, trois autres prêtres amovibles, un maître de mufique & quatre enfans de chœur. Les prêtres de la doctrine chrétienne ont l'adminiftration du féminaire depuis l'an 1766.

ÉVÊQUES.

451. *Urfus* eft le premier évêque connu. Il gouvernoit le diocefe en 451, puifque cette année-là il figna la lettre, que les dix-neuf évêques des Gaules écrivirent à faint Léon, touchant les prérogatives de l'églife d'Arles. Quoique fon fiege ne foit pas nommé dans cette lettre, les meilleurs critiques conviennent qu'il rempliffoit celui de Senez.

506. *Marcellus* foufcrivit comme évêque de la même églife, au concile d'Agde en 506. Si c'eft le même qui eft nommé dans la profeffion de foi que le prêtre Lucide adreffa aux évêques en 475, il faut que

Simplicius

Simplicius qui affifta au quatrieme concile d'Orléans en 541, & au cinquieme d'Arles en 554, n'ait pas été fon fucceffeur immédiat. Nous avons bien de la peine à croire que dans un tems où l'on étoit fait évêque fort tard, il n'y ait eu que deux évêques dans l'efpace de foixante-dix-neuf ans, & que Simplicius ait fiégé depuis l'an 507 ou environ, jufqu'après l'année 554.

Vigile, qu'on croit être fon fucceffeur immédiat, ne commence à nous être connu que par le député qu'il envoya au fecond concile de Mâcon en 585. Après lui la fucceffion des évêques eft interrompue jufqu'en 993. Comment ne le feroit-elle pas ? C'étoit le tems où les lombards défolerent la Provence, & où les farrazins répandus dans les montagnes brûloient les églifes, ravageoient les villes, & difperfoient les habitans.

Pierre I eft nommé dans une charte fans date ; mais que les favans croient être de l'année 993. Il eft certain du moins qu'il vivoit en l'an 1000, & qu'en 1027 il fit une donation au monaftere de Stoublon.

Amélius, qui eft quelquefois appellé Amélinus, fiégeoit en 1028. Il affifta en 1040, à la confécration de l'églife de faint Victor, & donna fa démiffion quelque tems après ; car il étoit préfent à l'acte par lequel

Hugues, fon fucceffeur, confirma la reftitution faite à la même abbaye en 1043, par Heldebert & fa femme Ermengarde. Hugues vivoit encore en 1056.

Etienne fut préfent à un concile d'Avignon tenu en 1060, dont les actes font perdus.

Pierre II confirma en 1089, les donations que fes prédéceffeurs, & plufieurs particuliers avoient faites à l'abbaye de faint Victor. C'étoit le tems où la piété de nos peres confiftoit en partie dans ces fortes de libéralités. Ce prélat eft encore nommé dans un acte de 1108.

Aldebert fiégeoit en 1123 & en 1146.

DIOCESE DE SENEZ.
EVÊQUES.

541.

585.

993.

1028.

1043.

1060.

1089.

1123.

Erard ou *Enard* paroît lui avoir succédé immédiatement ; car on trouve son nom dans une charte de l'an 1155. Il assista à la dédicace de l'église de Lerins en 1159.

Pons, qui commence à être connu en l'année 1170, termina quatre ans après un différend que l'abbaye de saint Victor avoit avec Guillaume Féraud, seigneur de Torame, au sujet de certains droits que celui-ci vouloit exiger de ses vassaux, tels que de faire la garde devant son château durant la nuit, &c.

Maurel, d'abord prévôt & ensuite évêque de Senez, signa comme témoin avec l'archevêque d'Embrun, le traité de paix conclu entre Alphonse I, roi d'Arragon, comte de Provence, & Boniface de Castellane en 1189.

Guillaume I assista comme témoin à l'accord que l'évêque & le chapitre de Glandeves firent avec le prieur de la Penne le 15 septembre 1213.

Jean est connu depuis l'an 1217, jusqu'en 1238. Il y a des chartes où il est appellé Isnard ; mais cette différence de noms n'empêche pas de croire que c'est le même évêque.

Pierre III siégeoit en 1238.

Guillaume II signa comme témoin l'acte par lequel l'évêque & le chapitre d'Antibes firent le partage de leurs biens le 3 septembre 1242. Il eut en 1243 un démêlé avec les templiers, qui lui disputoient le droit de visite dans leurs églises.

Sigismond donna aux religieux de Vergons en 1245, les biens qu'il possédoit dans le territoire de ce village.

Guillaume III fit le 22 octobre 1246, la dédicace de la nouvelle église de Senez, dont on avoit jetté les premiers fondemens en 1176 ; l'ancienne ayant été vraisemblablement détruite ou brûlée par les sarrazins.

Raymond est nommé dans des chartes de l'an 1255 & 1260.

Bertrand I assista au concile d'Embrun en 1290, & fit en 1309

& 1312, quelques statuts synodaux pour son chapitre & les autres prêtres du diocese.

Albert remplissoit le siege en 1319.

Bertrand II envoya un député au concile de Saint-Ruf en 1326, & assista à celui qui se tint au même endroit en 1337. Il vivoit encore en 1358.

Pierre IV fut un des peres du concile d'Apt en 1365, tenu par les archevêques d'Aix, d'Arles & d'Embrun, accompagnés de leurs suffragans.

Robert Gervais, natif d'Andufe dans le Languedoc, religieux dominicain, fut nommé à l'évêché de Senez par Urbain V, au mois d'octobre 1369, & l'emporta sur Jean Biret, qui avoit été élu par le chapitre. Robert étoit un zélé partisan de Clément VII, en faveur duquel il fit un ouvrage contre Urbain VI, qui n'étoit pas reconnu en deçà des Alpes, & qu'il traitoit de schismatique. C'en étoit assez pour le faire regarder comme tel, dans un tems où l'on étoit fort ignorant sur la discipline comme sur tout le reste. Robert Gervais passoit pour savant, & fit un traité sur le gouvernement, dédié à Charles VI. Ces deux ouvrages, eussent-ils été exécutés avec beaucoup d'intelligence, devoient par leur objet ne pas survivre long-tems à l'auteur, qui paroît être mort en 1390.

Aimon Nicolaï, religieux du même ordre, étoit fort aimé de Benoît XIII, (Pierre de Lune) qui lui donna l'évêché de Senez après la mort de Robert, & ensuite celui d'Huesca en Arragon en 1397. C'est le même prélat qui fut évêque de Saint-Pons de Tomieres, & archevêque d'Aix, où il mourut le 15 juin 1443. Il eut pour successeur à Senez, en 1397,

Isnard de Julien, son confrere, & provincial de son ordre. On dit que c'étoit un homme recommandable par sa science, ses mœurs, & sa piété; mais fort entêté pour le parti de Clément VII & de Benoît XIII. Alexandre V, qui fut élu par le concile de Pise, ne le traita pourtant pas d'une maniere bien honorable, dans

DIOCESE DE SENEZ.
EVÊQUES.

1319.
1326.

1365.

1369.

1390.

1397.

une bulle qu'il donna contre lui au mois d'août 1409 ; il le déclara déchu de l'évêché d'Avignon, dont Benoît XIII l'avoit pourvu. Dans les tems de schifme, les papes étoient comme le reste des hommes, prodigues de louanges & de blâme, suivant qu'on épousoit ou que l'on combattoit leurs intérêts. Isnard fut la victime de ces divisions, comme on devoit s'y attendre, & se trouva sans évêché; parce que les avignonois refuserent de le recevoir, & qu'Alexandre V mit à sa place sur le siege de Senez,

1409. *Jean de Seillons*, chanoine d'Angers, sous l'épiscopat duquel Eugene IV réunit, en 1432, le siege de Senez à celui de Vence. Celui-ci étant devenu vacant, par la translation de Louis de Glandevès à l'évêché de Marseille, Jean de Seillons voulut en prendre possession, en vertu de la bulle, ainsi que nous l'avons dit à l'article de Vence, mais l'union n'eut pas lieu. On croit que ce prélat vécut jusqu'en 1442.

1442. *George Clariani*, né à Colmars en Provence, est nommé dans plusieurs chartes, & souscrivit les premiers actes du concile d'Avignon, assemblé par le cardinal de Foix, le 7 septembre 1457; les derniers sont signés par *Eugene, évêque de Senez*. Ce concile ayant été interrompu pendant six mois, on ignore si George mourut dans l'intervalle, ou s'il donna sa démission; mais on sait qu'il conféra un bénéfice en 1459, & de-là on peut conclure que c'est par erreur qu'on a mis *Eugene* au lieu de *George*, dans les derniers actes du concile d'Avignon.

1459. *Elzéar de Villeneuve*, des seigneurs de Vauclause & de Bargemont, lui succéda en 1459, & siégea jusqu'en 1490. On croit qu'Alexandre VI lui donna un successeur qui ne fut point reconnu, & qu'après une vacance de deux ans, le chapitre élut

1507. *Nicolas de Villeneuve*, neveu du précédent, qui gouverna le diocese jusqu'en 1507. Après lui Nicolas de Fiefque fut administrateur de l'évêché pendant cinq ans.

1512. *Jean-Baptiste d'Oraison* lui succéda. Il étoit fils de Philibert de

DE PROVENCE. 455

Laigue, natif de Bourges, chambellan du roi René, sénéchal du duché de Barri, & de Louife, héritiere de la maifon d'Oraifon, dont Philibert prit le nom & les armes. Jean-Baptifte fiégea depuis l'an 1512 jufqu'en 1546. Il étoit abbé de faint Eufebe, près d'Apt.

Pierre de Quiqueran de Beaujeu, natif d'Arles, fameux de fon tems par fa littérature, étudia le grec & le latin fous les plus célébres profeffeurs de l'univerfité de Paris, & fit enfuite le voyage d'Italie pour acquérir de nouvelles connoiffances; car il étoit verfé dans plus d'un genre, & fur-tout dans les mathématiques, l'hiftoire, l'éloquence & la poéfie. Au retour de fon voyage, François I le nomma à l'évêché de Senez; mais il mourut d'une attaque d'apoplexie le 16 août 1550, à l'âge de vingt-quatre ans, avant d'avoir été facré. Nous aurons occafion de parler de lui dans un autre endroit.

Balthazar de Jarente ou *de Gérente* lui fuccéda, fuivant Columbi & Fournier; mais comme il n'eft point mention de lui dans le catalogue des évêques de Senez, fon épifcopat eft très-incertain.

Théodore-Jean de Clermont, fils de Bernard, vicomte de Talard, & d'Anne d'Huffon-Tonnerre, étoit déjà évêque de Senez en 1551, comme il confte par les actes de la vifite paftorale qu'il fit cette année-là. Il n'y a donc pas d'apparence que Balthazar de Jarente ait fiégé, puifque le fiege ne fut vacant que le 16 août 1550. Théodore fut nommé vice-légat d'Avignon en 1553, & vivoit encore en 1560.

Jean Clauffe, parifien, abbé du Toronet, fils d'Angelbert, feigneur de Monchy, confeiller au parlement de Paris, reçut l'onction épifcopale en 1561, & fe rendit particuliérement recommandable par le zele avec lequel il combattit l'héréfie des prétendus réformés; car il étoit favant & fort éloquent: auffi faifoit-il fouvent des miffions dans fon diocefe. Il affifta au concile de Trente en 1562; & de retour dans fon diocefe il n'en fortit plus,

DIOCESE DE SENEZ.
EVÊQUES.

1546.

1551.

1561.

n'étant occupé qu'à le gouverner, & à réunir les biens que la négligence de ses prédécesseurs avoit laissé distraire de la manse épiscopale. Il mourut le 6 novembre 1587, & le siege demeura vacant jusqu'en 1601 ; le fameux Crillon eut l'administration du temporel pendant tout ce tems-là. Cependant après la mort de Jean, le roi avoit nommé, pour remplir le siege, Hugues de Pons, archidiacre de Senez; mais le pape refusa les bulles. Ce ne fut donc qu'au mois d'octobre 1601, que

1601.
Jacques Martin, de Marseille, religieux de saint Victor, ayant été nommé par le roi, Hugues de Pons étant peut-être mort, fut proclamé à Rome. Il eut un procès avec son chapitre, parce qu'il prétendoit à la dépouille des chanoines, par la raison que, vivant sous la regle de saint Augustin, ils ne pouvoient point avoir de pécule, ni disposer de leurs biens par testament. Cette demande devoit paroître bien singuliere dans la bouche d'un évêque, qui étant lui-même religieux, avoit fait vœu de pauvreté. Il mourut le 21 février 1623, âgé de quatre-vingts ans. Il s'étoit fait donner pour coadjuteur,

1623.
Louis, fils de Louis Duchene, président au parlement de Provence, & d'Anne de Bausset, de Marseille, chanoine de saint Sauveur d'Aix, bon jurisconsulte, prêchant bien, cultivant les mathématiques & la musique, & jouant, dit-on, de toutes sortes d'instrumens. Voilà plus de talens qu'il n'en faut, pour être homme de mérite dans le monde; mais il sentit que ce n'en étoit pas assez pour un évêque. Il y joignit la régularité & la charité, dont il fit la base de son ministere. Son église, les pauvres & les hôpitaux eurent part à ses libéralités durant sa vie & après sa mort; il leur légua tout son bien, excepté les meubles qu'il avoit à Castellane, & trois mille livres une fois payées, dont les religieuses de cette ville profiterent. C'est lui qui les avoit fondées, ainsi que le séminaire, dont il donna la direction aux prêtres de la doctrine chrétienne. Sa mort, arrivée le premier mars 1671, priva le diocese

DE PROVENCE. 457

d'un pasteur éclairé & charitable, & l'église de France du doyen des évêques. Il avoit fait séculariser le chapitre en 1650. On lisoit sur le couvent des minimes d'Aix, dont il étoit le restaurateur, *dulcis umbra quercus.*

DIOCESE DE SENEZ.
EVÊQUES.

Louis-Anne-Aubert de Villeserin, parisien, nommé au mois d'avril 1671, mourut le 7 février 1695. Il joignoit, à beaucoup d'esprit, des qualités du cœur qui le rendoient recommandable.

1671.

Jean Soanen, prêtre de l'oratoire, natif de Riom en Auvergne, lui succéda le 8 septembre de la même année. Louis XIV, en l'élevant à l'épiscopat, voulut récompenser ses talens pour la chaire; car il étoit un des plus célebres prédicateurs du dernier siecle. M. Soanen justifia le choix du prince, par les vertus qu'il pratiqua. C'étoit un évêque dévoué tout entier aux fonctions de son ministere, & au soulagement des pauvres. On lui rend encore cette justice dans son diocese, où l'on se souvient, avec reconnoissance, des bonnes œuvres qu'il y fit. Les troubles dont l'église de France fut agitée, au commencement de ce siecle, excitcrent un orage contre lui. On assembla un concile à Embrun, où il fut déclaré suspens des fonctions épiscopales & sacerdotales le 21 septembre 1727, & relégué à la Chaise-Dieu, diocese de Clermont, où il mourut le 25 décembre 1740, âgé de 93 ans. On nomma M. Jean d'Ise de Saléon, grand vicaire & official du diocese de Senez.

1695.

Louis-Jacques-François de Vocance, fils de Juste, seigneur de Beaulieu, & de Marthe-Candide de Truchet, conseiller-clerc au parlement de Grenoble, vicaire général du même diocese, & ensuite de celui de Senez en 1734, fut nommé pour remplir le siege de cette derniere ville au mois de janvier 1741, & mourut le 14 mai 1756. Il étoit né dans le Vivarais, & avoit toujours montré beaucoup de modestie & de régularité dans sa conduite.

1741.

Antoine-Joseph d'Amat de Volx, archidiacre & vicaire général du diocese d'Arles, lui succéda au mois d'avril 1757, & mourut le 18 mars 1771.

1757.

Etienne-François-Xavier des Michels de Champorcin, natif de Digne, vicaire général & sacristain du diocese d'Arles, prit possession de l'évêché de Senez le 14 octobre 1771, & fut transféré à celui de Toul au mois de décembre 1773. Le roi nomma pour lui succéder, le 31 du même mois,

Jean-Baptiste-Charles-Marie de Beauvais, natif de Cherbourg en Normandie, vicaire général du diocese de Noyon, prédicateur du roi. Il a fait l'oraison funebre de Louis XV, qui est imprimée; le discours à l'ouverture de l'assemblée générale du clergé en 1775, & l'oraison funebre de M. le maréchal comte du Muy.

Les religieux de saint Victor possédoient autrefois beaucoup de biens dans le diocese de Senez, & avoient, près de Castellane, un monastere qui fut détruit par les sarrazins. Celui de Vergons, dépendant de l'abbaye de Lerins, & dont on voit encore les vestiges, n'étoit peut-être que du onzieme siecle, ainsi que celui de Stoublon, occupé par des moines de Mont-Major vers l'an 1020. Les auteurs du *Gallia Christiana* ne parlent point de ces petits monasteres, qui n'étoient vraisemblablement que des hospices pour un petit nombre de religieux, préposés à la garde des biens, que les trois grandes abbayes possédoient dans le diocese.

L'histoire naturelle de ce canton de la Provence fourniroit un article intéressant à un homme qui voudroit décrire les oiseaux, les quadrupedes, & traiter, comme il faut, la partie de la botanique. Il le rendroit plus piquant encore, s'il y ajoutoit l'élévation des montagnes, leur site, leur organisation, & les volcans éteints; nous savons qu'il y en a, quoique nous n'ayons pas été les reconnoître. Le cours des rivieres, les causes de leur accroissement & de leur décroissement, pourroient être aussi le sujet de quelques observations curieuses. Dans ces montagnes l'eau découvre quelquefois, comme il arrive dans la vallée de Barcelonette, des mélezes fort gros & fort longs, qu'on retire avec la plus grande peine

peine de l'intérieur des terres où ils étoient enfouis. Ces arbres se fendent alors avec la plus grande facilité, selon le fil du bois, & lorsqu'on les brûle, ils répandent une odeur très-désagréable. Ils font une preuve certaine que les eaux ont entraîné les terres, & bouleversé ce pays-là. Parmi ces terres on trouve la calcaire, la marne, & quelquefois le grès, où naissent de très-beaux châtaigniers, qui sont d'une grande ressource pour les habitans, quoiqu'en général le fruit en soit petit. Quant aux minéraux, on en trouve beaucoup dans la viguerie de Seyne. Il y a, par exemple, des mines d'argent à Mariaud & à Torame haute; d'argent & de cuivre à la Bréoule; d'or à Ubaye. Les fontaines salées ne sont point rares dans ce diocese. Il y en a près de *Senez*, à *Gevaudan*, à *Tartone*, & deux à *Castellane*; les eaux de l'une sont salées & ameres, à-peu-près comme celles de la mer. Cette salure peut bien avoir une autre cause que les plâtrieres; elle vient peut-être d'un sel fossile répandu dans la terre, semblable à celui qu'on trouve en Catalogne & en Pologne. Quant à l'amertume, il faut l'attribuer à quelque bitume, dont le filon n'est point visible. Le puits salé de *Moriez* donne une livre de sel très-blanc & très-bon, sur trois livres d'eau. Gassendi remarque qu'à quantités égales, il est plus difficile à dissoudre dans l'eau commune, que celui de la mer.

Cette fontaine avoit été sûrement connue des romains. Le nom de *Muria* qu'ils donnerent à l'endroit où elle coule, & dont *Moriez* est dérivé, nous en fournit la preuve. Les révolutions arrivées en Provence, & les bouleversemens occasionnés par les pluies & les inondations, avoient fait disparoître cette source, qui ne fut découverte pour la seconde fois qu'en 1636, lorsqu'on augmenta le prix du sel. Les habitans s'étant apperçus que les pigeons alloient souvent boire dans un vallon, voisin du village, s'imaginerent que l'eau pourroit bien être un peu salée, & se mirent à creuser pour découvrir la véritable source. Ils la trouverent en

Tome I. M m m

Chorographie.
II. Partie.

effet; car à peine furent-ils à cinq pieds de profondeur, qu'ils découvrirent quelques poutres rangées en parallélogrammes, & au-deffous une cuve de chêne quarrée, qui avoit douze pieds de profondeur; le tout enfemble avoit l'air d'un puits, dont les quatre poutres formoient l'ouverture. Chaque côté de la cuve avoit environ trois pieds & demi de large. On trouva au même endroit quelques inftrumens de bois pour puifer de l'eau. Mais tout cela nous fait juger que les habitans étoient pauvres; des gens aifés y auroient fait bâtir un puits convenable à l'utilité qu'ils en retiroient. Je remarque en fecond lieu, qu'il faut que cette cuve eût été mife dans le treizieme ou quatorzieme fiecle; car les hiftoriens difent qu'elle étoit en affez bon état quand on la découvrit.

On trouve quelquefois fur le chemin de *Comps* à *Caftellane*, des bancs immenfes de roubine, pénétrés de gryphites, ordinairement mêlés avec d'autres coquillages. Il y a peu d'endroits qui offrent autant de cornes d'ammon, que le ravin formé à la montagne de *Chamatte*, près de *Vergons*. On y trouve auffi de la marne, qu'on pourroit employer pour fertilifer les terres. Le même coquillage foffile n'eft point rare aux extrêmités du terroir de *Norante*, vers celui de *Pel*, non plus qu'au terroir de *Soleillas*, du côté de *Demandols*. On voit à *Brenon* du charbon de terre & une pyrite blanche qui indique ce minéral. Il y a des amas de fouffre affez pur à *Gevaudan*; à *Barrême* il eft répandu fur des pyrites.

Remarques historiques.
Caftellane.

On voit peu de monumens d'antiquité dans ce diocefe; excepté ceux qui ont été trouvés dans le terroir de Caftellane. Nous les avons fait connoître dans la premiere partie de la chorographie, à l'article *Salinæ*, qui eft le nom que portoit l'ancienne ville, bâtie au quartier de Notre-Dame du Plan; on y a trouvé des médailles d'or & d'argent, & beaucoup de veftiges d'anciens édifices. Cette ville fut vraifemblablement détruite par les faxons & les lombards à la fin du fixieme fiecle. Ceux des habitans qui ne tomberent pas entre leurs mains, voulant fe mettre à l'abri de pareilles in-

curfions, fe retirerent fur un rocher voifin, où ils bâtirent des maifons qu'ils entourerent de murailles; c'eft de-là que vint le nom de
Petra Caftellana, qui fignifie la *roche du Château*. Ce nom étoit
connu en 960, fous l'épifcopat d'Honoré II, évêque de Marfeille.
La feigneurie du village & des environs appartenoit déjà à la maifon de Caftellane, vers l'an 1050; mais elle fut réunie au domaine comtal en 1257. Environ quatre ans après, une partie des
habitans abandonna le rocher, & vint fe loger dans le bourg qu'on
avoit commencé de bâtir, il y avoit près de deux cens ans, à l'endroit où eft actuellement la ville, fur les bords du Verdon. La
communauté obtint de Louis, prince de Tarente, & de la reine
Jeanne, la grace finguliere de ne pouvoir être féparée du domaine
comtal, & de fe maintenir fous la jurifdiction immédiate du fouverain, par la force des armes, dans le cas, où par furprife, il céderoit
à quelqu'un la feigneurie de la ville. La reine Marie, & Louis II fon
fils, confirmerent ce privilege, par lettres-patentes du 23 mai 1386.

 Nous avons dit que l'ancienne ville appellée *Salinæ*, étoit à Notre-
Dame du Plan; il eft aifé de le démontrer par les monumens de
toute efpece qu'on y a trouvés, & par une pierre milliaire, que
Bouche dit avoir vue à *Taulane*. On y avoit gravé le nombre II,
pour marquer que de ce lieu à *Salinæ*, il y avoit deux mille. En
effet, cette diftance conduit juftement à l'églife du Plan; au lieu
que de Taulane à Caftellane il y a trois milles. Ce milliaire fut
placé fous l'empire de Probus, qui régna depuis le mois d'août
276, jufqu'au même mois 282. Voici l'infcription:

IMP. CAES
M. AVR
PROB. P. F
INV. AVG
III. COS. P. P
I I

Margin notes: Diocese de Senez. Remarques historiques. Bouch. t. 1. p. 920 & 921. p. 92. T. 1. p. 130.

Il y a dans la ville de Castellane des augustins, fondés en 1285, & des religeuses de la visitation en 1644.

L'inscription grecque, découverte à Bagarris, petit village qui ne subsiste plus, & qui étoit voisin du Bourguet, fut sans doute mise sur le tombeau de deux amis, de deux jeunes époux, ou de deux amans; car ce n'est que de ces sortes de personnes qu'on peut dire, que la même ame anime les deux corps.

D.   M.

ΣΩΜΑΤΑ ΜΕΝ ΔΥΟ

ΨΥΧΗ ΔΕ ΜΙΑ

Il est plus que vraisemblable, que le marbre sur lequel on a trouvé cette inscription, avoit été apporté d'ailleurs.

Parmi les médailles qu'on a trouvées au terroir de Barrême, on en cite une de Marseille, & l'autre de l'empereur Geta. Nous regrettons qu'on n'ait pas conservé les inscriptions; elles nous apprendroient peut-être quelque particularité intéressante; car du reste nous n'avons pas besoin de tous ces monumens, pour croire que dans le territoire de Barrême, il y avoit une ville du tems des romains. La province étoit alors habitée à-peu-près comme elle l'est aujourd'hui, ou du moins nous ne voyons pas d'où pourroit venir la grande différence qu'on voudroit supposer dans la population.

La prévôté de Saint-Jacques ou de Saint-Jaume, dans le même territoire, est fort ancienne. C'étoit une dignité de l'église collégiale des chanoines réguliers de saint Augustin. On en ignore la fondation, parce que les titres furent dispersés, lorsque le comte de Carces fit détruire le cloître & l'église, vers l'an 1570. On sait seulement que le chapitre existoit déjà en 1200, & qu'en 1287 il y avoit deux chanoines.

Quoiqu'on ne trouve aucun ancien monument à Colmars, je présume que du tems des romains il y avoit un bourg où l'on adoroit le dieu Mars, & que de-là est venue la dénomination de *collis Martius*. On voit tout auprès de cette petite ville une fontaine intermittente, remarquable par la fréquence de ses retours. Gassendi, qui l'avoit examinée, assure qu'elle coule quatre fois dans une heure, & pendant sept minutes à chaque fois, après lesquelles il y a une cessation absolue, tantôt de huit, tantôt de sept, & tantôt de six minutes. Le méchanisme de ces fontaines est connu; c'est le même que celui du siphon. On est persuadé aujourd'hui qu'il y a dans la montagne, où ces fontaines prennent leur source, deux réservoirs, l'un supérieur, & l'autre inférieur, qui communiquent ensemble par un conduit recourbé en siphon, de maniere que la branche la plus courte a sa base dans le réservoir supérieur, & l'autre vient aboutir au réservoir inférieur. Lorsque le premier est rempli, & que l'eau est parvenue au-dessus de la courbure du conduit ou siphon, elle s'écoule dans l'autre, & met le réservoir supérieur à sec. Celui-ci se remplissant de nouveau, le même effet recommence, ainsi de suite, tant qu'il n'y a point d'obstacle qui détruise ce jeu de la nature. La seule chose qui puisse embarrasser, c'est de savoir pourquoi le tems de l'intermittence ou de la cessation, est tantôt de huit, tantôt de sept & tantôt de six minutes. Mais la surprise cesse, quand on fait attention qu'elle dépend du plus ou du moins d'eau qui arrive à la source.

DIOCESE DE SENEZ.
REMARQUES HISTORIQUES.
Fontaine intermittente.

DIOCESE DE NICE.

La ville de Nice a eu ses révolutions, comme presque toutes les villes bâties sur la Méditerranée. Mais sa situation qui l'exposoit aux incursions des pyrates, quand les différens états de l'Europe étoient encore dans l'anarchie, fait toute sa richesse, depuis que les gouvernemens devenus plus fixes & plus éclairés, peuvent s'occuper du bonheur des peuples. Cette ville est d'ailleurs la seule qui puisse échanger les productions du Piémont contre celles des

DIOCESE DE NICE.

pays maritimes. Elle devient donc intéreſſante dans les états du ſouverain dont elle dépend; & pour peu que le gouvernement continue de s'en occuper comme il fait, elle répandra le commerce dans l'intérieur des terres, y animera l'agriculture, l'induſtrie & la population, ſur-tout ſi la communication d'un endroit à l'autre, & l'exportation des denrées deviennent faciles par la commodité des chemins, ſans leſquels le commerce ne fait que languir. On trouve à Nice tout ce qui peut en rendre le ſéjour agréable. L'air y eſt fort ſain, le ciel toujours beau, la campagne admirable, quoique peu étendue. Tous les arbres & les arbuſtes, originairement apportés de la Grece, tels que l'oranger, l'olivier, le coignaſſier, le citronnier, le pêcher, le figuier, le grenadier, &c. y viennent avec une facilité merveilleuſe. La vigne & l'oranger exhalent au commencement du printems, quand ils ſont en fleurs, une odeur qui, ſe mêlant à celle de l'œillet, de la roſe & du jaſmin, parfume l'air d'alentour. C'eſt alors qu'on peut dire de ce terroir, avec bien plus de fondement que de celui d'Hyeres:

> Vertumne, Pomone & Zéphyre
> Avec Flore y regnent toujours:
> C'eſt l'aſyle de leurs amours,
> Et le trône de leur empire.

La ville de Nice eſt capitale du comté de ce nom, & appartient à la maiſon de Savoie depuis l'an 1388. Il y a un ſénat, un commandant, un intendant, une chambre de commerce, un préfet, dont les fonctions ſont à-peu-près les mêmes que celles de nos bailliages, & trois paroiſſes. La premiere dépend du chapitre, compoſé d'un prévôt, d'un archidiacre, d'un ſacriſtain, & de ſept chanoines, dont l'un fait les fonctions de curé. Les deux autres ſont deſſervies par les grands carmes & les grands auguſtins, fondés les uns & les autres en 1405. Outre ces religieux, on y voit encore des dominicains établis en 1243, des observantins en 1250, des minimes en 1632, & des théatins en 1693. Les religieuses sont celles de saint Bernard, fondées en 1405; de sainte Claire en 1603; & deux couvens de la visitation, dont l'un est de l'an 1635, & l'autre de l'an 1669. Il y a aussi dans le fauxbourg, depuis l'an 1632, des augustins réformés, & dans le territoire, des récollets établis en 1543; des capucins en 1552, & des carmes déchauffés en 1652. Rien ne prouve mieux, que ces pieux établissemens, le zele des habitans pour la religion.

 Elle auroit été connue à Nice & à Cimiez, presque dès sa naissance, s'il étoit vrai que saint Nazaire y fût venu prêcher l'évangile sous l'empire de Néron, & que Celse, son disciple & le compagnon de ses souffrances, fût né à Cimiez, comme les grecs le prétendent. On ne sait rien de positif avant saint Pons, qui souffrit le martyre dans cette ville vers l'an 258. C'est le plus ancien martyr dont l'histoire de Provence fasse mention: car il n'est pas vraisemblable que saint Bassus ait été mis à mort à Cimiez dix ans auparavant. Les actes de son martyre, abrégés par Pierre des Noëls, renferment des circonstances qui n'ont pu être écrites par des auteurs contemporains. En les lisant, on est persuadé, avec M. de Tillemont, que ce saint étoit un évêque d'Orient, dont il est parlé dans saint Jean-Chrysostôme.

Till. hist. ecclef. t. 3. p. 706 & 707.

 Saint Pons ne remplissoit pas le siege de Cimiez, comme quelques auteurs modernes l'assurent. Il n'en est parlé dans aucun monument authentique. Il n'y a pas même de preuve que cette église & celle de Nice aient eu leur évêque avant le quatrieme siecle. Ils auroient assisté en personne, ou par députés, au premier concile d'Arles tenu en 314; car l'empereur y avoit invité tous les évêques d'Occident. Cependant on ne lit parmi les souscriptions, que le nom d'un diacre & d'un simple clerc de Nice. Il est inutile de vouloir donner à cet évêché & à celui de Cimiez, une antiquité que les anciens monumens lui refusent. Presque tous les sieges de

Provence sont du IVe siecle, parce que la religion ne commença d'y faire des progrès sensibles que sous le regne de Constantin.

On est surpris que deux villes qui ne sont distantes l'une de l'autre que d'environ un quart de lieue, aient eu chacune leur évêque pendant quelque tems. Il devoit souvent naître des disputes au sujet de la jurisdiction ; c'est peut-être ce qui obligea saint Léon à réunir les deux sieges sous l'épiscopat de saint Valérien, vers l'an 450. Mais saint Hilaire, son successeur, les sépara de nouveau sur un faux exposé que lui fit l'évêque Auxanius. Les auteurs du *Gallia Christiana* prétendent que ce prélat gouvernoit l'église d'Apt. Il est bien vrai qu'il y avoit un évêque de ce nom à la tête du diocese en 436 ; mais il mourut pour le plus tard en 439, & par conséquent il ne peut point avoir fait agir saint Hilaire, dont le pontificat commença au mois de novembre 461. Quel siege important remplissoit donc Auxanius, puisqu'il prétendoit avoir une sorte de jurisdiction sur les églises de Nice & de Cimiez, au préjudice du métropolitain, qui étoit l'évêque d'Embrun ? Seroit-ce celui d'Aix ou celui d'Arles? Nous croirions plutôt que c'étoit le premier, parce que nous trouvons un vuide dans la succession des évêques de cette ville, vers le milieu du Ve siecle. Peut-être aussi que ce prélat ne s'appelloit point *Auxanius*, & que son véritable nom a été défiguré par la faute des copistes. Mais pour revenir à notre sujet, saint Hilaire ayant reconnu qu'on avoit surpris sa religion, réunit de nouveau les deux sieges en 465, & ordonna qu'il n'y auroit désormais qu'un seul évêque pour les villes de Nice & de Cimiez. Comme il est impossible de savoir quels sont ceux qui ont gouverné séparément ces deux églises, nous les confondrons à l'exemple de l'auteur du *Gall. Christ.*

ÉVÊQUES.

381. *Saint Amant* est le premier évêque qui nous soit sûrement connu ; il assista au concile d'Aquilée en 381.

Saint Valerien fut préfent à celui de Riez en 439. Il avoit été moine de Lerins. C'eft-là fans doute qu'il avoit puifé cette modeftie, cette pureté de mœurs, & cet amour pour les pauvres, qui le rendirent fi cher & fi utile à fon églife. Mais c'eft-là auffi qu'il prit des opinions, qui l'ont fait regarder comme fufpect de fémipélagianifme. C'étoit l'erreur de ces moines, & de ceux de faint Victor, qui vraifemblablement l'apporterent de l'orient. Mais la conduite de faint Valerien, dont on célebre la fête à Nice, nous prouve, qu'attaché de cœur à la faine doctrine, il auroit abandonné fes fentimens, s'il les eût cru contraires aux décifions de l'églife. Il vivoit encore en 455, & peut bien avoir été le fucceffeur immédiat d'Amant.

Deuthere eft mis au nombre des évêques de Nice. Mais les monumens fur lefquels on fe fonde, paroiffent fort fufpects; & nous l'inférons dans notre catalogue, fans prétendre garantir la certitude de fon épifcopat. Antelmi croit que Deuthere fouffrit le martyre, fous le regne d'Euric, roi des vifigots, & par conféquent après l'année 480.

Magnus députa au Ve concile d'Orléans en 549, & fut préfent à celui d'Arles en 554. Il y prit fimplement le titre d'évêque de Cimiez, peut-être parce que cette ville étoit plus confidérable que Nice, & qu'il y faifoit fa réfidence ordinaire.

Auftade vivoit en 581, lorfque les lombards vinrent ravager la Provence. Ils firent mourir faint Hofpice qui vivoit, comme les anachoretes d'Egypte, dans un endroit appellé aujourd'hui *San-Soufpir*, près de Villefranche. Sa pénitence & fes miracles le rendirent célebre dans toutes les Gaules.

Catulin députa au II concile de Mâcon en 585. Après cette époque, il n'eft plus mention des évêques de Nice jufqu'en 777.

Syagrius fiégeoit cette année-là. Quelques auteurs prétendent qu'il étoit neveu de Charlemagne. On verra bientôt ce qu'il en faut penfer, quand nous parlerons de l'abbaye de Saint-Pons.

Tome I.

Jean I lui succéda en 787, suivant le P. le Cointe, & souscrivit au concile de Narbonne en 791. A cette époque on trouve encore une lacune de plus de deux siecles, soit que le siege de Nice ait été vacant pendant tout ce tems-là, ce que nous avons de la peine à croire ; soit que les registres de l'église aient été perdus, ce qui paroît plus vraisemblable. Après ce long intervalle, nous trouvons *Frodon* à la tête du diocese, en 999. Il est mention de lui dans une donation faite cette année-là au monastère de Saint-Pons, par Miron & Odile, deux nobles citoyens de Nice, dont on croit que le quartier de Mirindol, où ils possédoient beaucoup de biens, a tiré son nom.

Bernard, successeur de Frodon, confirma l'élection du moine Jean à l'abbaye de Saint-Pons en 1004, en présence du comte Roubaud, de Guillaume de Nice, d'Autric, de Bonfils, & de leurs épouses.

Pons, fils de Miron & d'Odile, siégeoit en 1018. On a cru que Gaufredi lui avoit succédé en 1027. Mais les monumens sur lesquels on se fonde, sont trop suspects pour ne pas douter de son épiscopat ; d'ailleurs, Joffredi rapporte une charte par laquelle Pons, évêque de Nice, donne en 1030 aux religieux de Saint-Pons, un bien qui lui venoit de l'héritage de ses peres, & qui étoit situé dans le terroir de cette ville, preuve qu'il y étoit né. Toutes ces circonstances réunies nous font croire que c'est le même évêque qui siégea depuis l'an 1018, jusqu'après l'an 1030, & qu'il faut rejetter l'épiscopat de Gaufredi.

André I fut présent à une donation que Laugier & sa femme Odile, firent au monastere de saint Veran & à l'église de Notre-Dame la Dorée, près de la riviere du Loup, diocese de Vence, en 1032. Odile est la même dont nous avons parlé ci-dessus. Il paroît qu'elle avoit épousé Laugier en secondes nôces, & qu'elle avoit eu de son premier mariage, outre Pons, évêque de Nice, Bernard & Miron, qui sont nommés dans une charte que Joffredi rapporte. On voit dans une autre, qu'elle eut de son second mariage, Raimbaud, Pierre, évêque de Sisteron, & Rostan. On a cru qu'elle étoit fille de Guillaume I, comte de Provence. Mais nous avons fait voir ailleurs que c'est une erreur. Guillaume & sa femme Adélaïde, lui donnerent plusieurs terres en Provence; Raimbaud & Rostan devinrent même seigneurs de Sisteron, dans le tems que leur frere en étoit évêque, car ce sont eux qui exciterent les troubles dont nous avons déjà parlé ; mais tout cela prouve seulement que les comtes de Provence cherchoient à se faire des partisans par leurs libéralités.

Nitard, natif de Nice, confirma une donation faite à l'abbaye de Saint-Pons en 1037. On croit qu'il assista en 1040 à la dédicace de l'église de Saint-Victor-lès-Marseille.

André II lui avoit déjà succédé en 1050.

Raymond est nommé dans plusieurs chartes depuis l'an 1064, jusqu'au mois d'avril 1073. C'est à lui que Pierre, évêque de Vaison, natif de Nice, fit présent du village de Drap, qui a le titre de comté.

Bernus siégeoit vers l'an 1075.

Archinbaud en 1078. Il fut nommé par Ermengaud, comte d'Urgel, pour être un de ses exécuteurs testamentaires, en 1090.

Isnard, qu'on a aussi quelquefois appellé Isoard, gouvernoit le diocèse en 1108, puisque cette année-là il divisa les revenus du chapitre en prébendes. Il vouloit soumettre aussi les chanoines à la regle de saint Augustin, mais la mort qui le surprit, on ne sçait pas précisément en quelle année, l'empêcha d'exécuter son projet. Nous sçavons seulement qu'il vivoit encore en 1110. Joffredi distingue Isnard d'Isoard, mais les raisons qu'il en apporte, ne nous ont pas paru suffisantes pour adopter son opinion.

Pierre I, dont l'épiscopat commence à nous être connu en 1115, adoptant l'idée de son prédécesseur, introduisit la réforme parmi ses chanoines, & leur donna tout autour de l'église un ter-

DIOCESE DE NICE.
EVÊQUES.

Ibid.

1037.

1050.
1064.

1075.
1078.

1108.

1115.

rein pour y bâtir un cloître, où ils puffent établir des études, & vivre en commun fous la regle de faint Auguftin. Cette réforme étoit néceffaire dans un tems où il y avoit auffi peu de lumieres que de mœurs. Parmi plufieurs traits d'ignorance que nous pourrions citer, il y en a un qui eft affez remarquable, quoiqu'il fût commun alors. Un particulier de Nice voulant faire le voyage de Jérufalem, avoit un fils en bas âge, qu'il ne voulut point laiffer à la difcrétion de fes parens. Il offrit au chapitre la moitié de fes biens, fi l'on vouloit recevoir fon fils chanoine, la propofition fut acceptée avec joie; on ne fe doutoit pas alors qu'il y eût la moindre fimonie dans cet arrangement. Cependant Pierre étoit un évêque pieux & zélé, qui aimoit le bien, & le faifoit autant que l'efprit de fon fiécle pouvoit le permettre. Il foumit à fa jurifdiction les religieux de Saint-Pons, qui refufoient de la reconnoître, & fut un des principaux bienfaiteurs de l'ordre de faint Jean de Jérufalem & des templiers, établis à Nice vers l'an 1127. Il mourut, à ce qu'il paroît, en 1151.

Arnaud lui fuccéda la même année. Il étoit chanoine régulier & facriftain de l'églife d'Orange; car lorfque le pape confirma la réforme établie dans le chapitre de Nice, il mit pour condition que l'évêque feroit pris parmi des chanoines réguliers de l'ordre de faint Auguftin. Ce prélat étoit fort jaloux d'étendre fes droits; il eut à ce fujet des conteftations avec les confuls de Nice, & fut obligé de fe mettre en 1153, fous la protection fpéciale de Raymond-Bérenger IV, qui étoit à Nice au mois d'avril de cette année-là. Ce prince l'établit juge en dernier reffort des affaires des eccléfiaftiques, & des perfonnes qui occupoient des maifons ou des biens dépendans de l'églife; au lieu qu'auparavant ces affaires étoient portées à la jurifdiction confulaire, où réfidoit la juftice civile & criminelle. Il n'en fallut pas davantage pour mettre la divifion entre l'évêque & les confuls. Ceux-ci ne tinrent aucun compte de ces privileges, & févirent, dans toutes les occafions, contre l'évêque

& les ecclésiastiques. L'archevêque d'Embrun, à qui ce prélat porta ses plaintes, leur écrivit, & menaça de les excommunier s'ils ne faisoient pas satisfaction à leur évêque (1). C'est ce qu'ils firent par délibération publique au mois d'août 1159. Le dernier acte où il est mention de cet évêque, est une transaction passée au mois de juin 1164 entre lui & Gui, comte de Vintimille, surnommé *la Guerre*, peut-être à cause de sa bravoure & de son humeur inquiete.

Raymond Laugier, de Nice, sacristain du chapitre, remplissoit le siege en 1166; mais nous ignorons l'année de sa mort. — 1166.

Pierre II lui avoit déjà succédé en 1184, car le pape Lucius III le chargea, cette année-là, de mettre la réforme dans l'abbaye de Saint-Pons, où il n'y avoit presque plus, ni revenus, ni discipline; car ces deux choses dépérissent en même-tems. Peut-être aussi que l'évêque, qui étoit en dispute avec eux au sujet de sa jurisdiction qu'ils ne vouloient point reconnoître, & des droits paroissiens qu'ils s'étoient arrogés, chargeoit le portrait, quand il écrivoit au saint-Pere. Ils se soumirent ensuite, d'une maniere satisfaisante pour le prélat. — 1184.

Jean II siégeoit en 1197. Il eut des contestations avec les mêmes religieux, contre lesquels il présenta des lettres qu'il disoit avoir obtenues du saint-Pere, & qui furent reconnues fausses. Il prétendit avoir été trompé par un ecclésiastique qui avoit toute sa confiance; mais il n'en fut pas moins soumis à une peine canonique. — 1197.

Henri étoit à la tête du diocese en 1210. Il eut pour successeur immédiat en 1215, — 1210.

---

(1) Voici les noms des citoyens de Nice qui sont nommés dans cette charte. *Consulum civitatis, Fulconis Badati, Petri Ricardi, Petri Aldebrandi, Guillelmi Ruffi, & consulum de Grassa qui ibi erant cum episcopo suo, Malivicini, & Raimundi Riperti. Raimbaldi judicis de Niciâ, & Guillelmi Ricardi, Fulconis, Hugoleni, Guillelmi de Esa, Bertrandi & Atbaldi, Guigonis Mainerii, Rostagni Badati, Petri Lamberti, Guillelmi Martini, Petri Cais, Bertrandi Auundi, Trencherii Amaluinæ, Pontii subdiaconi, qui fuit filius Milonis de porta.* Les consuls de l'année précédente étoient, *Raimbaldus judex, P. Raimbaldi, Franco Raimbaldi, Pontius Gisberni.*

Henri II, car l'épifcopat de Sanche, qu'on met après celui d'Henri I, n'eft fondé fur aucune preuve. Ce qu'on dit d'*Antepelicanus*, qu'il fiégeoit à Nice en 1215, eft démontré faux par Joffredi, qui croit avec beaucoup de fondement que le complot par lequel la ville & le château de Nice furent mis fous la domination des génois, fut tramé par Miron Badat & l'évêque d'Antibes; & que les hiftoriens de cette république, trompés par la reffemblance des noms, ont mis *Antepelicanus* pour *Antipolitanus*. Car du refte il prouve par des monumens inconteftables, qu'Henri fut évêque de Nice depuis l'an 1215 jufqu'en 1228. Ce qui rend la conjecture de Joffredi fort probable, c'eft que le complot fut tramé, lorfque Henri étoit au concile de Latran. Dira-t-on, pour concilier les différens témoignages, que cet évêque avoit un coadjuteur nommé *Antepelicanus*, qui conduifit toute cette affaire? C'eft encore un fentiment qu'on peut foutenir, & il eft plus conforme à la déférence qu'on doit avoir pour les hiftoriens de Gênes, qui ont tiré ce trait d'hiftoire d'un acte écrit de la propre main de Marchifi & d'Obert Spinola, les mêmes qui reçurent le ferment de fidélité des habitans de Nice. Henri vécut jufqu'en 1238.

Mainfroid acheta cette année-là tous les droits que le comte de Provence avoit fur la terre de Drap. Ce fut Romée de Villeneuve, connétable de ce prince, qui les lui vendit. On a des preuves de l'épifcopat de Mainfroid jufqu'en 1251.

Pierre le Bon, ainfi nommé à caufe de la douceur de fes mœurs, eft connu depuis l'an 1255 jufqu'en 1262, qui eft l'année de fa mort.

Jean III fiégeoit en 1270, lorfque le chapitre de Nice & celui de Maguelone, renouvellerent & confirmerent l'affociation qu'il y avoit entre-eux. Car dans ce tems-là il fe formoit une efpece de confraternité entre les chapitres qui fuivoient la même regle; & les chanoines de l'un étoient reçus dans l'autre, comme s'ils en étoient membres,

Hugues assista au concile d'Embrun, assemblé en 1290.

Bernard Chabaud, des seigneurs de Tourretes, mourut au mois d'avril 1300.

Nitard II lui succéda, mais on ne connoît que son nom.

Raymond III, & non pas Rostang, comme l'a cru Joffredi, remplissoit le siege en 1316.

Guillaume I, religieux de l'ordre des freres mineurs, pénitencier de Jean XXII, qui en fait un grand éloge dans ses bulles, fut nommé en 1317.

Rostang l'avoit déjà remplacé le 21 mai 1322. Il députa quatre ans après au concile de Saint-Ruf.

Raymond IV fut transféré du siege de Vence à celui de Nice en 1333, par Jean XXII. Ce qu'on dit de l'épiscopat de Jean, que quelques auteurs donnent pour successeur à Rostang, n'est point fondé sur d'assez bonnes preuves pour pouvoir être admis.

Guillaume II fut élu le 7 juin 1335.

Philippe Gaston passa du siege de Sion, en Vallais, à celui de Nice en 1342.

Guillaume Amesini, de Nice, prévôt de la cathédrale, fut sacré vers l'an 1345, & mourut le 6 septembre 1348.

Pierre Sardine, chanoine de Nice sa patrie, & prieur de Villevieille, fut placé sur le siege de cette ville le 6 novembre 1348. On doit le regarder comme un des principaux bienfaiteurs de son église. On ignore l'année de sa mort, on sçait seulement qu'il vivoit encore en 1355.

Laurent Pictoris, son compatriote & son successeur en 1360, avoit été prévôt du chapitre, & se rendit recommandable par sa piété. Il assista au concile d'Apt en 1365.

Roccasalva est mis au nombre des évêques, sans qu'on ait des preuves bien claires de son épiscopat. Joffredi prétend qu'il vécut jusqu'en 1388, qui est l'année où la ville & le comté de Nice passerent sous la domination de la maison de Savoie.

Jean de Tournefort, natif de Lantoufque dans le comté de Nice, moine de Saint-Pons, enfuite abbé de Lerins pendant trente-quatre ans, & enfin évêque de Nice, montra un mérite qui lui attira l'eftime des papes & du fouverain. Il fiégea depuis l'an 1392 jufqu'en 1401.

François I, référendaire de Benoît XIII, établit les auguftins, les carmes, les bernardines, dans la ville, en 1405, le couvent qu'ils avoient hors des portes ayant été détruit durant les guerres civiles.

Louis I ne fiégea que peu de tems; il vivoit en 1408.

Jean du Bourg, né en Savoie, lui fuccéda; M. Baluze croit qu'il fut transféré à Saint-Papoul en 1418.

Antoine Clementis ou *de Regiac*, comme on l'appelle dans le *Gall. Chrift.* fut élevé fur le fiege de Nice en 1418, & transféré à celui de Bellei, fa patrie, en 1422. Il eut pour fucceffeur

Aimon, nommé par Martin V, le 18 avril de la même année.

Louis Badat, de Nice, abbé de Saint-Pons, fiégea depuis l'an 1428 jufqu'en 1445.

Aymon Provana, d'une famille noble de Piémont, religieux de l'ordre de faint Benoît, nous eft connu depuis l'an 1446, jufqu'en 1459.

Henri III, fon fucceffeur, ne fiégea pas long-tems, puifqu'il mourut en 1461.

Barthelemi Chuetti prit poffeffion de l'évêché le 15 avril 1462, à la nomination de Pie II, & fe rendit recommandable par fes bonnes œuvres jufqu'à fa mort, arrivée le 12 juin 1501. Il étoit né en Savoie, ou peut-être dans le Dauphiné, & avoit obtenu en commande l'abbaye de Saint-Pons.

Jean Uriol ou *Orcoli*, natif de Vienne en Dauphiné, fucceffeur de Barthelemi à l'évêché & à l'abbaye, avoit été chanoine de plufieurs églifes, & vivoit en 1503. C'eft tout ce qu'on fçait de lui.

Boniface Ferrier, (*Ferrerius*) frere du cardinal de ce nom, fut
adminiftrateur

administrateur de l'évêché de Nice après la mort de Jean, pendant peu de tems, puisque

Augustin Ferrier, son cousin germain, en fut pourvu le 29 novembre 1506 ; mais il fut transféré à Verceil avant d'en avoir pris possession, au mois de septembre 1511. Il eut pour successeur à Nice, le 18 octobre suivant,

Jérôme d'Arsagis, milanois, religieux bénédictin, sous l'épiscopat duquel le chapitre fut transféré à l'église de sainte Réparate. Il mourut en 1542.

Jérôme Tête-de-Fer, (*de capite ferreo*) natif de Rome, s'éleva par ses talens, & après avoir rempli différens emplois en cour de Rome, il fut nommé légat en France & en Portugal. Pourvu de l'évêché de Nice, le 6 février 1542, & décoré de la pourpre deux ans après, il mourut à Rome après s'être démis de l'évêché en faveur de

Jean-Baptiste Provana, vers l'an 1545 ; ce prélat étoit trésorier de l'église métropolitaine de Turin, sa patrie, & aumônier du duc de Savoie. Il mourut le 21 septembre 1548.

François Lambert, de Chambery, frere de l'évêque de Maurienne en Savoie, & de celui de Caserte dans le royaume de Naples, fut élevé sur le siege de Nice par Paul III, le 18 janvier 1549, & mourut au mois d'août 1583.

Jean-Louis Palavicini, né en Piémont des marquis de Céve, avoit été nommé à l'évêché de Saluces, quand il fut pourvu de celui de Nice, avant d'être sacré, le 7 novembre 1583. Il fit des statuts synodaux, & mourut en faisant la visite de son diocese, le 5 novembre 1598.

François Rosini, né en Piémont, étoit religieux observantin, confesseur de Charles-Emmanuel duc de Savoie, & connu par ses talens pour la chaire, & par les différens emplois qu'il avoit remplis avec distinction dans son ordre, quand il fut nommé à l'archevêché de Turin. Mais cette nomination ayant été révoquée

Tome I.

avant qu'il fût sacré, on lui donna l'évêché de Nice, le 23 octobre 1600. Ce fut un avantage pour cette ville que d'avoir ce prélat, qui se rendit aussi recommandable par sa charité pour les pauvres, que par son zèle pour la religion & le maintien des bonnes mœurs. Il mourut le 22 août 1620.

1622. *Pierre-François Mallet*, chanoine régulier de Saint-Jean de Latran, abbé de saint André de Verceil, sa patrie, & enfin général de son ordre en 1615, fut nommé à l'évêché de Nice en 1622, & le gouverna avec beaucoup d'édification jusqu'au 4 décembre 1631, qui est le jour de sa mort. Il a écrit la vie du bienheureux Amédée duc de Savoie. Le siege demeura vacant pendant quatre ans.

1635. *Jacques Marengo*, natif de Mont-Réal, en Piémont, ayant été pourvu de l'évêché de Saluces en 1627, donna sa démission en 1635, & le duc de Savoie le fit nommer à celui de Nice le 18 décembre de la même année. Il mourut le 2 janvier 1644, au retour d'un voyage qu'il avoit fait en Espagne.

1644. *Desiré de Palletis*, de Verceil, chanoine régulier de Saint-Jean de Latran, abbé de saint André de la même ville, fut sacré évêque de Nice, à Rome, le 11 décembre 1644. Il augmenta les revenus de l'évêché, fit réparer plusieurs églises & le palais épiscopal, & mourut d'une chûte le 15 septembre 1659.

N. de Moret fut nommé en 1661, & eut pour successeur

1672. *Henri de Provana*, de l'ordre des carmes déchaussés, pourvu de l'évêché de Nice en 1672. Il mourut le 29 novembre 1706, ayant nommé le séminaire son héritier. Le siege demeura vacant jusqu'en 1727, à cause des démêlés de la cour de Turin avec celle de Rome.

1727. *Raymond Recrosio*, religieux barnabite, natif de Verceil en Piémont, connu dans son ordre par son talent pour la chaire, & par la science de la religion, lui succéda au mois d'avril de cette année-là. C'étoit un prélat respectable par la sainteté de sa vie & par son désintéressement. Ses bulles ne lui ayant rien coûté en cour de Rome, il crut devoir expédier *gratis* les lettres des ordinans & les provisions des bénéfices, ayant pour maxime qu'il devoit traiter les autres comme il avoit été traité lui-même. *Gratis accepistis*, disoit-il, *gratis date*. Il mourut âgé de soixante-quatorze ans, six mois & deux jours, en faisant la visite de son diocese, le 22 mai 1732.

Charles-François Canton, de Ronco, dans la province de Bielle, vicaire général du diocese de Verceil, fut sacré le 23 avril 1741, & mourut le 24 août 1763, regretté de ses diocésains, pour sa charité envers les pauvres. Il donna des marques de sa générosité à son église cathédrale, & aux curés du diocese, en faveur desquels il plaça un capital d'environ quinze mille livres, pour contribuer à leur entretien pendant le tems que dure la retraite qu'ils vont faire tous les ans à Nice. Il eut pour successeur

Jacques-François-Thomas Astesan, religieux dominicain, natif de Chambery, sacré le 15 juillet 1764. Il remplit encore le siege.

L'abbaye de Saint-Pons est la seule du diocese : elle fut fondée à l'endroit où étoit la chapelle de ce saint martyr, à un quart de lieue de Nice, vers l'an 775 pour le plus tard. Les historiens disent que Syagrius, fils de Carloman & neveu de Charlemagne, en jetta les fondemens. C'est une erreur qu'il est aisé de détruire ; car le saint fondateur de ce monastere, fut fait évêque de Nice en 777, & par conséquent, il ne peut pas avoir été fils de Carloman, qui étant né en 751, ne se maria point, selon toutes les apparences, avant l'an 768. Syagrius, son cadet, ne vint donc au monde qu'en 770 pour le plutôt. Je demande si en 777, c'est-à-dire, si à l'âge de sept ans, il pouvoit être déjà fondateur d'une abbaye, & capable de remplir un siege épiscopal ? Avouons donc que le Syagrius, qui la fonda, n'étoit point le même que le fils de Carloman. C'étoit un saint personnage qui obtint, des libéralités de Charlemagne,

CHOROGRAPHIE.
II. Partie.

de quoi faire ce pieux établiſſement; mais ce monarque n'étoit point alors en Provence, comme on le prétend; il eſt certain qu'il n'y vint jamais, ou du moins n'en a-t-on aucune preuve.

Nous terminerons ici ce que nous avons à dire du diocèſe de Nice, qui étant hors de la Provence, n'entre point dans notre plan quant à la partie de l'hiſtoire naturelle.

Fin de la Chorographie.

HISTOIRE GÉNÉRALE DE PROVENCE.

INTRODUCTION.

Comme notre deffein eft de faire connoître les variations que la religion, les loix & le caractere du peuple ont éprouvées en Provence, depuis la fondation de Marfeille jufqu'à nos jours, il eft néceffaire de jetter un coup d'œil fur les anciens habitans de la province, & de voir ce qu'ils étoient avant que les romains ne fiffent la conquête. Ce que nous dirons des provençaux ne leur fera pas tellement propre, qu'il ne convienne à bien des égards à tous les gaulois. Mais nous en fentirons mieux quelle fut l'influence des connoiffances & des mœurs que Marfeille tranfmit à la Provence, & qui de-là fe répandirent enfuite dans les provinces voifines.

§. I.
Religion des Celtes.

INTRODUCTION.

Il est difficile, pour ne pas dire impossible, de remonter à ces tems éloignés ; il ne nous reste presque aucuns monumens qui puissent nous en retracer l'histoire. La Provence étant séparée de l'Italie, par des montagnes inaccessibles ; de la Grece, par une mer orageuse, a dû être nécessairement inconnue aux écrivains qui précéderent la conquête des Gaules. Il est vrai que la découverte des côtes est très-ancienne ; mais elle fut faite par des pyrates, qui n'y trouverent que des pyrates comme eux, & qui n'avoient ni le courage pour pénétrer dans l'intérieur des terres, ni les lumieres pour observer, ni la confiance de leur patrie pour témoigner la vérité. Les marseillois même, établis dans les terres des gaulois, ne pouvoient pas les connoître. La différence des mœurs, des usages & du langage, mit pendant long-tems, entr'eux & ces barbares, un mur de séparation. Ils ne voyoient donc que leurs voisins, & sur-tout les habitans des côtes. Avec des liaisons si foibles & si bornées, ils ne pouvoient pas juger de la religion, du caractere & des mœurs de la nation. De-là vient que les anciens écrivains de la Grece, qui, vraisemblablement, ne savoient des Gaules que ce qu'ils en apprenoient des marseillois, en ont parlé si superficiellement. La ville de Marseille ne paroît avoir communiqué librement avec les naturels du pays, qu'environ deux cens ans après sa fondation, & quand elle commença d'établir des colonies. C'est alors qu'elle transmit aux gaulois, quelques opinions de ses philosophes, quelques-uns de ses usages, les caracteres grecs, & plusieurs cérémonies religieuses.

Les romains étant ensuite venus dans les Gaules, plus de deux siecles après, y trouverent ces nouveautés établies, & les décrivirent, sans les distinguer des anciens usages de la nation. Les auteurs modernes, souvent copistes serviles des anciens, ont fait comme eux ; ils ont attribué aux celtes, de tous les tems & de toutes les provinces, la même religion, les mêmes loix & les mêmes mœurs ; sans égard aux variations que les révolutions des siecles, le commerce avec les étrangers, la différence des climats & des pays y avoient apportées. Je sens combien il est difficile de saisir les progrès & les changemens d'un peuple, dont l'histoire nous manque. Aussi attribuerons-nous aux provençaux, contemporains des phocéens, fondateurs de Marseille, tout ce que César & d'autres auteurs nous disent des gaulois, qui vivoient cinq cens ans après. Mais nos vues n'en seront pas moins remplies : en faisant observer tout ce qui porte l'empreinte d'une origine grecque, nous rendrons hommage à la gloire des anciens marseillois, & à l'ascendant qu'ils eurent dans les Gaules. Nous allons commencer par examiner ce qui regarde la religion.

(1) Un écrivain moderne pense que les anciens gaulois étoient monothéïstes; mais il n'en donne aucune preuve, & l'on ne se persuadera pas que plusieurs siecles après le déluge, les gaulois eussent encore des idées saines sur la divinité. Il est dans le caractere du peuple toujours foible & timide, de la voir dans tous les objets sensibles de ses affections ; & par-là même, de les respecter ou de les craindre, & de finir par les adorer. Les astres, qui pendant la nuit le dirigent dans ses courses, la terre qui le nourrit, le soleil qui embellit tous les êtres, l'eau qui les vivifie, le feu qui les anime, lui paroissent inséparables de la divinité; il croit qu'elle est généralement répandue dans toute la matiere sensible, qu'elle ne fait qu'un corps avec elle, & ne peut pas en être essentiellement distinguée. Voilà les égaremens où la raison conduisit les anciens peuples, quand ils eurent oublié les dogmes de leurs premiers aïeuls. Si c'est-là être monothéïstes, nous avouons que les gaulois l'étoient six cens ans avant Jesus-Christ. Mais n'est-ce pas abuser

---

(1) M. Duclos est l'écrivain dont je parle. Il croit qu'on peut douter, & même qu'on peut nier que les gaulois aient été polythéïstes, du moins avant l'invasion des romains. Je pourrois citer une foule d'autorités qui prouvent le contraire. Je me contente de renvoyer aux commentaires de César, & à l'ouvrage de M. le Pelloutier sur les celtes.

Acad. des inscrip. t. 19. m. p. 492.

des termes, que d'appeller *monothéïsme* le dogme abſurde d'une ſubſtance unique, qui tend à diviſer la divinité en autant de parties que la matiere ?

Il faut donc ſe borner à dire, qu'avant la fondation de Marſeille, les gaulois n'étoient point idolâtres, c'eſt-à-dire qu'ils ne rendoient point de culte aux idoles, ni aux mânes des héros. On peut le prouver, par un paſſage de Tacite, ſur les mœurs des germains. Ces peuples avoient, non-ſeulement la même origine, mais encore les mêmes uſages & la même religion que les gaulois ; & comme ils avoient moins de commerce avec les étrangers, ils conſerverent plus long-tems leurs anciennes cérémonies, & la tradition de leurs ancêtres. Tacite nous aſſure qu'ils auroient cru faire outrage à la divinité, s'ils avoient oſé la circonſcrire dans les bornes d'un temple, ou la repréſenter ſous des formes humaines ; cette opinion exclut néceſſairement toute idée d'idolâtrie, & ſuppoſe le dogme du naturaliſme dont nous avons parlé ci-deſſus.

Il eſt vrai que Tacite, & d'autres hiſtoriens, aſſurent que les germains adoroient des divinités, telles que Mercure, Mars, Iſis ; mais perſonne n'ignore que ces auteurs écrivoient ſur la religion des nations étrangeres, avec tous les préjugés de leur religion. Partout ils aimoient à retrouver leurs ſuperſtitions & leurs idées. On ſait avec quelle inexactitude, Tacite lui-même a parlé des juifs, qu'il accuſe d'adorer la tête d'un âne ; cependant que de moyens n'avoit-il pas de s'en inſtruire ? La Judée étoit depuis long-tems connue & fréquentée ; à Rome il y avoit beaucoup de juifs, & l'on trouvoit dans les ouvrages de Philon & de Joſeph, tous les éclairciſſemens qu'on pouvoit deſirer. Si Tacite s'eſt trompé ſur un point qu'il étoit ſi facile d'éclaircir, que n'avons-nous pas à craindre, quand il parle de faits beaucoup plus difficiles à diſcuter ? Son témoignage peut donc nous paroître ſuſpect ſur la religion des germains, comme ſur celle des juifs.

En effet, comment concilier le culte qu'on rendoit à Iſis, à Mercure

Mercure & à Mars, avec ce que dit le même auteur, qu'on ne trouvoit chez les germains aucune trace des religions étrangeres. Le culte d'Isis leur étoit cependant venu d'Egypte, il en convient lui-même : pour Mercure, est-il bien certain que dans tous les tems ils l'eussent adoré ? Ils le regardoient comme l'inventeur des lettres & le protecteur des marchands. Mais avant l'établissement des grecs en Provence, les gaulois, non plus que les germains, n'avoient ni lettres ni commerce. Quant au culte de Mars, il pourroit bien avoir aussi une origine récente & étrangere. Mais d'ailleurs, il n'est pas prouvé que Mars fût regardé comme un Dieu chez les germains. Il ne falloit souvent aux historiens latins, & sur-tout à Tacite, qui paroît avoir négligé de se mettre au fait des religions étrangeres, que des apparences d'un culte religieux, pour décider qu'il y en avoit un, & pour donner le nom d'un Dieu, à un homme dont la mémoire étoit depuis plusieurs siecles en vénération dans un pays.

Chez différentes nations, les mêmes cérémonies ont eu souvent un objet & des motifs différens. Nous courons risque de nous tromper, en attachant nos idées à des termes & à des usages, qui ailleurs étoient pris dans un sens tout opposé ; on faisoit aux héros des sacrifices semblables, pour l'extérieur des cérémonies, à ceux que l'on faisoit aux dieux ; mais les anciens ne laissoient pas de regarder ces deux cultes comme différens.

Il ne faut donc pas se borner aux apparences, quand on veut décider en pareille matiere, sur-tout lorsque le dogme & les loix connues, tels que le naturalisme & la défense d'avoir des temples & des simulacres, supposent qu'il n'y avoit point d'idolâtrie. Car la premiere idée d'un peuple idolâtre, c'est d'avoir des temples & des statues. Croit-on d'ailleurs que des barbares, tels qu'étoient les gaulois avant la fondation de Marseille, c'est-à-dire six cens ans avant Jesus-Christ, connussent les vertus & les vices dont les divinités du paganisme n'étoient que des emblêmes ? Car on pour-

RELIGION DES CELTES.
Nulla simulacra, nullum peregrinæ superstitionis vestigium.

INTRODUCTION.

roit juger des mœurs d'un ancien peuple par le nombre & les attributs des dieux qu'il adoroit. J'avoue pourtant qu'il fut un tems où l'idolâtrie régna dans les Gaules. Mais il ne s'enfuit pas qu'elle y eût toujours été connue. Il est plus vraisemblable qu'elle fut apportée de la Grece, quatre à cinq cens ans avant que César & Tacite écrivissent. Il n'y a personne qui ne reconnoisse Jupiter dans *Tharamis*, que les gaulois regardoient comme le pere des dieux, le maître du tonnerre, & le modérateur des saisons; Mercure dans *Teutates*, le dieu de l'éloquence, l'inventeur des lettres, le patron des voyageurs & des marchands; Mars dans *Hesus*, le dieu de la guerre; Appollon dans *Belinus*, qu'on représentoit tantôt comme le soleil, & tantôt comme le dieu de la médecine. Nous trouverions à peu de chose près la même ressemblance dans tout leur système religieux, si nous voulions l'examiner en détail; il n'y avoit souvent de changé que les noms.

§. II.
LE POLITHÉISME APPORTÉ PAR LES MARSEILLOIS.

L'IDOLATRIE fut connue sur les côtes de Provence avant de l'être dans l'intérieur des Gaules, parce que c'est le premier endroit où les vaisseaux des grecs aborderent, quand ils commencerent à s'éloigner de l'Italie; mais des pyrates ou des marchands qui ne font que passer, ne sont pas capables de faire le moindre changement dans une religion (1). Sur cette matiere, il faut du tems pour changer l'opinion des hommes, il faut que les yeux s'accoutument peu-à-peu au nouveau culte, & sur-tout qu'on le voie suivi par des hommes dont le mérite impose; une colonie puissante sera donc seule capable d'opérer cette révolution.

(1) La maniere dont les fausses religions s'établirent est une preuve de la divinité de la nôtre, qui se répandit en peu de tems chez toutes les nations par des voies toutes opposées; elle fut annoncée par des hommes ignorans & grossiers, combattue par les savans, persécutée par les grands, souvent déchirée par ses propres ministres; & malgré tous ces obstacles qui auroient étouffé dans sa naissance une religion humaine, elle fit plier en peu de tems sous son joug, la raison des philosophes, l'orgueil des grands & les passions du peuple.

Comme celle de Marseille est la plus ancienne que nous connoissions dans les Gaules, & la plus fameuse par la sagesse de ses loix, l'étendue de son commerce, & la célébrité de son académie, je croirois volontiers qu'elle y apporta l'idolâtrie. Il n'y a pas de preuve qu'elle y fût établie avant cette époque, & même il est très-vraisemblable qu'on ne l'y connoissoit pas. Cette opinion, me dira-t-on, est une conjecture, mais l'opinion contraire en est une aussi ; & dans la nécessité d'admettre l'une des deux, on doit préférer la plus probable. Or, la difficulté, pour ne pas dire l'impossibilité d'expliquer par un autre système, comment l'idolâtrie grecque s'est glissée dans la Gaule celtique, donne à mon sentiment un degré de probabilité que l'autre n'a pas.

Voilà donc la premiere révolution considérable que Marseille causa dans la province. C'est de son sein que sortit cette foule de divinités, dont le culte faisoit d'autant plus d'impression sur les sens, qu'il étoit revêtu de la pompe la plus propre à subjuguer l'esprit : elles furent bientôt accréditées, selon que leurs attributs les rendoient plus ou moins conformes au caractere & au goût des peuples ; elles se répandirent de proche en proche, & pénétrerent enfin dans les provinces les plus éloignées.

LE POLYTHÉISME APPORTÉ PAR LES MARSEILLOIS.

C'EST aussi des marseillois qu'on reçut la connoissance de la langue grecque ; peut-être faut-il encore leur attribuer l'origine des sacrifices humains, qui firent couler tant de sang dans les Gaules. L'histoire nous laisse ignorer si cette superstition régna parmi eux, à moins qu'on ne dise d'après Lucain, qu'elle régnoit du tems de César ; nous sçavons seulement qu'elle étoit assez générale dans le pays d'où ils venoient, & qu'ils sacrifioient un homme quand quelque maladie cruelle ravageoit la ville ; cet exemple seul pouvoit être dangereux pour les gaulois ; un peuple féroce & guerrier adopte, & porte aisément à l'excès des usages sanguinaires.

§. III.
DES SACRIFICES HUMAINS.

INTRODUCTION.

Quoi qu'il en soit, cette coutume barbare d'immoler des hommes, après avoir pris naissance dans la Phénicie, alla souiller toutes les nations. Elle est attestée par trop de monumens, pour que nous puissions révoquer en doute qu'elle ait existé chez nos ancêtres. Non-seulement ils immoloient des victimes humaines dans des sacrifices publics, mais encore dans ceux qu'on offroit pour la guérison des particuliers; fondés sur ce principe, que dans les grands périls, comme dans les grandes maladies, on ne pouvoit satisfaire aux dieux que par un échange, & que la vie d'un homme étoit le seul prix capable de racheter celle d'un autre. Dans les sacrifices publics, au défaut de malfaiteurs on immoloit des innocens; dans les sacrifices particuliers, on égorgeoit souvent des hommes qui s'étoient volontairement dévoués à ce genre de mort.

§. IV.
DE L'IMMORTA-
LITÉ DE L'AME
CHEZ LES GAULOIS

Les gaulois, ou du moins les druides, reconnoissoient l'immortalité de l'ame, s'il faut s'en rapporter au témoignage du plus grand nombre des auteurs. César assure le même fait, & il nous apprend aussi qu'ils croyoient la métempsycose, vraisemblablement apportée dans les Gaules par les marseillois, qui infecterent le pays de tous les délires de l'imagination des grecs.

§. V.
DES PRÊTRES.

Les prêtres, connus sous le nom de druides, bardes, & eubages, & plus généralement sous celui de druides, étoient en très-grand nombre, & fort puissans. On les distinguoit en trois classes; les premiers étoient chargés des sacrifices, des prieres, & d'interpréter les dogmes de la religion. On leur avoit aussi confié la législation, l'administration de la justice, & l'éducation de la jeunesse, qu'ils instruisoient dans la théologie, la morale, la physique & l'astrologie, qui, chez toutes les nations, a eu ses partisans & ses dupes. Les *bardes* célébroient en vers les louanges de la divinité & des hommes illustres; ils jouoient des instrumens, & chantoient à la tête des armées, avant & après le combat, pour exciter la valeur des combattans, louer ceux qui s'étoient distingués, & flétrir les lâches ; usage digne d'éloge, & auquel on a dû souvent tout le succès d'une bataille.

Les *eubages* ou *vates* consultoient les entrailles des victimes.

Tous ces prêtres dépendoient d'un souverain pontife, qui avoit une autorité sans bornes. Après sa mort, le plus distingué d'entr'eux lui succédoit ; & s'il se trouvoit plusieurs concurrens, le choix étoit décidé à la pluralité des suffrages, ou par le sort des armes.

Les druides s'étoient emparés de presque toute l'autorité ; maîtres des peines & des récompenses, ils jugeoient les criminels, & connoissoient des différends qui survenoient pour cause de succession & d'intérêt. Si quelqu'un n'acquiesçoit pas à leur sentence, on l'excommunioit ; & quiconque étoit frappé d'anathême, étoit retranché de la société ; il passoit pour un scélérat & pour un impie, avec lequel il étoit défendu d'avoir aucune communication. S'il avoit quelque procès, on refusoit de lui rendre justice ; exclus pour toujours des charges & des dignités, il portoit jusqu'au tombeau le mépris & l'exécration publique. Il étoit extrêmement rare qu'on appellât du jugement des druides à l'assemblée générale de la nation. On croyoit que le bonheur & la puissance de l'état, dépendoient du respect qu'on avoit pour eux. Ce préjugé, joint aux plus grands priviléges, tel que celui d'être exempt des charges militaires & civiles, attiroit beaucoup de gens dans le sacerdoce ; mais il falloit en être digne par sa vertu. Il y en avoit même qui travailloient à s'en rendre capables, par un cours de vingt années d'étude, pendant lequel il n'étoit pas permis d'écrire la moindre chose des leçons qu'on recevoit. Il falloit tout apprendre par cœur ; usage qui paroît être venu de l'école de Pythagore, & qui pourroit bien avoir été transmis par les marseillois. Après cette longue épreuve, on subissoit un examen où l'on étoit obligé de réciter plusieurs milliers de vers, qui renfermoient ou des principes, ou des réponses à des questions. Je crois que ces vers étoient rimés, & que c'est de-là que nous est venu par tradition, l'usage de la rime, qui étoit connu des anciens peuples, comme nous le prouverons, en parlant de la naissance & des progrès de la poésie provençale.

A tous ces moyens que les druides avoient de subjuguer les esprits, ils joignirent l'exercice d'un art, qui fut long-tems en possession de se jouer de la crédulité humaine; je parle de la médecine, où l'on se doute bien qu'il entroit plus de pratiques superstitieuses, que de connoissances physiques; ils avoient donc en main tout ce qui peut donner la puissance & l'affermir. Aussi étoit-elle sans bornes; elle subsista jusqu'à la conquête des Gaules par les romains. A cette époque elle perdit presque toute sa vigueur; enfin elle fut entiérement détruite en Provence, sous le regne de Tibere. Ce prince craignant que le culte des gaulois ne fût une occasion de révolte, défendit, sans restriction, les victimes humaines, abolit les écoles des druides, ne permit plus que la jeunesse s'initiât dans leur doctrine, fit massacrer un grand nombre d'entr'eux, & raser les bois où ils se retiroient, pour se livrer à la priere & à la contemplation. Le reste se dispersa, ou périt ensuite par les ordres de l'empereur Claude, sous qui les provençaux adopterent en tous points le culte des romains, comme ils en avoient déjà pris les mœurs.

§. VI.
DES LOIX ET DU GOUVERNEMENT.

ON voit, par tout ce que nous venons de dire, que les druides avoient la principale part dans le gouvernement; ils eurent l'adresse de mêler le systême religieux au systême politique, de maniere qu'ils concilierent l'utilité publique avec leur intérêt personnel. On en peut juger par les loix, suivant lesquelles ils se gouvernoient, & dont les principaux objets étoient l'honneur qu'on doit au souverain Etre, la distinction de la fonction des prêtres, l'obligation d'affifter à leurs inftructions & aux facrifices folemnels. Il étoit expreffément défendu de commercer avec les étrangers fans permiffion, de leur révéler les dogmes ou les loix. Les mêmes chofes fe pratiquoient en Egypte. Il étoit auffi défendu de difcuter les matieres de religion & de politique, excepté à ceux qui avoient l'adminiftration de l'une ou de l'autre, au nom de la république. Lorfqu'un fimple particulier apprenoit quelque chofe qui intéreffoit l'état, il n'en pouvoit parler qu'aux magiftrats eux-mêmes, & ceux-ci en faifoient part à l'affemblée, s'ils le jugeoient à propos, & s'ils ne croyoient pas que l'affaire fût capable de caufer quelque fermentation parmi le peuple; car il s'allarmoit aifément, & fouvent, fur des bruits publics, il fe portoit aux réfolutions les plus hardies.

Après avoir réglé ce qui avoit rapport à l'état & à la religion, les légiflateurs tournerent leurs vues fur des objets moins relevés, mais très-importans. Ils décernerent des peines contre l'oifiveté, le larcin, le meurtre & les violences; ils établirent des hôpitaux, ordonnerent, entre le mari & la femme, la communauté des biens, telle, à-peu-près, qu'elle eft encore établie dans les pays coutumiers, firent des réglemens touchant l'éducation des enfans qui étoient élevés en commun, hors de la préfence de leurs peres, & permirent aux femmes de juger des affaires des particuliers pour faits d'injures, fans qu'on pût appeller de leur jugement; quelquefois même on les confultoit fur les affaires de l'état; car on les croyoit plus fufceptibles que les hommes d'avoir commerce avec la divinité, d'en être infpirées, & de rendre des oracles. Cependant il ne faut pas conclure de-là qu'elles euffent une grande influence dans le gouvernement, ou dans l'intérieur du domeftique. Si le caractere de la nation leur accordoit ces petites prérogatives, dont l'amour-propre fe nourrit, la loi, plus févere, les renfermoit dans des bornes affez étroites. Leurs maris avoient puiffance de vie & de mort fur elles, auffi-bien que fur leurs enfans. Lorfqu'un noble mouroit, les parens s'affembloient, & fur le moindre foupçon que fa femme eût contribué à fa mort, on la mettoit à la queftion comme une efclave. Etoit-elle coupable, on la brûloit, après lui avoir fait fouffrir les plus cruels tourmens.

La loi n'avoit point négligé les devoirs qu'on devoit rendre aux morts; c'étoit honorer leur mémoire, que de conferver leur crâne, de le faire border d'or ou d'argent, & de s'en fervir pour boire. On alloit même jufqu'à faire brûler, avec leurs corps, tout ce qu'ils avoient de plus cher, efclaves, perfonnes de leur fuite, animaux; on croyoit qu'il en étoit de l'autre vie comme de celle-ci, qu'on avoit les mêmes affections & les mêmes befoins. De-là vient, felon Valere-Maxime, que les peuples voifins de Marfeille, prêtoient quelquefois de l'argent dans ce monde, pour en tirer le paiement dans l'autre; fuperftition groffiere, dont les fimples étoient les dupes, au profit des gens rufés. Afin que les droits du mort fuffent bien conftatés, on enterroit, avec fes cendres, dans le même tombeau, les comptes arrêtés & les obligations. C'étoit un nouveau fervice qu'on rendoit au débiteur. Les mêmes pratiques fe trouvoient en égypte.

Parmi ces loix il y en avoit de fort fages, qui feroient honneur aux plus grands légiflateurs, & on les obfervoit exactement. Il fe tenoit tous les ans des affemblées générales, où tous les cantons du même peuple envoyoient leurs députés. Non-feulement on y délibéroit & prononçoit fur les affaires d'importance qui concernoient la république & la religion; mais encore on y recherchoit les malverfations & tous les crimes qui étoient échappés aux tribunaux particuliers, ou qui étoient reftés impunis. Les juges, revêtus d'une robe magnifique, portoient un collier, des braffelets & des anneaux d'or, & paroiffoient avec cette magnificence majeftueufe, qui contribue tant à augmenter le refpect des peuples.

Les cantons dont je viens de parler, avoient à-peu-près la même étendue que nos diocefes. Ils avoient leurs officiers municipaux & leur

leur sénat, qui faisoient leur résidence ordinaire dans la ville capitale. Nous avons lieu de croire qu'ils remettoient la puissance militaire entre les mains d'un chef, qui se chargeoit de les défendre contre l'injustice & l'oppression. Ce n'est qu'à ce prix qu'il conservoit une autorité qu'on lui déféroit librement. Les historiens lui donnent souvent le nom de roi, parce qu'en tems de guerre il avoit toutes les apparences de la royauté.

<small>Des loix et du gouvernement.</small>

Outre l'ordre des prêtres, qui étoit le premier, il y avoit encore celui des nobles qui ne s'occupoient pour ainsi dire que de la chasse & de la guerre; & celui du peuple dont le sort fut toujours de ramper & de servir l'ambition des grands. Il étoit exclu des assemblées publiques, & n'avoit aucune sorte d'autorité; la plupart même accablés de dettes & d'impôts, ou opprimés par la violence, se mettoient au service de quelque personne considérable, qui avoit sur eux le même pouvoir que les maîtres sur les esclaves. Ce fait a quelque chose de surprenant. On conçoit bien comment la servitude s'introduisoit autrefois dans un pays conquis, où le vainqueur devenu maître, imposoit les loix qu'il lui plaisoit. Mais on ne conçoit pas comment il pouvoit y avoir une différence si grande entre les nobles & le peuple, chez une nation guerriere qui n'avoit jamais été subjuguée, & où, dès l'âge de quinze ans, chacun pouvoit faire valoir ses raisons à la pointe de l'épée. Ceci seroit une énigme pour nous, si nous ne savions pas que dans tous les tems, l'oisiveté ou des malheurs imprévus ont forcé les uns à acheter des autres leur subsistance au prix de la liberté.

La morale des gaulois étoit renfermée en trois points. Honorer les dieux, ne faire aucun mal, s'exercer à acquérir la bravoure & toutes les vertus d'un homme de cœur. Quant aux mœurs, il n'est pas difficile d'en donner une idée, d'après ce que nous en disent les historiens, & d'après le tableau que nous venons de faire des loix, de la religion & du gouvernement. Les gaulois, du tems

<small>§. VII. Des Mœurs.</small>

de César, joignoient à un talent décidé pour les fciences & les arts, l'amour de la gloire, des diftinctions, du fafte & des honneurs; finceres, généreux & bienfaifans, ils exerçoient l'hofpitalité avec un zele qui mériteroit d'avoir des imitateurs. Leur bravoure les rendit la terreur de toutes les nations. Ils en auroient été conftamment les vainqueurs, s'ils avoient fu l'allier avec les détours de la politique. Terribles dans le premier choc, mais moins redoutables quand ils avoient jetté leur premier feu, on les rallioit difficilement, quand ils étoient une fois en déroute. Le mépris pour les lâches, l'attachement à la religion, la déférence pour le fexe, étoient chez eux le fruit de l'éducation. César ajoute qu'ils étoient amateurs de la nouveauté, légers, inconftans, indifcrets, & toujours prêts à changer de fentiment; avides de nouvelles, arrêtant dans les places publiques les marchands & les voyageurs, pour en apprendre, délibérant légérement fur les affaires de la plus grande importance, fe décidant de même, & fe repentant un inftant après du parti qu'ils avoient pris. A ces traits il eft aifé de reconnoître leurs defcendans: le fond du génie national eft ineffaçable; il peut être altéré, perdre de fa force & de fon énergie par certaines caufes, mais il eft toujours le même à peu de chofe près, lorfqu'il n'eft pas contrarié par le gouvernement.

Quoique fupérieurs à nos ancêtres, à bien des égards, nous avons pourtant plus de vices qu'eux, ou pour mieux dire, nous en avons qui leur étoient inconnus; parce que les fciences, les arts, le commerce, & cette circulation d'hommes qui voyagent les uns chez les autres, ont dû nous donner d'autres befoins & d'autres vues: mais on ne change point de caracteres pour changer de principes & de defirs; c'eft un arbre qu'on a beau plier & cultiver de différentes manieres, il porte toujours des fruits de la même qualité.

Ces mœurs, telles que je viens de les peindre, n'eurent pas les mêmes nuances, & ne furent pas exactement les mêmes dans toutes les provinces des Gaules, ni dans tous les tems. Le climat & même la situation des lieux y mettent beaucoup de différence. Les anciens provençaux qui habitoient les côtes, lorsque les phocéens y aborderent, étoient grossiers & barbares. C'est le défaut de presque tous les peuples qui, vivant sur les bords de la mer, ne connoissent point d'autre profession que la pêche & la pyraterie. Tels sont encore les habitans de Salé, de Tunis & d'Alger dans un siecle où les arts & les sciences ont policé presque toutes les nations.

Les peuples, du côté des Alpes, avoient à-peu-près les mêmes défauts. L'habitude de vivre de la chasse, & d'être dans une espece de guerre continuelle avec les animaux les plus féroces, les rendoit sauvages ; d'ailleurs les habitans des montagnes sont ordinairement plus inquiets, plus vifs, plus rusés que ceux de la plaine ; Annibal & les romains en firent une triste expérience.

Leurs usages répondoient à leurs mœurs ; ces peuples qui étoient d'abord presque nuds, prirent ensuite une tunique peinte de différentes couleurs ; & enfin, ils y ajouterent un hoqueton à manches qui leur descendoit jusqu'aux cuisses. Ils avoient outre cela une espece de grand haut-de-chausse, qu'on appelloit *bracas*, d'où leur vint le nom de *Galli-Bracati*. Leurs cabanes grossiérement construites, & couvertes de terre grasse & de roseaux, étoient éparses dans les campagnes ; ils couchoient sur des feuilles, ou sur des peaux de chiens & de loups, mangeoient beaucoup d'ail, beaucoup de viande, & peu de pain ; mais une viande à demi-cuite & sans apprêt. Le plus brave se servoit le premier. Cette prérogative, une des plus grandes qu'il pût y avoir parmi des hommes de cette espece, parce qu'elle supposoit une supériorité de courage que chacun avoit de la peine à reconnoître dans son rival, occasionnoit souvent des disputes ; alors il en coûtoit la vie à quelqu'un des convives. Si le rang du plus brave étoit adjugé sans contestation, la joie & la liberté de la table produisoient quelquefois les mêmes effets que la rivalité; la converfation s'échauffoit, & il n'étoit pas rare de voir du fang répandu. Car telle étoit l'humeur de ce peuple; il paffoit de la danfe au combat avec une facilité furprenante.

Ces défauts tiennent beaucoup au local, & changent dans des circonftances plus heureufes. Le même endroit qui étoit un repaire de pyrates, devint dans la fuite des tems, quand les phocéens s'y furent établis, l'école des fciences, des beaux arts & de la politeffe : mais, je le répéte, on ne change point de génie, pour changer de fyftême, de manieres & d'ufages; le peuple aura d'autres vices & d'autres vertus, mais ces vertus & ces vices porteront l'empreinte de fon caractere; la nature ne perd jamais fes droits; j'en appelle à l'expérience de tous les fiecles.

§. VIII.
Du Langage.

CE feroit ici le lieu de donner une idée du langage, fi, fur cette matiere, nous avions autre chofe que des conjectures : pour parler d'une langue, & juger de fon caractere, il faut avoir des ouvrages entiers, tant en profe qu'en vers, dont l'intelligence nous ait été confervée par une tradition non interrompue; autrement tout ce qu'on peut dire n'eft fondé que fur des analogies & des étymologies forcées, qui fuppofent que les mots dont on les tire, font encore les mêmes que du tems des celtes, & que nous en favons la véritable fignification; erreur qui a produit bien des efforts inutiles.

Si nous connoiffions toutes les langues anciennes, nous jugerions par la différence ou par la conformité de celles qui étoient en ufage chez plufieurs peuples, s'ils avoient une origine commune; il eft hors de doute qu'on parloit la même au fond, dans toute l'étendue de la Gaule celtique : mais comme il eft prefque impoffible qu'une langue généralement répandue dans un vafte pays, n'effuie des altérations, celle-ci étoit divifée en plufieurs dialectes particuliers, dont chacun avoit fes mots propres &

différens, du moins dans les inflexions. C'eſt dans ce ſens qu'il faut prendre ce que dit Céſar, de la différence du langage qu'il y avoit parmi les gaulois; c'eſt du moins la penſée de Strabon.

Du Langage.

Lorſque les provençaux, plus éclairés ſur leurs propres intérêts, eurent commencé de fréquenter Marſeille, & ſur-tout quand ils eurent pris du goût pour les ſciences & les arts, alors la langue grecque devint générale parmi eux. C'étoit celle que les honnêtes gens parloient; mais l'orgueil des romains leur impoſa bientôt la néceſſité d'apprendre le latin. La langue latine, appuyée de toute la puiſſance des vainqueurs, fit des progrès rapides en peu de tems, ſans pouvoir cependant détruire l'autre : elles ſubſiſterent donc toutes les deux avec la celtique qu'on avoit reléguée parmi le peuple, juſqu'à ce que s'étant enfin mêlées enſemble, elles s'altérerent de nouveau par l'arrivée des barbares qui inonderent le pays. On prit d'eux, plutôt par habitude que par beſoin, des mots & des façons de parler particulieres. Mais quand des tems plus heureux ſuccéderent à ces ſiecles groſſiers, on vit ſortir des débris de tant de langues, un idiôme où l'on reconnoît le génie de la langue latine à travers beaucoup de mots barbares, & quantité de phraſes & d'expreſſions grecques; c'eſt celui qu'on parle encore aujourd'hui. Il joint à la force & à l'énergie, la richeſſe & la naïveté. Il eſt ſur-tout rempli de tours vifs & d'expreſſions figurées, qui ſont une ſuite néceſſaire de l'imagination des habitans. La France en fit durant quelque tems ſes délices.

Je parlerai ailleurs de l'avantage qu'il a eu de donner naiſſance à la poéſie. Je remarquerai ici qu'il s'altere tous les jours par les conſtructions & les inflexions françoiſes auxquelles on l'aſſujettit. Son ton naïf, ſon caractere de force & d'énergie ne ſe trouvent plus que dans les lieux éloignés des grandes villes, où le peuple conſerve encore ſon ancien langage & ſes anciennes mœurs; car ces deux choſes ne s'alterent jamais l'une ſans l'autre. Mais il aura le ſort de tous les idiômes anciennement uſités dans les autres provinces, & dont la langue françoise a effacé jusqu'aux moindres traces. Les livres & les actes publics sont les dépositaires des langues; si la langue vulgaire en est bannie, elle touche à sa décadence, & n'a plus de vigueur que dans les campagnes où le commerce, les colleges voisins, les voyages, la fréquentation des grandes villes, les chansons mêmes, & le passage ou le séjour des troupes achevent de la détruire.

Voilà ce que nous avions à dire sur l'ancien état de la Provence, avant la conquête des romains. Ce tableau nous a paru nécessaire, pour rendre le lecteur plus attentif à toutes les variations dont nous parlerons dans cette histoire. Nous tâcherons d'en assigner les causes, mais nous n'osons nous flatter d'y réussir toujours. Les historiens grecs & latins, qui parlent de la Provence, ne l'ayant connue, comme nous l'avons dit ailleurs, qu'après la conquête, nous la représentent telle qu'elle étoit alors, sans se donner la peine de remonter à des tems plus reculés; c'est une erreur qu'il est plus aisé de sentir que de corriger, sur-tout dans ce qui regarde l'histoire ancienne de Marseille (1), par laquelle nous allons commencer.

---

(1) Il en est des noms de villes comme des noms d'hommes; ils doivent presque tous leur origine à quelque défaut, qualité, ou circonstance qui nous sont inconnus, & deviennent la proie de toutes les subtilités des étymologistes. S'il m'étoit permis de faire une conjecture sur le mot de Marseille ou Μασσαλία, comme l'appellent les Grecs, je dirois qu'il est composé de deux mots, dont l'un vient du grec Μασσων, qui signifie *prendre, toucher, être près*; & l'autre, qui est Σαλιαι, est le nom des Salyes, dont le roi se tenoit près de l'endroit où est la ville d'Aix. Ainsi Marseille, suivant cette étymologie, signifie, qui est voisin des Salyes, qui touche aux Salyes.

❋

LIVRE PREMIER.

§. I. FONDATION DE MARSEILLE.

LA fondation de Marseille est un des événemens les plus mémorables de notre histoire. Cependant nous n'avons que très-peu de détails sur les premiers siecles de cette ville, & ils roulent presque tous sur les arts & les mœurs. Comme on n'écrit l'histoire d'un peuple que fort tard, & lorsqu'il est devenu assez puissant pour intéresser par l'éclat de ses actions, ses commencemens restent cachés dans la nuit des tems, jusqu'à ce qu'un auteur enthousiaste ou crédule les en retire, pour les rendre dignes des événemens postérieurs, par un merveilleux que l'ignorance accrédite. Les historiens qui parlent de Marseille, n'étant venus que cinq à six cens ans après sa fondation, ont recueilli, avec beaucoup de faits qu'on ne peut révoquer en doute, quelques traditions populaires qu'il faut mettre à l'écart, ou du moins ne doit-on conserver que les plus vraisemblables, celles qui font connoître les mœurs & les usages des premiers tems.

Les phocéens, qui fonderent Marseille, descendoient des anciens habitans de l'Attique ou de l'Ionie proprement dite, qui passerent dans l'Asie mineure, où ils bâtirent plusieurs villes. Phocée fut une des plus célebres : sa situation sur les bords de la Méditerranée, le peu d'étendue & de fertilité de son territoire, ayant forcé les habitans à se livrer à la navigation, ils s'enrichirent par le commerce, sans négliger la pêche & la pyraterie, qui n'avoient rien de déshonorant dans ce tems-là.

Plus de six cens ans avant l'ere vulgaire, ils fréquentoient les côtes d'Italie, où les vaisseaux de Tyr & de Carthage abordoient aussi. Dès ce tems-là même, les villes maritimes, qui ne subsistoient que par le commerce, établissoient des comptoirs dans les pays

Herod. l. 1.

lointains, où leurs navigateurs relâchoient. Les phocéens en avoient en Italie; ils voulurent en avoir sur les côtes méridionales de la Gaule. La nature du climat, & la barbarie des gaulois, leur rendoient cet établissement nécessaire. Les vaisseaux, battus par les vents qui regnent dans ces mers, y auroient souvent péri faute de secours, & même ils y auroient fait des courses inutiles, parce que les habitans de cette contrée, alors sauvage, ne savoient ni cultiver la terre, ni tirer parti des richesses qu'elle renfermoit dans son sein.

Just. l. 43. Après avoir consulté les dieux sur leur expédition, Simos & Protis, chargés de la conduire, s'embarquent avec les personnes de l'un & de l'autre sexe, qui veulent partager leur sort, & portent avec eux les instrumens des arts méchaniques alors connus, ceux de l'agriculture, & les loix suivant lesquelles la colonie devoit se gou-

Strab. l. 4. verner. Ils abordent à Ephese, où l'oracle leur avoit enjoint de relâcher, pour se mettre sous la conduite de la personne que Diane leur nommeroit. A peine ils sont arrivés, que la déesse apparoît en songe à une des femmes les plus respectables de la ville, nommée Aristarque (1), & lui ordonne de prendre une de ses statues & de suivre ces étrangers. Outre la statue, Aristarque prend en-

Spanh. de præst. core dans le temple une portion du feu sacré, pour le perpétuer
num. t. 1. p. 580. dans le nouveau temple qu'on devoit bâtir à Marseille en l'hon-

---

(1) Les mœurs antiques, si différentes des nôtres, donnent un air de merveilleux à ces circonstances du départ des phocéens; & si elles n'étoient rapportées que par les historiens, nous en mettrions peut-être quelques-unes au rang des fables. Mais elles sont consignées par les monumens les plus authentiques, qui déposent en faveur de la vénération que les marseillois conserverent toujours pour Aristarque, citoyenne d'Ephese, & premiere prêtresse de Diane à Marseille. Son existence & son rang paroissent encore prouvés par l'usage où l'on fut d'avoir toujours une éphé-sienne pour prêtresse de Diane, usage attesté par une inscription rapportée dans
Spon. Miscel. p. Spon. Le culte de Diane est aussi attesté par les médailles de Marseille, sur lesquels
349. on faisoit souvent graver sa tête. Suivant les loix des colonies, le temple que les
Spanh. ibid. p. marseillois éleverent à cette déesse, devoit être de la même forme que celui qu'elle
574. avoit à Ephese.

neuf

neur de la déesse ; car le feu sacré étoit une cérémonie essentielle de la religion païenne.

FONDATION DE MARSEILLE.
Av. J. C. 599 ans.

Ce fut sous les auspices de cette déesse, que les phocéens entrerent dans le golfe, où ils bâtirent ensuite Marseille. Leur premier soin en arrivant fut de gagner les bonnes graces du prince qui regnoit dans cette contrée. Protis fut chargé de le voir & de faire alliance avec lui. Il arrive à la cour avec quelques personnes de sa suite, le jour que le prince devoit marier sa fille Gyptis. C'étoit l'usage (1) que les parens assemblassent pour cette cérémonie, les jeunes gens d'une condition égale à la leur, & qu'ils acceptassent pour gendre celui à qui leur fille présentoit une coupe remplie d'eau. Tous les seigneurs du pays s'étoient rendus à la cour, où ils attendoient que la princesse déclarât son choix, quand Protis arriva. Sa bonne mine, son habillement, ses manieres, lui attirerent tous les regards : Gyptis elle-même en fut frappée, & sans faire attention aux inconvéniens qu'il pouvoit y avoir à se décider pour un étranger, elle lui présente la coupe. Son pere ravi du choix en témoigne son contentement, par l'abandon qu'il fait

Justin, ibid.
Athénée, l. 13.

---

(1) L'anecdote de ce mariage, rapportée par Justin & par Athénée, qui l'avoit prise dans Aristote, nous fait connoître un usage des anciens gaulois, & n'a rien qui pêche contre la vraisemblance, quelqu'extraordinaire qu'elle paroisse d'abord. Il est assez naturel que le roi d'un peuple sauvage ne dédaigne pas d'avoir pour gendre le chef d'une colonie ; & dans le cas dont il s'agit, s'il y avoit quelque différence, elle étoit toute à l'avantage des phocéens.

Les historiens modernes, d'après Justin, appellent ce prince, roi des *Ségobrigiens*. Comme on ne connoît aucun peuple de ce nom, ils sont fort embarrassés pour fixer la position de ses états. L'un la met à Riez, un autre à Aix, un troisiéme à Arles, sans avoir d'autre titre que l'amour de la patrie. Je crois qu'il y a une faute dans Justin, le seul auteur de l'antiquité qui parle des *Ségobrigiens*. Scylax, qui vivoit sous le regne de Philippe, pere d'Alexandre, & qui nous a laissé une description des bords de la Méditerranée, distingue trois sortes de Liguriens ; les *Ibéroligiens*, depuis les Pyrénées jusqu'au Rhône ; les *Celtoligiens*, depuis le Rhône jusqu'aux Alpes ; & les *Ligiens* ou *Liguriens* proprement dits, depuis les Alpes jusqu'à l'Arno. Je crois qu'au lieu de *Ségobrigiens*, il faut lire *Celtoligiens*, dont le roi se tenoit vraisemblablement dans quelque lieu situé entre Aix & Marseille.

Tome I.   Rrr

aux phocéens d'un terrain, où ils s'établissent la premiere année de la quarante-cinquiéme olympiade, c'est-à-dire, 599 ans avant J. C.

Les gaulois, suivant Justin, n'habitoient encore que des chaumieres éparses & isolées. Mais les phocéens, plus versés dans la connoissance des besoins qu'ont les hommes réunis en société, entourent leur ville de murailles, bâtissent une citadelle pour contenir les peuples voisins, établissent la base de leur gouvernement sur les loix qu'ils avoient apportées, & décernent à Diane d'Ephese, qui devint la divinité tutélaire de Marseille, un culte particulier dans un temple qu'ils lui élevent, & dont Aristarque fut la premiere prêtresse. Tournant ensuite leur attention vers l'agriculture, qui est avec la pêche, l'unique ressource qu'ils aient pour subsister, ils cultivent la vigne & l'olivier. Ce sont les seules productions étrangeres dont parle Justin, parce qu'elles furent vraisemblablement les premieres qu'ils transplanterent dans les Gaules. Mais pourquoi ne reconnoîtrions-nous pas avoir reçu de cette premiere peuplade de phocéens, ou de celle qui vint peu de tems après, le figuier, l'amandier, le prunier, qui ont tant d'analogie avec le climat de Provence, & qui pouvoient fournir aux phocéens une nourriture saine, en même-tems qu'ils leur ouvroient une branche de commerce ? Nous pouvons encore leur attribuer beaucoup de graines & d'herbes potageres, auparavant inconnues dans les Gaules. Le besoin & l'habitude que les phocéens avoient de se nourrir de ces légumes, dans la Grece, leur en rendoient l'usage indispensable dans leur nouvel établissement ; aussi les auteurs nous apprennent-ils que les colonies grecques, qui alloient s'établir dans des pays barbares ou abandonnés, portoient non-seulement avec elles des provisions pour le voyage ; mais encore tout ce qui pouvoit leur procurer dans leurs nouvelles habitations, les agrémens & les avantages qu'ils avoient dans leur patrie (1).

---

(1) Le climat & le sol de Marseille ressemblent, à certains égards, au sol & au climat de la Grece. Ainsi tout invitoit la nouvelle colonie, dépourvue des choses

Ce fut au milieu de ces occupations, & peu d'années après son établissement, que la colonie fut attaquée par les peuples voisins. Leur roi Nanus étoit mort, & son fils, Coman, moins favorable aux marseillois, prend la résolution de les chasser, sur les conseils d'un ligurien, qui lui représente que ces étrangers, après s'être établis sur les côtes à titre de suppliants, pourroient bien finir par s'en rendre entièrement les maîtres. Il appuie ses raisons de l'apologue de la chienne, qui ayant demandé un petit coin dans la cabane d'un berger pour y mettre bas ses petits, en chassa le propriétaire, quand ils furent assez forts pour se défendre. Le roi choisit pour l'exécution de son projet, le jour où l'on devoit célébrer la fête de Flore. Il y envoie quelques jeunes gens d'élite, comme s'ils étoient uniquement attirés par la pompe de la cérémonie, en fait entrer d'autres cachés sur des chariots couverts de broussailles, & va lui-même se mettre en embuscade dans les bois voisins, après avoir donné ordre à ces jeunes gens d'ouvrir les portes de la ville pendant la nuit ; son dessein étoit de s'y introduire avec le reste des troupes, & de massacrer les habitans lorsqu'ils seroient plongés dans le vin & le sommeil. Mais l'amour divulgua le secret de la conspiration, & sauva Marseille. Une femme, proche parente du roi, aimoit un jeune marseillois d'une beauté peu commune ; ayant eu occasion de le voir, elle ne put supporter l'idée qu'il seroit bientôt égorgé comme les autres. Dans l'excès de son trouble, elle lui révele le complot, & le conjure de ne pas s'exposer au danger. Le jeune homme effrayé, vole chez les magistrats, & leur dit ce qu'il vient d'apprendre. Aussi-tôt on s'em-

Marginalia: FONDATION DE MARSEILLE. Tit. Liv. l. 5. ch. 34. Dissert. de Carri, sur la fond. de Marseille, p. 33.

---

nécessaires à la vie, à y reproduire ce qui faisoit la richesse & l'ornement des campagnes riantes de l'Asie mineure. Mais nous croyons que l'oranger, le grenadier & les autres arbres de cette espece, plus propres à satisfaire des goûts de fantaisie, qu'à procurer une utilité réelle, ne furent transplantés en Provence, qu'à mesure que le commerce & le luxe s'étendirent. La ville de Nice, colonie marseilloise, fut la premiere sans doute qui cultiva l'oranger ; car à Marseille le climat & la nature du terrein s'opposent à la culture de cet arbre.

pare de toutes les avenues, les gaulois qui étoient dans la ville sont arrêtés, & l'on prend de si justes mesures, que le roi lui-même est attaqué au moment qu'il s'y attend le moins, & perd la vie dans le combat avec sept mille hommes des siens. Depuis cet événement, dit Justin, les marseillois fermerent les portes de la ville les jours de fêtes, mirent des sentinelles sur les remparts, veillerent avec attention sur les étrangers, & prirent en tems de paix les mêmes précautions qu'en tems de guerre.

Tite-Live fait mention de cet événement, sans entrer dans les mêmes détails que Justin. Il ajoute seulement que la ville de Marseille dût son salut au secours du fameux Bellovese, qui passoit par la Provence, lorsqu'à la tête d'une armée formidable de gaulois, il alloit fondre sur l'Italie, & menaçoit de détruire l'empire romain dans sa naissance.

Cette armée de Bellovese étoit composée de près de deux cens mille hommes. Il s'en détacha un grand nombre qui s'établirent dans cette partie de la côte, qui est entre Marseille & Fréjus. Ces gaulois & les phocéens furent peut-être les premiers qui se mêlerent aux provençaux. Ils leur donnerent des aïeux, les uns dans l'extrêmité des Gaules, & les autres dans l'Asie mineure, en attendant que les visigots, les francs & les bourguignons vinssent les attacher par les liens du sang aux peuples du nord, & les sarrazins aux arabes (1).

_____

(1) Le roi Ambigat, qui faisoit sa demeure dans ce que nous appellons le Berri, mais dont la domination s'étendoit sur plusieurs autres provinces, envoya ses deux neveux, Bellovese & Sigovese, chercher des établissemens dans les pays étrangers, avec tous ceux de ses sujets qui voudroient les suivre. Il s'en trouva, dit-on, trois cens mille, en y comprenant sans doute les femmes & les enfans. Bellovese prit la route de l'Italie, en passant par la Provence; & Sigovese, celle de la forêt Hercynie, au-delà du Rhin.

Ces migrations sont moins la preuve de la population des Gaules, que de la stérilité du pays. La population tient plus à la société qu'à la nature; & si les hommes se multiplient, c'est lorsque le commerce, les arts & l'agriculture les mettent

La ville de Marseille subsistoit depuis environ cinquante-sept ans, lorsque Phocée tomba sous le joug des perses. La plupart des habitans s'embarquerent avec leurs effets, leurs femmes & leurs enfans, pour se soustraire à la tyrannie d'Harpagus, lieutenant de Cyrus. Ce sont eux qui jetterent dans la mer une barre de fer ardente, & qui s'engagerent, par serment à ne revenir dans leur patrie, que quand cette barre surnageroit. Quelques-uns de leurs

§. II.
Mœurs et loix de Marseille.
Athen. l. 10. c. 9.
Strab. l. 4.
Valer. Max. l. 2.
Et alii.

en état de se défendre & de se secourir mutuellement. Or, il est certain que ces causes de population n'existoient pas encore dans les Gaules, six cens ans avant Jesus-Christ. Les habitans dans ces tems reculés, passoient six mois de l'année dans une profonde oisiveté, consumant le peu de provisions qu'ils avoient recueillies sur la fin de l'été, & qui consistoient en bled & en légumes; & encore ces derniers n'étoient-ils pas aussi multipliés qu'ils le sont aujourd'hui; car nous en connoissons un grand nombre de variétés, qui n'existoient pas dans les Gaules six cens ans avant Jesus-Christ. Ainsi retranchons des productions de la terre alors connues, tous les arbres étrangers dont nous avons donné une notice, le vin, & les trois quarts des légumes; retranchons encore les productions que le commerce de l'étranger nous procure, & nous verrons que les gaulois, du tems de Bellovese, étoient à-peu-près dans le même état où sont aujourd'hui quelques peuples de l'Amérique. Il arrivoit donc souvent que la population étoit trop grande, relativement au produit de la terre, & alors une partie des habitans abandonnoit le pays pour aller chercher sa subsistance dans un autre. Ces peuplades alloient toujours en avant jusqu'à ce qu'elles trouvassent des contrées meilleures que les leurs, & dont il leur fût permis de s'emparer. La réputation qu'avoit l'Italie d'être fertile & située dans un climat fort doux, fut une des principales causes qui y attirerent plusieurs fois les gaulois. Je suis persuadé que les auteurs romains ont beaucoup exagéré, quand ils ont parlé des armées gauloises, que Domitius-Ænobarbus, Marius, César, &c. eurent à combattre en-deçà des Alpes. Les Gaules étoient encore couvertes de bois quand ils en entreprirent la conquête, cent cinquante-trois ans avant Jesus-Christ. Ils n'y trouverent aucun monument de la prétendue grandeur des habitans, & n'employerent pas cent mille hommes à faire toute la conquête, quoiqu'ils fussent inférieurs aux gaulois par la vigueur & l'agilité du corps, qui faisoient alors la principale force des armées; & quoique la supériorité qu'ils avoient du côté des armes & de la discipline, n'équivalût point, à ce qu'on nous dit, du nombre des armées gauloises, qui du côté du courage le disputoient aux romains. Concluons encore de ces observations que, vu l'état où étoient les Gaules, six cens ans avant Jesus-Christ, il y a tout lieu de croire qu'elles n'étoient pas peuplées depuis un grand nombre de siecles.

vaisseaux aborderent en Corse, d'autres en Italie ; il y en eut plusieurs qui vinrent relâcher sur les côtes de Provence, où ils trouverent les marseillois occupés à se maintenir au milieu des barbares, & à établir dans leur république naissante, cet ordre & cette police qui l'éléverent à l'état florissant où nous la verrons dans la suite. Le gouvernement aristocratique sous lequel ils vivoient dans l'Asie mineure, est celui qu'ils choisirent par préférence, comme étant le plus conforme à leur génie & à leurs intérêts. Ils mirent l'autorité entre les mains de quelques citoyens vertueux, dont un petit nombre suffisoit alors pour gouverner une colonie naissante.

Il y avoit à Marseille six cens sénateurs, dont chacun devoit être fils & petit-fils des marseillois, & avoir des enfans. On en choisissoit quinze pour rendre la justice, dont trois présidoient aux assemblées. Ces quinze magistrats formoient le sénat, à proprement parler, si, par ce mot, on entend l'assemblée ordinaire des juges ; & les six cens formoient le conseil public, en qui résidoit l'autorité souveraine. Il étoit maître de conclure la paix ou la guerre ; de nommer des députés & des ambassadeurs, de ratifier les traités & les alliances, & d'examiner tout ce qui avoit rapport à la religion & à l'état, laissant aux quinze sénateurs tirés de son corps, l'exercice de la police, & le soin de juger des affaires des particuliers. Mais ce ne fut qu'environ trois siecles après sa fondation, que Marseille eut ce grand nombre de magistrats. Une assemblée aussi auguste annonce une ville très-considérable, & déja ancienne. Si les historiens avoient fait cette réflexion, ils n'auroient pas continuellement rapporté à son origine des établissemens, qui sont le fruit d'une longue expérience & d'un grand commerce. En lisant leurs ouvrages, on seroit tenté de croire que la ville fût apportée toute formée de la Grece.

Strab. ibid. Les loix étoient gravées sur des tables, & affichées dans les places publiques. Jamais on ne les viola impunément, de quelqu'état & de quelque condition qu'on fût. Les magistrats, chargés de les faire exécuter, étoient les premiers à les obferver, & leur exemple les affermiffoit encore plus que la crainte des châtimens. Les peines étoient plus féveres contre les juges que contre les fimples particuliers. Lucien rapporte à ce fujet, une anecdote qui peint affez bien les mœurs des anciens marfeillois, quand même elle feroit imaginée. Un de ces magiftrats, nommé Ménécrate, ayant eu la foibleffe de fe laiffer corrompre par des préfens, fut condamné à perdre fa charge & fes biens. Il lui reftoit une fille qu'il aimoit beaucoup, mais qui n'avoit aucun de ces agrémens, foit de l'efprit, foit de la figure, qui réparent quelquefois avantageufement les caprices de la fortune. Dans cet état accablant, Zénothême, ami de Ménécrate, vient le voir, & l'emmene dans fa maifon avec fa fille. Il lui donne un repas où fe trouvoient plufieurs convives; & lorfque le moment des libations fut arrivé, Zénothême prend une coupe remplie de vin, & la préfente à Ménécrate, en lui difant : reçois, ô mon pere, cette coupe de la main de ton gendre : ces convives me font témoins que je prends ta fille pour mon époufe, & que je partage mes biens avec toi. Lucien ajoute qu'il vint de ce mariage un enfant d'une beauté furprenante. Un jour il fe préfenta en habit de deuil devant les fénateurs affemblés. Sa figure intéreffante, fon air trifte & fuppliant les attendrit, & ils le rétablirent dans les biens & la charge de Ménécrate; circonftance intéreffante, quand même elle feroit controuvée, puifqu'elle nous montre dans le fils, la récompenfe due aux vertus du pere.

Les mœurs fe conferverent, à Marfeille, dans leur premiere fimplicité, durant plufieurs fiecles, parce qu'on eut foin d'éloigner & les arts qui les énervent, & les gens oififs qui les corrompent. La comédie (1) n'y avoit point de théâtre, ou bien elle y étoit

___

(1) Il n'eft pas certain qu'à Marfeille il n'y eût anciennement point de théâtre; & le paffage de Valere-Maxime, qui femble le prouver, n'eft peut-être pas décifif. *Eadem civitas*, dit cet auteur, *feveritatis cuftos acerrima eft. Nullum aditum in fcenam*

chaste ; l'économie & la vertu des anciens marseillois les rendoient ennemis de tout ce qui pouvoit introduire le luxe ou allarmer la pudeur. Leur frugalité fut long-tems célebre: Les femmes y ajoutoient une modestie rare. Sobres dans leur repas, décentes dans toute leur conduite, elles ne connoissoient ni le vin, ni les ajustremens frivoles. La loi, pour couper racine aux abus que la vanité enfante, avoit fixé la dépense qu'il étoit permis de faire en habits & en bijoux ; & cette dépense étoit modique. On avoit aussi fixé la dot des filles ; la plus forte n'excédoit pas cent pieces d'or. L'article des funérailles n'avoit point échappé à la sagesse

mimis dando, quorum argumenta majore ex parte stuprorum continent actus, ne talia spectandi consuetudo, etiam imitandi licentiam sumat. Le mot *mime*, dont il se sert, & toute la phrase, pourroient faire croire qu'on n'exclut du théâtre que cette sorte de comédiens, dont les gestes & les discours ne peuvent être goûtés que d'une populace corrompue. Un auteur moderne, mais très-versé dans l'antiquité, prétend qu'à Marseille le spectacle n'étoit interdit qu'à la jeunesse. Quelle apparence en effet, qu'une ville qui cultivoit les lettres avec tant de succès & de goût, ne fit jamais représenter les belles tragédies de Sophocles & d'Euripide ? Strabon ne dit pas un mot de cette louable sévérité ; cependant elle étoit pour le moins aussi remarquable dans le tems où il vivoit, que tout ce qu'il nous dit de la sobriété des dames marseilloises.

D'un autre côté, comment concilier les dépenses qu'entraînoit chez les grecs le spectacle des jeux scéniques, avec l'idée que les historiens nous donnent de la parsimonie des marseillois? De leur circonspection sur tout ce qui pouvoit introduire le luxe, ou donner la moindre atteinte à la pureté des mœurs. On ne voit d'ailleurs aucuns vestiges de théâtre, & il ne paroît pas qu'il en ait jamais existé. Cette derniere raison paroît frappante, mais elle s'évanouit quand on considere qu'il ne reste aucun édifice ancien dans les villes qui se sont considérablement agrandies ; parce que le terrein & les matériaux étant devenus précieux, on ne se fit point une peine de détruire les théâtres, les amphithéâtres, & les temples mêmes, dans les tems d'ignorance, où l'on n'en connoissoit point le prix, & où l'on ne consultoit que le besoin de se loger commodément, & avec le moins de frais possibles. Ces sortes d'édifices, au contraire, ne sont point rares dans les villes, qui sont aujourd'hui moins peuplées qu'anciennement ; comme Rome, en Italie; Arles & Orange, en Provence; & tant d'autres, que nous pourrions citer. On peut se figurer avec quelle fureur on devoit démolir les monumens à Marseille, où le commerce attiroit des gens de toutes les nations. Si l'on avoit dû respecter quelque

des

des législateurs; ils en avoient banni les pleurs & les lamentations qui les accompagnent.

<small>MŒURS ET LOIX DE MARSEILLE.</small>

Ils avoient ordonné que la cérémonie se terminât le jour même, par un sacrifice domestique, entre les parens & les amis. C'étoit l'usage à Marseille, comme dans la plupart des villes de l'Asie, de se donner la mort, quand on étoit las de vivre. Mais un homme capable de prendre cette résolution insensée, n'étoit pas le maître de l'exécuter sans le consentement de la république, puisque tous les citoyens lui appartenoient. Il exposoit aux magistrats les raisons qu'il avoit de ne pas vivre plus long-tems; & si elles étoient approuvées, on lui donnoit du suc de ciguë, que l'on gardoit tout préparé dans l'endroit où se tenoient les assemblées publiques. Cette loi fut peut-être établie pour rendre le suicide moins commun; car le systême de la métempsycose, adopté à Marseille, devoit faire regarder la mort comme un remede en certains cas. Ainsi les magistrats sauvoient la vie à bien des malheureux, en exigeant qu'on leur rendît compte des raisons qu'on avoit de l'abréger. Quant aux criminels, on leur tranchoit la tête, & l'on tenoit, pour cet effet, une épée suspendue au lieu du supplice. Il y avoit à la porte de la ville, deux bieres pour transporter les morts au lieu de leur sépulture. L'une étoit pour les esclaves, & l'autre pour les personnes libres, comme s'il falloit encore observer les distinc-

---

chose, c'eût été sans doute l'arcenal, qui a été constamment nécessaire dans cette ville; cependant il n'en reste aucunes traces. Or, si un monument d'une utilité si reconnue, n'a pû échapper à l'injure des tems, & à la grossiereté des habitans qui cherchoient à se loger, comment auroient-ils épargné les théâtres & les temples que la religion & l'empire proscrivoient, comme des restes impurs de l'idolâtrie? Ainsi, de ce qu'on n'en trouve aucuns vestiges, on n'en peut pas conclure qu'il n'y en eût point anciennement; ajoutons à cela que Salvien, qui vivoit à Marseille vers le milieu du Ve siecle, déclamoit beaucoup contre les spectacles, ce qui semble prouver qu'ils s'étoient du moins introduits dans cette ville sous le regne des empereurs. Quoi qu'il en soit de cette question, il est certain que les anciens marseillois étoient fort délicats sur cette matiere.

<small>L. 16. t. 10. cod. Theod. v. not. God. ibid.</small>

Tome I.   Sss

tions de la vanité dans une cérémonie où la mort confond tous les rangs, & anéantit l'orgueil de l'homme.

Un affranchi qui manquoit à son ancien maître, étoit remis en servitude jusqu'à trois fois; à la quatrieme il étoit absous; on croyoit alors qu'il y avoit de la faute de l'offensé.

Les Marseillois exerçoient l'hospitalité par principe de religion & d'humanité (1). La pratique de cette vertu devoit être essen-

---

Parth. Erot. c. 8.

(1) Cet amour des gaulois pour l'hospitalité, me rappelle un fait que Parthenius rapporte, & qui est remarquable par ses circonstances.

Lorsque les gaulois ravageoient l'Ionie, ils entrerent dans un temple voisin de Milet, au moment qu'on faisoit un sacrifice. Les femmes les plus notables de Milet s'y étoient rendues, & tomberent entre les mains de ces gaulois, qui reçurent la rançon de la plupart d'entre-elles, & emmenerent les autres prisonnieres. Parmi ces dernieres, il y en avoit une d'une rare beauté, dont le mari tenoit le premier rang à Milet. Elle s'appelloit Erippe, & vint dans la Gaule celtique avec le gaulois à qui elle étoit tombée en partage, laissant dans sa patrie un enfant de deux ans.

Son époux, nommé Xanthus, l'aimoit éperduement. Il vendit une partie de ses biens pour la racheter, & arriva chez le gaulois un jour que celui-ci étoit absent; mais il n'en fut pas moins reçu avec joie par toutes les personnes de la maison, & par sa femme, qui le reconnut & l'embrassa. Elle n'eut rien de plus pressé, quand le gaulois arriva, que de lui présenter son époux, & de lui dire le sujet de son voyage. Le gaulois parut charmé de la tendresse & de la générosité de Xanthus; & pour lui montrer son contentement, il lui donna un repas auquel furent invités ses parens & ses amis. Ayant ensuite pris Erippe par la main, il l'a présente à Xanthus, & lui demande s'il apportoit une forte rançon : mille pieces d'or, répondit Xanthus: eh bien, répartit le gaulois, faisons-en quatre parts, dont trois seront pour votre femme & votre fils, la quatrième pour moi. Après quelques propos, où l'on témoigna beaucoup de joie de part & d'autre, Xanthus & sa femme se retirerent dans l'endroit qu'on leur avoit préparé; Erippe lui demande d'un air inquiet, s'il est bien vrai qu'il ait toute la somme dont il avoit parlé : j'en ai le double, dit Xanthus, car je craignois que les mille pieces d'or ne fussent pas suffisantes pour ta rançon. Erippe qui n'avoit point un cœur digne de la tendresse que lui témoignoit son époux, alla dire au gaulois que Xanthus n'avoit déclaré que la moitié de la somme, qu'il falloit se défaire de lui pour l'avoir toute entiere; car je hais cet homme, dit-elle, au-lieu que je vous aime plus que ma patrie & mon fils, & c'est avec vous que je veux passer ma vie. Le gaulois frémit d'horreur en entendant ces mots; mais il réprima sa colere, & quand Xanthus & sa femme partirent, il voulut les accompagner jusqu'aux pieds des Alpes. Là, il leur dit qu'avant de se séparer, il vouloit offrir un sacrifice. Quand la victime fut

tielle & recommandable, dans un tems où les routes étoient peu frayées, les terres en friche, les forêts immenses, les habitations isolées, la communication d'une contrée à l'autre, difficile & souvent impraticable. Pour maintenir la sûreté de l'asyle qu'on donnoit aux étrangers, peut-être aussi pour empêcher que les disputes entre les citoyens ne fussent ensanglantées, il étoit défendu d'entrer armé dans la ville; on quittoit les armes à la porte, & on les reprenoit en sortant; coutume sage, mais qui devoit paroître fort étrange dans les Gaules, où l'on étoit toujours armé : car c'est des gaulois ou des germains, si l'on veut, que nous avons reçu l'usage assez barbare de porter l'épée en pleine paix & dans les villes.

Quand il regnoit à Marseille quelque maladie contagieuse, on nourrissoit fort délicatement, aux dépens du public, un pauvre qui se dévouoit volontairement à la mort, pour appaiser la colere des dieux. Ensuite on le conduisoit dans les rues, orné de festons & de bandelettes, comme une victime; & chacun le chargeoit de malédictions en passant, pour faire tomber sur lui seul la vengeance céleste : c'est au milieu de ces cris effrayans qu'il alloit à la mort. Je croirois volontiers qu'il faut rapporter à ce fait l'usage où l'on est depuis très-long-tems, d'engraisser un bœuf & de le faire promener dans la ville quelques jours avant la Fête-Dieu, & le jour même de la Fête, au son des fifres & des tambours, couronné de fleurs, couvert d'un tapis, & portant sur le dos un enfant de sept à huit ans. J'aurai occasion d'en parler ailleurs. Il est rare que les coutumes qui ont quelque chose de frappant, se per-

MŒURS ET LOIX DE MARSEILLE.

Petron. Satyr. p. 299.

---

prête, il pria Erippe de la tenir, ensuite tirant son épée, il la plonge dans le sein de cette femme; puis il se tourne vers Xanthus, il tâche de le consoler de la mort de cette perfide, & lui révele le projet qu'elle avoit formé de le faire mourir.

C'est ainsi que dans l'histoire ancienne on trouve souvent le merveilleux des romans, avec la barbarie des sauvages; parce que les passions chez des sauvages ne sont point réprimées par des loix sages, qui en les contenant dans de justes bornes, les forcent de prendre un caractere uniforme. Ce fait a dû arriver après l'invasion des Tectosages dans l'Asie; c'est-à-dire, vers l'an 273 avant Jesus-Christ.

dent tout-à-fait dans une ville, lors même qu'on ne les fuit plus, la tradition les conferve en les altérant, & donne naiffance à d'autres ufages où l'on reconnoît aifément les anciens. Il n'y a de différent que les objets & les motifs qui les confacrent.

Les marfeillois avoient auffi des loix pour régler les affaires de commerce, qui introduifant dans un même pays différentes fortes de peuples, un grand nombre de conventions, beaucoup d'efpeces de biens & de manieres d'acquérir, demande néceffairement une jurifprudence particuliere. Il faut que les décifions en foient claires & précifes, pour abréger les difficultés de la procédure. Telle étoit fans doute la jurifprudence des marfeillois, qui l'avoient peut-être reçue de leurs ancêtres, ou même des rhodiens.

Mais ces loix ne font point venues jufqu'à nous. Les phocéens faifoient un grand commerce; ils furent les premiers de la nation grecque qui rifquerent des voyages de long cours, & dont les vaiffeaux apprirent à ceux des autres grecs la route du golfe Adriatique; ils avoient même pénétré en Efpagne au-delà du détroit. Leurs defcendans fuivirent leur exemple avec d'autant plus d'ardeur, que la fituation de Marfeille les invitoit, les forçoit même à le faire. Un port avantageux fur la Méditerranée, un terrein aride, des voifins qu'ils méprifoient comme barbares, & qu'ils craignoient pourtant; tout contribuoit à fortifier leur goût naturel, en leur faifant envifager le commerce maritime, comme l'unique moyen qu'ils euffent de s'enrichir. Ils en firent donc l'objet effentiel de leur politique, la fource de leur puiffance, le mobile & la fin de leurs entreprifes; mais il falloit perfectionner la navigation, & découvrir des pays d'où l'on pût tirer des marchandifes.

§. III.
VOYAGES DE PYTHÉAS ET D'EUTHIMENE.
An. av. J. C. 320.

UN citoyen zélé, nommé Pythéas, le plus habile aftronome & le plus fçavant géographe qu'il y eût alors en Occident, fe chargea de cette entreprife, environ 320 ans avant Jefus-Chrift. Il paffa le détroit, & remontant vers le nord, le long des côtes du Portugal,

DE PROVENCE. Liv. I. 511

pour me servir des noms modernes, il continua de faire le tour de l'Espagne, & cingla vers la Gascogne & la Bretagne, qu'il doubla, pour entrer dans la Manche.

Sorti de ce canal, il côtoya l'île Britannique, & lorsqu'il fut à la partie la plus septentrionale, poussant toujours vers le nord, il arriva sur les côtes d'un pays dont les habitans lui montrerent dans l'horison les différens points du lever & du coucher du soleil, selon la différente position des lieux. C'est là que les marseillois virent un phénomene bien étonnant dans ces tems reculés, pour des hommes nés sous le quarante-cinquieme degré de latitude : des nuits de trois heures dans certains endroits, & de deux dans d'autres. On peut en conclure que Pythéas se trouvoit alors aux îles de Schetland. Il comprit que les jours devoient toujours augmenter, par une proportion marquée, à mesure qu'on approchoit du pôle ; ce qui est une preuve évidente, & de l'étendue de ses connoissances astronomiques, & de la sagacité de son esprit.

Enfin, toujours entraîné par le desir de s'instruire, il poussa jusqu'à *Thulé*, où il reconnut que la durée du jour solstitial étoit en effet de vingt-quatre heures ; ce qui suppose une latitude septentrionale de soixante-six degrés trente-deux minutes ; les savans ont cru que ce pays étoit l'Islande, qui s'étend depuis le soixante-troisieme degré & demi jusqu'au soixante-sixieme (1). En revenant sur ses

<small>Voyages de Pythéas et d'Euthimene.

Strab. l. 1. 2 & 3.
Gemin. Isagog. ch. 5.
Pline, l. 2. c. 5.
L. 4. c. 16.
Cleomede, *de Sphæra*.
Gassendi, t. 4. p. 532. & suiv.

V. la note qui est après les hommes illustres.</small>

---

(1) Une des grandes raisons dont on s'est servi pour décréditer la relation de Pythéas, c'est ce que Strabon lui fait dire, que dans ces régions glacées, il n'y avoit ni air, ni terre, ni mer ; mais un composé des trois, semblable au poulmon marin. Ἐν οἷς οὔτε γῆ, κατα αυτον, υπῆρχεν ἔτι, ούτε θαλατία, ἔτι αήρ, αλλα συγκριμα τι εκ τούτων πλευμονι θαλαττιῳ εοικος : que la terre & la mer étoient suspendues sur cette matiere, qui servoit comme de lien aux différentes parties de l'univers, & qu'on ne pouvoit pénétrer au-delà, ni par mer, ni par terre. Ἐν ᾧ, φησι, την γην και την θαλατταν αιωρεῖσθαι, και τα συμπαντα, και τουτοι ως αν δεσμον ειναι των ολων, μητε πορευτόν, μητε πλωτον υπαρχοντα. Il faut avouer que ce récit n'annonce pas dans Pythéas une grande connoissance de la physique : mais est-il bien certain qu'il soit de lui ? Est-il vraisemblable que le plus habile astronome de l'Occident, qui donna une description des étoiles voisi-

<small>Strab. l. 2.</small>

pas, il cingla vers le nord-eſt de l'Europe, & entra par le détroit du Sond, dans la mer Baltique. Son but étoit ſans doute de reconnoître ſi l'on ne pourroit pas communiquer avec les peuples du Nord, ſoit par la mer, ſoit par les fleuves, que la nature ſemble avoir répandus ſur la terre pour rapprocher les nations. Que ſçait-on même ſi Pythéas ne ſoupçonnoit pas, que l'on pourroit ſe frayer quelque paſſage dans le Nord, pour pénétrer dans les mers

mes du pôle, & qui attribuoit à la lune la cauſe du flux & du refiux de la mer, ait dit qu'au-delà de l'Iſlande il n'y avoit qu'une matiere ſemblable au poulmon marin, compoſée d'air, de terre & de mer, au-deſſus de laquelle la terre & la mer étoient ſuſpendues? Ce galimatias inintelligible pourroit bien être une de ces imputations ordinaires aux cenſeurs, qui, comme Strabon, ſe livrent trop à la ſatyre & à la prévention. Adam de Bremens, qui écrivoit ſur la fin du onzieme ſiecle, appelle la mer d'Iſlande, *mare pulmoneum & jecoreum*. Les norvégiens l'appellent encore aujourd'hui *leberʒée* ou *mer du poulmon*, pour dire qu'elle eſt engourdie, & qu'elle n'a pas plus de mouvement qu'un pulmonique; c'eſt dans le même ſens que Plaute a dit d'un mauvais piéton, qu'il avoit des pieds pulmoniques.

Pedibus pulmoneis mihi adveniſti.

Il paroît que cette dénomination, *de mer du poulmon*, donnée à la mer Glaciale, eſt ancienne. Peut-être Pythéas s'en ſervit-il; & des hiſtoriens ſur la foi deſquels Strabon aura écrit, ou des cenſeurs amers, n'entendant point le ſens de ces expreſſions, parce qu'ils n'avoient aucune idée de la mer du Nord, auront fait dire à notre philoſophe, qu'elle reſſembloit *au poulmon marin*.

Peut-être auſſi que les montagnes de glace qu'on voit flotter dans la mer ſur les côtes d'Iſlande, étant couvertes d'une brume épaiſſe, quand Pythéas y arriva, il ne put s'en former que des idées confuſes, parce que c'étoient des objets tout-à-fait nouveaux pour lui. Il dit donc qu'au-delà de l'Iſlande, c'étoit le bout de la terre, & qu'il n'y avoit qu'une matiere, qui ne reſſembloit, ni à la terre, ni à l'eau, ni à l'air qu'on reſpire dans un climat plus tempéré. Ce récit prouve du moins que notre voyageur ne prétendoit pas en impoſer, & qu'il rapportoit naïvement ce qu'il avoit apperçu d'une maniere confuſe à travers les brouillards qui s'élevent dans ces mers pendant le ſolſtice d'été. Ce n'eſt pas la premiere fois qu'on apperçoit de loin un objet inconnu, qu'on peut s'en former une idée juſte. Au reſte, ce qu'ajoutoit Pythéas, qu'on ne pouvoit pénétrer au-delà de l'Iſlande, ni par mer, ni par terre, ſemble prouver ce que j'ai dit ci-deſſus, qu'il ſoupçonnoit un paſſage dans le Nord pour aller dans les mers du Sud, & que l'eſpérance de le découvrir, étoit un des principaux motifs de l'expédition dont les marſeillois

[margin: LIVRE I.]

[margin: Ad. Brem. deſcr. Dan. p. 747. Claus Rudbeks. Atlant. v. 1. p. 509.]

d'Afie? Les perfes, & d'autres peuples afiatiques, commerçoient avec le nord de l'Europe, fuivant M. Huet; & les relations que la ville de Marfeille pouvoit s'être procurées, par fes rapports avec la Grece & Carthage, fur le commerce des nations, étoient bien capables de donner des vues à un homme tel que Pythéas, fait pour les faifir & les étendre: Il eft du moins certain que l'expédition du Nord fuppofe, dans ce philofophe & dans la république de Marfeille, des projets fondés fur des faits connus & avérés.

<small>VOYAGES DE PYTHEAS ET D'EUTHIMENE. Hift. du com. p. 54.</small>

Pythéas parcourut les côtes de l'Europe feptentrionale en voyageur éclairé, faifant des obfervations fur les qualités des terres & les mœurs des habitans, & déterminant la pofition des lieux par la différence des climats. Ses découvertes ouvrirent au commerce de nouvelles routes, enrichirent l'hiftoire naturelle, débrouillerent la géographie, & rendirent la navigation beaucoup plus sûre. Ses connoiffances aftronomiques lui acquirent une réputation que le tems a refpectée. La plus célebre de fes obfervations eft celle par laquelle il détermina la latitude de Marfeille, en comparant l'ombre du gnomon à fa hauteur au tems du folftice. Il en réfulta que la diftance de cette ville à l'équateur étoit de quarante-trois degrés dix-fept minutes. Il réfulte des obfervations de M. de Caffini, faites en 1692, qu'elle eft de quarante-trois degrés dix-fept minutes trente-fept fecondes. Depuis qu'on a perfectionné les

<small>Strab. paffim.</small>

<small>Acad. des fcienc. t. x. hift. p. 65.</small>

---

le chargerent. Cette idée a été renouvellée de nos jours, & a déjà fait faire des tentatives, qui ameneront tôt ou tard quelque découverte utile fur ce paffage.

Si nous avions la relation de Pythéas, nous fçaurions fi le mont Hécla brûloit déjà, & fi ce volcan eft auffi ancien que celui du mont Etna, qui cependant n'exiftoit vraifemblablement pas du tems d'Homere, puifque ce poëte n'en parle pas dans l'Odyffée, quoiqu'il parle de quelques autres objets de la Sicile moins intéreffans. L'Hécla lance fes feux à travers les glaces & les neiges. Ses éruptions font cependant auffi violentes que celles de l'Etna, & des autres volcans des pays méridionaux. Il jette beaucoup de cendres, des pierres ponces, & quelquefois, dit-on, de l'eau bouillante. On ne peut pas habiter à fix lieues de diftance de ce volcan.

instrumens, on a reconnu qu'elle étoit de quarante-trois degrés dix-sept minutes quarante-sept secondes ou environ.

A peu près dans le même tems, Euthymene, marseillois & astronome comme Pythéas, dirigeoit les vaisseaux de ses compatriotes vers le Sud, & parcouroit les côtes occidentales de l'Afrique. Ces deux voyages ne furent point exécutés aux dépens des deux citoyens qui les firent. Les lumieres que le sénat de Marseille avoit tirées des navigations particulieres, ou des découvertes des carthaginois, peut-être aussi quelque projet fourni à ses vues par d'habiles navigateurs, l'engagerent à tenter en même tems ces deux grandes entreprises, dont l'effet étoit d'enrichir la république & ses colonies. Nous sçavons qu'Euthymene reconnut l'embouchure du Sénégal, qui a les mêmes especes d'animaux que le Nil, & les mêmes débordemens (1). Mais la relation de son voyage est perdue. Si le tems l'eût épargnée, nous verrions sans doute que le Sénégal ne fut point le terme de sa navigation, &

---

(1) Nous ne devons pas être surpris qu'Euthimene entreprît ce voyage ; car plus de six cens ans avant Jesus-Christ, les phéniciens, partis du golfe arabique par les ordres de Néchao, roi d'Egypte, côtoyerent l'Afrique, selon Hérodote, doublerent le cap de Bonne-Espérance, & entrerent la troisiéme année de leur voyage dans le détroit de Gibraltar. Cependant ils ne connoissoient pas la propriété qu'a l'aimant de se diriger vers le Nord, quoiqu'ils connussent celle qu'il a d'attirer le fer ; ils ignoroient la cause du flux & reflux de la mer, & n'étoient pas assurés que l'Océan environnât le globe sans interruption. Enfin, les vents généraux & réglés, & l'usage qu'on en peut faire pour les voyages de longs cours, leur étoient peut-être absolument inconnus. Quel courage ne falloit-il pas avoir pour exécuter une pareille entreprise ? Il semble, en comparant l'histoire ancienne avec la moderne, que la hardiesse & l'intrépidité de l'homme augmentent à proportion qu'on a moins de ressources du côté de l'art, & que ces qualités sont toujours en raison inverse de l'industrie. Nous apprenons aussi de Pline, que dès le tems d'Alexandre, on avoit fait le tour de l'Afrique, qu'on avoit reconnu dans la mer d'Arabie, des débris de vaisseaux espagnols, & que l'on commerçoit d'Espagne en Ethiopie par la mer. Que sçavons-nous si les marseillois qui avoient porté le commerce & la navigation aussi loin qu'il étoit possible alors, n'avoient pas doublé le cap de Bonne-Espérance ? Nous trouverions des choses bien surprenantes, si nous avions

qu'il

qu'il aspiroit peut-être à s'ouvrir un passage dans la mer du Sud, par la pointe la plus méridionale de l'Afrique, tandis que Pythéas le cherchoit par le nord-est de l'Europe. Le nombre prodigieux d'esclaves que les carthaginois employoient à leurs fabriques, ou qu'ils faisoient servir à leur vanité, nous donneroit presque lieu de croire que ces mêmes africains, qui en Amérique servent d'instrument à la cupidité des européens & de décoration à leur luxe dans toute l'Europe, avoient la même destinée à Carthage. Il est certain que les carthaginois commerçoient avec les négres. Lorsqu'ils arrivoient en Afrique, ils étaloient sur le rivage les effets qu'ils vouloient échanger, ensuite ils remontoient sur leurs vaisseaux, d'où ils faisoient des signaux pour avertir les habitans de leur arrivée. Ceux-ci apportoient leur or & leur argent auprès des marchandises, & s'éloignoient à quelque distance, sans pourtant les perdre de vue. Alors les carthaginois descendoient à terre, consideroient le prix qu'on leur offroit, & s'ils en étoient contens ils l'emportoient, sinon ils s'en retournoient, jusqu'à ce que les naturels du pays eussent mis à côté des marchandises une quantité d'or suffisante. Hérodote assure que les derniers mettoient dans ce trafic une bonne foi digne d'être citée pour modele.

Voyages de Pythéas et d'Euthimene.

Scylax & Herod. l. 4. c. 196.

La ville de Marseille ne cessoit d'épier les démarches des carthaginois pour profiter de leurs découvertes, & quelquefois de leurs désastres. Le moment étoit alors favorable. Tyr venoit de tomber sous les efforts d'Alexandre. Carthage avoit reçu en Sicile des échecs dont elle ne pouvoit plus se relever. Ainsi la destruction de l'une de ces puissances maritimes, & l'affoiblissement de l'autre laissoient une libre carriere à l'ambition des marseillois.

---

des mémoires exacts de ce tems-là. Ce qui l'est beaucoup, c'est qu'on cessât de faire le voyage des Indes, & que cette route n'ait été découverte pour la seconde fois, qu'en 1487, par Barthelemi Diaz, portugais. Le pays que les anciens appelloient l'Espagne, a donc eu deux fois la gloire d'ouvrir à l'Europe le commerce des Indes par l'Océan.

Des comptoirs fur les côtes occidentales de l'Afrique, leur devenoient nécessaires pour leurs projets de commerce. On tiroit de cette riche contrée des peaux de cerfs, de lions & de pantheres; des cuirs & des dents d'éléphans. Les cuirs étoient d'un grand usage pour les cuirasses & les boucliers. On donnoit en échange des vases de terre, des parfums d'Egypte, & quelques bijoux de peu de conséquence pour le sexe. Mais la véritable source de l'opulence étoit la poudre d'or.

Cependant le commerce de Marseille, quel qu'il fut trois cens vingt ans avant Jesus-Christ, rencontroit bien des obstacles, à cause de la barbarie des nations d'où l'on tiroit des marchandises; ce fut pour le rendre plus florissant & moins dispendieux, qu'on envoya des colonies en Catalogne, comme celle d'Empurias; & dans plusieurs endroits des Gaules, où elles bâtirent d'abord Tauroentum à l'orient de la Ciotat à l'entrée de la baie; ensuite Nice, Antibes, Agde, &c. (1). C'étoient, à proprement

---

(1) Plusieurs de ces colonies sont fort anciennes. Scylax, qui écrivoit environ trois cens trente ans avant Jesus-Christ, parle d'Empurias. L'endroit où il nommoit les autres est perdu : il n'en reste que ces mots, *telles sont les colonies de Marseille*. Nous présumons que ces colonies étoient *Tauroentum, Antibes & Nice*. Tauroentum, étoit peut-être la plus ancienne, à cause du voisinage de Marseille. Antibes & Nice subsistoient déjà cent cinquante huit ans avant Jesus-Christ. C'est le tems où les Oxybiens & les Décéates les attaquerent. On peut les mettre au nombre de celles dont Scylax parloit. Olbie & *Athenopolis* ne furent fondées, qu'après que C. Sextius eut chassé les barbares du voisinage de la mer, depuis Marseille jusqu'au Var, cent vingt-trois ans avant Jesus-Christ. Avant cette époque, ils n'avoient point d'autre établissement dans cette partie de la Provence, qu'Antibes, Nice & Tauroentum. *Agde* peut encore être mise parmi les colonies les plus anciennes. Un établissement sur les côtes du Languedoc étoit nécessaire aux marseillois quand ils eurent entrepris le commerce de l'Espagne, & bâti Empurias, en Catalogne. Ils avoient aussi *Rhodanusia* dans le Languedoc, aux environs du Rhône. On croit pouvoir conjecturer par les médailles, que cette ville avoit été bâtie par les rhodiens, & qu'elle fut ensuite donnée aux marseillois, c'est le sentiment de Pline. Mais Marcien d'Héraclée ou plutôt Scymnus de Chio, fait entendre qu'elle fut bâtie, ainsi qu'Agde, par les phocéens, fondateurs de Marseille.

parler, des compagnies commerçantes telles qu'on en voit aujourd'hui en Afrique & aux Indes. Elles avoient les mêmes loix, les mêmes usages, la même religion, les mêmes fêtes que la métropole. C'étoit elle qui envoyoit le premier magistrat, & le commandant des troupes en tems de guerre. En un mot, ces colonies, gouvernées suivant les principes de la métropole, étoient animées d'un même esprit, & avoient, pour ainsi dire, un air de famille, auquel on les reconnoissoit aisément parmi les nations barbares dont elles étoient environnées.

<small>Voyages de Pytheas et d'Euthimene.

Spanh. Ibid. p. 574.</small>

Les historiens * attribuent à Marseille plusieurs colonies, qui ne lui doivent point leur origine. Il est en effet difficile de croire qu'une république assez peu considérable dans les premiers siecles, environnée d'ennemis inquiets & jaloux, & qui fut souvent obligée d'implorer le secours des romains, ait affoibli ses forces par l'envoi de tant des colonies.

La plupart de ces villes, dont on attribue la fondation aux marseillois, la doivent à d'autres peuplades de phocéens & d'ioniens, qui abandonnerent leur patrie, ou pour éviter la domination tyrannique d'Harpagus, lieutenant de Cyrus, ou dans l'espérance de faire dans les Gaules une fortune aussi brillante que les mar-

<small>§. IV.
Des colonies de Marseille, et des guerres des Provençaux en Italie.

* Heindrech, Ruffi, & alii.</small>

Οἱ Μασσαλίαν κτίσαντες ἔχον Φωκαῆς,
Ἀγάθην, Ῥοδανουσίαν τε, Ῥοδανὸς ἦν μέγας
Ποταμὸς ἀργυρρεῖ.   Marcian. in perieg. v. 207.

C'est la même que Strabon appelle Rhoen. Le passage où ce Géographe en parle, est corrompu, & n'a pas été entendu par Xilander. On y lit τὴν δὲ Ῥοὴν Ἀγάθην, au lieu de τὴν δὲ Ῥοὴν καὶ Ἀγάθην. La premiere leçon ne présente aucun sens; & l'autre en renferme un tout naturel. Il ne faut point confondre Rhoen ou Rhodanusia, avec Rhodes ou Roses en Catalogne. Celle-ci fut bâtie par les rhodiens, ainsi que le dit Marcien.

<small>Luc. Holst. not. in Steph. Byzant. p. 269 & 274.

Strab. l. 4.</small>

Πρώτη μὲν ἐμπόριον . ῥοδη δὲ δευτέρα.
Ταύτην μὲν οὖν οἱ πρὶν κρατοῦντες ἔκτισαν
ῥόδιοι.   Marcian. in perieg. v. 208.

feillois; il ne faut point d'autre raifon à un peuple libre & commerçant pour quitter fon pays, que l'efpérance de fe fouftraire à de fortes impofitions & à un gouvernement tyrannique.

La conformité des mœurs & du langage, l'alliance que ces nouvelles colonies firent avec les marfeillois, l'union étroite qu'il y eut toujours entr'eux, les liens du fang même, ont fait croire à des hiftoriens, qui font venus cinq ou fix fiecles après, qu'elles étoient forties de Marfeille, & non pas de l'Ionie. Elles avoient bien une origine commune; mais il falloit la faire remonter plus haut. Quant à ce qu'on dit que Turin étoit une colonie de Marfeille, je n'y vois aucune apparence. Des peuples nés fur le bord de la mer, accoutumés au commerce maritime, ne vont point traverfer des montagnes inacceffibles pour fe fixer dans un pays, où il faut fe livrer entiérement à l'agriculture. Les peuplades d'au-delà des Alpes, fe font faites, de proche en proche, & en partie par les liguriens tranfalpins, que leur nombreufe population & l'amour de la chaffe forcerent peu-à-peu de s'éloigner des bords de la mer Méditerranée.

Av. J. C. an. 123. Polyb. l. 2. p. 3. & feq.

Ces peuples, comme les habitans du refte des Alpes, étoient, en ces tems malheureux, dans une agitation continuelle, toujours en guerre les uns avec les autres, ou prêts à marcher quand on vouloit acheter leurs fervices. Les infubriens & les boïens, qui habitoient de l'autre côté des Alpes, les uns à la droite, les autres à la gauche du Pô, les ayant invités à fe joindre à eux, pour aller faire la guerre aux romains, deux de leurs rois, Concolitan & Anéroefte, pafferent les montagnes à la tête d'une puiffante armée.

Ils s'engagerent à cette expédition, avec les feules reffources que peuvent donner l'amour du pillage, le mépris de la mort & le defir de la victoire. Les romains au contraire, qui depuis longtems faifoient la guerre par principe de gouvernement, avoient, outre ces mêmes avantages, l'amour de la gloire, l'expérience dans l'art militaire, & des armes beaucoup meilleures pour l'attaque & la défense. Ces considérations ne se présenterent sans doute pas à l'esprit de nos gaulois, qui n'avoient devant les yeux que les exploits de leurs ancêtres & les richesses que la victoire leur promettoit. Ils allerent joindre leurs nouveaux alliés, & se répandirent avec eux dans toute l'Italie, où ils firent un butin immense. Ayant rencontré, près de Clusium en Toscane, des troupes romaines, commandées par un prêteur, ils les battirent, & reprirent ensuite le chemin des Gaules, pour ne pas avoir sur les bras toutes les forces de la république.

Le consul Æmilius, qui commandoit une armée considérable vers la mer Adriatique, ayant appris leur invasion dans l'Etrurie, s'avança en toute diligence pour les arrêter dans leur course; mais il n'arriva qu'après la défaite du prêteur, qui s'étoit retiré sur une hauteur avec le reste des troupes échappé au carnage. Le prêteur se joignit au consul, & ils suivirent ensemble les ennemis, pour les incommoder dans leur marche, ou pour les attaquer, s'ils en trouvoient l'occasion. Dans le même tems, l'autre consul C. Attilius, qu'on avoit envoyé en Sardaigne, débarqua à Pise avec ses légions, & pris, sans le savoir, pour retourner à Rome, la route par laquelle les gaulois venoient. Il fut fort surpris de les rencontrer & d'apprendre qu'ils avoient en queue l'armée de son collegue; aussi-tôt il fait ranger la sienne en bataille, & se dispose à l'attaque. Les gaulois, dans cet embarras, ne perdirent point courage; ils se mirent dos à dos les uns contre les autres, pour faire face aux deux armées. Les provençaux surtout, que l'historien appelle gezates, à cause d'une sorte d'armes dont ils se servoient, firent des prodiges de valeur; ils quitterent leurs habits, pour être plus lestes & porter des coups plus sûrs; mais ils furent si incommodés par les traits des ennemis, qu'ils se jetterent de désespoir au milieu de la mêlée, & contribuerent par cette imprudence à la perte de la bataille; ils perdirent cinquante mille hommes, dont quarante mille resterent sur la place. Concolitan fut du nombre des prisonniers; Anéroeste se sauva, avec ses proches & quelques amis, dans un bois écarté, où ils se tuerent de leurs propres mains.

Cette expédition nous fait assez connoître l'humeur inquiete des provençaux & leur amour pour la guerre; ils n'avoient rien qui les occupât chez eux, ni arts ni commerce, aucune autorité réprimante qui pût les contenir; ils choisissoient eux-mêmes leurs chefs, & les tenoient, à certains égards, dans une espece de dépendance. Quant à la culture des terres, le besoin seul les y attachoit. La guerre & la chasse étoient leurs principaux exercices, & ils couroient aux armes toutes les fois qu'une nation étrangere menaçoit d'entrer dans leur pays.

§. V.
GUERRES EN PROVENCE.
An. 218. av. J.C.
Tit. Liv. l. 21. ch. 17.
Polyb. l. 3.

LE tems étoit arrivé où leur situation, entre l'Italie & le reste des Gaules, devoit nécessairement les faire envelopper dans tous les projets de conquête, que les peuples, situés en-deçà & au-delà des Alpes, formoient réciproquement les uns sur les autres. Ils se trouverent entre les romains & les carthaginois, avant d'avoir entendu parler de leurs divisions. Annibal, qui avoit traversé l'Espagne, & le pays que nous appellons aujourd'hui le Roussillon & le Languedoc, avec une rapidité incroyable, étoit arrivé sur les bords du Rhône, à quatre journées environ de son embouchure, un peu au-dessous du pont Saint-Esprit. Au bruit de son arrivée, les peuples situés sur la rive gauche du fleuve, s'attrouperent pour lui en disputer le passage. Annibal essaya de les gagner par des promesses; mais n'ayant pas réussi, il envoya, sous la conduite d'Hannon, fils de Bomilcar, une partie de son armée, pour remonter le fleuve & chercher un endroit où elle pût le passer secrétement & sans risques. Ces troupes avoient ordre de faire ensuite un long circuit, & de venir attaquer les ennemis en queue, lorsqu'il en seroit tems. Ses ordres furent exécutés avec tant de myſtere & de diligence, que les gaulois ſe virent aſſaillis par ce détachement, tandis que le gros de l'armée paſſoit ſur des radeaux & des barques faites de peaux & de troncs d'arbres. Accablés par le nombre, ils furent obligés de plier & de ſe diſperſer dans les forêts.

Dans le tems qu'Annibal travailloit à paſſer le fleuve, Publius-Scipion, que le ſénat envoyoit en-deçà des Alpes, débarquoit ſes troupes dans la plaine de Foz; il fut étonné de voir les carthaginois ſi près de l'Italie : mais comme ſon armée n'étoit pas encore remiſe des fatigues de la navigation, il lui accorda quelques jours de repos, & ſe contenta d'envoyer à la découverte trois cens cavaliers avec quelques ſoldats gaulois, que la ville de Marſeille tenoit à ſa ſolde, pour obſerver la marche, la contenance & le nombre des ennemis. Annibal, qui venoit auſſi d'apprendre l'arrivée de la flotte romaine à l'embouchure du Rhône, détacha cinq cens numides pour l'aller reconnoître. Les deux partis ſe rencontrerent & ſe livrerent un combat ſi opiniâtre, que les numides perdirent plus de deux cens hommes, & les romains environ cent ſoixante. Tout le reſte, de part & d'autre, fut bleſſé dans cette action.

Si Publius-Scipion, au lieu de s'arrêter, eût continué ſa marche, & ſe fût joint aux gaulois, qui diſputoient le paſſage du fleuve aux carthaginois, il les forçoit de retourner ſur leurs pas, ou les arrêtoit dans les défilés des montagnes, dont les habitans avoient déjà pris les armes pour les repouſſer. Il fut donc obligé de ſe rembarquer & de les aller attendre à la deſcente des Alpes. C'eſt ainſi qu'un délai de trois jours mit l'empire romain ſur le penchant de ſa ruine; mais enfin la vertu, la conſtance, la force & la pauvreté même de Rome triompherent de l'orgueil & de l'opulence de Carthage.

Après la destruction de cette république, on vit un nouvel ordre de choses; les romains, que leurs succès ni leurs revers n'avoient encore pu détacher de leurs principes, se répandirent dans toute la terre, pour tout envahir. Jusqu'à ce moment ils avoient eu à se défendre, dans leur propre pays, contre des essains de gaulois; mais à cette époque, ils porterent eux-mêmes la terreur dans les Gaules, qu'ils entreprirent de subjuguer. Ils étoient déjà maîtres de l'Italie, & avoient dompté les liguriens depuis Milan jusqu'à Gênes. Il fallut soumettre ceux qui habitoient le long de la mer, entre cette ville & le Var; ces peuples, maîtres de tous les passages, pouvoient arrêter une armée dans les montagnes, tandis qu'avec leurs barques ils infestoient les mers & troubloient la navigation. Quoiqu'ils ne manquassent ni de résolution ni de courage, ils n'attaquoient jamais en bataille rangée, une action générale leur eût été trop désavantageuse; ils se tenoient dans les défilés, dans les bois, derriere les rochers, & tomboient sur les ennemis brusquement & avec beaucoup d'impétuosité. Leurs femmes les suivoient dans ces brigandages; car chez eux, dit un ancien, les hommes ont la force des animaux, & les femmes celle des hommes, dont elles partagent les fatigues & les travaux. Il fallut donc les aller chercher dans des cavernes, dans les bois, sur des rochers, pour les combattre; & cette poursuite avoit plutôt l'air d'une chasse que d'une guerre. Ce ne fut qu'avec beaucoup de peine que les romains vinrent à bout de les réduire & de se frayer un chemin à travers leur pays, pour venir dans les Gaules.

Peu de tems après, les oxybiens, qui habitoient ce qui forme aujourd'hui la partie méridionale des dioceses de Grasse & de Vence, assiégerent les villes de Nice & d'Antibes. Marseille les avoit fondées, mais elle n'étoit pas en état de les défendre : elle demanda du secours à Rome, son alliée, & lui fournit par-là une occasion favorable d'étendre ses conquêtes en-deçà des Alpes.

Le

Le sénat, avant de faire aucun acte d'hostilité, employa la voie des négociations pour faire lever le siege. Il fit embarquer, avec les députés de Marseille, trois ambassadeurs qui aborderent à *Ægytne*, ville dépendante des oxybiens; ceux-ci les voyant arriver, s'opposerent à leur débarquement, & enjoignirent à Flaminius, qui étoit descendu à terre avec les personnes de sa suite, de remonter sur son vaisseau, & de s'en retourner. Comme il refusa d'obéir, on en vint aux mains; deux de ses gens resterent sur la place, & lui-même ayant été dangereusement blessé, eut beaucoup de peine à regagner les vaisseaux & la pleine mer.

Le sénat, justement irrité, dépêcha Q. Opimius, avec une armée, pour venger l'insulte faite à ses ambassadeurs. Ce général vint mettre le siege devant la ville d'*Ægytne*, qu'il prit de force, réduisit les habitans en esclavage, & envoya liés & garrottés à Rome les plus coupables d'entr'eux; ensuite il s'avança vers les oxybiens, qui étoient assemblés pour l'attaquer, les mit en fuite, quoiqu'ils fondissent sur lui avec une sorte de fureur, les battit encore quand ils revinrent à la charge, soutenus de quatre mille décéates, & se rendit maître de leur pays, dont il donna une grande partie aux marseillois. Enfin, pour tenir ces barbares dans une plus grande dépendance, il leur ordonna d'envoyer à Marseille des ôtages qu'ils changeroient de tems en tems.

Cette punition les intimida & les contint durant quelques années; mais l'avidité du pillage, plus forte que la crainte des châtimens, leur mit de nouveau les armes à la main, & fut cause que A. Posthumius vint en Provence avec une armée nombreuse. Il mit le feu à leurs vignes & à leurs moissons, & les désarma au point, dit Florus, qu'à peine leur laissa-t-il du fer pour cultiver la terre. Il semble qu'après cette précaution, on n'avoit plus rien à craindre de leur part; mais des hommes pleins de courage, & amis de la liberté, ne manquent point de ressources, quand il faut, ou secouer le joug de la servitude, ou éviter de le subir. Ces peuples,

Tome I. Vvv

CONQUÊTE DE LA PROVENCE PAR LES ROMAINS.

An. 154. av. J. C.

151. av. J. C.

Flor. l. 2. c. 3.

s'étant joints aux falyes, eurent encore l'audace de braver la puissance romaine, & d'attaquer Marseille & ses colonies : il ne fallut rien moins que l'expérience & la bravoure de C. Sextius, pour les soumettre entiérement ; il remporta sur eux une victoire complette, & il auroit fait prisonnier leur roi Teutomal, si ce prince n'eût eu l'adresse de se sauver, & de se réfugier chez les allobroges. Il eut assez de crédit pour les mettre dans ses intérêts, & pour susciter aux romains une guerre dont nous verrons bientôt les suites.

C. Sextius voulant mettre les peuples qui habitoient les côtes, hors d'état d'exercer la pyraterie, les chassa à mille pas de la mer, aux environs des ports, à huit cens pas aux autres endroits, depuis Marseille jusqu'à Gênes, & donna aux marseillois toute cette étendue de pays. C'est alors qu'ils bâtirent *Olbie* & *Athenopolis*, pour tenir les ennemis en respect, & protéger le commerce. Les habitans des villes qui avoient fait le plus de résistance, furent vendus, l'un d'eux, nommé Crato, qu'on menoit chargé de fers avec tous les autres, passant devant Sextius, lui dit qu'il avoit toujours été ami des romains, & que son attachement à la république lui avoit attiré beaucoup d'ennemis. Le proconsul, qui n'attendoit peut-être qu'une occasion de tempérer, par un trait de bienfaisance, la sévérité dont il usoit, fit mettre en liberté cet homme & ses parens, & lui permit de délivrer neuf cens prisonniers à son choix.

Le sénat de Rome n'imita pas la modération de C. Sextius. Il imposa à cette malheureuse province les conditions les plus dures ; non content d'en exiger des tributs en argent, de grosses contributions de vivres pour l'entretien des armées, il priva les habitans d'une partie de leurs terres & de leurs villes, pour les donner aux colonies romaines qu'il y envoya (1). Ces colonies avoient leurs

---

(1) On compte neuf colonies en Provence ; sçavoir, Aix, Orange, Arles, Fréjus, Apt, Riez, *Maritima*, Avignon & Cavaillon ; elles ne furent établies que par succession des tems, & sous les empereurs, excepté celle d'Aix, ainsi qu'on a pu le voir dans la premiere partie de la chorographie.

loix, leurs magistrats particuliers, & une jurisdiction entiere sur les anciens habitans. Ces rigueurs exciterent l'indignation dans toutes les Gaules. « Les romains, disoit un brave capitaine auvergnat, ne » nous font la guerre que pour nous enlever nos terres & nous im- » poser une servitude éternelle. Si vous ignorez la dureté avec la- » quelle ils ont traité les nations éloignées, jettez les yeux sur » la Gaule qui a été réduite en province. Dépouillée de ses loix » & de sa liberté, assujettie à un magistrat étranger, elle gémit » sous le joug du plus dur esclavage, sans espérance d'en être jamais » délivrée ». Si les autres provinces des Gaules furent traitées avec moins de rigueur, c'est que César y régloit tout, & qu'il ménageoit les gaulois, pour les faire servir un jour à ses desseins ambitieux.

Conquête de la Provence par les romains. Cæs. de Bell. Gall. l. 7.

C. Sextius, après la victoire, prit ses quartiers dans l'endroit même où il l'avoit remportée. L'abondance des eaux, dont quelqu'unes étoient chaudes, & la beauté du terroir le déterminerent à y bâtir une ville qu'il appella *Aquæ Sextiæ*. Elle a tenu dans tous les tems un rang considérable dans la province, dont elle devint la métropole vers la fin du quatrieme siecle, quand on fit la division des deux narbonnoises.

123. av. J. C. Tit. Liv. Epit. 61. Vell. Paterc. l. 2. Strab. l. 4.

La perte que nous avons faite d'une partie de l'histoire de Tite-Live, nous prive de tous les détails dans lesquels l'auteur entroit au sujet de cette ville. Nous savons seulement qu'on y conduisit une colonie, & nous pouvons conclure de-là qu'elle avoit, comme les autres, ses magistrats, ses pontifes, ses édifices publics. La politique des romains fut toujours de retracer en petit, dans les colonies, le culte religieux, le gouvernement & les jeux de la capitale, pour faire illusion aux soldats, & adoucir, autant qu'il étoit possible, le désagrément de vivre loin de leur patrie. Ils y trouvoient encore l'avantage de retenir & d'affermir les nouveaux sujets dans l'obéissance, de les accoutumer insensiblement à la religion & à la domination romaine, & de leur en faire goûter à la longue les loix & les coutumes.

Aulug. l. 2. c. 13. Sigon. de antiq. jur. Ital. l. 2. c. 4. Guid. Pancirol. de magist. mun.

Les romains, contens d'avoir foumis le plat pays, ne jugerent pas à propos d'aller porter la guerre dans les Alpes; la fituation des lieux, & la bravoure des habitans, auroient pu les arrêter dans leurs conquêtes, & leur faire perdre beaucoup de monde. Ils laifferent donc ce peuple en liberté, moyennant un tribut qu'il paya, jufqu'au tems où Augufte le réunit à l'empire; ils aimerent mieux porter les armes dans les pays voifins du Rhône; & quand ils eurent conquis la partie de la Gaule, comprife aujourd'hui fous le nom de Languedoc, Vivarais, Savoie & Dauphiné, ils la réunirent à celle-ci pour n'en faire qu'une feule province qu'ils nommerent d'abord *province romaine*, enfuite *province narbonnoife* du tems d'Augufte; & enfin le mot de province, d'où eft venu celui de PROVENCE, fut feul employé au commencement du fixieme fiecle, pour défigner le pays, qui eft borné au midi par la Méditerranée, depuis l'embouchure du Rhône jufqu'à celle du Var, au levant par les Alpes maritimes, au nord par les montagnes du Dauphiné, & au couchant par le Rhône. Je comprends dans la Provence, le comté Venaiffin, la principauté d'Orange & le comté de Nice.

Av. J. C. 121.

Tandis que le fénat s'occupoit des moyens de contenir les falyes dans l'obéiffance, leur roi Teutomal, qu'on avoit chaffé de fes états, avoit déjà trouvé des vengeurs chez les allobroges & les auvergnats, dont la domination s'étendoit jufqu'au Vivarais. Ces peuples, animés contre les romains de la même haine que ce prince fugitif, prennent les armes pour le remettre fur le trône, s'avancent jufqu'à Vedene, près du confluent de la Sorgue, fous les ordres de Bituit, roi des auvergnats, y trouvent l'armée romaine commandée par Cn. Domitius-Ænobarbus, & lui livrent bataille avec une valeur qui tient de la rage: mais ils font battus & obligés de fuir, après avoir laiffé près de vingt mille hommes fur la place. On dit que Cn. Domitius, jaloux de perpétuer le fouvenir d'une journée fi glorieufe, fit élever fur les lieux un monument de pierre,

Pays des Helviens.

Vindalium.

Flor. l. 3. c. 2.
Orof. l. 5. c. 13.
Tit. Liv. epit. 61.
Eutr. l. 4.

orné des armes des gaulois. On a prétendu que c'étoit l'arc de triomphe d'Orange, que le tems n'a point encore détruit. On peut voir dans l'explication que nous en donnons, combien cette opinion est dénuée de fondement. La colonie à laquelle cette ville doit son origine, fut envoyée quarante-six ans avant Jesus-Christ, en même tems que celle d'Arles.

Conquête de la Provence par les romains. V. la dissert. 1.

Cette bataille fut suivie d'une autre bien plus meurtriere pour les gaulois. Mais comme elle se passa hors de la Provence, vers le confluent de l'Isere avec le Rhône, elle est étrangere à notre sujet. Nous n'en rapporterons qu'un trait de perfidie, qui devroit se trouver dans toutes les histoires, pour exciter l'indignation de tous les peuples. Le malheureux Bituit, roi des auvergnats, voulut traiter avec les romains, & s'adressa à Fabius. Domitius, son collegue, jaloux de cette préférence, fit dire à ce prince qu'il vouloit conférer avec lui au sujet de la paix. Bituit alla le voir, avec cette franchise & cette bonne-foi qui caractérisoient les gaulois. Il en fut d'abord reçu avec des marques de distinction ; mais bientôt après, Domitius le fit arrêter, & l'envoya à Rome pour y rendre compte de sa conduite. Le sénat, au-lieu de réparer la perfidie du proconsul, en rendant la liberté à Bituit, exila ce prince dans la ville d'Albe, & fit ensuite venir à Rome son fils Congentiac, sous prétexte de lui donner une éducation digne de son rang. Ainsi le crime de Domitius, qui n'eût été que le crime d'un particulier, si le sénat l'eût puni, couvrit d'opprobre les romains, dont le nom seroit bien moins imposant, si nous examinions en détail les actions auxquelles ils dûrent leur célébrité.

Valer. Max. l. 9. c. 3. n. 3.

Ils commençoient à peine d'élever en-deçà des Alpes, l'édifice de leur puissance, qu'ils furent sur le point de le voir renverser par l'effort des cimbres, des teutons & des ambrons. Ces barbares, sortis du nord de la Germanie & des environs de la mer Baltique, se répandirent comme un torrent dans les Gaules, portant par-tout

§. VII. Arrivée des Ambrons et des Teutons ; leur défaite.

la désolation & la terreur; leur nombre, déjà prodigieux, groſſit encore dans la route; car alors tous les peuples étoient brigands, & après avoir taillé en pieces trois armées romaines, qui ſe trouvoient ſur leur paſſage, ils vinrent remporter deux victoires dans le pays des allobroges, ſur les troupes du conſul L. Caſſius, qui périt lui-même dans le combat, avec L. Piſon, perſonnage conſulaire.

C. Popilius, qui commandoit en ſecond, ne put ſauver les malheureux débris de cette armée, qu'en paſſant ſous le joug, & en laiſſant le bagage au pouvoir des ennemis. Cette humiliation eut des ſuites plus fâcheuſes, que la perte de la bataille; elle abattit le courage des romains, releva celui des barbares, leur donna plus de confiance dans leurs propres forces, & un mépris pour les ennemis qui leur auroit peut-être aſſuré une ſuite de victoires, s'il n'avoit pas été accompagné de trop de préſomption : le peu de troupes romaines qui reſtoit, ſe trouvant hors d'état de tenir la campagne après cette défaite, ſe renferma dans les villes les mieux fortifiées, & abandonna la province à la diſcrétion des vainqueurs.

Le ſénat y envoya l'année d'après le conſul P. Servilius-Cépion ; qui avoit l'avidité d'un cimbre, ſans en avoir les qualités. Ce général travailla plus pour ſa fortune que pour la gloire de ſa patrie. Cependant il fut continué, l'année ſuivante, dans le gouvernement de la province, avec la qualité de proconſul, & eut pour collegue, dans cet emploi, le conſul C. Mallius.

On diroit que le ſort étoit d'intelligence avec les cimbres, pour humilier les romains. Mallius n'avoit aucune ſorte de mérite; il étoit de baſſe extraction, & ſes ſentimens n'étoient point au-deſſus de ſa naiſſance. Il n'en falloit pas tant pour lui attirer le mépris de Cépion, dont l'arrogance & la fierté n'avoient point de bornes; leur méſintelligence éclata, & ils conduiſirent chacun leur armée dans des lieux ſéparés. Mallius vint attendre l'ennemi ſur la rive gauche du Rhône, & Cépion campa ſur l'autre bord. Celui-ci ayant reçu bientôt après la nouvelle qu'un détachement de l'armée de son collegue venoit d'être défait, passe le fleuve, non pour lui porter du secours, mais pour engager seul une action, afin de ne partager avec personne l'honneur de la victoire qu'il regardoit comme assurée. Dans cette vue il place son camp entre celui de Mallius & celui des cimbres; ce qui fit croire à ceux-ci que les deux généraux s'étoient réunis pour agir de concert.

<small>ARRIVÉE DES AMBRONS ET DES TEUTONS; LEUR DÉFAITE.</small>

Cette persuasion fut cause qu'ils demanderent la paix, & des terres pour s'y établir. Mais la maniere hautaine avec laquelle on reçut leurs députés, les menaces qu'on leur fit, la nouvelle qu'ils eurent que la mésintelligence des chefs étoit plus forte que jamais, tout réveilla le courage de ces hommes impatients de combattre, & la bataille fut livrée auprès d'Orange : les historiens en ont parlé sans aucun détail. Tout ce qu'ils nous apprennent, c'est qu'il y eut beaucoup de sang répandu. Ils font monter le nombre des morts à plus de quatre-vingt mille, tant romains qu'alliés, sans compter quarante mille valets ou gens suivant l'armée. Il n'échappa que dix hommes pour porter la nouvelle de la défaite; Cépion & le célebre Sertorius furent du nombre.

Les barbares avoient fait vœu, avant la bataille, d'offrir aux dieux toutes les dépouilles des ennemis, & ils l'accomplirent fidellement. Les prisonniers furent pendus à des arbres, & tout le reste fut jetté dans le Rhône, boucliers, armes, habits, or, argent, chevaux; étrange effet de la superstition de ces peuples, qui prouve qu'il y avoit des occasions où ils combattoient moins pour le butin que pour la gloire. Après une action aussi décisive, au-lieu de passer en Italie, ils prirent la route d'Espagne, & perdirent, par cette faute, le fruit de leurs victoires; c'est ainsi que la république romaine fut souvent plus redevable de son salut à l'inexpérience de ses ennemis, qu'à la bravoure de ses troupes, & à la sagesse de ses généraux.

Dans la consternation où l'on fut à Rome, en apprenant cette défaite, on envoya Marius dans les Gaules pour s'oppofer à l'invafion des ennemis. La fortune de ce fameux romain eft prefque auffi étonnante que celle de la république. Comme elle il eut des commencemens obfcurs, & comme elle il s'éleva à travers mille obftacles, au plus haut degré de puiffance, où un homme puiffe parvenir. Il avoit cette ambition opiniâtre qui pourfuit toujours fon objet; cette ame fiere qui ne fe laiffe ni abattre ni fléchir; ce courage tranquille, qui, au milieu du danger, multiplie fes reffources; enfin cette auftérité de mœurs qui augmente la vigueur naturelle du génie.

En 104 av. J. C.

Il arriva en Provence, dans le tems que les barbares étoient encore en Efpagne, & profita de fon loifir pour exercer les foldats & les endurcir au travail. Le lieu où il affit fon camp auprès d'Arles, devint fameux par le canal qu'il fit creufer, & qui fut appellé de fon nom, *foffæ Marianæ*; il étoit à vingt milles au-deffous de la

Strab. l. 4.

ville, & à dix au-deffus de l'*Oftium Maffalioticum* ou *gras du midi*, dans un efpace d'environ douze milles, depuis le Rhône jufqu'à l'étang de Calejon, par lequel il communiquoit à la plage, qu'on appelle plage de Foz, du nom de *foffæ* (1). La difficulté

---

(1) Le nouveau traducteur de Pline, t. 2, p. 66, prétend que les commentateurs n'ont pas entendu le fens du paffage où il eft parlé du foffé de Marius, auquel il fait faire un détour qu'on a de la peine à concevoir. Il croit qu'il n'avoit aucune communication avec le Rhône, & qu'il fut creufé à trois mille pas environ du bord oriental du fleuve, depuis la mer jufqu'à la Durance, qui n'a jamais reçu de vaiffeaux dans fon lit, quoiqu'en dife cet auteur.

Son fentiment fur la queftion dont il s'agit, eft contraire au témoignage de Plutarque & de Strabon, qui affurent que Marius fit ouvrir une large & profonde tranchée, dans laquelle il détourna une grande partie de l'eau du Rhône, & la conduifit à un endroit de la côte, où elle s'écouloit dans la mer par une embouchure capable de porter les plus grands navires. Cela eft précis, & il me femble que la meilleure maniere d'entendre un auteur, eft de fçavoir ce que fes contemporains, ou ceux qui font venus immédiatement après lui, ont dit fur le même fujet.

D'ailleurs, les expreffions de Pline ne me paroiffent pas fufceptibles d'un autre

de

de remonter le fleuve, dont les embouchures étoient remplies de vase & de sable, rendit cet ouvrage nécessaire à Marius, pour avoir plus facilement les provisions qu'il tiroit de Marseille par mer. Cette ville resta ensuite en possession du canal, en récompense de ses bons offices, & s'en servit utilement pour faire le commerce des Gaules ; elle mettoit même un droit sur les marchandises qu'on y embarquoit, & en retiroit tous les ans un revenu considérable.

<small>ARRIVÉE DES AMBRONS ET DES TEUTONS; LEUR DÉFAITE.</small>

Elle fit élever sur la côte un phare pour guider les vaisseaux pendant la nuit, & des édifices qui, selon les apparences, servoient de logement aux receveurs, & d'entrepôt aux marchandises. On voit encore dans la plaine, qui est entre Foz & le port de Bouc, des restes de grands aqueducs. Si la ville de Rhodanusia n'appartenoit point encore aux marseillois, ce fut vraisemblablement alors qu'elle passa sous leur domination. On prétend qu'ils firent mettre sur les monnoies que l'on continua d'y frapper, les lettres caractéristiques qu'on voit sur celles de Marseille.

<small>V. ci-dessus, p. 516, la note.</small>

Les barbares, forcés d'abandonner l'Espagne, revinrent sur leurs pas, & s'étant séparés, les cimbres prirent le chemin des Alpes noriques ; les ambrons & les teutons, celui de la province romaine. Ceux-ci en passant devant les romains, n'oublierent rien pour les attirer au combat ; ils les attaquerent même dans leurs retranchemens. Marius, content de les repousser, retint son armée dans le camp pour l'accoutumer insensiblement à supporter leur vue effrayante & leurs cris tumultueux, & pour la faire revenir peu-à-peu de la frayeur que la réputation de leur courage, leur taille gigantesque & leur air martial avoient jetté dans tous les

<small>Av. J. C. 102.

La Baviere & le Tirol.
Tit. Liv. ep. 68.
Plutarq. in Mario.
Flor. l. 3. c. 4.
Front. Stratag. l. 2. c. 9.</small>

---

sens, *ultrà*, dit-il, *fossa ex Rhodano*. Au-delà est le canal qui reçoit les eaux du Rhône. Je pourrois m'étendre davantage sur ce point, & justifier mon sentiment par le témoignage de Pomponius-Mela, si je ne croyois pas qu'il fût inutile de rien ajouter à cette note, qui doit suffire pour détruire une erreur que l'autorité du traducteur de Pline auroit été capable d'accréditer.

Tome I. Xxx

cœurs. Cependant quand ces barbares se furent retirés, il les suivit en queue, ayant soin de se poster dans les lieux les plus avantageux.

Après quelques jours de marche les deux armées arriverent à la riviere d'Arc, dans une plaine située entre Tretz & Pourieres, au-delà d'Aix (1) en tirant vers les Alpes. Les teutons s'arrêterent dans la plaine, sur la rive gauche de la riviere, & Marius établit son camp de l'autre côté, sur une hauteur où il n'y avoit point d'eau. Bientôt les soldats en sentirent le besoin; & comme ils s'en plaignoient, *en voilà*, leur dit-il, en leur montrant la riviere, *mais les barbares en sont les maîtres, il faut l'acheter au prix de votre sang*.

---

(1) Nous plaçons cette bataille dans la plaine de Tretz, suivant l'opinion commune. Il faut pourtant convenir que le récit de Plutarque n'est guere propre à nous faire connoître en quel lieu elle fut donnée. Cet auteur semble insinuer que ce fut aux portes de la ville d'Aix, près de l'endroit où sont les eaux thermales. Il dit ensuite que les corps morts engraisseroient les terres des marseillois, quoique Marseille soit à cinq lieues de la ville d'Aix, où les romains avoient alors une colonie. Ce défaut d'exactitude prouve que Plutarque ne connoissoit point le pays, & qu'il faut plutôt déterminer la position du champ de bataille par la connoissance que nous avons du local, que par le récit de cet historien. Or, tout concourt à prouver que cet événement se passa dans la plaine de Tretz, quoique les deux armées, qui étoient fort nombreuses, celle des barbares sur-tout, dussent remplir pendant l'action un espace de plusieurs lieues, depuis Aix jusques vers la plaine de Saint-Maximin. On croit que c'est de cette victoire mémorable remportée par Marius, que la montagne de Sainte-Victoire tire son nom.

Plutarque observe que les ambrons & les liguriens, parloient la même langue. Les liguriens habitoient les Alpes maritimes, & servoient dans l'armée romaine. Je croirois volontiers que les ambrons étoient des montagnes de la Savoie, du Vivarais & du Dauphiné, qui s'étoient joints aux teutons.

Le même auteur rapporte que les cimbres s'asséyoient sur leurs boucliers & glissoient sur des montagnes de glace. Cette circonstance prouve que les cimbres étoient aussi des montagnards. J'ai vu faire la même chose sur le col de Tende, qui est une des plus hautes montagnes des Alpes maritimes. Les paysans s'assient sur leur hoyau, qui est fort large, tenant le manche des deux mains pressé contre la poitrine; & dans cette attitude, ils se laissent aller sur la neige, quand elle est endurcie par le froid.

Aiguillonnés par cette réponse, ils demandent à combattre. Marius, qui tiroit parti de tout, leur répondit qu'avant de livrer bataille, il falloit se retrancher, pour avoir un asyle en cas de défaite. On obéit, & l'on travailla aux retranchemens. Cependant les valets qui n'étoient point employés à ces ouvrages, ayant pris les armes, allerent faire leur provision d'eau. C'en fut assez pour engager un des plus sanglans combats qu'il y ait jamais eu. Les teutons, d'abord en petit nombre, tombent sur eux; ensuite les ambrons, attirés par les cris des combattans, volent aux armes, & s'avancent dans une contenance capable d'effrayer l'armée la plus aguerrie. Comme ils avoient la riviere à passer, leur ordonnance fut rompue, l'armée romaine qui étoit descendue pour les attaquer, ayant fondu sur eux dans ce moment de désordre, les chargea avec tant de furie, que dans un instant la riviere fut remplie de morts.

ARRIVÉE DES AMBRONS ET DES TEUTONS; LEUR DÉFAITE.

La nouvelle s'en étant répandue dans le camp, les femmes qui y étoient restées, prennent les premieres armes qui leur tombent sous la main, haches, épées, couteaux, & tout écumantes de rage & de douleur, elles frappent sans distinction leurs ennemis & leurs époux, les uns pour les repousser, les autres pour les faire retourner au combat; elles se précipitent même dans la mêlée, saisissent avec leurs mains les épées nues de l'ennemi, portent & reçoivent des coups avec une intrépidité sans égale. Les romains étonnés de tant d'audace, épuisés de fatigue, couverts de sang & de blessures, se retirent dans le camp où la frayeur les suit. Comme ils n'avoient pas eu le tems de se retrancher, & que le plus grand nombre des ennemis n'avoit pas combattu, ils passerent la nuit dans les plus cruelles alarmes, au milieu des cris affreux, ou pour mieux dire, des hurlemens & des mugissemens, dont ces barbares faisoient retentir l'air. Cependant ni cette nuit ni le lendemain, on n'osa rien entreprendre de part ni d'autre.

Marius, qui profitoit de toutes les occasions de s'assurer d'une victoire complette, détacha Marcellus avec trois mille hommes d'infanterie, pour aller se mettre en embuscade derriere le camp des ennemis, dans un bois situé près de l'endroit où est Pourcioux, avec ordre de les attaquer quand le combat seroit engagé. Lorsque tout fut prêt, il sortit lui-même du camp, fit descendre la cavalerie dans la plaine, & rangea l'armée en bataille sur la hauteur. Les barbares ne l'eurent pas plutôt apperçu, qu'animés du desir de la vengeance, ils s'avancerent précipitamment pour combattre ; ce qui fut en partie cause de leur défaite. Comme ils montoient la coline, & que la pente en étoit considérable, ils ne purent pas également s'appuyer des deux pieds, ni donner à leurs corps une assiette assez ferme pour porter des coups sûrs. Marius, qui le prévit, ordonna à son armée de s'arrêter, jusqu'à ce qu'ils fussent arrivés à la portée du trait, de mettre alors l'épée à la main & de les charger. L'ordre fut exécuté ; les premiers rangs des ennemis furent rompus, & mirent la confusion & le désordre dans les derniers : alors Marcellus, sortant de son embuscade, tomba sur ceux-ci avec tant de valeur & des cris si épouvantables, que les derniers rangs porterent à leur tour le désordre dans les premiers ; tout plia, & le carnage fut terrible.

On fait monter le nombre des morts & des prisonniers à près de deux cens mille hommes. Teutobolus, roi des teutons, & plusieurs autres princes y perdirent la vie. Dans le nombre des prisonniers, il se trouva trois cens femmes, qui ne pouvant se résoudre à vivre avec d'autres hommes qu'avec leurs époux, supplierent Marius de les donner à Cerès ou à Vénus, pour servir dans leurs temples en qualité d'esclaves. Marius le refusa, soit par dureté, soit parce qu'il n'étoit point maître du butin ; & ces femmes, poussées par le désespoir, massacrerent leurs enfans & s'étranglerent de leurs propres mains dans une nuit, préférant une mort violente à la honte de servir les caprices d'un maître, & de relever le triomphe des meurtriers de leurs époux. Les provençaux, qui servoient dans l'armée romaine, eurent beaucoup de part à cette journée. Le succès en eût été bien différent, si les ambrons & les teutons avoient eu autant d'expérience dans l'art militaire que de bravoure; mais le courage & le nombre ne peuvent rien contre l'habileté des chefs & la discipline des troupes (1).

<small>ARRIVÉE DES AMBRONS ET DES TEUTONS; LEUR DÉFAITE.</small>

Les salyes & les liguriens, naturellement inquiets & remuans, sentirent leur courage se réveiller au milieu du bruit des armes, & tenterent de secouer le joug.

<small>§. VIII. TROUBLES EN PROVENCE.</small>

(1) Plutarque assure qu'il fallut six jours à l'armée des teutons & des ambrons pour défiler devant le camp des romains. Je ne voudrois pas conclure de là qu'elle étoit prodigieusement nombreuse. Les anciens peuples des Gaules n'ayant ni ordre, ni discipline dans leur marche, n'alloient souvent que par bandes; & ces bandes mettoient, de l'une à l'autre, un intervalle de deux ou trois lieues, & quelquefois davantage. Mais nous sçavons d'ailleurs que ces barbares, quand ils traverserent le Languedoc, étoient au nombre de quatre cens mille hommes; le calcul en est facile à faire. Les ambrons & les teutons, perdirent suivant Tite-Live, dans les deux batailles qu'ils soutinrent contre les romains, deux cens quatre-vingt-six mille hommes, dont deux cens mille resterent sur le champ de bataille, & les autres furent faits prisonniers. Vell. Paterculus ne fait monter le nombre des morts qu'à cent cinquante mille : mais il s'ensuivra toujours que l'armée qui fut battue en Provence, dans le diocese d'Aix, étoit forte de plus de deux cens mille hommes.

D'un autre côté, nous sçavons que les cimbres qui étoient venus d'Espagne avec les ambrons & les teutons jusqu'aux bords du Rhône, & qui les quitterent ensuite pour prendre le chemin des Alpes noriques, perdirent à la journée de Verceil, en Piémont, deux cens mille hommes, tant tués que prisonniers. Voilà donc quatre cens mille barbares, qui dans l'espace de dix jours tout au plus, traverserent le Languedoc. Quels magasins immenses ne faudroit-il pas aujourd'hui pour nourrir une armée si nombreuse ? Cependant on n'en faisoit point alors, & la campagne étoit beaucoup moins cultivée qu'elle ne l'est à présent. Comment ces barbares faisoient-ils donc pour vivre ? Ils enlevoient aux habitans leurs provisions, & massacroient les bestiaux. D'ailleurs, comme ils faisoient leurs émigrations en été, ils vivoient de la chasse, de légumes, de racines & de fruits, quoiqu'il y eût alors très-peu d'arbres fruitiers. On peut juger par là des ravages affreux qu'une armée de quatre cens mille hommes faisoit dans le pays qu'elle traversoit ; mais il paroit plus naturel de croire qu'elle n'étoit pas aussi nombreuse que les auteurs romains le prétendent. On peut voir ce que j'ai dit ci-dessus de la population des Gaules, pag. 502 & 503.

<small>Vita Marii.

Epitom. 68.

L. 2. ch. 12.</small>

LIVRE I.
Cicer. *pro Font.*

Leurs mécontentemens venoient de ce qu'ils étoient foulés par le passage continuel des troupes qui alloient en Espagne ou ailleurs ; il falloit fournir des hommes, de l'argent, des vivres, des voitures, & ces impôts étoient exigés avec une dureté plus insupportable encore que les charges. A cette rigueur, les commandans joignoient une avarice insatiable ; rien de ce qui pouvoit la satisfaire ne leur paroissoit illicite ; ils vendoient l'exemption des contributions, les privileges, les emplois ; violoient souvent les immunités accordées par le sénat, mettoient, sans son aveu, de nouveaux impôts, & livroient les peuples aux vexations des partisans. C'est en vain que les villes portoient leurs plaintes à Rome ; elles ne changeoient que de tyrans en changeant de gouverneurs, & retrouvoient dans tous les mêmes passions & la même dureté.

Habitans du Vivarais & du diocese de Vaison.
Av. J. C. 74.
Cicer. *pro Font.*

D'un autre côté, l'esprit de faction, qui s'étoit répandu dans Rome, avoit aussi gagné la province ; chacun épousoit un parti selon ses intérêts & ses caprices. Les helviens, les voconces & les volces arécomiques, qui s'étendoient sur les deux bords du Rhône, se déclarerent pour Sertorius ; Pompée les fit rentrer dans l'obéissance, & les ayant dépouillés d'une partie des terres qu'ils possédoient le long du fleuve, il en fit don à Marseille. Il étoit de l'intérêt des romains d'étendre le commerce de cette ville, & d'augmenter ses possessions ; ils en tiroient un profit réel, sans avoir la charge d'y entretenir des troupes pour les faire garder & cultiver. Ils lui abandonnerent donc ces terres, situées sur l'un & l'autre bord du Rhône, afin qu'elle en maintînt la navigation libre ; elle y fit en effet des établissemens, pour favoriser le transport des marchandises qu'elle envoyoit dans les Gaules. Avignon fut presque entiérement peuplé de marseillois, & Tarascon fut une des villes qu'ils bâtirent.

Nous découvririons bien d'autres détails intéressans sur l'étendue de leur domination, si les historiens en avoient parlé moins succinctement; nous sçaurions, par exemple, en quoi consistoient les terres que Marseille possédoit chez les salyes, & nous connoîtrions ses différens alliés, dont les plus affidés furent les albiciens, les seuls de toute la Provence qui lui donnerent du secours pendant le siege qu'elle soutint contre César.

Sans les ressources qu'elle trouva dans leur courage & dans celui des soldats romains & des esclaves de Domitius, elle seroit tombée entre les mains des assiégeans à la premiere attaque. Ses armées navales n'étoient pas plus considérables que ses troupes de terre; douze galeres de César, construites à la hâte, détruisirent sa marine : on peut juger par-là de la critique des historiens anciens & modernes, qui veulent que Marseille ait été la reine des mers, qu'elle ait enrichi ses temples de la dépouille de plusieurs peuples, & donné des loix à Carthage, qui mettoit sur pied des armées de trois cens mille hommes, & couvroit la Méditerranée de flottes de plus de mille voiles. Tout cela, réduit à sa juste valeur, signifie seulement que les galeres de Marseille avoient défait quelques pyrates & enlevé quelques vaisseaux, soit aux peuples voisins, soit aux carthaginois, dans des rencontres particulieres (1).

Troubles en Provence.

Justin. l. 43. Ruffi, Heindrech, &c.

Diod. l. 14. c. 15.

---

(1) Comme l'idée que je donne de la grandeur & de la puissance de Marseille est contraire à celle que nos historiens modernes s'en sont formée, je vais tâcher de la justifier par des réflexions appuyées du témoignage des anciens.

Quand je dis que Marseille n'étoit pas grande, relativement à ce qu'elle est de nos jours, je me fonde sur les limites que César lui donne, & que j'ai déterminées dans la chorographie.

Secondement, sur ce qu'il dit qu'avec trois légions il s'empara de cette ville, c'est-à-dire, avec quinze mille hommes; car la légion en avoit tout au plus cinq mille du tems des guerres civiles. Cependant Marseille étoit secourue par les albiciens, les esclaves & les fermiers de Domitius, & peut-être par des soldats du parti de Pompée. Je demande si une ville si peu considérable, relativement à ses forces, & dont la marine militaire ne montoit en tout qu'à dix-sept galeres, pouvoit avoir vaincu les flottes de Carthage? Les historiens l'ont beaucoup vantée du côté de sa puissance maritime, parce qu'elle l'emportoit sur toutes les villes des

CEPENDANT, il faut l'avouer, il n'y avoit point de ville dans les Gaules qui pût égaler sa puissance maritime ; aussi fut-elle admise à l'alliance des romains, dont la politique étoit d'avoir partout des alliés, en attendant l'occasion d'en faire des sujets. On pourroit fixer l'époque de cette alliance à l'an 340 de Rome ou environ, lorsque les carthaginois, maîtres de la Sardaigne & de la plus grande partie de l'Afrique, de l'Espagne & de la Sicile, menaçoient toutes les puissances maritimes de l'Europe. Leur commerce étoit immense, il n'y avoit aucune partie du monde connu, d'où ils ne tirassent des marchandises.

Gaules, & peut-être sur celles d'Italie, si on en excepte Rome ; mais ils n'ont pas dit, il s'en faut bien, tout ce que nos auteurs modernes leur font dire ; je n'en excepte que Justin, qui admet quelquefois sans discernement des traditions populaires ; qui parle des marseillois & des gaulois en homme qui ne les connoissoit pas assez, & qui ne sentoit pas que c'est par degrés, avec le tems, & par le concours de plusieurs circonstances heureuses, que les hommes se civilisent.

Par exemple, à peine Marseille est-elle fondée, qu'il nous la représente comme une ville des plus policées, qui dans peu de tems transforma les gaulois en véritables grecs, *adeoque magnus*, dit-il, *& hominibus & rebus impositus est nitor, ut non gracia in galliam, sed gallia in graeciam translata videretur*. Il est bon de remarquer que cette grande révolution arriva, selon Justin, avant que Nanus, qui avoit reçu chez lui les premiers fondateurs de Marseille, fût mort. Avec un peu de critique, il nous auroit épargné tout ce merveilleux.

On sçait que quand les gaulois assiégeoient le capitole, ils demanderent de l'argent pour se retirer ; il n'y eut pas entre cette demande & leur fuite, un intervalle de deux jours. Cependant Justin suppose que des députés marseillois, en ayant entendu parler en revenant de Delphes, eurent le tems d'engager leurs compatriotes à ramasser tout l'or qu'il y avoit à Marseille, soit au trésor public, soit chez les particuliers, & de l'envoyer aux romains pour completter la somme que les gaulois demandoient ; s'il peut y avoir quelque chose de vrai dans ce récit fabuleux, c'est une circonstance que l'auteur omet, qui est que les députés n'étoient pas arrivés à Marseille, que Camille avoit déjà chassé les gaulois de devant Rome.

Ces faits suffisent pour nous faire comprendre dans quelles dispositions nous devons lire Justin. Nous ne sçaurions trop nous tenir en garde contre l'illusion. Nous sommes naturellement portés à rehausser la gloire de nos ancêtres ; & lorsque ce penchant se trouve favorisé par des traditions populaires, ou par les erreurs des historiens, & sur-tout des historiens modernes, nous donnons dans un merveilleux qui déshonore l'histoire, sans rien ajouter à la gloire de la patrie.

Celui

Celui de Marseille ne pouvoit donc pas encore avoir ce degré de splendeur, où il parvint après la destruction de Carthage, 146 ans avant J. C.; alors il fit des progrès rapides. Les romains le favoriserent dans tous les pays de leur domination, persuadés, comme l'événement le prouva, qu'il leur faciliteroit bientôt la conquête des Gaules; en effet, Marseille les y attira vingt-ans après l'entiere abolition de la puissance carthaginoise.

Depuis cette époque, elle envoya des vaisseaux en Espagne (1) chercher l'or, l'argent, le cuivre, le plomb & le fer de ses mines; souvent ils en revenoient chargés de miel, de poissons salés, d'excellentes saumures, de laines, d'étoffes de lin, de toiles & de joncs propres à faire des cordages. Marseille faisoit ce commerce avec

COMMERCE DE MARSEILLE.

Au reste, ce que nous venons de dire, n'empêche pas que Marseille ne fût du tems de César une ville très-considérable, relativement à celles des Gaules, dont aucune peut-être n'avoit alors trente-mille habitans; il est certain d'ailleurs qu'elle l'emportoit sur toutes, & sur Rome même, par l'étendue de son commerce, par la sagesse de son gouvernement, par la politesse, par les vertus de ses citoyens, & par les progrès qu'elle avoit fait dans les sciences, les lettres & les arts. Si à cet égard il n'est pas certain qu'elle l'emportât sur Rome, elle l'emportoit du moins sur Carthage; & sa marine militaire ne cédoit qu'à celle de ces deux grandes républiques. Le fini qui regne dans la gravure & le dessin de quelques-unes de ses médailles, les voyages de Pythéas & d'Euthymene, les grands hommes que cette ville avoit déjà produits avant la naissance de Jesus-Christ; enfin le témoignage de Cicéron & de César lui-même, justifient ces éloges, & ceux que les anciens historiens les plus éclairés lui ont donnés.

(1) Les premieres mines d'argent qu'on trouva dans les Pyrénées, étoient fort riches, & d'un revenu prodigieux. Diodore de Sicile nous apprend comment on en fit originairement la découverte. Il dit que des pâtres ayant mis le feu aux forêts épaisses qui couvroient ces montagnes, la violence de l'incendie fut si grande, que la chaleur des flammes pénétra le sol, & que du sein de cette terre brûlante, on vit couler des ruisseaux d'un argent pur, & dégagé de toute matiere étrangere. Les phéniciens, ajoute cet auteur, profitant de l'ignorance des naturels du pays, leur donnerent quelques marchandises de peu de valeur en échange de cet argent, dont ils chargerent leurs vaisseaux; & pour en perdre le moins qu'ils pouvoient, ils firent entrer ce métal au lieu de plomb dans la fabrique de leurs ancres. Les veines en étoient visibles dans la sueprficie du terrain, & s'entre-

Diod. l. 5. c. 24.

Tome I.   Y y y

le même avantage qu'on fait aujourd'hui celui de l'Afrique. Les espagnols de ce tems-là, n'ayant ni arts ni induſtrie, attachoient peu de prix aux richeſſes qu'ils tenoient immédiatement de la nature; ils eſtimoient au contraire beaucoup les choſes de nulle valeur, que les marſeillois, plus habiles, avoient ſoin de leur faire regarder comme très-précieuſes. C'eſt ainſi que ces derniers s'enrichiſſoient ſans appauvrir les autres. Ils avoient tous les avantages que les nations éclairées & policées ont ſur les peuples ignorans & groſſiers. Ils tiroient encore de l'Eſpagne, ainſi que de l'Italie, du vin & de très-bons fruits.

Enfin, on trouvoit à Marſeille, dans les tems dont nous parlons, tout ce qui étoit devenu un objet de commerce, comme le ſuccin ou l'ambre jaune qu'on alloit chercher juſques ſur les côtes de la mer Baltique, & dont on faiſoit des bijoux; l'étain d'Angleterre, & les chiens dont la nobleſſe gauloiſe faiſoit grand cas; la cire, le borax, le vermillon, les peaux, & l'écarlate; ajoutons les productions de l'Arabie, & les marchandiſes précieuſes

---

LIVRE I.
Diod. Sic. l. 5.
Strab. l. 4. &c.
Plin. hiſt. nat.
l. 14. 25. 28. &c.
Galen. *de art. cur.*
Huet, traité du
com. p. 206. &c.
Juſtin, &c.

Plin. l. 37. c. 2.
Acad. des inſcr.
t. 19. p. 160.
Diod. Sic. l. 6. c. 8.

---

laçoient les unes aux autres dans la longueur de pluſieurs ſtades. Le but des marſeillois, quand ils établirent des colonies en Catalogne, étoit principalement de profiter des mines que les Pyrénées renfermoient.

Les phéniciens furent donc les premiers qui firent le commerce de l'Eſpagne. Ils y portoient du fer & du cuivre travaillés, & en ramenoient leurs vaiſſeaux chargés d'or & d'argent. Ils commerçoient avec les eſpagnols, comme ceux-ci commercerent enſuite avec les américains du Pérou, du Chili, & du Potoſi, qui leur donnoient de gros morceaux d'or & d'argent, pour des aiguilles, des couteaux, des ciſeaux, des haches, des ſerpes ou des marteaux; avec cette ſingularité remarquable, que ces hommes ſimples s'applaudiſſoient de leurs échanges, & ſe mocquoient des étrangers, qui leur abandonnoient des inſtrumens utiles, & de la derniere importance, pour des matieres frivoles qui ne leur ſervoient qu'à compoſer de pures bagatelles. Les eſpagnols, au contraire, triomphoient de voir qu'ils amaſſoient des tréſors immenſes avec des quinquailleries qui ne leur coûtoient preſque rien. Ils ne ſçavoient pas qu'ils renouvelloient en Amérique la ſcene qui s'étoit paſſée chez eux il y avoit plus de deux mille ans, avec cette différence pourtant, que les phéniciens, moins barbares, n'avoient point égorgé les anciens eſpagnols pour de vils métaux, comme ils égorgeoient eux-mêmes les infortunés américains.

des Indes, qu'on tiroit d'Alexandrie, quand les succeſſeurs d'A-
lexandre en eurent fait le centre du commerce de l'Europe &
de l'Aſie (1).

<small>COMMERCE DE MARSEILLE.</small>

La Provence fourniſſoit auſſi beaucoup de choſes eſtimables,
telles que des plantes ſalutaires, dont on faiſoit uſage en médecine ; du corail, qu'on pêchoit ſur les côtes de la Méditerranée ;
pluſieurs eſpéces de ſalaiſons, des laines, des draps, de l'huile &
du vin très-eſtimé d'abord, & décrié dans la ſuite quand il fut altéré.
Ce ſont les phocéens qui apporterent dans les Gaules, la vigne &
l'olivier ; mais ſelon les apparences, il ſe paſſa pluſieurs ſiecles
avant que les gaulois penſaſſent à les cultiver ; car le vin qu'on
buvoit dans les autres provinces du tems de Poſſidonius, contemporain de Pompée, étoit apporté d'Italie ou du voiſinage de
Marſeille. On doit encore aux anciens provençaux l'uſage du ſavon
qu'on employoit utilement en pluſieurs des maladies.

<small>Strab. l. 4.
Martial. l. 3. epig. 8
Plin. hiſt. l. 14. c. 6.</small>

<small>Strab. l. 11.
Athen. l. 4. c. 12</small>

Ce commerce d'économie, dont les marſeillois n'étoient à proprement parler que les commiſſionnaires, eſt encore le ſeul qu'ils
ſoient en état de faire. Le peu de fertilité du pays, ne leur permet
pas de fournir beaucoup de productions de leur cru. Leurs peres,
contens de raſſembler les richeſſes de l'Orient, de l'Afrique & de
l'Europe, répandoient dans une contrée le ſuperflu qu'ils tiroient
de l'autre, & tout le profit leur reſtoit ; leur fortune fut éclatante
& rapide ; elle engendra les commodités de la vie, c'eſt-à-dire la
choſe du monde qui a le plus d'attraits pour l'homme, lorſqu'il eſt
ſorti de l'état ſauvage, où par amour de l'indépendance & de la
liberté, il ſe bornoit aux ſeuls beſoins phyſiques.

---

(1) Il y a toute apparence que les marſeillois tiroient auſſi de l'Egypte du lin,
qui étoit une des principales richeſſes du pays. Les égyptiens faiſoient des toiles
de lin d'une ſi grande fineſſe, qu'on voyoit à travers la peau de ceux qui en
étoient couverts. On l'employoit auſſi à faire des cuiraſſes, d'excellens filets pour
la chaſſe des ſangliers & des bêtes fauves, & des voiles de navires d'une bonté ſans
égale. Les vaiſſeaux qui en portoient, paſſoient pour être meilleurs voiliers que les
autres.

<small>Commerce des Egyptiens, p. 22 & ſuiv.</small>

Yyy 2

Livre I.

Strab. & Juft.
loco cit.

Quand les provençaux eurent été domptés par les romains, quand leurs cités isolées furent réunies sous un même gouvernement, pour ne former qu'une même nation avec les vainqueurs; en un mot, quand ils furent forcés d'être soumis & tranquilles, ils eurent d'autres vues, & sentirent de nouveaux besoins. Les richesses de Marseille les frapperent vivement, & cette république vit arriver en foule dans ses murs, tous les étrangers auxquels son commerce pût donner du travail & un salaire. Ce surcroit d'habitans la mit en état de se priver d'une partie de ses citoyens, pour former des établissemens sur les côtes de la Méditerranée; établissemens nécessaires à une ville dont la puissance étoit fondée sur le commerce maritime.

Les gaulois & les espagnols avec lesquels Marseille trafiquoit, ne se rassembloient point encore dans les villes. Uniquement occupés de leurs besoins, ils ne mettoient aucune valeur au superflu; il étoit donc indispensable d'établir des colonies, qui fissent le commerce intérieur, & où les vaisseaux marseillois pussent faire leurs échanges en arrivant. Elles furent, pour ainsi dire, le germe de tous les avantages dont jouit ensuite le pays où on les avoit fondées. Elles exciterent insensiblement l'industrie des peuples, & animerent l'agriculture; de-là, les manufactures célebres qui s'éleverent en Provence, la perfection des arts méchaniques & libéraux, la richesse de la province, la politesse des habitans, la culture des terres, & la magnificence des villes, objets aussi nouveaux pour les gaulois que pour les romains, qui ne purent refuser des éloges à l'industrie des provençaux, comme Pline nous le témoigne. De-là enfin cette quantité innombrable de monnoies, qui sont tout à la fois la preuve de la politesse d'un peuple, & de l'étendue de son commerce.

Cic. pro Flacco.

Hift. nat. l. 3. c. 4.

Diod. Sic. l. 6. ch. 9.

Les marseillois introduisirent dans les Gaules l'usage de porter des brasselets, des colliers d'or & d'argent (1), & les autres orne-

---

(1) A Arles les femmes du peuple portent encore autour du bras de ces anneaux d'or qui ressemblent aux anciens brasselets. C'est une des villes où l'on découvre

mens dont les personnes de considération se paroient même avant la conquête. Il n'y avoit qu'une ville comme Marseille, où fleurissoient les arts de la Grece, qui sçût travailler ces sortes de bijoux avec délicatesse. Sous les empereurs, Arles devint célebre par son commerce, ses manufactures, ses broderies, & ses ouvrages d'or & d'argent; mais nous en parlerons ailleurs.

COMMERCE DE MARSEILLE.

Ces deux villes envoyoient dans les Gaules, les marchandises qu'elles tiroient de l'étranger, par la Méditerranée, & leur faisoient ordinairement remonter le Rhône jusqu'au-dessus de Vienne, d'où on les portoit dans le Vélay (1) & le Forez, pour les faire descendre, par la Loire, dans les différentes provinces qu'elle arrose, ou bien les bateaux remontoient jusqu'au Doux par la Saône; souvent même, sans sortir de cette riviere, ils alloient à une distance convenable, pour que les marchandises fussent transportées par des voitures, ou à la Seine, qui les communiquoit aux peuples situés sur ses bords, ou à la Moselle, d'où elles descendoient à Treves; ce qui donna lieu à la remarque d'un ancien géographe, sur la correspondance & le commerce qu'il y avoit entre Arles & cette ville. Du tems de Strabon, le pays des séquanois * & celui que la Seine arrose tiroient déjà des marchandises de Marseille, par la route que je viens de décrire.

Vater. orb. desc.

* Franche-Comté.

---

plus de traces des anciennes mœurs. On y voit entre autres le combat des taureaux, la course d'hommes & celle de chevaux, &c. Je suis persuadé que si l'on vouloit rassembler les usages singuliers qui se pratiquent dans les différens endroits de la province, on retrouveroit presque tous ceux des romains, ou du moins on en trouveroit une grande partie. Une collection de cette espece vaudroit bien un recueil d'antiquités.

(1) C'est ainsi qu'il faut expliquer, je pense, ce que dit Strabon, l. 5, où il assure qu'on portoit les marchandises par terre, depuis le Rhône jusqu'à la Loire, chez les auvergnats, c'est-à-dire, dans le Forêt & le Vélay, qui, du tems de César, faisoient partie des *Arverni*, sous la dépendance desquels ils vivoient. Car si on entendoit par *Auvergnats*, l'Auvergne proprement dite, le passage de Strabon seroit inintelligible, puisque la Loire n'y passe pas.

« On peut, dit-il, remonter le Rhône fort loin, & tranfpor-
» ter, par fon moyen, les marchandifes en différens endroits; car
» la Saône & le Doux, qui font des rivieres navigables & propres
» à porter de groffes charges, fe jettent dans le Rhône; de la
» Saône les voitures fe font par terre jufqu'à la Seine, qui porte
» enfuite les marchandifes dans le pays des lexoviens * & des cale-
» tes, d'où elles paffent dans la Grande-Bretagne en moins d'une
» journée de navigation ».

Le commerce de Marfeille ne fut pas d'abord tel que nous venons de le repréfenter; il ne parvint à cet état que par dégrés.
Mais il eft certain, qu'avant le fiege de cette ville par Céfar,
dont nous allons bientôt parler, elle envoyoit déjà fes vaiffeaux
au Levant, en Afrique, en Efpagne, en Angleterre, & tenoit un
rang diftingué parmi les républiques. Il faut auffi convenir que,
dans les commencemens, elle ufa d'une politique admirable; menacée d'un côté par les carthaginois, & de l'autre par les falyes,
jaloux de fa puiffance, elle s'attacha les romains par une fidélité
inviolable; elle leur donnoit des avis fecrets fur tout ce qui fe
paffoit dans les Gaules, avant qu'ils en entrepriffent la conquête.
Quand ils l'eurent commencée, elle leur fournit des vivres, des
voitures, de l'argent; en un mot, elle payoit, & les romains,
intéreffés à la foutenir, combattoient pour elle. Voilà comment
cette ville parvint à fe rendre fi floriffante dans les Gaules. Elle
fit ce que font les républiques foibles & commerçantes, elle s'é-
leva & fe foutint par fon or & fes intrigues.

Il feroit à defirer qu'en certaines occafions les marfeillois euffent mis plus de nobleffe & de défintéreffement dans leurs
procédés. Ils envoyerent des députés à Rome, pour juftifier
la conduite de Fontéius accufé, ou plutôt convaincu d'avoir
écrafé la province romaine par des vexations inouies, pendant qu'il en étoit prêteur. Une démarche, faite pour excufer
une oppreffion, dont ils ne s'étoient pas reffentis, (car Marfeille

n'étoit point de la province) est suspecte d'ambition & de flatterie. On diroit qu'ils prenoient plaisir à voir fouler ce malheureux peuple, ou par un secret ressentiment de leurs anciennes guerres, ou peut-être encore dans l'espérance de profiter de ses dépouilles, en se ménageant la protection de ceux qui avoient à Rome plus de crédit & de pouvoir. Mais, durant les démêlés de Pompée & de César, ils eurent occasion d'éprouver à quels excès pouvoit se porter l'ambition des romains.

COMMERCE DE MARSEILLE.

Il étoit naturel, dans une circonstance aussi difficile, de ne se déclarer ni pour l'un ni pour l'autre; mais, soit que les marseillois crussent les droits du premier plus fondés, soit qu'ils lui fussent plus attachés par les liens de la reconnoissance, ils reçurent Domitius Ænobardus, son lieutenant, qui entra dans le port avec ses esclaves, ses affranchis, ses fermiers, sept vaisseaux de transport, & refuserent d'ouvrir les portes de la ville à César, quand il se présenta à la tête de trois légions. César dissimula son ressentiment & tâcha de ramener les esprits par la douceur. Il voulut parler aux chefs du conseil public, & leur représenta tout ce qui étoit capable de leur faire impression; l'exemple de l'Italie, qui s'étoit rangée de son parti, les avantages qu'ils retireroient de son alliance, & la foiblesse de son ennemi. Les députés rentrerent dans la ville, & après avoir conféré avec le sénat, ils répondirent que le peuple romain étant divisé en deux partis, il ne leur appartenoit pas de décider un différend de cette importance; qu'ils vouloient demeurer neutres, pour ne désobliger aucun des deux chefs, également protecteurs & bienfaiteurs de Marseille. Cependant ils avoient déjà donné le commandement de la ville à Domitius, & fait tous les préparatifs nécessaires pour soutenir un siege. Déjà tout le bled des villages voisins avoit été transporté dans les magasins publics; ils avoient établi des atteliers d'armes en plusieurs endroits, & réparé les murailles & les portes de

§. X.
SIEGE DE MARSEILLE.
An. 49. av. J. C.
Cæsar. de bello civ. lib. 1. & 2.

la ville. Leur marine avoit été remife en état par un moyen fort extraordinaire; ils avoient envoyé une flotte de tous côtés, pour s'emparer des vaiffeaux marchands qu'elle trouveroit quelque part qu'ils fuffent, & avec les clous, le bois & les agrêts qu'ils en tirerent, ils radouberent & armerent leurs galeres. De tous les fecours qu'ils purent fe procurer, le plus grand, fans contredit, fut celui qu'ils retirerent des albiciens, hommes barbares, mais courageux, qui depuis long-tems étoient attachés à la république de Marfeille. Céfar, qui n'ignoroit pas ce qui fe paffoit dans la ville, réfolut de l'affiéger.

(1) Il y avoit dans le voifinage un bois, que la fuperftition des peuples avoit confacré; on n'en approchoit qu'avec une religieufe frayeur, & comme d'un lieu où la divinité réfide. Céfar ordonna de l'abattre pour conftruire des machines de guerre; mais aucun foldat n'ofa l'entreprendre, de peur d'être frappé de mort par une main invifible. Surpris de leur timidité, il prend lui-même une hache, & abat un arbre; les foldats, animés par fon exemple, en font autant; le bois eft coupé, & de tous côtés s'élevent des tours, des galeries & tous les ouvrages néceffaires pour un fiege.

Dans le même tems on conftruifoit à Arles douze galeres, qui, dans l'efpace de trente jours, furent lancées à l'eau; il les fit équiper avec la même diligence, & partit enfuite pour l'Efpagne, laiffant la conduite du fiege à Trébonius, & le commandement de la petite flotte à Brutus, qui mit à la voile, & vint mouiller devant celle des Stæcades mineures, qu'on appelle Ratonneau.

Les marfeillois fortirent, pour l'aller combattre, avec dix-fept

---

(1) Je rapporte cette circonftance pour ne pas m'écarter du récit des hiftoriens; car du refte je la crois fauffe. Il eft certain que Céfar abattit du bois dans la forêt voifine de Marfeille, pour conftruire les machines de guerre; mais la frayeur des foldats romains eft une imagination de Lucain, qui a voulu mettre du merveilleux dans une action fort ordinaire.

galeres & plusieurs barques remplies d'archers & d'albiciens*. Domitius fit aussi embarquer ses esclaves, & leur promit la liberté, s'ils s'en montroient dignes par leur courage. Les marseillois, habiles dans la manœuvre, éviterent d'abord de se commettre de trop près avec les ennemis; ils ne s'en approchoient que pour briser les rames & le gouvernail, afin de mettre leurs galeres hors de service. Les romains au contraire, qui n'avoient ni pilotes ni matelots expérimentés, dont les galeres, faites à la hâte & de bois verd, étoient extrêmement pesantes & difficiles à gouverner, vouloient en venir à l'abordage; ils s'étoient pourvus de dards, de javelots & de tous les instrumens propres au combat. Un de leurs vaisseaux ne craignoit point d'en attaquer deux des ennemis; il les accrochoit, l'un d'un côté, l'autre d'un autre: on s'élançoit dans les deux, & l'on se battoit avec fureur. Un combat de cette nature eût été trop inégal pour les marseillois; ils se bornerent pendant long-tems à tourner autour des romains, à leur lancer des traits & des pierres, & à voguer rapidement près d'eux pour briser leurs rames. Mais enfin le moment de l'abordage arriva, & le sang ruissela de tous côtés. Les marseillois, animés par l'amour de la patrie & par la confiance que donne le nombre, firent des prodiges de valeur, ainsi que les albiciens & les esclaves de Domitius; mais il fallut céder au courage indomptable des romains.

C'est dans la chaleur de ce combat qu'un soldat de Brutus, nommé Accilius, saisit de la main droite la poupe d'un vaisseau marseillois: on la lui coupe d'un coup de hache; il s'appuie du bras, s'élance au milieu des ennemis, se bat avec son bouclier, qu'il tient de la main gauche, & contribue, par ce trait de bravoure, à la prise du vaisseau. Les romains prirent ou coulerent à fond neuf galeres, & chasserent les autres dans le port.

Les soldats de Trébonius, encouragés par le succès de l'armée

Siege de Marseille.
* Peuple du diocese de Riez.

Plut. & Suet. vit. Cas. Valer. Max. l. 3. de fort. c. 22.

navale (1), formerent deux attaques, l'une au nord-ouest, près de la mer, & l'autre au levant, près de l'endroit où est la vieille poissonnerie. Ils s'étoient approchés des murailles à la faveur des parapets & des mantelets, & déjà ils travailloient à une platte-forme d'environ quatre-vingt pieds de haut, pour y dresser les batteries. La province leur avoit fourni des ouvriers, des chevaux & une grande quantité d'ozier pour la construction des ouvrages ; de leur côté les marseillois avoient tout ce qui étoit nécessaire pour la défense : rien n'étoit à l'épreuve de leurs machines, dit César, elles lançoient avec tant de force des pieces de bois de douze pieds de long, armées d'une pointe de fer, qu'elles perçoient quatre rangs de claies & s'enfonçoient encore dans la terre.

Les assiégeans, pour se garantir des traits, firent une galerie couverte de plusieurs pieces de bois jointes ensemble, d'un pied d'épaisseur. A l'abri de cette machine, ils se donnoient de main en main les matériaux nécessaires pour la construction d'une terrasse, & faisoient marcher devant eux une tortue de soixante pieds de long, pour applanir le terrain ; elle pouvoit résister aux pierres & au feu : mais la difficulté du travail, jointe à la hauteur des tours & des murailles qu'il falloit attaquer, les sorties fréquentes

---

(1) César dit que l'armée qu'il avoit laissée devant Marseille forma deux attaques, l'une dans le voisinage du port & de l'arsenal, & l'autre près de l'endroit où l'on arrive en venant de la Gaule & de l'Espagne, près de cette partie de la mer qui est du côté du Rhône, c'est-à-dire au couchant : car Marseille, ajoute-t-il, est baignée par la mer, presque de trois côtés, & ce n'est que par le quatriéme qu'on peut y entrer par terre. *Una erat proxima portui navalibusque ; altera ad partem quâ est aditus ex Galliâ atque Hispaniâ, ad id mare quod adigit ad ostium Rhodani. Massilia enim fere ex tribus oppidi partibus mari alluitur ; reliqua quarta est, qua aditum habet à terrâ.*

Pour reconnoître sur notre local les deux endroits où se firent les attaques, il faut se rapeller ce que nous avons dit dans la premiere partie de la chorographie, à l'article *Massilia.*

des assiégés, qui venoient mettre le feu aux machines, retarderent les ouvrages.

Sur ces entrefaites, Nasidius, envoyé par Pompée au secours de la place, arrive avec seize galeres, dont quelques-unes avoient la proue armée d'airain. Les marseillois, encouragés par ce renfort, se remettent en mer avec une flotte plus nombreuse que la précédente, & le vont joindre à Tauroentum, pour tenter le sort d'un nouveau combat. Tout ce qu'il y avoit d'hommes distingués dans Marseille, les guerriers connus, les chefs de la république, les jeunes gens en état de porter les armes, tout étoit sur cette flotte. Les vieillards, les femmes, les enfans sortirent de leurs maisons & se répandirent, les uns dans les temples, pour demander l'assistance des dieux, les autres, sur le rivage, levant les mains au ciel & poussant de grands cris, pour animer leurs concitoyens à la défense de la patrie.

Brutus de son côté mit à la voile avec dix-huit vaisseaux, en comptant les six galeres prises sur les marseillois; ceux-ci l'attaquent brusquement & font pleuvoir sur sa flotte une grêle de pierres & de dards; rien n'égale l'activité de leur courage & l'habileté de leur manœuvre. Si les romains attaquent un de leurs vaisseaux, d'autres volent à son secours & les forcent de lâcher prise; s'il faut combattre main à main, ils font des prodiges de valeur : albiciens, marseillois, tous se battent en héros (1). Dans le fort du

---

(1) Lucain parle de Tagus, qui vouloit arracher l'aplustre d'un vaisseau marseillois, c'est-à-dire, le forcer de se rendre. Car ôter l'aplustre, c'étoit donner une marque de soumission, & faire signe qu'on se rendoit à discrétion; c'est comme aujourd'hui quand on baisse le pavillon. L'aplustre, *aplustrum*, étoit une espéce de plancher attaché sur le sommet de la poupe, qui lui servoit d'ornement. Il avoit la forme d'un bouclier soit long, soit ovale; (V. Festus, au mot *aplustria*.) on plantoit au milieu un bâton droit, auquel on attachoit des plumes, des aigrettes, des panaches, & quelquefois des banderolles, comme on le voit sur les médailles de quelques empereurs.

On ne se contentoit pas d'ôter l'*aplustrum*, pour marquer qu'on se soumettoit,

Lucan. l. 3. v. 586.

combat, deux de leurs galeres s'avancent avec rapidité pour fondre sur celle de Brutus ; celle-ci les évite adroitement, les deux s'entreheurtent, s'entr'ouvrent, & les romains les coulent à fond. Malgré cette perte, le courage des marseillois redouble, & peut-être auroient-ils remporté la victoire, si Nasidius les eût secondés ; mais ce lâche général, effrayé sans doute de voir les soldats de Brutus s'élancer comme des lions dans les vaisseaux ennemis, & les remplir de sang & de carnage, prit la fuite, suivi d'une galere de Marseille, & gagna la côte d'Espagne, sans avoir seulement combattu. Les romains, vainqueurs pour la seconde fois, coulerent à fond cinq galeres, & en prirent quatre ; une de celles qui restoient fut dépêchée pour porter à la ville cette triste nouvelle. Les habitans qui étoient sortis en foule sur le rivage, pour apprendre l'issue du combat, en furent consternés. On n'entendoit de tous côtés que des cris de douleur & des hurlemens, comme si l'ennemi étoit déjà maître des portes de la ville.

Cependant la réflexion & le danger ranimerent le courage ; tous les hommes en état de porter les armes, résolus de périr plutôt que de se rendre, soutinrent le siége avec la même ardeur qu'auparavant. Leurs sorties fréquentes engagerent Trébonius à faire construire du côté du couchant une tour de brique, assez près des murailles de la ville, pour servir de retraite aux soldats ; les ouvriers y travailloient à l'abri des mantelets qu'ils avoient devant eux, & d'un toit mobile qu'ils élevoient avec des poulies, à mesure que l'ouvrage avançoit ; il étoit à l'épreuve des pierres & du feu. Quand ils furent à une hauteur où les mantelets ne pouvoient atteindre, ils firent déborder les solives du toit mobile, & y suspendirent en dehors de grandes nattes, faites avec des cables, derriere lesquelles ils travailloient aux murailles sans

---

ou qu'on se rendoit à discrétion ; on l'attachoit encore au côté gauche du vaisseau vainqueur, ou de celui qui portoit une personne à qui l'on devoit rendre hommage : car les anciens avoient comme nous leur maniere de rendre le salut.

courir aucuns rifques ; car rien ne réfiftoit mieux aux traits & aux pierres. Par ce moyen, ils vinrent à bout d'élever fûrement, fans bleffure & fans danger, cette tour, jufqu'à la hauteur de fix étages, à chacun defquels ils ménagerent des fenêtres pour le fervice des machines.

Quand ils furent affurés que de-là ils pouvoient défendre leurs autres ouvrages, ils conftruifirent une galerie couverte, de foixante pieds de long, & la firent rouler fur des pieces de bois rondes, dont on fe fervoit pour mettre les navires à l'eau ; elle avoit quatre pieds de large & un toit de brique & de mortier fort épais, couvert de feutre & de matelas, pour réfifter à l'eau, aux pierres & au feu ; elle tenoit tout l'efpace compris entre la tour & la ville, de maniere que les romains pouvoient en fapper les murailles à l'abri de cette machine.

Les marfeillois firent d'abord rouler du haut des remparts de groffes pierres, fans pouvoir l'ébranler, enfuite des tonneaux remplis de poix & de réfine, auxquels ils avoient mis le feu, pour le communiquer à la galerie ; mais toutes ces tentatives furent inutiles. Le fiege avançoit, & tandis qu'une partie des romains, du haut de la tour qu'ils venoient de conftruire, écarte, à coups de traits & de pierres, les affiégés qui fe montrent fur les remparts ; d'autres, à l'abri de la galerie, fappent les fondemens d'une tour, & l'ébranlent au point, qu'il en tombe une partie, & l'autre menace ruine. Alors les habitans allarmés, craignant le pillage de la ville & la fureur du foldat, fortent en habits de fupplians, & fe jettent aux pieds de Trébonius ; ils le conjurent, les larmes aux yeux, de ne pas pouffer le fiege plus avant, jufqu'à l'arrivée de Céfar, de peur que les troupes, excitées par l'amour du pillage & l'ardeur de la vengeance, ne fe livrent à toutes fortes d'excès, dans une ville qu'ils le fupplient d'épargner. Ces repréfentations furent faites avec une éloquence que le fentiment des maux préfens rendoit encore plus touchante. Trébonius fe laissa fléchir, & consentit à une treve, au grand mécontentement des soldats, qui se plaignoient qu'on leur enlevât une victoire certaine. Cependant ils demeurerent aussi tranquilles, dit l'historien, que s'ils avoient été dans la paix la plus profonde. Les marseillois, au contraire, profiterent de cette sécurité pour rétablir leurs affaires.

Un jour qu'une partie des ennemis s'étoit répandue négligemment dans la campagne, & que l'autre dormoit dans la tranchée, (c'étoit environ l'heure de midi) ils firent une sortie, & mirent le feu aux ouvrages. Un vent violent favorisoit l'entreprise. Dans un instant la tour, les mantelets, la tortue, la batterie, & les autres machines furent consumées, sans qu'on pût y apporter de remede. La colere des soldats romains fut extrême à la vue de ce spectacle, ils courent aux armes pleins de fureur, pour punir les perfides. Mais ceux-ci rentrent dans la ville, & les repoussent à coup de traits.

Cette perfidie ne procura aux marseillois qu'une courte joie. Les romains, animés par la colere, reconstruisirent les ouvrages avec tant d'ardeur, qu'en peu de jours les choses furent rétablies dans le même état. Alors la frayeur s'empare de nouveau des assiégés, qui ont recours aux mêmes supplications qu'auparavant, & obtiennent une nouvelle suspension d'armes.

Ce fait n'a pas besoin de réfutation. On ne se persuadera pas que, malgré le murmure des troupes, Trébonius ait accordé un second armistice à des hommes, qui par leur noire perfidie méritoient une punition exemplaire. Cet endroit des commentaires de César est manifestement corrompu. Le récit de Dion est plus vraisemblable. Il nous apprend que les romains, durant la treve, car il n'y en eut qu'une, ayant voulu surprendre une fois la ville pendant la nuit, furent repoussés avec tant de valeur, qu'ils n'oserent plus revenir à la charge.

Les marseillois fatigués de la longueur du siége, affoiblis par plusieurs défaites, & par la perte de deux batailles navales, en proie aux rigueurs de la faim & d'une maladie épidémique, abandonnés des provinces voisines sans aucune espérance de secours, résolurent enfin de se rendre à discrétion, après un siege de plusieurs mois. César qui étoit revenu d'Espagne les reçut avec bonté. L'ancienneté de la ville, & la célébrité qu'elle s'étoit acquise par sa politesse & par son goût pour les sciences & les arts, furent cause qu'il lui épargna les horreurs du pillage. Mais il lui enleva les villes de sa dépendance & ses colonies, dont elle ne conserva que Nice. Il détruisit les machines de guerre & les fortifications, se fit livrer les armes & les vaisseaux avec tout l'argent de l'épargne, & mit deux légions en garnison dans la ville. Quant aux habitans, content de les avoir désarmés, il leur laissa la liberté de vivre encore sous leurs loix, & de jouir en paix des avantages du commerce & des douceurs de la littérature.

César ne détruisit point l'arsenal, puisqu'il y mit une compagnie de gens préposés à l'entretien des machines nécessaires pour la construction des vaisseaux. Ils étoient sous les ordres d'un directeur, appellé dans la notice de l'empire; *præfectus muscularorium* (1).

Depuis la prise de cette ville jusqu'au tems où Auguste, vainqueur de ses rivaux, demeura seul maître de Rome, il ne se passa rien de mémorable dans la province. Les secousses violentes qui ébranlerent l'empire ne s'y firent presque pas sentir. Elle vit seulement les armées de Lépidus & d'Antoine se réunir à Fréjus ; mais l'orage alla fondre au-delà des Alpes, & tout fut tranquille dans la province. Lépidus en étoit alors gouverneur. Ce n'étoit pas un de

§. XI.
Prise de Marseille, et autres évenemens en Provence.

Strab. l. 4.
Val. Max. l. 2. c. 7.

Guid. Pancir. not.
imp. occid. p. 145.

---

(1) M. du Cange prétend que le mot *musculus*, signifie une espéce de navire. Dans ce cas, les *muscularii* seroient un corps de matelots, ou peut-être de constructeurs de vaisseaux. Quelque parti qu'on prenne, il en résultera toujours que Marseille conserva son arsenal, moins pour son usage particulier, sans doute, que pour celui des romains.

ces hommes faits pour gagner l'amour des peuples; mais il étoit attaché au parti de César, dont il affectoit de vouloir venger la mort: c'en étoit assez pour être chéri des colonies que César avoit fondées. Celle de Cavaillon fit mettre le nom de Lépidus sur ses monnoies. Bientôt après on y vit celui des deux autres triumvirs, César-Octavien & Marc-Antoine; & si le tems avoit épargné ces sortes de monumens, nous verrions peut-être que les autres colonies imiterent celle de Cavaillon. Antibes même, colonie marseilloise, mais qui n'étoit déja plus sous la dépendance de Marseille, fit aussi graver le nom de Lépidus sur ses monnoies (1); ainsi l'empressement étoit général pour décerner à ce triumvir des honneurs qu'il ne devoit qu'aux circonstances.

Diod. l. 54.
Senec. nat. quæst. l. 5. c. 17.
Aulug. noct. Attic. l. 2. c. 22.

Lorsqu'Auguste fut maître de l'empire, il céda la province au peuple romain, qui la fit gouverner par des proconsuls. Il y vint faire un voyage, puisqu'il y fit élever un temple au *vent*, que les latins appelloient *circius*, du mot celtique *cyrch*, qui signifie *violence, impétuosité*; c'est le vent d'ouest-nord-ouest. Il ôte la respiration quand on parle, dit un ancien; il ébranle un homme armé & un chariot chargé: mais, ajoute-t-il, les gens du pays, loin de s'en plaindre, sont persuadés qu'ils lui doivent la salubrité de l'air.

Hist. nat. l. 17. ch. 2.

Pline en a parlé plus au long; & comme il observoit la nature dans la vue de se rendre utile, il avertit que c'est être bien malavisé que de planter les arbres dans la Gaule Narbonnoise contre la direction de ce vent. La prudence, dit-il, exige qu'on les mette

---

(1) M. Pellerin a fait graver quatre médailles d'Antibes, dont le revers est une victoire qui couronne un trophée; de l'autre côté, ce sont différentes têtes avec des lettres différentes sur chacune. On croit que ces lettres sont les initiales des noms des magistrats. Nous ne chercherons point à deviner les motifs qui engagerent ces villes à faire mettre sur leurs monnoies les noms des triumvirs; ce fut vraisemblablement pour leur donner une preuve de leur zele & de leur attachement, & pour témoigner qu'elles ne reconnoissoient point l'autorité du sénat de Rome, ennemi de César.

à l'abri, parce que si ce vent tempere la chaleur du climat, il est en même tems si violent qu'il enleve le toit des maisons.

Ce que Strabon nous apprend de la bise ou du nord, qui se fait particuliérement sentir depuis Avignon jusqu'à l'embouchure du Rhône, est remarquable. Ce vent souffle sur-tout dans l'étendue de la Crau (1), dit cet auteur, & l'on assure qu'il ébranle & qu'il entraîne les pierres; qu'il enleve les voyageurs de dessus leurs voitures, & qu'il leur arrache les armes & les habits.

Diodore de Sicile en parle dans les mêmes termes; & tous ces différens témoignages prouvent que si le défrichement des terres & le desséchement des marais ont produit quelque différence dans notre climat, elle n'a point influé sur les vents dont la violence & la direction dépendent de bien d'autres causes.

Au tableau de ces ravages, nous pouvons opposer la fraîcheur des vents étésiens durant les chaleurs excessives de l'été; ils soufflent depuis les neuf heures du matin jusques sur les six heures du soir, & font régner, dans les jardins de la Provence, une température qui en augmente les agrémens. Nous sommes redevables de ces effets à l'ardeur & à la sécheresse même du sol: comme l'air qui le presse se trouve infiniment plus raréfié que l'air frais de la mer, celui-ci se précipite à une certaine distance dans les terres, & entretient, dans l'atmosphere, cette agitation sensible qui tempere la trop grande chaleur du jour. Mais quand cette chaleur est si forte, que les deux atmospheres sont également raréfiés & en équilibre, il n'y a plus de zéphir; alors la matiere électrique de la mer, qui pendant le jour a été mise en mouvement par l'action du soleil & l'effort des rames, sur-tout dans les endroits voisins du port, s'éleve

---

(1) Voyez ce que nous avons dit ci-dessus de l'origine des cailloux de la Crau. On pourroit croire peut-être qu'ils ont été roulés par le Rhône; mais, outre que le lit de ce fleuve, depuis Tarascon jusqu'à la mer, est beaucoup plus bas que la Crau, les monticules qui la séparent du Rhône du côté de l'est-nord-est, rendent le fait impossible.

Tome I. Aaaa

au-dessus des flots ; & n'étant point dissipée par le vent, offre aux yeux du spectateur, après le coucher du soleil, l'image d'une aurore boréale. A Marseille on est quelquefois témoin de ce spectacle durant les belles soirées d'été.

Quelques auteurs ont prétendu que le temple élevé par Auguste au vent *circius*, fut construit à Marseille ; parce que le mistral y regne quelquefois avec une violence extrême. Si le fait est vrai, c'est le seul monument que les romains y aient fait bâtir. Cette ville ayant continué, pendant près d'un siecle après, à se gouverner en forme de république, sous la protection, ou pour mieux dire, sous l'autorité de l'empire ; ils la regarderent comme une ville étrangere, & n'y firent aucune dépense pour l'embellir ; d'ailleurs la plupart des empereurs n'eurent point un regne assez tranquille pour s'occuper de ces objets. Les grands officiers de l'empire auroient été seuls en état de l'entreprendre ; mais ils ne travaillerent que pour le lieu de leur résidence ordinaire : & l'on sait qu'après la prise de Trèves, en l'année 392 ou environ, ils fixerent leur séjour à Arles, où leurs lieutenans demeuroient déja.

Auguste ayant traversé les Alpes du côté de Nice, consacra ses victoires par un superbe monument, & fit graver sur un trophée le nom de tous les peuples qu'il avoit soumis à l'obéissance romaine, depuis le golfe Adriatique jusques près d'Embrun, en suivant toujours la chaîne des montagnes. Le lieu où ce monument fut élevé, conserve encore le nom de *Tropæa*, dans celui de *Turbia* ou *Torbia*.

Cet empereur fit achever à Fréjus le port commencé sous la dictature de César. L'entrée, resserrée entre deux moles, dont il reste encore des vestiges, se trouve actuellement écartée de la mer de 500 toises, par des atterrissemens, que les sables de la riviere d'Argens ont formés ; il pouvoit avoir, à en juger par la disposition du local, environ 250 toises de largeur & 280 de longueur, à commencer depuis l'entrée entre les deux moles jusqu'au quai. En jettant un coup d'œil fur les veſtiges des anciens remparts, on voit que l'enceinte de Fréjus, s'étendoit à 600 toiſes environ, au lieu qu'elle eſt aujourd'hui réduite, dans ſon plus grand eſpace, à 280. Cette ville étoit autrefois une place très-importante; auſſi les romains n'oublierent-ils rien pour la fortifier & l'embellir. L'aqueduc, l'arſenal, l'amphithéâtre, & les différens édifices publics, étoient dignes de la magnificence de ce peuple.

Nous pouvons mettre encore parmi les monumens de ſa grandeur, ces chemins qui ont fait l'étonnement de tous les ſiecles. Le premier & le plus ancien eſt celui qui, commençant à Rome venoit juſqu'à Nice, ſuivoit les côtes de Provence, & alloit aboutir à Empurias en Catalogne. C'eſt la voie aurélienne, dont il nous reſte encore un beau monument dans le pont Surian, bâti ſur la Touloubre, près de Saint-Chamas.

L'autre chemin, connu ſous le nom de *via domitia*, conduiſoit dans le Dauphiné. Agrippa, miniſtre & favori d'Auguſte, ordonna qu'on les réparât tous les deux, & fit continuer le dernier juſqu'à Lyon. Ces bienfaits & pluſieurs autres, joints à la douceur de ſon gouvernement, attirerent à cet empereur, l'amour & la vénération des provençaux. On lui décerna des honneurs, que la reconnoiſſance ſeule pouvoit excuſer; mais qu'on avilit enſuite, quand on en décerna de ſemblables à Tibere & à Néron. Peut-être auſſi que les monumens érigés en l'honneur de ces derniers, étoient l'ouvrage de leurs officiers; car telle fut la politique des romains, ils donnerent aux provinces conquiſes des exemples de la plus honteuſe adulation, quand ils ne furent plus en état de leur en donner de grandeur d'ame, ou qu'ils ne l'oſerent pas ſous un gouvernement tyrannique.

Auguſte, ayant envahi tous les pouvoirs, détruiſit les fondemens de la monarchie, & l'ambition n'eut plus de frein. Après lui, tous ceux qui avoient quelque crédit dans l'empire, s'occuperent plus des moyens de l'envahir, que de la maniere de le bien gouverner;

Polyb. l. 3. c. 9. Cic. pro Font. Berg. hiſt. des gr. ch. t. 1. p. 15. & 110.

LIVRE I.

aussi l'autorité fut-elle souvent le prix du crime & de l'audace. La Provence se ressentit peu de toutes ces révolutions, pendant lesquelles le peuple romain & les empereurs, furent tour à tour le jouet de l'ambition & de la cruauté. Eloignée des frontieres, où les séditions & les allarmes étoient continuelles ; de la capitale, où la fortune signaloit ses caprices, cette province supportoit patiemment l'humeur & l'avarice d'un proconsul, tâchant de réparer, par le commerce & les arts, les maux inévitables qu'elle éprouvoit de la part du gouvernement.

§. XII.
BATAILLE ENTRE LES TROUPES DE VITELLIUS ET D'OTHON.
Tacit. hist. l 2. c. 12. 13. &c.

Il n'y eut que les Alpes du côté de la mer, qui furent enveloppées dans la guerre de Vitellius & d'Othon. Othon envoya une armée & une flotte pour s'en emparer. L'armée y commit toutes sortes d'hostilités. Les soldats, accoutumés depuis long-tems à la licence des armes, mettoient le feu aux villages après les avoir pillés, & ravageoient la campagne au grand étonnement des habitans, qui n'ayant que des sentimens de paix, éprouvoient avec douleur toutes les horreurs d'une véritable guerre.

Ann. 69. de J.C.

Marius-Maturus, qui commandoit à Cimiez, en qualité d'intendant des Alpes maritimes, tenoit le parti de Vitellius. Ce brave romain, ayant assemblé précipitamment la jeunesse du pays & le peu de troupes qu'il lui restoit, voulut tenter le sort d'un combat : le succès fut tel qu'on devoit l'attendre. Ces montagnards, levés sans choix, ne connoissoient ni camps ni chefs ; ils n'attachoient point d'honneur à la victoire, point de honte à la fuite : ils furent battus sans avoir fait presque aucune résistance. Les romains, irrités de leur audace, & sur-tout de ce qu'ils n'avoient pu faire sur eux aucun butin, tournerent leur fureur contre Vintimille.

Une femme y donna un exemple remarquable de tendresse & de fermeté. Elle avoit un fils, qu'elle cacha, pour le dérober à leur vengeance. Ils la tourmenterent pour savoir en quel endroit, parce qu'ils espéroient y trouver son argent. Leurs emportemens furent inutiles. Elle ne répondit d'abord que par son silence; ensuite poussée à bout par leurs mauvais traitemens, & saisie d'une juste colere: *Il est-là*, s'écria-t-elle, en leur montrant son sein: il n'y eut point de tourment qui pût ébranler sa constance, ni lui arracher son secret.

Bataille entre les troupes de Vitellius et d'Othon.

Cependant la flotte d'Othon paroissoit déja sur les côtes, & jettoit l'allarme dans les villes. Les colonies envoyerent des députés à Fabius-Valens, pour lui en donner la nouvelle & lui demander un prompt secours. Ce général, qui étoit à la tête de plus de quarante mille hommes, soutenoit les intérêts de Vitellius, & avoit répandu ses troupes dans le pays des allobroges, pour garder les passages des Alpes du côté des Gaules. Il envoya au secours de la province deux cohortes tungres, quatre escadrons de cavalerie, & l'aile entiere des trévirs, sous la conduite du préfet Julius-Classicus. On en retint une partie à Fréjus, de peur que si toutes les troupes s'avançoient dans les terres, la flotte ennemie ne fît une descente de ce côté-là pour les couper & les surprendre. Elle vint mouiller vers l'endroit où est la Napoule, & y mit les soldats à terre. Aussi-tôt douze escadrons de cavalerie, & l'élite des cohortes vitelliennes, s'avancent pour les attaquer. On leur joignit une cohorte de liguriens, depuis long-tems en garnison à Fréjus, & cinq cens pannoniens, qui ne marchoient point encore sous le drapeau. Les deux armées ne tarderent pas d'en venir aux mains, & voici quel fut l'ordre de la bataille.

Ann. 69. de J.C.

Le Dauphiné & la Savoie.

Il y avoit, à l'endroit où les othoniens débarquerent, une petite plaine, bornée d'un côté par des côteaux, & de l'autre par la mer. Les prétoriens s'y rangerent en bataille, ayant à leur droite, sur les côteaux, des soldats mêlés avec les frondeurs du pays; & à la gauche, la flotte, rangée si près du rivage, qu'elle sembloit ne former qu'un même corps avec eux.

Les généraux de Vitellius, plus foibles en infanterie, placerent aussi sur les hauteurs, dont leur gauche étoit appuyée, les montagnards, qu'ils avoient à leur solde, & mirent les cohortes dans la plaine, derriere la cavalerie. Ce fut la cavalerie qui commença le combat. Elle fut reçue par les othoniens avec beaucoup de valeur; tandis que les payfans, frondeurs habiles, mêlés parmi les fantaffins, la prennent en flanc & l'accablent d'une grêle de pierres. Dans le même inftant, la flotte l'ayant attaquée de fon côté, cette cavalerie & les cohortes qui la foutenoient, fe trouverent prefqu'enveloppées de toutes parts, & auroient été taillées en pieces, fi la nuit qui favorifoit la fuite, n'eut empêché de les pourfuivre.

Les vitelliens ne demeurerent pas oififs malgré cette défaite; ils raffemblent des troupes & tombent fur l'ennemi, que le fuccès rend négligent. Les fentinelles font égorgés, le camp eft forcé; tout eft en tumulte au tour des vaiffeaux. Mais la frayeur fe calme infenfiblement, d'abord on fe défend à la faveur d'une colline dont on s'empare; enfuite on attaque, & le combat eft des plus fanglans. La victoire fe déclara encore pour les othoniens, qui n'étant pas en état d'en profiter, fe retirerent du côté d'Albenga dans la Ligurie, tandis que les vitelliens fe refugierent vers Antibes. Ainfi ces deux actions n'apporterent aucun changement aux affaires de la province, qui demeura dans le parti de Vitellius; mais elle ne tarda pas d'avoir un autre maître.

C'étoit le tems où les révolutions portoient fucceffivement fur le trône cette foule d'empereurs, qui ne faifoient que paffer. A peine Othon fut-il mort, que Vefpafien fe mit fur les rangs pour difputer l'empire. Valérius-Paulinus, guerrier habile, & fon ami, avant fa fortune, fit entrer dans fes intérêts les cités de la Narbonnoife, dont il étoit intendant. Il y réuffit d'autant plus facilement que, citoyen de Fréjus, aimé de fes compatriotes & chéri des prétoriens, il avoit beaucoup de pouvoir dans le pays.

Sur ces entrefaites, Fabius-Valens, forcé de quitter l'Italie, s'embarque au golfe de Pife, pour venir foulever les peuples & les troupes des Gaules en faveur de Vitellius. Il relâche à Monaco, & paffe à Cimiez, où Marius-Maturus, qui reconnoiffoit encore cet empereur, lui apprend la défection de la province. Cette révolution affligea d'autant plus Valens, qu'elle renverfoit tous fes projets. Enfin fe voyant entouré d'ennemis, & ne fachant quel parti prendre, il s'abandonne encore une fois aux périls de la navigation, en attendant que le fort lui préfente quelqu'occafion favorable de rétablir fes affaires ; mais fes efpérances s'évanouirent bientôt. Une tempête le jetta fur les îles Stæcades, dépendantes de Marfeille, où il fut pris par les bâtimens que Paulin dépêcha. Depuis ce moment les Alpes maritimes & le refte de l'empire fe foumirent à Vefpafien.

Bataille entre les troupes de Vitellius et d'Othon. Ann. 69. de J. C.

La ville de Cimiez dont je viens de parler, & qui ne fubfifte plus, étoit aufli ancienne & beaucoup plus confidérable que celle de Nice. Celle-ci ne fut recommandable que par fes richeffes, fon commerce & fon arfenal, où les marfeillois alloient quelquefois armer leurs galeres. Cimiez au contraire eut toutes les marques d'une métropole civile, de fortes tours, de bonnes murailles, une milice & trois colleges, dont chacun avoit fes fonctions féparées pour l'adminiftration de la juftice, pour la police & la religion. Enfin il y avoit à Cimiez des thermes, des temples, un magnifique aqueduc & un fort bel amphithéâtre ; ce qu'on ne trouvoit que dans les principales colonies. Cette ville étoit le féjour ordinaire d'un commandant ou d'un préfident, dont l'autorité s'étendoit d'un côté depuis Gênes jufqu'à Digne, & de l'autre depuis Vence jufqu'au fommet des Alpes. Les peuples de ces montagnes, connus fous le nom de *liguriens chevelus*, avoient obtenu des romains la liberté de fe gouverner en forme de république, moyennant un tribut qu'ils payoient. Augufte les foumit, & fit de leur pays une province qu'on appelloit, du tems de Tacite, *province des Alpes maritimes :* elle étoit comprife dans l'Italie, & la ville de Cimiez en étoit la capitale (1).

Nicæa mon. illuſt. V. chorog. p. 31 & 32.

Ligures capillati. Plin. l. 3. c. 5. Strab. l. 4.

---

(1) Au nord-oueft des Alpes maritimes, il y avoit les Alpes cottiennes, qui formoient un petit état compofé de douze cantons fous la dépendance de Cottius. Elles commençoient à l'extrémité feptentrionale du diocefe d'Embrun, & s'éten-

LIVRE I.
§. XIII.
NAISSANCE ET PROGRÈS DES MŒURS ET DES ARTS.

APRÈS la bataille des troupes de Vitellius & d'Othon, on ne trouve aucun événement mémorable dans l'histoire de Provence, jusqu'à la fin du IIIe siecle. Quelques traits épars dans les anciens auteurs peignent le caractere du peuple, son goût pour les arts, ses talens, son commerce, & l'on est étonné de voir les mœurs d'une nation éclairée & policée dans un pays, où six cens ans auparavant regnoient l'ignorance & la barbarie.

Les provençaux n'avoient, dans ces tems reculés, ni villes, ni arts, ni police; ils ne connoissoient gueres d'autre loi que la force, d'autres regles que les besoins. Ceux qui demeuroient le long des côtes, & qu'on appelloit *liguriens* ou hommes de mer, vivoient de la pêche & de la pyraterie, deux professions, dont l'une excluoit l'amour du travail, & l'autre la bonne foi & l'humanité. Les habitans des montagnes, errans & chasseurs, toujours en guerre avec les bêtes fauves, disputoient avec elles de courage & de férocité. Dans la moyenne région de la Provence, on étoit moins grossier; le sol & le besoin invitant à la culture des plantes annuelles, on devoit avoir quelqu'idée des loix de la propriété; & cette idée, quelque confuse qu'elle fut encore, en suppose beaucoup d'autres. Voilà ce qu'étoient les habitans de notre province dans ces tems reculés.

Just. l. 43. c. 4.
V. la chorogr. p. 158. & suiv.

Ils apprirent des phocéens à se rassembler dans des villes, à planter la vigne & l'olivier, & à cultiver une infinité d'arbres fruitiers & beaucoup d'especes de légumes, auparavant inconnus dans les Gaules. La culture du bled n'a rien que de simple : on diroit que l'auteur de la nature l'a mise à la portée de tous les hommes. Celle de la vigne & de l'olivier est plus compliquée, & demande

---

doient de l'autre côté des montagnes jusqu'à Suze, où Cottius faisoit sa résidence. Ce prince ayant recherché l'amitié d'Auguste, prit le nom de Julius pour lui faire sa cour. L'empereur en le recevant pour allié du peuple romain, lui laissa gouverner ses états sous le nom de préfet ou d'administrateur, n'ayant pas souffert qu'il prît celui de roi.

plus

plus d'art, si l'on y comprend tout ce qu'il faut pour extraire la liqueur du fruit. Elle augmente le bien-être des particuliers, les attache à leurs possessions, les réunit en société, & les hommes commencent à se civiliser. Mais cette époque est en même tems celle d'une infinité de besoins, d'intérêts & de vices inconnus auparavant. Il faut avoir des arts méchaniques, pour cultiver tout à la fois la vigne & l'olivier ; des loix, pour régler le partage des terres & les différentes manieres de posséder & d'acquérir ; une police, pour contenir des hommes libres réunis dans la même enceinte. Marseille éclaira les provençaux sur tous ces objets, & fut une preuve remarquable de la promptitude avec laquelle les esprits agissent les uns sur les autres, & se perfectionnent par leur action mutuelle.

> NAISSANCE
> ET PROGRÈS DES
> MŒURS ET DES
> ARTS.

Les villes eurent alors un plan d'administration, quelques arts & un commerce d'échange, & l'on vit enfin tout ce qui peut résulter du choc des passions dans une société naissante, de l'opposition des intérêts & de la communication des idées. La cupidité fermenta, l'industrie fut plus active ; & tous les talens prirent leur essor, lorsque la Provence passa sous la domination des romains, dont la politique fut toujours d'altérer le caractere d'un peuple conquis, & de lui faire adopter leurs loix & leurs maximes, pour le contenir plus aisément dans l'obéissance.

Les provençaux, devenus sujets d'un grand empire, connurent les distinctions & la gloire que le mérite donne, & sentirent la nécessité d'ajouter aux talens naturels des lumieres acquises. Marseille, fondée par des hommes nés dans un pays, qui fut le berceau des connoissances humaines, offroit des secours dans tous les genres. La géographie, la médecine & les mathématiques y étoient cultivées avec succès. Quelques particuliers s'étoient même rendus célebres par leurs connoissances astronomiques & leurs voyages sur mer, long-tems avant que les romains eussent une marine & des astronomes. On ne connoissoit gueres dans tout

> Strab. l. 4.

Tome I.   B b b b

l'Occident que quelques conftellations, le mouvement diurne & annuel du foleil, & les phafes de la lune à peu près, quand Pythéas écrivoit fur la différence des climats, la mefure de la terre, le mouvement des étoiles fixes, voifines du pôle, dont il donna une defcription; & enfin fur l'obliquité de l'écliptique & les révolutions des corps céleftes. Le commerce de Marfeille, en rapprochant les fçavans de cette ville de ceux de la Grece, tranfmettoit aux uns les découvertes des autres; & ce n'eft pas avancer un paradoxe, que de dire que Pythéas & Euthymene fçavoient tout ce que les pythagoriciens enfeignoient fur les caufes des éclipfes, & fur le fyftême planetaire, au centre duquel ils plaçoient le foleil. La terre & les autres planetes tournoient, fuivant eux, autour de cet aftre par un mouvement diurne, & par un mouvement circulaire. Chaque étoile étoit un monde, & ces mondes étoient difperfés dans un efpace éthéré d'une étendue infinie. Ainfi Pythéas, qui, de l'aveu d'Hyparque, avoit plus de connoiffances aftronomiques qu'Eudoxe, un des plus fçavans philofophes de la Grece, enfeignoit à Marfeille le vrai fyftême du monde, tel qu'il eft vérifié par une philofophie plus éclairée, & des obfervations plus exactes.

Les beaux arts y avoient acquis leur perfection. Nous avons des médailles de Marfeille, qui peuvent le difputer à tout ce que la Grece a de plus fini dans ce genre: ce font des chef-d'œuvres de gravure & de deffin, & ces arts ne font perfectionnés, qu'après que les autres ont fait des progrès fenfibles. Je ne parle pas de l'éloquence; il eft certain qu'elle fleuriffoit dans cette ville, plus que dans aucune autre ville de l'Occident. Trois illuftres citoyens de Marfeille, Plotius, Gniphon, & Valerius-Cato, porterent à Rome le véritable goût des lettres. Ciceron & Jules-Céfar furent difciples de Gniphon.

L'influence que tant de connoiffances réunies donnerent à la ville de Marfeille fur les provençaux, étoit heureufement fecondée par les colonies qu'elle avoit fondées, & qui étoient peuplées d'hommes policés. On voyoit déjà quelques rayons de lumiere percer à travers les nuages de la barbarie, quand les romains entrerent en Provence. L'administration qu'ils établirent dans leurs colonies, cette politique constante d'introduire par-tout leurs dieux, leurs mœurs & leurs usages, changerent en peu de tems la face de la province ; & transformerent les habitans en des hommes nouveaux, quand ils leur permirent l'entrée aux différentes places du sacerdoce & de la magistrature. Les provençaux, animés du desir de la gloire, cultiverent l'éloquence, comme un des plus sûrs moyens de se distinguer. Les succès firent honneur à leurs talens ; ils donnerent à Rome des orateurs célebres & des magistrats distingués. Ces orateurs, après s'être formés aux belles-lettres à Marseille, passoient les Alpes pour aller se perfectionner dans la jurisprudence romaine. On adopta d'abord la langue latine, sans renoncer au grec ni au celtique. On aimoit l'une de ces deux langues pour sa beauté, l'autre parce qu'on l'avoit reçue de ses ancêtres. Mais il fallut aussi parler celle des vainqueurs ; c'est un joug qu'ils imposerent par politique, & l'on s'y soumit par intérêt. On prit même jusqu'à leurs manieres & leurs usages ; ce qui fit dire aux romains, que tandis que César menoit les gaulois en triomphe, ils changeoient leur habit contre la robe de sénateur.

August. de civ.
Dei. l. 19 c 7.
Suet. vit. Jul.
Cæs. c. 80.

Les provençaux trouverent, dans tous ces changemens, le double avantage de travailler pour leur gloire & de perfectionner leurs mœurs. Du tems de César ils étoient déjà fameux dans les Gaules par leur politesse & leur urbanité ; sous l'empire de Claude, on auroit dit qu'ils étoient nés à l'ombre du capitole. Pline assure que, de son tems, la province Narbonnoise étoit si bien cultivée, ses campagnes si agréablement ornées, ses habitans si polis, qu'on l'auroit prise pour une portion de l'Italie ; il est du moins certain qu'on ne la regardoit pas comme une province étrangere ; les sénateurs romains, qui en étoient originaires, pouvoient y venir sans

Cæs. de bell. Gall.
l. 1.
Tacit. ann. l. 11.
c. 24.
An. de J. C. 50.
Hist. nat. l. 3.
c. 4.

congé, quoiqu'il leur fût expreffement défendu de quitter l'Italie fans la permiffion de l'empereur.

C'eſt le propre des talens & de l'induſtrie fur-tout, d'aimer à fe répandre. Les provençaux, nation vive, ingénieufe, active, furent à peine fortis de la barbarie, qu'ils contribuerent à civilifer le refte des Gaules; ils y porterent le commerce, & avec lui, des mœurs & les arts. Ces premiers traits de lumiere frapperent les gaulois, jufqu'alors affervis aux opinions des druides; ils oferent penfer d'eux-mêmes, & fentirent toute la fupériorité que la raifon, cultivée par les fciences, donne à l'homme fur l'homme même. Les plus riches envoyerent leurs enfans à Marfeille pour étudier dans ces mêmes écoles, où, fuivant un ancien, la jeuneffe romaine venoit fe former; d'autres attiroient auprès d'eux quelques fçavans de Marfeille, & les villes s'empreffoient de leur confier l'inſtruction publique. L'ufage de la langue grecque pénétra jufques chez les helvétiens; & des académies fe formerent en différens endroits des Gaules. Les plus célebres furent celles d'Arles, de Narbonne, de Touloufe, de Bordeaux, de Vienne, de Lyon, d'Autun, de Treves, de Poitiers & de Corbillon-fur-Loire; monumens précieux de l'amour des gaulois pour les lettres, & de l'influence que les provençaux avoient eue fur les mœurs générales.

Avec les difpofitions qu'ils avoient reçues de la nature, un efprit vif & pénétrant, une imagination riche & une ardeur infatigable pour le travail, ils ne pouvoient qu'exceller dans les arts. Ils parloient deux langues, dont les principes étoient fixes & le caractere décidé, & vivoient dans les tems les plus favorables au développement du génie. Ces tems font ceux où un peuple commence à fe civilifer. Comme il conferve encore toute fa vigueur naturelle, il porte dans l'étude des fciences cette ardeur qui triomphe des obftacles; cet efprit de liberté & cette élévation de fentimens, qui ennoblit tous les objets. Ses progrès font rapides; fes ouvrages pleins de chaleur & de force; & s'ils ne font pas toujours conformes aux regles de l'art, ils ont l'empreinte du génie. La nature n'ayant pas eu le tems de s'affoiblir par le luxe, un auteur qui sçait obferver, en faifit mieux les vraies beautés & les différentes nuances; il en fait des peintures plus touchantes, plus nobles, plus variées; s'il décrit les paffions, il en fait connoître tous les refforts, parce que dans l'état d'efferveſcence, où elles font encore, elles éclatent avec plus d'énergie & ſe montrent ſous toutes les faces. Ainfi le poëte met plus de fituation, plus d'action dans fon poëme; l'orateur, plus de véhémence, plus de feu dans ſes diſcours; l'hiftorien, plus de nobleſſe, de grandeur & d'intérêt dans fon hiftoire.

Comme la bonne conftitution du corps influe fur les qualités de l'ame, & en rend les opérations plus faciles, il doit y avoir plus d'imagination & de génie dans le tems où les nations ne font point encore énervées par le luxe. Les hommes ont alors pour l'ordinaire, avec un tempérament vigoureux, une fermeté d'ame, & un certain enthouſiaſme qui les rendent capables de grandes choſes; mais l'inftant de la perfection dans les ouvrages de l'art, c'eft lorſque les mœurs s'adouciſſent, fans que l'ame ait encore perdu toute fon élévation & ſon énergie. L'éloquence & la poéfie prennent alors des couleurs plus douces, plus riantes & plus variées; elles font plus riches dans leurs expreſſions, plus nobles & plus foutenues dans leur ftyle; en un mot c'eft le tems où les arts, fous un air de fraîcheur & de jeuneſſe, ont une beauté qui fent déja l'antique. Tel fut en Grece le fiecle de Philippe & d'Alexandre; à Rome & en Provence, celui d'Augufte; en France, celui de Louis XIV. Ce tems dont nous parlons, eft encore celui où il ſe forme dans tous les genres des grands hommes, qui s'animent & s'excitent réciproquement à la gloire; ainfi l'émulation donne à l'ame un nouveau reſſort. Ces hommes nés avec du génie, aiment & favoriſent tout ce qui en porte l'empreinte. C'eft une des principales raiſons pour leſquelles Philippe, Alexandre, Scipion, Céfar, Colbert, Condé, &c. protégerent les fciences & les arts.

NAISSANCE ET PROGRÈS DES MŒURS ET DES ARTS.

Telles sont les causes qui, après avoir renouvellé la face de l'Italie, concoururent à tirer les anciens provençaux de l'ignorance & de la barbarie ; tandis que le peuple romain, en les soumettant à son empire, sembla, pour ainsi dire, les animer de son propre génie. De-là le bel éloge que Pline fit d'eux, comme nous l'avons déjà remarqué ; de-là tant de grands hommes qui mériterent d'être admis dans le sénat, & dont l'histoire qui nous l'apprend n'a pas conservé les noms. Elle parle aussi des architectes provençaux, qui transporterent dans leur pays les beautés & la magnificence de la capitale de l'empire, par les cirques, les thermes, les palais, les temples, dont ils décorerent leurs villes, & dont il subsiste encore des vestiges à Orange, à Arles & ailleurs. Pline ne connoissoit point, de son tems, d'artistes supérieurs à ceux des gaulois pour la sculpture. Les romains les employerent pour la fabrication du célebre colosse qui, destiné à représenter d'abord Néron, fut consacré depuis au soleil. Parmi tant de personnages illustres, dont la Provence pourroit se glorifier, il ne nous reste que les noms de ceux qui se rendirent célebres dans les sciences ou dans les arts, & dont nous donnerons ailleurs une idée.

§. XIV.
CAUSES DE LA CORRUPTION DES MŒURS, ET DE LA DÉCADENCE DES ARTS.

LES lettres perdirent ensuite cet éclat dont elles brilloient. L'esprit humain n'est pas long-tems capable des mêmes efforts. A peine est-il parvenu à son dernier période, qu'il commence à déchoir ; & dans son plus haut degré de perfection, il touche à l'instant de sa décadence. C'est ce qu'on vit arriver en Italie, quand Tibere fut monté sur le trône ; le mal commença sous Auguste, quand il se fut arrogé toute l'autorité. Les citoyens, exclus des affaires publiques, ne s'occuperent que de leur intérêt personnel, & l'amour des richesses s'empara de la nation.

Il est vrai que les mœurs s'adoucirent ; mais le cœur s'ouvrit à la voix de la volupté & s'amollit. Depuis ce moment on se précipita de plus en plus dans la corruption : on craignit la fatigue, le travail, l'application & la contrainte ; on s'accoutuma aux douceurs du repos ; le tempérament s'affoiblit, & les grandes passions, telles que l'orgueil, l'émulation, & cette noble ambition, qui fait faire de grandes choses, s'éteignirent. On leur substitua la vanité, l'intérêt, la jalousie, le goût des plaisirs ; & tous ces petits tyrans, qui abâtardissent l'âme, dégradent l'esprit, énervent le cœur. On ne vit presque plus de grands hommes dans aucun genre, parce que le génie tient plus aux bonnes mœurs qu'on ne pense ; & si de loin en loin quelqu'un s'éleva au-dessus de son siecle, il le dut à des circonstances heureuses qui le préserverent de la contagion.

<small>CAUSES DE LA CORRUPTION DES MŒURS, ET DE LA DÉCADENCE DES ARTS.</small>

Les beaux arts se ressentirent les premiers de la corruption du cœur, & n'eurent plus ni force ni élévation. Cultivés dans le sein des plaisirs & de la mollesse, ils en porterent l'empreinte ; car dans une nation énervée par le luxe, il est comme impossible qu'un écrivain, quels que soient ses talens, retrace aux yeux du lecteur, les beautés simples & naturelles des anciens ; subjugué par l'amour des plaisirs & par le goût dominant de son siecle, il est forcé d'écrire d'une maniere analogue au caractere de sa nation. Il s'attache à séduire par des traits brillans & des beautés sans consistance. Ses ouvrages destinés à flatter des cœurs corrompus, & à réveiller des imaginations paresseuses & presque éteintes, ont besoin d'attirer l'attention par des images & des pensées qui respirent la mollesse, & par des saillies dont la nouveauté fait souvent tout le mérite.

Les auteurs latins qui vécurent après Tibere, ajouterent à ces défauts, tous ceux qui naissent de la servitude. Quand le despotisme fut établi dans l'empire, la délation & la flatterie acheverent de détruire le bon goût, en étouffant les talens ; d'un côté, la vérité timide se cacha sous le voile de l'allégorie, de la métaphore & sous l'emblême de l'allusion ; de l'autre, on prit le ton emphatique de l'adulation, & l'amour de la nouveauté gâta tout. On ne voulut plus penser ni s'exprimer comme les autres ; on prit un langage plein d'affectation, d'enflure, d'obscurité.

Tel fut l'état des lettres & des mœurs dans la plus grande partie de l'empire, sous le regne de Néron & de ses successeurs. La liaison intime que la Provence avoit avec l'Italie, dont elle étoit pour ainsi dire une portion; le commerce qu'elle faisoit avec les grecs & les africains, furent cause que la contagion y pénétra plutôt. Les mœurs y étoient déjà fort corrompues dans le deuxieme siecle ; & c'est aux provençaux & aux languedociens, qu'il faut particuliérement appliquer ce que Tacite dit des gaulois : que ces peuples, autrefois si braves, étoient efféminés & lâches ; car de son tems ce reproche ne pouvoit convenir aux provinces septentrionales des Gaules. Il ne s'agit plus que d'examiner comment une révolution si étonnante a pu se faire ; & nous verrons que c'est précisément, par les mêmes causes & par les mêmes degrés par lesquels on étoit sorti de la barbarie.

Le commerce, premiere cause de la corruption. Les lettres & les arts avoient été un des moyens dont on s'étoit utilement servi pour civiliser les provençaux. Le commerce seconda les progrès de la politesse & corrompit les mœurs : rien n'adoucit plus la férocité du caractere, & ne resserre davantage les liens qui unissent les hommes. L'esprit se développe par la communication des idées ; & la dépendance des intérêts réciproques, donne un exercice continuel à toutes les facultés de l'ame. La raison s'éclaire, les arts naissent & la société se perfectionne ; parce que la supériorité qu'on peut avoir sur les autres, n'est plus fondée sur la force & le courage, mais sur les talens & les vertus. Voulez-vous civiliser des sauvages, donnez-leur de nouveaux besoins, un commerce & des arts, & vous les aurez bientôt rendus humains.

Lorsque les besoins se multiplient à l'infini ; lorsque le desir de les satisfaire n'a plus ni regle ni frein, les liens de la société se relâchent ; il ne regne plus, entre les différens ordres, cette harmonie d'où résultoit le bien général & l'intérêt des particuliers. Les hommes redeviennent ce qu'ils étoient auparavant ; c'étoient des êtres isolés avec des mœurs sauvages ; ce sont des tyrans avec des mœurs policées :

policées : voilà ce qu'on vit arriver anciennement en Italie & en Provence, sous le gouvernement des empereurs. Les marseillois avoient donné aux provençaux, avec l'art de s'enrichir, tout ce qui devoit irriter les passions. De-là naquit à Marseille, & dans le reste de la Provence, un luxe qui détruisit tous les anciens principes, suivant la remarque de Salvien. On n'estima que les richesses, parce qu'elles donnoient la considération, que l'on attendoit autrefois de la vertu. Marseille sur-tout, oublia ses premieres maximes ; sage & laborieuse par nécessité dans les commencemens, elle s'étoit enrichie par le travail & la frugalité ; elle se corrompit par l'abondance : c'est le sort de presque toutes les républiques. Ses vices & ceux des romains se répandirent dans toute la Provence, où la trop grande inégalité dans les fortunes engendra l'avilissement d'une part, la tyrannie de l'autre, & la mauvaise foi dans toutes les conditions.

Ce luxe fut encore animé par la pompe des spectacles, qui deviennent vicieux & frivoles, à mesure que les mœurs perdent de leur dignité & de leur sévérité. Personne n'ignore combien ils étoient dangereux sous Tibere & ses successeurs. Il suffit d'avoir une teinture légere des progrès de l'ancienne comédie, pour sçavoir qu'on n'aimoit presque plus que les représentations grossieres & licentieuses. Le goût pour ces sortes de spectacles passa dans les provinces ; les troupes qui les inonderent, y firent représenter ceux qui les charmoient davantage. Ce n'étoient que de méprisables mimes, parce que la délicatesse est rarement le partage du peuple & du soldat, & parce qu'on n'étoit peut-être plus capable d'en supporter d'autres.

Cette licence étoit extrême, à en juger par la peinture que Salvien, prêtre de Marseille, nous a laissé des imitations honteuses des discours & des postures indécentes qu'on souffroit sur le théâtre. On y couroit avec une ardeur qu'on ne trouveroit pas chez un peuple qui conserve ses anciennes mœurs. Il ne faut donc pas être surpris du portrait peu flatteur qu'Athenée, qui vivoit sous l'em-

Tome I.   Cccc

CAUSES DE LA CORRUPTION DES MŒURS, ET DE LA DÉCADENCE DES ARTS.
Act. mart. p. 292.
S. Cæs. hom. 16.
Salv. de gubern. Dei. l. 5. 6. & seq.

S. Valer. Hom. 10 & 20.
Salv. ibid.

Les spectacles, seconde cause.

S. Valer. homil. 6.

De gubern. Dei. l. 2. c. 3.

pire de Commode, a fait du caractere efféminé des marseillois.

Il y a toute apparence que ce fut au commencement du second siecle de l'église, que leur conduite donna lieu au proverbe *Massiliam naviges ;* allez vivre dans la débauche à Marseille. La véhémence avec laquelle Salvien déclamoit contre les égaremens dont il étoit témoin, ne justifie que trop la vérité de ce proverbe.

Cette corruption étoit inévitable dans les pays soumis à l'empire. L'influence d'un gouvernement despotique sur les peuples conquis est extrême ; ils sont accablés sous le poids des vices & de l'autorité. Quand même le gouvernement romain auroit agi avec moins de force & d'une maniere moins directe par sa nature, les sujets auroient rendu son influence plus prompte & plus efficace par leur propre conduite. Les personnes en place, opprimant les particuliers sous prétexte du bien public, chacun aspiroit à la même prérogative. On aimoit mieux s'enrichir avec ces tyrans subalternes, que d'être la victime de leur insatiable cupidité ; comme il arrive toutes les fois qu'on érige en art le talent funeste de ruiner le peuple sans enrichir le souverain. Les emplois n'étant que le prix de la flatterie & de l'intrigue, & quelquefois même du crime & de l'audace, on voulut penser comme ceux qui les donnoient ; on en prit les défauts & les passions ; les mœurs de la capitale devinrent celles de tout l'empire. Dès-lors sa chûte fut inévitable ; car la corruption des mœurs ne cesse jamais que par les révolutions qu'elle prépare, semblable aux vapeurs exaltées dans les entrailles de la terre, qui ne se dissipent qu'en la déchirant.

A ces différentes causes de la décadence des mœurs, ajoutons-en une autre, qui pour être moins prompte, n'en est pas moins efficace. Je parle des bains chauds, dont les romains introduisirent l'usage dans les Gaules, & sur-tout en Provence. Les habitans se baignoient auparavant dans l'eau froide, soit en été, soit en hiver, pour endurcir le corps & se maintenir dans une propreté dont ils étoient excessivement jaloux ; car Ammien-Marcellin assure qu'on ne trouvoit dans les Gaules ni hommes ni femmes, fuffent-ils des plus pauvres, qui euffent des habits déchirés. C'eft à ces bains falutaires qu'on fubftitua les thermes (1), qui contribuerent beaucoup à énerver le corps, & livrerent l'ame à l'empire des fens. Si l'on rapproche à préfent les deux extrêmes, la barbarie où les provençaux étoient fix cens ans avant Jefus-Chrift, & leur dépravation dans le IVe fiecle de l'ere vulgaire; fi l'on fuit les progrès de leur grandeur & de leur décadence; cet enchaînement de caufes qui font parcourir à l'efprit humain un cercle perpétuel de connoiffances & d'erreurs, de vertus & de vices, on ne fera plus étonné des révolutions des empires, dont la deftinée eft attachée à celle des mœurs.

CAUSES DE LA CORRUPTION DES MŒURS, ET DE LA DÉCADENCE DES ARTS.
Amm. Marc. l. 15. c. 12.

Ce fut au milieu de ces défordres qu'on reçut la lumiere de l'évangile. Saint Trophime fut le premier qui la fit briller dans Arles vers l'an 150 de Jefus-Chrift *. La fituation de cette ville, fon commerce, la langue grecque qu'on y parloit auffi facilement peut-être que la langue latine, le féjour qu'y faifoit le vicaire général des Gaules & les autres officiers de l'empire, tout contribuoit à y attirer beaucoup de grecs. La plupart venoient de Smyrne & des autres ports de l'Orient où la religion chrétienne étoit déjà connue. Dans ces tems de ferveur, ils ne s'expofoient point à vivre au milieu des païens fans avoir un évêque qui leur diftribuât le pain de la parole, & qui leur conférât la grace des

§. XV.
NAISSANCE ET PROGRÈS DE LA RELIGION.
* V. la feconde note à la fin du vol.

---

(1) Tout le monde fçait que les romains, dans les derniers fiecles de la république, commencerent à fe baigner fréquemment dans l'eau chaude, & que cet ufage, qu'ils apporterent de la Grece, contribua beaucoup à les amollir. Ils profitoient avec grand foin de toutes les eaux thermales qu'ils trouvoient dans les provinces conquifes: celles d'Aix, de Gréouls & de Digne, étoient précieufes pour eux; & dans les lieux où la nature leur en refufoit, ils y fuppléoient par des thermes artificiels. On fçait quelle étoit à Rome la magnificence des bains fous Augufte. Ils en établirent auffi dans les principales villes de Provence, où l'on retrouvoit tous ces ufages de l'Italie.

facremens. Ceux qui s'arrêterent à Arles avoient Trophime, d'autres étant allés s'établir à Lyon, persisterent dans la foi sous la conduite de Pothin, & ensuite d'Irénée.

En donnant au siege d'Arles l'antériorité sur tous les autres, nous suivons la tradition généralement reçue dans nos provinces au cinquieme siecle. Dix-neuf évêques attestoient au pape saint Leon, en 450, comme un fait généralement reçu, que saint Trophime y avoit apporté la religion, & qu'il l'avoit prêchée dans la ville d'Arles avant qu'elle fût connue dans aucune autre ville en deçà des Alpes. « On sçait dans toutes les Gaules, disoient-
» ils, & la sainte église romaine ne l'ignore pas, que la ville
» d'Arles est la premiere qui ait reçu pour évêque saint Trophi-
» me, envoyé par saint Pierre ; de ce ruisseau de la foi, dérivé
» de la source apostolique, la religion s'est répandue peu à peu
» dans les Gaules ; aussi nos prédécesseurs ont-ils honoré l'église
» d'Arles comme leur mere, & suivant la tradition, ils se sont
» toujours adressés à ce siege quand ils ont demandé des évêques
» pour leurs églises ».

Parmi les prélats qui rendoient ce glorieux témoignage à celle d'Arles, on comptoit Venerius de Marseille, & Armantaire d'Aix ; ils citoient la tradition, & détruisoient ainsi d'avance celle qu'une pieuse crédulité s'est efforcée d'établir dans ces derniers siecles.

Les persécutions des empereurs suspendirent en Provence les progrès de la religion dans les deux premiers siecles de l'église. On trouve peu de chrétiens de ces tems-là ; on n'a même aucune preuve qu'il y eût d'autre siege que celui d'Arles. Marcien, qui l'occupoit en 250, avoit embrassé le parti de Novatien, prêtre de l'église de Rome. Novatien, après avoir été promu aux ordres sacrés contre toutes les regles, s'étoit fait nommer au souverain pontificat par trois évêques, dont il avoit trompé la crédulité. Saint Corneille remplissoit alors la chaire de saint Pierre à la satisfaction de toute l'église. Mais les calomnies de Novatien & les intrigues de ses émissaires détacherent du saint-Siege un grand nombre de fideles. Le schisme fut d'autant plus dangereux, que les novatiens répandoient les erreurs les plus propres à calomnier la religion ; ils enseignoient que l'église n'avoit pas le droit de remettre les péchés commis après le baptême ; que l'apostasie ne pouvoit être effacée par aucune pénitence ; qu'on devoit refuser la communion aux gens mariés en secondes nôces, & regarder comme adulteres les veuves qui se remarioient ; qu'on participoit aux crimes des personnes avec qui l'on communiquoit ; qu'on ne devoit point honorer les reliques des martyrs, & qu'il falloit renouveller le baptême aux partisans du pape Corneille. Ces erreurs, si l'on en excepte les deux premieres qu'on attribue à Novatien, paroissent avoir été enseignées par ses disciples. Elles firent quelques progrès dans l'église d'Arles, autant qu'on en peut juger par le témoignage de saint Cyprien, qui tâcha d'arrêter le mal dans sa naissance, en sollicitant vivement, auprès du pape saint Etienne la déposition de Marcien, vers l'an 254 (1). Les liaisons que les africains avoient avec les provençaux par le commerce, rendoient dangereuses pour les uns les erreurs où tomboient les

<small>NAISSANCE ET PROGRÈS DE LA RELIGION.

Till. hist. eccl. t. 3. p. 476. &c.

Cypr. ep. 69.</small>

---

(1) Cette lettre de saint Cyprien a paru suspecte à quelques critiques ; 1°. parce qu'elle est très-honorable pour le pape saint Etienne, & que ces éloges ne peuvent point se concilier avec les reproches amers que saint Cyprien fit si souvent à ce pontife durant la dispute qu'ils eurent sur la validité du baptême des hérétiques. 2°. Parce qu'aucun monument littéraire du milieu du IIIe siecle, ne parle de Marcien, évêque d'Arles. La premiere raison n'est d'aucun poids : elle prouve seulement que la lettre de saint Cyprien fut écrite avant sa dispute avec saint Etienne, & au commencement du pontificat de ce pape. La seconde paroît aussi peu fondée ; elle suppose que nous avons toutes les lettres des évêques de ce tems-là, & même qu'ils devoient parler du schisme de Marcien. Mais combien n'y a-t-il pas de faits incontestables, qui ne sont pas attestés par tous les auteurs contemporains, parce qu'ils ne les intéressent pas également tous ? Ainsi nous croyons, avec plusieurs sçavans critiques, que la lettre de saint Cyprien n'est pas supposée.

autres. Il étoit de la plus grande importance que dans la ville d'Arles, où abordoient la plupart des chrétiens qui venoient d'Afrique, on profefsât la religion chrétienne dans toute fa pureté. On ne fait pas fi Marcien fût dépofé. L'hiftoire ni les lettres du faint évêque de Carthage n'en fourniffent aucune preuve.

Saint Pons.

C'étoit à peu-près le tems où faint Pons, noble romain, iffu d'une famille de fénateurs, rendit un glorieux témoignage à la foi de Jefus-Chrift dans la ville de Cimiez, près de Nice. Il fouffrit fous l'empire de Valerien en 258. Nous ne dirons rien des circonftances de fon martyre. Les actes qu'on a publiés font vifiblement défigurés (1), quoiqu'on les ait donnés fous le nom de Valere fon ami, qui fe dit témoin oculaire de ce qu'il raconte. Ce qui regarde le culte du faint martyr eft plus authentique. Ce culte fe trouve établi dans l'églife de Cimiez avant le VIIIᵉ fiecle; on en trouveroit même des traces dans le Vᵉ, fi l'on pouvoit appliquer à faint Pons ce que faint Valerien, évêque de cette ville, rapporte d'un martyr du lieu dans les XVᵉ, XVIᵉ & XVIIᵉ homélies. Mais il fait entendre que le martyr dont il parle étoit citoyen de Cimiez, & nous venons de voir que faint Pons avoit pris naiffance à Rome.

Saint Victor.

Nous fommes plus inftruits fur le martyre de faint Victor en 292. Les hiftoriens, peu occupés de ce qui regarde fes parens &

---

(1) Quoique ces actes foient remplis de fauffetés, comme les fçavans en conviennent, on ne peut point révoquer en doute le martyre de faint Pons. La tradition, & fon culte établi à Cimiez, dans les premiers fiecles de l'églife, en font des preuves inconteftables. Mais nous avons à prévenir un reproche qu'on pourroit nous faire, fur ce que nous difons que faint Pons eft le premier martyr de cette ville, tandis que la tradition du pays porte que faint Baffus y fouffrit environ dix ans auparavant. On a tout lieu de croire que ce martyr étoit grec, & qu'il fouffrit à Nicée en Bithynie, ainfi que nous l'avons remarqué dans la feconde partie de la chorographie à l'article *Nice*. M. de Tillemont croit qu'il étoit évêque dans l'Orient; nous penfons comme lui. On peut voir dans le troifieme tome de fon hiftoire eccléfiaftique, les raifons qu'il en apporte.

les premieres années de sa vie, nous laissent ignorer le lieu de sa naissance. Ils nous font entendre qu'il étoit officier dans les troupes, & qu'il passoit toutes les nuits à visiter les fideles pour les affermir dans la foi. Ayant été surpris dans ce pieux exercice, il fut conduit devant les préfets Astere & Eutyque, devant lesquels il confessa qu'il préféroit le service d'un homme mort, mais ressuscité & fils de Dieu, à tout ce que la faveur des empereurs pourroit lui procurer de biens. Tous les assistans, irrités de sa fermeté, demanderent sa mort. Mais comme Victor étoit un homme distingué dans son état, les préfets renvoyerent le jugement à Maximien-Hercule, qui étoit alors à Marseille.

NAISSANCE ET PROGRÈS DE LA RELIGION. *Acta mart.* p. 292.

Maximien étoit un prince sanguinaire. La haine qu'il avoit pour la religion chrétienne le rendoit cruel envers tous ceux qui la professoient. N'ayant pu vaincre le saint martyr par ses promesses ni par ses menaces, il ordonna qu'on le traînât lié par les pieds dans toute la ville : spectacle touchant, qui fut encore augmenté par les insultes de la populace, & par les coups dont on chargeoit le généreux défenseur de la religion. Après cette premiere épreuve, il fut ramené tout déchiré & couvert de sang devant les préfets, qui le presserent vivement de ne pas s'exposer à perdre sa fortune, à devenir la honte de sa famille, & à périr enfin par les plus cruels supplices, pour un homme mort en croix, disoient-ils, & pour une gloire & des biens imaginaires, que ni lui ni aucun autre n'avoient jamais vus. « La faveur du prince, répondit Victor, les plaisirs du
» monde, la gloire, la santé, ne sont rien en comparaison des
» biens ineffables que Dieu réserve à ses serviteurs. Cependant
» vous voulez que je les sacrifie, ces biens, pour un culte qui
» est l'opprobre du genre humain. Voyez ce que sont les dieux
» que vous adorez. Vous louez en eux, dans vos hymnes & vos
» cantiques, des actions que les peuples policés punissent sévé-
» rement dans un simple particulier. Dans Jupiter, je ne vois
» qu'un brigand, un adultere, un parricide; dans Junon, une

» femme inceſtueuſe & cruelle ; dans Mars, un ſoldat féroce ;
» dans Priape & Venus, des ſujets de ſcandale & des objets d'in-
» famie. Je ne parle pas de cette troupe ridicule de dieux & de
» déeſſes, auſſi multipliés que vos craintes & vos deſirs. Ces êtres
» imaginaires n'ont de réel que le délire qui les enfanta & les
» crimes qu'ils autoriſent. Combien eſt différent le Dieu que
» j'adore ! Dieu de miſéricorde & de bonté, il s'eſt fait homme
» pour vivre parmi nous & nous inſtruire. Sa vie eſt un modele
» de vertu, ſes diſcours ſont une ſource de lumiere. Auſſi le pro-
» phete a-t-il dit, notre Dieu eſt au-deſſus de tous les dieux ;
» il eſt tout puiſſant dans le ciel, ſur la terre & dans la mer.
» Heureux ceux qui le craignent & qui pratiquent ſes comman-
» demens ».

Les juges irrités de la hardieſſe de Victor le mirent à la queſtion. On répéta le même ſupplice trois jours après ; enfin l'empereur, voyant que rien ne pouvoit ébranler ſa conſtance, le fit
mettre ſous une meule de moulin, qui tournoit rapidement ſur
lui. Mais la machine s'étant briſée, le martyr eut la tête tranchée.
Trois ſoldats, Alexandre, Longin & Felicien, qui s'étoient con-
vertis lorſqu'ils le gardoient la premiere fois qu'il fut mis en priſon,
avoient déjà ſubi la mort. Leurs corps & celui de ſaint Victor
furent jettés dans la mer, & repouſſés par les flots ſur le rivage ;
d'où les chrétiens, qui avoient échappé à la perſécution, les retirerent pour les enfermer dans une chapelle taillée dans le roc.
C'eſt la chapelle de la confeſſion. On la voit encore dans l'égliſe
ſouterraine de ſaint Victor.

Saint Genez.

La mort de ſaint Genez (1), citoyen d'Arles, fut un autre

Acta mart. p. 538.

(1) On ne fixe point le tems du martyre de ſaint Genez. L'éditeur des actes des martyrs, remarque qu'on doit les attribuer à un auteur, contemporain de ſaint Paulin de Nole. Or, ce ſaint évêque vivoit en 410 ; & depuis le partage de l'empire fait entre Dioclétien & ſes colégues, il n'y eut plus de perſécution en Pro-

triomphe

triomphe pour la religion. Genez étoit secrétaire du magistrat de cette ville. Il n'avoit point encore reçu le baptême, quand il refusa de signer l'ordre que cet officier donna de la part de l'empereur, de punir de mort tous ceux qui professoient le christianisme. Mais il étoit déjà chrétien par les sentimens, & fut la premiere victime de la persécution. Il perdit la vie sur les bords du Rhône, qu'il avoit traversé à la nage pour se dérober à la fureur de ses bourreaux. Son martyre fit autant d'honneur à l'humanité qu'à la religion, qui en est le soutien.

Les maximes de cette religion contrastoient trop avec les actions infames qu'on attribuoit aux dieux du paganisme, pour ne pas faire impression sur les personnes capables de réfléchir & de s'instruire. Ainsi la morale de l'évangile, qu'une main invisible soutenoit, devoit faire des progrès, quoique lents; & comme elle est d'une sublimité dont celle des philosophes n'approchoit pas; comme elle étoit soutenue par les lumieres & les exemples des pasteurs, les empereurs eux-mêmes furent contraints de lui rendre hommage. En réglant leur conduite sur des principes plus conformes à la justice & à l'humanité, ils devinrent plus doux & plus équitables. En général, les empereurs chrétiens, qui étoient nés avec quelques inclinations heureuses, firent honneur au trône, tant qu'ils ne se laisserent pas entraîner par l'esprit de parti. Les mœurs des particuliers s'adoucirent aussi. Il y eut parmi les chrétiens plus de décence dans la conduite, plus de sureté dans le commerce de la vie, rien n'eût été plus édifiant que leur union, s'il ne se fût pas élevé de tems en tems parmi eux de ces esprits orgueilleux, qui, par haine ou

---

vence. Constance Chlore, pere du grand Constantin, qui commandoit dans les Gaules, empêcha que la persécution ordonnée par Dioclétien en 303, n'y fût exécutée. Nous croyons qu'on doit placer le martyre de saint Genez, en même-tems que celui de saint Victor. Quelques auteurs ont confondu ce saint, avec Genez le comédien, qui fut martyrisé à Rome, sous Dioclétien, en 285. Ils n'ont rien de commun que le nom.

par envie de se singularifer, excitoient des divisions scandaleuses. Le schisme des donatistes devint fameux dans le IVe siecle. Ces schismatiques s'étoient séparés de la communion de Cécilien, évêque de Carthage, sous prétexte qu'il avoit été ordonné par des évêques qui, dans le tems de la persécution de Dioclétien, avoient livré aux païens les saintes écritures pour les brûler ; ils l'accusoient aussi de plusieurs fautes. Cette accusation ne put jamais être prouvée ; & sous un prince moins foible que Constantin, elle n'auroit point eu de suite; mais cet empereur, au lieu d'arrêter ces plaintes ou de les faire examiner sur les lieux par des commissaires, en fit la matiere d'un concile : & dès ce moment, les prétendues fautes de Cécilien servirent de prétexte aux esprits inquiets pour troubler l'église. Déjà plusieurs conciles avoient décidé en faveur de cet évêque. Constantin en fit assembler un autre, le premier août 314, dans la ville d'Arles, où se rendirent des évêques de tout l'Occident. La décision fut la même, & ne servit qu'à faire éclater l'opiniâtreté des donatistes. Le concile fit vingt-deux canons sur différens points de discipline. Le premier portoit que la fête de Pâques seroit célébrée en même tems & le même jour dans tout le monde chrétien ; car il y avoit encore des églises où l'on croyoit devoir la célebrer le quatorzieme jour de la lune. Dans les quatrieme & cinquieme canons, on excommunioit les comédiens & ceux qui conduisoient les chars dans le cirque. Dans le septieme, il étoit enjoint aux gouverneurs des provinces de prendre des lettres de communion de leur évêque, pour montrer, quand ils passoient dans un autre gouvernement, qu'ils étoient dans la communion de l'église. Les maris qui surprenoient leurs femmes en adultere, étoient exhortés, par le dixieme, à ne point prendre d'autres femmes du vivant des leurs, quoiqu'adulteres. On ne trouve ici qu'une simple exhortation, parce que les loix civiles permettant de se marier après le divorce, l'église se voyoit forcée d'user de condescendance, quoique dans le fond elle condamnât ces mariages. Le onzieme ordonne de séparer pour quelque tems, de la communion, les filles qui épousent des payens. Les évêques d'Arles, de Marseille & de Vaison, sont les seuls de Provence qui assisterent à ce concile, le premier qui ait été assemblé dans les Gaules, & le premier par conséquent qui ait offert, aux yeux des gaulois, le spectacle frappant de l'assemblée la plus auguste qu'ils eussent jamais vu, puisqu'elle étoit composée des premiers ministres de la religion, venus, non-seulement des Gaules, mais encore d'Afrique, de Sardaigne, d'Italie, de Sicile, d'Espagne & de la Grande-Bretagne.

NAISSANCE ET PROGRÈS DE LA RELIGION.

Je ne m'étendrai pas davantage sur l'état de la religion en Provence dans les cinq premiers siecles ; ce que je viens de dire suffit pour en donner une juste idée, sans entrer dans des discussions qui appartiennent à l'histoire ecclésiastique. Je dois seulement observer qu'au milieu de toutes ces persécutions, l'église toujours inébranlable, eut la consolation de recevoir dans son sein des fideles distingués par leur naissance comme par leurs richesses. Ils ornerent le sanctuaire de leurs pieuses aumônes : & Constantin commença de l'enrichir par ses libéralités ; on peut dire même que ses édits contribuerent autant que les vertus des premiers évêques à leur donner une autorité, qu'Honorius & quelques autres empereurs augmenterent ensuite.

Le dernier article qui nous reste à traiter, & qui est bien digne de l'attention du lecteur, est celui du gouvernement que les romains introduisirent en Provence. Ils sentirent qu'il étoit nécessaire de faire adopter au peuple leurs loix & leurs maximes, pour le contenir plus aisément dans le devoir. Une chose s'y opposoit ; c'étoit la jurisdiction des druides, qui avoient en main l'administration de la justice, & qui étoient regardés par le peuple comme les interpretes de la volonté des dieux. Une autorité, fondée sur cette opinion, ne pouvoit être assujettie aux regles & aux principes du nouveau gouvernement ; il falloit donc la détruire, la maniere dont on s'y prit est assez remarquable.

§. XVI.
Du
GOUVERNEMENT.

Les romains firent d'abord regarder les sacrifices humains comme une abomination entiérement contraire aux droits de l'humanité; & l'abolition de cet usage, comme le plus grand bienfait que les gaulois pussent recevoir des vainqueurs. C'étoit tout-à-la-fois perdre les prêtres dans l'esprit du peuple, & leur ôter le plus grand ressort de leur puissance. Après cette atteinte portée à leur autorité, il ne fut pas difficile de les réduire aux simples fonctions sacerdotales.

La réforme faite dans l'ordre des prêtres, ouvrit une libre carriere à tous les nouveaux principes que les vainqueurs avoient intérêt de répandre. Voyant d'ailleurs que la forme du gouvernement gaulois n'étoit point incompatible avec leurs desseins, ils la laisserent subsister en partie, & s'en servirent même comme d'un véhicule pour faire adopter leurs mœurs & leur jurisprudence.

§. XVII.
DES DÉCURIONS OU SÉNATEURS.

(1) ILS mirent, dans quelques cités, une colonie & un sénat;

Rosin. antiq. romanar. p. 764.
Novell. lib. 4. t. 1.
Marc. Hispan. l. 2. p. 157.
Cod. Theod. l. 12. & alibi.
Sigon. de antiq. jur. Ital. l. 2. c. 4.
Guid. Panc. de magist. munic. Auiug. l. 6. c. 13.
Ducange, aux mots curia & senator.
D. Bouquet, rec. des hist. de Franc. t. 1. p. 765. à la n.

(1) L'article des sénats, & de la municipalité des villes sous le gouvernement des romains, étant un sujet tout neuf qui n'a point encore été traité dans notre histoire, je crois devoir entrer dans quelques détails pour éclaircir cette matiere. Il est constant qu'il y eut des sénats dans les Gaules après qu'elles eurent été soumises aux romains; trop d'auteurs en parlent, pour que je ne me croie pas dispensé de les citer; je viens de dire qu'il y en avoit un dans chaque colonie, & l'on en trouve la preuve dans le code, où nous lisons que les anciens romains établirent dans chaque cité un corps de magistrats, pour en former un sénat à qui l'on confioit l'administration des affaires.

Voyez encore sur le même sujet, les auteurs que je cite à la marge. On employoit indifféremment pour désigner le sénat, les mots suivans, *senatus minor*, par comparaison avec le sénat de Rome, qui étoit le sénat par excellence; *decuriones*, *patria patres*, *senatores*, *nobilis ordo*, *curia*, *curiales*, &c. parce que les *curiales* composoient en effet la cour de la cité. Au reste, ce ne fut même qu'après le second siecle de l'ere vulgaire, qu'on commença de lui donner le titre de sénat inférieur; & aux membres, celui de *sénateurs*, par la raison que dans les beaux jours de la république, & sous les premiers empereurs, les romains ne vouloient point que les colonies affectassent des titres, & de certaines marques de dignité, qu'ils réservoient aux seuls magistrats de Rome. Cicéron se plaignit avec force, dans une

qu'ils composerent, suivant quelques auteurs, de la dixieme partie des colons, d'où vint le nom de *décurions*, pour désigner les sénateurs; c'étoit, à proprement parler, le corps de ville. Il avoit, à bien des égards, les mêmes fonctions & les mêmes prérogatives que le sénat de Rome. Tout ce qui avoit rapport au bien public, dépendoit de son administration; la nomination & le salaire des professeurs, l'entretien des bains, des édifices publics & des murailles de la ville, la direction des jeux scéniques & des jeux du cirque, le recouvrement & l'emploi des revenus publics, la répartition des impôts établis par le prince & la garde des registres publics, où les biens de chaque particulier étoient inscrits. Les décu-

DES DÉCURIONS
OU SÉNATEURS.
Cic. orat. de leg. agrar. 2. n°. 34.

---

harangue prononcée devant le peuple, de ce que les duumvirs de la colonie de Capoue, avoient osé se décorer du nom de préteur, affectant d'imiter la grandeur romaine, se faisant appeller peres conscripts, & précéder par des licteurs, qui portoient, au lieu de baguettes, de véritables faisceaux.

On voit clairement la preuve de l'existence de nos *sénats*, dans l'inscription que nous avons citée à l'article de *Cimiez*.

On peut encore se rappeller que dans celle qui contient le vœu fait par les peuples de la province Narbonnoise, d'offrir tous les ans, à certains jours marqués, des sacrifices à Auguste, il est parlé des *décurions*, à qui ce prince avoit confié le soin des affaires publiques; or, les *décurions* étoient la même chose que les sénateurs, selon le sentiment le plus commun.

Nous avons dit qu'on désignoit quelquefois le corps de ces magistrats, par le mot *ordo*, ou *nobilis ordo*; l'on peut en voir des exemples dans la premiere partie de la chorographie.

Au reste, il ne faut pas être étonné que nous ne trouvions rien de plus précis sur les sénats, que ce que je viens de rapporter; les monumens qui nous restent en Provence, ne sont presque tous que des cénotaphes. Il n'y a point, ou du moins il y a peu de ces monumens consacrés par la reconnoissance publique, comme celui de Cimiez, que nous avons rapporté page 32. Ce sont pourtant les seuls auxquels un sénat peut prendre part; ou bien, s'il en reste quelqu'un, il a été érigé dans un tems où il eût été dangereux de prendre le titre de *sénat*, par la raison que nous en avons déjà donnée. On se contentoit de mettre le nom de la colonie ou celui de *civitas*, avec l'épithete qui la distinguoit. *Civitas foro Julicnsium patrono*, est-il dit dans une inscription qu'on a trouvée à Aix. Quelquefois on mettoit *decreto decurionum*. Voyez-en des exemples dans la premiere partie de la chorographie.

rions, obligés de rendre compte aux officiers de l'empereur du montant des contributions, se ruinerent quand il se trouva plusieurs citoyens insolvables; de-là, les vexations qu'ils exercerent sur les contribuables pour se faire payer; de-là aussi, quand ils ne pouvoient pas l'être, ces emprunts usuraires auxquels ils avoient recours, & qui absorboient leur fortune.

On voit dans l'histoire, dans le code & dans les lettres des Cassiodore, des peintures touchantes de ces malheurs. Les décurions prenoient connoissance des affaires qui n'étoient point réservées aux officiers de l'empereur; en un mot, ils étoient en petit dans leur colonie, ce que le sénat étoit à Rome (1).

Ils nommoient à une place vacante de décurion dans une assemblée générale avec l'agrément du gouverneur de la province, & pouvoient faire des réglemens de police; mais quant aux loix essentielles, ils n'y pouvoient rien changer, parce qu'elles leur avoient été données, ou par le sénat de Rome, du tems de la république, ou par les empereurs. Il étoit de l'intérêt de l'état, que le gouvernement fût uniforme dans toutes les provinces de l'empire. L'élection des magistrats, & les réglemens faits dans ces assemblées, n'avoient de force qu'autant qu'ils étoient confirmés par le proconsul ou par le préteur de la province, dont le pouvoir, presque sans bornes, embrassoit le civil & le militaire. Les décurions n'avoient voix délibérative qu'à vingt-cinq ans révolus. En entrant dans le corps, ils faisoient un présent à tous leurs collegues.

§. XVIII.
Des duumvirs.

On tiroit de l'ordre des sénateurs ou des décurions, les *duumvirs*, qui avoient, dans le ressort de la colonie, le même rang & la même autorité que les consuls de Rome avoient dans l'empire;

---

(1) Il fut un tems où les vexations du gouvernement rendoient la charge de décurion accablante. Il y avoit même des particuliers, qui pour éviter d'en être revêtus alloient s'établir dans une autre ville. Le prince voulant prévenir cet abus, ordonna que ce particulier seroit décurion dans les deux villes. *Cod. Theod.* l. 12. t. 13.

ils pouvoient juger des procès jusqu'à une certaine somme, & condamner à des peines afflictives, excepté à la mort. Les marques de leur dignité (1) approchoient beaucoup de celles qui distinguoient les consuls romains. Ils prirent même, dans certains endroits, le titre de *consuls* à la fin du premier siecle. Il y avoit des occasions où l'on créoit jusqu'à six magistrats pour les mettre à la tête de l'administration. On les appelloit *triumvir*, *quartumvir*, *quintumvir* & *sextumvir*, selon le nombre qu'ils étoient.

Comme le sénat ne pouvoit pas se charger de tous les détails, il les confioit à des officiers d'un rang inférieur. Ceux qui étoient préposés pour recouvrer les impôts, & les porter dans la caisse générale de la province, se nommoient *susceptores* ou *exactores*. On les prenoit parmi les décurions, qui répondoient toujours des impôts, comme nous l'avons dit ci-dessus.

DES DUUMVIRS.

Sigon. ibid. Noris. cenotaph. Pisan. diss. 1. c. 3.
Casaub. castigat. in apolog. Apul.
P. 34.

---

(1) Plusieurs monumens attestent l'existence de ces différens magistrats. On peut en voir des exemples dans la premiere partie de la chorographie. Il nous suffira de remarquer ici que les romains introduisirent cette forme d'administration municipale dans Marseille même, & dans les villes de Nice & d'Antibes. On peut voir dans la chorographie, l'article de Nice & de Marseille. Quant à Antibes, l'inscription suivante prouve qu'il y avoit des duumvirs.

P. 9 & 24.

M. MOLTELLIO. C. F. VOLT
SECVNDINO. FLAMINI. II. VIRO. ANTIPOLI
HÆREDES. EX. TESTAMENTO

Bouch. t. 1. p. 290.

Il peut bien se faire, comme le prétendent quelques auteurs, que dans les bourgs, le conseil public ne fût composé que de peu de personnes, depuis deux jusqu'à six, & qu'on les appellât *duumvir* ou *sextumvir*, suivant le nombre. Sous les empereurs, cet arrangement étoit plus favorable aux vues despotiques du gouvernement; mais j'ai de la peine à croire que dans les municipes considérables, dans les principales colonies, telles qu'Arles & Fréjus, six magistrats composassent tout le conseil public. Je suis persuadé que ces *sextumvir*, *quartumvir*, &c. étoient alors choisis dans le corps de ville, pour être à la tête de l'administration, comme le sont aujourd'hui les échevins ou consuls. Les inscriptions & le code autorisent ce sentiment. *Cod. Theod. l.* XII. *tit.* 16.*

Nous avons distingué les *sextumvirs* magistrats, des *sextumvirs* augustaux, quoi-

LIVRE I.
§. XIX.
DE L'ÉDILE
OU CURATEUR
DE LA COLONIE.

Les autres, je parle des procureurs de la colonie, *curatores vel procuratores rei publicæ*, percevoient les revenus de la cité, qui consistoient dans le produit des biens appartenans à la commune, & dans les droits qu'elle mettoit sur les denrées & les marchandises. Les mêmes officiers veilloient à l'entretien des fonds & des édifices publics, au maintien des maisons & à la propreté des rues; enfin c'étoit à eux à mettre le prix aux denrées, à procurer des vivres aux troupes, à faire des provisions de bled pour les citoyens, en tems de disette; à mettre en ferme les biens de la cité, & à révendiquer ceux que les particuliers avoient usurpés. Chaque cité avoit son procureur, qu'on appelloit souvent *ædile*. On lit ce nom & celui de curateur sur quelques inscriptions trouvées en Provence.

§. XX.
DU DÉFENSEUR.
Boc. hist. de Suisse, t. 2. p. 55.
Cod. Theod. l. 1. passim.

Le défenseur, espéce de tribun dont il est si souvent parlé dans le code, & qui étoit connu long-tems avant le regne de Dioclétien, défendoit les droits & les priviléges de la cité contre les entreprises des autres communes, ou des officiers du prince. On le choisissoit toujours parmi les personnes les plus notables; mais la décadence de l'empire fut ensuite cause qu'on le prit indifféremment dans tous les états. Comme une charge de cette im-

---

que des auteurs de réputation les confondent : il seroit aisé d'apporter des preuves de notre sentiment. L'inscription suivante, où ces deux *sextumvirs* sont réellement distingués, nous suffira.

Murat. thes.
p. 194. 2.

T. ARTIVS. T. L
APIOLVS. IIIII - VIR
IDEM. AVGVSTALIS. &c.

On a dû remarquer aussi dans la chorographie, que le même homme pouvoit être magistrat & prêtre. L'union de ces deux dignités, faisoit l'ambition des particuliers dans les municipes. Les prêtres augustaux n'avoient que le premier rang après les décurions ; & dans les villes où il y avoit des chevaliers, on croit qu'ils venoient après ceux-ci.

portance

portance intéressoit le public, on élisoit le défenseur dans une assemblée générale de citoyens de tous les ordres. Cet officier jugeoit jusqu'à la concurrence d'une certaine somme; & à cet égard il remplissoit à-peu-près les mêmes fonctions que nos juges subalternes.

Du défenseur.

Il ne faut pas confondre le défenseur avec le syndic, dont la charge & le nom paroissent s'être conservés dans l'office de procureur-syndic, tels que quelques villes sont encore en usage d'en avoir.

§. XXI.
Du syndic.

Des cités ainsi policées, tenoient la main à ce que les poids & les mesures ne fussent point altérés par des marchands avides, & sur-tout à ce qu'on n'exposât rien en vente qui pût occasionner des maladies. Le maintien du bon ordre étoit aussi un des objets principaux de la vigilance publique. On appelloit inspecteurs *episcopi*, les magistrats chargés de cette partie de la police. Il en est parlé dans une inscription que nous avons rapportée à l'article de *Nice*, p. 10.

§. XXII.
Des officiers de la police.

Tels étoient les principaux magistrats de nos colonies. Comme elles furent les premieres qu'on envoya dans les Gaules, & les plus voisines de l'Italie, il est hors de doute qu'on doit leur attribuer tout ce que les auteurs disent de celles qui étoient au-delà des Alpes, & l'on en trouveroit sûrement des preuves dans les inscriptions gravées sur les anciens monumens, si le tems les eût toutes épargnées.

Ces juges étoient distribués en différentes *décuries*, dont trois subsistoient du tems de la république romaine. Auguste en ajouta une quatrieme, & Caligula une cinquieme. Nous ne sçavions point encore s'il y en avoit le même nombre dans les Gaules; mais quant à la Provence, le fait est démontré par deux inscriptions que nous avons rapportées à l'article des *Vordenses* & de *Fréjus*. Elles nous apprennent les noms de deux juges agrégés à l'une des cinq

Décuries des juges.

p. 15. 127.

Tome I.   E e e e

décuries établies dans cette ville & dans celle d'Apt. Ce fait est une nouvelle preuve de la parfaite conformité qu'il y avoit entre notre administration municipale, & celle des villes d'Italie; & l'on peut dire que l'épithete de *romaine*, donnée à notre province, lui convenoit à tous égards.

(1) Les villes qui jouissoient du droit latin, n'avoient pas tout-à-fait la même administration. La principale différence entr'elles & les colonies, consistoit en certains priviléges accordés aux colons qui étoient censés citoyens romains, au lieu que les autres ne l'étoient pas.

§. XXIII.
DE LA NOBLESSE.
V. l. 3. art. *noblesse* & *cod. Theod.* l. XII. tit. 6. 13. 14. &c.

LES sénats des colonies donnerent naissance aux familles sénatoriales qui tinrent dans leur patrie le même rang que celles de Rome tenoient en Italie. Elles formerent l'ordre de la noblesse avec d'autant plus de raison, que parmi les romains envoyés pour fonder les colonies, tous n'étoient pas soldats. Il s'en trouvoit parmi eux d'une naissance à mériter qu'on leur confiât les premiers emplois dans la robe & dans l'épée.

---

(1) Voici à-peu-près la différence qu'il y avoit entre le droit italique & le droit latin; le premier donnoit les mêmes franchises qu'avoient les habitans d'Italie, l'exemption des tributs qu'on imposoit sur les provinces, & qui se levoient par tête & sur les biens; il attachoit à quelque tribu romaine, introduisoit dans l'ordre des chevaliers, & de-là aux premieres dignités de l'empire, quand on avoit quatre cent mille sexterces de bien.

Ceux au contraire qui ne jouissoient que du droit latin, n'étoient pas réputés citoyens romains; mais ils pouvoient le devenir, après avoir passé dans leur patrie, par les premieres charges. Ils ne payoient pas les tributs qui s'imposoient sur les autres villes de la province pour le paiement des troupes, mais ils payoient les autres. Ils n'étoient point admis à porter les armes dans les légions, mais ils fournissoient un certain nombre de soldats commandés par des officiers de leur pays, sous les ordres des généraux romains; enfin, il semble que leurs villes n'étoient pas immédiatement soumises à la jurisdiction des magistrats qu'on envoyoit de Rome pour gouverner les provinces.

Il est souvent parlé des possesseurs dans les monumens du moyen âge, & dans le code. C'est le nom qu'on donnoit aux *décurions* ou *sénateurs*, moins à cause de leurs richesses, que parce qu'ils étoient les dépositaires des fonds de la colonie. C'est du moins ainsi que Théodoric, roi des ostrogots, appella les magistrats d'Arles, quand il leur envoya de l'argent pour réparer les murailles de la ville, & du bled pour les habitans qui en manquoient. Un auteur moderne a cru que le mot *possessores* ne convenoit qu'aux personnes du second ordre ; à celles qui possédoient des fonds en toute propriété ; mais il n'apporte aucune preuve de son sentiment. Au surplus il ne seroit pas surprenant qu'on eût ainsi appellé les hommes libres, ceux qui, n'étant point dans la classe des magistrats, étoient au-dessus des artisans & des affranchis.

§. XXIV.
Des possesseurs.
Guid. panc. de *mag. munic.* c. 1.
Cassiod. Var. l. 3. ep. 54.

Etabl. de la mon. franç. l. 1. p. 28.

La classe des artisans, *artifices*, étoit fort nombreuse. On y comprenoit les artistes, tels que les architectes, les peintres, les statuaires, &c. car chaque art, chaque métier faisoit corps, & avoit droit de se choisir un chef, de se donner des réglemens, & d'imposer sur les membres une taxe légere pour fournir aux frais de la confrérie, qui s'appelloit communément *collegium*, & qui tenoit ses assemblées en certains tems de l'année. Nous avons fait connoître, dans la chorographie, plusieurs de ces corps de métiers.

§. XXV.
Des artisans.

Les affranchis, dont il est souvent parlé dans nos inscriptions, étoient dans l'ordre des plébéiens, & ne pouvoient remplir aucune charge de magistrature dans les deux ou trois premiers siecles de l'ere chrétienne. Mais ils pouvoient être faits prêtres de la famille impériale. Attachés par la loi, plutôt que par reconnoissance, au maître qui leur avoit donné la liberté, ils portoient son nom, ce qui étoit, en quelque maniere, imprimer sur ces hommes

§. XXVI.
Des affranchis.

LIVRE I.

le caractere ineffaçable de la servitude, au moment qu'on les en retiroit. Ils jouiſſoient, quant au civil, des mêmes droits que les perſonnes libres. S'ils mouroient *ab inteſtat*, & ſans enfans, ils n'avoient point d'autres héritiers que leurs patrons. Nous ne finirions pas, ſi nous voulions entrer dans tous les détails de cette derniere claſſe de citoyens.

§. XXVII.
DES ESCLAVES.

IL y avoit deux ſortes d'eſclaves; les uns attachés aux fonds, ne payoient à leur maître qu'une certaine quantité de bétail & de bled, & même une certaine ſomme d'argent; l'objet de leur eſclavage n'alloit pas plus loin; mais ils ne pouvoient pas quitter ſans la permiſſion du maître, le champ auquel ils étoient attachés; c'étoit la ſervitude réelle : elle étoit aſſez répandue en Provence, où les romains la trouverent établie, & dura long-tems; car on en trouve encore des traces au XIV ſiecle (1).

_____

(1) Je dis que la ſervitude de la glebe étoit connue en Provence, quoiqu'elle ne le fût pas en Italie du tems des anciens romains. On a toujours cru qu'elle n'étoit en uſage que chez les nations germaniques; mais les gaulois étoient originairement un même peuple avec les germains; la religion, les mœurs, & les coutumes, étoient les mêmes chez les uns & chez les autres : pourquoi voudrions-nous qu'il n'y eût de la différence que dans la condition des eſclaves? On peut ſoutenir comme une choſe certaine, que les romains trouverent la ſervitude de la glebe, établie dans les Gaules, & il n'eſt pas vraiſemblable qu'ils l'aient abolie. Les auteurs qui nous parlent de la ſuppreſſion des druides, & des ſacrifices humains, n'auroient pas manqué de dire que les vainqueurs avoient également aboli l'eſclavage germanique. Il eſt donc à préſumer qu'ils le laiſſerent ſubſiſter, parce qu'il n'avoit rien de contraire au gouvernement. Ils ſe contenterent d'établir dans les fonds dont ils s'emparerent, la ſervitude perſonnelle, qui étoit la ſeule reçue en Italie; voilà pourquoi l'on trouve dans le code, des loix qui regardent les ſerfs de la glebe. Or, ces loix ne furent faites que pour le pays des anciens celtes, dans lequel la Provence étoit compriſe. Enfin, ce qui prouve qu'il y avoit de ces ſortes d'eſclaves dans cette province, c'eſt que Salvien, prêtre de Marſeille, en parle. Voyez *hiſt. crit. de l'étab. de la mon. franç.* t. 1. p. 12 & 13. in-4°. Jo. Gottl. Heinecci. *antiq. rom. juriſprud.* p. 98. Salvien, *de gub. Dei.* l. 5. & le cod. Théod. paſſim. Voyez auſſi *la diſſ. ſur l'état des perſonnes en France,* p. 64 & ſuiv.

Quant à l'autre servitude, qui est tout à la fois réelle & personnelle, & qui ressemble à celle des ilotes, ou si l'on veut à celle des négres de l'Amérique, elle étoit plus rare. Cependant on la connoissoit dans les colonies romaines, parce qu'elle étoit introduite de tout tems à Rome & en Italie.

DES ESCLAVES.

Ces esclaves n'étoient pas bornés à un seul genre d'occupations; on les appliquoit les uns à l'agriculture, les autres aux arts libéraux ou méchaniques, & à tout ce qui pouvoit donner quelques profits. Le fruit de leur travail appartenoit tout entier au maître, qui leur en abandonnoit ordinairement une petite partie, afin d'exciter leur émulation; mais il en héritoit ensuite, parce qu'il ne leur étoit pas permis de tester. L'esclavage à Marseille étoit de cette seconde espèce; cependant il dût être d'abord fort doux, parce que les anciens marseillois avoient des mœurs simples & des lumieres. La simplicité des mœurs porte les hommes à la douceur, & la raison à l'humanité. Les esclaves ne sentent tout le poids de leur état que chez un peuple corrompu, quand ils sont forcés d'être les instrumens du luxe & de l'orgueil du maître.

Murat. ant. med. ævi. t. 1. p. 769, & seq.

La république romaine, intéressée à maintenir le bon ordre dans la province, y envoyoit des commandans pour avoir l'œil ouvert sur l'administration de la justice & sur les finances; ils tenoient, ou par eux-mêmes, ou par leurs députés, des assemblées dans les différens districts, pour écouter les plaintes des particuliers, rappeller à leurs devoirs les magistrats qui s'en écartoient, terminer les différends qui s'y élevoient au sujet de la répartition des impôts, & publier des ordonnances relatives aux instructions qu'ils recevoient du sénat ou des empereurs. Ils jugeoient les affaires avec les magistrats choisis dans les cantons où se tenoient les assemblées. Nous présumons que ces magistrats étoient les mêmes qui composoient les décuries dont nous avons parlé ci-dessus. Une de leurs principales fonctions étoit de servir de conseillers au commandant, d'examiner les procès & d'en faire leur rapport;

§. XXVIII.
DES ASSEMBLÉES PARTICULIERES.

c'est du moins ce qui résulte de plusieurs passages d'anciens auteurs, tant historiens que jurisconsultes.

Le préteur ou proconsul présidoit à ces assemblées pour répondre aux requêtes, juger les procès des particuliers, & publier les ordonnances faites pour le bien général de la province. On y régloit aussi la levée des troupes qu'on étoit obligé de fournir au prince, ou d'entretenir sur les lieux. Enfin on faisoit, dans ces assemblées, la répartition des contributions extraordinaires que le gouvernement exigeoit, soit en grains, soit en fourages, soit en voitures.

Etabl. de la mon. l. 1. c. 12. l. 6. c. 15.

Cod. Theod. pas.

(1) Les impôts commencerent d'être exorbitans vers la fin du second siecle de l'ere chrétienne. Il falloit payer, outre ce que nous venons de dire, la capitation, qu'on appelloit *cotte-part d'une tête de citoyen*. La cottisation par arpent, ce qui revient à la taille, les droits de gabelle déja connus, quoique sous un autre nom, ceux de péage & de douane, sans compter que le fisc & les commandans achevoient souvent de dévorer, sous mille prétextes, ce qui restoit au propriétaire.

———

Diod. Sicil. l. 17. Edwech. p. 529.

(1) Les impôts que César avoit mis sur les Gaules, ne montoient, selon Eutrope, *l. 6.* qu'à quatre cent mille sesterces, évaluées à environ dix millions de livres de notre monnoie. On ne tarda pas de les augmenter, puisque Velléïus-Paterculus, *l. 2.* assure que, par la conquête de l'Egypte, Auguste augmenta les revenus du fisc, d'une somme égale à celle qu'on retiroit des impôts mis sur les Gaules. Or, comme nous sçavons, d'après le témoignage de Diodore de Sicile, que l'Egypte, quand elle fut conquise, payoit tous les ans au souverain dix-huit millions (six mille talens;) il s'ensuit que les Gaules, comprises dans l'étendue immense qu'on leur donnoit alors, rendoient tout autant à la république sous Auguste. Mais comme les impôts se multiplient à mesure qu'un empire approche de sa décadence, nous supposerons qu'ils furent dix fois plus forts à la fin du IVe siecle, & avant que les barbares eussent passé le Rhin. Ils montoient donc à cent quatre-vingt millions de livres de notre monnoie. Nous avons d'abord de la peine à concevoir comment un pays aussi vaste que les Gaules, ne pouvoit pas supporter cette charge; car un auteur moderne prétend qu'il y avoit trente-neuf millions de personnes, la taxe n'auroit pas été de cent sols par tête. Mais pour sentir que les auteurs ont eu raison de dire que les impôts étoient accablans; il faut considérer, 1°. Qu'ils ne tom-

« Qu'eſt-ce qui a fait révolter tant de provinces, diſoit Salvien ?
» Ne ſont-ce pas nos injuſtices ? ne ſont-ce pas les proſcriptions &
» les vexations exercées par des magiſtrats avides qui s'enrichiſſent
» des contributions, & ſont les véritables propriétaires des reve-
» nus du prince ? Hommes cruels ! ils dévorent les peuples dont
» ils devroient être les peres ! Les pauvres ſont dépouillés de leurs
» biens, les veuves gémiſſent, les orphelins ſont, pour ainſi dire,
» foulés aux pieds, & pluſieurs perſonnes des meilleures familles
» paſſent tous les jours chez l'ennemi, pour ne pas être plus long-
» tems expoſés aux injuſtices de leurs concitoyens ; ils vont cher-
» cher des ſentimens d'humanité chez les barbares, parce qu'ils ne
» trouvent que de la barbarie chez les romains. »

<small>DES ASSEMBLÉES.
Salv. de pub. Dei.
c. 5 & 6</small>

Ces vexations étoient une ſuite néceſſaire du mauvais gouvernement; l'eſprit d'injuſtice & de rapine, qui avoit gagné tous les
états, ne put jamais être détruit par les bons empereurs, qui ne
parurent que de loin en loin. Il minoit ſourdement l'empire, quand
il étoit obligé de ſe cacher; & comme il eſt deſtructeur par ſa nature, il dépouilla en Provence un grand nombre de citoyens de
leurs biens, & de leur liberté.

Un autre uſage encore plus remarquable, étoit celui de convo-
quer tous les ans des aſſemblées générales, où l'on traitoit des
affaires de la plus grande importance. Nous ne liſons pas ſans
étonnement, que l'aſſemblée générale de Reims délibéra, ſous

<small>DES ASSEMBLÉES
GÉNÉRALES.</small>

---

boient que ſur les perſonnes libres, dont le nombre étoit bien moindre que celui
des eſclaves. 2°. Que le pays étoit pauvre, & que la plupart des provinces, qui ſont
aujourd'hui bien cultivées, étoient couvertes de bois & de marais. Il eſt donc
conſtant qu'un impôt de cent quatre-vingt millions de livres, devoit paroître in-
ſupportable. Nous pouvons auſſi conclure de-là qu'il n'y avoit pas dans les Gaules
trente-neuf millions d'habitans; elles auroient été mieux cultivées, peuplées de
plus grandes villes, & les contributions auroient été plus aiſées à payer.

l'empire de Vespasien, si l'on devoit secouer le joug des romains, ou demeurer dans l'obéissance. Une question de cette nature ne s'agite gueres que dans une assemblée représentative de la nation, & dont les membres se croient dépositaires de toute l'autorité. Mais cette proposition ayant été faite dans un tems où les guerres civiles déchiroient l'Italie, dans des circonstances où l'on consulte plus ses desirs que ses droits, on n'en peut tirer aucune induction. Une lueur d'espérance & la foiblesse du gouvernement, inspirent bien de la hardiesse à des hommes opprimés. Quoi qu'il en soit des privileges que ces assemblées avoient anciennement, il est certain qu'elles furent réduites par les successeurs d'Auguste à la simple voix consultative, & qu'elles n'eurent plus aucune part au pouvoir législatif; on en jugera, par l'extrait suivant, de l'édit qu'Honorius donna en 418, lorsqu'il régla que tous les ans, au mois d'août, on convoqueroit à Arles l'assemblée générale des provinces des Gaules qui étoient sous sa domination.

Trad. de l'abbé du Bos. l. 2. c. 5. de la mon. franç.

« Nous avons résolu, dit-il au préfet du prétoire des Gaules
» qui résidoit à Arles, nous avons résolu, en conséquence de vos
» sages représentations, d'obliger, par un édit perpétuel & irré-
» vocable, nos sujets des sept provinces à pratiquer un usage
» capable de les faire parvenir enfin à l'heureux état où ils sou-
» haiteroient d'être. Rien n'est plus avantageux au public & aux
» particuliers de votre diocese, que la convocation d'une assem-
» blée qui se tiendra tous les ans sous la direction du préfet du
» prétoire des Gaules, & qui sera composée non-seulement des
» personnes revêtues des dignités qui donnent part au gouverne-
» ment général des provinces, mais encore de celles qui exer-
» cent les emplois qui donnent part au gouvernement particulier
» de chaque cité. Une telle assemblée pourra délibérer avec fruit
» sur les moyens qui seront les plus propres à pourvoir aux be-
» soins de l'état, & qui seront en même tems les moins préjudi-
» ciables aux intérêts des propriétaires des fonds. Notre intention
» est

» est donc que dorénavant les sept provinces s'assemblent chaque
» année, au jour marqué, dans la ville métropolitaine, c'est-à-dire
» dans Arles. En premier lieu, il ne sçauroit être pris que des réso-
» lutions salutaires pour tout le monde, dans une assemblée des
» plus notables personnages de chaque province, & qui sera tenue
» ordinairement sous la direction de notre préfet du prétoire des
» Gaules. En second lieu, nos provinces les plus dignes de notre
» attention ne pourront plus ignorer les raisons qui auront engagé
» à prendre le parti auquel on se sera déterminé, & comme le
» demandent la justice & l'équité. On aura soin d'instruire aussi
» de ces raisons celles des provinces qui n'auront point eu de
» représentans dans cette assemblée. Notre volonté est, qu'en
» exécution du présent édit, & conformément aux anciens usages,
» vous & vos successeurs ayez à faire tenir, chaque année dans la
» ville d'Arles, une assemblée composée des officiers municipaux
» des sept provinces. Elle commencera ses séances le 13 du mois
» d'août, & les continuera avec le moins d'interruption qu'il sera
» possible jusqu'au 13 septembre, &c. (1) ».

Il n'y a personne qui ne retrouve ici l'image des états, qu'on a été long-tems en usage d'assembler en Provence.

---

(1) Il y a deux remarques à faire sur cet édit; 1°. Il nous apprend qu'avant Honorius on étoit dans l'usage de tenir à Arles des assemblées générales, que l'on continua sans doute autant de tems que la tranquillité de l'empire le permit.

Je remarque en second lieu que par les mots de *judices possessores*, dont Honorius se sert, on ne peut entendre que les décurions, ou sénateurs des villes, qui étant chargés de l'administration des affaires, & connoissant mieux que personne les besoins de la cité, devoient naturellement assister à ces assemblées générales. Il les appelle *judices possessores*, pour les distinguer des possesseurs du second ordre, qui n'étant pas sénateurs, n'étoient pas juges de la colonie. Dans un autre endroit il les nomme *curiales*, parce qu'ils composoient ce que nous appellons la cour, ou comme dit M. Ducange, le sénat de la cité. Peut-être aussi faut-il séparer le mot *judices* de *possessores*; dans ce cas, ceux-ci auroient formé dans l'assemblée, la classe des députés du tiers-état, c'est-à-dire, des propriétaires des terres, différens des magistrats. C'est le sentiment de Bochat, *hist. de Suisse*. t. 2. p. 102.

Tome I. Ffff

LIVRE I.
§. XXX.
DE L'AUTONOMIE DE MARSEILLE.
Dion. Caff. l. 4. de Gall.
Æli. Spart. de bell. Cæf. & Pomp. c. 2.
Strab. l. 4.
Val. Max. l. 2. c. 7.

Chorogr. p. 9. 10 & 24.

Tacit. l. 4. c. 43.

La ville de Marseille dût envoyer ses députés à l'assemblée d'Arles. Depuis long-tems cette république ne se gouvernoit plus par ses propres loix. Deux auteurs, dont l'un vivoit à la fin du IIe siecle & l'autre à la fin du IIIe, prétendent que César ne lui laissa de la liberté que le nom. Strabon & Valere-Maxime assurent le contraire, & l'on doit s'en rapporter à eux, puisque Marseille étoit encore autonome quand ils écrivoient. Mais le témoignage des deux premiers prouve que de leur tems l'ancienne administration de cette ville étoit abolie, & les inscriptions que nous avons rapportées en font une nouvelle preuve. Nous sçavons d'ailleurs que les empereurs avoient établi à Marseille un droit d'entrée & de sortie sur toutes les marchandises (1). Aussi les historiens ne parlent-ils de cette ville que pour montrer le pouvoir absolu que ces princes y exerçoient. Si elle hérite des biens de Vulcatius-Moschus, à qui elle avoit donné le droit de bourgeoisie, Tibere veut l'en punir, & la force de venir se justifier à Rome, avec toute la soumission qu'un souverain impose à des sujets. Le crime de cette ville étoit sans doute d'avoir recueilli

---

Les sept provinces dont il est parlé dans l'édit, sont la Lyonnoise, la province des Alpes maritimes, les deux Narbonnoises, la Novempopulanie, & les deux Aquitaines; M. l'abbé Dubos prétend, avec assez de fondement, qu'au lieu de la premiere Aquitaine, on convoqua la premiere Lyonnoise.

(1) Ce fait est prouvé par une inscription qu'on voit encore sur un piédestal de pierre froide, dans les caves de l'abbaye de saint Sauveur. Elle est en l'honneur de T. Porcius, fils de Proculus, directeur des droits établis sur les marchandises qui passoient par les voies *Flaminia* & *Æmilia*, & par celle qui traversoit la Ligurie; il étoit aussi directeur des droits d'entrée & de sortie établis sur les vaisseaux. C'est ce que nous apprennent les trois dernieres lignes de l'inscription, telles que les voici :

ΕΠΙΤΡΟΠΩ. ΠΡΗΧΘΑΤΗΣ. ΔΙΑ
ΦΛΑΜΙΝΙΑΣ. ΑΙΜΙΑ. ΛΙΓΥΡΙΑΣ. ΕΠΙΤΡΟΠΩ
ΚΑΙ ΗΓΕΜ. ΤΩΝ. ΠΑΡΑ. ΘΑΛΑΣΣΗΝ

Ruffi, & ceux qui l'ont suivi, n'ont point entendu le sens de cette inscription. Nous la croyons du premier siecle de l'ere chrétienne.

la succession de ce Vulcatius, parce que, suivant les loix, il n'y avoit que les villes indépendantes qui pussent hériter d'un citoyen romain. Si Néron veut se défaire de Cornelius-Sylla, il le relegue à Marseille & l'y fait massacrer. Si Victor & quelques autres chrétiens sont accusés de professer une religion étrangere, & d'être ennemis des dieux & de l'état, la procédure est instruite par deux préfets (1); c'est-à-dire par deux officiers qui avoient toute l'autorité en main, & dont l'un étoit vraisemblablement préfet des troupes, & l'autre de la ville. Nous croyons que la création de celui-ci remontoit à la fin du premier siecle.

D'un autre côté, l'on ne trouve aucun acte de souveraineté de la part de Marseille, aucun traité passé en son nom, aucune monnoie frappée à son coin. Je dis aucune monnoie, parce qu'il y a toute apparence qu'elle y auroit fait mettre le titre d'autonome,

---

(1) Il est parlé de ce préfet civil ou préfet de la ville, dans deux inscriptions que nous avons rapportées dans la premiere partie de la chorographie, à l'article Marseille. Les préfectures tenoient le dernier rang. Les villes qui furent réduites à cette forme de gouvernement, éprouverent le sort le plus onéreux; lorsqu'après avoir violé la fidélité qu'elles devoient au peuple romain, elles retomboient de nouveau sous sa puissance; il ne leur accordoit alors en punition de leur ingratitude, aucune autre condition que celle de préfecture. Elles furent ainsi nommées, parce que chaque année les romains y envoyoient un préfet, pour les gouverner, à l'imitation des préteurs qu'ils étoient en usage de commettre aussi tous les ans dans les provinces. Les habitans des préfectures ne conservoient point leurs propres loix, comme ceux des villes municipales; ils ne pouvoient pas même élire leurs magistrats, ainsi que faisoient les colonies. Rome leur envoyoit des maîtres absolus, aux ordres desquels ils étoient obligés de se soumettre. Nous ignorons comment la ville de Marseille mérita d'être réduite en préfecture; mais il paroît certain, que telle fut sa condition.

Je crois devoir avertir que quand même quelqu'auteur du IIIe ou du IVe siecle donneroit à cette ville le titre de république, on n'en doit pas conclure qu'elle fût alors autonome, puisqu'on appelloit quelquefois *républiques* des villes, qui après l'avoir été se trouvoient réduites en préfectures : c'est ce que nous apprenons de Festus, qui dit en propres termes, *quædam earum reipublica, neque tamen magistratus suos habebant.* Voilà pourquoi Sénéque appelle Capoue république, bien qu'elle fût gouvernée par un préfet.

comme faifoient la plupart des villes grecques qui jouiffoient des mêmes prérogatives. Si elle ne l'a pas fait, eft-il vraifemblable qu'elle ait confervé fon autonomie? Si elle l'avoit perdue, il n'y a pas d'apparence qu'on lui eût laiffé le droit de faire battre monnoie. Nous fçavons aufli qu'elle n'eût pas celui de fe garder, puifque Céfar y mit une forte garnifon, & que fes fucceffeurs fuivirent fon exemple.

Cependant Agathias femble dire que les marfeillois ne quitterent les loix de leurs ancêtres que pour prendre celle des francs. Mais le témoignage d'un auteur grec, qui ne connoiffoit point les Gaules, & qui ignoroit que les francs, au lieu d'impofer leurs loix aux vaincus, laifferent à chaque nation, du moins en Provence, la liberté de fe gouverner par les fiennes, ne peut être d'aucun poids. Tout ce qu'Agathias a voulu dire, & fes expreffions nous le font affez comprendre, c'eft que les marfeillois pafferent de la domination romaine fous celle des francs, dont les mœurs, les ufages & l'habillement devinrent infenfiblement ceux de toutes les Gaules. De grecque qu'elle étoit, dit cet auteur en parlant de Marfeille, elle eft devenue barbare, ayant quitté la police & les mœurs de fes fondateurs, pour fuivre celles de fes conquérans.

Si Marfeille avoit été autonome jufqu'à l'an 536, qui eft l'époque où les françois s'emparerent de la Provence, on n'en auroit pas confié le gouvernement, vers la fin du IVe fiecle, à un comte qui réuniffoit en fa perfonne le pouvoir civil & militaire, rendoit la juftice, & réformoit les fentences des juges fubalternes. Comment les auroit-il réformées fi l'on n'avoit pas jugé fuivant les loix romaines, les feules qu'on fuivit en matiere civile & criminelle? Si Marfeille avoit adopté les loix romaines, elle avoit perdu les fiennes.

Il eft donc conftant que cette ville n'étoit pas autonome dans le tems qu'elle étoit gouvernée par un comte. Il eft certain encore qu'elle ne l'étoit pas en 290, lorsque saint Victor & ses compagnons souffrirent le martyre. Quand cessa-t-elle de l'être, puisque Strabon & Valere-Maxime, qui vivoient sur la fin de l'empire d'Auguste & au commencement de celui de Tibere, parlent de cette autonomie comme subsistant encore ? Nous l'avons déjà dit, nous croyons que sous le regne même de Tibere, & encore plus sous celui de ses successeurs, les loix de cette ville furent restreintes à de simples franchises, jusqu'à ce qu'enfin elles furent entiérement détruites à la fin du premier siecle de l'ere chrétienne. Ce fut alors qu'il y eut des *duumvirs* comme dans les colonies romaines. Caracalla d'ailleurs n'auroit pas laissé subsister l'autonomie de Marseille, lorsqu'il donna le droit de bourgeoisie romaine à toutes les villes des Gaules, comme au reste de l'empire, vers l'an 212.

Son motif, suivant la remarque des historiens, étoit d'augmenter le nombre des contribuables en augmentant celui des citoyens romains, qui portoient presque seuls le fardeau des impositions. De-là vient qu'on regarde son édit plutôt comme un édit bursal, que comme une marque de sa munificence. Les villes autonomes devinrent alors romaines, & Marseille, à cause de ses richesses & de son commerce, n'auroit pas été la derniere à subir le joug que l'avarice de l'empereur imposoit aux villes, si elle ne l'eût pas reçu auparavant.

Fin du premier Livre.

HOMMES ILLUSTRES DE PROVENCE

AVANT L'ERE CHRÉTIENNE.

PYTHÉAS naquit à Marseille environ 350 ans avant l'ere chrétienne. C'étoit le plus sçavant géographe & le plus habile astronome de l'Occident. Nous ne repéterons pas ce que nous avons dit ailleurs de ses voyages sur mer au nord-est de l'Europe ; il nous suffira d'observer que c'est à ses découvertes que la géographie, le commerce & l'astronomie furent redevables de leurs premiers progrès dans les Gaules.

Pythéas avoit fait un traité sur les causes du flux & reflux de la mer, qu'il attribuoit à la lune ; mais nous ignorons de quelle maniere il expliquoit ce phénomene, si c'étoit par la pression, comme il y a toute apparence ; peut-être aussi l'expliquoit-il par le mouvement du fluide ambiant, qui, suivant quelques philosophes, s'étoit communiqué à la terre, & la faisoit tourner sur elle-même, quoi qu'avec une moindre vîtesse : c'étoit par la même raison qu'ils expliquoient la cause des vents réglés de l'Océan. On avoit encore de Pythéas une description des étoiles qui, de son tems, étoient voisines du pôle boréal. Si le tems avoit épargné ces différens ouvrages, nous pourrions, en les rapprochant des opinions des anciens philosophes grecs, juger des liaisons qu'il y avoit entre la Grece & Marseille, & nous connoîtrions plus à fond l'histoire de l'esprit humain ; histoire la plus instructive, & en même tems la plus agréable pour des philosophes. Au reste, il est indubitable, par le peu qui nous reste des ouvrages de Pythéas, & par le témoignage des anciens auteurs, qu'il étoit sçavant mathématicien, & qu'il joignoit, à un génie heureux, pénétrant, élevé, une avidité de sçavoir pour laquelle les obstacles sont des motifs.

Euthymène, son contemporain & son compatriote, consacra

comme lui ses talens à la gloire & au service de sa patrie. Tandis que son émule frayoit aux commerçans de nouvelles routes dans le Nord, il parcouroit lui-même au Midi les côtes occidentales de l'Afrique, d'où l'on tiroit la poudre d'or. Il alla, dit un ancien, jusqu'aux environs d'un grand golfe, où tomboit un fleuve considérable qui couloit vers l'Occident, & dont les bords étoient peuplés de crocodiles : on reconnoît à ces indices le Sénégal. Euthymène avoit entrepris d'expliquer son origine & les causes de son accroissement ; mais cet ouvrage est perdu, ainsi qu'un traité qu'il avoit fait sur la géographie ; car on cultivoit généralement cette science à Marseille, comme étant d'une nécessité absolue pour le commerce.

Eratosthène étoit de Provence ; & selon quelques auteurs, de Marseille même : cette opinion est d'autant plus vraisemblable, qu'il écrivit en grec. Il étudia avec beaucoup de succès les mathématiques & l'astronomie, qui étoient, de toutes les connoissances, celles dont les marseillois tiroient de plus grands secours pour la navigation & l'architecture navale. Eratosthène avoit composé, environ 130 ans avant Jesus-Christ, une histoire des Gaules en trente-trois livres au moins, citée par Etienne de Byfance ; ouvrage dont nous ne sçaurions trop regretter la perte, à cause des lumieres qu'il répandroit sur ces tems reculés.

Il est difficile de déterminer la patrie de quelques-uns des écrivains suivans. Nous sçavons seulement qu'ils étoient de la Gaule narbonnoise. Je les crois provençaux, & d'autres l'ont soutenu avant moi, par la raison que ces auteurs écrivoient & parloient purement latin ; ce qu'ils n'auroient peut-être pas fait, s'ils fussent nés ailleurs : car la langue latine commença d'être connue en Provence 123 ans avant Jesus-Christ, & même plutôt, à cause de l'alliance que les romains avoient faite avec les marseillois, & à cause du commerce qu'il y avoit entr'eux.

Lucius-Plotius, natif de Provence, ouvrit à Rome la premiere

HOMMES
ILLUSTRES.
An. av. J. C.
Senec.

Eratosthène. 130.

Lucius-Plot. 115.

école de rhétorique, vers l'an 90 avant Jesus-Christ, & apprit aux romains à parler éloquemment leur propre langue. Il faut donc qu'il eut puisé dans les écoles de Marseille les principes de cet art, dont il fit ensuite l'application à la langue latine avec tant de succès que Ciceron, qui étoit encore enfant, regrettoit dans la suite de n'avoir pas été son disciple. Quintilien en parle aussi comme d'un grand maître. Après le témoignage de ces deux hommes célebres, on ne peut rien ajouter à son éloge. Il ne reste de lui aucun ouvrage.

Marcus-Antonius-Gnipho naquit en Provence, de parens si pauvres, qu'ils se crurent obligés de l'exposer. Un citoyen, homme de bien, l'ayant trouvé dans cet abandon, prit soin de son éducation, & lui rendit ensuite la liberté, ou, pour mieux dire, il le rendit à la patrie ; puisque ses vrais enfans, ceux qui lui appartiennent d'une maniere spéciale, sont les hommes destinés à la servir par leurs talens. Gniphon, ayant appris parfaitement les langues grecque & latine, alla donner dans Rome des préceptes d'éloquence. C'étoit un art important dans une république, où le talent de la parole décidoit quelquefois du sort du monde entier. Il ne nous appartient donc point à nous, qui n'avons plus de ces grands objets à traiter, de connoître toute l'importance qu'on attachoit à la profession de rhéteur. Gniphon s'en acquita d'une maniere si brillante, que les personnes les plus distinguées, & Ciceron même, qui étoit alors préteur, se faisoient un plaisir de l'aller entendre. Jules-César, dans la maison duquel il donna d'abord des leçons, fut un de ses disciples les plus assidus.

Valerius-Cato étoit poëte & grammairien. Les anciens n'attachoient pas, à ce dernier mot, le sens que nous lui donnons ; ils entendoient par grammairien, un homme disert & très-versé dans la littérature : tel étoit Valerius-Cato. Forcé de quitter la Provence, où il étoit né vers l'an 105 avant Jesus-Christ, il alla ouvrir à Rome une école publique, où l'on venoit en foule pour l'entendre.

dre. On prétend qu'il étoit encore meilleur poëte qu'habile grammairien. De-là, ces deux vers qu'on fit à sa louange :

> *Cato grammaticus, latina siren.*
> *Qui solus legit, ac facit poetas.*

Il eut vraisemblablement plus de conduite que la plupart des gens de lettres : il acquit assez de biens pour vivre honorablement à la campagne sur la fin de ses jours. Mais son bonheur ne fut que passager ; ses affaires s'étant dérangées, il retomba dans l'indigence, & montra, dans cet état, ce que la fortune n'avoit pu lui ravir, beaucoup de constance & de fermeté : sentimens qui ne se démentirent jamais dans le cours d'une longue vieillesse. Nous n'avons aucune connoissance des ouvrages qu'il laissa, tant en prose qu'en vers.

Quintus-Roscius étoit de Provence. Son nom réveille l'idée de l'acteur le plus accompli qui fût jamais. Rien n'égaloit la finesse & la vivacité de son jeu. On dit qu'il avoit les yeux de travers & la vue difforme. Cependant on ne parloit que de sa bonne grace. Il embellissoit la nature en la copiant. C'étoit un prodige, de l'aveu de Ciceron, son admirateur & son ami ; ils se disputoient quelquefois ensemble à qui rendroit mieux, & en plus de manieres, la même pensée, l'un par le geste, & l'autre par l'expression. Il arrivoit souvent que le génie du comédien l'emportoit sur l'heureuse facilité de l'orateur. Si Roscius étoit le plus grand acteur de son siecle, il étoit peut-être aussi un des plus honnêtes hommes, des plus tempérans, des plus humains. Les romains furent assez généreux pour lui faire une pension d'environ soixante mille livres ; & lui, assez désintéressé, pour ne pas l'exiger pendant dix années de suite. Aussi disoit-on, que s'il étoit le seul digne, par ses talens, de monter sur le théâtre, il étoit peut-être le seul qui ne dût jamais y paroître à cause de la pureté de ses mœurs & de ses rares vertus. La profession de comédien n'étoit donc pas alors aussi honorable

HOMMES ILLUSTRES.
An. av. J. C.
Telon & Gyarée.
75.

que quelques auteurs l'ont prétendu. Roscius mourut environ 55 ans avant Jesus-Christ.

Telon & *Gyarée* naquirent à Marseille, environ 75 ans avant notre ere. Ils étoient jumeaux, & avoient entr'eux une ressemblance si parfaite, que leurs parens les prenoient souvent l'un pour l'autre. Lucain nous les représente comme deux habiles astronomes & mathématiciens : c'est peut-être une exagération du poëte pour nous donner une idée de leur science dans l'art de la navigation. Ces deux freres, ayant eu le commandement des galeres pendant le siege de Marseille, ils se distinguerent contre l'armée navale des romains par leur courage & l'habileté de leur manœuvre, & mériterent que César & Lucain, transmissent leurs noms à la postérité.

Cornelius-Gallus.
66.

Cornelius-Gallus, fameux poëte, naquit à Fréjus, 66 ans avant l'ere chrétienne. Il eut beaucoup de valeur & un talent décidé pour la guerre. Auguste lui donna, dans quelques occasions, le commandement d'un corps de troupes, à la tête duquel il se signala, & le fit ensuite préfet ou commandant général de l'Egypte. Mais une ambition démésurée & une vanité ridicule, lui firent rechercher des richesses & des honneurs qu'une grande ame sçait dédaigner. Il vexa les peuples, se fit dresser des statues dans toute l'Egypte, & ordonna qu'on gravât ses actions sur des pyramides ; c'est presqu'une preuve qu'elles ne méritoient pas que l'histoire en fît mention. A ces défauts il joignit le plus noir de tous les vices, qui est l'ingratitude ; il conspira contre la vie d'Auguste, son bienfaiteur. Cet empereur, content de lui retirer ses bonnes graces & de le priver de ses emplois, le livra à la honte & au mépris ; mais le sénat, plus sévere, prononça contre Gallus la peine de mort,

26. av. J. C.

qu'il n'évita qu'en se la donnant lui-même : triste destinée, qui prouve que les plus beaux talens ne sont pas toujours accompagnés des qualités du cœur, sans lesquelles il n'y a point de vrai mérite. Elles manquoient à Gallus, qui d'ailleurs étoit bon poëte ;

l'éloge qu'Ovide & Virgile font de ses vers, en est la preuve. Il ne reste plus rien des quatre livres d'Elégies qu'il avoit faits sur ses amours avec Cythéris, qu'il nommoit *Lycoris*, pour cacher son nom au public. C'est à ces poésies qu'Ovide faisoit allusion dans ce vers:

Et sua cum Gallo nota Lycoris erit.

C'est à ce même Gallus que Parthénius dédia ses érotiques.

Trogue-Pompée prit naissance dans le pays des voconces, dont *Vasio*, aujourd'hui Vaison, dans le comté Venaissin, étoit la capitale. Son pere & son grand-pere s'étoient fait un nom par les services qu'ils avoient rendus aux romains; l'un en divers emplois militaires & civils; & l'autre dans les guerres contre Sertorius. Trogue-Pompée avoit l'esprit étendu & juste, & des connoissances qui lui mériterent un rang parmi les sçavans les plus distingués. Il composa, en quarante-quatre livres, une histoire universelle de tout ce qui s'étoit passé dans le monde, depuis les siecles les plus réculés jusqu'à son tems.

A juger du mérite de l'ouvrage, par ce qu'en ont dit les anciens, il étoit digne des plus grands éloges. Le style & le plan répondoient à la grandeur de l'entreprise. Il faut donc regarder l'abrégé de Justin comme une copie infidele d'un bon tableau; & l'on ne doit pas mettre sur le compte de Trogue-Pompée, les bévues & le manque de critique de son abréviateur. La postérité se seroit bien passée du travail de celui-ci, s'il devoit faire oublier l'original.

Oscus ou *Oscius* naquit à Marseille, & se distingua à Rome parmi les orateurs qui brilloient sur la fin de l'empire d'Auguste. Ce trait pourroit nous faire croire que c'étoit un homme fort éloquent; cependant Sénéque le pere, lui reprochoit d'avoir un mauvais style, dénué de figures, & de remplir ses discours de pointes & d'allusions malignes; deux défauts qui faisoient autant de tort à son goût qu'à son caractere; car cette malignité indécente dont on l'accufoit, peut fort bien s'allier avec de l'efprit, mais elle ne fuppofe jamais une ame honnête. Paccatus, dont nous allons bientôt parler, l'ayant un jour rencontré, lui dit fort plaifamment, en faifant allufion à fon peu de retenue : *ave ofce*, bon-jour *ofque* ; c'eft le nom d'un ancien peuple, habitué à fe fervir de paroles obfcènes. Malgré ces défauts, le même Sénéque ne laiffe pas de le mettre au-deffus de beaucoup d'autres auteurs de fon tems.

Agrotas, compatriote d'Ofcus, courut la même carriere à Rome, & ne plaidoit qu'en grec, d'où l'on peut conclure que cette langue étoit très-familiere dans la capitale de l'empire, & qu'elle dominoit toujours à Marfeille ; cependant les gens de lettres parloient le latin avec la même facilité, puifque la plupart d'entr'eux alloient en donner des leçons en Italie.

Paccatus, fon contemporain, après avoir profeffé l'éloquence dans l'académie de Marfeille, alla faire briller fes talens à Rome, où il tint un rang parmi les plus habiles profeffeurs. Il étoit né en Provence, & je préfume qu'il donnoit fes leçons en latin ; ce qui me fait croire que l'académie de Marfeille avoit des profeffeurs dans cette langue, auffi utile que le grec pour les habitans, à caufe de leurs rapports avec les romains.

Julius-Græcinus naquit à Fréjus de parens nobles, qui avoient occupé les premieres charges de la province. Il reçut une éducation excellente, & fit fes études à Marfeille, avec tant de fuccès, qu'il devint un des écrivains les plus polis de fon fiecle : il étoit fort verfé dans la philofophie. Elu fénateur de Rome, il eut toutes les qualités d'un grand magiftrat ; une fcience confommée, une probité rare, & un défintéreffement pouffé jufqu'à la délicateffe. Fabius-Perficus, perfonnage confulaire, mais perdu de réputation, lui ayant envoyé une fomme d'argent confidérable pour fournir à la dépenfe des jeux que Græcinus devoit donner au peuple, celui-ci la refufa. Comme fes amis le blâmoient de fon refus : *voudriez-vous*, leur dit-il, *que je reçuffe un fervice d'un homme avec qui je rougirois de me trouver à table.* Sénéque, un de ses admirateurs, ne l'appelloit jamais que *vir egregius*, l'excellent homme. Græcinus se montra digne de cet éloge, par l'indignation qu'il fit paroître quand l'empereur Caligula lui commanda de se porter pour accusateur contre M. Silanus, dont l'innocence étoit reconnue. Cette générosité lui coûta la vie. Le tyran ne pouvant se résoudre à lui pardonner tant de vertu, ordonna qu'on le fît mourir, vers l'an 40 de l'ere vulgaire. Græcinus avoit composé, sur l'agriculture, plusieurs ouvrages, dont Columelle loue l'érudition & le style. Pline, le naturaliste, a fait quelquefois usage de ses observations.

Hommes illustres nés en Provence après Jesus-Christ.

Claudius-Quirinalis, fameux rhéteur, natif d'Arles, professa la rhétorique à Marseille, & ensuite à Rome avec beaucoup de succès. La réputation de ses talens lui mérita une place distinguée parmi les officiers des galeres que l'empereur entretenoit à Ravenne. Mais il ternit sa gloire par des exactions inouies & par des vices qui le précipiterent dans les plus grands désordres, & le mirent dans la cruelle nécessité de se donner la mort, l'an 56 avant notre ere.

Pétrone, poëte, courtisan, homme d'état, eut tous les talens nécessaires pour plaire à son prince & le servir utilement. Dans les premieres charges de l'état, il se montra digne de les remplir. A la cour, c'étoit l'homme le plus aimable; parmi les beaux esprits, le plus délicat; parmi les débauchés, le plus recherché dans les plaisirs. Il étoit né aux environs de Marseille, & composa quelques ouvrages, où l'on découvre une finesse d'esprit & un art qui lui sont propres dans la maniere de peindre les caracteres. Mais son style trop affecté, trop étudié, trop fleuri en certains endroits, est bien éloigné de la simplicité de la belle nature. Si ces défauts font tort à son goût, les peintures indécentes dont il a rempli ses ouvra-

HOMMES ILLUSTRES. An. ap. J. C.

ges, en font bien davantage à fon cœur. Il mourut tranquillement au milieu de fes amis, après s'être fait ouvrir les veines pour prévenir le jugement de Néron, dont on lui avoit fait perdre les bonnes graces, l'an 66 de Jefus-Chrift. Le plus confidérable de fes ouvrages, eft le *Satyricon*, qui n'eft pas même parvenu tout entier jufqu'à nous.

Démofthène. 12.

Démofthène, marfeillois, étoit un des plus célebres médecins de fon tems. On affure qu'il alla fe former en Afie à l'école d'Alexandre-Philaléte. Il fe rendit fur-tout fameux par des remedes fpécifiques qu'il inventa, contre les maladies des yeux & contre le charbon, qui faifoit alors beaucoup de ravages en Provence ; mais dont on n'entend prefque plus parler depuis que les terres font entiérement défrichées, & que le goût de la propreté eft devenu général. Démofthène fit, fur les maladies des yeux, trois livres, écrits en grec, & fort eftimés, dont il ne refte que quelques fragmens. Gallien parle de lui avec éloge en plufieurs endroits de fes ouvrages.

Crinas. 12.

Crinas devoit être encore plus habile, fi l'on peut juger de fa fcience par les richeffes qu'il amaffa ; mais s'il ne fut pas le plus fçavant, il fut du moins le plus heureux de tous les médecins de Rome, & dans cette profeffion, le bonheur fait fouvent plus que le mérite. Il gagna des fommes immenfes : l'ufage qu'il en fit doit juftifier les moyens dont il ufa pour les acquérir ; il employa, dit-on, dix millions de fexterces, qui font environ douze-cens mille livres de notre monnoie, pour réparer les murailles de Marfeille fa patrie. On affure qu'il étoit mathématicien & aftrologue. Si l'on entend par-là qu'il avoit étudié la phyfique & l'influence des météores fur le corps humain, ce devoit être un fort habile homme, & l'on ne doit pas être furpris de la grande réputation dont il jouit ; mais comme l'aftrologie n'étoit alors qu'une fcience frivole, faite pour en impofer à la multitude, il y a toute apparence que Crinas s'en fervit pour donner plus d'importance à fes remedes. Il étoit donc impossible qu'il mourût pauvre, en exerçant deux arts qui ont eu souvent entr'eux des rapports intimes. Nous n'avons aucun ouvrage de ce médecin, qui mourut sous le regne de Vespasien, vers l'an 74 de Jesus-Christ.

Charmis, son compatriote, son contemporain & son rival, avec autant de mérite peut-être, eut moins de succès. Il ne paroît pas qu'il ait acquis des fonds aussi considérables, quoique les auteurs du tems nous apprennent qu'il se faisoit très-bien payer. L'inconstance de la mode regnoit alors dans la médecine, comme dans presque tous les arts. On voyoit différentes sectes de médecins, occupées à se déchirer & à se combattre, partager les esprits sur l'utilité des remedes. Charmis parut sur la scène avec de nouvelles connoissances & une imagination vive ; il déclama si fort contre l'usage des bains chauds, qui étoit généralement établi, qu'il fit changer l'opinion publique sur un sujet aussi intéressant ; car on vit depuis des hommes, & Sénéque lui-même, se baigner dans l'eau froide au fort de l'hiver. Charmis n'est connu par aucun ouvrage, mais seulement par le témoignage de Pline & de quelques autres auteurs. Ces trois médecins vivoient dans le même tems.

Valerius-Paulinus, natif de Fréjus, est une preuve de l'émulation que Marseille excitoit dans les colonies romaines établies en Provence. Il eut le bonheur d'allier le goût des lettres avec les talens militaires, & de corriger, par l'aménité qu'elles donnent, la férocité que l'on contractoit souvent au milieu des armes. Nommé tribun des cohortes prétoriennes, ensuite intendant général de Provence, enfin sénateur ; il porta, dans ces différentes places, tous les talens qu'elles demandent. Jamais on n'apperçut en lui ni humeur, ni hauteur, ni avarice. Il étoit intendant de Provence, quand il apprit que Vespasien aspiroit à l'empire. Comme ils étoient liés d'amitié, il le servit avec le zèle éclairé d'un homme qui ne craint pas de se donner un maître dans la personne de son ami.

HOMMES ILLUSTRES.
An. ap. J. C.

Charmis. 15.

Valerius-Paulinus, 35.

Procurator prov. Narbonn.

L'an 69. de J. C.

HOMMES ILLUSTRES.
An. ap. J. C.
Julius-Agricola.
35.

Julius-Agricola, l'un des plus fameux conquérans de la Grande-Bretagne, naquit auſſi à Fréjus, de parens illuſtres, vers l'an 35 de J. C. Il montra, dans tous les emplois qu'on lui confia, des talens ſupérieurs & une probité rare. Sa mere Julia-Porcilla, femme d'une conduite reſpectable, dit Tacite, eut ſoin de ſon éducation. Sous les yeux de cette mere tendre, il acquit toutes les connoiſſances qui forment l'eſprit & le cœur. Né vertueux, il fut préſervé de la ſéduction du mauvais exemple par ſon propre caractere & par l'avantage qu'il eut dès ſon enfance d'étudier dans la ville de Marſeille, école des ſciences & des mœurs, où regnoit la politeſſe des grecs, avec cet eſprit d'économie qui ne ſe trouvoit plus que dans la province. Agricola, deſtiné de bonne heure à la profeſſion des armes, s'appliquoit à ſe faire connoître de l'armée, dit encore Tacite, à profiter des lumieres des uns & de l'exemple des autres. Brave ſans oſtentation, il ne briguoit point les commiſſions haſardeuſes, les acceptoit avec défiance, & s'en acquittoit avec honneur. Une conduite ſi ſage lui attira l'eſtime de ſes ſupérieurs, l'amitié de ſes égaux & la confiance des ſoldats.

L'an 75.

Quand il fut chargé de réduire les rebelles de la Grande-Bretagne, il s'en acquitta avec une ſageſſe & un courage dignes des anciens romains. Ces ſuccès lui attirerent la jalouſie de quelques courtiſans, & ſur-tout de l'empereur Domitien, qui le rappella, & qui, pour tout accueil, l'embraſſa froidement, ſans lui dire un ſeul mot. Agricola ſentit combien il étoit néceſſaire de tempérer l'éclat de ſa réputation par des vertus obſcures. Il prit le parti de ſe retirer à la campagne, où il vécut tranquille & maître de ſes paſſions, tâchant d'oublier, dans le ſein de la philoſophie qu'il avoit toujours aimée, l'ingratitude du ſouverain & la méchanceté des courtiſans. Il étoit beau-pere de Tacite, qui a écrit ſa vie.

Favorin. 80.

Favorin vint au monde vers l'an 80 de J. C. Après avoir paſſé les premieres années de ſa jeuneſſe à Arles ſa patrie, il alla profeſſer

feſſer les belles lettres à Marſeille, & enſuite à Rome, où la tyrannie n'avoit point encore étouffé les talens. Son caractere étoit doux & liant, ſon érudition agréable & variée, ayant ſçu joindre à la littérature grecque & latine une connoiſſance profonde de la philoſophie. Auſſi eut-il des amis illuſtres & des diſciples fameux. L'empereur Adrien, qui ſe piquoit de littérature, aimoit à s'entretenir avec lui. Un jour il releva comme impropre un mot dont Favorin s'étoit ſervi. Il eût été facile à celui-ci de le juſtifier par des exemples, mais il n'oſa pas; & quand ſes amis lui reprocherent ſa timidité: *je ne veux pas*, leur dit-il, *me brouiller avec un homme qui commande à trente légions.* Il avoit raiſon; car Adrien étoit jaloux à l'excès de ceux qui ſavoient plus que lui. Mais la jalouſie ne demeure pas long-tems cachée, quand elle peut ſe ſatisfaire; celle d'Adrien éclata par la diſgrace de Favorin. Les athéniens qui avoient élevé une ſtatue en l'honneur de notre ſçavant, l'abattirent pour faire leur cour à l'empereur. Ce trait de baſſeſſe ne fit qu'exciter la raillerie du philoſophe, qui, étant naturellement facétieux, dit en riant: *je ſuis plus heureux que Socrate, je n'ai perdu dans cette affaire que ma ſtatue.* Il parloit beaucoup & avec la plus heureuſe facilité. Comme il étoit ſans barbe & d'une voix aiguë, ſes envieux diſoient de lui, *c'eſt une vieille femme.* Il avoit compoſé beaucoup de bons ouvrages ſur diverſes matieres, & preſque tous en grec; mais il n'en reſte aujourd'hui que le titre & quelques morceaux rapportés par les auteurs qui vinrent après lui.

Note sur Pythéas.

Nous avons deux chofes à examiner touchant ce philofophe. 1°. En quel tems il vivoit; 2°. quel eft le nom moderne de l'île où il aborda. Les fçavans ne font pas d'accord fur le premier point. Les uns croient qu'il vivoit vers l'an 218, & les autres vers l'an 290 avant J. C. Bayle le place d'une maniere vague dans le fiecle d'Alexandre. Il eft inutile d'examiner chacune de ces opinions en particulier pour les combattre; elles s'évanouiront d'elles-mêmes, fi nous découvrons la vérité.

<small>Strab. l. 2.</small>

Il eft certain, par le récit de Strabon, que Dicéarque compofa fes ouvrages après le voyage de Pythéas, puifqu'il cite fes obfervations; d'où il s'enfuit que ce célèbre marfeillois avoit déjà parcouru les mers du Nord vers l'an 305 avant J. C., qui eft le tems où Dicéarque écrivoit. Peut-être même écrivit-il quelques années

<small>Dict. crit. de Bayle.</small>

auparavant; car il avoit été difciple d'Ariftote, qui ceffa d'enfeigner, à ce qu'on croit, l'an 322 avant l'ere chrétienne. C'eft à-peu-près l'époque à laquelle on doit fixer le voyage de Pythéas.

Il eft plus difficile de fçavoir ce que c'eft que cette *Thulé* où il aborda. Plufieurs fçavans ont cru que c'étoit l'Iflande, fituée, fuivant les obfervations modernes, entre le 63 $\frac{1}{2}$ de latitude nord & le 66 & quelques minutes. Pythéas étant parti de l'île britannique, y arriva en fix jours de navigation. Ces deux îles, fi nous avons égard à l'obliquité de leur pofition & fi nous les confidérons relativement aux deux points par lefquels elles fe rapprochent davantage, font éloignées au moins de cent trente lieues marines. Il faudroit donc que Pythéas eût fait environ vingt-deux lieues par jour; qu'il ne fe fût point écarté de la droite ligne; qu'il fût parti de la pointe la plus feptentrionale de l'Ecoffe, & qu'il eût abordé à l'aterrage de l'Iflande le moins éloigné. Or, dans un tems où la navigation, l'aftronomie & la géographie avoient fait fi peu de progrès; dans un pays trop fouvent couvert de brouillards, & où l'on apperçoit rarement l'étoile polaire; dans des mers où les dangers font beaucoup plus grands & plus fréquens que dans la Méditerranée, un favant moderne, à qui la géographie doit de nouvelles découvertes, ne croit pas qu'il fût poffible à un navigateur de faire environ cent trente lieues en fix jours; puifque nous lifons dans Strabon qu'il en fallut cinq au même Pythéas pour aller de Gadès ou Cadix au Promontoire facré, aujourd'hui Saint-Vincent, quoiqu'il n'y ait que quarante-deux lieues en droite ligne, & quarante-fept en circulant, ce qui ne revient pas tout-à-fait à neuf lieues & demi par jour. En gardant la même proportion, il s'enfuivra que Pythéas, qui partit de l'île britannique, n'alla dans fix jours qu'aux îles de Schetland, appellées *Thulé;* c'eft le nom, ajoute-t-on, qu'on donnoit aux îles de ces régions feptentrionales, comme il paroît par un paffage de Tacite & de Procope.

<small>NOTE SUR PYTHÉAS. Acad. des infcr. t. 25. m. p. 436.</small>

Ces raifons font très-plaufibles ; mais elles ne fuffifent pas pour détruire un fait que les anciens atteftent. D'ailleurs elles font fondées fur une fuppofition que nous croyons contraire au témoignage de l'hiftoire; car on fuppofe que la navigation & la conftruction des vaiffeaux étoient encore fi imparfaites, qu'on ne faifoit qu'environ dix lieues par jour.

Cependant eft-il vraifemblable que des vaiffeaux deftinés à des voyages de long cours, débarraffés d'un chargement fuperflu & de tout l'attirail qui auroit pu ralentir leur courfe; des vaiffeaux, qui alloient à la rame & à la voile, n'ayent pas fait plus de vingt lieues par jour en pleine mer ? Si la navigation avoit été fi imparfaite qu'on le dit, jamais le commerce des carthaginois & des phéniciens, fans parler des autres peuples, n'auroit été fi floriffant ni fi étendu qu'il l'étoit en effet. Il réfulte au contraire de leur hiftoire, qu'ils avoient porté à un affez haut dégré de perfection les arts utiles & les arts agréables; & il n'eft pas à préfumer qu'ils euffent négligé celui de la navigation, fur lequel leur puiffance étoit fondée. Le voyage d'Imilcon dans les mers du Nord, & celui d'Hannon, fur les côtes d'Afrique, en font la preuve. Han-

<small>Acad. des infcr. t. 25. mém. p. 10.</small>

non faisoit vingt lieues marines par jour, suivant le calcul d'un moderne; croira-t-on que Marseille, qui, à l'exemple de Tyr & de Carthage, ne subsistoit que par le commerce, qui en faisoit toute son occupation, & qui avoit poussé plus loin que ces villes les sciences relatives à la navigation, telles que l'astronomie & les méchaniques, n'eut pas fait les mêmes progrès dans cet art, qui étoit la base de sa grandeur & de sa richesse ? Se persuadera-t-on que Pythéas plus habile navigateur que le général cathaginois, parce qu'il étoit plus savant mathématicien & plus grand astronome, avec un vaisseau plus propre à la course, parce qu'il n'étoit pas chargé pour aller fonder une colonie; enfin, avec le secours des découvertes que deux siecles d'expérience avoient ajoutées à la navigation depuis Hannon, n'ait pas été plus vite que lui dans des mers où l'on n'avoit à craindre ni bancs de sable ni rochers ? Voudra-t-on nous persuader que son vaisseau, qui alloit à la rame & à la voile, qui étoit uniquement destiné à seconder ses vues, fît moins de chemin que nos tartanes, qui, n'étant qu'à une & quelquefois à deux voiles, font deux & même trois lieues par heure ? On aura d'autant plus de peine à le croire, que nous sçavons, par le témoignage de Martian d'Héraclée, que la journée commune d'un vaisseau, chez les anciens, étoit de sept cens stades. On en comptoit six cens dans un dégré, & le dégré est de vingt lieues marines; par conséquent sept cens stades, qui étoient la journée d'un vaisseau, valent vingt-quatre lieues & demie.

Ce que Strabon nous apprend du voyage de Pythéas, depuis Cadix jusqu'au cap de Saint-Vincent, n'est pas assez clair pour en conclure que notre voyageur y mît cinq jours de navigation. Strabon le rapporte d'après Artemidore, qui ne le disoit lui-même que sur la foi d'Eratostène. Or, il est difficile de juger, sur de pareils témoignages, du véritable sens d'un auteur, dont les écrits sont perdus. Tout le monde d'ailleurs connoît les préjugés de Strabon contre Pythéas. Il est vraisemblable que celui-ci, qui ne voyageoit que pour s'instruire, s'arrêtoit de tems en tems quand il rangeoit la côte d'Espagne, pour prendre des informations relatives au commerce & à la géographie. Il peut donc se faire qu'il ne soit arrivé au cap de Saint-Vincent que cinq jours après son départ de Cadix, sans qu'on puisse assurer qu'il naviga pendant tout ce tems-là. Rien de plus ordinaire dans les relations des voyageurs, que de voir un homme arriver, quatre jours après son départ d'une ville, à un autre qui n'en est éloignée que de quinze à vingt lieues. Doit-on en conclure qu'il ait mis tout ce tems à faire le trajet? Ce que nous disons de ces voyageurs qui s'arrêtent souvent pour faire des observations, nous pouvons le dire de Pythéas, qui avoit le même but en suivant la côte d'Espagne. Il n'en fut pas de même quand il eut quitté l'île britannique & gagné la pleine mer; il fallut nécessairement naviguer & faire tous ses efforts pour aborder à quelque île. Ainsi, rien ne l'arrêtant dans sa course, elle dût être très-rapide.

Cette île, où il alla mouiller, suivant les historiens, tant anciens que modernes, s'appelloit *Thulé*. Ce qui prouve son identité avec l'Islande, c'est que Strabon & Pline disent qu'au solstice d'été il n'y avoit point de nuit. C'est-là, suivant eux, que Pythéas aborda, après six jours de navigation, en partant de l'île britannique. Ils ne connoissoient point d'autre *Thulé*, ou du moins ils ne parlent que de celle-là; & bien loin de vouloir combattre leur témoignage, en supposant sans aucun fondement que la navigation des anciens étoit trop imparfaite, pour que Pythéas ait pu faire le trajet en question, dans le tems marqué par les historiens, on doit au contraire conclure d'un fait, que tant d'auteurs graves attestent, qu'ils avoient fait dans cet art plus de progrès qu'on ne pense communément. Je crois qu'il est inutile d'avertir qu'avant ce voyage les marseillois faisoient le commerce de la Grece. C'est un fait qui n'a pas besoin de preuve. On sçait d'ailleurs que vers l'an 340 avant J. C. Démosthènes plaida contre un capitaine marseillois, qui avoit chargé du bled à Syracuse pour Athenes.

Note sur Pythéas.

Strab. l. 2.
Plin. l. 2. c. 75.
L. 4. c. 16.
Cleomed.
de sphærâ.

Demost. *excerpt.*
adv. Zenothem.

Note sur l'épiscopat de saint Trophime.

La difficulté est de sçavoir quel est ce Trophime? Quelques auteurs prétendent qu'il est le même que le disciple de saint Paul, dont il est parlé dans la seconde épitre à Timothée, & que saint Paul le laissa dans la ville d'Arles, quand il alloit en Espagne. Mais rien n'est plus incertain que ce voyage de saint Paul. 1°. Ceux des peres, qu'on cite pour le prouver, se sont servis d'expressions auxquelles on peut donner un autre sens. 2°. Nous avons beaucoup d'auteurs graves qui le nient, ou qui le révoquent en doute; tel est, par exemple, Innocent I. 3°. Le pape Gelase dit formellement que saint Paul n'a jamais été en Espagne. 4°. On ne trouve en Espagne aucun vestige un peu fondé de la prédication de saint Paul, excepté le témoignage des espagnols modernes, qui ne doit être d'aucun poids en cette matiere. 5°. Si saint Paul avoit fait ce voyage, il l'auroit fait vers l'an 63 de Jesus-Christ, & par conséquent il auroit laissé Trophime à Arles cette année-là. Cependant Trophime étoit malade à Milet en 64.

On dira peut-être qu'il vint à Arles après la mort de saint Paul, arrivée le 29 juin 66. Mais les grecs, qui célebrent sa fête, assurent qu'il eut la tête tranchée en Asie, sous le regne de Néron, mort le 9 juin 68, & aucun auteur n'a jamais soutenu que saint Trophime d'Arles ait souffert le martyre; Grégoire de Tours, & la tradition même de cette église y sont contraires. Il s'ensuit de toutes ces raisons, que le Trophime dont nous parlons, est différent du disciple de saint Paul. Du Bosquet, le P. Sirmond, & M. de Tillemont, prétendent qu'il est le même que celui dont Grégoire de Tours met l'épiscopat en 250. Mais avant cette année-là, le siege d'Arles étoit occupé par un évêque nommé Marcien; avant lui, il l'avoit été par Regulus. Il faut donc faire remonter plus haut la mission de saint Trophime. Dix-neuf évêques ayant assuré en 450, que ce saint prélat avoit été le premier évêque des Gaules, il faut qu'il ait siégé vers l'an 150 de Jesus-Christ, c'est-à-dire avant saint Pothin, qui souffrit le martyre à Lyon l'an 170. Ce témoignage des dix-neuf évêques est d'autant plus décisif, qu'il ne fut contredit, ni par l'évêque de Vienne, à qui ils disputoient la primatie, ni par saint Léon, qui devoit juger cette grande affaire. L'un & l'autre n'auroient pas manqué de détruire cette allégation, si la tradition, & des monumens qui ne sont pas venus jusqu'à nous, n'avoient déposé en faveur des dix-neuf prélats.

Leur témoignage est encore une preuve que la mission de saint Trophime est antérieure à l'an 250. Car depuis cette époque, jusqu'au tems où ils écrivirent à saint Léon, il s'étoit passé deux cens ans. Cet espace de tems n'étoit pas assez considérable pour avoir fait oublier un événement aussi remarquable, que l'arrivée du premier apôtre des Gaules. Les évêques de Provence qui assisterent ac concile d'Arles en 314, avoient sans doute vu, & voyoient peut-être encore tous les jours des fideles nés avant l'an 240, & qui par conséquent auroient connu saint Trophime, s'il étoit vrai qu'il fût venu en 250 ; car il faut lui accorder plusieurs années d'épiscopat. Or ces évêques n'auroient pas laissé tomber dans l'oubli un événement aussi intéressant ; & l'on ne conçoit pas comment leurs successeurs, le pape saint Léon, & l'évêque de Vienne, l'auroient ignoré cent ans après.

En fixant au contraire la mission de saint Trophime à l'an 150 ou environ, nous voyons comment on avoit pu en oublier l'époque précise. Il n'y avoit alors qu'un petit nombre de chrétiens, qui se tenoient cachés sous le voile du mystere, & qui diminuoit tous les jours par les persécutions. On se rappelloit le fait, on se transmettoit de pere en fils le nom de Trophime, & à mesure qu'on s'éloignoit de l'époque, on la disoit toujours plus ancienne. On sçavoit en général qu'elle étoit du commencement du christianisme, & enfin on la rapprocha du tems des apôtres, parce que les hommes se plaisent à donner à tous les établissemens qui les flatent un air d'antiquité. Tantôt on disoit qu'il avoit été envoyé par saint Pierre, & tantôt par le saint-Siege. Mais ces deux façons de parler sont synonimes, comme il seroit aisé de le prouver par divers exemples.

EXPLICATION DES ANCIENS MONUMENS.

ARC DE TRIOMPHE D'ORANGE.

Il y a peu d'arcs de triomphe qui aient autant exercé les antiquaires, & avec aussi peu de succès que celui d'Orange. Le défaut d'inscription, la diversité des figures, dont il est orné, la dégradation qu'il a soufferte par le laps des tems, en rendent l'explication très-difficile. Cependant je ne crois pas qu'il soit impossible d'en donner une qui satisfasse les lecteurs, si l'on veut se donner la peine de comparer les figures dont il est chargé, avec les victoires que les romains remporterent en Provence. C'est pour n'avoir pas saisi cette idée, que ceux qui ont entrepris d'expliquer ce monument, ont hasardé des opinions qui se détruisent d'elles-mêmes. Nous allons les examiner séparément, avant que d'établir la nôtre.

Les uns, c'est le plus grand nombre, ont cru que cet arc de triomphe avoit été érigé en l'honneur de C. Marius, pour consacrer à la postérité le souvenir de la victoire qu'il remporta près d'Orange, sur les cimbres & les teutons. Mais il faut remarquer, 1°. que la bataille se donna dans le diocese d'Aix, sur la riviere d'Arc, entre Tretz & Pourrieres; 2°. qu'au-dessus des frises, à côté des corniches de la façade méridionale & de la septentrionale, on a mis des navires, des ancres, des proues & des mâts, &c. qui ne peuvent convenir à cette bataille. Ce n'est donc point en cette occasion que l'arc de triomphe fut érigé.

D'autres le rapportent à Cn. Domitius, Ænobarbus & à Q. Fabius Maximus, qui triompherent, l'un des allobroges, près de Vedéne, au confluent de la Sorgue & du Rhône, & l'autre des allobroges & des auvergnats réunis, au-dessus de Valence, au confluent de l'Isere & du même fleuve. Mais cette opinion n'est pas mieux fondée que la précédente; 1°. parce que l'histoire nous apprend que ces deux généraux firent élever à l'endroit même où

ils

ils avoient vaincu les ennemis, & non pas à Orange, des tours de pierres, & non pas des arcs de triomphe; 2°. parce que les inftrumens maritimes qu'on a gravés fur la façade méridionale & feptentrionale, ne conviennent pas plus à ces deux batailles qu'à celle de Marius.

Selon le troifieme fyftême, qui eft celui de M. le baron de la Baftie, ce monument repréfente les victoires que l'empereur Augufte remporta fur terre & fur mer. Il faut avouer que les emblêmes de facrifices, de batailles & de combats de mer, peuvent convenir à cet empereur, mais ils conviennent également à plufieurs généraux romains, & de-là cette explication eft fauffe, pour être trop vague & trop générale; ajoutons à cela qu'il y a beaucoup de figures qui ne peuvent lui être rapportées. On ne voit pas d'ailleurs pourquoi on auroit érigé ce monument en l'honneur d'Augufte, plutôt dans la feconde narbonnoife que dans la premiere; pourquoi on n'y trouveroit pas fon nom, pourquoi enfin on n'y auroit pas mis quelque trait caractériftique qui le défignât d'une maniere particuliere, & qui fît connoître qu'il gouvernoit feul l'univers après lui avoir donné la paix.

Je ne m'arrête point au fentiment de M. le marquis Afféi, qui prétend que l'arc & les antiquités d'Orange font du tems de l'empereur Adrien. Comme il n'en apporte aucune preuve, c'eft une raifon de plus pour ne pas nous attacher à le réfuter. Son opinion ajoute de nouvelles difficultés à celles que nous venons d'expofer.

Il refte à examiner le fentiment de M. Ménard, qui, après s'être élevé avec raifon contre ces différentes explications, en donne une qui ne me paroît pas plus folide, & qui eft la même à peu de chofe près, que celle de M. le baron de la Baftie. Toute la différence confifte en ce qu'il attribue à Céfar, ce que celui-ci rapporte à Augufte. Les raifons que nous avons données pour détruire l'opinion de l'un, fervent également contre celle de l'autre.

Tome I. Iiii

Nous avons même quelques objections plus fortes à faire contre l'explication de M. Ménard. Il prétend que Céfar envoya Tibere-Néron fonder la colonie d'Orange, l'an 708 de Rome. Mais comment n'a-t-il pas vu qu'il eft impoffible qu'elle ait rien exécuté en l'honneur de ce fameux conquérant, par la raifon qu'il fut affaffiné au commencement de cette année-là ? Il eft vrai que la colonie dont il s'agit ici, fut vraifemblablement établie l'an 707, lorfque Céfar, maître de l'empire, par la défaite des enfans de Pompée, n'eut plus de concurrens à craindre. C'eft alors, fans doute, que pour récompenfer les foldats vétérans, il leur donna des terres dans les provinces, & particuliérement dans la narbonnoife. Mais depuis cette époque, jufqu'à celle de fa mort, il ne s'eft écoulé qu'environ un an. Je demande fi, dans un efpace de tems auffi court, une colonie compofée de foldats pauvres, peut devenir affez floriffante pour faire conftruire des ouvrages auffi confidérables que l'étoient le théâtre & l'arc de triomphe d'Orange, qui furent fans doute bâtis dans le même tems ? Ces raifons font plus que fuffifantes pour détruire le fyftême de M. Ménard, fans entrer dans l'examen de l'application forcée qu'il fait des figures repréfentées fur l'arc à la famille, aux actions & aux dignités de Céfar.

Il faut donc chercher une explication plus fatisfaifante que celles que nous venons de rapporter, puifqu'il n'y en a aucune qui ne foit deftituée de fondement. Je ne crois pas qu'il foit difficile d'approcher de la vérité, quand on connoît le but que les chefs de la république fe propofoient, en faifant ériger des arcs de triomphe. Car il ne faut pas s'imaginer qu'ils le fiffent uniquement par oftentation. Un fentiment fi vain pouvoit entrer dans l'ame d'un particulier, qui étant plus attaché à fon nom qu'à fes tréfors, faifoit quelquefois conftruire à fes dépens un édifice public, pour apprendre à la poftérité qu'il avoit vécu. Mais ceux qui étoient à la tête du gouvernement, fe conduifoient par des vues plus dignes

DE PROVENCE. 621

d'eux. Ils fçavoient que l'autorité dépend plus de l'opinion que de la force des armes. Que pour l'affermir il faut subjuguer les esprits par des sentimens d'admiration & de respect mêlés de crainte. Ce principe de politique fut toujours la regle de la conduite qu'ils tinrent envers les provinces nouvellement conquises. En effet, ils ne les forçoient d'adopter les loix & la religion romaines, que parce qu'ils étoient persuadés de l'influence que ces deux choses ont sur l'esprit des peuples : c'est dans les mêmes vues qu'ils firent construire, dans les Gaules, des amphithéâtres & des arcs de triomphe ; car on ne se persuadera pas, à moins qu'on n'ait aucune idée de la magnificence de ces sortes d'ouvrages, qu'ils aient été tous construits aux dépens des colonies, qui, dans les commencemens, n'étoient ni riches ni fort peuplées. Les romains faisoient élever ces monumens autant pour accoutumer les nouveaux habitans à vivre hors de Rome & de l'Italie, dont on leur retraçoit en petit les merveilles dans les lieux de leur demeure, que pour adoucir l'humeur féroce des gaulois, & se les attacher par des jeux & des spectacles qui ne pouvoient manquer de leur plaire. Les arcs de triomphe avoient un autre but; ils étoient pour les troupes un sujet d'émulation, en leur rappellant les exploits de leurs aïeux, & pour les peuples soumis, un exemple de ce qu'ils avoient à craindre, s'ils ne demeuroient pas dans l'obéïssance. Des monumens qui leur mettoient devant les yeux la défaite de leurs ancêtres, & la supériorité des armes romaines, étoient bien faits pour les intimider.

Ce motif une fois connu, on comprend aisément que ces arcs de triomphe devoient représenter les victoires qu'on avoit remportées dans la province où ils étoient érigés. Nous devons donc nous attendre à trouver sur celui d'Orange, les belles actions que les généraux de la république firent en Provence. On avoit d'autant plus de raison d'en conserver le souvenir, que ce sont les premieres qu'ils firent dans les Gaules, celles qui leur en facilite-

ARC
DE TRIOMPHE
D'ORANGE.

rent la conquête. Du refte il fera aifé de juftifier notre opinion par les détails dans lefquels nous allons entrer. Nous fuivrons la defcription qu'on a inférée de ce monument dans les mémoires de l'académie des belles-lettres, & nous fuppléerons d'après l'hiftorien d'Orange, quelques particularités qu'on y a omifes.

On voit d'abord fur la façade orientale, des captifs, les mains attachées derriere le dos, placés deux à deux entre les colones, & furmontés de trophées, au-deffus defquels eft la figure d'un pourceau ou d'un fanglier, avec le *labarum* des romains élevé fur une hafte, & garni de franges autour.

Sur la frife font fculptés divers gladiateurs qui combattent. Au-deffus de cette frife eft un bufte dont la tête eft rayonnante, & accompagnée d'une corne d'abondance de chaque côté. Les deux extrêmités du tympan, fous lequel eft ce bufte, foutiennent chacun une firene.

On reconnoît ici la victoire que C. Sextius remporta fur les falyes, à l'endroit même où il fit bâtir la ville d'Aix ; victoire mémorable, qui fournit pour toujours à la république les côtes maritimes de la Provence, & délivra les marfeillois de l'attaque de leurs voifins. Les captifs, qui ont les mains attachées derriere le dos, font l'image de ceux que C. Sextius fit conduire chargés de chaînes, pour les aller vendre, comme nous l'avons remarqué dans l'hiftoire.

Les gladiateurs, les deux cornes d'abondance, les deux firenes & la figure d'Apollon, repréfenté fous la forme d'une divinité, dont la tête eft couronnée de rayons, font les emblêmes des avantages que la victoire de C. Sextius apporta à la province & à Marfeille en particulier. Ces avantages font la paix & la tranquillité dans le pays, l'état floriffant des arts & du commerce, & l'abondance qui en eft la fuite.

La face occidentale n'eft chargée que de trophées & de figures de captifs. L'hiftorien d'Orange rapporte que, quarante ans avant qu'il écrivît son histoire, il s'étoit détaché de cette partie de l'arc, une pierre sur laquelle on lisoit *Teutobochus*. C'est le nom du roi Teuton, que Marius fit prisonnier après avoir défait son armée en Provence. On sçait que ce général romain livra, dans l'espace de deux jours, deux batailles meurtrieres aux ambrons & aux teutons, & qu'il les défit à chaque fois. On a voulu conserver le souvenir de ces deux actions mémorables, en les faisant graver séparément sur l'arc de triomphe. On vient d'en voir une. Nous trouvons l'autre sur la façade méridionale qui est chargée de beaucoup de figures & d'ornemens ; car on voit au-dessus des deux petits arcs, des monceaux d'armes des anciens, telles que des épées & des boucliers, sur plusieurs desquels étoient gravés en lettres capitales des noms romains. On lisoit encore sur un d'entr'eux le nom de Marius, du tems de l'historien d'Orange. Sur la frise sont gravés des gladiateurs qui combattent, comme sur la façade orientale. Sur les extrêmités du tympan sont représentés des navires, des rames, un trident, des ancres, des cordages, des mâts ; au-dessus on voit le buste d'une femme qui porte la main gauche appuyée sur son visage, & étend le bras droit avancé au-devant de la poitrine, elle est couverte d'une draperie légere, qui part du côté gauche, & qui flotte par-dessus sa tête en forme de banderolle. *A côté d'icelle & dans une fenêtre joignant*, dit la Pise, *se voit un homme relevé à cheval, armé de toutes piéces à l'ancienne*. Enfin au milieu de la façade au-dessus du tympan, sont représentés des combattans à cheval, dont les uns combattent avec l'épée, & les autres avec la lance. On y voit aussi des soldats morts ou mourans étendus sur le champ de bataille, & des chevaux échappés ou abattus.

Il n'est personne qui ne reconnoisse à cette description la seconde bataille de Marius. Son nom gravé sur un bouclier, ne nous permet pas d'en douter. Cette bataille, où la cavalerie, commandée par Marcellus, décida de la victoire, nous est représentée au naturel par les figures des combattans à cheval. Marius y est peint séparément sous la figure d'un cavalier armé de toutes pieces, & la fameuse prophétesse qu'il menoit avec lui sous les traits d'une femme qui, par son geste, semble animer les combattans. Le trophée d'armes nous rappelle celui qu'il fit ériger sur la riviere d'Arc, après la bataille, ou si l'on veut, nous le regarderons comme l'emblême de la seconde victoire.

Il ne seroit pas hors de vraisemblance que les mâts, les navires, le trident & les ancres, &c, que l'on voit à côté du tympan, fussent l'emblême du canal de communication que Marius fit creuser entre le Rhône & la mer, pour rendre ce fleuve navigable. Ce qui me le feroit croire, c'est que sous ces instrumens maritimes, on découvre la figure d'un homme portant une longue barbe. Ce pourroit bien être la figure du Rhône qui, par les soins de Marius, reçut des vaisseaux dans son lit. Si cette explication, qui n'est peut-être pas sans fondement, ne satisfait pas le lecteur, nous dirons que ces navires, ces ancres, ces mâts, ces cordages & autres pieces de cette nature, étant sculptées sur un monument érigé pour y consacrer des victoires, & devant par conséquent représenter quelque combat naval, sont l'emblême de la premiere victoire, que la flote de César, commandée par Brutus, remporta sur les vaisseaux de Marseille durant le siege de cette ville. Nous trouverons la seconde victoire sur la façade septentrionale qu'il nous reste à expliquer.

Cette façade est à-peu-près chargée des mêmes figures & des mêmes ornemens que la précédente, & placés dans les mêmes endroits. La seule différence qu'on y remarque, c'est 1°. que sur celle-ci il n'y a point de gladiateurs le long de la frise; 2°. sur le haut des petits arcs, on ne voit aucun buste ni d'homme ni de femme; aucune figure humaine sous les instrumens marins, comme dans l'autre. Du reste, ce sont toujours des trophées d'armes, des débris de vaisseaux, de rames, d'ancres, de mâts, de cordages & d'autres pieces qui annoncent un combat naval. On voit distinctement au-dessus du tympan, le tableau d'un combat à pied & à cheval, & à côté un aspergile, un préféricule, une patere & un bâton augural, ce qui n'est point à l'autre façade. Ce sont les marques des sacrifices que l'on offroit après le combat; elles sont mises ici fort naturellement après les deux batailles qu'on a voulu désigner ; sçavoir, celle où Domitius-Ænobarbus vainquit le roi Teutomal & ses alliés auprès de Védene, à quatre ou cinq lieues d'Orange. L'autre est celle où les galeres de César défirent les deux flottes combinées des marseillois & de Pompée.

Voilà donc les six victoires mémorables que les romains remporterent en Provence. Il étoit tout simple de les y consacrer sur un monument durable, puisqu'elles avoient jetté dans les Gaules les premiers fondemens de la puissance romaine; & que celles de Marius sauverent la république du plus grand danger dont elle ait été menacée.

D'un autre côté rappellons-nous que les romains affectionnoient beaucoup la Provence, qu'ils la regardoient comme une portion de l'Italie; qu'un assez grand nombre de sénateurs y avoient pris naissance, ou y avoient des biens considérables, & nous verrons qu'on ne devoit rien oublier pour y faire des embellissemens dans les villes principales. En effet, Arles, Orange, Fréjus, Aix, Cimiez, &c, reçurent les plus grandes preuves de la munificence des romains. Nous pouvons assurer qu'il n'y a point de province dans le royaume où ils aient fait ériger autant de monumens. On les doit presque tous à la libéralité d'Auguste, qui crut devoir étonner les esprits par le faste imposant de la puissance souveraine, afin de les accoutumer à sa domination. Une longue paix lui donna le loisir d'encourager les talens, de faire oublier, à force de bienfaits, les crimes des guerres civiles, & de faire chérir son nom dans les provinces par les marques de bienfaisance qu'il affectoit de leur donner. Nous croyons sur-tout que l'arc de triomphe d'Orange fut érigé par ses ordres. Il y regne un goût qui nous oblige de le rapporter à cette époque, qui est celle de la perfection de l'architecture & des beaux arts.

ARC DE TRIOMPHE DE CARPENTRAS.

Nous avons encore d'autres restes de la magnificence romaine, dont il est nécessaire de donner une idée; mais comme les victoires que les romains remporterent en Provence précéderent, de plusieurs années, l'usage qui s'établit ensuite d'élever de ces sortes de monumens, il est difficile de sçavoir en quelles occasions ils furent érigés; l'obscurité de l'histoire laissera toujours là-dessus un champ libre aux conjectures; & tous les efforts que nous ferons pour découvrir la vérité, ne seront que des preuves de notre ignorance. Cependant nous ne pouvons nous dispenser de parler de ces monumens dans un ouvrage consacré à faire connoître tout ce qui s'est passé d'intéressant en Provence. M. Ménard en a déjà donné une explication dans le trente-deuxieme volume de l'*Académie des Inscriptions*. Nous profiterons de ses recherches, sans adopter ses conjectures; parce qu'en pareille matiere, il ne faut s'attacher aux opinions des autres, qu'autant qu'elles nous paroissent approcher de la vérité.

Le monument de Carpentras, qui fait l'objet de cette dissertation, se trouve aujourd'hui enchâssé dans la partie du bâtiment de l'évêché, où sont la cuisine & les offices. Le cardinal Bichi, évêque de cette ville, plus occupé de négociations que de l'étude des antiquités & de leur conservation, laissa perdre & envelopper celui-ci dans la maçonnerie du palais épiscopal, qu'il fit construire vers l'an 1650; cependant voici ce que M. Ménard en a découvert. Le corps entier du monument, selon cet auteur, formoit un carré long de vingt-cinq pieds, sur quatre pieds trois pouces de largeur, & d'environ six toises deux pieds de hauteur; il étoit bâti de gros quartiers de pierres de taille du pays.

Il y a, dans chacun de ses angles, une grande colonne canelée & rudentée, élevée sur un piedestal, dont il ne paroît que la partie supérieure,

supérieure ; le reste se trouve enterré sous le pavé moderne, les cimaises en sont presque mutilées. Le piédestal de ces colonnes, ainsi que leur entablement, sont en *ressaut*, (terme dont on se sert en architecture, pour désigner un corps qui avance plus qu'un autre, ou qui n'est pas d'alignement). Les quatre faces de l'édifice étoient percées par des arcades, dont les jambages sont cannelés & rudentés comme les colonnes, avec des bases semblables. De ces quatre faces, il y en a trois qui sont embarrassées dans la construction du bâtiment moderne ; sçavoir, celles du nord, du midi & du levant ; on n'y voit de bien entier & dégagé de la maçonnerie, que la seule face occidentale. Celle-ci est ornée, entre les colonnes, d'un grand trophée en bas-relief, élevé & attaché sur le haut d'un tronc d'arbre, d'où pendent de chaque côté, dans la partie supérieure, deux boucliers chargés de quelques ornemens ; l'un exagone, qui est le plus apparent ; & l'autre ovale, qui ne paroît qu'à demi hors de celui-là. De plus, il sort de chaque côté, dans la partie inférieure, un faisceau de javelots ou de dards, qui sont liés avec une attache, dont les bouts sortent de-dessous les boucliers de forme ronde. On voit outre cela, au milieu, une cotte d'armes, dans laquelle passe le haut du tronc d'arbre, liée d'une ceinture à plaques ; une espece de manteau, retroussé de part & d'autre, vient se nouer sur le devant de cette cotte d'armes. Le tout est terminé dans le faîte de l'arbre par une sorte de casque rond, d'où sortent de longs cheveux.

Au-dessous des trousseaux de javelots, & de chaque côté du tronc d'arbre, est aussi sculptée en bas-relief une figure d'homme debout, qui paroît avoir les mains liées derriere le dos, dont le corps est couvert d'une draperie en forme de manteau, qui descend plus bas que le genou, & qui est attaché & noué sur les épaules. Ces deux figures sont placées en regard ; au surplus, quelque frustes & dégradées qu'elles soient l'une & l'autre, on y entrevoit qu'elles ont la barbe courte, & que celle de la droite a des cheveux longs qui

Tome I.   Kkkk

voltigent de part & d'autre, avec une espece de bandeau autour de la tête ; celle de la gauche ne paroît avoir que le bandeau, dont les bouts sont pendans sur le nœud derriere la tête.

On ne peut dire de quelle sorte de chaussure étoient couvertes les jambes de ces deux figures, parce que le tems a presqu'effacé cette partie ; on apperçoit seulement à côté & aux pieds de la figure qui est à droite, une espece de queue d'animal, qui ne se distingue pourtant qu'avec quelque peine, parce qu'on a plus particuliérement mutilé cette partie inférieure du trophée par l'ouverture d'une porte qui donne dans la cuisine de l'évêché.

Telle est la description qu'on fait de ce monument dans les mémoires de l'académie des inscriptions. M. Ménard, de qui nous l'avons empruntée, croit que c'est un arc triomphal, érigé pour consacrer le souvenir de la victoire que Septime-Sévère remporta sur l'armée d'Albinus, le 19 février de l'année 197, dans cette plaine de trois à quatre lieues, qui s'étend depuis Trévoux jusqu'à Lyon.

Il paroîtra bien surprenant de voir un trophée élevé à plus de quarante lieues de l'endroit où la bataille se donna. Mais il le paroîtra bien davantage, si l'on fait attention qu'on attribue cet ouvrage au zele d'une ville moins riche que la plupart des villes de la Narbonnoise, & qui n'avoit aucune raison de prendre plus d'intérêt qu'elles à cet événement.

Lorsqu'on fait une supposition de cette espece, il faut développer les motifs par lesquels une ville s'est déterminée à donner au souverain des marques de reconnoissance de la nature de celle-ci. Dès qu'un auteur ne nous fait point voir les raisons de cette distinction, il ne nous persuade point ; ce n'est point sur ses assertions qu'on le croit, mais sur ses preuves. Or quelle preuve donne-t-on qu'on ait érigé dans les Gaules un monument en l'honneur de Sévère, après la victoire qu'il remporta sur Albinus ? Aucune. Et quand même il seroit certain qu'on lui donna cette marque d'attachement en-deçà des Alpes, il faudroit encore prouver que ce fût à Carpentras plutôt que dans les villes principales de la Narbonnoise, telles que Vienne, Arles, Avignon, Narbonne, &c. Or M. Ménard n'insiste sur rien de tout cela dans son mémoire; & par conséquent son opinion ne doit paroître rien moins que probable.

Au lieu de cette preuve il en allégue une autre, qui a un rapport moins direct avec le sujet; c'est celle qu'il tire de l'ordre d'architecture, dans lequel il croit que ce monument fut exécuté, qui est le composite. Il prétend démontrer par-là que le trophée de Carpentras ne fut élevé qu'après le regne de Trajan, qui finit en 117, parce que l'ordre composite étoit alors parvenu à sa perfection; & comme de tous les événemens qui se passerent dans les Gaules après cette époque, il n'y en a point auquel il convienne plus naturellement qu'à la victoire de Septime-Sévère, il s'ensuit, selon cet auteur, qu'il fut élevé à cette occasion.

Nous répondrons que l'ordre composite est au moins aussi ancien que le regne de Jules-César. M. Ménard convient qu'il étoit déjà connu du tems de ce dictateur; « mais ce ne fut que sous son
» regne, ajoute-t-il, & sous celui d'Auguste, que l'usage commença de s'en étendre dans l'empire. Cet ordre ne prit une forme
» réguliere parmi les architectes que foiblement & peu-à-peu; de
» sorte que le premier bâtiment public où nous le trouvons employé, avec tous les ornemens spécifiques de cet ordre, & dans
» toutes les regles qui lui sont devenues propres & particulieres,
» est le fameux arc de Titus, dont la construction est postérieure
» de plusieurs années. »

Le lecteur sent que ces assertions avoient besoin de quelques preuves. Nous ferions voir combien quelques-unes sur-tout sont hazardées, si nous avions besoin de ce moyen pour achever de détruire le système de M. Ménard. Il convient que l'usage du composite commença de s'étendre dans l'empire sous le regne d'Augufte; pourquoi donc notre monument n'auroit-il pas été fait du tems de cet empereur? Eft-ce, comme il le dit page 747, parce que *la fculpture eft bien différente & beaucoup moins bien traitée, qu'elle ne l'étoit fous l'empire de ce prince?* Si c'eft pour cette raifon, il eft encore moins vrai de dire que ce monument n'a été fait, comme il l'affure, qu'après le regne de Trajan, quand l'ordre compofite eut acquis toute fa perfection. Ce feroit bien plutôt quand il n'avoit point encore pris fa forme réguliere ; c'eft-à-dire, fous Auguste. Ainfi la preuve que M. Ménard prétend tirer de l'ordre compofite, en faveur de fon fyftême, n'eft rien moins que folide.

Mais au refte, eft-il bien certain que l'ordre d'architecture, fuivant lequel l'arc de triomphe de Carpentras fut exécuté, foit le compofite? M. de la Monche, architecte de Lyon, ne fçut pas le décider, bien qu'il fit graver deux deffeins de ce monument. M. Ménard lui-même paroît indécis, malgré les efforts qu'il fait pour prouver que c'eft l'ordre compofite ; & le délabrement où font les reftes de cet édifice, empêchera toujours de rien dire de bien pofitif fur ce fujet. On ne peut donc fonder aucun raifonnement fur une chofe qui eft au moins équivoque.

De tout ce que nous venons de dire, il s'enfuit que ce n'eft point à l'occafion de la victoire de Septime-Sévère que l'arc de triomphe de Carpentras fut érigé ; nous croyons au contraire que c'eft en mémoire de celle que Cn. Domitius-Ænobarbus remporta fur les allobroges & les auvergnats réunis, près du confluent de la Sorgue & du Rhône, à deux lieues & demie environ de la ville de Carpentras. Nous en avons parlé dans l'hiftoire.

Ma conjecture eft fondée, 1°. fur la pofition du lieu où eft cet arc de triomphe ; 2°. fur les figures qu'on y a gravées.

Cette victoire eft une des plus mémorables que les romains aient remportée dans les Gaules ; moins par le nombre des ennemis qui refterent fur le champ de bataille, quoiqu'il y en eut beaucoup de tués, que par la réputation de bravoure qu'elle leur acquit parmi les gaulois. Celles qu'ils avoient remportées fur les falyes & les liguriens leur avoient fans doute fait beaucoup d'honneur ; mais ils ne parurent jamais plus redoutables que quand ils eurent vaincu les allobroges & les auvergnats réunis, parce que ces peuples, du moins les auvergnats, paſſoient pour être les plus puiſſans des Gaules ; ainſi tout demandoit qu'on perpétuât le ſouvenir d'une journée ſi mémorable. Auſſi Florus remarque-t-il que les romains en eurent une joie très-vive ; & que Cn. Domitius-Ænobarbus, & Q. Fabius-Maximus, pour éternifer le ſouvenir de la victoire qu'ils avoient remportée l'un & l'autre ſur ces deux peuples dans deux lieux différens, firent élever, fur le champ de bataille, des tours de pierre ſurmontées de trophées d'armes ; ce qui parut nouveau, parce que le peuple romain n'étoit pas dans l'ufage d'infulter aux vaincus, en confacrant leur défaite fur des monumens de cette eſpece.

Flor. l. 3 & 2.

Cette pratique parut ſi propre à favoriſer l'orgueil ambitieux des romains, qu'ils l'adopterent enſuite, & firent bâtir des arcs de triomphe dans l'endroit même, ou tout auprès des lieux où les ennemis avoient été mis en fuite : or comme il n'y a point eu d'autre bataille auprès de Carpentras que celle de Cn. Domitius-Ænobarbus, il faut néceſſairement dire que c'eſt à ce ſujet qu'on érigea le trophée à la place des tours de pierre.

M. Ménard prétend que non, parce que ce monument, dit-il, eſt trop éloigné du champ de bataille. Mais Carpentras n'en eſt qu'à deux lieues & demie ou environ, & fut vraiſemblablement compris dans l'eſpace de terrein où les deux armées ſe battirent ; car dans leurs différentes évolutions, elles durent embraſſer un eſpace aſſez étendu. Au reſte on fera fort ſurpris de voir faire cette difficulté par un homme qui veut que ce monument ait été conſtruit à l'occaſion d'une victoire remportée près de Trévoux. Une contradiction ſi palpable ne devroit pas ſe trouver dans un auteur.

Outre les preuves que la poſition du local nous fournit en

faveur de notre sentiment, nous en trouvons de plus convaincantes encore dans les figures gravées sur le monument. Ce grand trophée en bas-relief, élevé & attaché sur un tronc d'arbre, d'où pendent de chaque côté, dans la partie supérieure, deux boucliers chargés de quelques ornemens, est la représentation de celui que Cn. Domitius-Ænobarbus mit sur la tour de pierre; & nous voyons clairement, qu'on a voulu représenter une défaite des gaulois, par le casque rond qui termine le faîte de l'arbre, & duquel sortent de longs cheveux.

Pour entendre ce que signifient les deux captifs qui sont auprès du trophée, il faut se rappeller qu'après que Cn. Domitius-Ænobarbus eut défait les gaulois auprès de la Sorgue, comme ils remuoient encore, le sénat envoya Q. Fabius-Maximus à la tête de trente mille hommes. Ce général les attaqua au confluent de l'Isere & du Rhône, & les battit avec tant de succès, qu'il en tua plus de six vingts mille.

Cette défaite consterna tellement les gaulois, qu'ils se déterminerent à demander la paix. Il ne s'agissoit que de sçavoir auquel des deux généraux romains ils s'adresseroient (car Domitius étoit encore dans la province); il étoit tout naturel qu'ils préférassent Fabius, & ils le firent. Domitius, jaloux de cette préférence, s'en vengea sur Bituit par une noire perfidie. Bituit étoit roi des auvergnats; il avoit combattu à la tête de ses troupes contre les généraux romains. Domitius engagea ce prince à venir dans son camp sous prétexte d'une entrevue, & lorsqu'il l'eut en son pouvoir, il le fit charger de chaînes & l'envoya à Rome. Son fils Cogentiac eut le même sort; il fut pris & envoyé en Italie.

Ce trait d'histoire nous donne l'explication des deux captifs vêtus de l'habit de guerre, nommé *sagum*, en usage chez les gaulois, & ayant tous deux les cheveux flottans, comme on les portoit dans la plus grande partie de leurs états. Le bandeau dont leur tête est ceinte est l'emblême de la royauté, & il convient très-bien à ces deux perfonnages, ainfi que cette draperie en forme de manteau, qui defcend plus bas que le genou, & qui eft noué fur les épaules; il femble qu'on ait voulu diftinguer Bituit de fon fils par des marques qui défignoient plus particuliérement la royauté, comme ces longs cheveux qui voltigent de part & d'autre, avec un bandeau autour de la tête; au lieu que le jeune prince a les deux bouts de fon bandeau pendus par derriere; enfin Bituit eft placé à droite, & à fes pieds il avoit quelqu'autre emblême de la royauté qu'on ne diftingue plus, & que M. Ménard prend pour la queue d'un animal; ce qui n'eft pas hors de vraifemblance; car on fçait que les grands feigneurs gaulois aimoient beaucoup certains animaux, tels que les chiens, par exemple; auffi l'hiftoire nous apprend-elle que l'ambaffadeur que Bituit envoya à Domitius avant la premiere bataille, emmena avec lui une grande meute. Il n'eft donc pas poffible de méconnoître à ces traits une victoire remportée fur des gaulois: or comme celle de Domitius eft la feule qui puiffe convenir à l'arc de triomphe de Carpentras, nous ne ferons aucune difficulté de dire, que c'eft à cette occafion qu'il fut érigé. Les foldats de chaque colonie furent flattés d'avoir des monumens qui embelliffent leur ville, & qui retraçaffent à tous les yeux les exploits de leurs concitoyens. L'amour qu'ils avoient pour la gloire leur eût fait adopter cet ufage, quand même la politique ne les y auroit pas engagés; car dès qu'Augufte eut commencé de faire conftruire des arcs de triomphe dans les provinces, dès qu'il eut exhorté les principaux citoyens d'imiter fon exemple pour l'embelliffement de leur patrie, on vit les prononfuls en faire bâtir dans les villes de leur département, & les colonies en élever chez elles, afin de fe mieux conformer au goût de l'empereur & de gagner fa bienveillance. La colonie de Carpentras, qui voyoit peut-être d'un œil jaloux les fuperbes monumens d'Orange, fe piqua fans doute d'émulation, & obtint du gouvernement, qu'à la place de la tour

Arc de triomphe de Carpentras.

de pierre élevée par Cn. Domitius-Ænobarbus, on conſtruiſît un édifice qui tranſmettroit à la poſtérité le ſouvenir d'une action ſi glorieuſe pour les romains. Cette victoire méritoit en effet d'être diſtinguée par un arc de triomphe particulier, ſur lequel elle fut ſans doute gravée avec celle de Q. Fabius, qui n'étoit qu'une ſuite de l'autre, & qui n'auroit pas manqué d'être gravée ſur un édifice public fait exprès, ſi celui de Carpentras n'eût fourni naturellement une occaſion d'en conſerver le ſouvenir, ſans faire une double dépenſe.

Arc de Triomphe de Cavaillon.

Arc de triomphe de Cavaillon.

De tous les moyens que la flatterie inventa pour gagner les bonnes graces des empereurs, il n'y en eut peut-être pas de moins blâmable, que celui d'ériger des arcs de triomphe en leur honneur, parce que les villes y trouvoient l'avantage de s'embellir, & les arts des occaſions de ſe perfectionner.

Cependant je ne crois pas que le goût de ces ſortes de monumens ait jamais fait oublier, du moins en Provence, qu'il falloit avoir un prétexte pour en conſtruire; car bien qu'Avignon, Arles & Fréjus fuſſent des villes très-conſidérables, comme il ne s'y étoit jamais livré de bataille, on n'y en érigea aucun. Il faut donc, ou qu'il y ait eu quelque action mémorable près de Cavaillon, ou que le monument, dont on voit encore les reſtes, ne ſoit pas un arc triomphal. C'eſt ce que nous examinerons après en avoir donné la deſcription telle que nous la trouvons dans les mémoires de l'académie des belles-lettres.

T. 31. p. 756.

Ce monument eſt une grande & ſeule arcade, avec un pilaſtre de chaque côté, qui eſt chargé de feuilles en deſſin courant, & dont le chapiteau eſt orné de feuilles d'acanthe affectées, comme on le ſait, à l'ordre corinthien; mais qui ſe trouve plus court d'un module que les chapiteaux de cet ordre, & qui doit faire juger

que

que c'est ici un pilastre attique ; on voit au-dessus des archivoltes, ou cintres de l'arc, *une victoire aîlée* dans chaque angle, tenant une palme à la main droite & une couronne à la gauche. Les fragmens de ce monument, dont on trouve le dessin dans les antiquités de Monfaucon, sont dans le jardin du prévôt de la cathédrale de Cavaillon.

M. Ménard, de qui nous avons tiré cette description, prétend que c'est un arc de triomphe érigé en l'honneur de Constantin, au sujet des trois batailles qu'il gagna successivement à Turin, à Vérone & auprès de Rome, sur les troupes du tyran Maxence, qui, après sa premiere défaite, se noya dans le Tibre en voulant passer sur un pont de bateaux près de Pontemole.

On voudroit sçavoir pour quelle raison la ville de Cavaillon se signala par ce monument, tandis que la ville d'Arles à laquelle Constantin avoit donné des preuves singulieres de prédilection, & où il se plaisoit à demeurer quand il étoit dans les Gaules, ne paroît avoir rien fait dans cette occasion pour lui témoigner son zéle ; cependant elle portoit son nom, & si elle étoit devenue une des plus grandes & des plus belles villes des Gaules, elle le devoit à sa munificence. Pourquoi donc auroit-elle cédé à la petite ville de Cavaillon, qui n'avoit reçu de cet empereur aucune marque particuliere de bonté, pourquoi, dis-je, lui auroit-elle cédé l'honneur d'élever au milieu de ses murs un pareil édifice ? Tout cela méritoit d'être développé & appuyé de quelques faits ; car de dire, d'une maniere générale & sans preuve, que la ville de Cavaillon s'empressa de fixer, par un monument durable, la mémoire de la défaite du tyran Maxence, pour gagner la bienveillance de Constantin, & lui témoigner sa reconnoissance des marques de protection qu'elle en avoit reçues quand il étoit à Arles ; c'est avouer qu'on adopte un systême dont on ne peut déguiser la foiblesse.

Pour moi, j'avoue ingénuement que je ne trouve dans l'histoire aucun fait qui puiffe nous conduire à une explication fatisfaifante. Il n'y a que les exploits de Pompée qui pourroient avoir quelque rapport au monument dont il eft ici queftion ; car on fçait que ce romain battit les habitans du Vivarais, du diocefe de Vaifon, & les autres peuples qui habitoient le long du Rhône jufqu'auprès d'Arles. Les hiftoriens ajoutent, qu'il donna les deux bords du fleuve aux marfeillois. Nous fçavons, en effet, que ceux-ci avoient fait quelques établiffemens dans ces nouvelles poffeffions, & que la ville de Cavaillon, fituée fur la Durance, pas bien loin du Rhône, leur appartenoit. Seroit-ce ce peuple qui fit ériger ce monument, pour y confacrer les exploits de Pompée & la gloire des armes romaines ? Je conviens que cette maniere de flatter les romains n'avoit rien de bas, & qu'elle étoit au contraire très-ingénieufe & digne de la politeffe des marfeillois ; mais je n'ofe leur attribuer cette marque de reconnoiffance, parce qu'elle eft contraire aux ufages des grecs. Dirons-nous que la colonie romaine, qui fut enfuite établie à Cavaillon, voyant les habitans d'Orange & de Carpentras embellir leur ville de ces fortes de monumens, voulut auffi avoir le fien, & qu'elle prit pour fujet les exploits de Pompée fur les bords du Rhône & de la Durance ? Deux modernes, car dans le champ des conjectures chacun veut placer la fienne, ont cru que l'envie de voir par-tout des monumens romains, avoit fait transformer en arc de triomphe le portail d'une églife, & qu'on prenoit pour une victoire un ange qui tient d'une main la palme, & de l'autre la couronne du martyre. Ces deux fçavans n'ont pas fait attention que l'églife dont ils parlent fut brûlée en 551, & qu'avant cette époque, les chrétiens ne mettoient aucune repréfentation de faints ni d'anges fur la façade de leurs temples.

Il faut avouer que fi l'étude des monumens anciens a quelque chofe de fatisfaifant & d'utile, c'eft plutôt par les modeles qu'ils offrent, que par le jour qu'ils répandent fur l'hiftoire. Nous avons beau nous épuiser en conjectures, nous sentons que la vérité se refuse presque toujours à nos recherches, & que quand elle se montre, elle ne perce que foiblement à travers les ténèbres de l'antiquité. Nous avons beau faire, il y a des cas où nous tenterions envain de la connoître. Tous les efforts que nous ferions pour y parvenir, n'aboutiroient tout au plus qu'à marquer notre ignorance. Nous n'essaierons donc pas de donner une explication des monumens qui se voient à une demi-lieue de Saint-Remi. Nous aimons mieux adopter les conjectures de M. Ménard, que d'en hasarder qui seroient moins plausibles.

<small>Arc de triomphe de Cavaillon.</small>

<small>Acad. des inscr. t. 32. p. 652.</small>

Des Monumens de Saint-Remi : l'Arc triomphal.

M. Ménard prouve qu'il y avoit anciennement, à une demilieue de Saint-Remi, en tirant vers le sud-sud-est, une ville nommée *Glanum Livii*, dont les auteurs parlent; mais dont on n'avoit point encore fixé la véritable position. Elle fut bâtie par les romains, partie sur le penchant d'un côteau, & partie dans la plaine qui est au bas. C'est un fait démontré par des vestiges d'antiquités, tels que des murs & des débris de bâtimens romains, des médailles, des urnes, des instrumens de sacrifice, & autres antiques de tout genre qu'on a découverts en fouillant sous terre dans toute l'étendue de cet emplacement. Ces preuves sont encore fortifiées par la conformité de position qui se trouve entre cet emplacement & celui de *Glanum*, marqué sur la table théodosienne ou de Peutinger.

<small>Arc triomphal de Saint-Remi.</small>

Pline l'appelle *Glanum Livii*, & la met parmi les villes de la Gaule narbonnoise, qui jouissoient du droit latin. Cette dénomination nous fait comprendre, qu'il faut en rapporter l'origine à un *Livius*, qui ne peut être que *M. Livius, L. F. Drusus-Libo*, qui fut consul avec *L. Calpurnius - Piso - Cesonius*, l'an de Rome 739. Le surnom de *Livius* lui venoit par adoption, & celui de *Libo*, attaché à la famille *Scribonia*, marquoit qu'il étoit de cette famille par sa naissance.

C'est peu de tems après son consulat, dit M. Ménard, & pendant qu'il aura vraisemblablement gouverné la province romaine en qualité de proconsul, qu'il a dû fonder cette ville & lui imposer son nom. Il regne ici un concours de circonstances si conformes à l'histoire du tems, qu'après les avoir déduites, on sera peut-être disposé à convenir de l'apparence de vérité, qui regne dans l'opinion que je propose.

On sçait qu'Auguste fonda diverses colonies dans la province narbonnoise, où il demeura quelque tems, & qu'il renouvella celles que Jules-César y avoit déjà fondées après le retour d'Auguste à Rome, *M. Livius-Drusus* étant entré dans les fonctions de proconsul. On peut croire qu'il ne manqua pas de suivre les vues de l'empereur, & qu'il continua dans les Gaules la fondation ou le renouvellement de diverses colonies; ce fut donc alors qu'il dût jetter les fondemens de la ville de *Glanum*, à laquelle il donna son nom, en y établissant une (1) colonie. Mais nous ne pouvons pas lui rapporter les monumens dont cette ville est embellie, parce qu'il n'est dit nulle part qu'il se soit signalé dans quelque bataille à la tête des armées. Il faut donc les rapporter à quelqu'un de ses parens ou alliés. Or, nous ne trouvons que *Nero-Claudius-Drusus* à qui cet arc de triomphe puisse convenir; c'est un des plus vaillans capitaines que Rome ait produit sous le regne d'Auguste. Il étoit fils de Tibere-Néron, & frere de l'empereur Tibere. Sa mere Livie fut cédée par son pere à Auguste, qui la lui demanda pour l'épouser, quoique grosse, & elle accoucha de *Drusus* trois mois après être entrée dans la maison d'Auguste, l'an de Rome 716.

---

(1) Aucun auteur ne parle de la colonie de *Glanum Livii*, & il n'y a point d'apparence qu'il y en eût une; il n'est pas certain non plus que M. Livius-Drusus ait été gouverneur de la province. Quant à la fondation de la ville, on ne peut pas lui en faire honneur; car le mot celtique *Glanum*, prouve qu'elle existoit auparavant. Il faut convenir qu'un système est bien foible quand toute sa force dépend de plusieurs suppositions. Malgré tout cela, nous convenons encore que nous n'avons rien de mieux à proposer, que la conjecture de M. Ménard.

En 742, Nero-Claudius-Drufus fe fignala contre les germains, qui étoient venus en-deçà du Rhin, & les obligea de repaffer le fleuve. L'année d'après il le paffa lui-même, & remporta fur ces peuples de nouvelles victoires, qui lui valurent, à fon retour à Rome, l'ovation & les ornemens du grand triomphe. En 745 il fut fait conful avec T. Quintius-Crifpinus. Son confulat n'étoit pas encore fini qu'il fut rappellé dans la Germanie par les troubles qui s'y eleverent, & il y eut les mêmes fuccès : de forte qu'après avoir érigé un trophée fur le bord de l'Elbe, il fe mit en état de retourner à Rome; mais il étoit à peine arrivé près du Rhin, que fon cheval s'étant renverfé il fe caffa une jambe, & mourut de cette fracture fur les bords de la Lippe, le 11 de juillet de la même année 745, n'étant encore que dans la trentieme année de fon âge.

<small>Arc triomphal de Saint-Remy. Suet. *in* Claud. c. 1. Dion. Caff. hift. l. 55. Sigon. *in faft.* p. 333. L. ep. 150.</small>

Les regrets de l'armée ne peuvent s'exprimer. Elle lui rendit des honneurs particuliers, felon le témoignage de Suétone, & lui érigea un cénotaphe, autour duquel les foldats devoient faire des courfes tous les ans à certains jours; & les villes des Gaules, des prieres publiques en fon honneur par des députés. Le corps de Drufus ayant été porté à Rome; les urnes où l'on recueillit fes cendres furent placées dans le tombeau des Céfars, & Augufte prononça lui-même fon oraifon funebre dans le cirque; enfin le fénat lui fit ériger un arc de triomphe de marbre, & de fuperbes trophées, dans la grande voie-Appienne, & décerna à toute fa poftérité le furnom de *Germanicus*.

Drufus avoit été l'amour & les délices des provinces. A ces motifs d'une vénération générale pour fa mémoire, il s'en joignit de plus particuliers & de plus propres aux habitans de *Glanum Livii*, par l'alliance que cet homme célebre avoit avec *M. Livius-Libo*, fondateur de leur ville; car on a vu d'un côté que *Drufus* étoit fils de *Livie*; & de l'autre, que *M. Livius-Libo* étoit entré dans la famille *Livia* par adoption. Une fi forte raifon rendoit chere, aux habitans de *Glanum*, la gloire de cet illuftre allié de leur fondateur;

Arc triomphal de Saint-Remi.

les fentimens de leur reconnoiffance fe trouvoient auffi juftement fatisfaits en la faifant éclater envers le vainqueur des germains, que s'ils l'euffent toute rapportée au fondateur de leur ville.

Ce fut donc en l'honneur de Claudius-Drufus qu'ils érigerent l'arc de triomphe dont il s'agit, & qui ne confifte plus qu'en une grande arcade, dans les vouffoirs de laquelle il y a de chaque côté une victoire aîlée, fculptée en bas-relief, qui tient une palme à la main. L'archivolte ou bandeau de l'arc, eft chargé de fleurs, de bouquets & de guirlandes en deffin courant; de chaque côté de cette arcade font placées deux colonnes cannelées, dont le chapiteau manque, parce que toute la partie fupérieure eft tombée; on peut cependant juger à leur diametre & par leurs bafes, qu'elles étoient d'ordre corinthien.

Dans l'entre-deux de ces colonnes, on voit des deux côtés des figures d'hommes de plein-relief, placées, non point dans des niches, mais à fleur de mur, & pofées fur des pierres faillantes en forme de confoles & fans ornemens. Des deux ftatues du côté droit, la premiere dont il manque la tête eft vêtue d'une forte de robe ou tunique qui lui couvre les pieds; & la feconde qui touche l'arcade, n'a qu'un *fagum* ou furtout, qui lui vient aux genoux.

Des ftatues du côté gauche, celle qui eft la plus éloignée de l'arcade, n'a point de tête; l'autre en a une, couverte d'une efpece de bonnet rond, d'où il fort quelque peu de cheveux; celles-ci font toutes deux vêtues d'une longue robe, comme l'eft celle du côté oppofé. Ce bonnet eft affez femblable à celui des parthes, répréfentés fur l'arc de Septime-Sévère à Rome, qui ont une barbe, des cheveux, & une longue robe avec un manteau par-deffus. Au refte on ne peut pas trop juger de l'attitude & de la pofition des bras de toutes ces figures, parce qu'elles font extrêmement fruftes & dégradées dans cette partie fupérieure.

Tel eft l'arc de triomphe qui fut érigé en l'honneur de Claudius-Drufus, à l'occafion de toutes les victoires qu'il avoit remportées en diverses campagnes sur les différens peuples qui habitoient la Germanie. Les habitans de Glanum étoient autorisés à lui rendre ces honneurs solemnels par l'exemple de Rome, qui lui en avoit rendu de pareils avec la plus grande magnificence : & ceci s'accorde parfaitement avec ce que dit Suétone, que les villes des Gaules furent comprises dans l'obligation que l'armée s'imposa, de lui rendre des honneurs publics après sa mort ; ils faisoient en même-tems leur cour, non-seulement à toute la famille de Livia & à celle de Drusus, les plus distinguées peut-être qui fussent alors dans l'empire, mais à Auguste même, qui avoit toujours eu pour Drusus une amitié & une estime particuliere.

Arc
Triomphal
de Saint-Remi.

Au surplus, le goût & l'ordonnance qui regnent dans toute l'architecture du monument triomphal, conviennent exactement au tems où nous fixons sa consécration ; tout y ressent l'élégance du siecle d'Auguste ; l'ordre corinthien qu'on y voit employé est traité avec une extrême délicatesse. Il ne faut, pour s'en convaincre, que considérer la beauté des pilastres qui décorent ce monument : ils sont chargés de feuillages admirablement bien travaillés ; & nous ne croyons pas qu'il soit permis de les attribuer à un autre tems qu'à celui d'Auguste. Ce n'est pas tout, les statues dont cet arc est enrichi, confirment l'époque de sa dédicace, & caractérisent le genre de victoire qui l'a occasionnée. Les quatre figures d'hommes qu'elles représentent, sont vêtues du *sagum*, qui étoit l'habillement ordinaire des germains, habillement qu'ils attachoient avec une agraffe, selon Tacite. Le même auteur nous apprend qu'ils portoient, du moins les plus riches, une longue robe, & qu'ils se couvroient aussi de peaux. Quelques-unes des figures de l'arc sont également vêtues d'une longue robe, & par-dessus, elles ont une espece de manteau qui pourroit bien être une peau de bête. Nous pouvons donc regarder ces statues comme représentant les Germains vaincus & captifs, & comme étant les symboles des fréquentes victoires que Drusus avoit remportées sur eux.

De mor. Germ. 9.

DU MAUSOLÉE QUI EST AUPRÈS DE SAINT-REMI.

Du Mausolée qui est auprès de Saint-Remi.

Il nous reste encore à parler du tombeau qu'on voit au même endroit, & qui ne le céde point à l'arc de triomphe, soit pour la beauté de l'architecture, soit pour l'élégance de ses ornemens. M. Ménard prétend que tous les dessins qui nous en restent sont imparfaits & fautifs.

Cet édifice, entiérement bâti de grosses pierres de taille, a huit toises trois pieds de hauteur. Il porte sur une base quarrée. La face occidentale de cette base est chargée d'un bas-relief, dont les figures sont assez dégradées; mais où l'on entrevoit encore l'image d'une bataille. Bouche suppose, & dans le dessin & dans son récit, que c'est l'action d'un cheval effarouché, duquel on voit tomber une femme, que quelques personnes relevent de terre. Il y a tout auprès, ajoute-t-il, d'autres figures qui levent les mains en haut, comme en signe d'étonnement & de douleur; mais c'est-là plutôt une idée & une imagination de l'écrivain qu'une description exacte, parce que le mauvais état où se trouve maintenant toute cette sculpture, empêche d'en découvrir le détail. Disons plutôt qu'on n'y entrevoit que des grouppes vagues & peu distincts de figures relatives à quelque combat. Les trois autres faces sont de même chargées de batailles; mais tout aussi dégradées que les précédentes.

Au-dessus de la base, ou piédestal quarré, est une espece de portique ouvert de quatre côtés par un pareil nombre d'arcades, dont les angles sont ornés de pilastres cannelés, d'ordre corinthien, où regnent divers ornemens courans. Sur l'architrave de l'arcade occidentale de ce portique, qui est celle qui répond à-plomb au tableau de la base chargé du bas-relief que nous venons de décrire, est une inscription en très-beaux caracteres gravés dans la pierre, qui ne tient qu'une ligne; elle est ainsi conçue conformément à l'exacte leçon qu'en a donné M. l'abbé Barthelemi.

SEX.

Bouch. chorogr. de Prov. l. 3. c. 3. p. 136.

SEX. L. M. IVLIEI. C. F. PARENTIBVS. SVEIS

La frife qui fuit eft ornée de figures en bas-relief, qui repréfentent des tritons & des chevaux marins.

Enfin cette partie, qui forme le portique, eft terminée par un dôme dont le deffus, fait en coupe renverfée, couvre tout l'édifice. Cette efpece de coupole eft fupportée par des colonnes ifolées, toutes cannelées & d'ordre corinthien. Au milieu de ce dôme, & en dedans, font deux grandes ftatues debout, vêtues à la romaine.

Tous ceux qui ont eu occafion de parler de ce monument, ou de l'expliquer, le qualifient de maufolée; c'eft un fentiment général & unanime; mais on n'eft pas également d'accord fur les perfonnes pour lefquelles il fut érigé. Cette diverfité de fentimens vient de la différente maniere de lire l'infcription. Cependant, quoique le vrai fens paroiffe être fixé aujourd'hui, nous n'en fommes pas plus éclairés fur la deftination de ce tombeau. On convient, fuivant l'explication de M. l'abbé Barthelemi, qu'il faut lire *Sextus, Lucius, Marcus Juliei, Caii filii, parentibus fuis. Sextus, Lucius, Marcus, tous trois fils de Caïus-Julius, à leurs parens.* On a mis *Juliei* pour *Julii.* C'eft un nom de famille mis au pluriel, qui fe rapporte à trois prénoms. Mais quel eft ce *Caïus-Julius?* C'eft ce qui nous refte à fçavoir, & qu'il eft impoffible de découvrir.

M. Ménard croit que cet édifice ayant été conftruit prefqu'en même tems que l'arc triomphal, & étant placé tout auprès, il doit avoir auffi quelque connexion avec lui: d'où il conclut qu'il a été confacré en l'honneur de quelque capitaine romain, de la famille *Julia*, nommé C. Julius, qui s'étoit fignalé dans les expéditions de Drufus. Ses trois fils voulurent auffi que le même cénotaphe fervît à repréfenter les obféques de leur mere; c'eft pour cela qu'on y mit deux ftatues, qui font l'image & la figure des deux époux.

DU MAUSOLÉE QUI EST AUPRÈS DE SAINT-REMI.

Mais après cette explication vague, nous ne sçavons pas mieux ce que c'est que ces trois fils qui éleverent ce monument, ni ce que leur pere avoit fait, & le rang qu'il tenoit. Nous ignorons également s'ils étoient nés à Rome ou à *Glanum Livii*, s'ils étoient attachés à la Provence par leur naissance ou par quelque charge; en un mot, nous ne sçavons rien de ce qui pourroit satisfaire notre curiosité, & répandre quelque jour sur notre histoire. Au reste, il peut très-bien se faire que ce ne soit qu'un simple monument érigé par trois freres en l'honneur de leurs pere & mere, uniquement pour donner une marque de leur piété. N'en voyons-nous pas des exemples dans l'histoire moderne ? Je crois donc que nous avons tort de chercher ailleurs, que dans la tendresse filiale ou dans l'amour du faste, les causes de la construction de cet édifice. Ces deux motifs réunis sont plus que suffisans pour faire élever de pareils ouvrages, que le tems respecte, tandis qu'il ensevelit dans l'oubli les actions de ceux qui les ont fait construire.

On a trouvé au même endroit une très-belle statue de pierre, dont M. Spon a donné un dessin dans ses recherches d'antiquités; elle représente une femme debout, vêtue d'une tunique ou vêtement de dessous, qui paroît retenu par une espece de ceinture; par-dessus est une longue robe qui lui vient jusqu'aux talons, & qui est sculptée avec la plus grande délicatesse; elle a le bras droit tout nu; le gauche est enveloppé dans la draperie; de chaque main elle tient un corps qu'il n'est pas aisé de distinguer; mais on croit que celui de la main droite est deux épis de bled avec une fleur de pavot, & celui de la gauche une patere ou un panier avec des fruits. Les draperies de cette figure sont admirablement bien traitées, & présentent une élégante simplicité; elle n'a aucune sorte de pendant aux oreilles; sa coëffure, qui paroît bien conservée, a quelque rapport avec celle de diverses figures étrusques très-anciennes, dont M. le comte de Caylus nous a donné les dessins; c'est-à-dire, qu'il paroît une partie des cheveux au-dessus & dans la circonférence du front, & l'autre partie est liée par derriere, & comme enveloppée dans une espece de coëffe ou de turban; elle a les pieds nus, & l'on entrevoit, aux mouvemens de la draperie, que les jambes l'étoient aussi. La statue paroît sur un beau piédestal, & dans l'action d'une personne qui veut marcher.

On croit que cette statue est l'image de la divinité, connue sous le nom de foi publique, *fides publica*.

Comme je me doutois que l'inscription rapportée dans la premiere partie de la chorographie, page 47, étoit altérée, je m'en suis procuré une copie exacte, & voici comment il faut la lire :

MEMORIAE. AETERNAE
AEBVTI. AGATHON...
IIIIII. VIRO. AVG. CORP. COL. IVL.
PATER. AREL. CVRAT. EIVS
DEM. CORP. BIS. ITEM. IIIIII
VIRO. COL. IVL. APTAE. NAV
TAE. ARARICO. CVRATORI
PECVLI. R. P. GLANICO. QVI
VIXIT. ANNOS. LXX
AEBVTIA. EVTYCHIA. PATRO
NO. ERGA. SE. PIENTISSIMO

Ce qui me la rendoit suspecte, c'est la syllabe **TER**, qui, placée comme elle l'étoit, ne signifioit rien. Au lieu qu'on voit à présent qu'elle fait partie du mot **PATERNAE**, épithete donnée à la colonie d'Arles, fondée par Jules-César. Cette inscription nous apprend donc qu'*Æbutius* étoit un des prêtres *augustaux* de cette ville. Il a l'épithete de **CORPORATVS**, parce que ces prêtres

DU MAUSOLÉE QUI EST AUPRÈS DE SAINT-REMI.

étoient réunis en corps. Cette épithete dans les Gaules paroît n'avoir été en usage que dans la province narbonnoise ; cependant tous les prêtres augustaux ne la prenoient point. Auroit-elle également servi à distinguer les anciens ou les vétérans, qui, ne faisant plus leurs fonctions, pouvoient remplir d'autres places ailleurs ; comme nous voyons en effet qu'*Æbutius* étoit administrateur des deniers publics à *Glanum*? C'est une conjecture que je soumets aux lumieres des sçavans.

MÉMOIRE SUR LES MÉDAILLES
DE MARSEILLE.

LA république de Marseille a fait frapper des médailles d'argent & de bronze : on en trouve quelquefois d'argent doré, dont la dorure paroît antique ; c'est vraisemblablement ce qui a induit en erreur les auteurs qui ont dit que les anciens marseillois avoient des monnoies d'or. Quelque recherche que j'aie fait, je n'en ai trouvé aucune, & je ne connois point d'antiquaire qui en ait vu. D'ailleurs, les auteurs qui ont parlé des monnoies d'or de Marseille, traitent ce sujet si superficiellement, qu'ils méritent peu de croyance (1).

Il nous reste une quantité incroyable de médailles d'argent de cette ancienne république. Les plus communes ont la tête de Diane d'un côté, & un lion au revers. Celles qui ont la tête d'Apollon & les deux lettres M A, ne sont gueres plus rares. On en trouve tous les jours des unes & des autres, soit dans la terre, soit dans des ruines ; & comme elles n'ont que la valeur de leur poids, les orfévres fondent toutes celles qui tombent dans

Médailles de Marseille.

Goltzius, *Sicil. & Magn. Græc.* p. 319.
Hist. de Prov. par Bouche, t. 1. p. 77.
Antiq. de Marseil. par Raymond de Soliers, p. 245.
Hist. de Marf. par Ruffi, t. 2. p. 323.
Annales Maffil. par Guesnai, p. 80.

---

(1) L'auteur le plus instruit qui ait écrit sur les médailles de Marseille, est Goltzius. Ce célebre antiquaire ne dit rien sur ce sujet qui soit digne de sa réputation. Il donne seulement la figure de neuf de ces médailles, qu'il ne rapporte pas même bien fidelement, & il mêle quelques fables dans l'explication qu'il en donne. Il ne dit pas précisément que les marseillois aient eu des médailles d'or ; mais ce qui est équivalent, il met la double lettre AI à côté d'une médaille de Marseille, que nous ne connoissons qu'en argent, & qui est fort commune. Il est possible que ce soit une faute du graveur, qui ait mis AI pour AR. Bouche dans son histoire de Provence, ajoute peu à ce que Goltzius avoit dit sur les médailles de Marseille ; il parle en passant des monnoies d'or de cette ville. Raymond de Soliers dans ses antiquités de Marseille, Rufi dans son histoire, & Guesnay dans ses annales, disent seulement que les marseillois avoient de la monnoie d'or, d'argent, & de cuivre, sans citer, ni entrer dans de plus grands détails.

leurs mains. On en a découvert plus d'une fois des dépôts confidérables. On en trouva un près de Tourves dans le XIVe fiecle, & cet événement, quoique fort naturel, fut embelli de circonftances merveilleufes, qui, dans ce fiecle crédule, furent reçues avidement; de forte que les officiers de la chambre des comptes crurent devoir en faire mention dans leurs regiftres (1).

Au mois de juin 1771, on a trouvé dans le terroir de Roquefeuil, à quatre lieues d'Aix, environ quarante marcs de médailles de Marfeille; elles étoient de l'argent le plus pur, & avoient toutes la tête de Diane avec le lion au revers, tel qu'il eft aux nombres 1 & 11 de la premiere planche; elles étoient auffi bien confervées que fi elles fortoient des mains de l'ouvrier; & ce qu'il y a de plus extraordinaire, c'eft que fur une fi grande quantité, il n'y en avoit pas une feule qui fût fourrée, quoique les faux monnoyeurs fuffent en fi grand nombre à Marfeille, que la plus

---

(1) Voici ce qu'on trouve dans les archives de la chambre des comptes d'Aix, regiftre dit *Viridis*, fol. 10. *Anno Domini 1366, die 12 menfis junii, accidit apud caftrum de Tourreves, Bajuliæ fancti Maximini & archiepifcopatûs Aquenfis, in quâdam carreriâ publicâ, quæ eft inter ipfum caftrum de Tourreves, & caftrum de Saillonio ipfi contiguum, circà horam nonam illius diei, quæ erat dies Veneris, dùm tres pueruli ibidem veniffent, & ad excitandum quemdam juvenem ibidem dormientem paftorem, habentem ibi gregem fuum, acceffiffent, quafi poft fe dicti pueruli viderunt terram evomentem pecuniam argenteam per fubtile foramen in dictâ carreriâ, quafi de magnitudine introitûs digiti, & dicentes effe pecuniam ipfam, Pelhaucus, fcilicèt plumbeam de quâ luditur, impleverunt de illâ fua marfupia & deindè gremium : & cum adhuc flueret pecunia ipfa ad modum fontis, ipfi infantes cum manu claudebant foramen ipfum, & tunc fimile foramen erumpebat in aliâ parte dictæ carreriæ, ibi propè à quo progrediebatur pecunia ipfa, in tantum quod fecundùm æftimationem communem jam apparebat ibi effe in fuperficie terræ à dicto egreffâ foramine pecunia ipfa, in quantitate velut onus viginti mulorum; & fuperveniens quædam mulier videns pecuniam ipfam, clamavit* ma part, ma part, *& inclinans fe ad capiendum de illâ, fubitò pecunia ipfa difparuit, & undè egreffa fuerit fubintravit, remanentibus plenis gremiis & marfupiis puerulorum ipforum. Et erat ipfa pecunia formæ talis habens ab unâ parte formam capitis Sarraceni, & ab aliâ parte erat forma talis habens crucem cum litteris ficuti patet,* M A, *& erat puri argenti fini, quod dicebatur valere denarios quinque, vel circà, nunc ufualis monetæ : de quo eventu multi præfagiati funt potiùs malum quàm bonum; quid autem per hoc futurum fit, Deus novit.* Tout ce qu'il y a de vrai dans

grande partie des médailles de cette ville, qui se sont conservées jusqu'à nous, porte cette marque de fausseté qui n'est pas équivoque. Cette circonstance, jointe à la parfaite conservation de ces médailles, nous fait penser qu'il est vraisemblable que ce petit trésor appartenoit à la république, & étoit composé de monnoies, qui, en sortant de dessous le marteau, avoient été mises dans le trésor public, & ensuite cachées en cet endroit sans avoir jamais été dans le commerce.

Il n'est pas aisé de deviner l'usage auquel ce dépôt devoit être employé, ni l'événement qui l'a fait cacher dans la terre : on peut seulement conjecturer que c'étoit un vol fait au trésor public, ou une caisse militaire cachée & abandonnée en cet endroit. Une expédition à huit ou dix lieues dans l'intérieur du pays, à travers des montagnes couvertes alors de forêts impénétrables, étoit pour ces républicains une entreprise hardie & hasardeuse. On sçait que leurs possessions ne s'étendoient pas dans les terres, & qu'ayant imploré le secours des romains contre les salyes, le fruit des avantages que Caïus-Sextius remporta sur ceux-ci, fut pour les marseillois de reculer leurs limites à un mille & demi de la mer aux environs des ports, & à un mille seulement aux autres en-

MÉDAILLES DE MARSEILLE.

Strab. l. 4.

---

cet événement merveilleux, c'est que ces enfans ayant gratté le terrein qui bordoit un chemin creux, il s'éboula, & il en sortit des pièces d'argent, dont ils remplirent leurs poches & leurs seins. Toutes les autres circonstances ont été ajoutées, en passant de bouche en bouche, avant que cet événement soit parvenu aux officiers de la chambre des comptes. S'ils l'avoient dépouillé de tous les mensonges dont on l'ornoit, ils n'auroient pas trouvé qu'il méritât d'être inscrit sur leurs registres. Rien n'est plus naturel que de voir sortir d'une rive qui s'éboule, des pièces de monnoie qui y étoient cachées. La même chose est arrivée dans le terroir d'Aix au mois de mars 1763 : un paysan qui gardoit des chévres, s'étant retiré dans une caverne, pour se mettre à l'abri du mauvais tems; une de ses chévres en grattant le terrein fit un trou, d'où il sortit, au grand étonnement de ce paysan, une quantité considérable de médailles d'argent & de bronze. Ce dépôt contenoit les médailles des empereurs qui ont regné depuis Antonin jusqu'à Héliogabale.

MÉDAILLES DE MARSEILLE.

droits : telle étoit la situation de Marseille environ 480 ans après sa fondation.

On ne sera pas étonné de la quantité de médailles de Marseille qui nous restent, si on fait attention à l'étendue du commerce des anciens marseillois, qui leur procuroit tout autant de matiere qu'ils pouvoient en desirer pour battre monnoie. On connoît le nombre de leurs colonies & l'étendue de pays qui leur étoit soumis : d'ailleurs, ils ont conservé le droit de se gouverner par leurs propres loix pendant plus de sept siecles, & l'on sçait que le droit de battre monnoie étoit une suite de l'autonomie. (1) Strabon nous apprend que César permit à la ville de Marseille de continuer de vivre dans sa premiere liberté, & voulut que ses citoyens & ses sujets ne pussent être contraints d'obéir aux magistrats romains. Les empereurs la maintinrent dans tous ses privileges. Pomponius-Mela, qui, selon l'opinion commune, a écrit sous le regne de Claude, parle de Marseille comme d'une ville grecque qui avoit conservé ses mœurs & ses usages, *mirum quàm adhuc morem suum teneat,*

Rer. Geogr. lib. 4.

De situ orbis, l. 2. c. 5.

Hist. nat. l. 3. c. 4.

---

(1) Il est extraordinaire que la ville de Marseille, qui a joui sous les premiers empereurs romains de tous les privileges des villes autonomes, n'ait jamais pris ce titre sur ses médailles, ce qui étoit contraire à l'usage des villes grecques, qui étaloient avec complaisance sur tous leurs monumens les privileges dont leurs vainqueurs vouloient les laisser jouir. Rien n'est plus commun que de trouver sur les médailles des villes grecques les titres de ΕΛΕΥΘΕΡΟΙ, ΑΥΤΟΝΟΜΟΙ, ΑΣΥΛΟΙ. M. le comte de Caylus nous a conservé, dans le sixieme volume de ses antiquités, un monument fort singulier, où l'on donne à Marseille le titre de ville autonome, & qui jouit du droit d'asyle : c'est un caillou sur lequel on lit cette inscription, ΜΑΣΣΙ, ΦΩ, ΑΣΥΛ, ΑΥΤ. Marseille, colonie des phocéens, jouissant du droit d'asyle, & autonome. Il y a quelques lettres effacées qui exprimoient peut-être le mot ΙΕΡΑ, ville sacrée. Il y a apparence que cette inscription est postérieure à la prise de Marseille par Jules-César : car lorsqu'elle étoit une république indépendante, il ne seroit venu dans l'esprit de personne de mettre dans une inscription faite pour flatter ses citoyens, qu'elle avoit le droit de se gouverner par ses propres loix. Les vénitiens n'ont jamais écrit sur leurs monumens que leur état étoit libre & indépendant.

Pline

DE PROVENCE.

Pline le naturaliste, qui écrivoit à la fin du premier siecle de notre ere, en parle comme d'une ville alliée de l'empire, & l'on peut induire de la façon dont il s'énonce en parlant d'Athénopolis, colonie de Marseille, que de son tems cette ville conservoit son autorité sur plusieurs de ses colonies. Strabon observe qu'elle l'avoit perdue sur Antibes, mais qu'elle la conservoit toute entiere sur Nice.

Il est difficile de croire que les marseillois aient fait battre monnoie d'abord après la fondation de leur ville. Quoique l'histoire nous apprenne que les grecs avoient des monnoies plus de deux siecles avant la fondation de Marseille, il est vraisemblable qu'elles étoient rares, & que l'art de les fabriquer étoit peu répandu, puisque les plus anciennes médailles des rois de la Grece, qui se soient conservées jusqu'à nous, ne sont que du Ve siecle avant notre ere, c'est-à-dire, de plus d'un siecle après la fondation de Marseille.

Il seroit démontré que les marseillois ont été assez long-tems sans avoir de monnoies, si on pouvoit ajouter foi aux auteurs qui ont avancé que les voyelles longues H & Ω sont de l'invention de Simonides, qui n'est né qu'environ cinquante ans après la fondation de Marseille. Ces deux voyelles sont employées sur le plus grand nombre des médailles de cette ville ; mais on n'a pas besoin de recourir à cette preuve, qui paroîtra équivoque, depuis que M. l'abbé Fourmont a publié des inscriptions de la plus haute antiquité, & beaucoup antérieures à la naissance de Simonides, où ces deux voyelles sont employées.

On se convaincra aisément que les médailles de Marseille ne sont pas d'un tems qui touche de si près à la naissance de l'art de battre monnoie, si on fait attention que le plus grand nombre de ces médailles est très-bien frappé, & que les lettres qu'on y voit sont arrondies & bien formées. Celles sur lesquelles il y a la tête d'Apollon, qui, suivant l'opinion commune, passent pour être des premieres qu'on ait frappées à Marseille, peuvent être regardées

MÉDAILLES DE MARSEILLE.

Mém. de l'acad. des inscr. t. 15. p. 395. Nouv. trait. de diplomatique, t. 1. p. 681.

MÉDAILLES DE MARSEILLE.

comme des chefs-d'œuvre, & le difputent à tout ce que la Grece a fait de plus parfait en ce genre.

On obfervera encore que les médailles de Marfeille n'ont aucune des marques qui caractérifent celles qui font de la plus haute antiquité, comme d'être groffiérement frappées, de n'avoir point de légendes, & de n'être frappées que d'un feul côté. Au commencement, les médailles grecques n'avoient point de revers; on y ménageoit un creux pour les fixer fous le coin & les empêcher de glifler. L'ufage de graver des types des deux côtés ne s'eft introduit que quand les ouvriers ont trouvé l'art de les affujettir fans ce moyen.

Les médailles d'argent fur lefquelles on voit la tête de Diane avec un lion au revers, font, comme nous l'avons dit, fort communes, & quoiqu'elles aient toutes la même tête & le même revers, il y a parmi elles beaucoup de différence, foit dans la coëffure & l'habillement de Diane, foit dans l'attitude du lion. Ces médailles contiennent le nom des habitans de Marfeille quelquefois écrit tout au long, ΜΑΣΣΑΛΙΗΤΩΝ, & plus fouvent en abrégé, ΜΑΣΣΑ, ou ΜΑ. Outre la légende, il y a des lettres dans le corps de la médaille & dans l'exergue, dont il eft impoffible de donner l'explication : celles qui font dans l'exergue ne font pas des lettres numérales, parce que, par leur arrangement, elles ne peuvent le plus fouvent exprimer aucun nombre, ni fe rapporter à aucune époque. D'ailleurs, quand on trouveroit fur quelques médailles des lettres qui puffent marquer un nombre, il eft démontré qu'il ne peut pas fe rapporter à la fondation de cette ville, & l'hiftoire de cette ancienne république eft trop peu connue pour pouvoir faire un fyftême fur ces lettres numérales, & les rapporter à quelque événement qui la concerne. On peut donc conjecturer que ces lettres font les initiales des noms des magiftrats ou des monétaires, ou qu'elles indiquent quelque détail de fabrication qui nous eft inconnu.

Il y a encore une singularité qu'on peut observer sur ces médailles ; c'est que dans le grand nombre qui est parvenu jusqu'à nous, il y en a très-peu qui se ressemblent parfaitement, & sur lesquelles on voie les mêmes lettres. Sur plus de cinq cens médailles d'argent que j'ai vu avec la tête de Diane, à peine en ai-je trouvé six où l'on n'apperçoive quelque différence, soit dans la situation du lion, soit dans l'arrangement des lettres. On peut conclure de-là, que les marseillois frappoient un très-petit nombre de monnoies de chaque coin, ce qui devoit entraîner des frais de fabrication fort considérables.

Ils employoient pour la fabrication de leurs monnoies le marteau. Il est vraisemblable qu'ils se sont servis aussi quelquefois de moules, mais ils n'en ont fait usage que rarement. Il est évident que le plus grand nombre de leurs médailles a été fabriqué avec le marteau ; on voit sur le bord de plusieurs, des fêlures qui ont été occasionnées par la violence du coup : d'ailleurs, il est ordinaire de trouver des médailles de Marseille incuses, & l'on sçait que cet accident ne peut arriver avec l'usage du moule, & qu'il suppose nécessairement un coup de marteau ou d'une machine équivalente.

Il n'est pas sans vraisemblance, comme nous l'avons dit, que les marseillois ont moulé quelquefois leurs monnoies. On a trouvé plus d'une fois des moules qui avoient servi à la fabrication des monnoies de Marseille. M. le comte de Caylus donne la figure d'un de ces moules, qui ne peut avoir servi à des faux-monnoyeurs, parce qu'il porte l'empreinte d'une monnoie de cuivre fort petite & fort vile, & que des faux-monnoyeurs n'auroient pas gagné leur vie à fabriquer de pareilles especes, n'étant pas vraisemblable que, pour un si petit profit, ils eussent couru le risque d'une peine capitale : car on sçait combien les loix des anciens étoient séveres contre ce genre de délit. D'ailleurs, chez les anciens, comme chez nous, les faux-monnoyeurs n'ont jamais contrefait

Médailles de Marseille.

Recueil d'antiquit. t. 5. p. 159.

Leg. 1 & 2, cod. de falsa moneta.

que les especes d'or & d'argent. Tous les moules antiques qu'on a trouvés en divers tems avoient servi à faire des monnoies d'argent, & c'étoit une des raisons qui avoient déterminé le plus grand nombre des sçavans à penser qu'ils n'avoient été employés que par des faux-monnoyeurs (1).

On peut ajouter que ceux qui fabriquoient de la fausse monnoie à Marseille, connoissoient l'art de fourrer les monnoies, c'est-à-dire, de revêtir d'une feuille d'argent fort légère des monnoies de cuivre : art dont ils faisoient un grand usage, puisque le plus grand nombre des médailles de Marseille, qui sont parvenues jusqu'à nous, sont fourrées.

La méthode de fourrer les monnoies assuroit aux faux-monnoyeurs un profit si considérable, qu'il n'est pas vraisemblable qu'ils se soient occupés à fabriquer des médailles de cuivre, sur lesquelles il n'y a de profit à faire qu'autant qu'on se sert d'un instrument comme le marteau ou le balancier, qui diminue les frais de la fabrication que le moule augmente beaucoup.

S'il étoit besoin de nouvelles preuves pour se convaincre que les marseillois ont fait usage de moules, on diroit que les gaulois, qui ont vraisemblablement appris d'eux l'art de faire de la monnoie, se servoient de moules pour la fabrication de leurs especes. Toutes les médailles gauloises qui nous sont restées en sont une preuve ; & ceux qui ont pris la peine de fondre ces monnoies

---

(1) Le plus grand nombre des sçavans pense que les anciens ne se servoient que du marteau pour fabriquer leurs monnoies, qu'il n'y avoit que les faux-monnoyeurs qui employassent les moules, & que tous ceux qu'on a trouvés étoient à leur usage. Mémoire de l'académie des inscriptions, tom. 3, p. 200. Cette opinion n'est pas unanime, quoiqu'elle soit la plus suivie. Plusieurs auteurs croient, au contraire, que les anciens commençoient par mouler leurs monnoies, & les réparoient ensuite avec le marteau. Savot, discours sur les médailles, pag. 31. Lepoix, fol. 10. M. le comte de Caylus a ouvert un troisième avis dans son recueil d'antiquités, tom. 1. p. 286. Il y soutient que les romains avoient des monnoies frappées au marteau & d'autres simplement jettées au moule.

pour en analyſer la matiere, ont trouvé que la maniere dont les gaulois mêloient le plomb & l'étain avec le cuivre, en détruiſoit la ductibilité, & faiſoit qu'il falloit néceſſairement le couler dans des moules.

MÉDAILLES D'ARGENT.
PLANCHE I.

On voit ſur cette médaille la tête de Diane, qu'on reconnoît à l'arc & au carquois qui ſont derriere ſes épaules. Sa coëffure eſt recherchée; il y a des boucles & une treſſe pendante qui font un bel effet. On voit au revers un lion qui marche; ſa queue entoure ſa cuiſſe droite. On lit au-deſſus du lion, ΜΑΣΣΑ, & dans l'exergue, ΛΙΗΤΩΝ. Il y a deux lettres placées l'une ſur l'autre devant la tête de Diane, & deux autres, dans le même ordre, devant la tête du lion : ces lettres ſont différentes ſur preſque toutes les médailles. Il faut obſerver que de toutes les médailles d'argent de ce module, celles ſur leſquelles on lit le mot ΜΑΣΣΑΛΙΗΤΩΝ, ſont les mieux frappées, & ont le plus de relief. On ſçait que Diane d'Epheſe avoit un temple à Marſeille, où l'on conſervoit une de ſes ſtatues qui y avoit été apportée d'Epheſe. On obſervoit, ſuivant Strabon, dans les honneurs qu'on lui rendoit, & dans toutes les cérémonies du temple, de ſe conformer à ce qui ſe pratiquoit à Epheſe. Il eſt étonnant, après cela, que la figure qui eſt ſur ces médailles, ne ſoit pas celle de Diane d'Epheſe. La figure ſous laquelle cette déeſſe étoit adorée à Epheſe, eſt très-connue : on la voit ſur un grand nombre de monumens; elle eſt fort différente de celle qui eſt ſur ces médailles. M. de Peireſc nous a conſervé dans ſes manuſcrits une figure de Diane, qui, pour la coëffure & l'habillement, reſſemble beaucoup à celle qui eſt ſur les médailles de Marſeille. Il eſt vraiſemblable que ce ſçavant l'avoit fait copier d'après quelque monument des anciens marſeillois, qui nous eſt inconnu.

Quant au lion qui eſt au revers des médailles de ce module, il

N° 1.

faut avouer de bonne foi, que nous ignorons ce qui avoit donné lieu aux anciens marseillois, de mettre la figure du lion sur leurs monnoies. Goltzius prétend que c'étoit parce que les éléens, qui devoient comme eux leur origine aux phocéens, avoient offert à Apollon un lion d'airain, pour le remercier de ce que Cassandre avoit été obligé de lever le siege de leur ville. Il est bien difficile de se contenter d'une explication aussi tirée par les cheveux.

N°ˢ 2 & 3. La tête de Diane est couronnée de branches d'olivier ou de laurier sur les médailles 2 & 3.

N° 4. Diane a les cheveux attachés derriere la tête; le lion est tourné à gauche; il a une jambe levée, sous laquelle il y a la lettre Φ. On voit d'autres lettres entre ses jambes.

N° 5. La coëffure est différente : les cheveux sont relevés autour de la tête. Il y a sous le menton la double lettre Tk. On lit au-dessus du lion ΜΑΣΣΑ, & dans l'exergue trois lettres qui sont différentes sur presque toutes les médailles, ΧΗΗ, ΧΣΑ, ΣΘΕ, ΨΑΟ, ΠΑΡ, ΠΑΔ, ΠΛΛ, ΛΗΧ. Il y a aussi différentes lettres, soit devant le lion, soit entre ses jambes.

N° 6. On voit derriere la tête de Diane une tresse de cheveux pendans, & les bouts de trois bandelettes qui servent à attacher ses cheveux. Il y a des différences dans la criniere du lion.

N° 7. Les cheveux de Diane ne sont pas relevés par derriere. Elle est vêtue d'une espece de chlamide qui lui laisse l'épaule droite découverte. Il y a une double lettre devant la tête. Le lion a la queue relevée. Il y a trois lettres dans l'exergue, & une lettre devant le lion.

N° 8. La tête de Diane est tournée à gauche, de même que le lion, qui a une jambe levée, sous laquelle il y a une lettre.

N° 9. C'est la seule médaille de Marseille où j'aie vu Diane sans pendans d'oreilles. Il semble qu'elle a derriere les épaules un dard, au lieu d'un carquois.

N° 10. Diane a les cheveux noués derriere la tête; elle a, au lieu de carquois, des armes inconnues, suspendues derriere ses épaules.

Il est fâcheux que la petitesse de leur volume empêche de les distinguer; elles nous feroient connoître les armes dont les marseillois se servoient. On y voit une espece de javelot armé de crochets, qui ressemble à une hallebarde.

MÉDAILLES
DE MARSEILLE.

La tête de Diane sans buste, & couronnée de branches d'olivier; elle est sans arc & sans carquois. Goltzius dit qu'il a vu cette médaille en or. Nous aurions pu citer une autre médaille où l'on voit une tête tout-à-fait semblable, avec un petit arc & un petit carquois.

N° 11.

Cette médaille est conservée dans le cabinet de M. Pelerin; voici l'explication qu'il en donne. La médaille d'argent, dit-il, sur laquelle on voit d'un côté une rose comme sur les médailles de l'île de Rhodes, avec les lettres MA dans le champ, mérite d'être observée. Elle est d'une fabrique un peu plus grossiere & différente de celle des médailles qui ont été frappées à Rhodes: les lettres MA semblent désigner que ce sont les marseillois qui l'ont fait frapper; & comme d'ailleurs elle a été trouvée en Provence, il y a lieu de penser qu'elle est de la ville appellée Rhoda par les uns, & Rhodanusia par les autres, qui avoit été bâtie par les rhodiens à l'embouchure du Rhône, & qui fut ensuite occupée par les marseillois. Pendant que ceux-ci la possédoient, ils ont pu laisser subsister, sur les monnoies de cette ville, la tête du soleil & la rose, qui en marquoient l'origine; & pour faire connoître qu'ils en étoient possesseurs, ils auront substitué les lettres MA aux lettres PO, qui se trouvent communément sur les médailles de Rhodes. Ils ont aussi ajouté, à la tête du soleil, l'aigle qui étoit un des symboles particuliers qu'ils avoient adoptés, comme on le voit par les médailles de Marseille.

N° 12.
Pelerin, recueil.
t. 1. p. 25.

On voit sur cette médaille la tête de Minerve avec un casque. On connoît une médaille de Phocée avec la tête de Minerve semblable à celle-ci. Les marseillois avoient apporté de leur ancienne patrie le culte de cette déesse, & ils lui avoient bâti un temple dont Justin parle. Il y a au revers de cette médaille un aigle avec

N° 13.

MÉDAILLES DE MARSEILLE.

le mot, ΜΑΣΣΑ. J'ai cette médaille en argent doré, d'une dorure qui est incontestablement antique. On voit derriere la tête de Minerve la lettre B. Mr Pelerin rapporte une médaille pareille où il y a la lettre A.

N° 14.
Pacciaudi, *anim. philologic&.*
Pelerin, *ib.* p. 24.

Tous les auteurs qui ont rapporté cette médaille, ont reconnu que la tête qui y étoit représentée, étoit celle d'Apollon Delphien, que les phocéens avoient en grande vénération, & à qui les marseillois avoient bâti un temple, comme à leur gardien & à leur conservateur. Cette petite médaille est un chef-d'œuvre de gravure & de dessin ; car on n'a pu rendre la finesse de cette figure où l'on reconnoît la touche grecque. Elle prouve combien les arts utiles étoient cultivés par ces sages républicains. On y voit au revers une croix avec les deux lettres MA, qui se trouvent sur le plus grand nombre des médailles de Marseille. Le dépôt qu'on trouva près de Tourves en 1366, étoit composé de ces médailles. Les yeux grossiers de nos peres voyoient la figure d'un sarrazin dans les traits délicats d'Apollon.

N° 15.

Cette médaille est rapportée par M. Pelerin, dans son recueil de médailles des villes, tom. 3, pag. 126. Il l'attribue à Marseille à cause de sa forme & de sa fabrique.

N° 16.

Cette médaille est encore rapportée par M. Pelerin : elle est unique, & digne du riche cabinet où elle est conservée, & de l'homme de lettres qui le possede. Elle nous conserve l'ancien nom du port de Marseille : *Lacydon*, dit Pomponius-Mela, *Massiliensium portus, & in eo ipsa Massilia.* Cet auteur, & après lui Eustathe dans son commentaire sur Denis le géographe, sont les seuls qui nous aient conservé le nom que les marseillois donnoient à leur port. Ils nous ont mis par-là à portée d'entendre la légende de cette médaille, qui sans eux seroit une énigme pour nous.

De situ orbis,
l. 2. c. 5.

N° 17.

Cette médaille, qui est dans mon cabinet, ainsi que la suivante, est très-rare : on y voit la tête d'une femme, dont la coëffure est extraordinaire ; elle a pour légende les deux lettres, TO, dont il est difficile de donner l'explication ; elle a le revers ordinaire, MA.

Cette

DE PROVENCE. 659

Cette médaille d'argent, du plus petit module, a la tête de Diane, & au revers un taureau qui tombe fur fes jambes de devant, femblable à celui qui eft fur les médailles de bronze. Elle n'eft pas affez bien confervée, pour qu'on puiffe diftinguer s'il y a la légende ordinaire, ΜΑΣΣΑ.

MÉDAILLES DE BRONZE.
Planches II et III.

Les médailles d'argent de Marfeille, qui fe font confervées jufqu'à nous, font en beaucoup plus grand nombre que celles de bronze; il y a cependant plus de variété dans les revers des médailles de bronze, que dans ceux des médailles d'argent.

Les fept premieres médailles de la feconde planche fe reffemblent, à peu de différence près. La tête qu'on y voit eft vraifemblablement celle d'Apollon; il eft couronné de laurier. Sur la premiere & la feptieme médailles, il paroît d'un âge plus avancé, & l'on a de la peine à y retrouver les traits d'Apollon. Il y a derriere la tête, qui eft fur la feconde médaille, un raifin; fur la troifieme, une corne d'abondance; fur la quatrieme, un gouvernail. Les revers de ces fept médailles font les mêmes; c'eft un taureau à qui les jambes de devant manquent & qui tombe. Etienne de Bizance (1), qui a écrit fur la géographie à la fin du cinquieme fiecle, cite un ancien géographe, nommé Apollodore, qui avoit dit que le vaiffeau, qui porta la colonie des marfeillois qui bâtit la ville de Taurœntum, avoit pour enfeigne un taureau, & que c'étoit à caufe de cela qu'on avoit nommé cette ville Taurœntum. Là-deffus plufieurs auteurs ont penfé que le taureau étoit l'enfeigne de tous les vaiffeaux marfeillois & le fymbole de cette ville, & que c'étoit par cette raifon que les marfeillois l'avoient mis fur leurs monnoies. On voit jufqu'où ces conjectures peuvent être

---

(1) *Stephanus Byfantinus*, ΠΕΡΙ ΠΟΛΕΩΝ, *in* v° ΤΑΥΡΟΕΙΣ.

Tome I. O o o o

Médailles de Marseille.

fondées. Ce qu'il y a de sûr, c'eſt que le taureau ſe retrouve auſſi ſouvent ſur les médailles de bronze de Marſeille, que le lion ſur celles d'argent ; ſon attitude n'eſt jamais variée, il tombe ſur les jambes de devant ; au lieu que le lion, qui eſt ſur les médailles d'argent, y eſt repréſenté dans pluſieurs attitudes différentes. On trouve un taureau dans la même attitude ſur une médaille de Perdiccas troiſieme, roi de Macédoine. Il y a au-deſſus du taureau, qui eſt ſur la ſeconde médaille, un croiſſant ; ſur la troiſieme, un épi de bled ; ſur la quatrieme, un poiſſon ; ce qui donne lieu à Goltzius de dire que ce poiſſon, au-deſſus d'un taureau, ſignifie qu'on trouvoit à Marſeille des poiſſons en labourant la terre. Il cite à ce ſujet Pomponius-Mela, qui dit, à la vérité, que quelques auteurs ont avancé ce fait, & ont dit qu'il étoit ordinaire dans le voiſinage de Leucate & de Salſes ; mais il ajoute qu'ils ne méritent aucune croyance, *veri ne ignorantiâ, an mendacii libidine traditum poſteris.* On lit, dans l'exergue de ces ſept médailles, le mot ΜΑΣΣΑΛΙΗΤΩΝ. Nous aurions pu en rapporter une autre ſemblable à celles-là, avec cette différence qu'on y voit un gouvernail au-deſſus du taureau.

La huitieme médaille a la tête d'un jeune homme ſans couronne, qui paroît être celle d'Apollon, quoiqu'elle ſoit différente de celles qu'on voit ſur les ſept précédentes médailles : il y a au revers un cheval paiſſant, avec le mot ΜΑΣΣΑ.

La neuvieme & la onzieme médailles ont d'un côté la tête de Minerve, & au revers un trépied. On ſçait que les anciens offroient à Apollon des trépieds votifs qu'ils ſuſpendoient dans les temples. Ceux qui ſont repréſentés ſur ces médailles ſont vraiſemblablement de ce nombre. On trouva à Fréjus, au commencement du ſiecle paſſé, un de ces trépieds votifs, qui reſſembloit à celui qui eſt repréſenté ſur la onzieme médaille. On en voit la figure dans l'antiquité expliquée du P. de Montfaucon. Le célebre Peireſc, à qui ce trépied fut porté, fit une diſſertation pour en expliquer l'ufage. Elle s'eft confervée jufqu'à nous, & c'eft le feul ouvrage de ce fçavant illuftre qui ait été imprimé. Il y parle des trépieds votifs que les marfeillois confacroient à Apollon. Ces médailles font un nouveau témoignage du culte que les marfeillois rendoient à Minerve & à Apollon.

On voit fur la dixieme & la douzieme médailles la forme des boucliers dont les marfeillois fe fervoient. Il ne refte rien à dire fur les autres médailles de cette planche & fur celles de la planche fuivante, quoiqu'elles n'aient jamais été publiées, excepté la neuvieme de la troifieme planche, où l'on voit la tête de Jupiter: il y a au revers une aîle. Cette médaille eft rapportée par Goltzius, qui peut-être en a augmenté le module; car je n'ai jamais vu de médaille de Marfeille auffi grande que celle-là.

J'aurois pu augmenter confidérablement ce recueil, fi j'avois voulu rapporter toutes les médailles qui n'ont point encore été publiées; mais comme les variétés qu'elles offrent ne nous apprennent rien d'intéreffant fur les ufages des anciens marfeillois, & fur les progrès des arts, j'ai cru devoir me borner à celles dont je viens de donner une notice.

J'obferverai en finiffant, que les marfeillois mettoient fouvent fur leurs lampes fépulcrales les figures qui étoient fur leurs monnoies, foit que les ouvriers les copiaffent d'après les monnoies, foit que ce fût d'après les objets mêmes qui leur étoient familiers, & qu'ils avoient journellement fous les yeux, tels que des bateaux, des dauphins & des caducées: je pourrois en citer plufieurs exemples, fi je ne croyois ces détails inutiles.

Explication des Figures.

Les figures que nous avons fait repréfenter fur une même planche, nous donnent une idée des habillemens & des armes des marfeillois; la premiere eft une Minerve qu'on trouva à Marfeille vers le milieu du fiecle paffé; elle eft vêtue d'une tunique qui defcend jufqu'aux pieds; elle a fur la poitrine un ornement que je n'ai vu

EXPLICATION DES FIGURES.

fur aucune figure antique. La feconde eft une figure de bronze, trouvée à Marfeille il y a cinq ou fix ans ; c'eft un homme enveloppé dans un manteau, qui lui laiffe la poitrine, l'épaule & le bras droit découvert ; ce manteau reffemble beaucoup au *tribonion* dont fe fervoient les philofophes grecs. La troifieme eft une figure de femme fort élégante, qui porte fur la tête un panier rempli de fleurs : il y a apparence que c'eft une canephore employée aux facrifices ; elle eft vêtue d'une tunique longue qui lui couvre les pieds, & d'une plus courte qui ne va que jufqu'à la ceinture : cet habillement étoit commun à Marfeille, & prefque toutes les ftatues de femme qu'on y a trouvées, font vêtues de cette maniere. J'ai copié cette figure d'après un bas-relief antique qui eft dans l'églife de faint Sauveur d'Aix ; il eft à préfent très-mutilé, & cette figure y eft prefque effacée ; mais je l'ai prife d'après un deffin qui a été fait dans le XVIe fiecle, tems où ce bas-relief étoit encore très-bien confervé.

Au-deffous de ces trois figures on en voit une autre, qui fut trouvée au commencement du fiecle paffé dans le port de Marfeille, & qui eft maintenant dans le cabinet du duc de Wirtemberg : c'eft le dieu Dolichenus, ainfi qu'il paroît par une infcription qui y eft jointe. On donnoit quelquefois ce nom à Jupiter, mais cette figure reffemble plutôt au dieu Mars ; il a un cafque, une cuiraffe & une épée ; ces armes font femblables en tout à celles des romains. Il y a encore fur cette planche quatre médailles. Sur la premiere, on voit la tête de Minerve avec un cafque différent de celui de Dolichenus. Sur la feconde, il y a deux boucliers. Sur la troifieme, c'eft Diane qui a derriere le dos des armes inconnues, qui reffemblent beaucoup à des hallebardes. Sur la quatrieme, on voit un homme dont le corps eft couvert d'un bouclier, & qui tient un arc à la main.

Fin du Tome premier.

Cette Tête est celle de Diane de Marseille : on la reconnoît à l'arc, au carquois, à sa coiffure, & elle ressemble entierement à la Diane de cette Ville, telle qu'elle est représentée sur les Médailles que nous avons fait graver. On l'a tiré des Mémoires de M. de Peiresk, qui recherchoit avec le plus grand soin tout ce qui avoit rapport à l'Histoire des anciens Marseillois. Il y a apparence que ce Sçavant l'avoit copiée d'après quelque monument qui n'existe plus.

MEDAILLES DE MARSEILLE.

MEDAILLES DE MARSEILLE.

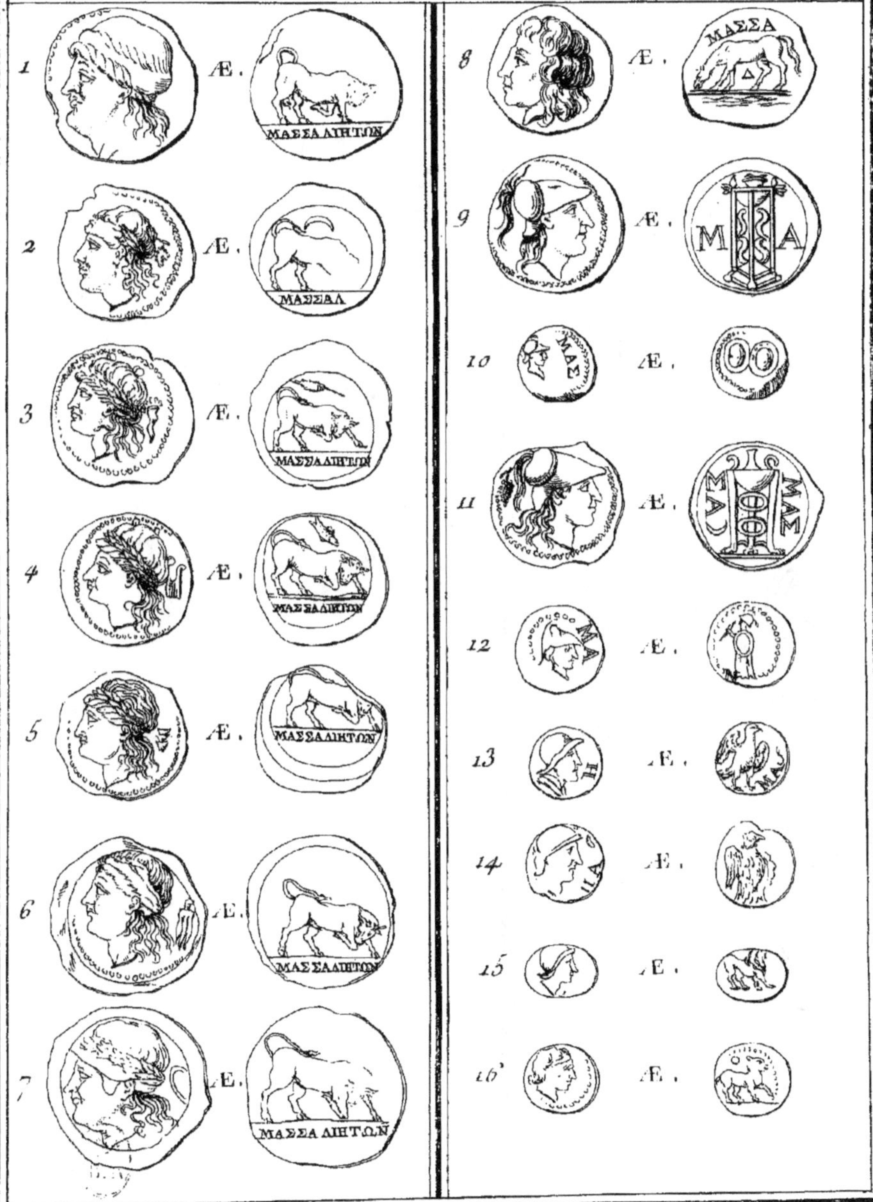

Pl. 2

MEDAILLES DE MARSEILLE.

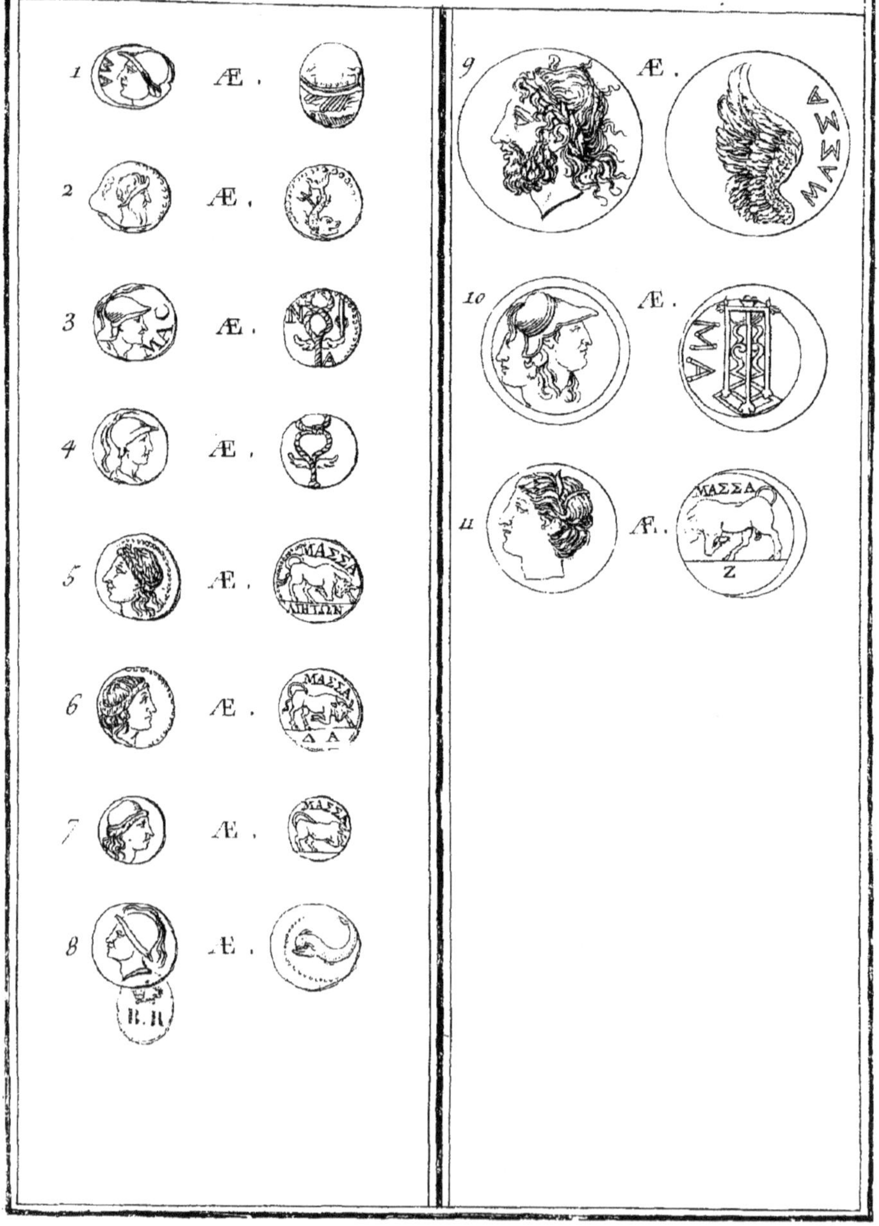

Pl. 3.

TABLE DES MATIERES

contenues dans ce volume.

A

Abbayes du diocése d'Aix, pages 203, 204.
— d'Apt, 231, 232, 233.
— de Fréjus, 261.
— de Sisteron, 285, 286.
— d'Arles, 322, 323, 324.
— de Marseille, 360, 362, 363.
— de Toulon, 381.
— de Digne, 402.
— de Grasse, 421, 422.
— de Sénez, 438.
Abrahardi, (Jean) 432.
Abricotier, 163. Origine de son nom & de son existence, 164.
Absynte, 149.
Absalon, 236.
Acacia, (le faux) son origine. Date de sa découverte. Forme & odeur de ses fleurs, &c. 170.
Académie de Marseille. Son fondateur; son protecteur, &c. 341.
— des Gaules, 566.
Achante, 150.
Acceptus refuse l'épiscopat, 249.
Acciajoli, ou Alberti, (Bertrand) 227.
Accilius, trait de sa bravoure, 547.
Aconit, 152, 153.
Adalong, 344.
Adhemar de Monteil, (François) 321. (Jean-Baptiste) *ibid.* (Gerard) 348. (Amelin) 350.
Ad Horrea, ancien lieu de Provence. Sa situation. Etoit magasin de bled. Examen du doute sur sa position, 35, 77, 117, 118.

Ad Turrim. Sa position, 38. Découverte d'une pierre milliaire, avec son inscription, dans le territoire de ce lieu, 212. Remarques critiques sur cette inscription, 212, 213. La terre de Tourves érigée en Marquisat, *ibid.*
Adunicates, leur position difficile à fixer, 118 & 119.
Ægytna, sa situation, 77.
Æmines Portus, sa situation, 20.
Æon, (saint) événemens de son épiscopat, 302.
Aëria, sa position difficile à marquer. Sentimens divers là-dessus, 76. Examen de ces sentimens, 77. Aëria n'étoit point de la Provence, *ibid.*
Affranchis, prenoient le nom de leur Maître, 98. Loix à leur égard, 508. Leurs classes. Leurs droits, &c. 589, 590.
Agaï, *voyez* Athenopolis.
Agapius déposé avec Bobon, 391.
Agathes du Revest, 162.
Agathon, (Eburius) Prêtre augustal. Ses différentes charges & dignités, 46.
Agathon, port de l'ancienne Athenopolis, 79.
Agnus-castus, 154.
Agonothéte, président des jeux publics, 10. Titre donné à Macrinus, préfet de Marseille, *ibid.*
Agoult, (Pierre d') 196. Jean, *ibid.* Raymond, 215. Laugier, 226 & 228.

Agricola, (Julius) homme illustre, 610.

Agriculture, son époque chez les Gaulois, 159.

Agroëce, 407, 440, 441.

Agrotas, homme illustre, 606.

Aigalieres, village. Ses carrieres de marbre, 327.

Aigremont, (monastere d') sa situation, sa fondation, sa suppression, &c. 437.

Aiguieres, (Imbert d') 309.

Aigues, (la Tour d') terre, baronie. Ses différens seigneurs, 215, 216. Magnificence de son château, 216. Visite de Catherine de Médicis au seigneur de ce château. Inscription flatteuse pour la reine, 217. Situation du château, *ibid*.

Aiguine & la Sueille, hospices du diocése de Riez, 244.

Airelle, 154.

Aissadelle, oiseau aquatique, 180.

Aix, *voyez* Aquis-Sextiis.

Alabönte, ou Alamonte, ancienne ville du diocése de Gap, 64.

Alamanon, (Pierre d') 279.

Allardeau, (Jean) 354.

Allart, (Théodore) 435.

Alaterne 156.

Alaunio, (Alaunium) sa distance de Sisteron. Discussion sur sa position, 65, 66.

Albéce, capitale du canton des Reii, 60, 126. Dépeuplée & anéantie par l'agrandissement de Riez, 60, 61. Il n'en reste plus de trace. Conjecture sur son ancienne position, 61.

Albicœi, ou Albici, leur position, 122, 123. Discussion historique & critique sur ce sujet, 123, 124, 125, 126.

Albiosc, petit village; sa position, 61. Chef-lieu des Albici, 126.

Albon, (Antoine d') 318.

Alconis; sa situation, 19.

Aldebran, (Etienne) 313.

Alexandre, martyr, 578.

Alleman, (Pierre) 256. (Louis) 315, 316.

Alleaume, (Guillaume) 242.

Alignano, (Benoît d') 348.

Aligousier, 156.

Allius, (Caïus) d'Apt. Citoyen romain. Augure, 127.

Aloès, de Provence, sa maniere de fleurir admirable. Son prompt développement, 161. Explication de ce développement, 162.

Amalric, 85 & 190.

Amandier, 165, 166.

Amat de Volx, (Antoine-Joseph d') 457.

Amaury, (Bertrand) 311.

Amblar, 393, 394.

Amédée VIII, fortifie Nice, 11.

Amédée, évêque de Grasse, 413.

Amelanchier, ses espéces, 156.

Amesini, (Guillaume) 473.

Amianthe des îles d'Hyeres, 384.

Amici, (Guillaume) 227, 228, 256.

Ampus, *voyez* Antea.

Anao, (la Tonnarre) 8.

Anatilia. Conjecture sur sa situation. Etoit du pays des Anatilii, 77.

Anatilii. Leur position. Etendue de leur domaine. Signification de leur nom, 121.

Ancezune, (Raymond d') 208. (Rostan) 258.

Anchois, 275.

Ancholie, 153.

Anduse, (Bermond d') 277.

Anglure de Bourlemont, (Louis d') 260. (Ogier) 354.
Animaux remarquables de Provence, 182.
Annibal traverse la Provence, 520, 521.
Antea, ou Anteis. Sa position. Etymologie de son nom, 58, 59.
Antelmi, (Charles-Léonce-Octavien d') 421.
Antibes, *voyez* Antipolis.
Antipolis. Raison de son nom, & sa situation; fondée par les marseillois, & en quel tems; passe au pouvoir des Romains; déchue de sa grandeur; perdit son siége épiscopal; sa distance de Nice, 11 & *suiv.* Sa description; causes de sa médiocrité; époque de sa conversion à la foi; de la translation de son siége à Grasse; ses révolutions ou changemens de seigneurs; acquis à la couronne par Henri IV, 403 & *suiv.* Ses carrieres de pierres curieuses; ses fossiles, &c. 424. Ses médailles, 554.
Apt, *voyez* Apta Julia Vulgientium.
Apta Julia Vulgientium, colonie romaine, 67. De quel peuple elle étoit capitale, 219. Ses révolutions. Son état moderne, &c. 220.
Aqueduc de Fréjus, sa description, 16.
Aquin, (Luc & Louis d') 260.
Aquis-Sextiis, (Aix) capitale de la Provence, 38. Son origine, *ibid.* Est colonie romaine, *ibid.* & 391. Elle avoit un sénat, ou corps de décurions, 41. De quelle tribu étoient ses citoyens. Elle a toujours eu un rang distingué, 42. Description de l'ancienne ville. Sa situation. Ses différentes parties, &c. 43.

Est la premiere ville des romains dans les Gaules; pourquoi ils s'y établirent; sa situation; idée abrégée de cette ville, 183. Ses cours & tribunaux de justice, 103, 184. Date de son siége épiscopal, 184. Métropole contestée au Ve siécle; jouit de ce droit depuis le onziéme, 185.
Aralucus, (Arluc) ne subsiste plus, 78.
Arausione civitas, (Orange) 75. Idée de son ancien lustre. Restes de ses monumens. Colonie romaine. Causes de sa grandeur, *ibid.*
Avenione civitas, (Avignon) ses titres, 73. Ses richesses. Sa position, *ibid.* Etoit un comptoir de Marseille, *ibid.* & 74. Signification du mot *Avignon*, 74. Comment elle s'aggrandit, *ibid.*
Arboufier, 155.
Arc triomphal de Saint-Remi, 637. En l'honneur de qui il fut élevé, 638, 639. Description de ses restes, 640, 641.
Arc de triomphe d'Orange. Explication de ce monument. Description & application de ses symboles, &c. 618 à 626.
Arc de triomphe de Carpentras, 626. Description de ce monument. Explication de ses symboles, &c. 627 à 634.
Arc de triomphe de Cavaillon. Sa description, &c. 634 à 637.
Arcs, (les) seigneurie. Son monastere, &c. 268.
Arelate, 48. *ibid.* Titres donnés par les anciens à la ville d'Arles. Elle cultivoit les arts, 50. Vers d'Ausone sur cette ville, 51. Fertilité de son terroir, 52. Colonne milliaire

d'Auxiliaris dans cette ville, 52. Réfidence du préfet du prétoire des Gaules, 53. Nommée métropole des Gaules, *ibid.* Conftantin l'embellit, & lui donna fon nom, *ibid.* Elle avoit des colleges d'utriculaires, de centonaires, de tignarii, 54. Combats de l'amphithéâtre dans cette ville, 55. Etymologie de fon nom ; époque de fon exiftence ; qualité de l'air, de fon terroir, 291. Son commerce, 543. Antériorité de fon fiege. Preuve authentique de ce fait, 574, 616, 617.

Arles, *voyez* Arelate.

Ariftoloche, 148.

Arluc, *voyez* Aralucus.

Arluc, (monaftere d') fa fituation. Date de fa fondation. Sa deftruction, 422. *voyez* l'errata.

Armentaire, (faint) 187, 188 & 406.

Arpajon, (Hugues d') 351,

Arpateille, (Jean d') 256.

Arrête-bœuf, plante ; fa nature, &c. 170.

Arrivée des ambrons & des teutons en Provence ; leurs combats, leur défaite, 527 à 536.

Arfagis, (Jerôme d') 475.

Artaudi, (Jean) 350.

Afperge, 148.

Affemblées particulieres par diftricts ou cantons, 591, 592.

— générales d'une ou de plufieurs provinces, 593.

Aftefan, (Jacques-François-Thomas) 477.

Aftier, (Guillaume) 227.

Aftra, (Guillaume) 226.

Aftromela, ou Maftromela, pris pour une ville par les géographes modernes, 78. Critique de ce fentiment. Récit des révolutions de ce lieu, 79. Ses coquillages, 324.

Athénopolis. Sa pofition, 79. Son port. D'où lui vient fon nom moderne, *ibid.*

Attichy, (Louis Doni d') 242, 243.

Avantici, 65. Leur fituation. Leur domaine, 108.

Avatici, 86, 87. Pofition de leur ville, 121.

Aubagne, 89, 90. Etymologie probable de fon nom, 94. Son commerce. Ses communautés, 366. Son ancienneté, &c. 367.

Aubenas. Mines de ce terroir, 287.

Aubuffac, (Guillaume d') 255, 256.

Audaon, du domaine des *Adunicates*, 118.

Audebert, (Guillaume) 227.

Audiberti, (Raimond) 193.

Avenionis caftrum, ou Avenionetum, 79.

Augures, prêtres du paganifme. Leurs fonctions, leur autorité, leur habillement, 127.

Auguftal. (prêtre) Acception de ce titre, 46.

Auguftal d'Arles, fon épifcopat douteux, 301.

Augufte, (l'empereur) paroît avoir fondé Fréjus, 16. Avoit une flotte dans fon port, *ibid.* Refufa des temples, 39, 40, 64. Confacre fes victoires par un trophée. Acheve le port de Fréjus, 556, 557. Fait faire de grands chemins, 557. Envahit le pouvoir abfolu, *ibid.* Faits & anecdotes de fon regne, 638, 639.

Avignon, *voyez* Avenione civitas.

Aulun, *voyez* Alaunio.

Avogrado,

DES MATIERES.

Avogrado, (Pierre VI) 279.
Aups. Sa collégiale. Ses monasteres, 265.
Aurelianus, (Lucius-Valerius-Domitius) l'empereur Aurélien. Inscription en son honneur, 81.
Aurélien, (saint) 303.
Auréoli, (Pierre VII) 194, 195.
Auriol, bourg. Sa fertilité, 368.
Ausile, (saint) 251.
Auspice, (saint) 220, 221.
Aussonville, (Claude II d') 283.
Aussonvilliers, (Philippe-Hébert d') 197, 198.
Auvaye, lieu de Provence, 118.
Azaléa, 150.
Azédarach, 168.

B

BABILONI, (le) 180.
Bachet, (Martin) 445.
Bacoue, (Léon) 446.
Badat, (Foulques) 471. A la note Miron, 472. Louis, 474.
Bagarris, ancien hameau, 462.
Baguenaudier (le) 157.
Bajazet. Anecdote de ce Sultan, 317.
Bailla, (Hugues II la) 375.
Bains de Fréjus, 16. De Pagus Lucretus, 90 & 91.
Balbs, de Berthon, de Crillon, (François de) 436. Dominique-Laurent, 446. Les Balbs, 448.
Bar, village, 424.
Barba Jovis (le) 157.
Barbantane, voyez Bellinto.
Barcès, (Armand de) 195.
Barcilot, (Arnaud) 431.
Bardonnenche, (Antoine-René de) 437.
Bargéme, village du domaine des quariates, 118.

Barjemon. Ses restes d'antiquités, 269.
Barjols, (Bertrand II de) 237. Barjols, ville. Sa collégiale. Ses monasteres. Son siege de justice. Sa situation. Curiosités du couvent des carmes, 266.
Barrault de Blaignac, (Jean-Jaubert de) 320.
Barrême. Médailles découvertes en cet endroit, 462.
Barthelemi, (Henri de) 278.
Bataille de marius contre les cimbres & les teutons, 38, 532, 533, 534. Des troupes de Vittellius & d'Othon, 558 à 561.
Baume. (la sainte) Description de sa grotte, 211.
Beaussan, (Jean III) 310, 374.
Bausset, (Emmanuel-François de) 261. Geoffroi, 350.
Beauvais, (Jean-Baptiste-Charles-Marie de) 458.
Baux. (les) Bourg fameux dans l'histoire, 335.
Bayle, (Pierre IV) 227.
Bazile, (saint) 188.
Beaudun, village; ses vestiges d'antiquité, 246.
Beauveser, (Notre-Dame de) 244. Sa situation. Trait historique remarquable sur ce lieu, 245.
Bellanger, (Géraud) 259.
Bellay, (Jean III du) 257.
Bellay, (René du) 416.
Bellei, (Martin de) 261.
Bellinto, sa distance d'Ernaginum & d'Avignon, 73.
Bellovese, général gaulois, 502.
Belloy, (Jean-Baptiste de) 360, 447.
Belzunce (Henri-François-Xavier de) 360.

Tome I. Pppp

Bénévent, (Guillaume de) 392, 393.
Bentivoglio de Ferrare, (Gui) 242.
Beretti (Pierre II de) 413.
Beritini, leur position & leur domaine, 108. Signification & étymologie de leur nom, 108 à la note. Remarque détaillée sur leur inscription, 109.
Bernage, (Louis I de) 419, 420.
Bernardi du Piret, (Arnaud II) 195.
Bernis, (le cardinal de) 341.
Beroardi (Hugues II) 310.
Berre, étang de Provence. *Voy.* Aftromele, 78. Signification du mot *Berre*, 79.
Bezaudun, 118.
Billard, (Jean II de) 257.
Biot, ses fossiles, 423.
Biscarras, (Jean-Armand-Rotundi de) 400, 401.
Bise d'Avignon & de la Crau, 555.
Blanc, (Guillaume le) 418 & 434.
Blédric, 391, 392.
Bocon de la Merliere, (Félicien) 231.
Bodiontici, leur position & leur domaine, 108.
Boisgelin de Cucé, (Jean-de-Dieu-Raymond de) 203.
Bois-puant, (le) 156.
Bolene, (Raymond II de) 309.
Bolhiac, (Louis de) 256.
Bon, (Pierre III le) 472.
Bonifaci, (Jean III) 443.
Bonjean, (Jean-Baptiste) 433, 434.
Bonnet, (Pierre III) 414.
Borma, ou Bormes, 120.
Bormanni, 120. Leur position, *ibid.*
Bornas, (Charles II de) 281.
Bot, ou Botti, (Raymond) 227. Hugues, *ibid.* & 228.
Botaric, (André de) 352, 353.

Bouillon blanc, (le) 150.
Bouin de Chalucet, (Armand-Louis) 380.
Bouleau, (le) 157.
Bouliers, (Antoine de) 216. Michel, 239. Jean-Louis, 240, & 241.
Boullioud, (Symphorien de) 444.
Boulogne, (Louis I de) 399, 400. Raphael, *ibid.*
Bourbon, (Claude II de) 401.
Bourchenu, (Flodoart Morel de) 436.
Bourg, (Jean V du) 474.
Bousserole, (la) 155.
Bousqualle, (la) oiseau, 179.
Brancas, (Jean-Baptiste Antoine de) 203. Nicolas, 354.
Brêche, (marbre) des environs d'Aix. Ses différentes sortes, 205, 206 & 207.
Bretel, (Louis de) 201.
Briançon. *Voyez* Brigantium.
Briçonnet, (Robert de) 258. Guillaume, 376. Denis, 376 & 377.
Brigantium. (Briançon) Sa grandeur & son lustre du tems des romains, 80. N'est plus qu'un village. Causes de sa dégradation, 448 & 449.
Brignoles. Origine prétendue de son nom. Son ancienneté vraisemblable, 213, 214. Ses monasteres, *ibid.*
Brillac, (Christophe de) 198. François, 198.
Brogni, (Jean VI de) 314 & 315.
Brourlat, (Jacques I de) 318.
Bruniquel, (Atton de) 308.
Brutus, commande la flotte de César au siége de Marseille, 546, 547, 549 & 550.
Buglosse, (la) 150.
Buisson ardent, (le) 156.
Bureau, (Laurent) 182.

DES MATIERES.

C

Cabannes de Viens, (Jean-Balthafar de) 420, 435.
Cabasse. Voyez *Matavonium*.
Cabassoles, 228. Philippe, 351.
Cabellio, Cavarum, colonie romaine. Époque de son existence, 72. Sa situation, *ibid*.
Cabre, (Rostang II de) 311.
Cade, (le) 258.
Cailla, (Foulques II de) 238.
Calcaria, sa distance de Marseille & des fosses de Marius, 43. Sa situation difficile à fixer, 44. Signification de son nom, *ibid*.
Calissance. Voyez *Calcaria*.
Camaret, (Pierre III de) 255.
Camargue, (la) île du Rhône. De quel domaine elle étoit, 121. Bonté de ses pâturages, 292. A été couverte des eaux de la mer. Causes de son émersion, 325 & 326.
Camatullici, leur position, 119. Déterminée par l'analogie de leur nom, 120.
Camelin, (Barthelemi de) 259. Pierre, *ibid*.
Campanus, 273 & 274.
Camphrée, (la) 150.
Canards, 181.
Canet, (le) Voyez *Forum Voconii*.
Canigiani, (Alexandre) 200.
Cannes. Ses carrieres de Granit, & autres curiosités naturelles, 423 & 424. Voy. *ad Horrea*.
Canton, (Charles-François) 477.
Cantons, districts d'une cité. Avoient un bourg & des hameaux, 2.
Cap d'œil. Voyez *Maritima Avaticorum*.
Cap de Théoule. Voy. *Thele*.
Capitales, (les villes capitales des gaulois) leurs avantages. Peuplées de colonies romaines, 81.
Capizzuco, (Antoine IV) 399.
Caprerius, (Géraud II) 276.
Caprier. (le) Son origine, sa nature, ses fruits, 174.
Cap-roux. Sa situation, 96.
Caracalla, (l'empereur) 599.
Carsicis portus, 21. Cassis. Époque de son existence, 365.
Cardonne, (Jean IV de) 312 & 313.
Cario, (Paul de) 432.
Carluec, étymologie de son nom, 66. Voyez *Catuiaca*, & *l'errata*.
Carpentoracte Meminorum, 81. Colonie romaine. Étymologie de son nom. Date de son évêché, 83.
Carpentras. Voyez *Carpentoracte*.
Carreto, (Charles de) 283.
Carri. Voyez *Incarus*.
Cartes (géographiques) connues des romains, 3. Étoient distribuées aux généraux, aux magistrats. Cartes itineraires d'Antonin & de Peutinger, 4. Raison de leur dénomination.
Cassier, (le) lieux qui lui sont propres. Son odeur. Ses usages, &c. 170.
Cassis. Voyez *Carsicis portus*.
Castellane, (Joseph-Pierre & Jean-Baptiste) 261, 446.
Castellane, (maison) 234, 240, 253, 461.
Castellane. (bourg) Époque de sa fondation. Ses couvens, 461 & 462. Voy. *Salinæ*.
Castillon de Poudenx, (Bernard-François de) 359.
Castor, (saint) 221.
Catuiaca. Sa position, 66.
Caudellenses. Leur position, 128.

Pppp 2

Cavaillon. Voyez *Cabellio*.
Cavalaire. Voyez *Alconis*.
Cavares ; leur position ; étendue de leur domaine ; leur puissance, 130 & 131.
Caylar, (Pierre-Paul du) 401.
Ceireste. Voyez *Citharista*.
Celle, (abbaye de la) Son ancienneté. Ses fondateurs, &c. 203.
Celtes, (Chunradus) 4.
Cemenellum ou Cemenelium. Son ancienne grandeur, &c. 31. Sa destruction. Ses vestiges, &c. 561.
Cenalis, (Robert) 240, 241, 434.
Centonarii. Leurs fonctions. Loi à leur égard, 54.
Centulio, (Raymond) 227.
Cerbaris, (Nicolas de) 369.
Césaire. (saint) Ses vertus. Ses persécutions. Ses ouvrages. Décoré du pallium, 302.
Césaire, (saint) bourg. Sa grotte curieuse, 424.
César, (Jules) fondateur de plusieurs colonies. Ses vues politiques, 81 & 82.
Chabaud, (Bernard) 473.
Chabroles, (Jean de) 230.
Chaleur de la Provence. Ses degrés, 138, 139.
Chamas. (saint) Sa situation. Conchyliologie de son terroir, 324.
Champorcin, (Étienne - François-Xavier des Michels de) 458.
Charbon de terre. Nature de ce fossile. Son utilité, 207. Lieux où il se trouve, 208.
Charmis, homme illustre, 609.
Chartreuse de Laverne, 261. Ses carrieres de pierres, 262 & 263. De Montrieux, *ibid*.
Chouin, (Louis-Albert-Joly de) 380.
Chuetti, (Barthelemi) 474.

Cibo, (Nicolas) 317. Inocent, 355. Jean-Baptiste, 355 & 356.
Cimiez. Voyez *Cemenellum*.
Ciotat. (la) Son origine. Ses couvens & monastéres, &c. 365 & 366.
Cité, ce que les gaulois entendoient par ce mot, 2.
Citharista, sa situation, 10.
Clapiers, (Pierre V de) p. 376.
Clariani, (George) 454.
Clausse, (Jean) 455 & 456.
Clémence de César. Temple bâti par le sénat romain, à cette vertu & à son héros, 36.
Clementis, (Antoine) 474.
Clerc, (René le) 445.
Clermont-Tonnerre-Crusy, (Antoine-Benoit de) 259.
Clermont, (Théodore-Jean de) 455.
Climat de la Provence. Ses variétés. Sa température. Ses phénoménes, 137 & *suiv. jusqu'à* 147.
Cluny, (François de) 243.
Coëffeteau, (Nicolas) 357.
Cogolin. Ses curiosités naturelles, 263.
Coignassier. (le) Son origine. Lieux il croît, &c. 162.
Colmars, petite ville. Étymologie de son nom. Sa fontaine remarquable par son intermittence, 462 & 463.
Colonies de Marseille, 517 à 520.
Comacini ou Commoni. Leur domaine, 120 & 121.
Coman, roi des gaulois, attaque les marseillois, 501 & 502.
Concile d'Arles, contre les donatistes. Ses canons, 580.
Concolitan & Anéroeste, rois gaulois, 518 & 520.
Comédie, ou inconnue ou honnête, à Marseille, 505 & 506.
Commerce des carthaginois avec les

négres, 515. Commerce de Marseille, 538 à 545.
Comps, ses coquillages, 264.
Comte, (Comes) ce que les romains entendoient par ce titre. 49.
Conte, (Antoine le) 420.
Concorde, (saint) 296.
Concoz, (Jacques de) 195.
Conrad de la Croix, 297.
Confegoules. (bourg) Ses droits, 438.
Conſtance, (saint) 296 & 299.
Conſtantina, Conſtantine. Prétendue ville. Erreur ſur ce fait 83 & 84.
Conzié, (François de) 314.
Coqueler, (Claude de) 399.
Corail, dans la mer de Provence. Obſervation ſur ce corps marin. Deſcription abrégée de ſon méchaniſme, p. 364 & 365.
Corbeau, (Jean de) p. 375.
Corbieres, (Gerard ou Geraud de) 227.
Cornuti, (Bernard) 192 & 254.
Coſnac, (Daniel de) 202.
Coſſa. (Jean de) Ses titres, ſes dignités, 18.
Cotignac, bourg, baronie. Égliſe de ce lieu, 267.
Cottius, gouverneur des Alpes de ſon nom, note des pages 561 & 562.
Counioux, bois. D'où il a pris ſon nom, 121.
Crau. (la) Sa fertilité, ſes pâturages, 262. Origine des cailloux qui la couvrent, 326, 327, 555, à la note.
Crinas, médecin, 608, 609.
Crocus, chef des vandales, 221 & 295.
Croix, (Proſper & Sylvius de ſainte) 319 & 320.
Cros, (Pierre de) 313.

Cruys, village. Sa caverne, 289 & 290. Abbaye, 286.
Cuers, petite ville. Fertilité de ſon terroir. Ses ſeigneurs. Son chapitre. Ses couvens, 386.
Cuppis,) Antoine de) p. 284.
Curban. Ses mines, 286.
Cyprès. (le) Son origine. Son uſage chez les anciens, 170.
Cyprien, mis au rang des évêques d'Arles, 304 S. Cyprien, 371.

D

DAIL ou Pholade, coquillage. Sa forme; ſe loge dans la glaiſe. Bonté de ſa chair, &c. 383 & 384.
Damiani, (Robert) 197.
Danès (Jacques,) 379.
Dardane, préfet du prétoire des Gaules. Seigneur de Théopolis. Ses dignités. Ses charges & fonctions, 95 & 96.
Daron, (Raymond) 256. Raymond III, 375.
Dauphin, (le) poiſſon. Sa vivacité. Faux contes des anciens ſur ce poiſſon, 177.
Déciates. Leur poſition incertaine, 117.
Décurie, claſſe de magiſtrats, 15, 587 & 588.
Décurions honoraires, 60. Fonctions & prérogatives des décurions, 582 à 584.
Déeſſes, meres, adorées à Vaiſon. Idée des gaulois & des germains ſur les femmes, 100.
Défenſeur ou tribun, 586, 587.
Démoſthène, marſeillois illuſtre, 608.
Dendrophores, à Marſeille, 28. Leur emploi & leurs fonctions, 29, 54.

Deodet, (Étienne I) 417.
Dépopulation de la Provence. Quelle en fut la cause, 132, 133.
Desmaretz, (Jacques) 243.
Després, (Pierre), 194, 239.
Désuviates. Leur position. Étendue de leur domaine, 122.
Dexiva ou Dexia. Inscription en son honneur, 128.
Digne, (Guillaume,) 431. Étienne, 432.
Digne. Voyez *Dinia*.
Dilis positio. Port de Provence, 30.
Dinia, capitale des *Bodiontici*. Etymologie de son nom. Son évêque, premier suffragant d'Embrun, 389.
Dinteville, (François de) 240.
Diptyques, leur invention. Leur usage dans l'église, 294, 295.
Divinités attribuées aux germains, 482. Examen critique du culte de ces peuples, 483, 484.
Domitius, commandant à Marseille pour Pompée, 545, 547.
Domnin, (saint) 390.
Donatistes. Leur schisme. Sous quel prétexte, &c. 580.
Draguignan, ville, 119. Sa situation avantageuse. Sa collégiale. Ses monasteres. Ses curiosités naturelles, 266, 267.
Droillas, (Pierre de) 392.
Droit latin dans certaines villes, 588. Différence du droit italique & du droit latin. Note de ladite page.
Dromon, quel est ce lieu. Étymologie de son nom, &c. 290. Voyez *Théopolis*.
Dudistius, (Lucius) 40.
Dufour, (Robert) 280. (Antoine) 354, 355.
Dulaurens, (Gaspar) 320.

Dulovius, Dieu inconnu, adoré à Vaison, 99.
Dupont, (Guillaume) 254 (Jacques) 281, 282.
Dupuy, (Boniface) 432.
Durance, riviere. Ce qu'elle est aujourd'hui. Ce qu'elle étoit autrefois, &c. 72.
Durand, évêque de Sisteron, incertain, 275. De Marseille, 349. De Vence, 429.
Duumvirs dans les colonies. Leur rang, 41, 584. Leurs titres. Leurs fonctions, &c. Triumvirs. Quartumvirs, &c. 585.

E

Eaux minérales d'Aix. Leur ancienne vertu, 205. De Digne. Leur nature; leurs effets; leur résultat par les opérations chymiques. Fait singulier touchant ces eaux, 402 & 403.
Ectini, étendue de leur territoire, 112.
Edénates. Leur domaine, 110.
Ediles ou curateurs des colonies, 586.
Eguituri. Leur position. Étendue de leur territoire, 112.
Eoube, port. Sa situation. V. *Olbia*, 88, 89.
Épiphane, 251. Accusé de conspiration. Mort en prison, 252.
Episcopus, titre donné à Macrinus, 10. Etoit chez les anciens un emploi civil, *ibid*.
Equus publicus, ou Equo publico honoratus. Titre d'honneur donné à certains citoyens, 13.
Eratosthène, homme illustre, 601.
Ernagina ou Ernaginum, ancienne ville, 47.

DES MATIERES. 673

Esclaves africains, leur destinée du tems de Carthage, 515.
Esclaves de deux espéces. Condition ou sort de chacune, 590, 591.
Esculape, offrandes faites à ce Dieu par deux citoyens de Riez, 62.
Esmivy, (Pierre I) 392.
Esparron, village, 246.
Espinai de S. Luc. (Artus d') 357.
Esquenart, (Jean d') 282.
Est, (Hippolyte d') 318, 319.
Estampe, (Jean-Baptiste d') 359.
Esterel. (l') Idée superstitieuse touchant cette forêt, 425.
Esteron, (l') riviere, 116, 118.
Estouteville (Guillaume d') 397.
Esubiani. Leur position, 110.
Etang de Berre. Voyez *Astromela*.
Étésiens, (vents) leurs effets, 555, 556.
Étienne, évêque de Toulon. Sa piété. Sa retraite, 373, 374.
Eufe, (Jacques d') 255.
Eusébe, (saint) premier évêque de Vence, 427.
Euthimène, citoyen de Marseille, 510. Géographe, astronôme, 514. Ses voyages, 600.

F

Fabius-Valens, 559, 561.
Fabre, (Guillaume & Pierre de) 239.
Fabri, (Pierre) 239, 351.
Facci, (Jean) 240.
Favorin, homme illustre, 610, 611.
Fare-Lopis, (François de la) 242.
Farnése, (Alexandre) 433.
Faure, François) 445.
Femmes des cimbres & des teutons. Leur fin tragique, 534.
Ferrieres, (Pierre) 311, 312.
Feydeau, (Antoine-Joseph) 401.

Fiésque, 257, 358, 377.
Figuier, (le) son origine. Sa fructification, 164.
Fillastre, (Guillaume) 196.
Filleti, (Jean) 229.
Filleul, (Pierre) 198, 282.
Fines. Sa position, 71, 72.
Flamant ou Phœmicoptere, 180. Langues de cet oiseau estimées des romains, 180 & 281.
Flamines, prêtres du paganisme, 29.
Fleury, (André-Hercule de) 260, 261.
Flux & reflux dans le port de Marseille, 364.
Foix, (Pierre de) 316, 317.
Font, (Guillaume de la) 256.
Fontaines salées, 403, 459.
Forbin, (Jacques de) 321, 359, 378.
Forcalquier, 271, 288. Voyez *Forum Neronis*.
Forcalquier, (Gaucher de) 281.
Foresta, (Joseph-Ignace de) 231.
Forli, (Pierre de) 230.
Forum Julii, 14, 15. Ses anciens monumens, 16. Son état actuel, 248.
Forum Neronis, 84, 288.
Forum Voconii, 35, 36.
Fosses de Marius. Voyez *Fossis Marianis*.
Fossis Marianis. Description de ces fossés. Recouverts par les sables du Rhône, 30.
Foz, (Gui & Rostan de) 191, 192.
Fraxinetum. (la Garde.) Sa situation, 85. Origine de son nom, 86.
Fréjus. Voyez *Forum Julii*.
Fretta. Sa position, 85.
Froid de Provence; ses variétés & ses degrés, 139.
Fronton, (Marcus) prêtre d'Auguste à Aix, 39.

G

GABRIEL, (saint) ville du Lang. Voyez *Ernaginum*.
Gaillard, (Jean de) 231.
Gallitæ, peuples des Alpes, 111.
Gallus, (Cornelius) homme illustre, 604, 605.
Gantelmi, (Pierre & Jacques) 238, 279.
Gap. Voyez *Vapincum*.
Garcin ou Garcini, (Bertrand) 237.
Garde, (Étienne & Guillaume de la) 313.
Garde-Frainet. (la) Voy. *Fraxinetum*.
Gargarius Locus, 89.
Garidelli, (Audin) 434.
Gasqui, (Jean) 350.
Gaston, (Philippe) 473.
Gaubert, (Adelbert de) 237.
Gaufredi, 374, 408, 409, 413.
Gaules, leur division & leur état avant les romains, 2, 480. Leur population, 503, à la note.
Gault, (Eustache & Jean-Baptiste) 358.
Génébrard, (Gilbert) 200.
Genez, (saint) 578, 579.
Génie, (le) tems de son développement & de ses progrès, 566, 567.
Gérente, (Thomas de) 413, 455.
Gervais, (Robert) 453.
Gigault de Bellefond, 322.
Gilles le jeune, 256, 257.
Giraldi, (Guillaume I) 430.
Giraud, (Pierre I) 237. De Puymichel, 278.
Girbioto (Jean Sylvestre de) 376.
Glandéves, ville de Provence. Étymologie de son nom. Sa destruction, 438, 440.
Glandevès, 284, 353, 375, 393, 415, 432, 439, 442, 443.

Glanum, ville du pays des salyes, 45-47, 637, 638.
Godeau, (Antoine) 419, 435.
Goffredi, (Pierre) 191.
Gorbini, (Pierre) 415.
Gordes, lieu de Provence. Origine de son nom, 128.
Gorze, (Renoul) 280.
Goulfe-Jean ou Gour-Jean, lieu de Provence, 77, 118.
Gouvernement établi en Provence par les romains, 581-595.
Grades (militaires), donnoient beaucoup de considération, 49.
Grœcinus, (Julius) homme illustre, 606, 607.
Grailleri, (Jacques) 414.
Grandoule, (la) oiseau de Provence, 178.
Granit,) minéralogie le) lieux où on le trouve, sa nature, ses variétés, 207, 264.
Grasse, ville épiscopale; étymologie de son nom; son état actuel, 411, 412.
Grasse, (maison de) 409, 410, 415, 418, 436.
Grassi, (Barthelemi de) 255.
Gratien, (saint) martyr, 371.
Grenadier, (le) 166.
Grenon, (Jean) 417.
Gréoulx. Voyez *Gryzelium*.
Grimaldi, 202, 405, 410, 415, 416, 430, 434, 442.
Grimaud, golfe de Provence, 120.
Gryzelium; ses eaux minérales; étymologie de son nom, 86.
Guerres des provençaux en Italie, 517-520. En Provence, 521.
Guérin, 308, 418.
Guérinet, (Léon) 257.
Guillaume I, comte de Provence, chassa les sarrazins du Fraxinet, 85.

Guillelmi,

DES MATIERES. 675

Guillelmi, (Pierre) 375.
Guiramand, (Antoine & François) 398.
Gumbaud, (Jean de) 376.
Gyens. Voyez *Pomponianis.*
Gymnaſtique de l'ancienne Marſeille; l'ordre, la diſcipline, les claſſes du gymnaſe, & es ſurveillans, 26.

H

Hachette des Portes, (Henri) 447.
Hannon, ſes voyages, 614.
Hellebore, (l'), 152.
Helvius-Profuturus & ſa femme; trait de leur reconnoiſſance, 93.
Heraclea Caccabaria; ſon origine; ſa deſtruction; abandonnée par les naturels; repeuplée par des étrangers, 18 & 19.
Héros, (ſaint) 299.
Hérouët, (Antoine) 398.
Heſpérides, (jardins des) ſentimens divers ſur leur ſituation, 160.
Hilaire, (ſaint) 300, 301.
Hiſtoire naturelle du dioceſe d'Aix, 205 — 211.
— d'Apt, 233.
— de Fréjus, 265 — 266.
— de Siſteron, 286 — 288.
— d'Arles, 324 — 227.
— de Marſeille, 363 — 365.
— de Toulon, 381 — 385.
— de Digne, 402 — 403.
— de Graſſe, 423 — 424.
— de Vence, 437 — 438.
— de Glandeves, 447.
— de Senez, 458 — 460.
Hiſtoire des premiers tems de la Provence difficile à retracer, 480, 481.
Honoré ou Honorat, (ſaint) 300, 342, 343, 345, 371.

Tome I.

Hôpital, (Paul & Gui Hurault de l') 201.
Hoſpitalité en recommandation à Marſeille; trait remarquable à ce ſujet, 508, 509.
Hôtes, idée que les gaulois en avoient; traitement des hôtes, 56, 57.
Hyeres, (abbaye d') ſon origine, ſes révolutions, &c. 381.
Hyeres, ville; fertilité de ſon terroir; beauté de ſon climat; ſes productions; ſa collégiale; ſes communautés, 386, 387, 388.

I

Jacomel, (Thomas) 378.
Jais, (le) foſſile, lieux où on le trouve, 108.
Jal, (Raymond de ſaint) 374.
Jandad ou Jaudad, évêque de Toulon, 372.
Jarente de la Bruyere, (Louis-Sextius de) 401. Balthazar, 434, 455. Nicolas, 434. Voyez *Gerente.*
Jaſmin, (le) & ſes variétés, 150, 173.
Jaſpe ſanguin, 262. Brun, 264.
Idoles, leur culte inconnu chez les anciens gaulois. Preuve de ce fait. 482.
Idolâtrie, ſa naiſſance dans les Gaules; ſes progrès, 484; quels en furent les promoteurs, 485.
Joffevry, (Jean) 239.
Iles d'Hyeres; leur érection en marquiſat. Deſtruction de leurs monaſteres, 388.
Imberti, (Antoine) 198.
Immadras poſitio; ſa poſition, 20.
Immortalité de l'ame: dogme des anciens gaulois, 486.

Qqqq

Impôts ; leurs espéces ; leur excès ; vexations pour les impôts ; causes de ces vexations, 592, 593.

Incarus, (Carri) sa position, 29, 30.

Inscription de Macrinus, de Quadratus & d'Evariste, 10; d'un danseur & des utriculaires, 12 ; de Secundinus, 13 ; de Salonius, 15 ; de l'hôtel-de-ville de Marseille, 22, 23 ; de Nymphidius, 25 ; de Leudemos, 27; d Euphemius, 28 ; d'un dendrophore, 28, 29; d'un receveur des finances, 31, 31 ; d'Aurelius-Masculus, ibid. Inscription votive, 33 ; de deux soldats liguriens, 34 ; en l'honneur de César, 36.

— de l'empereur Caligula, 37 ; de la femme de Florus, 39 ; de M. Fronton, ibid. De L. Dudistius, 40, 41 ; de Samicius, 41 ; de L. Anton. Epitynchanus, 48 ; d'Ebutius Agathon, 47, 645 ; de la colonie de Jules-César, 48 ; sur le tombeau de H. Memorius, 49; à Cominius, 50 ; en l'honneur d'une jeune femme, 51 ; sur une colonne milliaire, 52 ; en l'honneur d'un affranchi, 55 ; dans l'archevêché d'Arles, ibid. à Julius Olympus, 56, à Julius Secundinus, ibid. Pour l'hospitalité, 57.

— à Q. J. Tertinemos, 58; du temple de Cybele, 60 ; à Verius Victor, ibid. Sur un autel de Cybele, 61. à Esculape, 63. Du temple de Rome & d'Auguste, 64. à T. Camullius, 67. à une prêtresse, 68. à L. Allius Severus, 69. Au cheval d'Adrien, 70, 71. Sur une médaille, 73. Au Dieu Olloudius, 78. Au fils de l'empereur Gallien, 80. à Maternus, 81. à l'empereur Aurelien, ibid. Sur la ville de Carpentras, 82. aux nymphes de Gryselium, 86. à Zozime, 90. Peyruis, 91, 92. Sur le tombeau de Catullinus, 93. à Matuconius, 93, 94. à Dardane, 95, 96. Inscription votive, 96. à un génie, 98. à Salustius, ibid. à Passerius, ibid. Aux nymphes Percernes, 99. Aux dieux *Proxumi*, ibid. Au dieu *Dullovius*, 99, 100. Aux déesses meres, ibid. Aux nymphes Augustes, ibid. Au dieu Mars, ibid. A Cybéle, 101. Au fils de l'empereur Gallien, 102. A l'empereur Déce, 103. à C. Allius, 127. à la déesse Dexiva, 128. à deux sextumvirs, 218. à un quartumvir, 246. à un citoyen d'Arles, 247. Formule de congé militaire, 329, 330. Inscription sur l'arc d'un pont, 331. Aux mauvaises déesses, 367. à Cybéle, 369. à la déesse des bois, 424. Sur une pierre milliaire, 461. Sur un tombeau, en grec, 462. à M. Moltellius, 585. à T. Artius, 586. à T. Porcius, en grec, 596.

Insectes de Provence, 181, 182.

Institutions grecques & romaines à Marseille. Pourquoi elles subsistoient ensemble, 27.

Intendance des jeux ; emplois de la cour des empereurs romains, 56.

Interprétation de la table de Peutinger, 45 & *suivantes*.

Inteville, (François d') 283.

Introduction à l'histoire générale de Provence, 479, 496.

Iserand, (Imbert) 444.

Islande, la *Thulé* des anciens, 511. Preuve que *Thulé* est l'islande d'aujourd'hui, 612-615.

Isle de Maire. Voyez *Immadras positio*.

Ismido, évêque, 393.
Isnard, (Pierre) 309, 373.
Isnard, (Clément & Octave) 445.
Isnard ou Isoard, 469.
Isoard, évêque, 225.
Istres, bourg; sa situation, sa naissance, &c. 79. Ses coquillages, 324.
Ithier, (Jean-Dominique) 445, 446.
Itinéraires, (les) d'Antonin, qui regardent la Provence, 4 & *suiv.*
Jujubier, (le) son origine; croît & se multiplie sans culture, 165.
Julien, (l'empereur) comment il entreprit d'effacer en lui le caractère de chrétien, 62.
Julien, (Isnard de) 453, 454.
Julius-Glassicus, 559.
Jumilhac, (Jean-Joseph de S. Jean de) 322.
Juvin, (saint) 427.

K

KERMÈS du terroir de Toulon; les différens âges ou états de cet insecte; sa fécondité; tems de sa récolte; quel est le meilleur kermès, 382, 383.

L

LACYDON ou Halycidon, ancien port de Marseille, 22.
Lafiteau, (Pierre-François) 285.
Lagier, (Bertrand) 443.
Lagneres, lieu du diocèse de Riez; ses productions, 247.
Lambesc; son ancienneté douteuse, 214. Sa principauté. Son monastere, 214, 215.
Lambert, lieu près de Digne. Sa fontaine, 403.
Lambert, (saint) nommé par le peuple, &c. 430 (Franc.) 475.
Lancelot de Carle, 241.
Langue des anciens gaulois; ses variations; ses altérations, 494, 495. Marseille introduit le grec en Provence; les romains le latin; idiôme qui en est résulté, 495, 496.
Languissel, (Bernard de) 311.
Lanson, bourg; ses coquillages, 324.
Lantelmi, évêque, 393.
Lantelmi ou Gantelmi, 412, 413.
Lapidarii; ce qu'il faut entendre par ce mot, 98.
Lascaris (Marc de) 240, 241, 381.
Latuo, (Marien & Christophe de) 444.
Lau, Jean-Louis de la Coste d'Allemans du) 401. Jean-Marie, 322.
Laudun, (Hugues de) 393.
Laugier, évêque, 225, 392, 471.
Laurent, (Bertrand de) 254.
Laurier; ses variétés, 154, 167.
Lauron. Voyez *Dilis positio.*
Laval; (Gasbert de) 312, 350.
Lazare (saint) 341. Lazare, 187.
Legoux de la Berchere, (Charles) 202.
Lenoncour, (Robert de) 318.
Léonce, (saint) 250.
Léonce II, (saint) 250.
Leonius, (saint) cru évêque d'Apt, 221.
Lépidus, gouverneur de la Provence, 553, 554.
Lerina, (Lérins) 14.
Léro, (île sainte Marguerite) *ibid.*
Lérins, (abbaye de) son ancienneté; époque de sa fondation; sa célébrité, 424 & 422.
Lévis, (Eustache de) 317.
Levis de Quelus, (Phillippe de) 317.

Libo, (M. Livius-Drufus) 637, 638.
Ligauni ; leur territoire, 118.
Lignarii, ce qu'ils étoient, 55.
Ligurie, ce qu'étoit ce pays.; signification de ce mot, 3.
Liguriens chevelus; leur domaine; conduite de Rome à leur égard; révolution dans leur état ; caractere de ces peuples, & leurs mœurs, 104 & 105.
Lilas, (le) son origine ; ses espéces, &c. 173.
Loi *Visellia*, portée par Tibere ; son objet, 54. Abrogée par Justinien, *ibid.*
Loix des druides pour le gouvernement des gaulois; leurs objets; peines décernées contre les vices ; estime que la loi faisoit des femmes ; puissance qu'elle donnoit aux maris & aux peres ; devoirs qu'elle ordonnoit de rendre aux morts ; assemblée qu'elles ordonnoient ; officiers & sénat des cantons ; chef de toute la nation dépositaire du pouvoir, 488 - 491.
Loménie, (François de) 357.
Longin, martyr, 578.
Lorgues, ville; son marbre; sa collégiale; ses monasteres, 265.
Lorri, (Michel-François Couet du Vivier de) 436.
Louvains, (Claude) 283.
Lubieres, (Pons de) 192.
Lucius-Plotius, homme illustre, 601, 602.
Lune, ses différentes phases & ses différens points causes de plusieurs phénoménes dans l'atmosphère, 143, 144.
Luperque, prêtre de Pan à Fréjus, 15.
Lurs, village ; funeste accident d'un orage arrivé dans ce lieu, 289.

M

MACHOVILLA, obscurité sur son existence, sur sa situation & sur son nom, 88.
Madaillan, (Jean de Cairol de) 437.
Maillat, (Jean de) 239.
Mailli, (François de) 321.
Maingre, (le) de Boucicault, (Étienne) 418.
Maladie contagieuse ; moyen superstitieux pour la faire cesser, 509.
Malferrat, (Bertrand de) 310, 311.
Malirat, (Pierre) 430.
Mallet, (Pierre-François) 476.
Manassès, pluralité de ses évêchés ; plaisanterie qu'il en faisoit, 306, 307.
Mandagot, (Guillaume & Robert de) 194, 350, 351.
Mandeluec. Voyez *Mantolvocus*.
Manne, village, 289.
Manosque, ville ; ses paroisses; ses couvens, 288, 289.
Mantolvocus, territoire d'Arluc, 78.
M. Aurelius Masculus, président des Alpes maritimes, 32.
Marcellinum, ancien château de Cannes, 35.
Marcien, fauteur de Novatien, 295, 574, 576.
Marcus-Antonius-Gnipho, homme illustre, 602.
Marengo, (Jacques) 476.
Marguerite, (île de sainte) lieu de l'exil de l'homme au masque de fer; anecdotes à son sujet, 425.
Marignane, (Pons de) 307.
Marin, juge des donatistes, &c. 269.
Marini, (Pierre) 443, 444.
Maritima Avaticorum, ancienne ville;

DES MATIERES. 679

sa situation, 86. Médailles qu'on y a trouvées, 88.
Marius défait les cimbres & les teutons, 532, 534.
Marius-Maturus, 558.
Maronnier d'Inde, (le) son origine, 167.
Marseille. Voyez *Massilia, portus Græcorum.*
Martelli, (Hugolin) 445.
Martigues, (le) ville; ses salaisons; ses mines; ses coquillages, &c. 325. Son origine, 332. Sa peuplade ancienne & moderne. Ses paroisses, ses couvens. Ses différens seigneurs, 333, 334.
Martin, (Bertrand de saint) 311.
Martin, (Jacques) 456.
Marville, (Pierre de) 376.
Massilia, portus Græcorum; ses titres; idée de sa grandeur; son gouvernement; son gymnase, 22-27. Description de la nouvelle Marseille; son commerce; qualité de son territoire; culture de ses terres, 336, 337. Elle étend son commerce, 515, 516. Son autonomie, 596, 599.
Matavonium; sa situation, 36, 37.
Maternus, duumvir & flamine à Briançon, 80, 81.
Matheron, (Antoine d'Arbaud de) 284.
Maugiron (Aymar de) 445.
Mauront, (saint) 344.
Mausolée près de saint Remi. Sa description, 642 à 645.
Mauvoisin, (Robert de) 194.
Maxime, (saint) 234, 235.
Maximin, (monastere de saint) examen critique de l'époque de sa fondation, &c. 204. (ville) 211, 212.

Mayrargues, village. Ses différens seigneurs, 218, 219.
Mazarin, (Michel) 201.
Médailles des gaulois, leur empreinte, 74.
— d'Avignon, leur coin; leur emblême, 74.
— de Briançon, 80.
— de Marseille, 564. Mémoire sur ces médailles, 647-662.
Médicis, (Julien de) 199, 200.
Méhelle, (Artaud de) 413.
Meignem, (Henri le) 398, 399.
Memini. Leur domaine, 129, 130.
Memorius, (Flavius) illustre citoyen d'Arles, 49.
Ménerbe. Voyez *Machovilla.*
Mercure; ses variations à Marseille dans chaque mois de l'année, 139, 140, 145, 146.
Mesgrigny, (Joseph-Ignace de) 421.
Messenier, (Bertrand de) 228.
Mevoillon, (Jeanne de) 286.
Mézellan, (Artaud de) 280, 314.
Mines en différens lieux du diocese de Fréjus, 262, 264.
— de Toulon, 384.
— de Digne, 403.
— de Glandeves, 447.
— des Pyrénées, 539, 540.
Mistral, vent de Provence; ses effets, 134, 141, 142.
Mixon, (Jean de) 376.
Moa, (le) oiseau remarquable, 180.
Mœurs & morale des gaulois, 491, 493.
— des marseillois, 505, 506.
— des anciens provençaux; leurs progrès & leur décadence, 562-573.
Monge, (Guillaume) 308.
Monlaur, (Hugues de) 192, 237, (Pierre) 348.
Monnoie des gaulois, 74.

Monothéifme prétendu des gaulois; ce qu'il en faut penfer, 481, 482.
Monredon, (Raymond de) 308, 309.
Mons, Martii & Mercurii, 78.
Mons & Efcragnole, villages; langage de leurs habitans; chanfon en ce patois, 269, 270.
Monfo, (Raphael) 433.
Montagnes de Provence: leur direction eft caufe de la variété du climat, 137. effets qu'elles produifent à l'égard des météores, 146.
Montaigu, (Jean de) 230.
Montane, (Horace) 320.
Montanhim, (Jean de) 444.
Montdragon, village, 335, 336.
Monte ou Monti, (Chriftophe de) 356.
Mont-Olive. Voyez *Olivula*.
Montpezat, village; infcription qu'on y a trouvée, 246.
Morale de l'évangile; fa fublimité; fon triomphe; fes effets dans la fociété, 579.
Moreau, (Gabriel-François) 436.
Moret, (N. de) 476.
Moreze, (Michel de) 309, 310.
Moriez, village; fa fontaine falée, 459, 460.
Mouftiers, bourg, 244 & l'*errata*.
Mulet, (le) poiffon; fes différentes efpéces, &c. 175.
Murex, coquillage; découverte qu'en fit un favant 383.
Murier, (le) fes efpéces; fon origine; fon utilité pour le ver à foie, &c. Eft dommageable aux terres enfemencées, 172.
Mutatio Cypreffeta; fa pofition, 74, 75.

N

NANUS, roi des gaulois, 501.
Napoule. (la) *V. Avenionis caftrum.*
Narbonne, (Antoine de) 283.
Naviculaire marin. (Naviculario marino) Signification de ces mots, 40.
Nazidius vient au fecouts de Marfeille; s'enfuit dans le combat, 549 & 550.
Nazondi, (Pierre) 229.
Negrel, (Pierre) 238.
Nementuri. Leur pofition. Etymologie de leur nom, 113.
Nero. (Claudius Drufus) Son arc de triomphe, 638. Regrets de fa perte; honneur à fa mémoire, 639 & 640.
Neron (l'empereur) 597.
Nerufii. Leur pofition & leur domaine, 114.
Nicæa. (Nice) Colonie marfeilloife. Détail de fon ancien état. Ses révolutions, 8 — 11. Etat actuel de Nice. Séjour agréable. Terroir fertile. Son gouvernement. Son chapitre. Ses églifes & couvens, 463 — 465.
Nicod de Menton, 11.
Nicolaï, (Aimon de) 197, 453. Guillaume, 376. Jean, 230.
Nobleffe. Naiffance de cette diftinction, 588.
Noms. (romains) Comment s'introduifirent dans la Provence, 98, & 99.
Notre-Dame des Anges. Grotte. Sa fituation; fon élévation; fes folitaires, 219.
Novatien, fchifmatique, héréfiarque. Ses erreurs; leur progrès, 574 & 575.
Noves, (Roftan de) 193 & 194.

Noyer. (le) Son origine ; ses propriétés ; ses différentes especes ; qualité de son bois, 168.
Nymphe Trittia. Vœu d'un gaulois à cette Nymphe, 96.
Nymphes augustes adorées à Vaison, 100.

O

Obélisque de Constantin ou de Constance à Arles, 53.
Observations physiques sur les météores. De quelle utilité pour l'agriculture, 146.
Officiers de la police des colonies, 587.
Oiseaux de Provence, 178 — 181.
Olbia, ancienne ville bâtie par les marseillois. Sa situation, 88 & 89.
Olivier. (l') Son origine ; renouvellement des plants ; sa durée ; maniere de le cultiver, 161.
Olivier, (Antoine) 398.
Olivula. (mont Olive) Sa situation, &c. 8.
Ollioules, ville. Ses traces de volcan ; marbre de ses carrieres ; origine de son nom ; ses couvens & communautés, 384 & 385.
Ongles. Mine qu'on y trouve, 286 & 287.
Onocrotale. (l') Oiseau aquatique, 181.
Oppéde. Voy. Fines.
Oppéde, (Raymond d') 279.
Option. Titre de distinction donné aux soldats. Pourquoi, 33.
Oraison, (André d') 241. Jean-Baptiste, 454 & 455.
Orange. (ville d') V. Civitas Arausione.
Oranger, (l') le citronier, le limonier. Leur origine. Comment transplantés en Provence. Variétés de ces arbres ; d'où elles proviennent, 160.
Oratelli. Leur position. Etymologie & signification du nom de ces peuples, 113.
Orcynus, (l') poisson ; prétendue espece de thon, 176.
Ordo. Corps le plus honorable des colonies, 67 & 68. D'où l'on tiroit les magistrats, ibid. Composoient le conseil ou curie, 80. On en tiroit les duumvirs, ibid.
Ordre monastique florissant à Arles. La pépiniere de ses évêques. Multiplicité des maisons religieuses, &c. 322.
Ordres de l'état des anciens gaulois. Leur subdivision. Sort de la derniere classe, 491.
Orsiere, (Chérubin d') 398.
Ortigue, (Jean) 229.
Oscus, ou Oscius, homme illustre, 605 & 606.
Ouragan furieux en Provence, en 1761, 143.
Oxybii, peuple. Sa puissance ; sa résistance aux romains ; sa situation ; sa ligue avec les décéates, 117.
Oxybius, port des oxybiens, 118.

P

Paccatus, homme illustre, 606.
Pagus Lucretus, &c. Gargarius Locus. Acception du mot pagus. Situation de Lucretum. Par corruption, la Crau, &c. 89 — 91.
Paillon, ou Paulou. Torrent. Note des pages 8 & 9.
Palavicini, (Jean-Louis) 475.

Palletis, (Desiré de) 476.
Palmier. (le) Lieux de Provence où il croît. Ses sexes, &c. 174.
Panisse, (Agricole de) 229.
Panthéon, palais antique. Sa situation; sa description, 16.
Paternus. (M. Atticus) Ses titres; ses dignités, 60.
Patrocle. Ses talens; ses vices; ses intrigues, &c. sa fin tragique, 299 & 300.
Patrones, ou Protectrices, femmes dont les provinces & les villes briguoient la protection, 15 & 16.
Paul, (Pierre de saint) 226.
Paul; (ville de S.) Sa situation; son chapitre; coquillages & autres fossiles de son terroir, &c. 438.
Paule, (Bernard de) 414.
Pêcher; (le) Son origine; ses variétés, &c. 164.
Peigiere. (grande) Voy. *Tegulata*.
Pelamide, (la) poisson, 176.
Pelissanes. Voy. *Pisavis*.
Pelissier, (Jean) 231.
Pennart, (Olivier de) 197.
Pennes, (les) village. Sa position, 368. Monument d'antiquité qu'on y trouve; inscription; ses différens seigneurs; sa carriere de marbre, 369. Sa fontaine, 370.
Percernes. Nymphes adorées à Vaison, 99.
Perdrix rouge. (la) Son origine, 179.
Pérille, (Pompée de) 230 & 231.
Persécutions des chrétiens par les empereurs, 574.
Pertuis, petite ville. Droit singulier du seigneur régulier. Ses monasteres, 215.
Pétrone, homme illustre, 607 & 608.
Peuples des Alpes maritimes, 104.

Dénombrement des cités de ces peuples, 105 & *suiv*. Etendue de pays qu'ils occupoient; erreur des géographes sur ce point; réflexions critiques à ce sujet, 114. Faisoient chacun un corps politique, 116. Peuples des côtes; liste de leurs noms, 117. Détail historique de ces peuples, depuis la page 117 jusqu'à 121.
Peuples de l'intérieur de la Provence; liste de leurs noms, 121 & 122. Détail historique & chorographide ces peuples, 122—131.
Peyresc, bourg. Sa caverne remarquable, 449.
Peyrollieres; (Jean de) 413.
Peyruis. *Voy*. Vicus C. Petronii ad ripam Druentiæ.
Phelippeaux d'Herbault (Louis-Balthazar) 243.
Phéniciens commercent les premiers en Espagne. Note de la page 540.
Phocéens, fondateurs de Marseille. Leur arrivée en Provence; députation d'un de leur chef vers le roi de la contrée. Alliance du député avec la fille du roi, 540. Construction de la ville & d'une citadelle. Etablissement & succès des travaux de la colonie. Premiere attaque qu'elle essuie de ses voisins. Succès de la colonie contre ses aggresseurs. Nouvelle colonie de phocéens à Marseille; son époque. Phocéens commerçans; leurs voyages; leur exemple suivi des marseillois, depuis 497 jusqu'à 510.
Pictoris, (Laurent) 473.
Pierre II. Sa fin tragique; suite de cet attentat, 442.

Pignans,

DES MATIERES. 683

Pignans, ville. Sa collégiale ; ses monasteres, 265 & 266.
Pingré, (Pierre) 379.
Pisavis. Sa distance d'Aix. Sa situation, 45.
Piscis, ou Peissoni, (Jean) 195 & 396.
Pistachier. (le) Son origine ; ses greffes ; ses sexes ; sa fécondation, 165.
Place, (André de) 282.
Platane, ou Plâne. Ses especes, 167. Son origine, 168.
Plantes indigenes en Provence, 147—158. Exotiques, 158—174.
Plomb à dessiner, 262.
Pluies. Quantité de ce qu'il en tombe en Provence, 144 & 145.
Pointe des Beguines, (la) ou mont Saint-Cassien. Description de sa grotte ; son élévation, 210 & 211.
Poissieux, (George de) 417.
Poissons de la mer de Provence, 175, 176 & 177. Du Rhône, 178.
Polycarpe, (saint) 305.
Pommier. (le) Son origine ; ses variétés, 163.
Pomponianis. Sa situation ; son ancien nom, 19 & 20.
Poncet, (Michel) 259, 284.
Pons II, de maison illustre, 190. Faits de son épiscopat, 191.
Pons. (saint) Martyr à Cimiez. Prétendu évêque de cette ville, 465, 576.
Pontevès, (Elzéar & Foulques de) 228, 237.
Pontife trésorier, (*ab ærario pontifex*) à Fréjus, 15.
Porcellet, (Guillaume & Raymond de) 394.
Porphyre, 261, 262, 264, &c.
Posilhac, (Gerard de) 195 & 196.

Possesseurs. Leur emploi, &c. 589.
Potier de Novion, (Jacques) 260, 284.
Poutargue. (la) Mets provençal. Sa composition, 175.
Prééminence des cités du diocese d'Embrun ; comment elle a été réglée, 106 & 107.
Préfet. Magistrat romain à Marseille, 9, 24, 25.
Prétextat. Deux évêques de ce nom. Examen du véritable, 222 & 223.
Prêtres des gaulois. Leurs noms ; leurs classes ; leurs fonctions ; leur chef ; autorité & puissance des druides ; respect qu'on leur portoit ; leur théologie en vers rimés. Exerçoient la médecine. Epoque de leur anéantissement, 486-488.
Prêtresse de Diane à Marseille, 27.
Prêtresses d'Auguste à Apt. Leurs fonctions ; leurs distinctions ; pouvoient être mariées, &c. 68.
Prévôté de Saint-Jacques ou de Saint-Jaume, 462.
Pricaudi, (Pierre) 229.
Prince de la jeunesse. Quel étoit ce titre. Ses fonctions. Etoit attaché aux fils aînés des empereurs romains, 102.
Prise de Marseille. Traitement de César à l'égard de cette ville, 553.
Privat. (saint) Prétendu martyr sous Crocus. Critique de ce fait, 221, 295.
Proculus, prélat illustre, 341.
Produumvir. Quelle étoit cette charge, 25.
Protais. Son zèle pour la religion & le saint-Siége, 189.
Provana, (Aymond) 474. Jean-Baptiste, 475. Henri, 476.
Provence. (la) Paroît n'avoir point

Tome I.   R r r r

eu de nom avant la conquête des romains, 1. Formoit du tems des gaulois plufieurs cités, 2. Révolution que les romains y firent, *ibid*. Ils la comprenoient dans la Ligurie, 3. Noms qu'ils lui donnerent. Son étendue alors, *ibid*. A donné des magiftrats & des officiers à Rome, 50. Sa population du tems des romains, 110. Variée dans fes productions, 147.

Provençaux. (les) Se policent, cultivent l'éloquence, &c. 565. Civilifent les Gaules. Leur génie; leur naturel, &c. 566. Cultivent l'architecture, la fculpture, 568.

Province des Alpes maritimes, faifoit partie de l'Italie. Son étendue. Etat de fes peuples. Nom diftinctif de quelques-uns. Vue politique de Rome à leur égard, 104.

Proxumi. Dieux adorés à Vaifon. Quels ils étoient, 99.

Prunieres, (François - Etienne de Saint-Jean de) 421.

Puget, (Etienne de) 359.

Puget, fameux fculpteur, 363 & 364.

Puget (le) de Teniers. Etoit du domaine des *Eclini*, 112. Ses feigneurs; fes couvens, 448.

Puget, (Henri du) 401.

Puimoiffon, commanderie de Malte, 247.

Puppio, (Thomas & Matthieu de) 196, 238.

Pythéas, citoyen de Marfeille, 510. Phyficien, géographe, aftronôme, 564, 600. Son voyage dans le nord, 612 à 615.

Q

Quariates; leur pofition, 118.
Quartinia-Catullina; trait de fa piété, 93.

Quartumvir; quelle étoit cette charge, 15, 68.

Quefteurs à Marfeille, 9.

Quillinius, (faint) 249, 250.

Quinquennal. Duumvir-Quinquennal. Vice-Duumvir-Quinquennal, 9, 24. Quinquennal des tignarii ou charpentiers, 42. Du corps des négocians, 49.

Quintin, (faint) 221.

Quintus-Rofcius, homme illuftre, 603, 604.

Quiqueran de Beaujeu, (Pierre de) 455.

R

Raccoli, (Barthelemi de) 353.

Ragueneau, (Pierre de) 356.

Ragueneau, (Fréderic de) *ibid*.

Raftelles, (Elzéar de) 241, 242.

Raoul, (Bertrand) 396.

Raufin, (Pons) 373.

Raymundi ou Raymond, (Hugues) 237, 238.

Rebety, (Geoffroy) 239.

Recrofio, (Raymond) 376, 477.

Regulus, (faint) 294.

Reii Apollinares. Leur pofition & leur domaine, 126.

Reillane, village, 217.

Reillane, (Raimbaud de) 307, 308.

Reis-Apollinaris, colonie romaine, 59. Veftiges de fa grandeur, de fes monumens, 60—64. Qualité de fon terroir; fon rang; fon chapitre; fes couvens, &c. 234.

Religion, fa naiffance & fes progrès en Provence, 573—581.

Remi, (faint) ville; fon chapitre; fes anciens prieurés; fes couvens, &c. 335.

Requin, (le) poiffon; fa voracité; fa forme; fa maniere d'attraper fa proie, &c. 177.

Revel, (Gui de) 393.
Riboti, (Guillaume) 430.
Richelieu, (Armand-Louis-Dupleffis de) 201.
Riez. Voyez *Reis Apollinaris*.
Rochechouart, (Aimeric, Aubin & Jean de) 283, 314.
Romain, (Jean de faint) 198, 199.
Romans, (Bertrand de) 258.
Romulis, (Antoine de) 414, 415.
Roquefeuil, découverte faite en ce lieu, 648.
Roquemartine, (Louis de) 420.
Roquevaire, (Bertrand de) 192.
Roquevaire, bourg. Sa fertilité, 368.
Rofier, (le) commun en tout pays; fes efpéces fort variées, &c. 172.
Rofini, (François) 475, 476.
Roftagni, (Raymond) 374.
Rovere, Jérôme de la) 378.
Roverella, (Philas de) 377.
Ruffec, (Guillaume de) 256.

S

Sabathier, (Arnaud) 239.
Sabran, 215, 228, 238, 277, 286, 308, 394, 446.
Sacrifices humains. Leur origine, 485. Leur ufage commun dans les Gaules, 486.
Sade, (Paul de) 314, 352.
Saffre abondant près de Toulon. Nature de cette matiere. Ses propriétés, 381.
Salignac, mine de fuccin ou ambre jaune de ce terroir, 287.
Salinæ, ancienne ville. Sa pofition. Son étymologie, 92—94.
Salon. Fertilité de fon terroir, 327. Ses monumens, 328—330. Sa collégiale. Ses couvens, &c. 330, 331.

Salonius, chevalier romain, protecteur de Fréjus. Ses titres, fes charges, fes honneurs, &c. 15.
Salvanhi, (Antoine) 432.
Salyes ou Salluvii, 2. Étendue de leur domaine, leur divifion, leurs forces & leur puiffance, 122.
Sanitium, 110. Ville épifcopale, fon état, fon chapitre, &c. 450.
Sardine, (Pierre) 473.
Sartous. Son ancienne abbaye. Ses feigneurs, 422.
Saturnin, partifan des ariens. Son ambition. Ses intrigues. Son excommunication, &c. 296.
Savine, (Raymond de) 228.
Saumate, (Gaillard) 238, 312.
Saumure de thon, fort eftimée à Rome. Vers de Martial à ce fujet, 13.
Savoie, (Michel de) 283.
Savoniere, (la) 153.
Schifte du terroir de Toulon. Nature de ce foffile, 382.
Scipion, (Publius) vient s'oppofer à Annibal, 521.
Scorpion. (le) Sa cruauté; fa voracité; fa piqûre rarement mortelle, 181, 182.
Secundinus, décoré du titre de chevalier, 13.
Segalauni, faifoient partie des cavares, 131.
Seguin, (Jacques) 257.
Séguret, (Bertrand de) 396.
Segufterone. Sa pofition, 65. Ville peu confidérable; raifon de fa médiocrité; étymologie de fon nom, 270.
Saillans, n'eft point l'ancienne Salinæ, 92.
Seillons, (Jean de) 454.
Sénez. Voyez *Sanitium*.
Sentii. Leur domaine, 110.

Sévir. Acception de ce terme séparé de l'épithete *auguſtal*, 46.
Seyne, bourg; sa fertilité; ses accroissemens; son couvent, 385.
Seyssel, (Claude de) 355.
Seyſtres, (Gilles de) 378.
Sextumvir auguſtal, 39, 40 *& suiv.* Acception du mot *Sextumvir*, séparé de l'épithete *auguſtal*, 101.
Siége de Marseille par César, 545—552.
Signes, bourg, 368.
Sigoyer, village, 287.
Simiane, 220, 226, 228, 230, 234.
Sinus-Sambracitanus. Sa situation, 17, 18.
Sisteron. Voyez *Seguſterone*.
Sisteron, (Guillaume de) 430.
Six-Fours, village, paroisse-collégiale, 385, 386.
Sixt, (Charles de saint) 242.
Soanen, (Jean) 457.
Soliers ou Souliers; sa situation; sa fertilité; ses paroisses; ses inscriptions, &c. 386.
Soliers, (Raymond de) 346, 347.
Stablo, village; origine de son nom; sa position, 94. Son ancien monaſtere, 458.
Stomalimna. Signification de ce mot, 94.
Stoublon. Voyez *Stablo*.
Strozzi, (Laurent) 199.
Sture, (la) riviere du Piémont, 115.
Sudre, (Guillaume) 351.
Sueltri ou Snelteri. Leur poſition, 119.
Suetri. Leur position, 115, 117.
Suicide en uſage à Marseille. Loi établie pour ce cas, 507.
Sulli, (Guillaume de) 255.
Sulpice, (Nicolas-Ebrard de saint) 241.

Supplice des criminels à Marseille, 507.
Surian, (Jean-Baptiste) 436.
Syndic d'une colonie, 587.

T

TABLE de Peutinger. Exposition de cette table pour la Provence, 6 & 7. Table des villes & autres lieux de Provence non compris dans les itinéraires, 76.
Taillecarne, (Benoit) 416 & 417.
Talon, (Raymond) 281.
Tarafco. Position de cette ville, 94. Ses couvens & communautés; son abbaye, sa collégiale, &c. 334 & 335.
Tarente de Marseille, espece de lézard, 182.
Taſſi, (Henri-Felix de) 401.
Tauroboles. Sacrifice aux dieux, description de sa cérémonie, 62. Paroît avoir été inventée pour l'opposer au baptême, *ibid*. Epoque de ce sacrifice à Rome, dans les Gaules, *ibid*.
Tauroentum. Colonie des anciens marseillois, 20.
Tegulata. Sa distance de Tourves & d'Aix, 38.
Teinturerie des romains en Provence, 20.
Tellier, (François le) 401.
Tello Martius. Beauté de sa situation; son origine, 20. Etat actuel de ce lieu, 370 & 371.
Telon & Gyarée, hommes illustres, 604.
Temple d'Auguste à Marseille, 28. Au vent Circius, 554, 556. Les gaulois n'avoient point de temples, 482.

DES MATIERES.

Teritias. Situation de ce lieu, 45.
Terrail, (Philippe & Jacques de) 444.
Territoire des anciens peuples de Provence. Comment juger de la position de celui de chacun d'eux, 105.
Terroirs différens de la Provence. Leur qualité; leur division; leurs productions, &c. 134—137.
Testament d'un utriculaire d'Arles, 56.
Tête-de-Fer, (Jerôme) 475.
Thele. Sa situation, 96.
Théline, surnom que les anciens ont donné à la ville d'Arles, 52.
Théodore. Ses persécutions; ses triomphes sur la calomnie, 343.
Théodose, ou Théodoric. Suspens de ses fonctions. Sa pénitence, 304.
Théopolis. Détruite. Sa position. 94. Preuves de son existence, 95. Etymologie de son nom, 290.
Thomassin, (le président de) 90. Louis, 285, 435.
Thon, (le) poisson. Ses espeees; sa grandeur; sa pêche, &c. 176.
Tibere, (l'empereur) 596, 599.
Tignarii, ou Tignuarii, charpentiers. Faisoient corps, 42, 48. Leurs fonctions, 54.
Tinée, (la) riviere de Provence, d'où les Ectini tiroient leur nom, 112.
Toiles d'Egypte. Note de la p. 541.
Tonnare. (la) Voy. Anao.
Torames, (village) 111, 459. (Foulques de) 347.
Tort, (Guillaume le) 352.
Toulon. Voy. Telo Martius.
Touloubre, riviere. Son pont remarquable, 331 & 332.
Tour, (Thibaud de la) 282.

Tour-du-Pin, (Louis de la) 380.
Tour-du-Pin de Gouvernet, (Lucrece-Henri-François de la) 243.
Tournefort, (Jean de) 474.
Tournesol, (le) 153.
Tourves. Voy. ad Turrim.
Trans, marquisat, 267.
Trebonius, lieutenant de César au siége de Marseille, 546, 550 & 551.
Treille, (Constantin de la) 229.
Tressemanes de Brunet, (Gaspar de) 447.
Trettz. Voy. Trittia.
Tribu, classe de citoyens romains, 41.
Turicella, (Jacques) 356 & 357.
Turias, (Bertrand de) 393.
Turelure, (Pierre) 397.
Tubereuse. (la) Son origine. Date de sa transplantation en Europe, 172 & 173.
Troubles en Provence. Causes de ces troubles, 535 à 537.
Théoux. Voy. Théopolis.
Trophime, (saint) 294, 573, 574, 616 & 617.
Trophée des Alpes maritimes, 105.
Tropez. (saint) Voy. Heraclea Cacabaria.
Tropez, (Louis-Jérôme) de Suffren de Saint), 185.
Trogue-Pompée, homme illustre, 605.
Trivulce, 230, 377, 417.
Triullati. Leur territoire, 111.
Trittia. (Tretz) Etymologie du nom, 96.
Tricastini, (les) 131.

V

Vaccon, (Jean-Baptiste de) 231.
Vair, (Pierre du) 435.

Vaifon. Voyez *Vafio*.
Val de Chanan, villages qu'il contient, 449.
Valavoir, (Nicolas de) 243.
Valauri, (monastere de) 422. Fossile de ce lieu, 424.
Valenfole, 247.
Valerien, (faint) 467.
Valerii, (Jean) 417.
Valerius-Cato, homme illustre, 602, 603.
Valerius-Paulinus, homme illustre, 609.
Vapineum, (Gap) 64.
Var, (le) voyez *Varum flumen*.
Vars, (Hugues de) 392.
Varum flumen, riviere; séparoit autrefois les Gaules de l'Italie; sa rapidité; ses changemens; ses crues, 34.
Vafio, capitale des *Voconces*; sa situation; totalement ruinée; vestiges de ses ruines, 97. Ses monumens, 98, 99, 100.
Vaugine, ses curiosités naturelles, 233.
Veamini. Leur territoire, 110.
Veau marin, (le) poisson. D'où lui vient son nom; trait curieux d'un de ces poissons; dort hors de l'eau, 177.
Wec ou de Weft, (Jean de) 433.
Védene. Voy. *Vindalium*.
Vediantii. Leur position, 113.
Velauni. Leur position, 114.
Venafque, (de) prétendue siége d'un évêque, distinct de celui de Carpentras. Preuve équivoque qu'on en donne. Examen critique de cette preuve, 82, 83.
Venaissin, (le comté) sa capitale, origine de son nom, 82.
Vence, ville, 425. Son ancienneté,
sa situation agréable; époque de son siége épiscopal, 426. Tentatives de sa réunion avec d'autres siéges, 426, 427. Son chapitre, Voyez *Vincia*.
Vento, (Charles de) 369.
Vents dominans en Provence; leur variation, 140—144.
Vénus; avoit un temple à Arluc, qui fut détruit par faint Nazaire, 78.
Veran, (faint) 427, 428.
Verceil, (Pierre de) 396, 397.
Vergons, village, 112. Son ancien monastere, 458. Ses fossilles, 460.
Vergunni. Leur position indiquée par le village de *Vergons*, 112.
Verignon, village, 119, 245, 246.
Verjus, (François) 420, 446.
Verrucini. Leur position, 119.
Vespasien, 560, 561.
Vésubie, riviere, 113.
Vicarustede, (Hermine de) 443.
Vicedominis, (Guillaume de) 193.
Vice-Duumvir, magistrat romain, 35, 41.
Victor, (faint) prétendu évêque d'Arles, & martyr, 195.
Victor, (faint) martyr; ses souffrances, 576, 577.
Vicus C. Petronii, 91, 92.
Viens, (Ripert de) 227.
Viens, ses curiosités naturelles, 233.
Villages anciens du diocèse de Fréjus, ne subsistent plus & pourquoi, 269.
Villasse, (la) restes de l'ancienne ville de *Vafio*, 97.
Villecrose, ancien monastere, 261. Grotte remarquable dans son territoire, 264, 265.
Villemurs, (Bertrand de) 256.
Villeneuve, 80, 231, 395, 396, 419, 426, 446, 454.

Villeferin, (Louis-Anne de) 457.
Vincent. (saint) Son zèle ; ses combats contre l'arianisme, &c. 390.
Vincia, capitale des *Nerusi*. Consacrée au dieu Mars, 100. Ses mouvemens, 101, 103.
Vindalium. Situation de cette ville, 103.
Vintimille, 202, 359, 380, 401, 471.
Virgile ou Vigile, estimé de saint Grégoire, pape ; ses honneurs ; sa disgrace, 303.
Vitellius, ses troupes combattent celles d'Othon, 558—561.
Vocance, (Louis-Jacques-François de) 457.
Voconces, (les) 77. Leurs villes capitales, 97, 131.
Voie aurelia ; ses divisions ; routes qu'elle formoit depuis Aix jusqu'à Arles, 45, 48, 58.
Voltinia, tribu romaine, 15, 41, &c.
Vordenses, peuple, 127.
Voute, (Guillaume & Aimar de la) 351, 352, 375, 413.

Uriol ou Orcoli, (Jean) 474.
Ursins, (François & Léon des) 257, 258.
Usages des anciens gaulois, 493, 494.
Utel, village, 113.
Utriculaires, sorte de bateliers, 12, 13. Ils formoient un collége à Antibes, 12. A Saint-Gabriel, 40. A Cavaillon, 72. Médaille qui le prouve, 73.
Vulcatius-Moschus, 596, 597.
Vulgientes. Leur position. 126, 127.
Walo ou Gualo, 393.
West, (Aimar de) 433.

Z

Zacharie, (saint) son ancienneté ; ses antiquités ; ses couvens, 367, 368.
Zongo-Ondedei, (Joseph) 259.
Zozime, affranchi célèbre par sa charge, 90.

Fin de la Table des Matieres.

APPROBATION.

J'ai lu, par l'ordre de Monseigneur le Garde des Sceaux, un Manuscrit qui a pour titre: *Histoire de Provence, &c. Tom. I*. L'histoire importante de cette province, à peine ébauchée jusqu'à présent, demandoit des recherches immenses. On a tout lieu de croire que le public, à l'inspection de ce premier volume, applaudira au travail du savant Académicien qui a le courage de l'entreprendre. A Paris, ce 9 Août 1776.

FOUCHER.

PRIVILÉGE DU ROI.

LOUIS, PAR LA GRACE DE DIEU, ROI DE FRANCE ET DE NAVARRE : A nos amés & féaux Conseillers les Gens tenant nos Cours de Parlement, Maîtres des Requêtes ordinaires de notre Hôtel, Grand-Conseil, Prévôt de Paris, Baillifs, Sénéchaux, leurs Lieutenans Civils, & autres nos Justiciers qu'il appartiendra : SALUT. Notre amé le P. PAPON, Nous a fait exposer qu'il desireroit faire imprimer & donner au Public, *l'Histoire de Provence*; s'il Nous plaisoit lui accorder nos Lettres de Privilége pour ce nécessaires. A CES CAUSES, voulant favorablement traiter l'Exposant, nous lui avons permis & permettons par ces Présentes, de faire imprimer ledit Ouvrage autant de fois que bon lui semblera, & de le vendre, faire vendre & débiter par tout notre Royaume, pendant le tems de *douze années* consécutives, à compter du jour de la date des Présentes. FAISONS défenses à tous Imprimeurs, Libraires, & autres personnes, de quelque qualité & condition qu'elles soient, d'en introduire d'impression étrangere dans aucun lieu de notre obéissance : comme aussi d'imprimer, ou faire imprimer, vendre, faire vendre, débiter, ni contrefaire ledit Ouvrage, ni d'en faire aucun extrait, sous quelque prétexte que ce puisse être, sans la permission expresse & par écrit dudit Exposant, ou de ceux qui auront droit de lui ; à peine de confiscation des Exemplaires contrefaits, de trois mille livres d'amende contre chacun des contrevenans, dont un tiers à Nous, un tiers à l'Hôtel-Dieu de Paris, & l'autre tiers audit Exposant, ou à celui qui aura droit de lui, & de tous dépens, dommages & intérêts ; à la charge que ces Présentes seront enregistrées tout au long sur le registre de la Communauté des Imprimeurs & Libraires de Paris, dans trois mois de la date d'icelles ; que l'impression dudit Ouvrage sera faite dans notre Royaume & non ailleurs, en beau papier & beaux caractères, conformément aux Réglemens de la Librairie, & notamment à celui du dix Avril mil sept cent vingt-cinq, à peine de déchéance du présent Privilége ; qu'avant de l'exposer en vente, le manuscrit qui aura servi de copie à l'impression dudit Ouvrage, sera remis dans le même état où l'approbation y aura été donnée, ès mains de notre très-cher & féal Chevalier, Garde des Sceaux de France, le sieur HUE DE MIROMESNIL ; qu'il en sera ensuite remis deux Exemplaires dans notre Bibliothèque publique, un dans celle de notre Château du Louvre, un dans celle de notre très-cher & féal Chevalier, Chancelier de France, le sieur DE MAUPEOU, & un dans celle dudit sieur HUE DE MIROMESNIL : le tout à peine de nullité des Présentes. Du contenu desquelles vous mandons & enjoignons de faire jouir ledit Exposant & ses ayans caufes, pleinement & paifiblement, fans fouffrir qu'il leur foit fait aucun trouble ou empêchement. VOULONS que la copie des Préfentes, qui fera imprimée tout au long, au commencement ou à la fin dudit Ouvrage, foit tenue pour duement fignifiée, & qu'aux copies collationnées par l'un de nos amés & féaux Confeillers-Secrétaires, foi foit ajoutée comme à l'original. COMMANDONS au premier notre Huiffier ou Sergent fur ce requis, de faire pour l'exécution d'icelles, tous actes requis & néceffaires, fans demander autre permiffion, & nonobftant clameur de Haro, Charte Normande & Lettres à ce contraires; Car tel eft notre plaifir. DONNÉ à Paris, le treiziéme jour du mois de Février, l'an de grace mil fept cent foixante-dix-fept, & de notre Regne le troifiéme. Par le Roi, en fon Confeil.

Signé LE BEGUE.

Regiftré fur le Regiftre XX de la Chambre Royale & Syndicale des Libraires & Imprimeurs de Paris, n° 735, fol. 291, conformément au Réglement de 1723, qui fait défenfes, Article IV, à toutes Perfonnes de quelque qualité & condition qu'elles foient, autres que les Libraires & Imprimeurs, de vendre, débiter, faire afficher aucuns livres pour les vendre en leurs noms, foit qu'ils s'en difent les Auteurs ou autrement, & à la charge de fournir à la fufdite Chambre, huit exemplaires prefcrits par l'Article 108 du même Réglement. A Paris, ce 15 Février 1777.

Signé HUMBLOT, Adjoint.

DE L'IMPRIMERIE DE PH.-D. PIERRES.

CORRECTIONS ET ADDITIONS.

P*age* 4. *ligne* 24. M. P. X... XXXXXX; *lisez* M. P. XXX... XXXX.
P. 12. *lig.* 1. à l'opposé; *lisez* à l'opposite.
P. 30. *lig.* 20. ces fossés avoient, *lisez* ce fossé avoit.
P. 35. *lig.* 20. dont les gens du lieu jouissoient; *lisez* accordés par Raymond-Berenger.
P. 36. *lig.* 5. SEXTVS; *lisez* SEXTIVS.
Ibid. *lig.* 24. L. Sextius; *lisez* P. Sextius.
P. 47. .... Voyez la même inscription plus correcte, *pag.* 645.
P. 65. *lig.* 18. montagne de Lurs; *lisez* de Lure.
P. 67. *lig.* 3. détruit par les sarrazins, &c. *lisez* encore existant en MXI.
P. 87. *lig.* 32. le choc de la charrue; *lisez* le soc.
P. 94. *lig.* 10. il y avoit un couvent dépendant de Montmajor; *ajoutez*, il avoit été fondé en 1011, par Archinricus, abbé de Carluec. Ce monastere étoit dédié sous l'invocation de saint Pierre, comme il conste par une charte que j'ai. Ainsi tout ce que je dis sur le titre de Notre-Dame, ne peut lui convenir.
P. 145. *lig.* 22. il tomba 24 pieds; *lisez* 24 pouces d'eau.
P. 155. *lig.* 6. la fait appeller; *lisez* l'a fait appeller.
P. 158. *lig.* 11. *folio cupersi*; lisez *folio cupressi*.
P. 159. *lig.* 19. le dessechement; *lisez* les dessechemens.
P. 171. *lig.* 30. d'en garantir; *lisez* d'en garnir.
P. 195. *lig.* 8. Arnaud I. *ajoutez* de Varcey.
P. 198. *lig.* 30. de la Tour; *ajoutez* ou peut-être de Tournon.
P. 202. *lig.* 7. il mourut; *ajoutez* étant cardinal.
Ibid. *lig.* 8. dans la quatre-vingt-dixieme année; *lisez* âgé de 88 ans, deux mois, vingt-quatre jours.
P. 225. *lig.* 18. ne regna que sept ans; *lisez* que quatre ans.
P. 232. *lig.* 1. dédié à Notre-Dame, *lisez* à saint Pierre.
Ibid. *lig.* 9. il mourut en 1223; *lisez* en 1222.
Ibid. *lig.* 11. il fut élu en 1223; *lisez* au mois de mai 1222.
P. 240. *lig.* 21. de Lascaris de Tedde, *lisez* de Lascaris de Tende.
P. 244. *lig.* 2. du XIe siécle; *ajoutez* Guillaume, seigneur de Moustiers, & sa femme Adélaïde, leur donnerent en 1097 l'église du lieu & ses dépendances.
P. 251. *lig.* 24. en 552; *lisez* en 551.
P. 254. *lig.* 8. de l'Archevêque d'Aix; *ajoutez* par raison d'incapacité.
P. 251. *après la ligne* 29; *ajoutez* ce qui suit :
Il y avoit autrefois à deux lieues de Draguignan, le monastere de Sallobron, de *Cella Robaudi*, ainsi nommé, parce qu'un solitaire appellé Roubaud en fut le fondateur, on ne sçait pas précisément en quelle année. Ce monastere ne fut pas long-tems habité par des moines; car en 1260 il étoit occupé par des religieuses dépendantes de l'abbaye de Souribes, O. D. S. B. diocese de Gap. L'abbesse de Souribes le céda cette année-là aux chartreux, afin qu'ils y rétablissent la discipline qu'on avoit fort négligée : cependant ils le

laifferent tomber en ruines, car le feigneur de Trans & des Arcs, de la maifon de Villeneuve, le fit rebâtir dans le XV° fiecle, & le donna aux religieux mineurs conventuels. C'eft dans ce couvent que fainte Roffoline de Villeneuve, vivoit fous la regle des chartreux vers l'an 1320.

P. 265. lig. 27. après ces mots, en 1636, ajoutez il y avoit dans le XII° fiecle un monaftere dépendant de Lerins.

P. 266. lig. 5. après ces mots, l'archevêque d'Arles, ajoutez cette églife (de Barjols) étoit autrefois du domaine de faint Pierre. Le pape Eugene III, déclara en 1145, qu'il étoit de fon devoir de la protéger, & défendit à Pierre, évêque de Riez, & à Bertrand, évêque de Fréjus, de percevoir aucun droit fur les terres qu'elle poffédoit dans leurs diocefes.

P. 320. lig. 16. André I, médecin d'Henri IV. lifez André, premier médecin, &c.

P. 328. lig. 14. qui étoient bien éloignées; lifez qui étoit bien éloignée.

P. 368. lig. 20. après ces mots, du XIII° fiecle; ajoutez elles furent foumifes à l'abbaye de la Celle, par l'abbé de Saint-Victor.

P. 401. lig. 30. après ces mots, le 29 Janv. 1758; ajoutez étant alors chargé de la feuille des bénéfices à la nomination du Roi.

P. 422. lig. 22. détruits par les farrazins; ajoutez rétablis enfuite, & détruits de nouveau, ainfi que le village d'Arluc, en 1360.

P. 439. lig. 17. dans le huitiéme; lifez dans le fixiéme.

P. 449. lig. 7. après ces mots, d'envahir les Gaules, ajoutez, le feigneur de Briançon s'appelloit Hugues en 1081. Il étoit fils de Conftantin, & donna la quatriéme part du village à l'abbaye de Lerins.

P. 479. lig. 6. ne fiffent la conquête, lifez en fiffent la conquête.

P. 484. à la note, lig. 3. toutes oppofées, lifez tout oppofées.

P. 498. lig. 2. ils voulurent en avoir fur les côtes; lifez en avoir un fur les côtes.

Ibid. à la note, lig. 4. confignées par, lifez confacrées par.

P. 504. lig. 12. petit fils des marfeillois; lifez de marfeillois.

P. 511. lig. 10. fous le quarante-cinquiéme dégré; lifez quarante-troifiéme.

P. 541. lig. 15. en plufieurs des maladies; lifez en plufieurs maladies.

P. 581. lig. 11. dans les cinq premiers fiecles; lifez dans les trois.

www.ingramcontent.com/pod-product-compliance
Lightning Source LLC
Chambersburg PA
CBHW071659300426
44115CB00010B/1260